财经类专业"十四五"规划教材

ERP业财一体化实训教程
（用友ERP-U8V10.1）

韦兰英　张俊杰 ◎ 主　编
岑敏儿　郑锦华　蔡锦钿 ◎ 副主编

立信会计出版社

图书在版编目(CIP)数据

ERP 业财一体化实训教程：用友 ERP-U8V10.1 / 韦兰英,张俊杰主编. —上海：立信会计出版社，2023.8(2024.8 重印)
ISBN 978-7-5429-7232-3

Ⅰ.①E… Ⅱ.①韦…②张… Ⅲ.①会计信息—财务管理系统—教材 Ⅳ.①F232

中国国家版本馆 CIP 数据核字(2023)第 151428 号

策划编辑　　王悠然
责任编辑　　孙　勇
美术编辑　　吴博闻

ERP 业财一体化实训教程(用友 ERP-U8V10.1)
ERP YECAI YITIHUA SHIXUN JIAOCHENG

出版发行	立信会计出版社		
地　　址	上海市中山西路 2230 号	邮政编码	200235
电　　话	(021)64411389	传　真	(021)64411325
网　　址	www.lixinaph.com	电子邮箱	lixinaph2019@126.com
网上书店	http://lixin.jd.com		http://lxkjcbs.tmall.com
经　　销	各地新华书店		
印　　刷	常熟市人民印刷有限公司		
开　　本	787 毫米×1092 毫米　1/16		
印　　张	21		
字　　数	524 千字		
版　　次	2023 年 8 月第 1 版		
印　　次	2024 年 8 月第 2 次		
书　　号	ISBN 978-7-5429-7232-3/F		
定　　价	49.00 元		

如有印订差错,请与本社联系调换

前 言

在大数据和"互联网+信息化"高速发展的21世纪,各种业务平台和财务软件的开发和推广,加强了企业对业财一体信息化的应用,由于企业信息化和大数据挖掘分析的需要,国家倡导的智能财税和业财一体化引发了新一轮企业对信息化人才的需求。企业资源计划系统(简称"ERP管理系统")是精细化、专业化、系统化的管理体系,是大中型企业和财务共享中心数据管理的必要工具,也是新时代财务人员必须掌握的工作技能。本书特点如下。

1. 财税政策及时更新

本书紧跟近几年全国税制改革的步伐,以2022年1月份的案例资料为中心,将最新财税知识融入书中,设置了具有前瞻性和实用性的实训案例,既有理论体系贯穿其中,又有大量企业原始资料的实用技能案例展示,实现了理实一体化的最佳融合。

2. 教学资源类型丰富

本书提供全方位立体化教学支持,为了更好地服务广大师生,我们提供了实训案例的操作账套、教学PPT、相关业务处理的操作录屏和微课视频,既可以协助教师课前备课,又可以帮助学生在课后独立复习。

3. 实训案例实用性强、条理清晰

本书从企业实际应用的角度出发,理论联系实践,收集了企业供应链环节和财务管理工作可能涉及的典型业务案例,由浅入深地安排在课程教学中,每个具体业务有业务描述和操作指引指导,通俗易懂,便于操作。学生通过业务分类,轻松入手,可以熟练掌握ERP应用技术。

4. 思政元素融合实训案例

本书以时政事件和历史事件为鉴,将思政元素融入企业实际工作中。每个项目的课前讲解处设置思政园地板块,以帮助学生树立爱岗敬业、诚实守信的社会主义核心价值观。

本书共分为3个模块12个项目,以用友U8V10.1版为实验平台,以工业企业1个月的经济业务贯穿始终,分别介绍了ERP管理系统中最基本的企业建账及初始化处理、最核心的企业日常业务处理、最重要的企业期末业务处理三大模块。其中,本书重点介绍了财务会计环节:总账、应收款管理、应付款管理、固定资产管理、薪资管理;供应链管理环节:销售管理、采购管理、库存管理、存货核算;企业三大报表的自动生成和自定义财务报表的设计和运用。本书融合了最新税法知识和最新财务管理政策,既可以用作普通高等教育经济管理类专业教材以及用友"1+X"证书认证培训,也可以作为企业ERP管理系统运用操作指导书。

本书由韦兰英和张俊杰任主编,岑敏儿、郑锦华、蔡锦钿任副主编。本书具体编写分工为:张俊杰负责模块一的编写以及微课的制作;韦兰英负责模块二的编写;岑敏儿负责模块三的编写;郑锦华负责思政元素的编写;蔡锦钿负责全书的审校工作。本书在编写过程中得到了新道科技股份有限公司的大力支持，以及立信会计出版社同仁的专业指导，在此表示衷心的感谢。

总之，一部经典实用的作品是读者、作者、出版方三方合力的结果。希望本书的出版，能为促进广大师生互动、教学相长，以及会计信息化普及贡献一己之力。限于作者水平，书中若存在错误和不妥之处，恳请广大读者批评指正。

编 者

2023 年 8 月

目 录

模块一 企业建账及初始化处理

项目一 企业建账及系统管理业务 ······ 2
- 任务一 企业基本情况简介及建立企业账套 ······ 2
- 任务二 用户设置及授权业务处理 ······ 8
- 任务三 系统日常维护业务 ······ 13

项目二 企业基础信息设置 ······ 18
- 任务一 企业基本信息维护 ······ 18
- 任务二 机构人员档案设置 ······ 19
- 任务三 往来信息设置 ······ 22
- 任务四 存货信息设置 ······ 27
- 任务五 财务信息设置 ······ 30
- 任务六 收付结算信息设置 ······ 41
- 任务七 业务档案设置 ······ 43

项目三 各模块期初设置 ······ 47
- 任务一 总账期初设置 ······ 47
- 任务二 销售与应收款初始设置 ······ 54
- 任务三 采购与应付款初始设置 ······ 63
- 任务四 库存管理与存货核算期初设置 ······ 72
- 任务五 固定资产初始设置 ······ 79
- 任务六 薪酬管理期初设置 ······ 91

模块二 企业日常业务处理

项目一 总账管理系统日常业务处理 ······ 108
- 任务一 总账日常业务凭证处理 ······ 108
- 任务二 凭证的查询及编辑业务处理 ······ 120
- 任务三 出纳日记账及现金流量表查询 ······ 124

项目二 销售与应收款管理日常业务处理 ······ 129
- 任务一 销售管理日常业务处理 ······ 129
- 任务二 应收单据及收款单据业务处理 ······ 133

  任务三 应收票据管理业务处理 …… 139
  任务四 汇兑损益业务处理 …… 146
  任务五 核销及转账业务处理 …… 150
  任务六 坏账处理 …… 160

 项目三 采购与应付款管理日常业务处理 …… 164
  任务一 采购管理日常业务处理 …… 164
  任务二 应付单据及付款单据业务处理 …… 168
  任务三 应付票据管理业务处理 …… 175
  任务四 核销及转账业务处理 …… 180

 项目四 库存管理与存货核算业务处理 …… 186
  任务一 库存管理日常业务处理 …… 186
  任务二 存货核算日常业务处理 …… 194
  任务三 采购暂估业务处理 …… 201
  任务四 库存存货盘点业务处理 …… 209
  任务五 存货核算产成品成本分配业务处理 …… 215

 项目五 固定资产日常业务处理 …… 223
  任务一 固定资产增加日常业务处理 …… 223
  任务二 固定资产变动业务处理 …… 230
  任务三 固定资产期末业务处理 …… 237

 项目六 薪资管理日常业务处理 …… 247
  任务一 薪资月变动业务处理 …… 247
  任务二 薪资费用分摊设置业务处理 …… 251
  任务三 薪资费用分摊凭证业务处理 …… 255

模块三 企业期末业务处理

 项目一 总账管理系统期末业务处理 …… 262
  任务一 凭证签字、审核、记账、修改业务处理 …… 262
  任务二 总账期末业务自定义转账业务处理 …… 270

 项目二 各模块期末业务处理 …… 289
  任务一 供应链模块期末对账及结账处理 …… 289
  任务二 财务会计模块期末对账及结账处理 …… 293

 项目三 财务报表管理与分析 …… 302
  任务一 财务报表模板应用 …… 302
  任务二 财务报表模板设置 …… 308
  任务三 自定义财务报表设计 …… 318

模块一
企业建账及初始化处理

项目一　企业建账及系统管理业务

1-1-1 业财一体信息化实训教程概述

>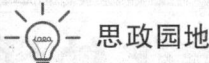
> 思政园地
>
> **到位不越位　尽职不越权**
>
> 　　古人提倡"不在其位，不谋其政"，就是在做事的过程中，要清晰地认识到自己的职责权限，不要把自己分内的工作推给别人；而不属于自己的职责范围内的事，便要小心谨慎，尽量少插手、不插手。
>
> 　　一方面，"越俎代庖"往往无法保证工作质量，甚至会出现差错；另一方面，每个岗位的权力与责任是对应的，越位处理自己本无权处理的事务，会造成职责混乱，在出现问题需要承担责任的时候也会产生纠纷。越位越权、有权无责的现象多了，腐败随之滋生，出现公私不分、滥用职权等损害公司利益、危害公司管理的行为。因此，每个人都要明确好自己的角色和位置，明晰自己的身份和职责，守职尽责，到位而不越位，尽职而不越权。

任务一　企业基本情况简介及建立企业账套

业务一　了解企业基本情况

1-1-2 用友U8操作平台概述

【企业背景资料】

（一）企业基本情况

　　珠海市美满机械有限公司是一家工业企业，主要业务为生产加工齿轮。其生产的产品有变速箱锥齿轮和传动齿轮，公司生产部门下设两个生产车间，一车间单步骤生产变速箱锥齿轮，二车间单步骤生产传动齿轮。

　　经税务部门认定，该公司为增值税一般纳税人。公司相关信息如下：

（1）单位地址：珠海市经济技术开发区港湾路688号。

（2）法人代表：张建国；账务主管：蓝英；总账会计：李嘉文；应收、应付会计：张华；出纳：韦宝宝。

（3）邮政编码：519000；联系电话：0756-7796088。

（4）开户行：中国工商银行珠海市金湾支行；账号：1307100026160024388。

（5）纳税人识别号：810197693123456。

（二）企业采用的会计政策及核算方法

（1）企业所得税采用应付税款法核算，其中企业所得税税率为25%，增值税税率为13%，运费增值税抵扣率为9%，城市维护建设税税率为7%，教育费附加税率为3%，地方教育附加税率为2%。

（2）企业对原材料采用实际成本法核算，其中发出原材料成本全月一次加权平均法。

（3）企业对库存商品采用实际成本法核算，本月发出商品成本计算采用全月一次加权平均法。

（4）月末生产费用在完工产品与在产品之间的成本分配采用约当产量法，其中分配率保留四位小数，尾差计入在产品成本。

（5）企业计提折旧采用平均年限法，其中制造费用按照产品比例各占50%分配。

（6）职工养老保险、医疗保险和失业保险以员工工资应发基本工资和岗位工资合计数为计提基数，其中由企业承担的比例依次为20%、8%、2%，由个人承担的比例依次为8%、2%、1%。每月分配工资时将应由个人负担的部分记入"其他应收款"科目，发放工资时再行扣除，同时分别按照当月应付工资的2.5%和2%计提职工教育经费和工会经费。

（7）个人所得税按七级超额累进税率计算代扣代缴。工薪所得个人所得税的费用扣除标准是5 000元/月。

（8）差旅费相关规定：按实际出差天数每天补助80元，当无住宿发票时，只补助出行和归来2天；住宿费标准为每天260元；市内交通补贴按实际出差天数每天补贴20元；长途客车、火车、轮船等票实报实销，但飞机票必须提前经公司总经理批准，方可实报实销。

（9）企业对应收账款计提坏账准备，采用应收账款余额百分比法，计提比例为0.5%。

（10）企业内部借款相关规定：根据有关文件填写借款单，并经部门领导签字。借款单经会计主管批准后，出纳方可借款。

（11）企业的长期借款400万元为购置固定资产借款，该借款在2021年1月借入，3年期，年利率为7.5%。固定资产已交付使用，会计核算保留两位小数。

业务二　企业账套业务处理

〖业务描述〗　按照表1-1-1所示的内容建立账套，账套号为【666】。

〖操作说明〗　系统管理员【admin】建立账套。

表1-1-1　　　　　　　　　　　账套信息资料

1-1-3 企业建账业务处理（微课）

项目	操作内容
账套号	666
账套号名称	珠海市美满机械有限公司
纳税人识别号	810197693123456
法定代表人	张建国
邮编	519000
地址	珠海市经济技术开发区港湾路688号
电话及传真	0756-7796088
开户银行	中国工商银行珠海市金湾支行
银行账号	1307100026160024388
企业类型	工业企业
行业性质	2007年新会计制度科目
基础信息	存货有分类、客户有分类、供应商无分类、有外币核算
编码方案	科目编码为【4-2-2-2】，客户分类编码为【1-2-3】，供应商分类编码为【1-2-3】，部门编码为【1-2-2】，收发类别编码为【1-1-1】
启用模块	总账、固定资产、薪资管理、应收款管理、应付款管理、销售管理、采购管理、库存管理、存货核算9个系统模块
数据精度	采用系统默认
启用日期	2022年1月1日

〖操作指引〗

(1) 打开系统管理,登录到指定服务器 IP 地址,以操作员【admin】身份注册,密码为空,选用默认账套【(default)】,如图 1-1-1 所示,单击【登录】进入系统管理。

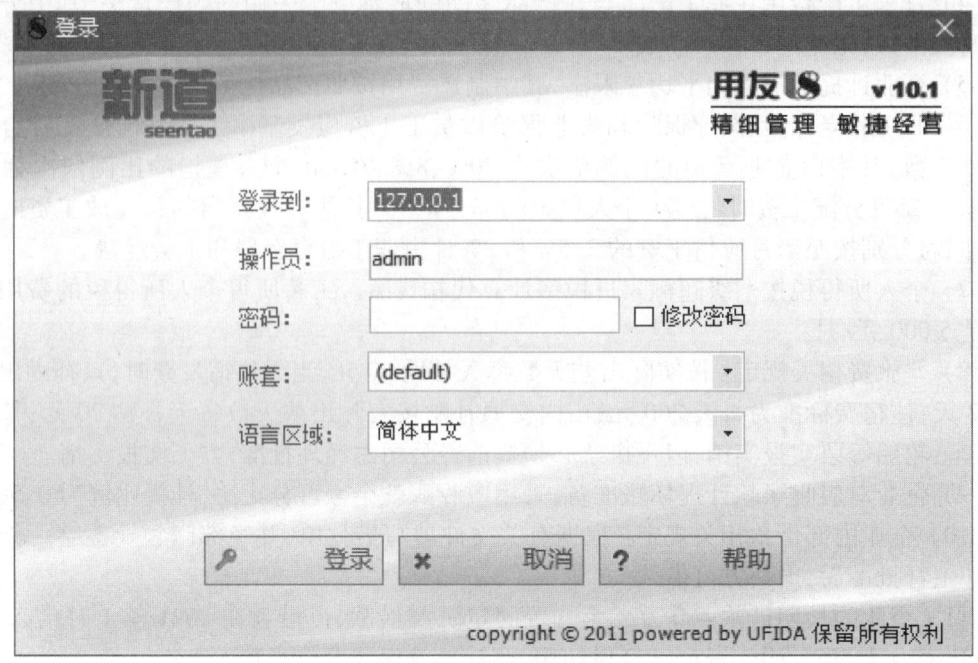

图 1-1-1　登录系统

(2) 执行【账套—建立】命令,打开【建账方式】对话框,选择【新建空白账套】,单击【下一步】,在【创建账套—账套信息】对话框中,输入【账套号】为【666】、【账套名称】为【珠海市美满机械有限公司】及【启用会计期】为【2022 年 1 月】,如图 1-1-2 所示。

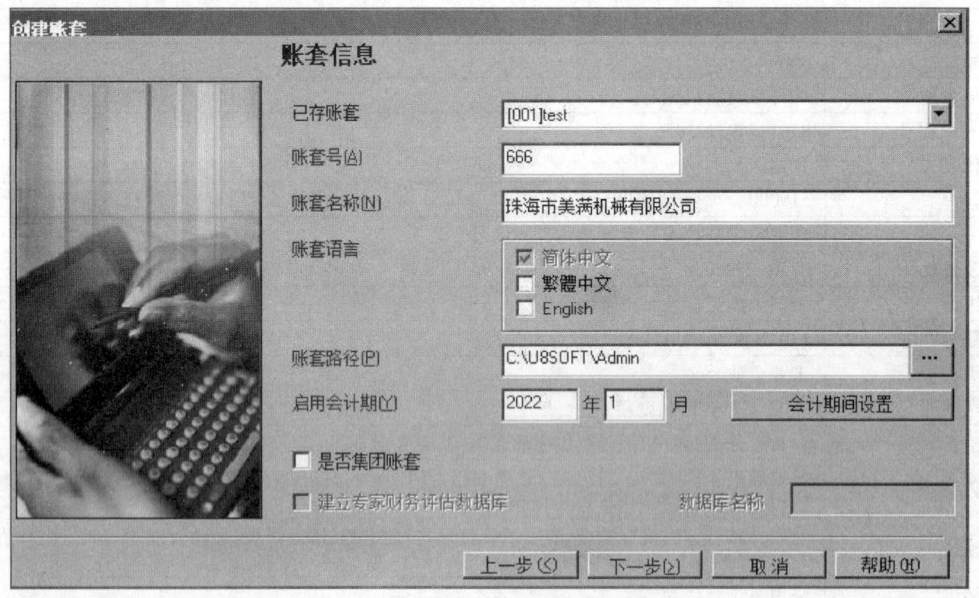

图 1-1-2　【创建账套—账套信息】对话框

(3)单击【下一步】,打开【创建账套—单位信息】对话框,依次输入单位名称、单位简称、单位地址等信息,如图1-1-3所示。

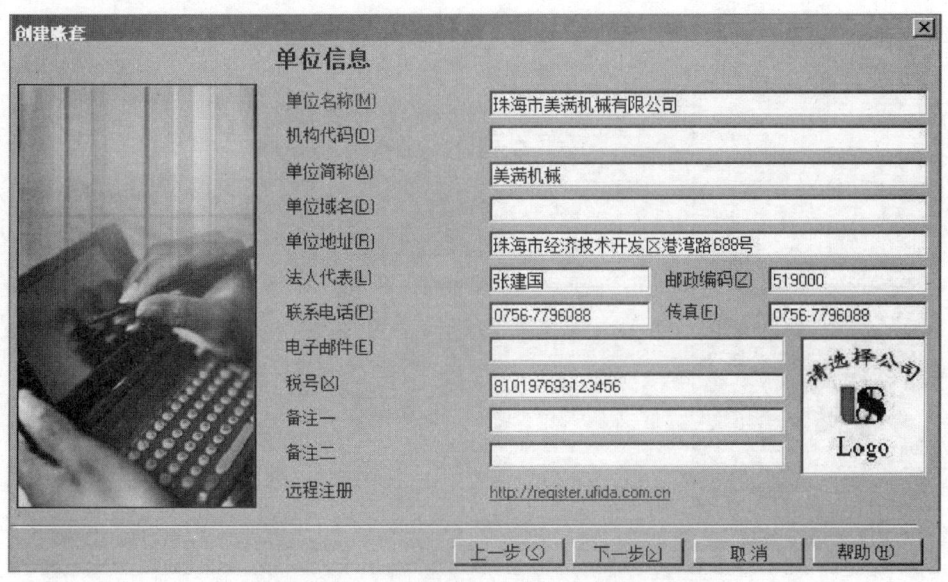

图1-1-3 【创建账套—单位信息】对话框

(4)单击【下一步】,打开【创建账套—核算类型】对话框,选择【企业类型】为【工业】、【行业性质】为【2007年新会计制度科目】,在【账套主管】下拉列表中选择【[demo]demo】,勾选【按行业性质预置科目】复选框,如图1-1-4所示。

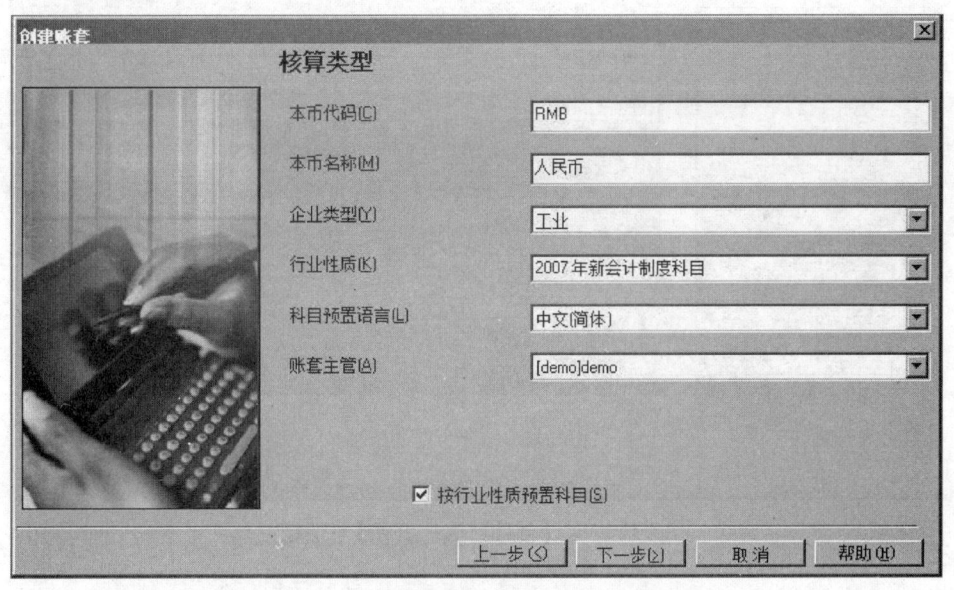

图1-1-4 【创建账套—核算类型】对话框

注意:因为行业性质将决定系统预置科目的内容,所以行业性质必须选择正确。如果勾选了【按行业性质预置科目】复选框,则系统根据所选择的行业类型自动添加国家规定的一级科目。

(5)单击【下一步】,打开【创建账套—基础信息】对话框,勾选【存货是否分类】【客户是否分类】【供应商是否分类】【有无外币核算】复选框,如图1-1-5所示。

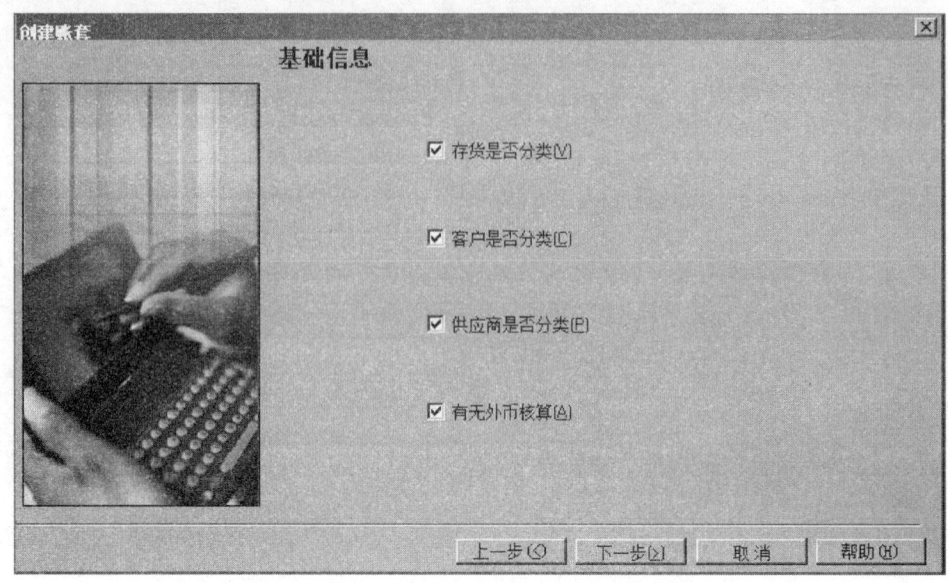

图1-1-5 【创建账套—基础信息】对话框

(6)单击【下一步】,打开【创建账套—开始】对话框,如图1-1-6所示。

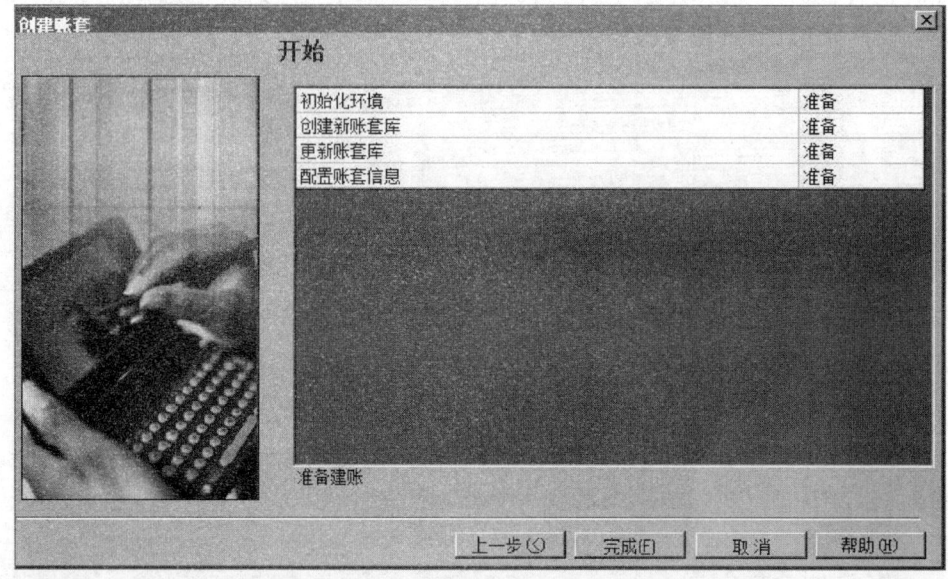

图1-1-6 【创建账套—开始】对话框

(7)单击【完成】,系统提示【可以创建账套了么?】,单击【是】,完成建账工作。

(8)上述操作完成后,系统自动进行创建账套的工作。建账需要一段时间,请耐心等候。建账完成后,系统自动打开【编码方案】对话框,按表1-1-1中的账套信息资料修改编码方案,科目编码为【4-2-2-2】、客户分类编码为【1-2-3】、部门编码为【1-2-2】等,如图1-1-7所示。

（9）单击【确定】，再单击【取消】，进入【数据精度】对话框，系统预置的数据精度均设置为【2】，单击【取消】，系统提示【［666］建账成功】和【现在进行系统启用的设置？】

（10）单击【是】，打开【系统启用】对话框，依次启用【总账】【应收款管理】【应付款管理】【固定资产】【薪资管理】【采购管理】【销售管理】【库存管理】【存货核算】，启用日期为2022年1月1日，如图1-1-8所示。

注意：如果单击【否】，则先结束建账过程，之后再在企业应用平台的基础信息中进行系统启用。

（11）单击【退出】，结束建账过程，系统弹出【请进入企业应用平台进行业务操作！】提示，如图1-1-9所示，单击【确定】返回。

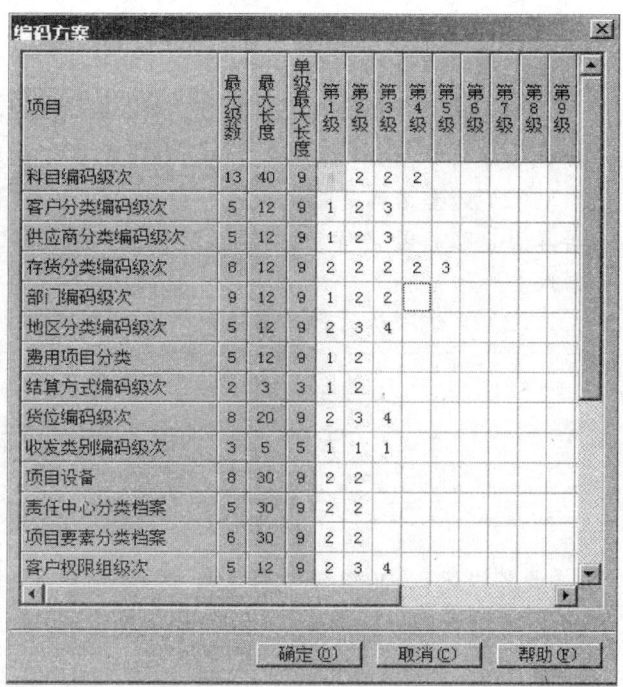

图1-1-7 【编码方案】对话框

图1-1-8 【系统启用】提示框

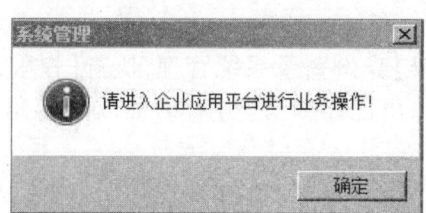

图1-1-9 【系统管理】提示框

> **重难点提示**
>
> （1）账套号是区别不同账套的唯一标识，可以自行设置3位数字，即001~999之间任一序列号，但不允许与已存账套的账套号重复，账套号设置后将不允许修改。
>
> （2）账套名称是账套的另一种标识方法，它和账套号一起显示在系统正在运行的屏幕上。账套号名称可以自行设置，也可以由账套号主管在修改账套功能中进行修改。
>
> （3）系统默认的账套路径是用友U8V10.1版的安装路径，可以进行修改。

任务二　用户设置及授权业务处理

业务一　新增企业角色设置

【业务描述】2022年1月1日，珠海市美满机械有限公司账套用户信息如表1-1-2所示，请以系统管理员【admin】身份登录系统管理，增加用户信息并分配权限。

表1-1-2　　　　　　　　账套用户信息

人员编号	操作员	隶属部门	角色编码	所属角色	操作分工
C201	蓝英	财务部	系统默认	财务主管	账套主管
C202	李嘉文	财务部	1	总账会计	总账：凭证处理、查询凭证、账表、期末业务处理
			2	固定资产会计	固定资产管理所有权限
			3	薪酬会计	薪资管理所有权限
C203	张华	财务部	4	应收会计	应收款管理（不含收款单据处理卡片编辑、选择收款）
			5	应付会计	应付款管理（不含付款单据处理卡片编辑、选择付款）
C204	韦宝宝	财务部	6	出纳	总账：凭证出纳签字、现金流量录入、出纳、现金流量表 应收款管理：票据管理、收据单据处理（卡片编辑、卡片查询）、选择收款 应付款管理：票据管理、付款单据处理（卡片编辑、卡片查询）、选择付款
C205	龚纯纯	财务部	7	成本会计	存货核算所有权限
C301	赵文星	采购部	8	采购员	采购管理所有权限
C401	王涵	销售部	9	销售员	销售管理所有权限
C501	陈玮	仓储部	10	库管员	库存管理所有权限、公共单据

【操作说明】系统管理员【admin】根据表1-1-2进行新增角色操作。

【操作指引】

（1）以系统管理员【admin】身份登录系统管理，执行【权限—角色】命令，打开【角色管理】窗口。单击【增加】，打开【角色详细情况】对话框，录入【角色编号】为【001】、【角色名称】为【总账会计】。

（2）单击【增加】，完成总账会计的角色增加工作。按表1-1-2的资料依次设置其他角色，如图1-1-10所示。所有角色设置完毕后，单击【退出】。

图 1-1-10 【角色管理】对话框

业务二 新增企业操作用户设置

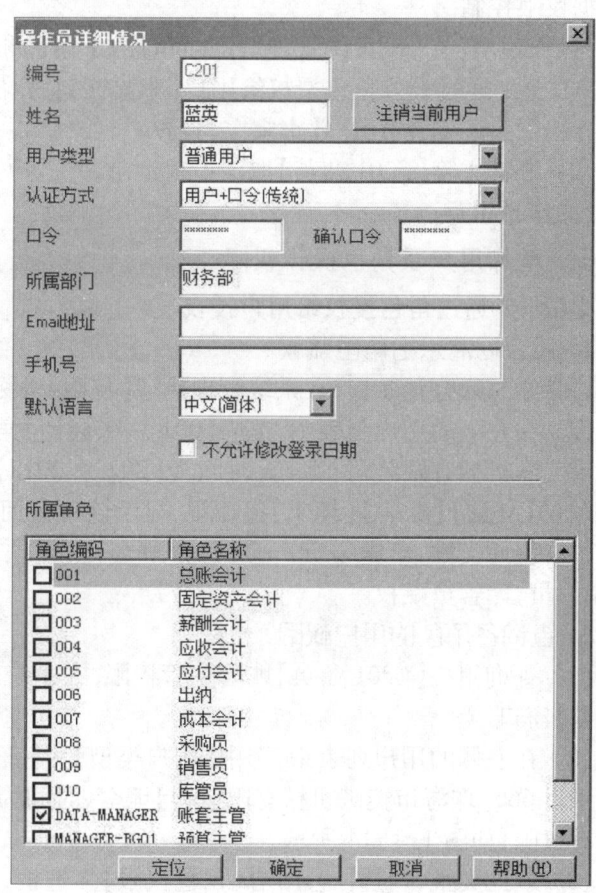

【业务描述】 根据表 1-1-2 已知信息内容新增企业用户,并按表 1-1-2 的资料给用户分配对应角色。

【操作说明】 系统管理员【admin】增加用户和指定角色。

【操作指引】

(1) 以系统管理员【admin】身份登录系统管理,执行【权限—用户】命令,打开【用户管理】窗口,单击【增加】,打开【操作员详细情况】对话框,录入【编号】为【C201】、【姓名】为【蓝英】、【所属部门】为【财务部】、【角色名称】为【账套主管】,如图 1-1-11 所示。

(2) 按以上操作方法完成【C202 李嘉文】【C203 张华】等用户的增加操作。

(3) 按表 1-1-2 的资料依次设置所有用户,所有操作人员列表如图 1-1-12 所示,设置完毕后,单击【退出】。

图 1-1-11 【操作员详细情况】对话框

图 1-1-12 【用户管理】对话框

业务三 角色及用户授权设置

〖业务描述〗 根据表1-1-2的资料增加用户及角色操作权限;取消所有授权记录,并进行数据权限控制。

〖操作说明〗 (1)系统管理员【admin】给予角色和用户授权。

方法一:通过设置角色授权给用户【李嘉文】【张华】授权。

方法二:直接给予用户【韦宝宝】授权。

(2)账套主管【C201 蓝英】取消授权记录,并进行数据权限控制。

〖操作指引〗

一、增加用户及角色操作权限

方法一:通过角色授权给用户授权

1. 按公司需求给角色赋权

(1)给总账会计赋权,在系统管理执行【权限】命令,打开【操作员权限】窗口。

(2)在左侧的用户列表中,选中【001 总账会计】角色,单击【修改】,在右侧选中【[666]珠海市美满机械有限公司】账套,时间为【2022—2022】,单击展开【财务会计—总账】,选中【总账】的【凭证】【账表】【期末】等权限,显示该角色拥有本账套权限,如图1-1-13所示。

(3)以此类推,给固定资产会计、薪酬会计、应收会计、应付会计、出纳、成本会计采购员、销售员、库管员赋权。

2. 查询各角色的用户权限

(1)查询用户【C201 蓝英】账套主管权限,在系统管理中,执行【权限】命令,打开【操作员权限】窗口。

(2)在左侧的用户列表中,选中【用户类型】为【普通用户】的操作员【C201 蓝英】,在右侧选中【[666]珠海市美满机械有限公司】账套,时间为【2022—2022】,显示该用户拥有本账套所有权限,如图1-1-14所示。

(3)以此类推,勾选【显示所属角色权限】复选框,查询用户【C202 李嘉文】总账会计、固定资产会计、薪酬会计及【C203 张华】应收会计、应付会计角色权限。

图 1-1-13 【操作员权限】窗口

图 1-1-14 【操作员权限】窗口

> **重难点提示**
>
> （1）只有系统管理员（admin）才有权设置或取消账套主管，而账套主管只有权对所辖账套进行用户的权限设置。
> （2）设置权限时应注意分别选中【账套】及相应的【用户】。
> （3）账套主管拥有该账套的所有权限，因此无须为账套主管另外赋权。
> （4）一个账套可以有多个账套主管，一个主管也可以管理多个账套。
> （5）系统管理员（admin）可以对所有用户和角色进行授权。
> （6）如果企业工作人员角色相对稳定，可以选择用户并指定角色授权。
> （7）不熟悉角色或项目的，可通过定位功能进行查找，录入关键字就可以显示所有相关信息进行授权选择。

方法二：直接给操作用户授权

（1）按公司需求给用户【C204 韦宝宝】赋予出纳权限，在系统管理中，执行【权限】命令，打开【操作员权限】窗口。

（2）在右侧选中【［666］珠海市美满机械有限公司】账套，时间为【2022—2022】。

（3）在左侧的用户列表中，选中【用户类型】为【普通用户】的【C204 韦宝宝】用户，单击【修改】。根据表 1-1-2 内容进行操作，单击【修改】，使用【定位】功能，录入需要查找的权限内容，快速查找出【财务会计—总账—凭证】下面的相关选项，勾选【凭证处理】【出纳签字】【出纳】【现金流量表】前的复选框，如图 1-1-15 所示。

图 1-1-15 【操作员权限】窗口

(4) 使用【定位】功能,查找【收款单据处理】和【付款单据处理】中的【卡片编辑】【卡片查询】选项,并勾选【选择付款】【票据管理】复选框,单击【保存】,完成用户【C204 韦宝宝】的相关权限授权。

二、取消所有记录及数据权限控制

(1) 以账套主管【C201 蓝英】身份登录企业应用平台,执行【系统服务—权限】命令,打开【数据权限控制设置】窗口,显示【是否控制】界面。

(2) 在【是否控制】界面,取消勾选【仓库】【工资权限】【科目】【用户】复选框,单击【确定】。

重难点提示

如果在【数据权限控制设置】中勾选【是否控制】复选框,用户将被限制对相关模块或业务的数据进行查询、录入、修改等;取消勾选后,用户方可对相应的业务进行操作。

任务三　系统日常维护业务

〖业务描述〗 (1) 账套备份:2022 年 1 月 1 日,将【666】珠海市美满机械有限公司】账套输出至【D:\666 账套备份\】文件夹中保存。

1-1-5　系统日常维护业务(微课)

(2) 账套引入:2022 年 1 月 1 日,将【666】珠海市美满机械有限公司】账套引入【C:\U8SOFT\】文件夹中。

(3) 账套修改:2022 年 1 月 1 日,以账套主管【C201 蓝英】的身份登录系统,修改【666】珠海市美满机械有限公司】账套基础信息,取消供应商分类选项。

(4) 根据表 1-1-3 设置自动备份计划。

表 1-1-3　　　　　　　　　　　自动备份计划

项目	操作内容
计划编号	001
计划名称	666 账套备份
开始时间	17:00:00
保留天数	7 天
备份路径	D:\666 账套备份\

(5) 设置清除系统运行异常、清除单据锁定、刷新;查看上机日志。

〖操作说明〗 (1) 系统管理员【admin】完成输出账套、设置自动备份等工作。

(2) 账套主管【C201 蓝英】修改账套。

〖操作指引〗

1. 账套备份的操作

(1) 在 D 盘中新建【666 账套备份】文件夹。

(2) 系统管理员登录【系统管理】,执行【账套—输出】命令,如图 1-1-16 所示。

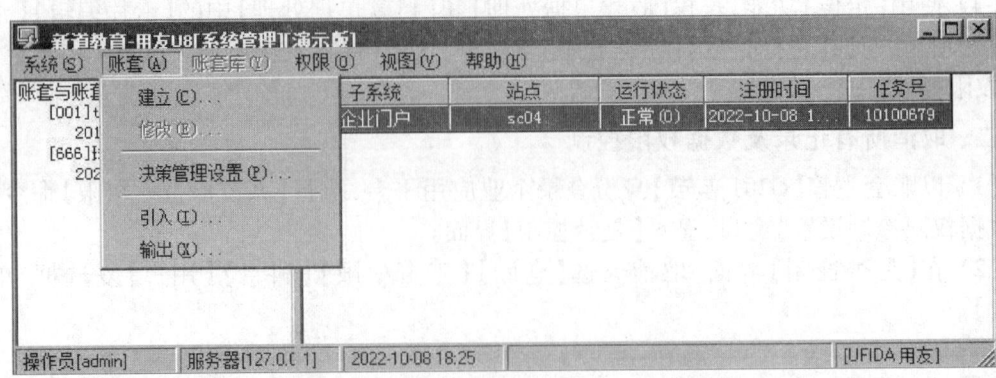

图 1-1-16 【系统管理】窗口

（3）打开【账套输出】对话框，单击【账套号】栏的下三角，选择【[666]珠海市美满机械有限公司】，【输出文件位置】选择【D:\666账套备份\】，如图1-1-17所示。

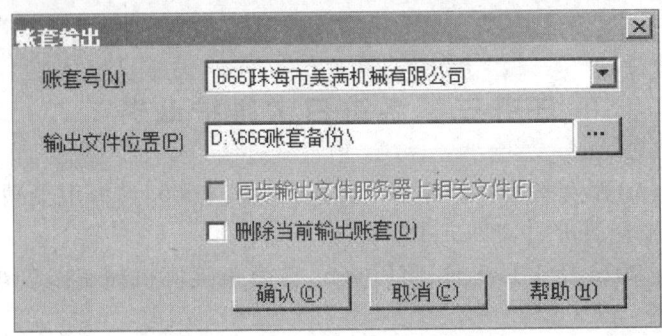

图 1-1-17 【账套输出】对话框

（4）单击【确认】，系统进行账套数据输出。完成后，弹出【输出成功】提示框，单击【确定】，完成账套备份。

> **重难点提示**
>
> （1）如果需要对系统中不需要使用的账套进行删除，可以通过账套输出功能进行【删除账套】的操作。操作方法是在【账套输出】对话框中选中【删除当前输出账套】复选框，单击【确认】。系统在删除账套前同样要进行账套输出，予以保存，以备日后需要再导入使用。输出完成后，系统提示【真要删除该账套吗？】，单击【是】，则可以删除该账套。
>
> （2）只有系统管理员【admin】有权进行账套输出。
>
> （3）正在使用的账套可以进行账套输出，而不允许进行账套删除。

2. 账套引入操作

（1）以系统管理员【admin】身份登录【系统管理】。执行【账套—引入】命令，打开【请选择账套备份文件】对话框，打开【D:\666账套备份\】，选择将要引入的账套数据，单击【确定】。

（2）系统会自动将账套数据引入系统，系统弹出【请选择账套引入的目录】对话框，选择引入目录为【D:\U8SOFT\】，如图1-1-18所示，单击【确定】。

（3）引入账套需要一定的时间，请耐心等候。引入完成后，系统弹出【账套[666]引入成功!】提示框，单击【确定】。

3. 修改账套操作

（1）执行【系统—注册】命令，打开【系统管理】窗口。如果已有其他用户登录，则先通过执行【系统—注销】命令，注销当前账户，再打开【系统管理】窗口。

（2）以账套主管【C201 蓝英】身份登录系统管理，单击【账套】栏的下三角，选择【[666]珠海市美满机械有限公司】，操作日期为【2022-01-01】。

（3）单击【登录】，以账套主管【C201 蓝英】身份登录系统。执行【账套—修改】命令，打开【修改账套】对话框。单击【下一步】，打开【单位信息】对话框。单击【下一步】，打开【核算类型】对话框。单击【下一步】，打开【基础信息】对话框，如图1-1-19所示。

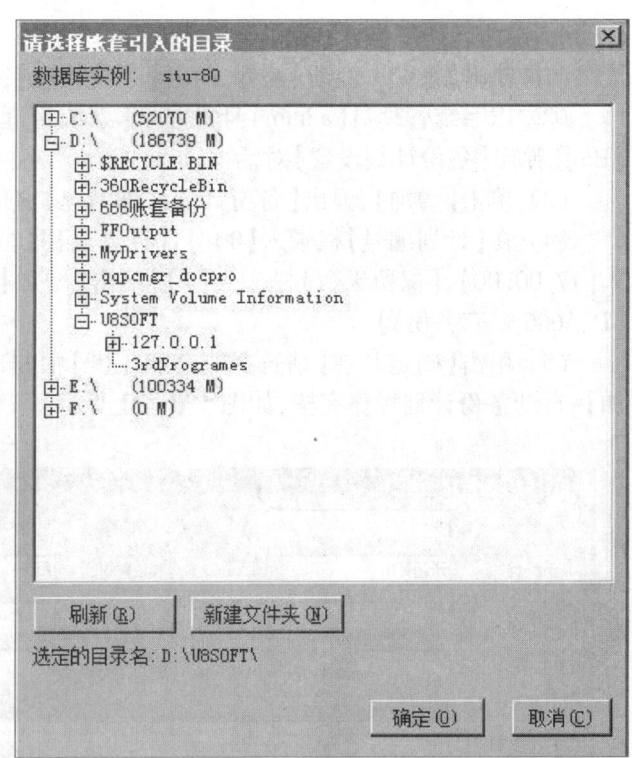

图1-1-18 【请选择账套引入的目录】对话框

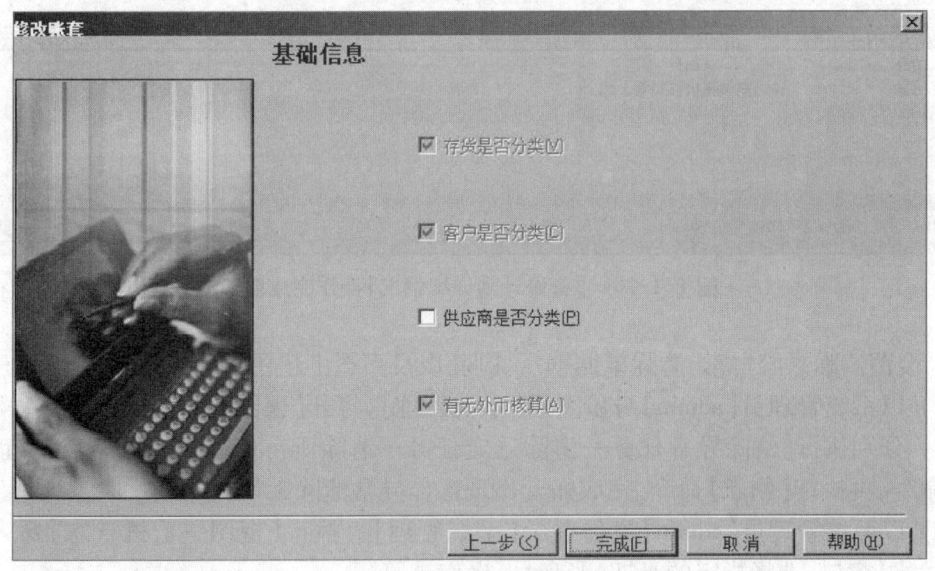

图1-1-19 【修改账套—基础信息】对话框

（4）单击取消选中【供应商是否分类】前的复选框。单击【完成】，系统弹出【确认修改账套了么？】提示框。

（5）单击【是】，并在【编码方案】和【数据精度】窗口中分别单击【取消】，提示【修改账套成功】，单击【确认】退出。

4. 设置自动备份计划

（1）执行【系统—注册】命令，打开【系统管理】窗口。

（2）以系统管理员【admin】身份登录【系统管理】，单击【系统】，再单击【设置备份计划（P）】，弹出【备份计划设置】对话框。

（3）单击【增加】，弹出【备份计划详细情况】窗口。

（4）在【计划编号】栏录入【001】，【计划名称】栏录入【666账套备份】，【开始时间】栏录入【17：00：00】，【保留天数】栏输入【7】，单击【增加】，弹出【请选择备份路径】对话框，选择【D：\666账套备份\】。

（5）单击【确定】，在【请选择账套和年度】中勾选【账套号】为【666】的选项栏，单击【增加】，自动备份计划操作完毕，如图1-1-20所示。

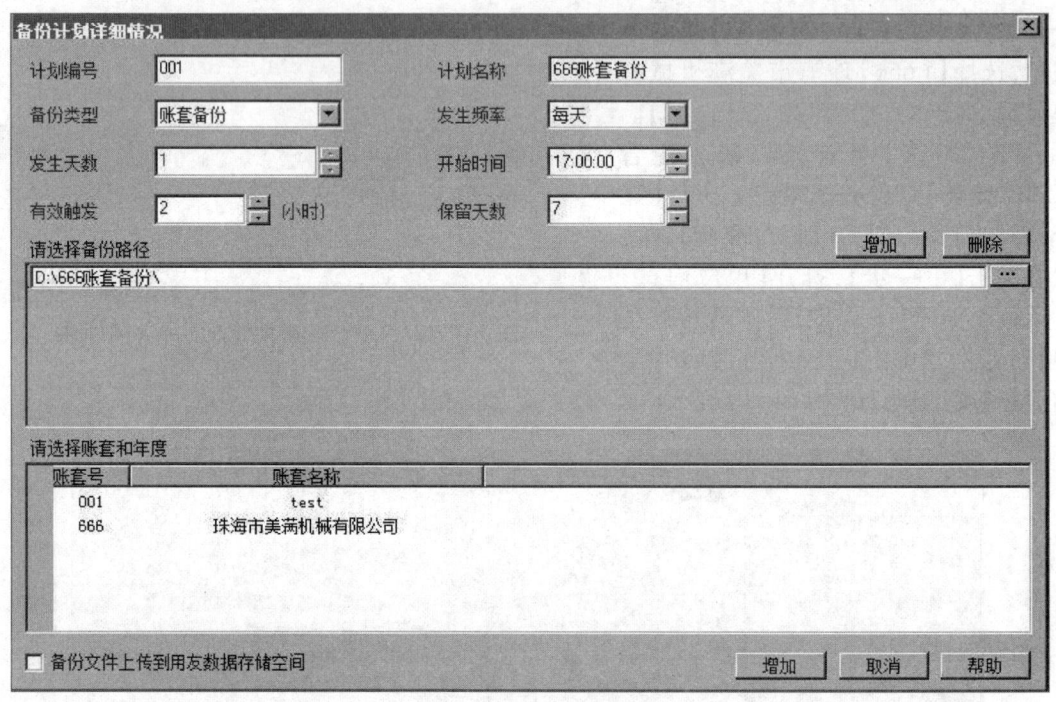

图1-1-20 【备份计划详细情况】操作完成窗口

5. 设置清除系统异常、清除单据锁定、刷新以及查看上机日志

（1）以系统管理员【admin】身份登录【系统管理】，打开【视图】界面。

（2）分别执行【清除异常任务—清除选定任务—清除所有任务—清退站点—清除单据锁定】命令，再执行【刷新】命令，完成账套出现操作异常清除工作。

（3）以系统管理员【admin】身份登录【系统管理】。执行【视图—上机日志】命令，弹出【日志过滤】窗口，选择指定的日期、账套号、操作员等。

（4）单击【确认】，弹出【上机日志】窗口，如图1-1-21所示。

（5）完成对操作员上机日志的查询工作。

（6）在D盘下设置文件夹【666账套备份\1.1.1】，将账套输出至【D：\666账套备份\1.1.1】文件夹。

（7）以此类推，按任务编号设置本书中所有账套的输出文件，便于做好账套的备份工作。

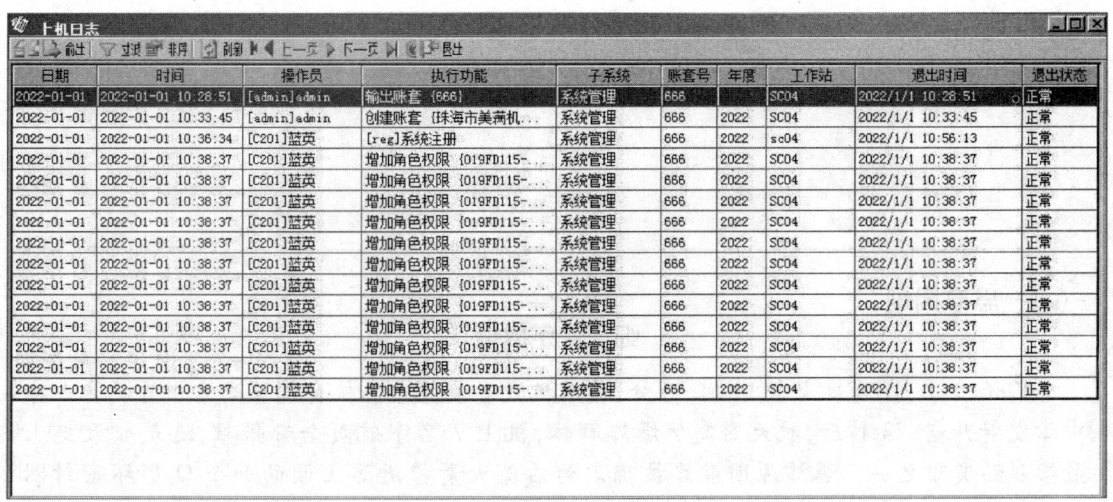

图1-1-21 【上机日志】窗口

 重难点提示

（1）已有其他用户登记的【系统管理】界面，需要更换操作员，可通过执行【系统—注销】命令注销当前用户，再执行【系统—注册】命令，进入【系统管理】窗口。选择操作员为账套主管【C201 蓝英】，账套为【666 珠海市美满机械有限公司】，即可进入系统修改相关账套信息。

（2）只有账套主管才能拥有对所管理账套进行修改的权限。

（3）账套系统平台操作出现异常现象时，需要到【视图】界面进行【清除异常任务】【清除选定任务】【清除所有任务】【清除单据锁定】等操作，并进行刷新处理，方可消除业务操作平台的异常任务。

项目二　企业基础信息设置

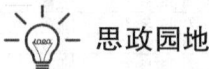

思政园地

细节决定成败

1986年1月28日上午11时38分，美国挑战者号航天飞机在佛罗里达州肯尼迪太空中心发射升空，73秒后，航天器突然爆炸解体，机上7名宇航员全部罹难，这是航天史上最惨烈的灾难之一。爆炸原因最终被确定为右侧火箭推进器上面的一个O形环密封圈失效，当时的天气气温较低，导致高温气体泄漏，引燃主燃料舱，30吨燃料顷刻爆炸。这是一个细节的疏忽而导致的悲剧。细节固然细小，但是我们决不能因此而忽视它，否则将要付出沉重的代价。

《道德经》有云："天下难事，必作于易；天下大事，必作于细。"考虑细节、注重细节的人会将小事做细致，往往能够从细节中找到机会。我们应该改变心浮气躁、急功近利的坏习惯，注重细节，把小事做细做好，日积月累才能成就大事。

参考资料：佚名.挑战者号航天飞机灾难[EB/OL].（2022-09-15）[2023-3-25]. https://baike.baidu.com/item/%E6%8C%91%E6%88%98%E8%80%85%E5%8F%B7%E8%88%AA%E5%A4%A9%E9%A3%9E%E6%9C%BA%E7%81%BE%E9%9A%BE/8037496?fr=aladdin.

1-2-1 企业基本信息维护

任务一　企业基本信息维护

【业务描述】　2022年1月1日，账套主管【C201 蓝英】登录企业应用平台，增加【2023】会计年度，增加启用【行业报表】模块，修改科目编码级次为【4-2-2-2-2】，修改收发类别编码级次为【1-2】，修改换算率小数位为【3】。

【操作说明】　【C201 蓝英】执行基本信息维护。

【操作指引】

1. 增加2023会计年度

（1）在【基础设置】选项卡中，执行【基础信息—会计期间】命令，打开【会计期间】窗口，单击【增加】，弹出【本账套的会计年度为：2022年，是否新建2023年的会计月历？】

（2）单击【确定】，2023年会计年度建立成功，窗口如图1-2-1所示。

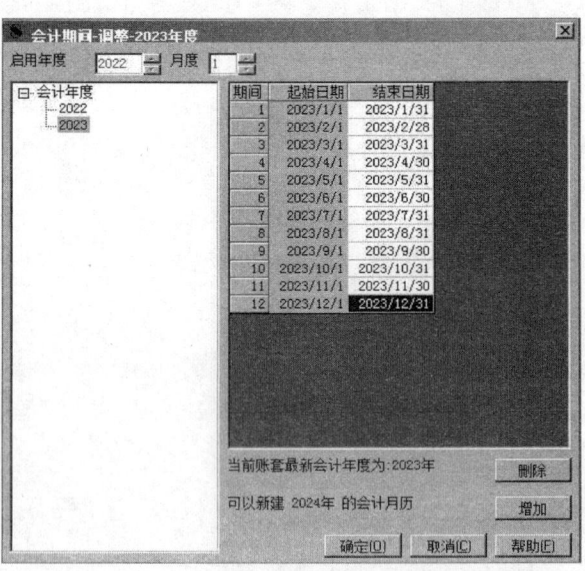

图1-2-1　【会计期间—调整—2023年度】窗口

2. 增加启用系统模块

(1) 在【基础设置】选项卡中,执行【基础信息—系统启用】命令,打开【系统启用】窗口,选择【行业报表】模块,弹出【启用日期】,选择【2022-01-01】。

(2) 单击【确定】,弹出【确定要启用当前系统?】对话框,单击【确定】,完成【行业报表】的启用,如图1-2-2所示。

3. 设置编码方案

在【基础设置】选项卡中,执行【基础信息—编码方案】命令,打开【编码方案】窗口。修改【科目编码级次】第5级为【2】,修改收发类别编码级次为【1-1-1】,单击【确定】,再单击【取消】退出界面。

4. 设置数据精度

在【基础设置】选项卡中,执行【基础信息—数据精度】命令,打开【数据精度】窗口。修改【换算率小数位】为【3】,单击【确定】。

图1-2-2 【系统启用】对话框

任务二 机构人员档案设置

【业务描述】 2022年1月1日,账套主管【C201 蓝英】登录企业应用平台,增加部门档案、人员类别和人员档案的相关信息。

1-2-2 机构部门信息设置(微课)

1-2-3 机构人员信息设置(微课)

表1-2-1 部门档案

部门编码	部门名称	部门编码	部门名称
1	行政人事部	5	生产部
2	财务部	501	一车间
3	采购部	502	二车间
4	销售部	6	仓储部

表1-2-2 人员类别

人员类别编码	人员类别	人员类别编码	人员类别
1	企业管理人员	4	车间管理人员
2	采购人员	5	生产人员
3	销售人员		

表1-2-3 人员档案

人员编码	人员名称	性别	行政部门	人员类别编码	人员类别	是否操作员	是否业务人员	费用部门
101	张建国	男	行政人事部	1	企业管理人员	否	是	行政人事部
201	蓝英	女	财务部	1	企业管理人员	是	是	财务部

（续表）

人员编码	人员名称	性别	行政部门	人员类别编码	人员类别	是否操作员	是否业务人员	费用部门
202	李嘉文	女	财务部	1	企业管理人员	是	是	财务部
203	张 华	女	财务部	1	企业管理人员	是	是	财务部
204	韦宝宝	女	财务部	1	企业管理人员	是	是	财务部
205	龚纯纯	女	财务部	1	企业管理人员	是	是	财务部
301	赵文星	男	采购部	2	采购人员	是	是	采购部
302	王 智	男	采购部	2	采购人员	否	是	采购部
401	王 涵	女	销售部	3	销售人员	是	是	销售部
402	杨 慧	女	销售部	3	销售人员	否	是	销售部
501	秦 昊	男	一车间	4	车间管理人员	否	否	—
502	何家鸿	男	一车间	5	生产人员	否	否	—
503	许志军	男	一车间	5	生产人员	否	否	—
504	郑 彦	男	二车间	4	车间管理人员	否	否	—
505	沈 伟	男	二车间	5	生产人员	否	否	—
506	吕 宏	男	二车间	5	生产人员	否	否	—
601	陈 玮	女	仓储部	1	企业管理人员	是	是	仓储部

〖操作说明〗 【C201 蓝英】设置机构人员档案。

〖操作指引〗

1. 设置部门档案

（1）在【基础设置】选项卡中，执行【基础档案—机构人员—部门档案】命令，打开【部门档案】窗口。单击【增加】，输入【部门编码】为【1】，【部门名称】为【行政人事部】，单击【保存】。

（2）以此方法依次输入其他部门档案，操作结果窗口如图 1-2-3 所示。

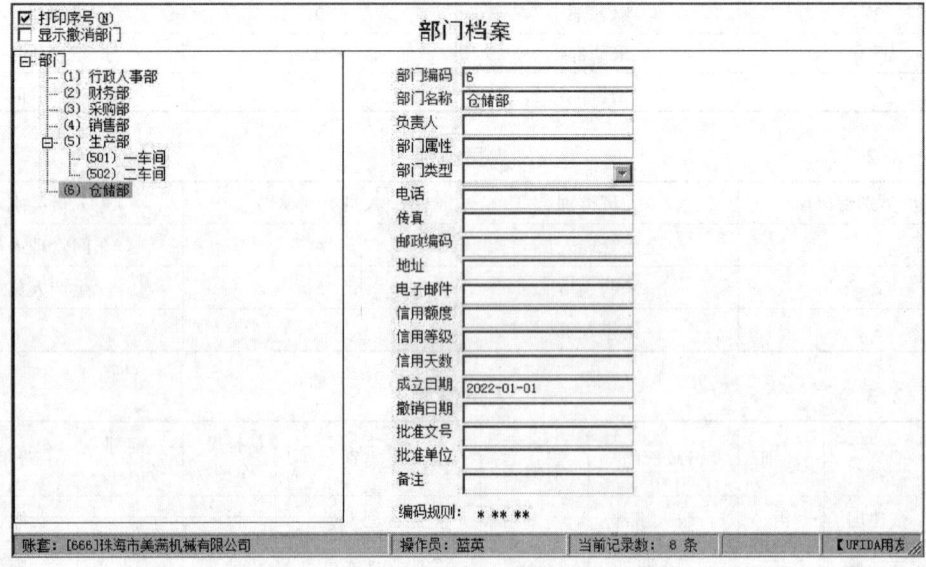

图 1-2-3 【部门档案】操作结果窗口

> **重难点提示**
>
> 部门编号必须符合在分类编码中定义的编码规则【* ** **】(即1-2-2)。

2. 设置人员类别

（1）在【基础设置】选择卡中，执行【基础档案—机构人员—人员类别】命令，打开【人员类别】窗口。

（2）删除系统自带人员类别后，单击【增加】，按表1-2-2增加企业管理人员类别，操作结果窗口如图1-2-4所示。

（3）以此方法依次增加其他四类人员类别，操作结果窗口如图1-2-5所示。

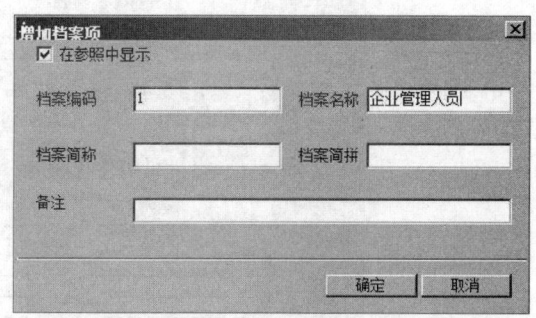

图1-2-4 【增加档案项】对话框

图1-2-5 【人员类别】操作结果窗口

> **重难点提示**
>
> （1）人员类别与工资费用的分配、分摊有关，而工资费用的分配、分摊是薪资管理系统的一项重要功能。设置人员类别是为工资分摊生产凭证设置相应的入账科目做准备，因此，可以按不同的入账科目需要设置不同的人员类别。
>
> （2）人员类别是人员档案中的必选项目，需要在人员档案建立之前进行设置。
>
> （3）人员类别名称可以修改，但已使用的人员类别名称不能删除。

3. 设置人员档案

（1）在【基础设置】选项卡中，执行【基础档案—机构人员—人员档案】命令，打开【人员列表】窗口。

（2）单击左侧窗口中【部门分类】下的【行政人事部】。

（3）单击【增加】，按表1-2-3资料输入人员信息，如图1-2-6所示，单击【保存】。

（4）以此方法依次输入其他人员档案，操作结果窗口如图1-2-7所示。

> **重难点提示**
>
> （1）人员编码必须唯一，选中部门只能是末级部门。
>
> （2）如果该员工需要在其他档案或者其他单据的【业务员】项目中被参照，需要选中【是否业务员】选项。如果该员工是操作管理的人员，可选中【是否操作员】选项。

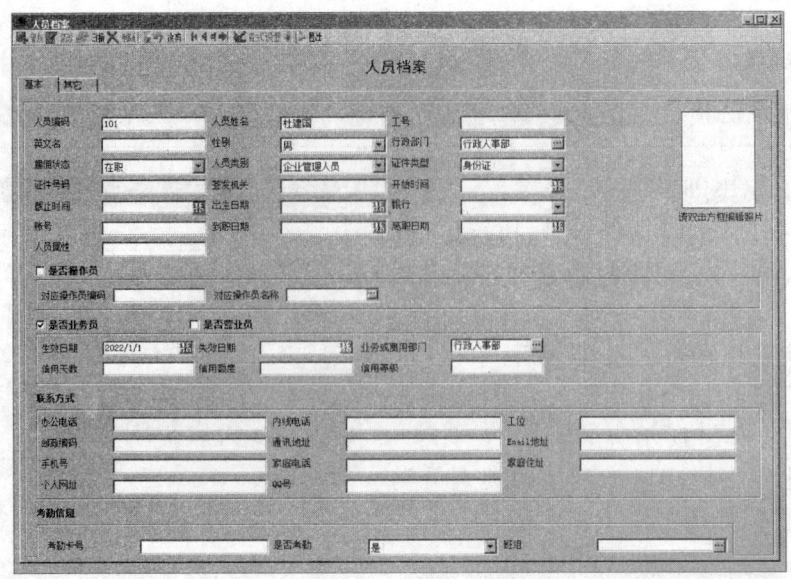

图 1-2-6 【人员档案】窗口

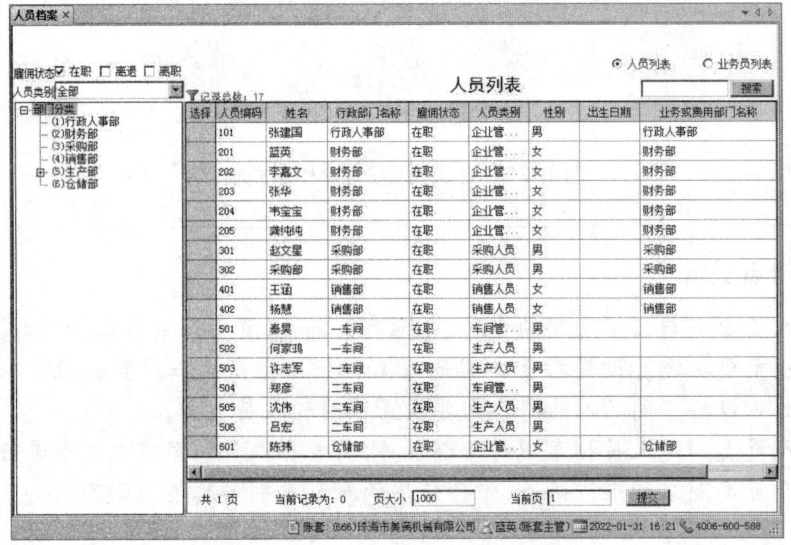

图 1-2-7 【人员档案—人员列表】窗口

任务三 往来信息设置

1-2-4 供应商往来信息设置(微课)

〖业务描述〗 2022年1月1日,请以账套主管【C201 蓝英】身份登录企业应用平台,增加客户分类、客户档案、供应商档案的相关信息,如表 1-2-4 至表 1-2-6 所示。

表 1-2-4　　　　　　　　　　　　　客户分类

客户分类编码	客户分类名称
1	A 类客户
2	B 类客户
3	C 类客户

1-2-5 客户往来信息设置(微课)

表 1-2-5 客户档案信息

客户编码	客户名称	纳税人识别号	地址及电话	开户银行	账号	分管部门	专管员	客户分类编码	客户分类名称
101	深圳市恒兴有限公司	914433402173576088	深圳市镜湖区中山路308号，电话：0755-3522166	中国工商银行深圳市中山路支行	13073101826000020125	销售部	王涵	1	A类客户
102	珠海市明瑞有限公司	914434020217479075	珠海市镜湖区萧山东路58号，电话：0756-3424632	中国银行珠海市三灶支行	64776201560000020253	销售部	王涵	1	A类客户
103	美国ESENW有限公司	914461019766632148	珠海市凤城人民路42号，电话：0756-8796053	中国工商银行珠海市凤城支行	11020299882277552 3	销售部	王涵	1	A类客户
104	中山市阳光有限公司	914434020217415124	中山市中山中路4120号，电话：0760-3424632	中国工商银行中山市中山路支行	13476201560000020556	销售部	王涵	1	A类客户
105	东莞市东和有限公司	914462120217415570	东莞市南城南沙路120号，电话：0769-3425153	中国工商银行东莞市南城南沙支行	21316201560000020425	销售部	王涵	2	B类客户

表 1-2-6 供应商档案信息

供应商编码	供应商名称	税号	地址电话	开户银行	账号	分管部门	专管业务员
1	广东金鸿有限公司	914423028572235448	广州市溪湖区迎春路88号，电话：020-82301288	中国工商银行广州市迎春路支行	40202202924936700221	采购部	赵文星
2	珠海市顺昌有限公司	914434020477732166	珠海市三山区聚工路27号，电话：0756-6685898	中国银行珠海市三山支行	27006005793452056 2	采购部	赵文星
3	珠海市电力有限公司	914434020361026655	珠海市殷港工业园金海大道1号，电话：0756-8269018	中国工商银行珠海市殷港支行	26006002393452078 9	采购部	赵文星
4	广州市恒大合金有限公司	914444030054573134	广州市西青区明清路148号，电话：020-81204793	交通银行广州市明清路支行	23006002369345203 56	采购部	赵文星
5	东莞市东和有限公司	914462120217415570	东莞市南城南沙路120号，电话：0769-3425153	中国工商银行东莞市南城沙支行	21316202156000204 56	采购部	赵文星

〖操作说明〗 【C201 蓝英】设置客户和供应商信息。

〖操作指引〗

1. 增加客户分类及客户档案

(1) 在【基础设置】选项卡,执行【基础档案—客商信息—客户分类】命令,打开【客户分类】窗口。根据表 1-2-4 的资料,单击【增加】,在【分类编码】输入【1】,在【分类名称】输入【A 类客户】,单击【保存】。按照以上步骤,完成增加【B 类客户】【C 类客户】的操作。

(2) 单击【退出】,回到【基础设置】选项卡,执行【基础档案—客商信息—客户档案】命令,打开【客户档案】窗口。窗口分为左右两部分,左窗口显示已经设置的客户分类,单击选中【A 类客户】。

(3) 单击【增加】,打开【增加客户档案】窗口。窗口中共包括 4 个选项卡,即【基本】【联系】【信用】和【其它】,用于对客户不同的属性分别归类记录。

(4) 按照表 1-2-5 的资料,分别输入【客户编码】【客户名称】【客户简称】【所属分类】等相关信息,如图 1-2-8 至图 1-2-10 所示,单击【保存】。

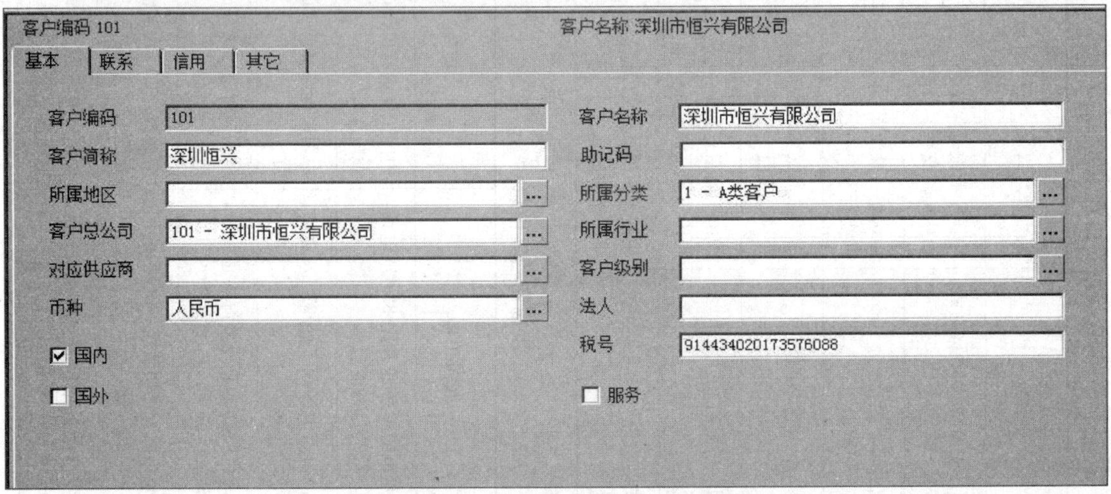

图 1-2-8 【客户档案基本】选项卡

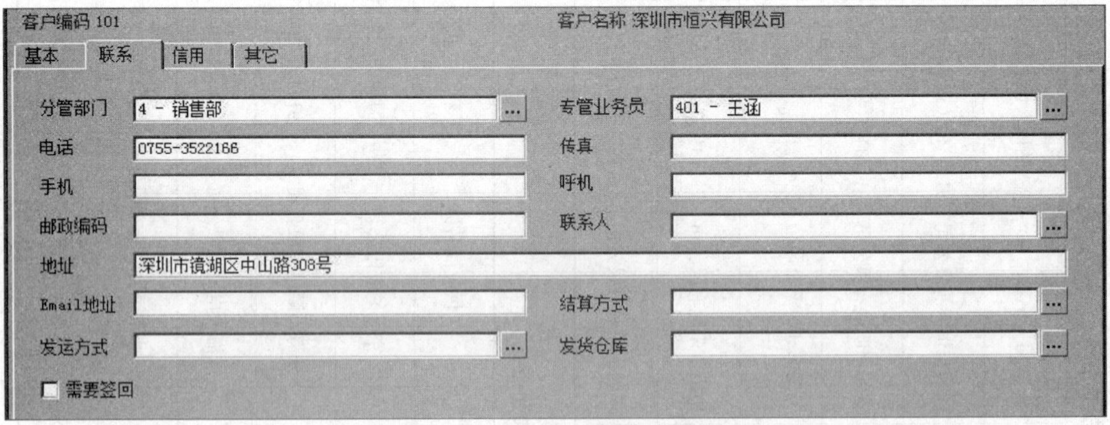

图 1-2-9 【客户档案联系】选项卡

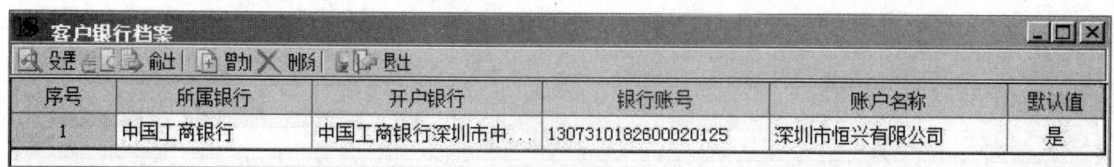

图 1-2-10 【客户银行档案】窗口

（4）以此方法依次录入其他客户档案。操作完成后，右窗口显示操作结果，如图 1-2-11 所示。

图 1-2-11 【客户档案】操作结果窗口

2. 增加供应商档案

（1）在【基础设置】选项卡中，执行【基础档案—客商信息—供应商档案】命令，打开【供应商档案】窗口。窗口分为左右两部分，左窗口显示供应商分类，单击鼠标选中【00-无分类】。

（2）单击【增加】，打开【增加供应商档案】窗口。窗口中共包括 4 个选项卡，即【基本】【联系】【信用】和【其它】，用于对供应商不同的属性分别归类记录。

（3）按照表 1-2-6 的资料，分别输入【供应商编码】【供应商名称】【供应商简称】【所属分类】等相关信息，如图 1-2-12 至图 1-2-14 所示，单击【保存】。

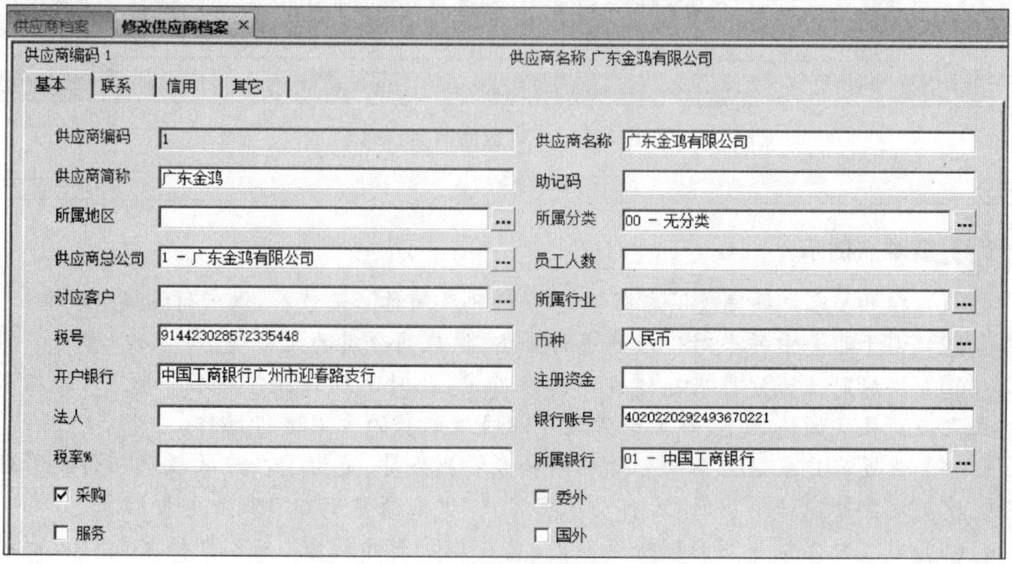

图 1-2-12 【供应商档案基本】选项卡

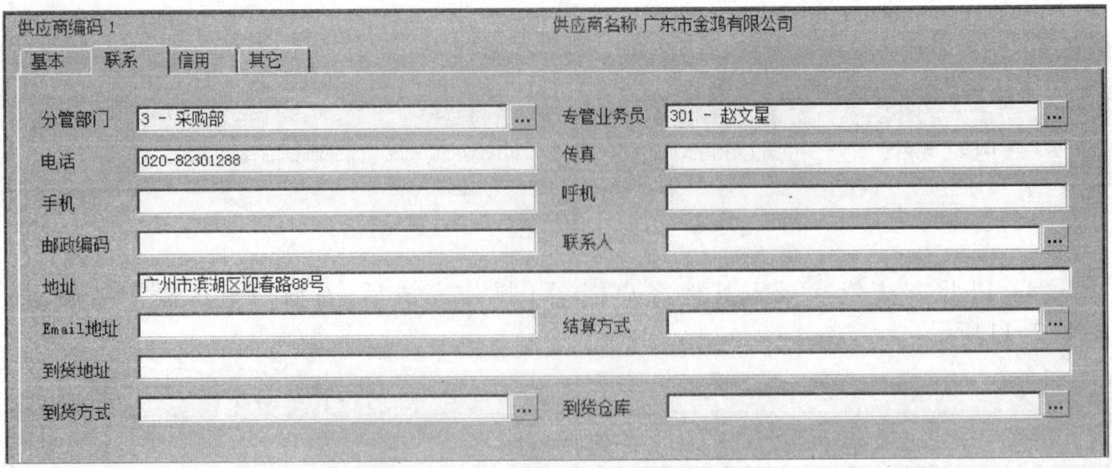

图 1-2-13 【供应商档案联系】选项卡

序号	所属银行	开户银行	银行账号	账户名称	默认值
1	中国工商银行	中国工商银行广州市迎春路支行	4020220292493670221	广东金鸿有限公司	是

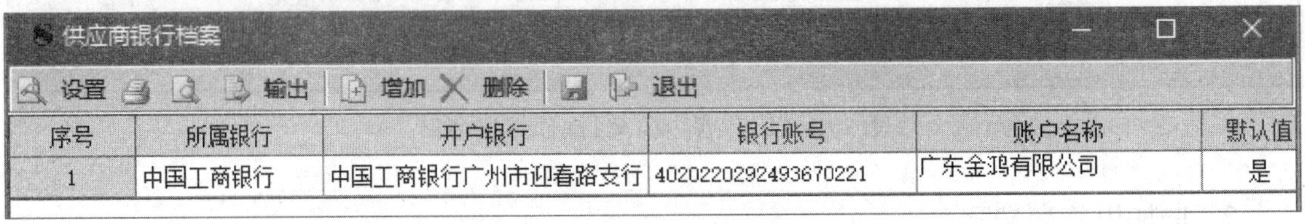

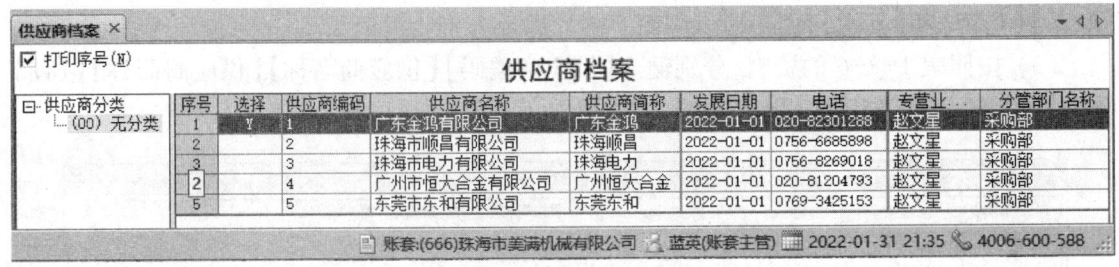

图 1-2-14 【供应商银行档案】窗口

(4) 以此方法依次输入其他供应商档案,操作结果窗口如图 1-2-15 所示。

序号	选择	供应商编码	供应商名称	供应商简称	发展日期	电话	专营业...	分管部门名称
1	Y	1	广东金鸿有限公司	广东金鸿	2022-01-01	020-82301288	赵文星	采购部
2		2	珠海市顺昌有限公司	珠海顺昌	2022-01-01	0756-6685898	赵文星	采购部
3		3	珠海市电力有限公司	珠海电力	2022-01-01	0756-8269018	赵文星	采购部
2		4	广州市恒大合金有限公司	广州恒大合金	2022-01-01	020-81204793	赵文星	采购部
5		5	东莞市东和有限公司	东莞东和	2022-01-01	0769-3425153	赵文星	采购部

图 1-2-15 【供应商档案】窗口

重难点提示

(1) 在录入客户档案或供应商档案时,编码及简称必须录入,供应商编码必须唯一。

(2) 由于账套中并未对供应商进行分类,供应商分类为无分类。

(3) 供应商是否分类应在建立账套时确定,此时不能修改。如需修改,只能在未建立供应商档案的情况下,在系统管理中以修改账套的方式进行操作。

(4) 设置客户或供应商的分管部门和专管业务员,是为了在应收款及应付款管理系统填制发票等原始单据时,能自动根据客户/供应商显示部门及业务员信息。

(5) 当客户或供应商为国外企业时,需先增加外币设置,在客户档案或供应商档案中将【币种】选择为外币。

任务四 存货信息设置

〖业务描述〗 2022年1月1日,账套主管【C201 蓝英】登录企业应用平台,增加计量单位、存货分类、存货档案的相关信息,如表1-2-7至表1-2-9所示。

表1-2-7　　　　　　　　　　　　　计量单位

计量单位组编码	计量单位组类别名称	计量单位组类	计量单位编码	计量单位
01	自然单位组	无换算	01	吨
		无换算	02	升
		无换算	03	件
		无换算	04	个
		无换算	05	把
		无换算	06	公里

1-2-6 存货项目信息设置(微课)

1-2-7 存货类别信息设置(微课)

表1-2-8　　　　　　　　　　　　　存货分类

分类编码	分类名称	分类编码	分类名称
01	原材料	05	低值易耗品
02	产成品	06	半成品
03	包装物	99	其他
04	周转材料		

表1-2-9　　　　　　　　　　　　　存货档案

分类编码	所属分类	存货编码	存货名称	计量单位	税率	存货属性
01	原材料	01001	角钢	吨	13%	外购、生产耗用
		01002	渗碳钢	吨	13%	外购、生产耗用
		01003	调质钢	吨	13%	外购、生产耗用
		01004	耐磨润滑油	升	13%	外购、生产耗用
02	产成品	02001	变速箱锥齿轮	件	13%	自制、内销、外销
		02002	传动齿轮	件	13%	自制、内销、外销
03	包装物	03001	包装箱	个	13%	外购、生产耗用
04	周转材料	04001	扳手	把	13%	外购、生产耗用
05	低值易耗品	05001	机油	升	13%	外购、生产耗用
06	半成品	06001	齿轮半成品	件	13%	自制、生产耗用
99	其他	99001	运输费	公里	9%	外购、应税劳务

〖操作说明〗 【C201 蓝英】设置存货相关信息。
〖操作指引〗
1. 设置计量单位
(1) 在企业应用平台中,打开【基础设置】选项卡,执行【基础档案—存货—计量单位】命令,打开【计量单位】窗口。
(2) 单击【分组】,打开【计量单位组】窗口。根据表1-2-7资料,单击【增加】,录入【计量单位组编码】为【01】,录入【计量单位组名称】为【自然单位组】,单击【计量单位组类别】栏的下三角,选择【无换算率】,如图1-2-16所示。单击【保存】,再单击【退出】。

图 1-2-16 【计量单位组】窗口

(3) 回到【计量单位组】界面,单击【单位】,打开【计量单位】窗口。

(4) 单击【增加】,录入【计量单位编码】为【01】,录入【计量单位名称】为【吨】,默认【计量单位组编码】为【1】,单击【保存】,如图1-2-17所示。

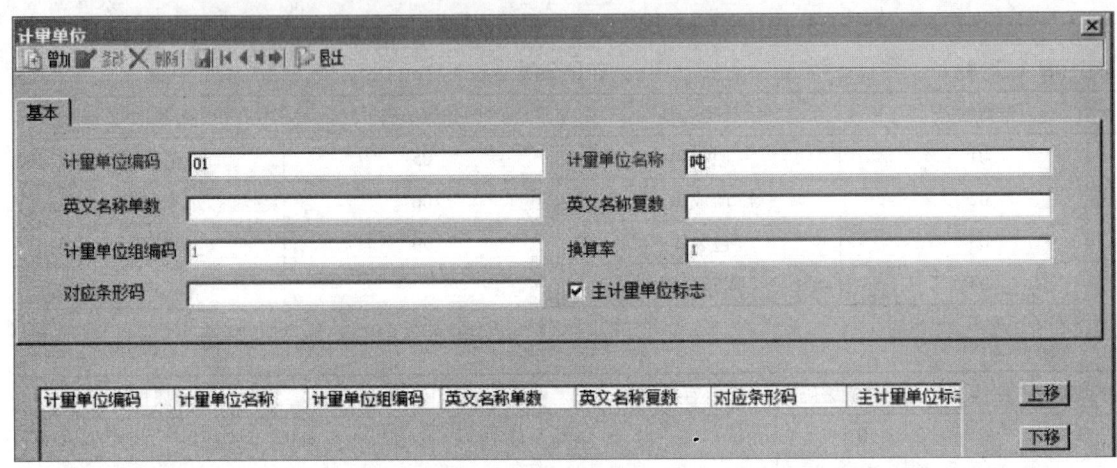

图 1-2-17 【计量单位】窗口

(5) 依次录入其他计量单位,完成后单击【退出】。

> **重难点提示**
>
> (1) 在设置存货档案之前,必须先到企业应用平台的【基础档案】中设置计量单位,否则,存货档案中没有被选的计量单位,存货档案将不能被保存。
>
> (2) 在设置计量单位时,必须先设置计量单位分组,再设置各个计量单位组计量单位。
>
> (3) 计量单位组分为无换算率、固定换算率和浮动换算率三种类型。如果需要换算,一般将最小计量单位作为主计量单位。

2. 设置存货分类

(1) 在企业应用平台中,打开【基础设置】选项卡,执行【基础档案—存货—存货分类】命令,打开【存货分类】窗口,单击【增加】,录入【分类编码】为【01】,录入【分类名称】为【原材料】。

(2)单击【增加】,按照表1-2-8资料录入所有存货分类信息,如图1-2-18所示。

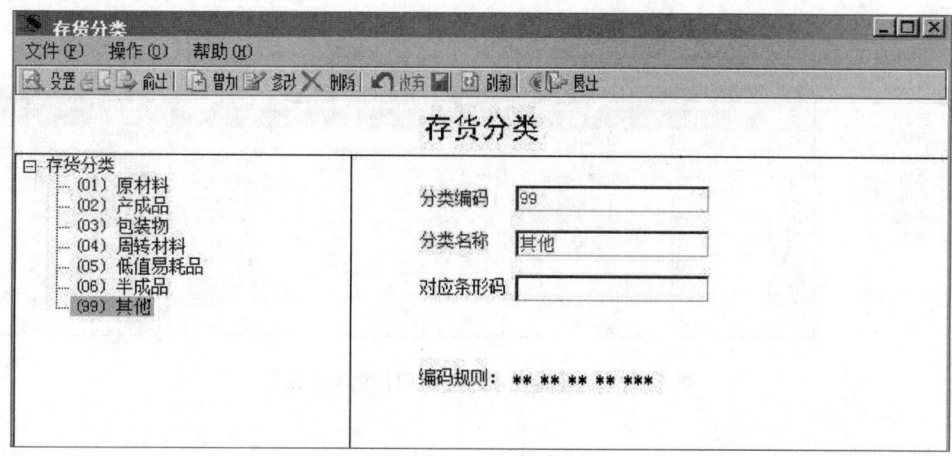

图1-2-18 【存货分类】窗口(录入完成)

3. 增加存货档案

(1)在企业应用平台中,打开【基础设置】选项卡,执行【基础档案—存货—存货档案】命令,打开【存货档案】窗口。

(2)根据表1-2-9资料,单击【存货分类】中的【原材料】,再单击【增加】;录入【存货编码】为【01001】,录入【存货名称】为【角钢】,录入【进项税率%】为【13.00】;单击【计量单位组】栏,选择【01-自然单位组】;单击【主计量单位】栏,选择【01-吨】;单击选中【存货属性】中的【外购】【生产耗用】复选框,单击【保存】,如图1-2-19所示。

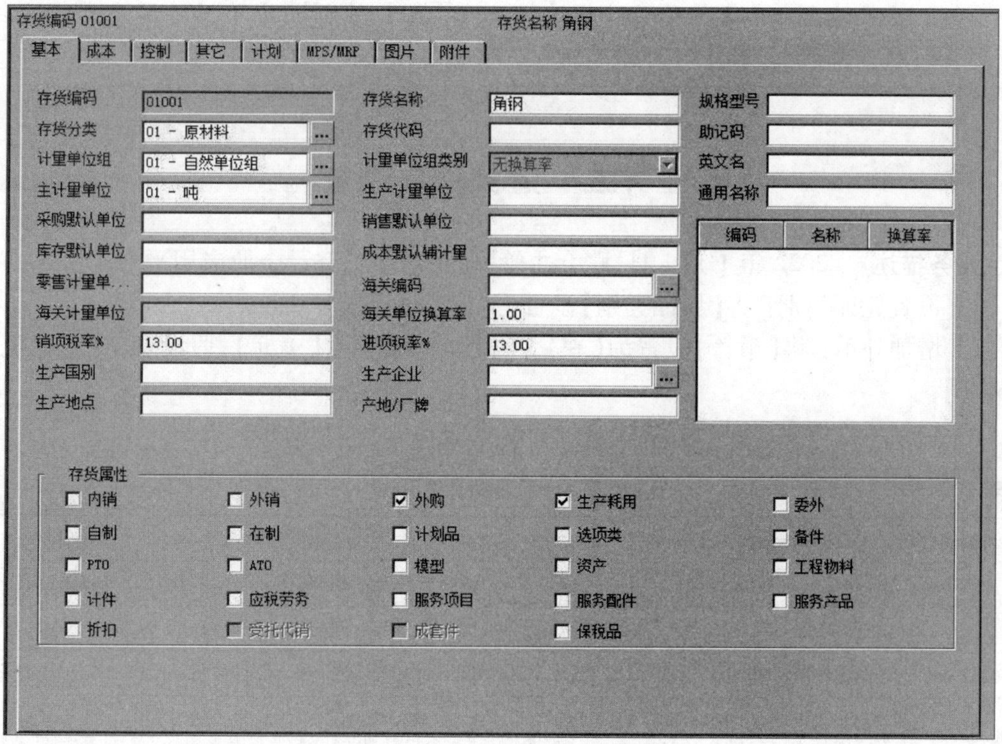

图1-2-19 【增加存货档案】窗口

(3) 以此方法依次录入其他存货档案,操作结果窗口如图 1-2-20 所示。

图 1-2-20 【存货档案】窗口(录入完成)

4. 备份

将账套输出至【D:\666 账套备份\1.2.1】文件夹。

> **重难点提示**
>
> (1) 存货档案应在企业应用平台中录入。如果只启用财务系统且不在采购、销售、应收、应付系统中填制发票,则不需要设置存货档案。
> (2) 在录入存货档案时,如果存货类别不符合要求,应重新进行选择。
> (3) 在录入存货档案时,如果直接列示的主计量单位不符合要求的,可将主计量单位删除(或在计量单位表中单击【全部】),然后在计量单位表中重新选择计量单位。
> (4) 存货档案中的存货属性必须选择正确,否则,填制相应单据时该存货就不会在存货列表中出现。

1-2-8 财务信息设置(录频)

任务五　财务信息设置

【业务描述】 2022 年 1 月 1 日,账套主管【C201 蓝英】登录企业应用平台。

(1) 设置凭证类别:将【凭证类别】设置为【记账凭证】。
(2) 增加外币:将【币符】设置为【$】,将【币名】设置为【美元】,假设期初【记账汇率】为【6.38】。
(3) 增加或修改会计科目:会计科目的变更如表 1-2-10 所示。

表 1-2-10　　　　　　　　　　会计科目变更表

科目编码	科目名称	币种	方向	辅助核算	工作任务
1001	库存现金	人民币	借	日记账,现金科目	修改科目
1002	银行存款	人民币	借	日记账,银行账,银行科目	修改科目
100201	工商银行金湾支行	人民币	借	日记账,银行账,银行科目	增加科目
100202	中国银行金湾支行	美元	借	外币核算,日记账,银行账,银行科目	增加科目

（续表）

科目编码	科目名称	币种	方向	辅助核算	工作任务
1012	其他货币资金	人民币	借		系统默认
101201	信用卡存款	人民币	借		增加科目
1121	应收票据	人民币	借	客户往来,应收系统	修改科目
1122	应收账款	人民币	借	客户往来,应收系统	修改科目
112201	国内客户	人民币	借	客户往来,应收系统	增加科目
112202	国外客户	美元	借	客户往来,应收系统	增加科目
1123	预付账款	人民币	借	供应商往来,应付系统	修改科目
1221	其他应收款	人民币	借		系统默认
122101	职员	人民币	借	个人往来	增加科目
122102	押金	人民币	借	供应商往来	增加科目
122103	保险(个人)	人民币	借		增加科目
122104	住房公积金(个人)	人民币	借		增加科目
122105	畅通有限责任公司	人民币	借		增加科目
1403	原材料	人民币	借		系统默认
140301	角钢	人民币	借	数量核算(吨)	增加科目
140302	渗碳钢	人民币	借	数量核算(吨)	增加科目
140303	调质钢	人民币	借	数量核算(吨)	增加科目
140304	耐磨润滑油	人民币	借	数量核算(升)	增加科目
1405	库存商品	人民币	借	项目、数量核算(件)	修改科目
1409	自制半成品	人民币	借	项目、数量核算(件)	增加科目
1410	低值易耗品	人民币	借		增加科目
1411	周转材料	人民币	借	数量核算(把)	修改科目
1412	包装箱	人民币	借	数量核算(个)	增加科目
2201	应付票据	人民币	贷	供应商往来,应付系统	修改科目
2202	应付账款	人民币	贷	供应商往来,应付系统	修改科目
220201	一般应付款	人民币	贷	供应商往来,应付系统	增加科目
220202	暂估应付款	人民币	贷	供应商往来	增加科目
2203	预收账款	人民币	贷	客户往来,应收系统	修改科目
2211	应付职工薪酬	人民币	贷		系统默认
221101	工资	人民币	贷		增加科目
221102	职工福利费	人民币	贷		增加科目
221103	非货币性职工福利	人民币	贷		增加科目
221104	社会保险费	人民币	贷		增加科目
221105	住房公积金	人民币	贷		增加科目
221106	工会经费	人民币	贷		增加科目

(续表)

科目编码	科目名称	币种	方向	辅助核算	工作任务
221107	职工教育经费	人民币	贷		增加科目
221108	其他薪酬	人民币	贷		增加科目
2221	应交税费	人民币	贷		系统默认
222101	应交增值税	人民币	贷		增加科目
22210101	进项税额	人民币	借		增加科目
22210102	销项税额	人民币	贷		增加科目
22210103	进项税额转出	人民币	贷		增加科目
22210104	转出未交增值税	人民币	借		增加科目
22210105	转出多交增值税	人民币	贷		增加科目
22210106	出口退税	人民币	贷		增加科目
222102	未交增值税	人民币	贷		增加科目
222103	应交城建税	人民币	贷		增加科目
222104	应交教育费附加	人民币	贷		增加科目
222105	应交地方教育附加	人民币	贷		增加科目
222106	应交企业所得税	人民币	贷		增加科目
222107	应交个人所得税	人民币	贷		增加科目
4001	实收资本	人民币	贷		系统默认
400101	珠海海通有限责任公司	人民币	贷		增加科目
400102	珠海市天宇股份有限公司	人民币	贷		增加科目
4002	资本公积	人民币	贷		系统默认
400201	资本溢价	人民币	贷		增加科目
400202	其他资本公积	人民币	贷		增加科目
4101	盈余公积	人民币	贷		系统默认
410101	法定盈余公积	人民币	贷		增加科目
410102	任意盈余公积	人民币	贷		增加科目
4104	利润分配	人民币	贷		系统默认
410401	提取法定盈余公积	人民币	贷		增加科目
410402	提取任意盈余公积	人民币	贷		增加科目
410403	应付普通股股利	人民币	贷		增加科目
410404	转作资本普通股利	人民币	贷		增加科目
410405	未分配利润	人民币	贷		增加科目
5001	生产成本	人民币	借		系统默认
500101	直接材料	人民币	借	项目、部门核算	增加科目
500102	直接人工	人民币	借	项目、部门核算	增加科目
500103	制造费用	人民币	借	项目、部门核算	增加科目

（续表）

科目编码	科目名称	币种	方向	辅助核算	工作任务
5101	制造费用	人民币	借		系统默认
510101	折旧费	人民币	借		增加科目
510102	水电费	人民币	借		增加科目
510103	薪酬费用	人民币	借		增加科目
510104	其他费用	人民币	借		增加科目
6001	主营业务收入	人民币	贷	项目、数量核算（件）	修改科目
6401	主营业务成本	人民币	借	项目、数量核算（件）	修改科目
6403	税金及附加	人民币	借		修改科目
6601	销售费用	人民币	借		系统默认
660101	工资	人民币	借		增加科目
660102	福利费	人民币	借		增加科目
660103	社会保险费	人民币	借		增加科目
660104	办公费	人民币	借		增加科目
660105	业务招待费	人民币	借		增加科目
660106	折旧费	人民币	借		增加科目
660107	差旅费	人民币	借		增加科目
660108	水电费用	人民币	借		增加科目
660109	公积金	人民币	借		增加科目
660110	工会经费	人民币	借		增加科目
660111	职工教育经费	人民币	借		增加科目
660112	广告费	人民币	借		增加科目
660113	运输费用	人民币	借		增加科目
660199	其他费用	人民币	借		增加科目
6602	管理费用	人民币	借		系统默认
660201	工资	人民币	借	部门核算	增加科目
660202	福利费	人民币	借	部门核算	增加科目
660203	社会保险费	人民币	借	部门核算	增加科目
660204	办公费	人民币	借	部门核算	增加科目
660205	业务招待费	人民币	借	部门核算	增加科目
660206	折旧费	人民币	借	部门核算	增加科目
660207	差旅费	人民币	借	部门核算	增加科目
660208	水电费用	人民币	借	部门核算	增加科目
660209	公积金	人民币	借	部门核算	增加科目
660210	工会经费	人民币	借	部门核算	增加科目
660211	职工教育经费	人民币	借	部门核算	增加科目
660299	其他费用	人民币	借	部门核算	增加科目

(续表)

科目编码	科目名称	币种	方向	辅助核算	工作任务
6603	财务费用	人民币	借		系统默认
660301	利息收入	人民币	借		增加科目
660302	利息支出	人民币	借		增加科目
660303	银行手续费	人民币	借		增加科目
660304	汇兑损益	人民币	借		增加科目

（4）指定会计科目：指定现金科目、银行科目、现金流量科目。

（5）设置项目核算：项目目录资料如表1-2-11所示。

表1-2-11　　　　　　　　　　项目目录资料

项目设置步骤	设置内容	
项目大类	01产品项目（定义项目级次：一级为【1】，二级为【1】，其他级默认为【0】）	
核算科目	生产成本——直接材料（500101） 生产成本——直接人工（500102） 生产成本——制造费用（500103）	库存商品（1405） 主营业务收入（6001） 主营业务成本（6401）
项目分类	1 自产产品	
项目目录	项目编号：1 项目名称：变速箱锥齿轮	是否结算：否 所属分类码：1
	项目编号：2 项目名称：传动齿轮	是否结算：否 所属分类码：1

〖操作说明〗【C201蓝英】设置财务信息，包括设置凭证类别、外币设置、修改会计科目、增加会计科目等。

〖操作指引〗

1. 设置凭证类别

（1）执行【基础档案—财务—凭证类别】命令，打开【凭证类别预置】对话框。

（2）选中【记账凭证】前的复选框。

（3）单击【确定】，打开【凭证类别】对话框，如图1-2-21所示。单击【退出】，完成凭证类别的选用。

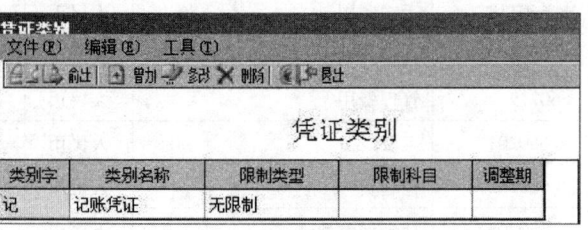

图1-2-21　【凭证类别】对话框

 重难点提示

已使用的凭证类别不能删除，也不能修改凭证类别的【类别字】。

2. 外币设置

（1）执行【基础档案—财务—外币设置】命令，录入【币符】为【$】，录入【币名】为【美元】，单击【确认】，完成美元币种的增加。

（2）在【月份】为【2022.01】的【记账汇率】下方录入【6.380 00】，完成2022年1月记账汇率的录入工作,如图 1-2-22 所示。

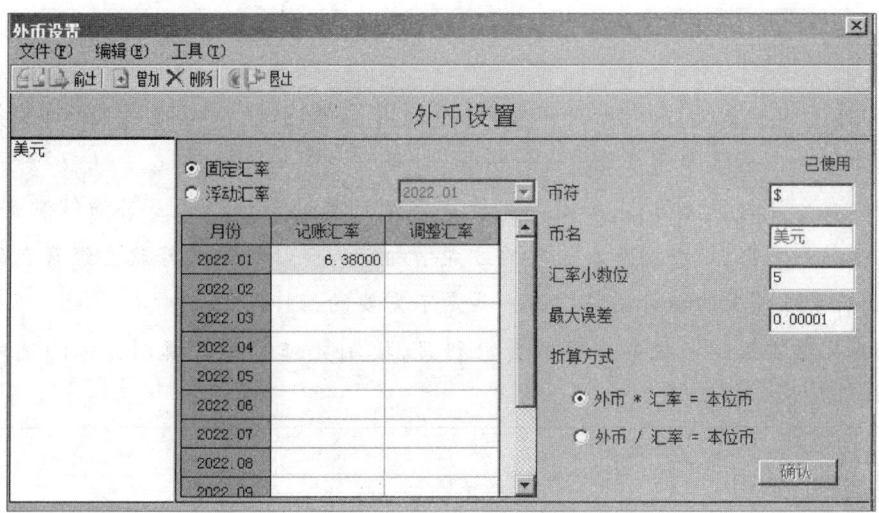

图 1-2-22 【外币设置】对话框

(3) 按【回车键】后再单击【退出】,弹出【是否退出】提示框,单击【是】退出。

3. 修改会计科目

(1) 在【会计科目】窗口中,双击【1122—应收账款】后,单击【修改】,打开【会计科目_修改】对话框。

(2) 单击【修改】,找到【辅助核算】并选中【客户往来】前的复选框,在【受控系统】中选择【应收系统】,如图 1-2-23 所示。

图 1-2-23 【会计科目_修改】窗口

(3)单击【确定】。以上述方式修改其他科目。

> **重难点提示**
>
> (1)【无受控系统】即该账套不使用【应收】【应付】系统,【应收】【应付】业务均以辅助账的形式在总账管理系统中进行核算。
>
> (2)在会计科目使用前,一定要先检查系统预置的会计科目是否能够满足需求,如果不能满足需求,则以增加和修改的方式增加新的会计科目及修改已经存在的会计科目;如果系统预置的会计科目中有一些是不需要的,则可以删除。
>
> (3)凡是设置辅助核算内容的会计科目,填制凭证时都需填制具体的辅助核算内容。

4. 增加会计科目

(1)执行【基础档案—财务—会计科目】命令,打开【会计科目】窗口,单击【增加】,打开【新增会计科目】对话框。

(2)录入【科目编码】为【140301】,录入【科目名称】为【角钢】,并勾选【数量核算】复选框,设置【计量单位】为【吨】,如图 1-2-24 所示。

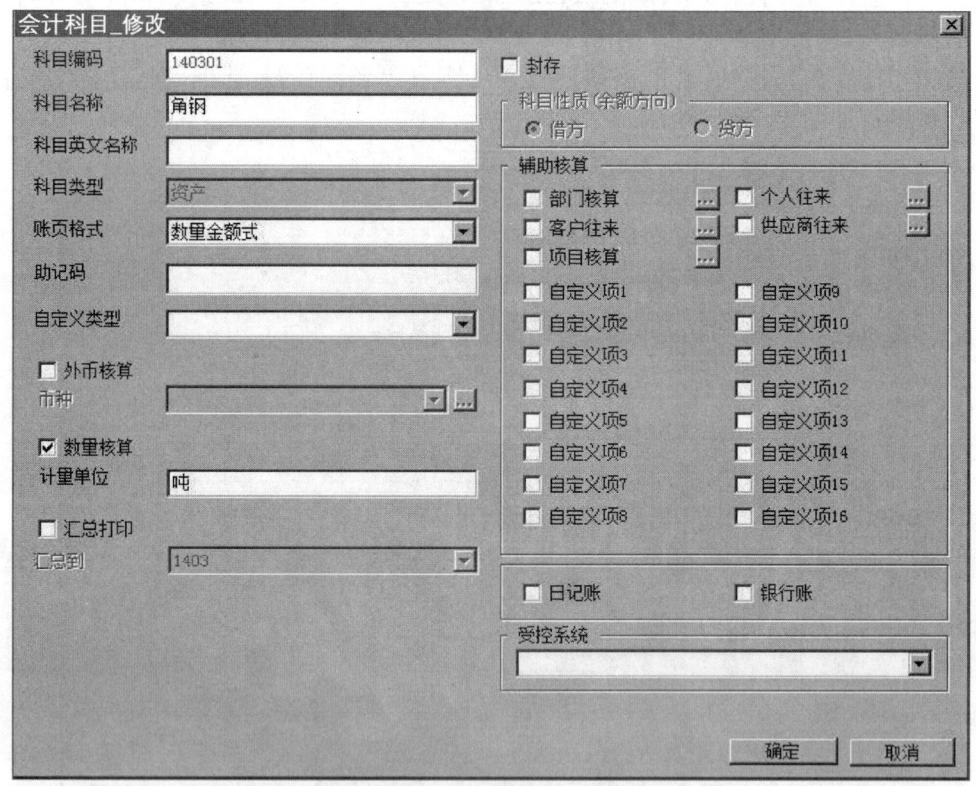

图 1-2-24 【会计科目_修改】对话框

(3)同理,依次增加和修改其他会计科目,操作结果如图 1-2-25 所示。

会计科目

科目级长 4-2-2-2-2　　科目个数 241

全部 | 资产 | 负债 | 共同 | 权益 | 成本 | 损益

级次	科目编码	科目名称	外币币种	辅助核算	银行科目	现金科目	计量单位	余额方向	受控系统	是否封存	银行账	日记账
1	1001	库存现金				Y		借				Y
1	1002	银行存款			Y			借			Y	Y
2	100201	工商银行金湾支行			Y			借			Y	Y
2	100202	中国银行金湾支行	美元		Y			借			Y	Y
1	1003	存放中央银行款项						借				
1	1011	存放同业						借				
1	1012	其他货币资金						借				
2	101201	信用卡存款						借				
1	1021	结算备付金						借				
1	1031	存出保证金						借				
1	1101	交易性金融资产						借				
1	1111	买入返售金融资产						借				
1	1121	应收票据		客户往来				借	应收系统			
1	1122	应收账款		客户往来				借	应收系统			
2	112201	国内客户		客户往来				借	应收系统			
2	112202	国外客户	美元	客户往来				借	应收系统			
1	1123	预付账款		供应商往来				借	应付系统			
1	1131	应收股利						借				
1	1132	应收利息						借				
1	1201	应收代位追偿款						借				
1	1211	应收分保账款						借				
1	1212	应收分保合同准备金						借				
1	1221	其他应收款						借				
2	122101	职员		个人往来				借				
2	122102	押金		供应商往来				借				
2	122103	保险（个人）						借				
2	122104	住房公积金（个人）						借				
2	122105	畅通有限责任公司						借				
1	1231	坏账准备						贷				

图 1-2-25 【会计科目】窗口（录入完成）

重难点提示

（1）会计科目编码应符合编码规则。如果科目已经使用，则不能被修改或删除。

（2）设计会计科目时，应注意会计科目的账页格式，一般采用金额式账页格式，也有可能采用数量金额式等账页格式。如果采用数量金额式账页格式，则应该继续设置计量单位，否则仍不能同时进行数量金额式的核算。

（3）如果新增科目与原有某一科目相同或类似则可采用复制的方法，但是要特别注意复制后的科目是否需要修改科目性质（余额方向）。

5. 指定会计科目

（1）执行【基础档案—财务—会计科目】命令，进入【会计科目】窗口。

（2）执行【编辑—指定科目】命令，打开【指定科目】对话框。

（3）单击【>】，将【1001 库存现金】从【待选科目】窗口选入【已选科目】窗口，如图1-2-26所示。

（4）同理，单击选择【银行科目】选项，单击【>】，将【1002 银行存款】从【待选科目】窗口选入【已选科目】窗口。

（5）单击选择【现金流量科目】选项，单击【>】，将【1001】【100201】【100202】【1012】相关科目从【待选科目】窗口选入【已选科目】窗口，单击【确定】退出。

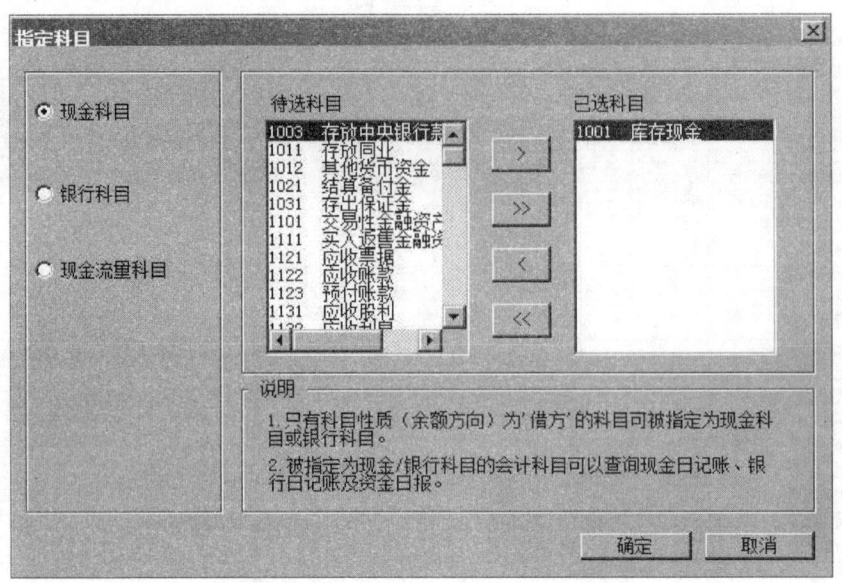

图 1-2-26 【指定现金科目】对话框

> **重难点提示**
>
> （1）被指定的【现金科目】【银行科目】必须是一级会计科目。
> （2）只有指定现金及银行科目才能进行出纳签字的操作。
> （3）只有指定现金及银行科目才能在账表中查询现金和银行存款日记账。
> （4）只有指定现金流量科目才能查询现金流量统计数据及设置生成现金流量表。

6. 设置项目目录

（1）在企业应用平台【基础设置】选项中，执行【基础档案—财务—项目目录】命令，打开【项目档案】窗口。单击【增加】，打开【项目大类定义_增加】对话框。

（2）录入新项目大类名称【01 产品项目】，如图 1-2-27 所示，单击【下一步】。

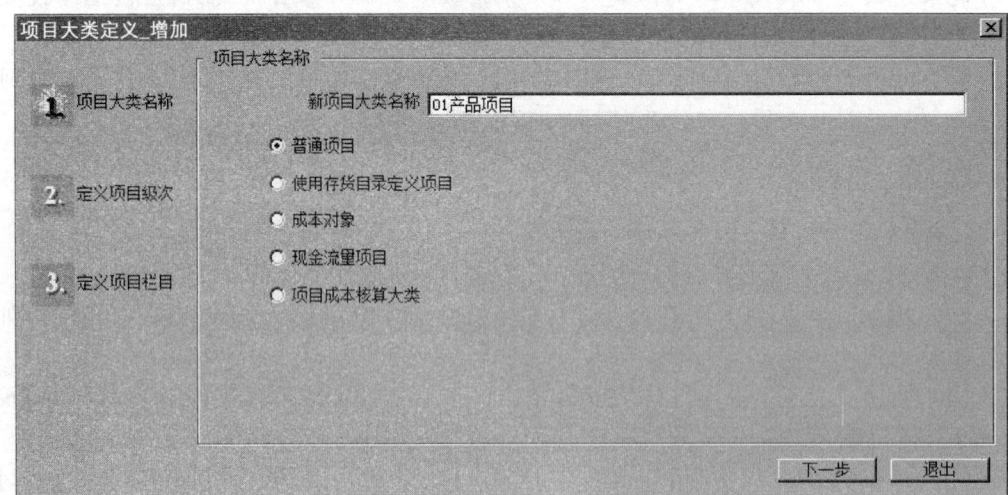

图 1-2-27 【项目大类定义_增加】对话框

(3) 打开【定义项目级次】,一级、二级均选入【1】。
(4) 单击【下一步】,打开【定义项目栏目】对话框,默认系统设置,如图1-2-28所示。

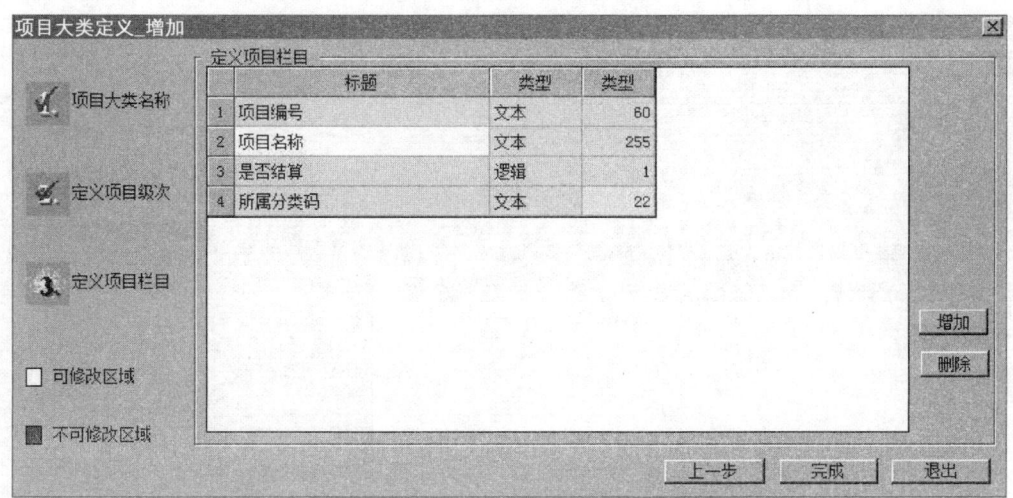

图1-2-28 【定义项目栏目】对话框

(5) 单击【完成】,返回【项目档案】窗口。
(6) 单击【项目大类】栏的下三角,选择【01产品项目】项目大类。
(7) 单击【核算科目】选项卡,单击【》】,将【库存商品】【主营业务收入】【主营业务成本】【生产成本】的明细科目从【待选科目】列表中选入【已选科目】列表,完成后如图1-2-29所示,单击【确定】保存。

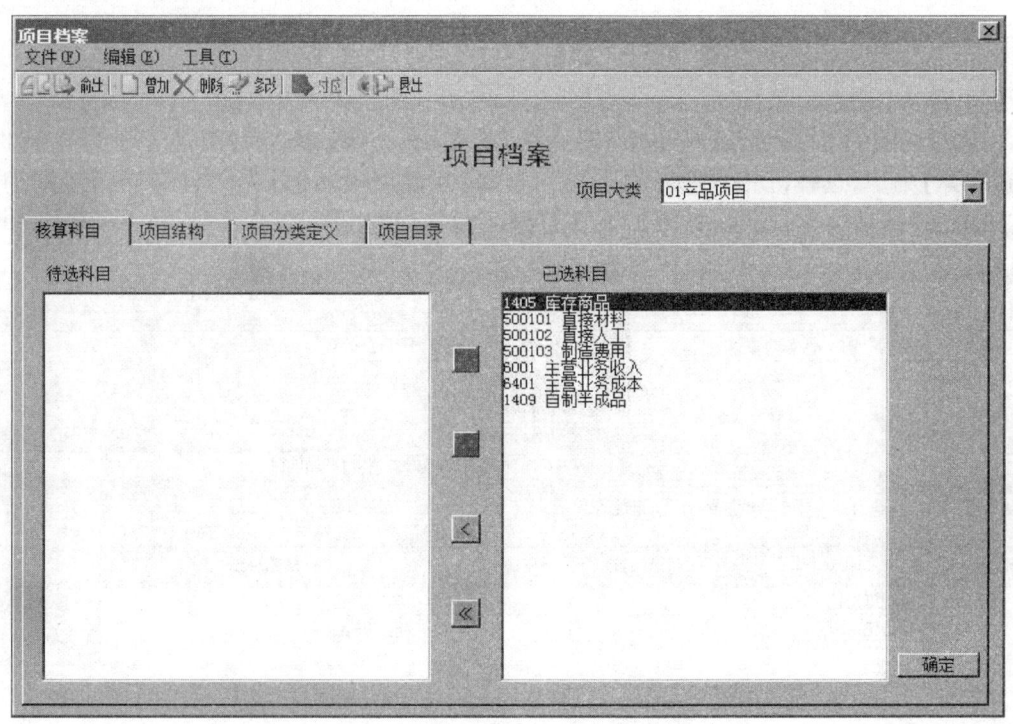

图1-2-29 【项目档案—核算科目】选项卡

(8)单击【项目分类定义】选项卡。录入【分类编码】为【1】,录入【分类名称】为【自产产品】,单击【确定】,操作结果如图1-2-30所示。

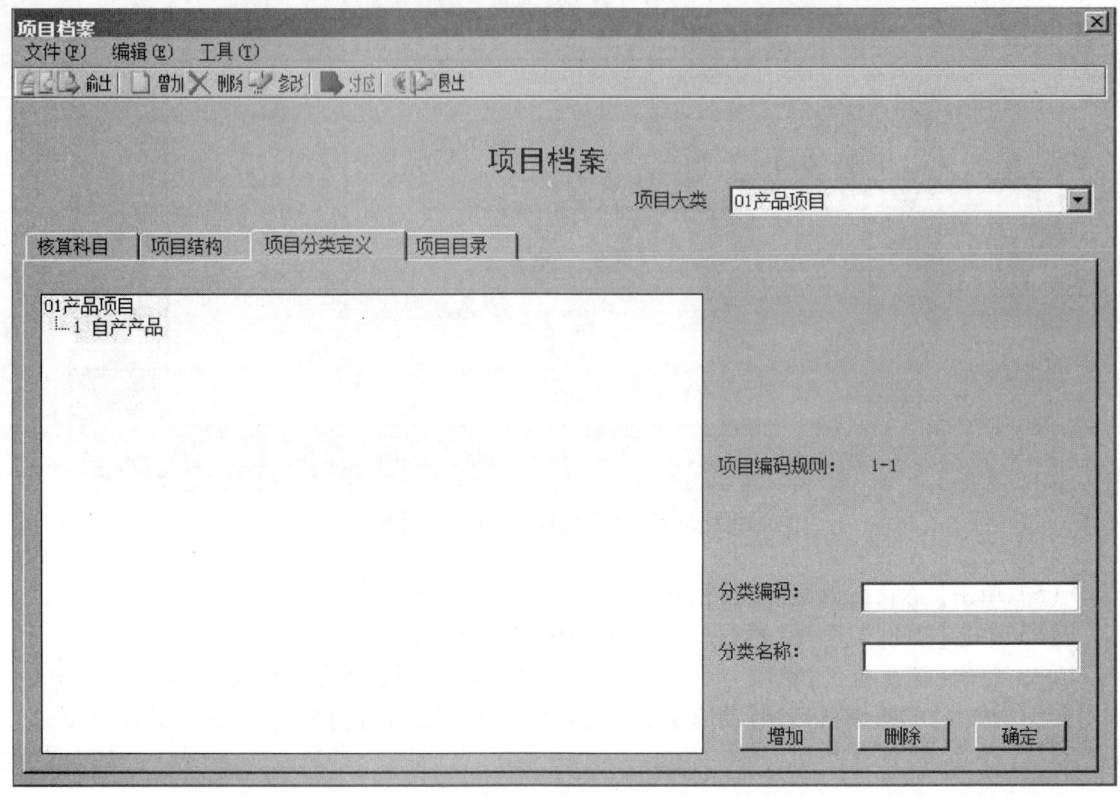

图1-2-30 【项目档案—项目分类定义】选项卡

(9)单击【项目目录】选项卡,单击【维护】,打开【项目目录维护】窗口。
(10)单击【增加】,录入【项目编号】为【1】,录入【项目名称】为【变速箱锥齿轮】,选择【是否结算】为空,选择【所属分类码】为【1】,选择【所属分类名称】为【自产产品】。同理,以此方法增加【传动齿轮】项目,如图1-2-31所示,单击【退出】。

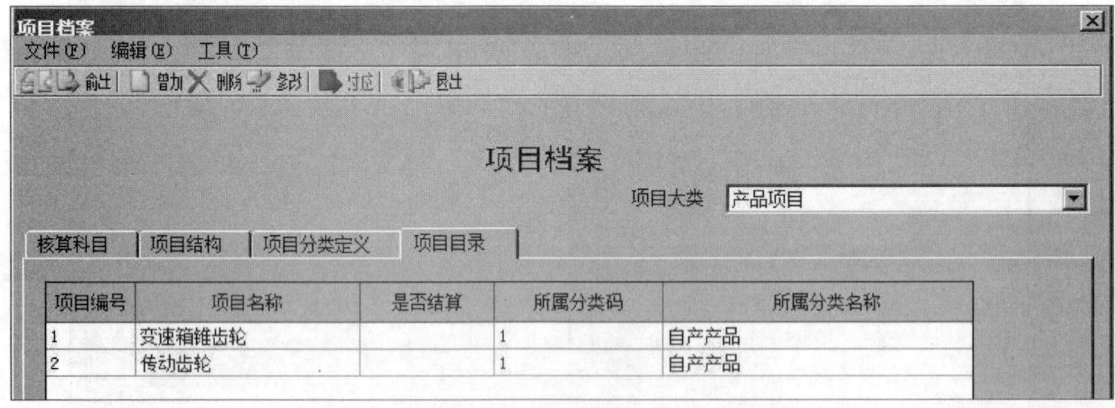

图1-2-31 【项目档案—项目目录】选项卡

重难点提示

（1）一个项目大类可以指定多个科目，一个科目只能属于一个项目大类。
（2）在每年年初应将已结算或不用的项目删除。
（3）标识结算后的项目将不能再使用。

任务六　收付结算信息设置

〖业务描述〗　2022年1月1日，账套主管【C201 蓝英】登录企业应用平台，增加结算方式、本单位开户银行信息、付款条件相关信息如表1-2-12至表1-2-14所示。

1-2-9　收付结算信息设置

表1-2-12　　　　　　　　　结算方式

编号	结算方式名称	编号	结算方式名称
1	现金	301	银行承兑汇票
2	支票	302	商业承兑汇票
201	现金支票	4	电汇
202	转账支票	5	委托收款
3	汇票	9	其他

表1-2-13　　　　　　　　本单位开户银行信息

项目	内容
企业开户银行编码	01
开户银行	中国工商银行珠海市金湾支行
账号	1307100026160024388
账户名称	珠海市美满机械有限公司
币种	人民币
所属银行	中国工商银行

表1-2-14　　　　　　　　　付款条件

付款条件编码	信用天数	优惠天数1	优惠率1	优惠天数2	优惠率2
01	30	10	2%	20	1%
02	30	10	1%	30	0

〖操作说明〗　【C201 蓝英】设置结算信息、本单位开户银行及付款条件。
〖操作指引〗
1. 设置结算方式
（1）执行【基础档案—收付结算—结算方式】命令，打开【结算方式】窗口。
（2）单击【增加】，录入【结算方式编码】为【1】，录入【结算方式名称】为【现金】，单击【保存】。
（3）以此方法继续录入表1-2-12中的其他结算方式，如图1-2-32所示。

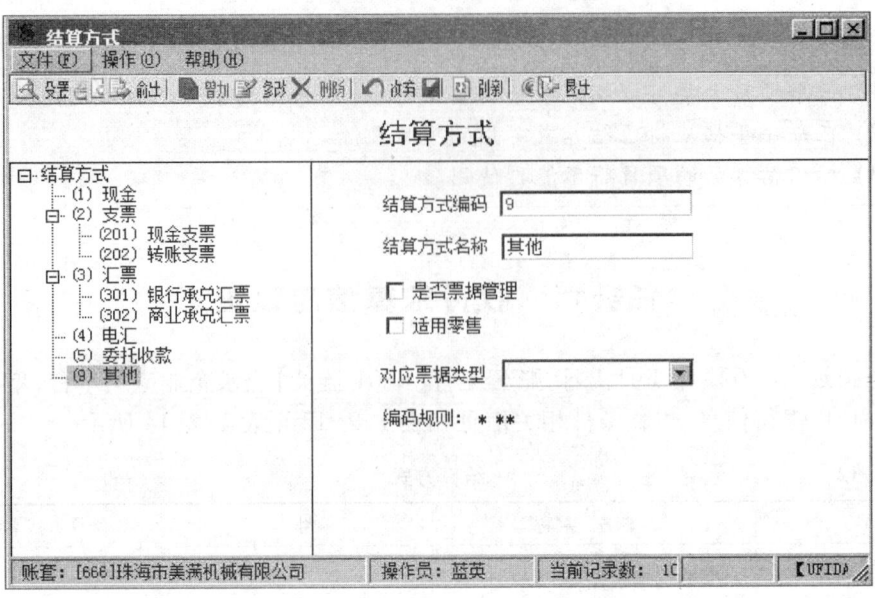

图 1-2-32 【结算方式】窗口(录入完成)

2. 设置本单位开户银行

（1）执行【基础设置—基础档案—收付结算—银行档案】命令，打开【增加本单位开户银行】窗口，【所属银行编码】选择【01-中国工商银行】，单击【修改】，打开【修改银行档案】窗口。

（2）取消勾选企业账户规则的【定长】复选框，单击【保存】。

（3）执行【基础设置—基础档案—收付结算—本单位开户单位】命令，打开【增加本单位开户银行】窗口，按照表 1-2-13 输入开户银行信息，如图 1-2-33 所示。

（4）单击【保存】，再单击【退出】。

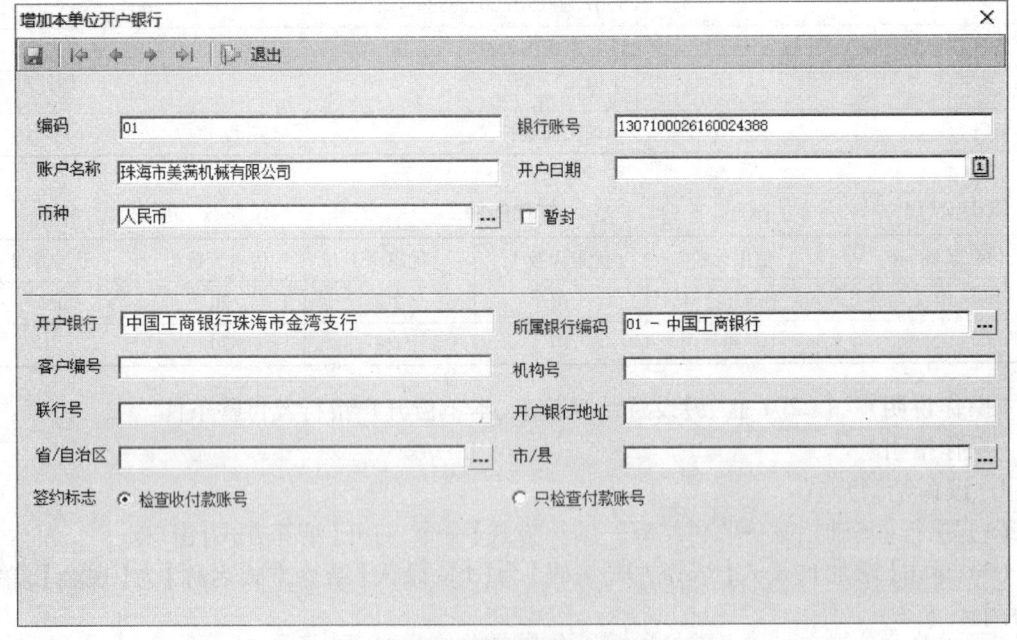

图 1-2-33 【增加本单位开户银行】窗口

3. 设置付款条件

执行【基础设置—基础档案—收付结算—付款条件】命令,打开【付款条件】窗口。按照表 1-2-14 资料输入付款条件,操作结果如图 1-2-34 所示。

序号	付款条件编码	付款条件名称	信用天数	优惠天数1	优惠率1	优惠天数2	优惠率2	优惠天数3	优惠率3	优惠天数4	优惠率4
1	01	2/10, 1/20, n/30	30	10	2.0000	20	1.0000	0	0.0000	0	0.0000
2	02	1/10, n/30	30	10	1.0000	0	0.0000	0	0.0000	0	0.0000

图 1-2-34 【付款条件】窗口(录入完成)

任务七 业务档案设置

1-2-10 业务档案设置

【业务描述】 2022 年 1 月 1 日,账套主管【C201 蓝英】登录企业应用平台,增加仓库档案、收发类别、采购和销售类型、费用项目、非合理损耗类型相关信息如表 1-2-15 至表 1-2-19 所示。

表 1-2-15　　　　　　　　　　仓库档案

仓库编码	仓库名称	计价方式
01	材料仓	先进先出法
02	成品仓	先进先出法
03	半成品仓	先进先出法

表 1-2-16　　　　　　　　　　收发类别

收发类别编码	收发类别名称	收发标志	收发类别编码	收发类别名称	收发标志
1	入库	收	2	出库	发
11	采购入库	收	21	销售出库	发
12	采购退货	收	22	销售退货	发
13	盘盈入库	收	23	盘亏出库	发
14	产成品完工入库	收	24	委托代销出库	发
15	受托代销入库	收	25	赠品出库	发
16	其他入库	收	26	捐赠出库	发
			27	生产领料出库	发
			28	受托代销出库	发
			29	其他出库	发

表 1-2-17　　　　　　　　　采购和销售类型

	采购类型编码	采购类型名称	入库类别		销售类型编码	销售类型名称	出库类别
采购类型	01	普通采购	采购入库	销售类型	01	普通销售	销售出库
	02	采购退货	采购退货		02	委托代销	委托代销出库
	03	受托代销	受托代销入库		03	销售退货	销售退货
					04	直运销售	销售出库

表 1-2-18　　　　　　　　　　　费用项目

费用项目分类编码	费用项目分类名称	费用项目编码	费用项目名称
0	无分类	01	运输费
0	无分类	02	委托代销手续费
0	无分类	03	销售折扣与折让

表 1-2-19　　　　　　　　　　　非合理损耗类型

非合理损耗类型编码	非合理损耗类型名称
01	运输部门责任

〖操作说明〗【C201 蓝英】设置仓库档案、收发类型、采购和销售类型、费用项目、非合理损耗类型相关业务。

〖操作指引〗

1. 设置仓库档案

执行【基础设置—基础档案—业务—仓库档案】命令,打开【仓库档案】窗口,按照表 1-2-15 中的资料输入企业仓库档案信息,操作结果如图 1-2-35 所示。

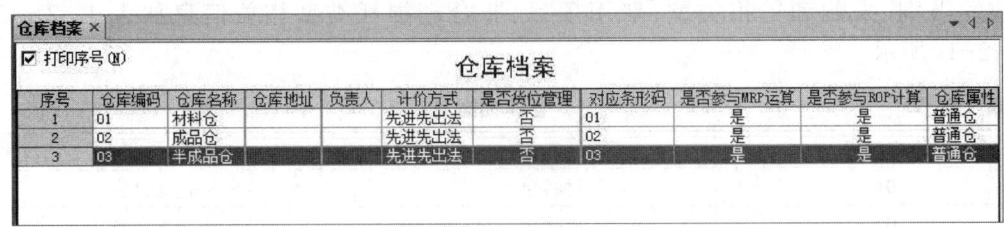

图 1-2-35　【仓库档案】窗口

2. 设置收发类别

执行【基础设置—基础档案—业务—收发类别】命令,打开【收发类别】窗口。按照表 1-2-16 中的资料输入收发类别信息,操作结果如图 1-2-36 所示。

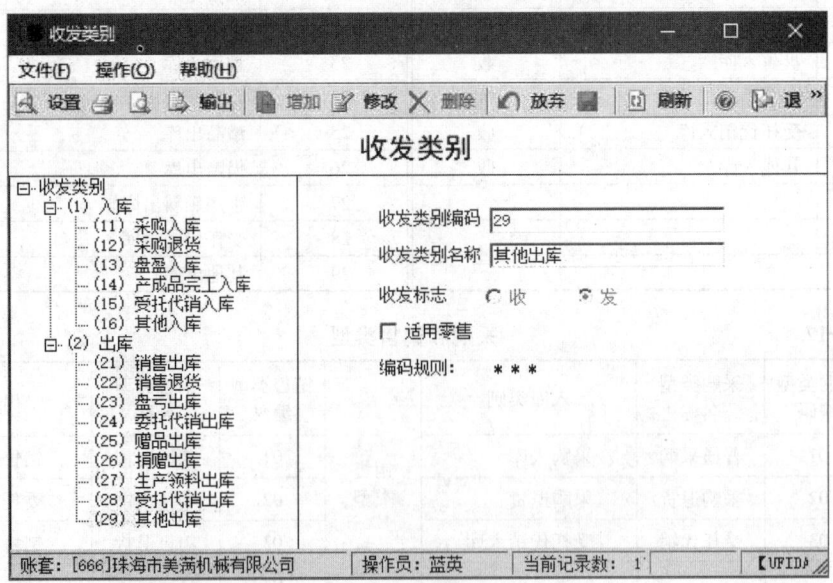

图 1-2-36　【收发类别】窗口

3. 设置采购和销售类型

(1) 执行【基础设置—基础档案—业务—采购类型】,打开【采购类型】窗口,按照表 1-2-17 中的资料输入采购类型信息,操作结果如图 1-2-37 所示。

图 1-2-37 【采购类型】窗口

(2) 执行【基础设置—基础档案—业务—销售类型】命令,打开【销售类型】窗口,按照表 1-2-17 中的资料输入销售类型信息,操作结果如图 1-2-38 所示。

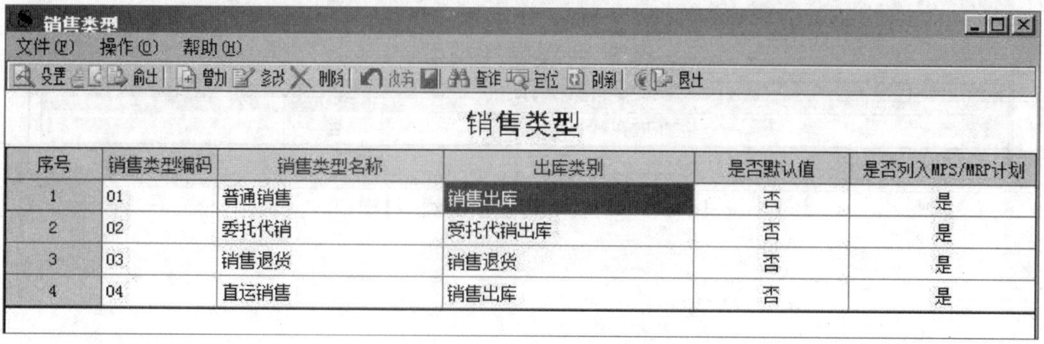

图 1-2-38 【销售类型】窗口

4. 设置费用项目

(1) 执行【基础设置—基础档案—业务—费用项目分类】命令,打开【费用项目分类】窗口。设置编号为【0】的【无分类】项目,操作结果如图 1-2-39 所示。

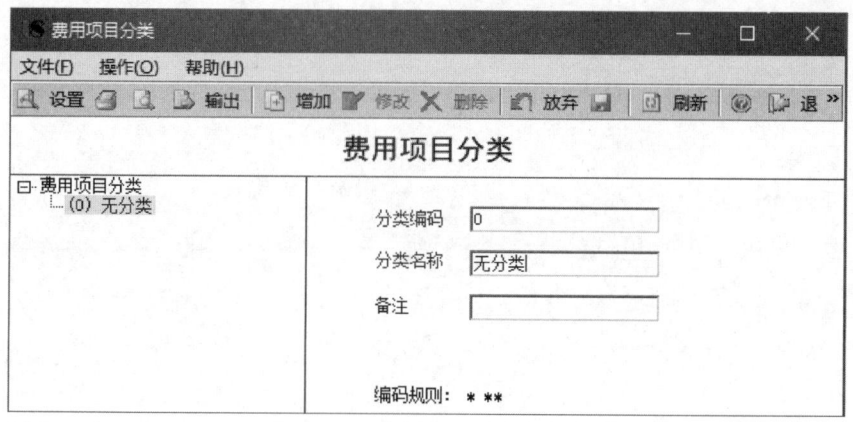

图 1-2-39 【费用项目分类】窗口

(2) 执行【基础设置—基础档案—业务—费用项目】命令,打开【费用项目】窗口,按照

表1-2-18中的资料输入费用项目,操作结果如图1-2-40所示。

1-2-11 业务拓展:相关单据设置

图1-2-40 【费用项目】窗口

5. 设置非合理损耗类型

执行【基础设置—基础档案—业务—非合理损耗类型】命令,打开【非合理损耗类型】窗口。按照表1-2-19中资料输入非合理损耗类型,结果如图1-2-41所示。

1-2-12 相关单据设置(微课)

图1-2-41 【非合理损耗类型】窗口

项目三　各模块期初设置

1-3-1 各模块初始设置概述（微课）

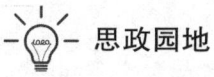 思政园地

凡事预则立,不预则废

2020年8月24日,习近平总书记在中南海主持召开经济社会领域专家座谈会,听取专家代表就"十四五"规划编制等提出的意见和建议,并发表重要讲话。他强调,"十四五"时期是我国全面建成小康社会、实现第一个百年奋斗目标之后,乘势而上开启全面建设社会主义现代化国家新征程、向第二个百年奋斗目标进军的第一个五年,我国将进入新发展阶段。凡事预则立,不预则废。我们要着眼长远、把握大势、开门问策、集思广益,研究新情况、作出新规划。

"凡事预则立,不预则废"典出《礼记·中庸》。鲁哀公请教孔子为政之道,孔子提出为政的根本在于选贤任能,修身以仁。他为鲁哀公广说修身治天下之道,阐发"五达道"与"三达德"。在讲明行"九经"之法后,孔子说:"凡事豫则立,不豫则废。言前定则不跲,事前定则不困,行前定则不疚,道前定则不穷。""豫"同"预",两者均有预先计划、准备之义,此言旨在强调完善的规划对于国家发展的重要意义。在孔子看来,做任何事情,预先有规划才能做到有的放矢,稳扎稳打,最终取得成功,反之则会一事无成。例如,讲话前有所准备就能言之有据,不然就会理屈词穷站不住脚;做事前有所准备就能水到渠成,不然就会陷入困境;行动前有所准备就能及时化解风险,不然就会追悔莫及。同样,一个国家、一个民族只有对自身的长期发展有所规划,才能沿着正确的道路前进,无往而不胜。

参考资料来源:房伟.凡事预则立,不预则废[Z/OL].(2020-12-08)[2023-03-21].https://news.gmw.cn/2020-12/08/content_34440214.htm.

任务一　总账期初设置

1-3-2 总账系统设置（微课）

业务一　总账管理系统相关参数设置

〖业务描述〗　2022年1月1日,账套主管【C201 蓝英】登录并修改账套总账管理系统的相关参数,信息如表1-3-1所示。

表1-3-1　　　　　　　　　总账管理系统的参数信息修改

凭证选项卡	【取消】现金流量科目必录现金流量项目;【勾选】自动填补凭证断号;【取消】制单序时控制
权限选项卡	不允许修改、作废他人填制的凭证;出纳凭证必须经由出纳签字
会计日历选项卡	数量小数位为【2】;单价小数位为【2】
其他选项卡	部门、个人、项目排序方式选择【按编码排序】

〖操作说明〗 【C201蓝英】设置总账管理系统参数。
〖操作指引〗
（1）执行【业务工作—财务会计—总账】命令，打开总账管理系统。
（2）在总账管理系统中，执行【设置—选项】命令，打开【选项】对话框下的【凭证】选项卡。
（3）单击【编辑】，取消勾选【制单序时控制】【现金流量科目必录现金流量项目】复选框，选中【自动填补凭证断号】复选框，如图1-3-1所示。

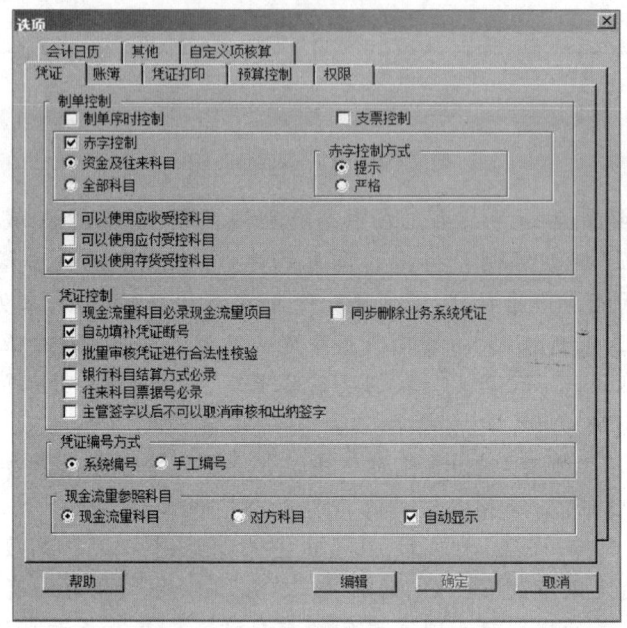

图1-3-1 【选项—凭证】选项卡

（4）在【权限】选项卡中，取消勾选【允许修改、作废他人填制的凭证】复选框，勾选【出纳凭证必须经由出纳签字】复选框，如图1-3-2所示。

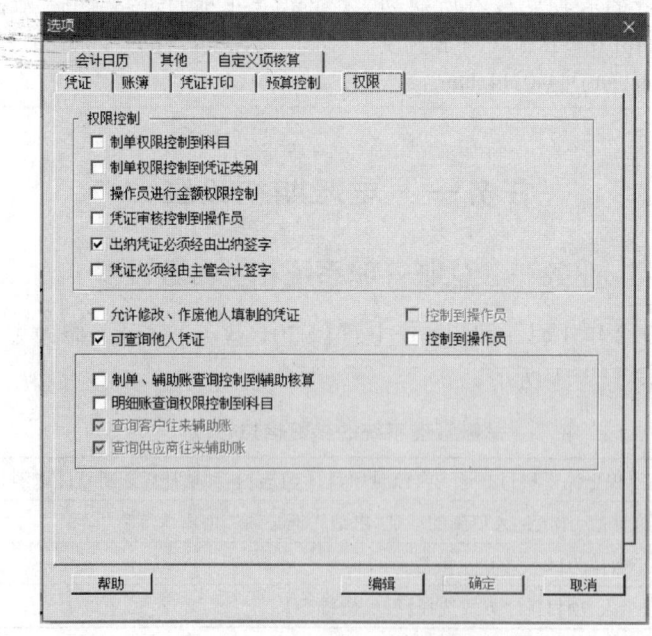

图1-3-2 【选项—权限】选项卡

(5)在【会计日历】选项卡中,分别修改【数量小数位】【单价小数位】为【2】,如图1-3-3所示。

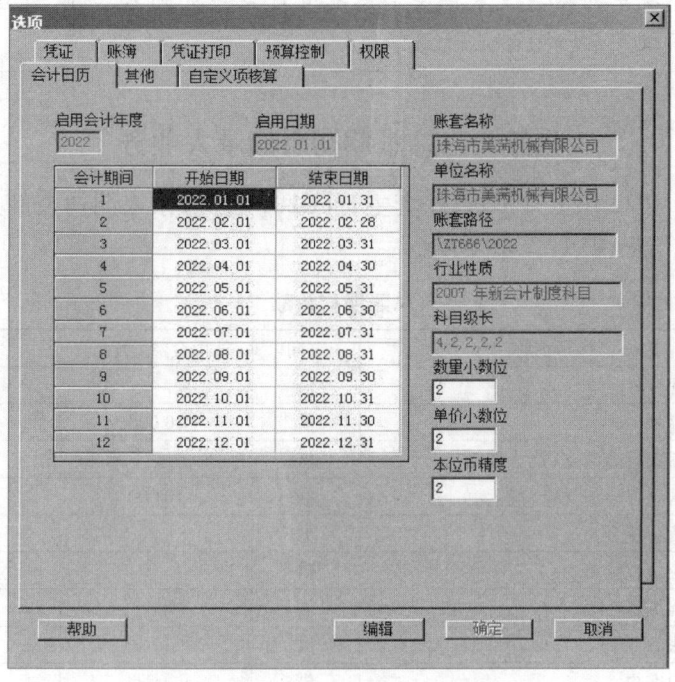

图1-3-3 【选项—会计日历】选项卡

(6)在【其他】选项卡中,分别修改【部门排序方式】【个人排序方式】【项目排序方式】为【按编码排序】,如图1-3-4所示,单击【确定】保存并返回。

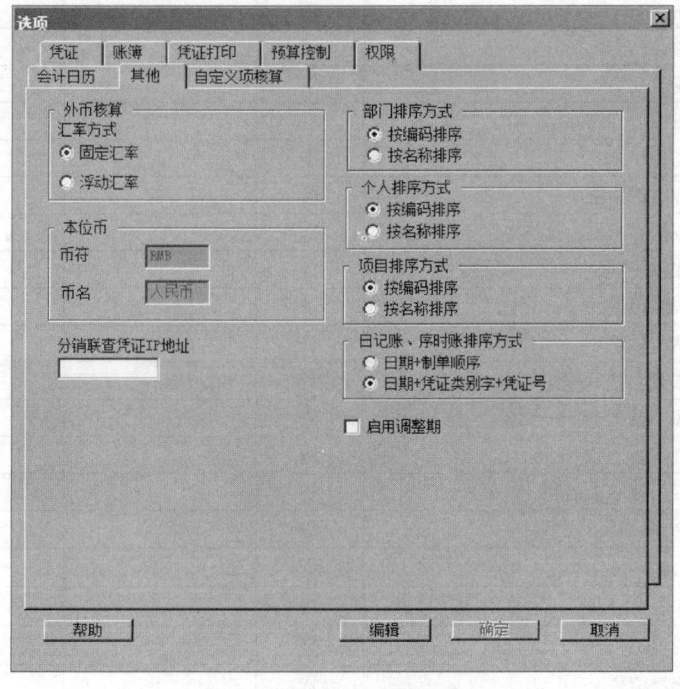

图1-3-4 【选项—其他】选项卡

> **重难点提示**
>
> 总账管理系统中的参数设置将决定总账管理系统的输入控制、处理方式、数据流向、输出格式等,设定后一般不能随意修改。

业务二　总账期初余额录入业务

〖业务描述〗 2022 年 1 月 1 日,账套主管【C201 蓝英】录入期初余额并进行试算平衡,期初余额如表 1-3-2 至表 1-3-10 所示。

1-3-3 总账科目余额设置

表 1-3-2　　　　　　　　　　　总账期初余额

科目代码	科目名称	方向	外币金额(美元)	本币金额(元)
1001	库存现金	借		8 000.00
1002	银行存款	借	10 000	1 329 700.05
100201	工商银行金湾支行(人民币)	借		1 265 900.05
100202	中国银行金湾支行(美元)	借	10 000	63 800.00
1012	其他货币资金	借		20 000.00
101201	信用卡存款	借		20 000.00
1121	应收票据	借		118 980.00
1122	应收账款	借		396 580.00
112201	国内客户	借		396 580.00
1123	预付账款	借		59 160.00
1221	其他应收款	借		-17 846.40
122103	保险(个人)	借		-17 846.40
1231	坏账准备	贷		702.00
1403	原材料	借		211 500.00
1405	库存商品	借		1 714 450.00
1601	固定资产	借		27 600 000.00
1602	累计折旧	贷		6 969 205.00
1604	在建工程	借		60 000.00
1901	待处理财产损溢	借		27274.50
2201	应付票据	贷		55 680.00
2202	应付账款	贷		354 960.00
220201	一般应付款	贷		295 800.00
220202	暂估应付款	贷		59 160.00
2203	预收账款	贷		158 630.00
2211	应付职工薪酬	贷		238 487.00
221101	工资	贷		144 513.00
221103	非货币性职工福利	贷		8 184.00
221104	社会保险费	贷		48 672.00
221106	工会经费	贷		3 248.00
221107	职工教育经费	贷		33 870.00
2221	应交税费	贷		300 352.60
222102	未交增值税	贷		187 000.00

(续表)

科目代码	科目名称	方向	外币金额(美元)	本币金额(元)
222103	应交城建税	贷		13 090.00
222104	应交教育费附加	贷		5 610.00
222105	应交地方教育费附加	贷		3 740.00
222106	应交企业所得税	贷		90 872.00
222107	应交个人所得税	贷		40.60
2231	应付利息	贷		50 000.00
2501	长期借款	贷		4 000 000.00
4001	实收资本	贷		16 600 000.00
400101	珠海海通有限责任公司	贷		16 600 000.00
4002	资本公积	贷		330 000.00
400201	资本溢价	贷		330 000.00
4101	盈余公积	贷		240 000.00
410101	法定盈余公积	贷		240 000.00
4104	利润分配	贷		2 244 961.55
410405	未分配利润	贷		2 244 961.55
5001	生产成本	借		15 180.00
500101	直接材料	借		7 840.00
500102	直接人工	借		2 020.00
500103	制造费用	借		5 320.00

表 1-3-3　　　　应收票据(1121)期初余额(银行承兑汇票)

日期	客户简称	摘要	方向	余额(元)
2021-07-18	中山阳光	销售传动齿轮1 500件,含税单价为79.32元,票据号为64 378 968,带息票据,票面利率为5%,承兑银行:中国工商银行	借	118 980.00

表 1-3-4　　　　应收账款——国内客户(112201)期初余额

日期	客户简称	摘要	方向	余额(元)
2021-12-15	深圳恒兴	销售传动齿轮1 000件,含税单价为79.32元,发票号为64378965	借	79 320.00
2021-12-24	珠海明瑞	销售变速箱锥齿轮2 000件,含税单价为158.63元,发票号为86549366	借	317 260.00

表 1-3-5　　　　预收账款(2203)期初余额(转账支票)

日期	客户简称	摘要	方向	余额(元)
2021-12-21	东莞东和	销售变速箱锥齿轮1 000件,含税单价为158.63元,款项已经预收,票据号为86549369	贷	158 630.00

表 1-3-6　　　　预付账款(1123)期初余额

日期	供应商简称	摘要	方向	余额(元)
2021-12-16	广州恒大合金	采购渗碳钢10吨,含税单价为5 916元,票据号为56726457	借	59 160.00

表1-3-7　　　　　　　　　　　应付票据（2201）期初余额

日期	供应商简称	摘要	方向	余额（元）
2021-07-10	珠海顺昌	采购调质钢10吨，含税单价为5 568元，票据号为56728956，票面利率为5%，承兑银行：中国工商银行	贷	55 680.00

表1-3-8　　　　　　　　　　　应付账款（2202）期初余额

日期	供应商简称	应付账款科目	摘要	方向	余额（元）
2021-12-19	广东金鸿		采购渗碳钢20吨，含税单价5 916元，发票号为56726453	贷	118 320.00
2021-12-22	珠海顺昌	220201 应付账款——一般应付款	采购调质钢30吨，含税单价5 568元，发票号为56728954	贷	167 040.00
2021-12-26	珠海电力		采购耐磨润滑油600升，含税单价17.4元，发票号为56728955	贷	10 440.00
2021-12-28	广州恒大合金	220202 应付账款——暂估应付款	采购渗碳钢10吨，参考价5 916元，发票尚未收到，暂估入账	贷	59 160.00

表1-3-9　　　　　　　　　　　生产成本（5001）期初余额

项目	变速箱锥齿轮（一车间）	传动齿轮（二车间）	合计金额
500101 生产成本——直接材料（元）	3 920.00	3 920.00	7 840.00
500102 生产成本——直接人工（元）	980.00	1 040.00	2 020.00
500103 生产成本——制造费用（元）	3 500.00	1 820.00	5 320.00
在产品数量（件）	140	260	400

表1-3-10　　　　　　　　　原材料（1403）和库存商品（1405）期初余额

存货	存货编码	名称	单位	数量	单价（元）	金额（元）
原材料	01002	渗碳钢	吨	30	5 100.00	153 000.00
	01003	调质钢	吨	10	4 800.00	48 000.00
	01004	耐磨润滑油	升	700	15.00	10 500.00
库存商品	02001	变速箱锥齿轮	件	15 000	93.55	1 403 250.00
	02002	传动齿轮	件	10 000	31.12	311 200.00

〖操作说明〗　【C201蓝英】录入总账期初余额数据。

〖操作指引〗

（1）在总账管理系统中，执行【设置—期初余额】命令，打开【期初余额录入】窗口。

（2）末级科目单元格可以直接输入期初余额，如"库存现金"科目可以直接录入【8 000.00】。

（3）辅助核算科目余额不允许直接录入余额，需要在该单元格中双击进入【辅助账期初设置】，输入期初数据后返回到总账期初余额表中。例如，双击【应收票据】所在行的【期初余额】栏，进入【辅助期初余额】窗口。

（4）单击【往来明细】，进入【期初往来明细】窗口。单击【增行】，再单击【日期】选择【2021-07-18】；单击【客户】选择【中山阳光】；在【摘要】栏录入已知信息；【金额】栏录入【118 980.00】等信息，如图1-3-5所示。

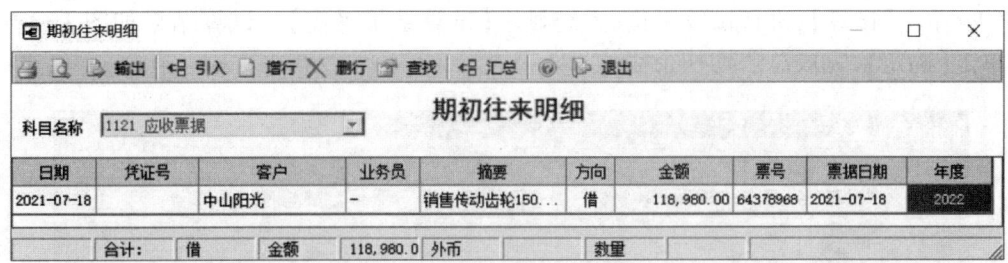

图 1-3-5 【期初往来明细】窗口

（5）单击【汇总】，系统弹出【完成了往来明细到辅助期初表的汇总！】提示框。

（6）单击【确认】后，再单击【退出】，在【辅助初期余额】窗口显示汇总结果，如图 1-3-6 所示，完成应收票据的期初录入工作。

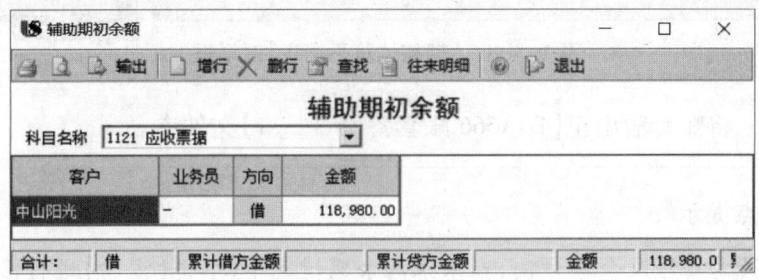

图 1-3-6 【辅助期初余额】窗口

（7）同理，以此方法录入其他带辅助核算的科目余额。

（8）将所有总账期初余额全部录入完毕，总账期初余额如图 1-3-7 所示。

科目名称	方向	币别/计量	期初余额
库存现金	借		8,000.00
银行存款	借		1,329,700.05
工商银行金湾支行	借		1,265,900.05
中国银行金湾支行	借		63,800.00
	借	美元	10,000.00
存放中央银行款项	借		
存放同业	借		
其他货币资金	借		20,000.00
信用卡存款	借		20,000.00
结算备付金	借		
存出保证金	借		
交易性金融资产	借		
买入返售金融资产	借		
应收票据	借		118,980.00
应收账款	借		396,580.00
国内客户	借		396,580.00

图 1-3-7 【期初余额录入】窗口

(9) 单击【试算】,进行试算平衡,系统显示【试算结果平衡】。试算结果如图1-3-8所示。单击【确定】,完成总账期初余额的录入及查验工作。

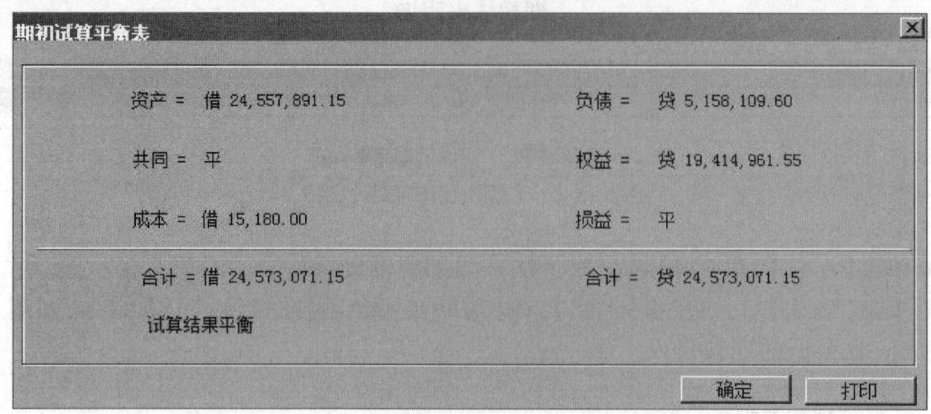

图1-3-8 【期初试算平衡表】对话框

(10) 备份:将账套输出至【D:\666账套备份\1.3.1】文件夹。

> **重难点提示**
>
> (1) 如果需要修改余额方向,在未录入余额情况下,单击【方向】进行修改操作。
> (2) 如果录入余额的科目有辅助核算的内容,则在录入余额时必须录入辅助核算的明细内容,而修改时也应修改明细内容。
> (3) 如果某一科目有数量核算的要求,则录入余额时还应输入该余额的数量。
> (4) 如果期初余额试算不平衡,期末余额将不会平衡,虽然期初余额不平衡,系统可以允许先填制和审核凭证,但是不允许凭证记账。
> (5) 凭证记账后,期初余额将变为只读状态,不能再进行修改。

1-3-4 销售管理初始设置(微课)

任务二 销售与应收款初始设置

业务一 销售管理初始设置

〖业务描述〗 以账套主管【C201 蓝英】的身份在销售管理子系统中启用【零售日报业务】【有分期收款】【委托代销业务】【直运销售】【销售调拨】;取消【销售生成出库单】;新增【退货单参照发货单】。

〖操作说明〗 【C201 蓝英】进行销售管理子系统相关参数设置。

〖操作指引〗

(1) 执行【业务工作—供应链—销售管理—设置】命令,打开【销售选项】对话框。

(2) 打开【业务控制】选项,取消勾选【销售生成出库单】复选框,增加勾选【有零售日报业务】【有销售调拨业务】【有委托代销业务】【有分期收款业务】【有直运销售业务】复选框,如图1-3-9所示。

(3) 打开【其他控制】选项卡,【新增退货单默认】栏选择【参照发货】,其他的选项按照默认设置,单击【确定】按钮。

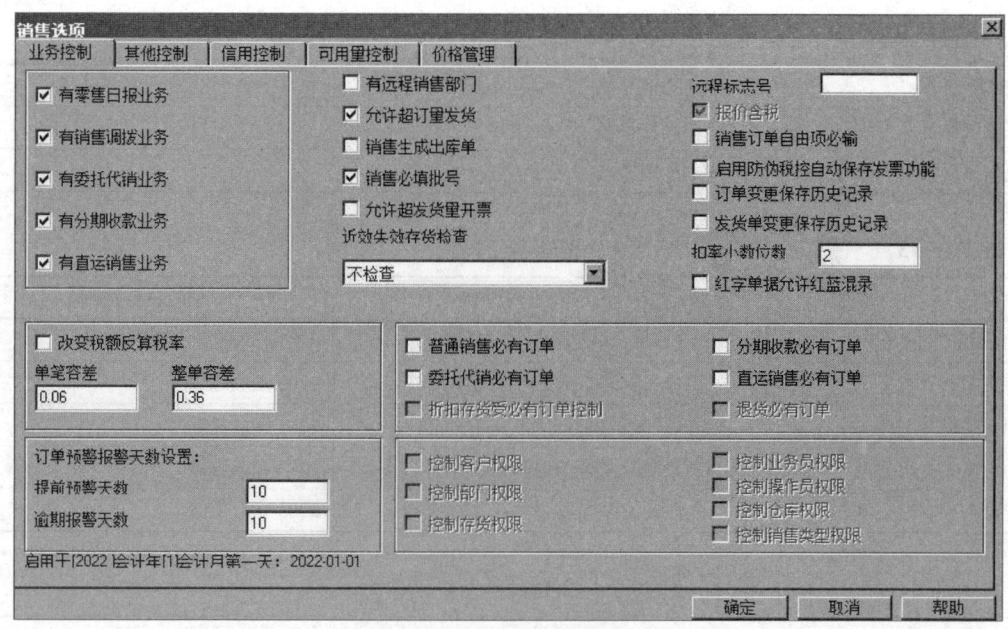

图 1-3-9 【业务控制】选项卡

业务二 应收款管理系统相关参数设置

〖业务描述〗【C201 蓝英】登录应收款管理系统,根据表 1-3-11 至表 1-3-16 的相关资料设置应收款管理系统相关参数;账龄区间设置均为起止天数 1~30、31~60、61~90、91~180、181~360、361 天以上。

1-3-5 应收账款初始设置

表 1-3-11　　　　　　　　　　应收款管理系统初始参数

初始对数项目	选用核算方法
单据审核日期依据	单据日期
坏账处理方式	应收余额百分比法
现金折扣	自动计算
受控科目制单方式	明细到单据

表 1-3-12　　　　　　　　　　基本科目

基本科目项目	选用科目
应收科目	112201 应收账款——国内客户
应收科目	112202 应收账款——国外客户
预收科目	2203 预收账款
税金科目	22210102 应交税费——应交增值税(销项税额)
现金折扣科目	660302 财务费用——利息支出
票据利息科目	660301 财务费用——利息收入
票据费用科目	660302 财务费用——利息支出
商业承兑科目	1121 应收票据

（续表）

基本科目项目	选用科目
银行承兑科目	1121 应收票据
坏账入账科目	1231 坏账准备
汇兑损益科目	660304 财务费用——汇兑损益

表 1-3-13　　　　　　　　　　控制科目设置

客户名称	应收科目控制	预收科目控制
深圳市恒兴有限公司	112201 应收账款——国内客户	2203 预收账款
珠海市明瑞有限公司	112201 应收账款——国内客户	2203 预收账款
美国 ESENW 有限公司	112202 应收账款——国外客户	2203 预收账款
中山市阳光有限公司	112201 应收账款——国内客户	2203 预收账款
东莞市东和有限公司	112201 应收账款——国内客户	2203 预收账款

表 1-3-14　　　　　　　　　　产品科目设置

类别编码	类别名称	销售收入/销售退回	应交增值税	税率
01	原材料	6051 其他业务收入	22210102 增值税（销项税额）	13%
02	产成品	6001 主营业务收入	22210102 增值税（销项税额）	13%
03	包装物	6051 其他业务收入	22210102 增值税（销项税额）	13%
04	周转材料	6051 其他业务收入	22210102 增值税（销项税额）	13%
05	低值易耗品	6051 其他业务收入	22210102 增值税（销项税额）	13%
06	半成品	6051 其他业务收入	22210102 增值税（销项税额）	13%
99	其他	6051 其他业务收入	22210102 增值税（销项税额）	13%

表 1-3-15　　　　　　　　　　结算方式科目设置

结算方式项目	选用科目
现金结算方式科目	1001 库存现金
现金支票结算方式科目	100201 银行存款——工商银行金湾支行（人民币）
转账支票结算方式	100201 银行存款——工商银行金湾支行（人民币）
电汇结算方式科目	100201 银行存款——工商银行金湾支行（人民币）
其他结算方式	100201 银行存款——工商银行金湾支行（人民币）

表 1-3-16　　　　　　　　　　坏账准备设置

坏账准备项目	录入资料
提取比率	0.5%
坏账准备期初余额（元）	702.00
坏账准备科目	1231 坏账准备
坏账准备对方科目	6701 资产减值损失

【操作说明】　【C201 蓝英】设置应收款管理系统参数和模板凭证会计科目选用。

〖操作指引〗
1. 选项期初设置

(1) 执行【财务会计—应收款管理—设置—选项】命令,打开【账套参数设置】对话框,单击【编辑】,系统弹出【选择修改需要重新登录才能生效】提示框。

(2) 单击【确定】,返回【账套参数设置】对话框,打开【常规】选项卡,单击【单据审核日期依据】栏的下三角,选择【单据日期】;单击【坏账处理方式】栏的下三角,选择【应收余额百分比法】;单击选中【自动计算现金折扣】前的复选框,打开【凭证】选项卡,单击【受控科目制单方式】栏的下三角,选择【明细到单据】,如图1-3-10所示。

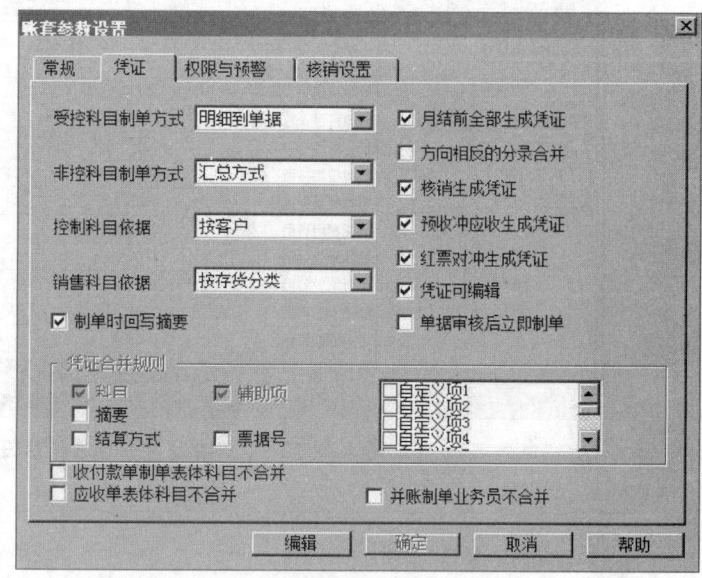

图1-3-10 【账套参数设置—凭证】选项卡

(3) 打开【权限与预警】选项卡,取消【控制操作员权限】,单击【确定】。

2. 基本科目设置

(1) 在应收款管理系统中,执行【设置—初始设置】命令,打开【初始设置】窗口,如图1-3-11所示。

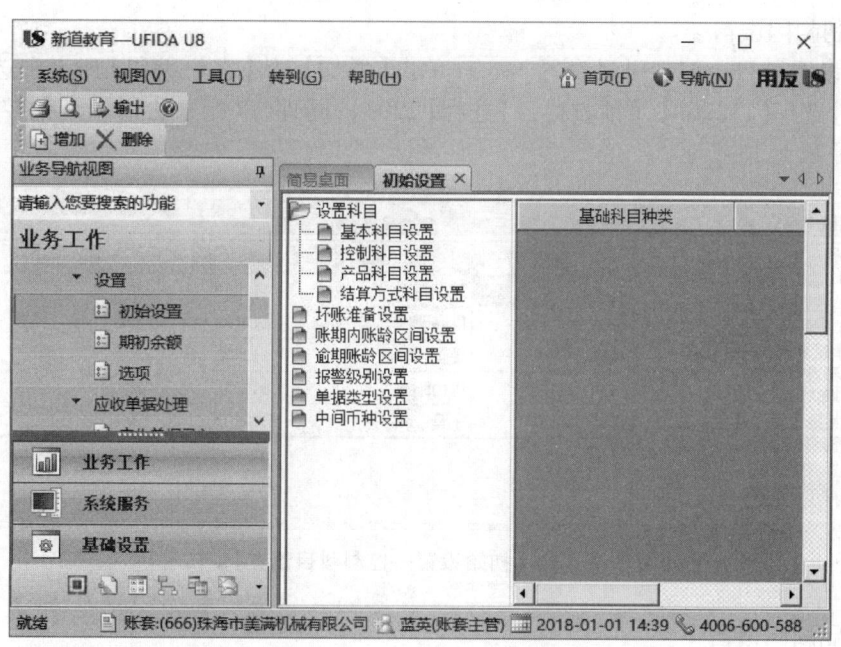

图1-3-11 【初始设置】窗口

(2) 执行【设置科目—基本科目设置】命令,单击【增加】,从【基本科目种类】列表中选择

【应收科目】,科目选择【1122】;同理,以此方法增加其他基本科目,操作结果如图1-3-12所示。

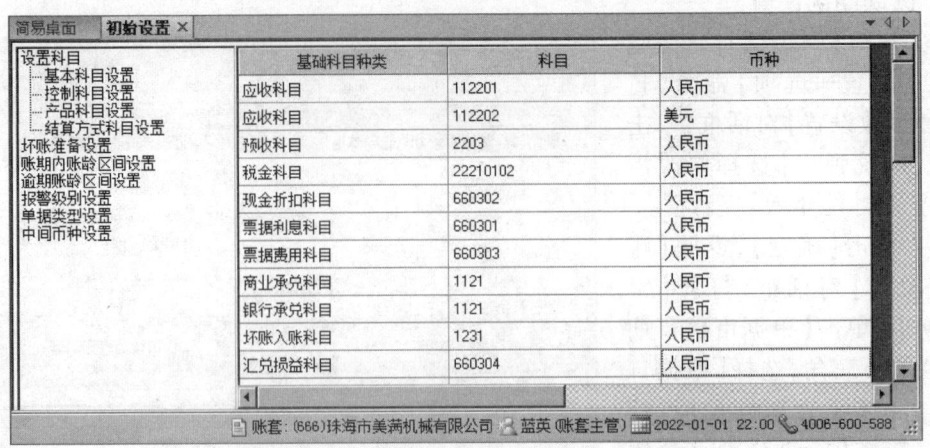

图1-3-12 【初始设置—基本科目设置】窗口

> **重难点提示**
>
> (1)在【基本科目设置】中,所设置的应收科目【1122应收账款】、预收科目【2203预收账款】及银行/承兑汇票科目【1121应收票据】,应在总账管理系统中设置其辅助核算内容为【客户往来】,并且其受控系统为【应收系统】,否则在控制科目设置中不能被选。
>
> (2)只有设置了基本科目,在生成凭证时才能直接生成凭证中的会计科目,否则凭证中将没有会计科目,相应的会计科目只能手工录入。

3. 控制科目设置

执行【设置科目—控制科目设置】命令,单击【增加】,从【客户编码】列表中选择【101】,【应收科目】选择【112201】,【预收科目】选择【2203】;同理,以此方法增加其他控制科目,操作结果如图1-3-13所示。

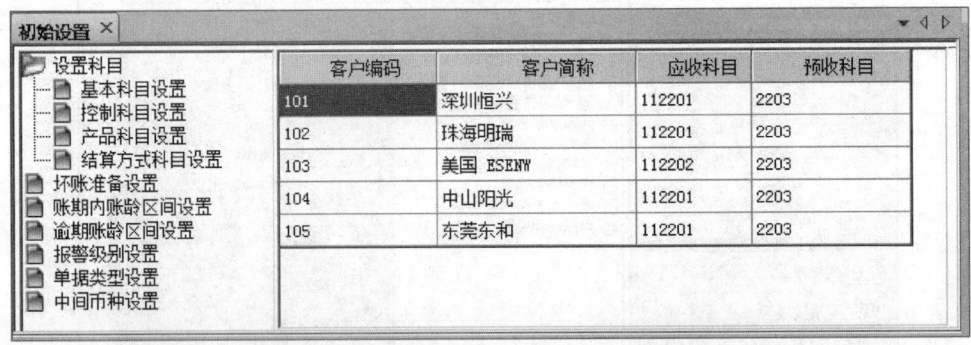

图1-3-13 【初始设置—控制科目设置】窗口

4. 产品科目设置

(1)在【初始设置】窗口,选择【产品科目设置】,打开【产品科目设置】窗口。

(2)在【产品科目设置】窗口中,设置【产成品】的【销售收入科目】为【6001】、【应交增值税科目】为【22210102】、【销售退回科目】为【6001】、【税率】为【13】,如图1-3-14所示。

类别编码	类别名称	销售收入科目	应交增值税科目	销售退回科目	税率
01	原材料	6051	22210102	6051	13
02	产成品	6001	22210102	6001	13
03	包装物	6051	22210102	6051	13
04	周转材料	6051	22210102	6051	13
05	低值易耗品	6051	22210102	6051	13
06	半成品	6051	22210102	6051	13
99	其他	6051	22210102	6051	13

图 1-3-14 【初始设置—产品科目设置】窗口

5. 结算方式科目设置

在【初始设置】窗口中,选择【结算方式科目设置】,打开【结算方式科目设置】窗口,单击【增加】,在【结算方式】栏下拉列表中选择【现金】;单击【币种】栏,选择【人民币】;在【科目】栏录入或选择【1001】,按回车键。以此方法继续录入其他结算方式科目,如图 1-3-15 所示。

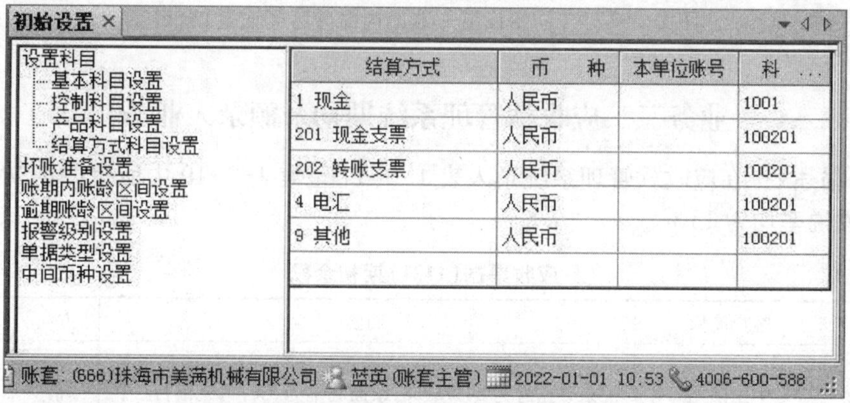

结算方式	币种	本单位账号	科…
1 现金	人民币		1001
201 现金支票	人民币		100201
202 转账支票	人民币		100201
4 电汇	人民币		100201
9 其他	人民币		100201

图 1-3-15 【初始设置—结算方式科目设置】窗口

6. 坏账准备设置

在【初始设置】窗口中,选择【坏账准备设置】,打开【坏账准备设置】窗口,录入【提取比率】为【0.500%】、【坏账准备期初余额】为【702.00】、【坏账准备科目】为【1231】、【对方科目】为【6701】,如图 1-3-16 所示。

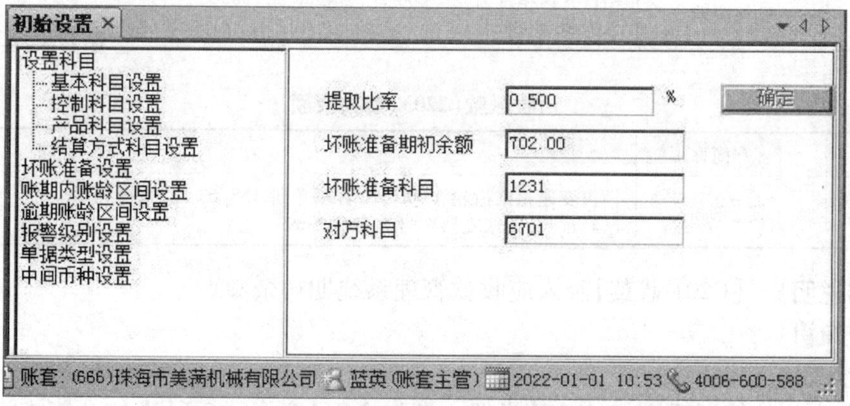

图 1-3-16 【初始设置—坏账准备设置】窗口

7. 账期内账龄区间设置

在【初始设置】窗口中，选择【账期内账龄区间设置】，在【总天数】中输入【30】【60】【90】【180】天数，完成账龄区间设置，为应收款账龄分析表做好前期设置，如图 1-3-17 所示。

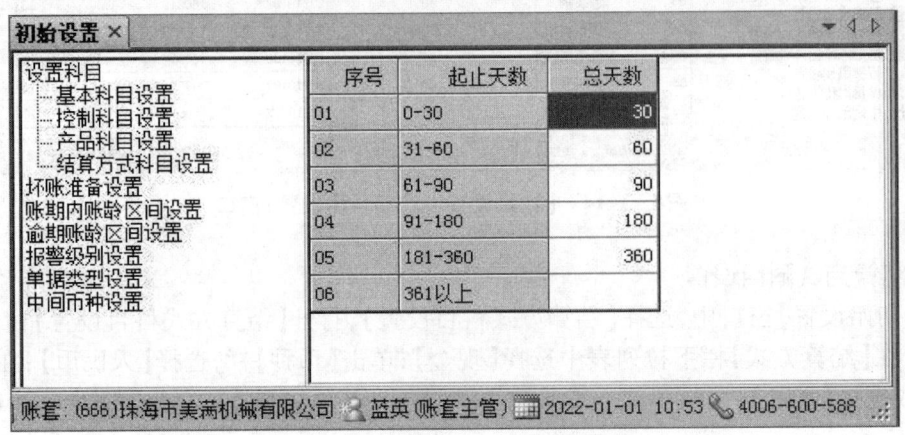

图 1-3-17 【初始设置—账期内账龄区间设置】窗口

1-3-6 应收款管理系统期初余额录入

业务三 应收款管理系统期初余额录入业务

〖业务描述〗 在应收款管理系统录入表 1-3-17 至表 1-3-19 中所示的期初余额，其中存货增值税税率均为 13%。

表 1-3-17　　　　　　　　　　应收票据（1121）期初余额

日期	客户简称	摘要	方向	余额（元）
2021-07-18	中山阳光	销售传动齿轮 1 500 件，含税单价为 79.32 元，银行承兑汇票票据号为 64378968，票面利率为 5%，承兑银行：中国工商银行	借	118 980.00

表 1-3-18　　　　　　　　　　应收账款（112201）期初余额

日期	客户简称	摘要	方向	余额（元）
2021-12-15	深圳恒兴	销售传动齿轮 1 000 件，含税单价 79.32 元，票据号为 64378965	借	79 320.00
2021-12-24	珠海明瑞	销售变速箱锥齿轮 2 000 件，含税单价 158.63 元，票据号为 86549366	借	317 260.00

表 1-3-19　　　　　　　　　　预收账款（2203）期初余额

日期	客户简称	摘要	方向	余额（元）
2021-12-21	东莞东和	销售变速箱锥齿轮 1 000 件，含税单价 158.63 元，款项已经预收，转账支票票号为 86549369	贷	158 630.00

〖操作说明〗 【C201 蓝英】录入应收款管理系统期初余额。

〖操作指引〗

1. 录入期初票据

（1）在应收款管理系统中，执行【设置—期初余额】命令，打开【期初余额查询】对话框，单击【确定】。在【期初余额明细表】窗口中,单击【增加】,打开【单据类别】对话框。

（2）选择单据名称为【应收票据】,单据类型为【银行承兑汇票】,单击【确定】,打开【期初票据】窗口。

（3）单击【增加】,录入【票据编号】为【64378968】;选择【承兑银行】为【中国工商银行】;单击【开票单位】,选择【中山阳光】,系统自动带出客户相关信息;录入【票据面值】为【118 980.00】;录入【面值利率】为【5】;单击【科目】,选择【1121】;在【签发日期】栏选择【2021-07-18】;在【收到日期】栏选择【2021-07-18】;在【到期日】栏选择【2022-01-18】;在【摘要】栏录入已知信息,如图1-3-18所示。

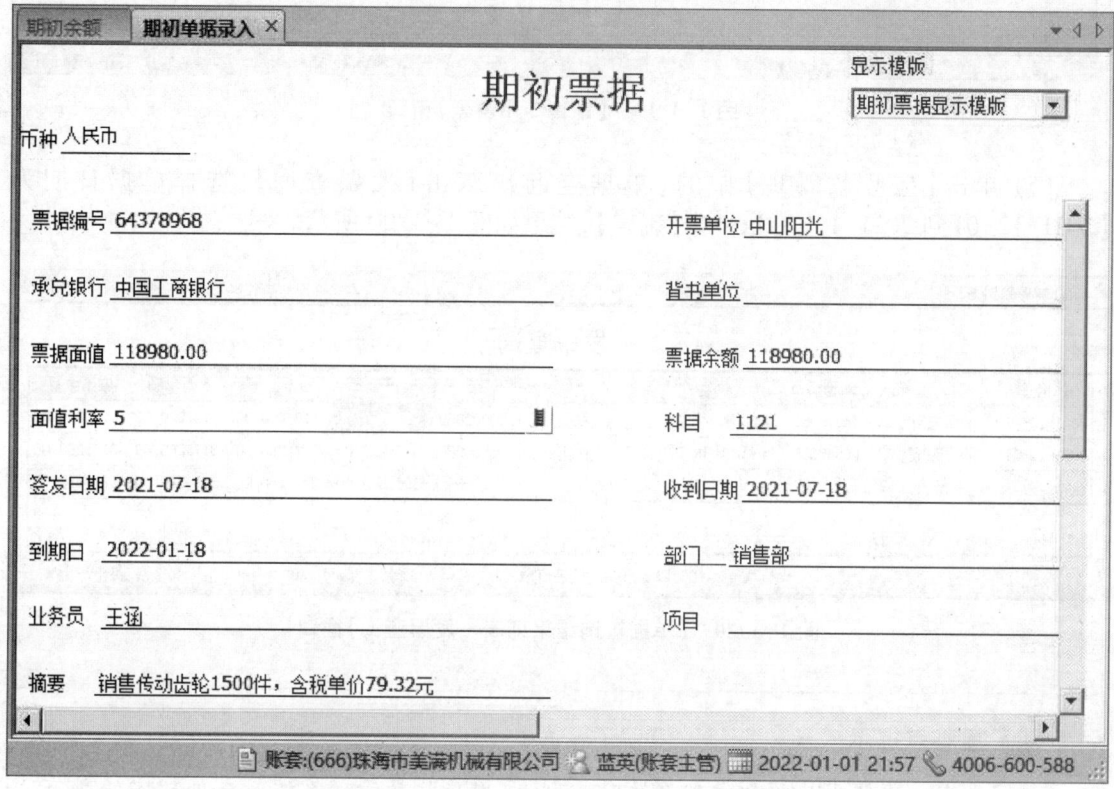

图1-3-18 【期初单据录入—期初票据】窗口

（4）单击【保存】,关闭【期初票据】窗口,返回【期初余额明细表】窗口。

2. 录入销售专用发票

（1）在应收款管理系统中,执行【设置—期初余额】命令,打开【期初余额查询】对话框,单击【确定】。

（2）打开【期初余额明细表】窗口,单击【增加】,打开【单据类别】对话框,选择【单据名称】为【销售发票】,选择【单据类型】为【销售专用发票】,选择【方向】为【正向】。

（3）单击【确定】,打开【销售专用发票】窗口。

（4）单击【增加】,修改【开票日期】为【2021-12-15】;录入【发票号】为【64378965】;单击【客户名称】栏,选择【深圳恒兴】,系统自动带出客户相关信息;在【税率(%)】栏录入【13.00】;在【货物编号】栏选择【02002】;在【数量】栏录入【1 000.00】;在【含税单价】栏录入【79.32】,如图1-3-19所示。单击【保存】,并以此方法继续录入第二张销售专用发票。

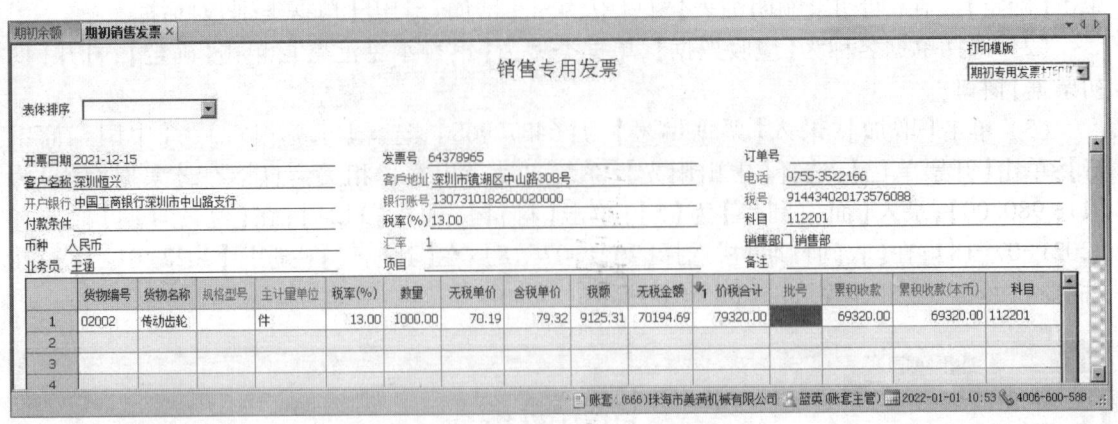

图 1-3-19 【销售专用发票】窗口

（5）单击【应收款管理】中的【单据查询】，双击【发票查询】，选择单据日期为【2021-12-01 到 2021-12-31】，单击【确定】，结果如图 1-3-20 所示。

图 1-3-20 【单据查询结果列表—发票查询】窗口

 重难点提示

（1）在初次使用应收款管理系统时，应将启用应收款管理系统时未处理完的所有科目的应收账款、预收账款、应收票据等数据录入本系统。当进入第二年度时，系统自动将上年度未处理完的单据转为下一年度的期初余额。在下一年度的第一会计期间里，可以进行期初余额的调整。

（2）在录入期初余额时，一定要注意期初余额的会计科目。应收款管理系统的期初余额应与总账进行对账，如果科目错误将会导致对账错误。

3. 录入预收账款

（1）在【期初余额明细表】窗口，单击【增加】，打开【单据类别】对话框，【单据名称】选择【预收款】，【单据类型】选择【收款单】。

（2）单击【确认】，打开【收款单】窗口，修改【日期】为【2021-12-21】；在【客户】栏选择【东莞东和】；单击【结算方式】，选择【转账支票】；在【金额】栏录入已知信息；在收款单表格部分中的【款项类型】栏选择【预收款】，如图 1-3-21 所示。单击【保存】，再单击【退出】。

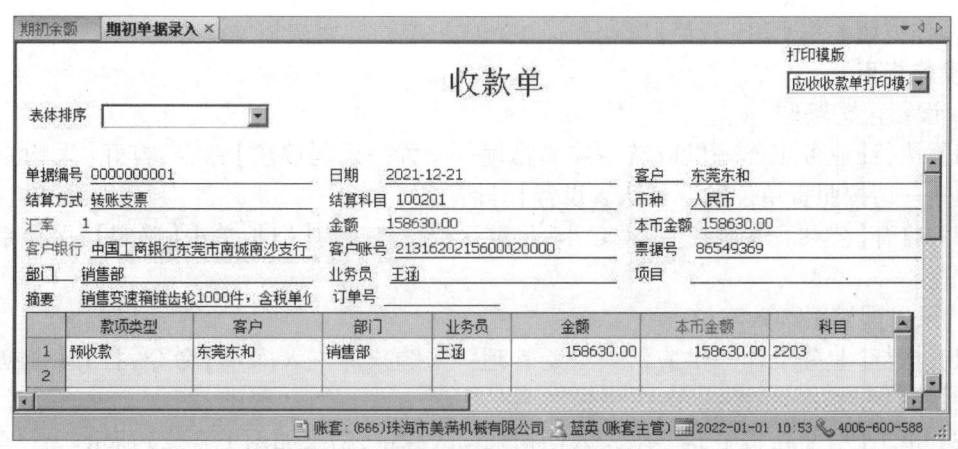

图1-3-21 【期初单据录入—收款单】窗口

4. 应收款管理系统与总账管理系统对账

(1) 在【期初余额明细单】窗口中,单击【对账】,打开【期初对账】窗口,对账无误,如图1-3-22所示,单击【退出】。系统自动显示2022年1月份应收款管理系统与总账管理系统存货期初结存金额对账结果相符,无对账差额,方可进行日常业务处理。

图1-3-22 【期初余额—期初对账】窗口

(2) 备份:将账套输出至【D:\666账套备份\1.3.2】文件夹。

任务三 采购与应付款初始设置

业务一 采购管理初始设置

〖**业务描述**〗 2021年12月28日,采购部【C301赵文星】从广州恒大合金采购渗碳钢10吨,参考单价为5 916元,普通采购,材料已入库,采购发票未到,款项未付。期初余额如表1-3-20所示。完成采购管理设置;在公共及参照控制中,将默认税率修改为【13】;完成以下期初采购入库单录入并完成采购记账工作处理。

1-3-7 采购管理初始设置(微课)

表1-3-20　　　　　　　　　应付暂估款(220202)期初余额

供应商简称	应付账款科目	摘要	方向	余额(元)
广州恒大合金	应付账款——暂估应付款	采购渗碳钢10吨,单价为5 916元,发票尚未收到,暂估入账	贷	59 160.00

〖**操作说明**〗【C201 蓝英】按业务描述完成采购管理期初相关设置。

〖**操作指引**〗

1. 设置采购管理

（1）执行【业务工作—供应链—采购管理—设置—采购选项】命令，打开【采购系统选项设置——请按照贵单位的业务认真设置】对话框。

（2）打开【公共及参照控制】选项卡，将默认税率修改为【13】，单击【确定】，保存系统参数的设置。

2. 录入期初采购入库单

（1）执行【业务工作—供应链—采购管理—采购入库—入库单】命令，打开【期初采购入库单】窗口。

（2）单击【增加】，按资料要求录入期初采购入库单，结果如图 1-3-23 所示。

（3）单击【保存】，保存期初采购入库单信息。

图 1-3-23 【期初采购入库单】窗口

3. 采购期初记账

（1）执行【业务工作—供应链—采购管理—设置—采购期初记账】命令，打开【期初记账】对话框，如图 1-3-24 所示。

（2）单击【记账】，弹出【期初记账完毕!】信息提示框，如图 1-3-25 所示。

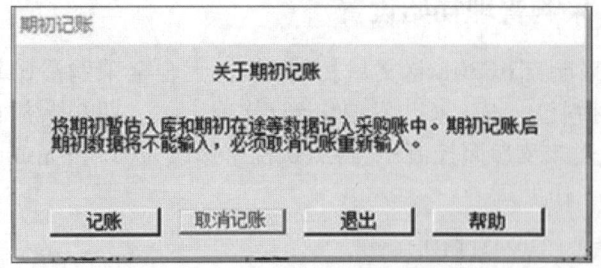

图 1-3-24 【期初记账】对话框

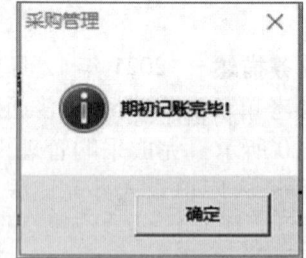

图 1-3-25 【期初记账完毕!】提示框

（3）单击【确定】，完成采购管理系统期初记账。

业务二 应付款管理系统相关参数设置

〖业务描述〗 2022年1月1日,以账套主管【C201 蓝英】的身份登录平台,根据表1-3-21至表1-3-25修改应付款管理系统的参数。

1-3-8 应付款管理系统初始设置

表1-3-21　　　　　　　　　　　应付款管理系统初始参数

初始参数项目	选用内容
单据审核依据	单据日期
现金折扣	自动计算折扣
受控科目制方式	明细到单据
采购科目依据	按存货

表1-3-22　　　　　　　　　　　基本科目设置

设置项目	选用科目
应付科目	220201 应付账款——一般应付款
预付科目	1123 预付账款
商业承兑科目	2201 应付票据
银行承兑科目	2201 应付票据
税金科目	22210101 应交税费——应交增值税(进项税额)
现金折扣科目	660301 财务费用——利息收入
票据利息科目	660302 财务费用——利息支出
汇兑损益科目	660304 财务费用——汇兑损益

表1-3-23　　　　　　　　　　　控制科目设置

供应商简称	应付控制科目	预付控制科目
广东金鸿	220201 应付账款——一般应付款	1123 预付账款
珠海顺昌	220201 应付账款——一般应付款	1123 预付账款
珠海电力	220201 应付账款——一般应付款	1123 预付账款
广州恒大合金	220201 应付账款——一般应付款	1123 预付账款
东莞东和	220201 应付账款——一般应付款	1123 预付账款

表1-3-24　　　　　　　　　　　产品科目设置

存货编码	存货名称	采购科目	产品采购税金科目
01001	角钢	1402 在途物资	22210101 增值税(进项税额)
01002	渗碳钢	1402 在途物资	22210101 增值税(进项税额)
01003	调质钢	1402 在途物资	22210101 增值税(进项税额)
01004	耐磨润滑油	1402 在途物资	22210101 增值税(进项税额)
02001	变速箱锥齿轮	1402 在途物资	22210101 增值税(进项税额)
02002	传动齿轮	1402 在途物资	22210101 增值税(进项税额)
03001	包装箱	1402 在途物资	22210101 增值税(进项税额)
04001	扳手	1402 在途物资	22210101 增值税(进项税额)
05001	机油	1402 在途物资	22210101 增值税(进项税额)
99001	运输费	1402 在途物资	22210101 增值税(进项税额)

表 1-3-25　　　　　　　　　结算方式科目设置

结算方式项目	选用科目
现金结算方式科目	1001 库存现金
现金支票结算方式科目	100201 银行存款——工商银行金湾支行（人民币）
转账支票结算方式科目	100201 银行存款——工商银行金湾支行（人民币）
电汇结算方式科目	100201 银行存款——工商银行金湾支行（人民币）

〖**操作说明**〗【C201 蓝英】设置应付款管理系统选项和初始参数。

〖**操作指引**〗

1. 选项设置

（1）执行【财务会计—应付款管理—设置—选项】命令，打开【账套参数设置】，单击【编辑】，系统弹出【选择修改需要重新登录才能生效】提示框。

（2）单击【确定】，返回【账套参数设置】对话框，打开【常规】选项卡，单击【单据审核日期依据】选择【单据日期】，单击选中【自动计算现金折扣】前的复选框，打开【凭证】选项卡，单击【受控科目制单方式】栏的下三角，选择【明细到单据】，单击【采购科目依据】栏的下三角，选择【按存货】，如图 1-3-26 所示。

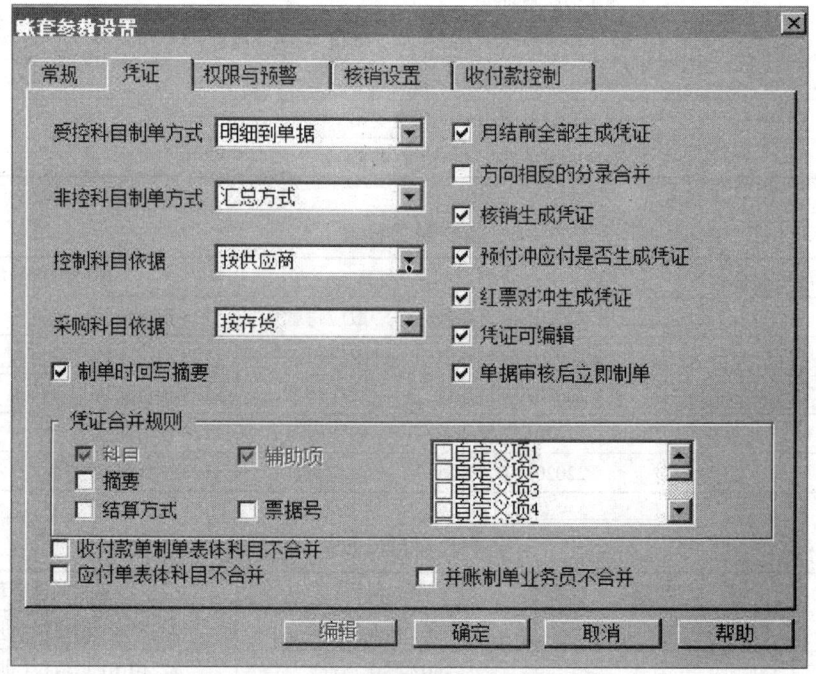

图 1-3-26　【账套参数设置—凭证】选项卡

（3）打开【权限与预警】选项卡，取消勾选【控制操作员权限】复选框。

2. 设置基本科目

（1）在应付款管理系统，执行【设置—初始设置】命令，打开【初始设置】窗口。

（2）选择【基本科目设置】，单击【增加】，选择【基础科目种类】为【应付科目】，录入或选择【应付科目】为【2202】，按回车键。以此方法设置其他基本科目，操作结果如图 1-3-27 所示。

图 1-3-27 【初始设置—基本科目设置】窗口

重难点提示

（1）在【基本科目设置】中所设置的应付科目【2201应付账款】、预付科目【1123预付款项】及银行承兑汇票/商业承兑汇票科目【2201应付票据】，应在总账管理系统中设置其辅助核算内容为【供应商往来】，且其受控系统为【应付系统】，否则在此不能选。

（2）只有在此设置了基本科目，在生成凭证时才能出现会计科目，否则凭证中将没有会计科目，相应的会计科目只能手工录入。

（3）如果应付科目、预付科目需要按不同的供应商或供应商分类分别设置，可以在【控制科目设置】中进行设置。

（4）针对不同的存货分别设置采购核算科目，可以在【产品科目设置】中进行设置。

3. 设置控制科目

选择【控制科目设置】，单击【增加】，选择【供应商编码】为【1】的所在行，录入或选择【应付科目】为【220201】，录入或选择【预付科目】为【1123】。以此方法设置其他供应商的控制科目，操作结果如图 1-3-28 所示。

图 1-3-28 【初始设置—控制科目设置】窗口

4. 设置产品科目

选择【产品科目设置】，单击【增加】，选择【存货编码】为【01001 角钢】的所在行，录入或选择【采购科目】为【1402】,录入或选择【产品采购税金科目】为【22210101】。以此方法设置其他供应商的控制科目,操作结果如图 1-3-29 所示。

图 1-3-29 【初始设置—控制科目设置】窗口

5. 设置结算方式科目

选择【结算方式科目设置】,单击【结算方式】栏下的三角,选择【现金】结算。单击【币种】栏,选择【人民币】;在【科目】栏录入或选择【1001】,按回车键。以此方法录入其他结算方式科目,操作结果如图 1-3-30 所示。

图 1-3-30 【初始设置—结算方式科目设置】窗口

重难点提示

(1)结算方式科目设置是针对已经设置的结算方式设置相应的结算科目。在付款时,只要录入结算时使用的结算方式,系统会自动生成该种结算方式所用的会计科目。

(2)如果在此不设置结算方式科目,则在付款或收款时可以手工输入不同的结算方式所在的会计科目。

业务三 应付款管理系统期初余额录入业务

1-3-9 应付款管理系统期初余额录入

【业务描述】 以账套主管【C201 蓝英】的身份登录平台,在应付款管理系统中录入表 1-3-26 至表 1-3-28 所示的期初余额,其中存货增值税税率均为 13%。

表 1-3-26 预付账款(1123)期初余额

日期	供应商名称	摘要	方向	余额(元)
2021-12-16	广州恒大合金	采购渗碳钢 10 吨,含税单价为 5 916 元,银行承兑汇票票据号为 56726457	借	59 160.00

表 1-3-27 应付票据(2201)期初余额

日期	供应商名称	摘要	方向	余额(元)
2021-07-10	珠海顺昌	采购调质钢 10 吨,含税单价为 5 568 元,银行承兑汇票票据号为 56728956,票面利率为 5%,承兑银行为中国工商银行	贷	55 680.00

表 1-3-28 应付账款(220201)期初余额

日期	供应商名称	应付账款科目	摘要	方向	余额(元)
2021-12-19	广东金鸿		采购渗碳钢 20 吨,含税单价为 5 916 元,发票号为 56726453	贷	118 320.00
2021-12-22	珠海顺昌	220221 应付账款——一般应付款	采购调质钢 30 吨,含税单价为 5 568 元,发票号为 56728954	贷	167 040.00
2021-12-26	珠海电力		采购耐磨润滑油 600 升,含税单价为 17.4 元,发票号为 56728955	贷	10 440.00

〖操作说明〗 【C201 蓝英】录入应付款管理系统期初余额。

〖操作指引〗

1. 录入期初采购发票

(1)在应付款管理系统中,执行【设置—期初余额】命令,打开【期初余额查询】对话框,单击【确定】。

(2)打开【期初余额明细表】窗口,单击【增加】,打开【单据类别】对话框,选择【单据名称】为【采购发票】,选择【单据类型】为【采购专用发票】,选择【方向】为【正向】。

(3)单击【确定】,打开【采购专用发票】窗口。单击【增加】,修改【开票日期】为【2021-12-19】;录入【发票号】为【56726453】;单击【供应商】,选择【广东金鸿】;单击【存货编码】栏,选择【01002】;在【数量】栏录入【20.00】;在【原币单价】栏录入不含税单价为【5 235.40】,手动修改【原币价税合计】为【118 320.00】,单击【保存】,如图 1-3-31 所示。

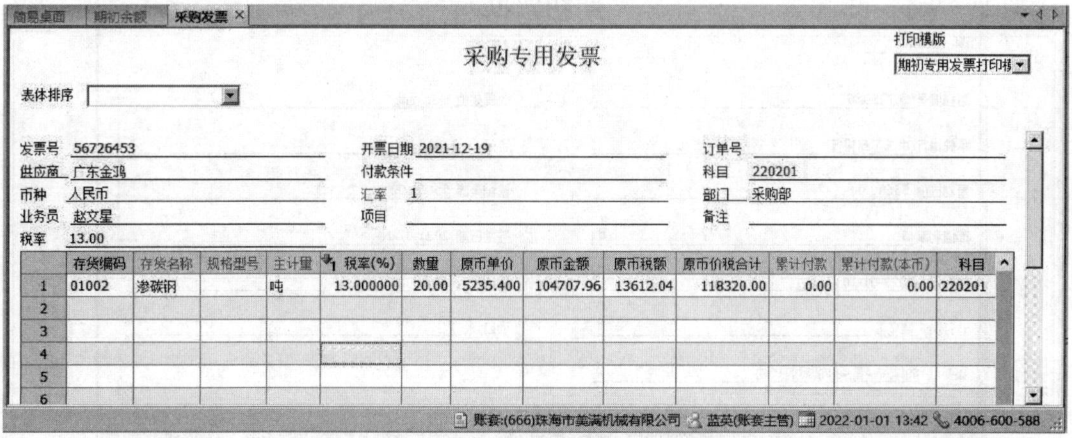

图 1-3-31 【采购专用发票】窗口

（4）并以此方法继续录入其余两张采购增值税专用发票。

（5）执行【应付款管理—设置—期初余额】命令，单据名称选择【采购发票】，单击【确定】，跳转到【期初余额明细表】，查询结果如图1-3-32所示。

图1-3-32 【期初余额明细表】窗口

> **重难点提示**
>
> （1）如果退出了录入期初余额的单据，在【期初余额明细表】窗口中并没有看到新录入的期初余额，单击【刷新】，就可以列示出所有的期初余额的内容。
>
> （2）在录入期初余额时，一定要注意期初余额的会计科目，应付款管理系统的期初余额应与总账进行对账，如果科目错误将会导致对账错误。

2. 录入期初票据

（1）单击【增加】，打开【单据类别】对话框，选择【单据名称】为【应付票据】，选择【单据类型】为【银行承兑汇票】。

（2）单击【确定】，打开【期初票据】窗口。单击【增加】，录入【票据编号】为【56728956】；单击【收票单位】栏，选择【珠海顺昌】；在【承兑银行】栏选择【中国工商银行】；在【科目】栏选择【2201】；在【票据面值】栏录入【55 680.00】；在【面值利率】栏录入【5】；在【签发日期】栏选择【2021-07-10】；在【到期日】栏选择【2022-01-10】；在【摘要】栏录入已知信息，如图1-3-33所示。单击【保存】完成期初票据录入。

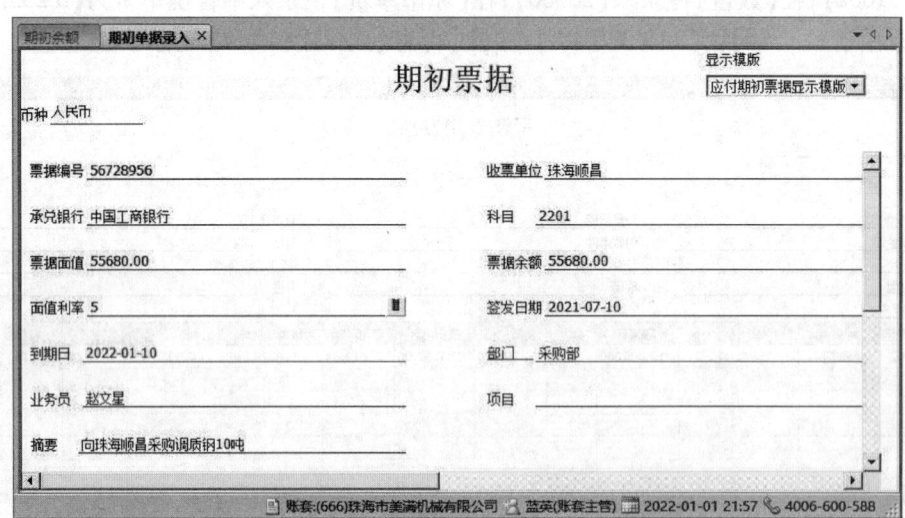

图1-3-33 【期初票据】窗口

3. 录入预付款单据

（1）在应付款管理系统执行【设置—期初余额】命令，打开【期初余额查询】对话框。

（2）单击【确定】，进入【期初余额明细表】，单击【增加】，打开【单据类别】对话框。选择【单据名称】为【预付款】，选择【单据类别】为【付款单】。

（3）单击【确定】，打开【付款单】窗口。单击【增加】，修改【日期】为【2021-12-16】；单击【供应商】，选择【广州恒大合金】；单击【结算方式】，选择【转账支票】；在【金额】栏录入【59 160.00】；在【票据号】栏录入【56726457】；在【摘要】栏录入已知信息；在付款单表格部分中的【款项类型】栏选择【预付款】，如图1-3-34所示，单击【保存】。

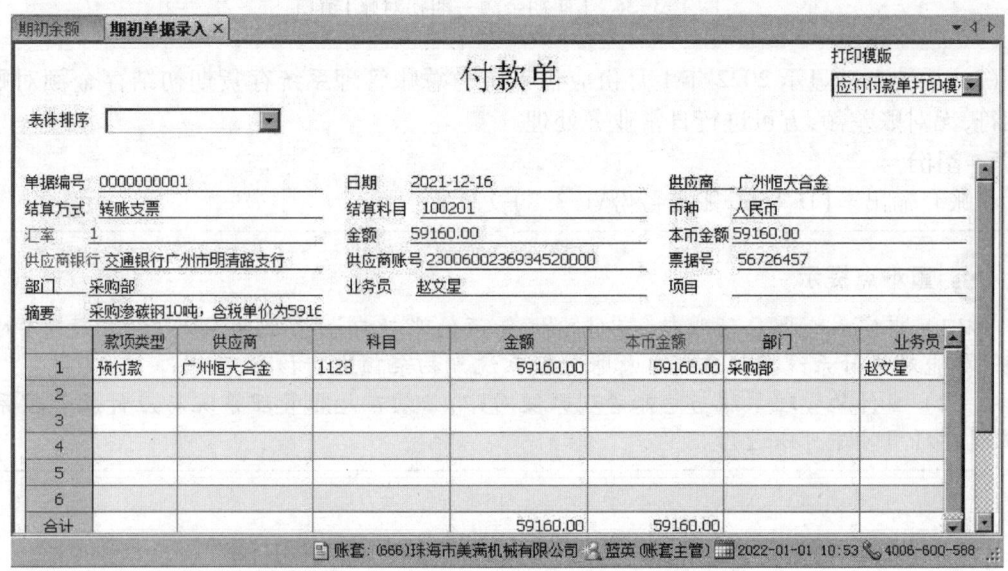

图1-3-34 【期初单据录入—付款单】窗口

 重难点提示

录入预付款单据时，单据类型仍然是【付款单】，但是款项类型为【预付款】。

4. 应付款管理系统与总账管理系统对账

（1）完成期初采购专用发票、银行汇票付款单的录入，在【期初余额】窗口中显示【期初余额明细表】，如图1-3-35所示。

图1-3-35 【期初余额明细表】窗口

(2) 在【期初余额明细表】窗口中,单击【对账】,打开【期初对账】窗口,如图1-3-36所示,完成对账后单击【退出】。

科目		应付期初		总账期初		差额	
编号	名称	原币	本币	原币	本币	原币	本币
1123	预付账款	-59,160.00	-59,160.00	-59,160.00	-59,160.00	0.00	0.00
2201	应付票据	55,680.00	55,680.00	55,680.00	55,680.00	0.00	0.00
220201	一般应付款	295,800.00	295,800.00	295,800.00	295,800.00	0.00	0.00
	合计		292,320.00		292,320.00		0.00

图1-3-36 【期初余额—期初对账】窗口

(3) 系统自动显示2022年1月份应付系统与总账管理系统存货期初结存金额对账结果相符,无对账差额,方可进行日常业务处理。

5. 备份

将账套输出至【D:\666账套备份\1.3.3】文件夹。

> **重难点提示**
>
> (1) 当完成全部应付账款、应付票据和预付账款期初余额的录入后,应通过【对账】功能对应付系统期初余额与总账管理系统期初余额进行核对。
>
> (2) 应付款管理系统与总账管理系统对账,必须在总账管理系统与应付款管理系统同时启用时才可以进行。

1-3-10 库存管理初始设置

任务四 库存管理与存货核算期初设置

业务一 库存管理初始设置

〖业务描述〗(1) 库存选项设置。在库存管理子系统通用设置中,启用【有无委托代销业务】,修改【现存量时点】为【采购入库审核时改现存量】【销售出库审核时改现存量】【其他出入库审核时改现存量】;在专用设置中,自动带出单价的单据有【其他入库单】【其他出库单】【盘点单】,其他为系统默认设置。

(2) 库存期初数据录入。存货期初余额明细表如表1-3-29所示。

表1-3-29 存货期初余额明细表

存货类别	仓库	编码	存货名称	单位	数量	单价(元)	金额(元)
原材料	材料仓	01002	渗碳钢	吨	30	5 100.00	153 000.00
		01003	调质钢	吨	10	4 800.00	48 000.00
		01004	耐磨润滑油	升	700	15.00	10 500.00
库存商品	成品仓	02001	变速箱锥齿轮	件	15 000	93.55	1 403 250.00
		02002	传动齿轮	件	10 000	31.12	311 200.00

〖操作说明〗【C201蓝英】设置库存管理系统参数。

〖操作指引〗

1. 设置库存选项

(1) 执行【业务工作—供应链—库存管理—初始设置—选项】命令,打开【库存选项设置】对话框。

（2）在【通用设置】选项卡中,【修改现存量时点】栏勾选【采购入库审核时改现存量】【销售出库审核时改现存量】【其它出入库审核时改现存量】复选框,【业务设置】栏勾选【有无委托代销业务】复选框,如图 1-3-37 所示。

图 1-3-37　【通用设置】选项卡

（3）在【专用设置】选项卡中,勾选【其他入库单】【其他出库单】【盘点单】复选框,单击【确定】,如图 1-3-38 所示。

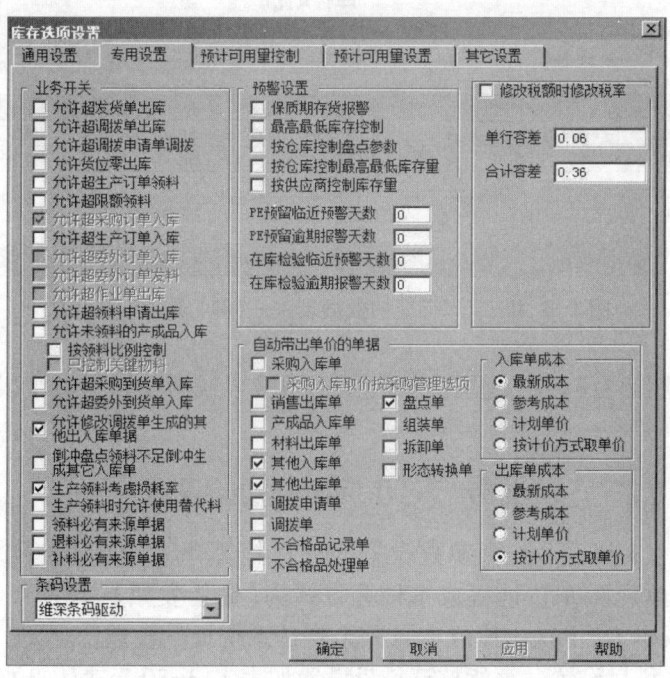

图 1-3-38　【专用设置】选项卡

2. 录入库存管理期初数据

（1）执行【业务工作—供应链—库存管理—初始设置—期初结存】命令，打开【库存期初数据录入】窗口。

（2）在【库存期初】窗口中，选择【仓库】为【(01)材料仓】。

（3）单击【修改】，单击【存货编码】栏中的参照按钮，【存货名称】选择【渗碳钢】，在【数量】栏中输入【30.00】，在【单价】栏中输入【5100.00】。

（4）依次输入【(01)材料仓】的其他期初结存数据（表1-3-29）。单击【保存】，保存录入的存货信息，单击【批审】，如图1-3-39所示。

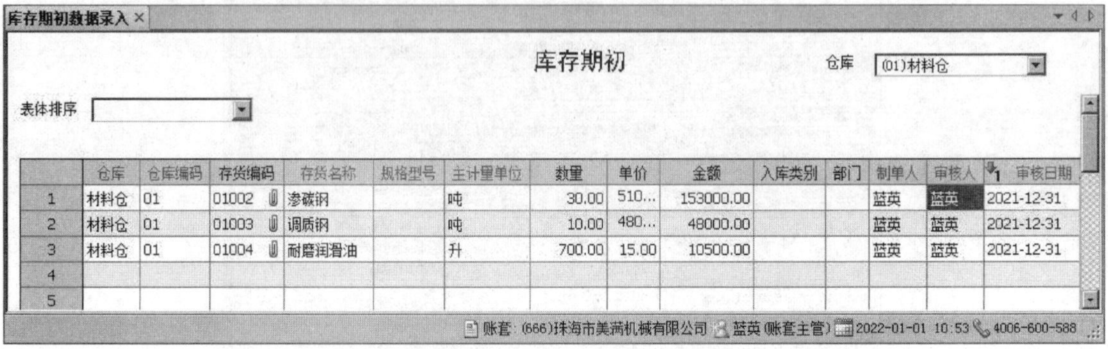

图1-3-39 【库存期初数据录入—(01)材料仓】窗口

（5）在【库存期初】窗口中，选择【仓库】为【(02)成品仓】。单击【修改】，依次输入表1-3-29中【(02)成品仓】的期初结存数据并保存，单击【批审】，如图1-3-40所示。

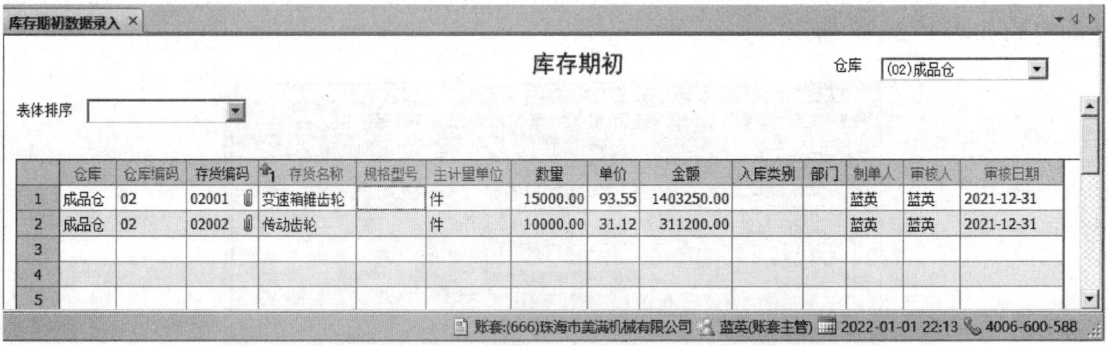

图1-3-40 【库存期初数据录入—(02)成品仓】窗口

（6）在【库存期初】窗口中，选择【仓库】为【(03)半成品仓】，查看半成品仓无期初数据，单击【关闭】退出。

业务二 存货核算初始设置

【业务描述】（1）存货核算参数设置。存货核算于系统中，核算方式为【按仓库核算】；暂估方式为【单到回冲】；销售成本核算方式为【销售发票】；委托代销【按发出商品核算】；红字出库单成本为【上次出库成本】，其余默认系统提供参数。

（2）存货核算科目设置。存货核算科目设置如表1-3-30至表1-3-32所示。

表 1-3-30　　　　　　　　　　　设置存货科目

仓库名称	存货编码及名称	存货科目代码及名称	差异科目编码及名称	分期收款科目编码及名称	委托代销科目编码及名称
材料仓	01001 角钢	140301 原材料	1404 材料成本差异		
	01002 渗碳钢	140302 原材料	1404 材料成本差异		
	01003 调质钢	140303 原材料	1404 材料成本差异		
	01004 耐磨润滑油	140304 原材料	1404 材料成本差异		
	03 包装物	1412 包装箱	1404 材料成本差异		
	04 周转材料	1411 周转材料	1404 材料成本差异		
	05 低值易耗品	1410 低值易耗品	1404 材料成本差异		
成品仓	02 产成品	1405 库存商品		1406 发出商品	1406 发出商品
半成品仓	06 半成品	1409 自制半成品			

表 1-3-31　　　　　　　　　　　设置存货对方科目

收发类型编码	收发类型名称	对方科目编码	对方科目名称	暂估科目编码	暂估科目名称
11	采购入库	1402	在途物资	220202	暂估应付款
12	采购退货	1402	在途物资		
13	盘盈入库	1901	待处理财产损溢		
14	产成品入库	500101	生产成本——直接材料		
16	其他入库	1901	待处理财产损溢		
21	销售出库	6401	主营业务成本		
22	销售退货	6401	主营业务成本		
23	盘亏出库	1901	待处理财产损溢		
24	委托代销出库	1406	发出商品		
25	赠品出库	660112	销售费用——广告费		
26	捐赠出库	6711	营业外支出		
27	生产领料出库	500101	生产成本——直接材料		
29	其他出库	1901	待处理财产损溢		

表 1-3-32　　　　　　　　　　　设置税金科目

存货编码	存货名称	进项税额编码	进项税额转出编码	出口退税编码
01001	角钢	22210101	22210103	22210106
01002	渗碳钢	22210101	22210103	22210106
01003	调质钢	22210101	22210103	22210106
01004	耐磨润滑油	22210101	22210103	22210106
02001	变速箱锥齿轮	22210101	22210103	22210106
02002	传动齿轮	22210101	22210103	22210106
03001	包装箱	22210101	22210103	22210106
04001	扳手	22210101	22210103	22210106
05001	机油	22210101	22210103	22210106
06001	传动齿轮半成品	22210101	22210103	22210106
99001	运输费	22210101	22210103	22210106

(3) 期初数据录入并完成存货期初对账和记账。从库存管理系统取数,完成库存管理期初数据录入,修改存货科目,并完成存货期初记账,如表1-3-33所示。

表1-3-33　　　　　　　　　　存货期初明细表

存货类别	仓库	编码	存货名称	单位	数量	单价(元)	金额(元)
原材料	材料仓	01002	渗碳钢	吨	30	5 100.00	153 000.00
		01003	调质钢	吨	10	4 800.00	48 000.00
		01004	耐磨润滑油	升	700	15.00	10 500.00
库存商品	成品仓	02001	变速箱锥齿轮	件	15 000	93.55	1 403 250.00
		02002	传动齿轮	件	10 000	31.12	311 200.00

〖操作说明〗　【C201蓝英】设置存货核算系统参数。

〖操作指引〗

1. 设置存货核算参数

(1) 执行【业务工作—供应链—存货核算—初始设置—选项—选项录入】命令,打开【选项录入】对话框。

(2) 在【核算方式】选项卡中设置核算参数。【核算方式】选择【按仓库核算】,【暂估方式】选择【单到回冲】,【销售成本核算方式】选择【销售发票】,【委托代销成本核算方式】选择【按发出商品核算】,如图1-3-41所示,单击【确定】。

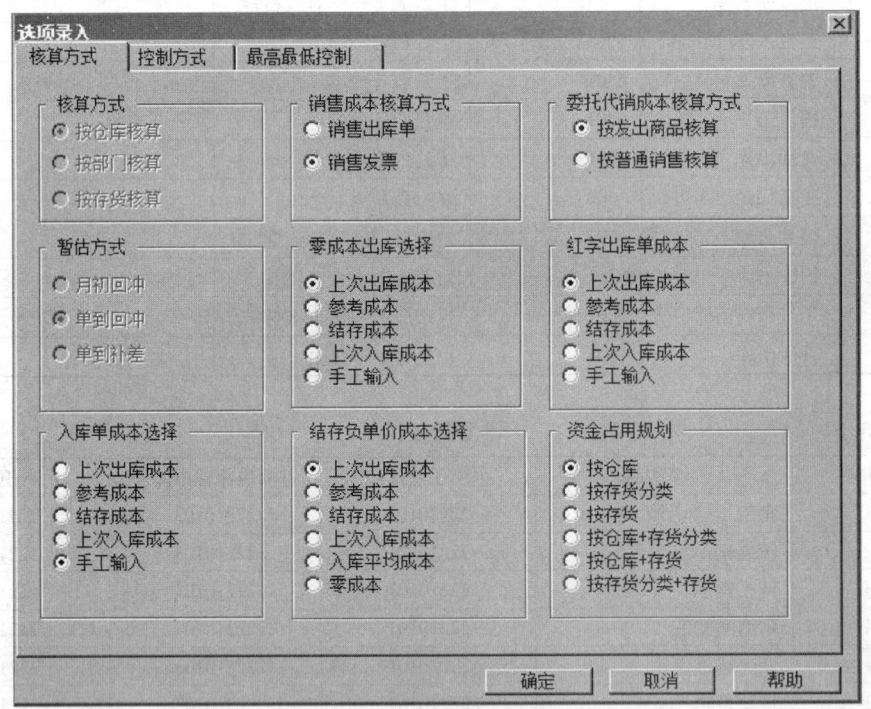

图1-3-41　【核算方式】选项卡

2. 设置存货相关科目

(1) 存货科目设置。执行【业务工作—供应链—存货核算—初始设置—科目设置—存货科目】命令,打开【存货科目】窗口,单击【增加】,选择【01材料仓】,【存货分类编码】【存分类名称】分别选择【01 原材料】【03 包装物】【04 周转材料】【05 低值易耗品】,【存货科目编码】【存货科目名称】分别选择【1403 原材料】(各明细科目)【1412 包装箱】【1411 周转材料】【1410 低值易耗品】;【差异科目】选择为【1404 材料成本差异】,依次设置其他仓库的存货科目,完成所有存货科目设置,单击【保存】,如图 1-3-42 所示。

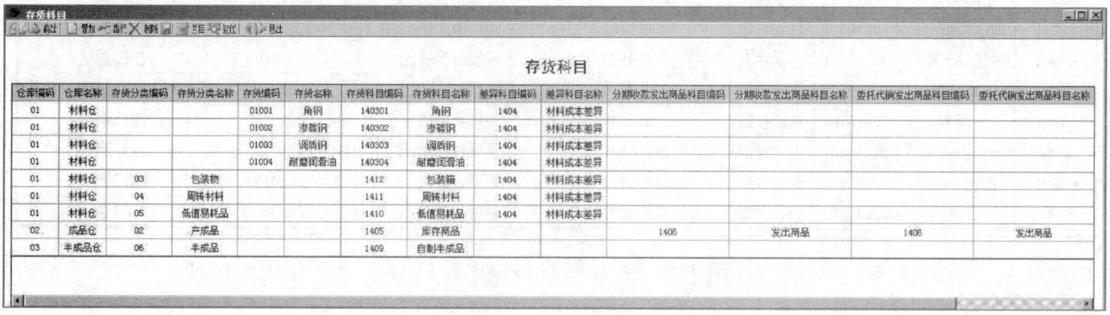

图 1-3-42 【存货科目】窗口

(2) 存货对方科目设置。执行【业务工作—供应链—存货核算—初始设置—科目设置—对方科目】命令,打开【对方科目】窗口,单击【增加】,【收发类别】选择【101 采购入库】,【对方科目】选择【1402 在途商品】,【暂估科目】选择为【220222 应付账款——暂估应付款】,依次设置其他收发类别的对方科目,单击【保存】,如图 1-3-43 所示。

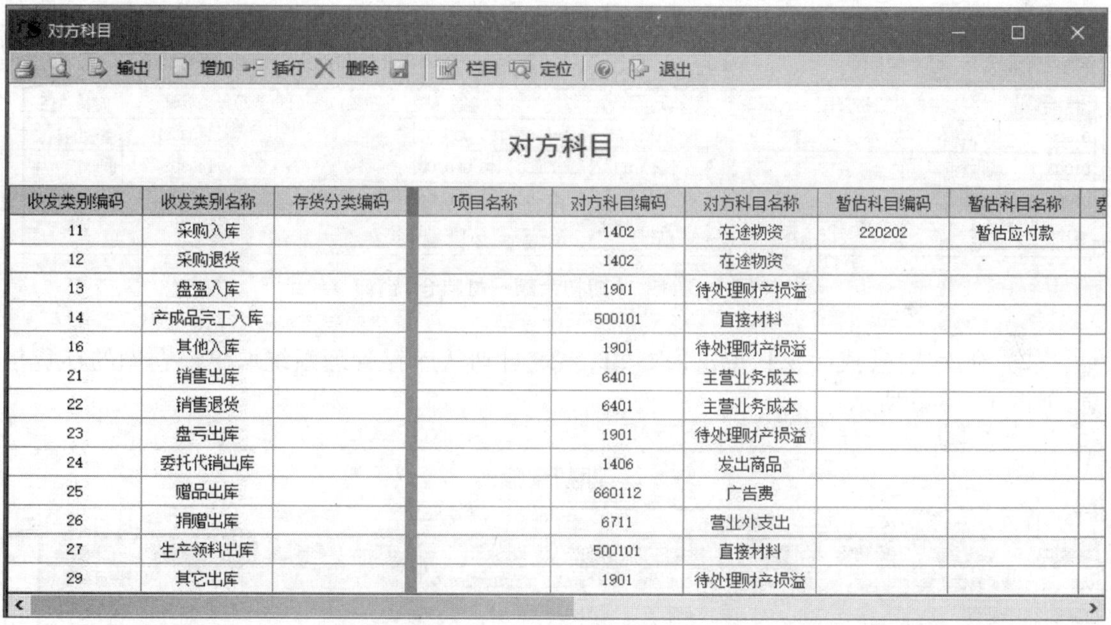

图 1-3-43 【对方科目】窗口

(3) 税金科目设置。执行【业务工作—供应链—存货核算—初始设置—科目设置—税金科目】命令,打开【税金科目】窗口,存货编码与科目编码都有,只需补充【进项税额转出科目编码】为【22210103】,【出口退税科目编码】为【22210106】,依次设置其他类别科目的【进项税额转出科目编码】【出口退税科目编码】,单击【保存】,如图 1-3-44 所示。

图 1-3-44 【税金科目设置】窗口

3. 获取存货期初数据，与仓库对账并记账

（1）执行【业务工作—供应链—存货核算—初始设置—期初数据—期初余额】命令，打开【期初余额】窗口，仓库选择【材料仓】，单击【取数】，系统自动从库存管理系统取出该仓库的存货信息，如图 1-3-45 所示。

图 1-3-45 【期初余额—材料仓】窗口

（2）仓库选择【成品仓】，单击【取数】，系统自动从库存管理系统取出该仓库的存货信息，如图 1-3-46 所示。

图 1-3-46 【期初余额—成品仓】窗口

（3）仓库选择【半成品仓】，单击【取数】，系统自动从库存管理系统取出该仓库的存货信息，半成品无库存数据。

（4）单击【对账】，选择所有仓库，系统自动对存货核算与库存管理系统的存货数据进行核对,显示【对账成功!】,单击【确定】退出。

(5) 单击【记账】,系统弹出【期初记账成功】提示框,单击【确定】,完成期初记账工作。

4. 存货系统与总账管理系统期初数据对账

(1) 执行【业务工作—供应链—存货核算—财务核算—与总账对账】命令,打开【与总账对账】窗口,如图1-3-47所示。

图 1-3-47 【与总账对账】窗口

(2) 系统自动显示2022年1月份存货系统与总账管理系统存货期初结存数据与结存金额对账结果相符,无对账不平,方可进行日常业务处理。

5. 备份

将账套输出至【D:\666账套备份\1.3.4】文件夹。

任务五 固定资产初始设置

业务一 设置固定资产管理系统参数

〖业务描述〗 按照表1-3-34所示内容设置固定资产管理系统参数。

表 1-3-34　　　　　　　　　固定资产管理系统参数

项目	选用项目
启用月份	2022年1月
折旧信息	折旧方法采用【平均年限法(一)】,折旧分配汇总周期【1个月】,当(月初已计提月份=可使用月份-1)时将剩余折旧全部提足(工作量法除外)
账务接口	与账务系统进行对账,其中固定资产对账科目为【固定资产】,累计折旧对账科目为【累计折旧】,在对账不平衡的情况下不允许固定资产月末结账,月末结账前一定要完成制单登账任务,业务发生后立即制单;缺省入账科目中,【固定资产】选用1601,固定资产】、【累计折旧】选用【1602,累计折旧】、【减值准备】选用【1603,固定资产减值准备】、【增值税进项税额】选用【22210101,进项税额】、【固定资产清理】选用【1606,固定资产清理】
编码方式	资产类别编码方式为【2-1-1-2】,固定资产编码方式为自动编码(类别编号+序号),序号长度为3
其他	已发生资产减少卡片可删除时限为5年,自动连续增加卡片

〖操作说明〗 【C201蓝英】设置固定资产管理系统参数。

1-3-12 固定资产初始设置

〖操作指引〗

(1) 在企业应用平台中,执行【业务工作—财务会计—固定资产】命令,系统提示【这是第一次打开此账套,还未进行过初始化,是否进行初始化?】

(2) 单击【是】,打开固定资产【初始化账套向导】中的【1.约定及说明】对话框。

(3) 选中【我同意】,单击【下一步】,打开【2.启用月份】对话框,系统默认账套启用月份为【2022.01】。

(4) 单击【下一步】,打开【3.折旧信息】,选择【主要折旧方法】为【平均年限法(一)】,【折旧汇总分配周期】为【1个月】,勾选【当(月初已计提月份=可使用月份-1)时将剩余折旧全部提足(工作量法除外)】复选框,如图1-3-48所示。

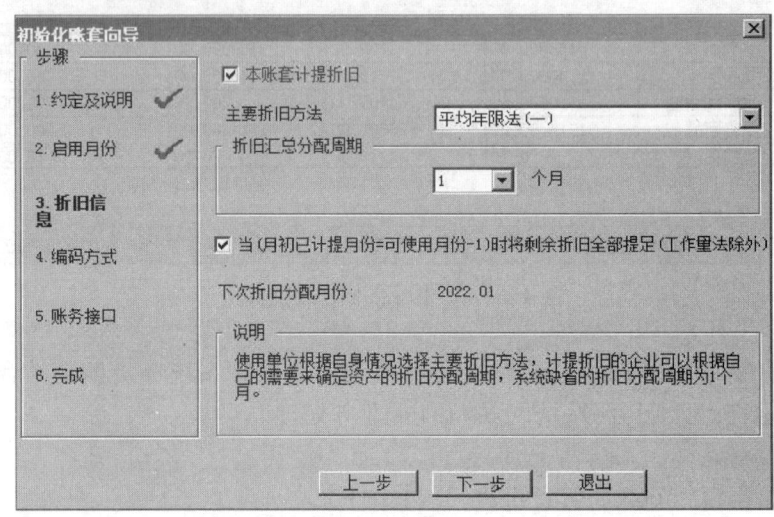

图1-3-48 【初始化账套向导—折旧信息】对话框

(5) 单击【下一步】,打开【初始化账套向导—4.编码方式】对话框,编码方式为默认,选择【固定资产编码方式】为【自动编码】及【类别编号+序号】,【序号长度】为【3】,如图1-3-49所示。

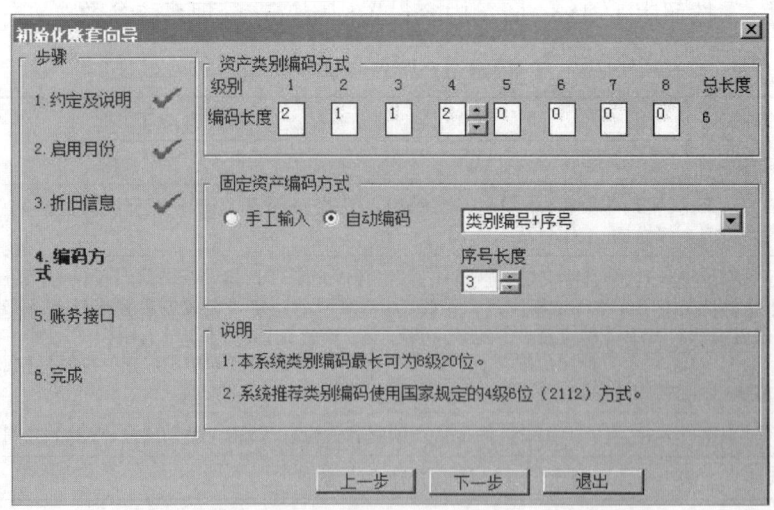

图1-3-49 【初始化账套向导—编码方式】对话框

(6)单击【下一步】,打开【初始化账套向导—5.账务接口】对话框。在【固定资产对账科目】栏录入【1601,固定资产】,在【累计折旧对账科目】栏录入【1602,累计折旧】,选中【在对账不平情况下允许固定资产月末结账】复选框,如图1-3-50所示。

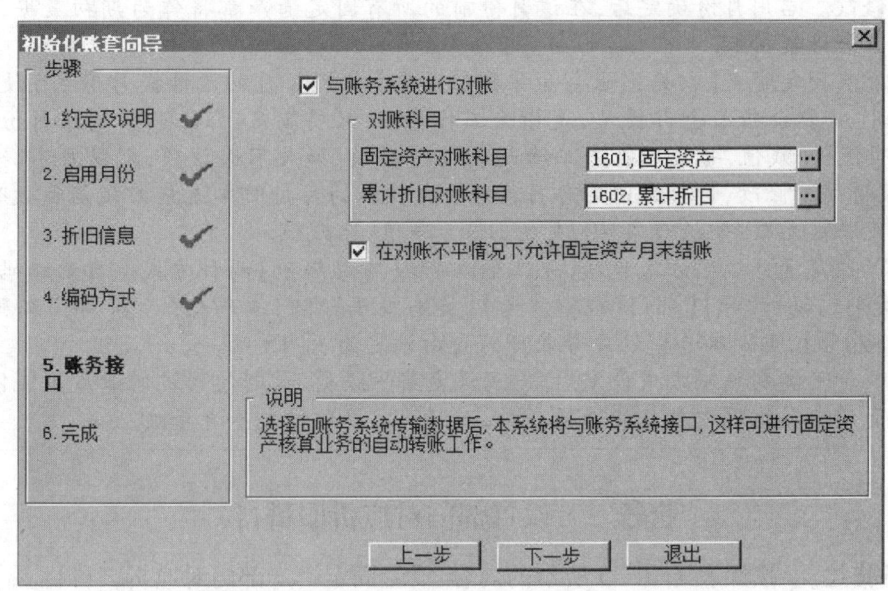

图1-3-50 【初始化账套向导—账务接口】对话框

(7)单击【下一步】,进入【初始化账套向导】中的【初始化账套向导—6.完成】界面。

(8)单击【完成】,系统弹出【已经完成了新账套的所有设置工作,是否确定所设置的信息完全正确并保存对新账套的所有设置?】提示框。

(9)单击【是】,系统提示【已成功初始化本固定资产账套!】。

(10)单击【确定】,固定资产建账完成。

(11)执行【固定资产—设置—选项—与账务系统接口】命令,单击【编辑】,激活【选项】对话框。在【与账务系统接口】选项卡中,取消勾选【在对账不平情况下允许固定资产月末结账】复选框,在【[固定资产]缺省入账科目】栏录入【1601,固定资产】,在【[累计折旧]缺省入账科目】栏录入【1602,累计折旧】,在【[减值准备]缺省入账科目】栏录入【1603,固定资产减值准备】,在【[增值税进项税额]缺省入账科目】栏录入【22210101,进项税额】,在【[固定资产清理]缺省入账科目】栏录入【1606,固定资产清理】,如图1-3-51所示。

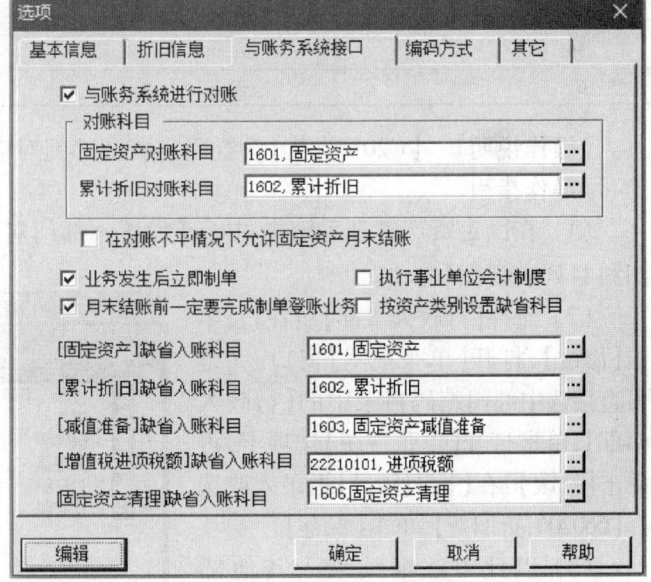

图1-3-51 【选项—与账务系统接口】对话框

重难点提示

（1）在固定资产【初始化账套向导启用月份】对话框中所列示的启用月份只能查看不能修改。启用月份确定后，在该月份前的所有固定资产都将作为期初数据，自启用月份开始计提折旧。

（2）在固定资产【初始化账套向导折旧信息】中，当（月初已计提月份＝可使用月份－1）时，将剩余折旧全部提足，是指除工作量法，只要满足上述条件，则该月份折旧净额＝净值－净残值，并且不能手工修改剩余折旧额；如果不选该项，则该月不提足折旧，并且可手工修改，但如果以后各月按照公式计算的月折旧率或折旧额是负数时，系统将认定公式无效，令折旧率＝0，月折旧额＝净值－净残值。

（3）固定资产编码方式包括【手工输入】和【自动编码】两种方式。自动编码方式包括【类别编码＋序号】【部门编码＋序号】【类别编码＋部门编码＋序号】【部门编码＋类别编码＋序号】，类别编号中的序号长度可自由设定为1~15位。

（4）资产类别编码方式设定后，一旦设定某一级类别，则使用过的长度不能修改，每个账套的自动编码方式只能选择一种，一经设定编码方式不得修改。

1-3-13 部门对应折旧设置（微课）

业务二　设置部门对应折旧科目

【业务描述】　按照表1-3-35所示的内容，设置固定资产部门对应折旧科目。

表1-3-35　　　　　　　　　固定资产部门对应折旧科目

部门编码	部门名称	折旧科目
1	行政人事部	660206 管理费用——折旧费
2	财务部	660206 管理费用——折旧费
3	采购部	660206 管理费用——折旧费
4	销售部	660106 销售费用——折旧费
5	生产部	510101 制造费用——折旧费
501	一车间	510101 制造费用——折旧费
502	二车间	510101 制造费用——折旧费
6	仓储部	510101 制造费用——折旧费

【操作说明】　【C201蓝英】设置固定资产部门对应折旧科目

【操作指引】

（1）在固定资产管理系统中，执行【设置—部门对应折旧科目】命令，进入【部门对应折旧科目列表视图】窗口。

（2）选择【行政人事部】所在行，单击【修改】，打开【单张视图】窗口。（也可直接选中部门编码目录中的【行政人事部】，单击打开【单张视图】选项卡，再单击【修改】）在【折旧科目】栏录入或选择【660206，折旧费】，单击【保存】。

（3）以此方法继续录入其他部门对应的折旧科目，录入结果如图1-3-52所示。

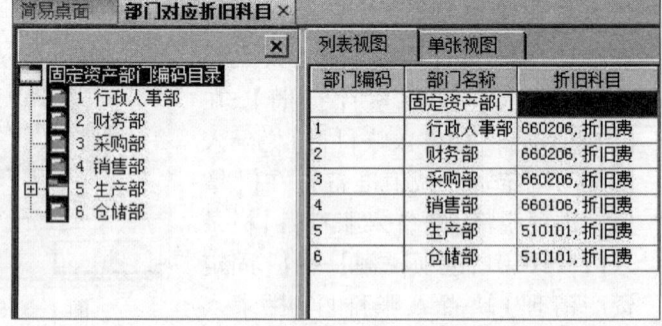

图1-3-52　【部门对应折旧科目列表视图】窗口（录入完成）

重难点提示

（1）本系统录入卡片时，只能选择明细部门，所以设置折旧科目也只有设置明细部门才有意义。如某一上级部门设置了对应的折旧科目，则下级部门继承上级部门的设置。

（2）设置生产部的对应折旧科目为【510101，制造费用折旧费】时，系统会提示【是否将生产部的所有下级部门的折旧科目替换为'制造费用折旧费'？如果选择'是'，请在成功保存后单击'刷新'查看】。单击【是】，即可将生产部的两个下级部门的折旧科目一并设置完成。

（3）设置部门对应折旧科目时，必须选择末级会计科目。设置上级部门的折旧科目时，下级部门可以自动继承，也可以选择不同的科目，即上下级部门的折旧科目可以相同，也可以不同。

业务三 设置固定资产类别

【业务描述】 按照表1-3-36所示的内容，设置固定资产类别。

1-3-14 固定资产类别设置（微课）

表1-3-36 固定资产类别

类别编码	类别名称	使用年限（月）	净残值率	计量单位	计提属性	折旧方法	卡片样式
01	房屋及建筑物	360	5%	栋	正常计提	平均年限法（一）	含税卡片样式
011	生产经营用	360	5%	栋	正常计提	平均年限法（一）	含税卡片样式
012	非生产经营用	360	5%	栋	正常计提	平均年限法（一）	含税卡片样式
02	机器设备	120	5%	台	正常计提	平均年限法（一）	含税卡片样式
021	生产经营用	120	5%	台	正常计提	平均年限法（一）	含税卡片样式
022	非生产经营用	60	5%	台	正常计提	平均年限法（一）	含税卡片样式

【操作说明】 【C201 蓝英】设置固定资产类别。

【操作指引】

（1）在固定资产管理系统中，执行【设置—资产类别】命令，进入【资产类别】窗口，单击【列表视图】选项卡。

（2）单击【增加】，打开【单张视图】选项卡。

（3）在【类别名称】栏录入【生产经营用】，在【使用年限】栏录入【30】，在【净残值率】栏录入【5】，计量单位【栋】，如图1-3-53所示。

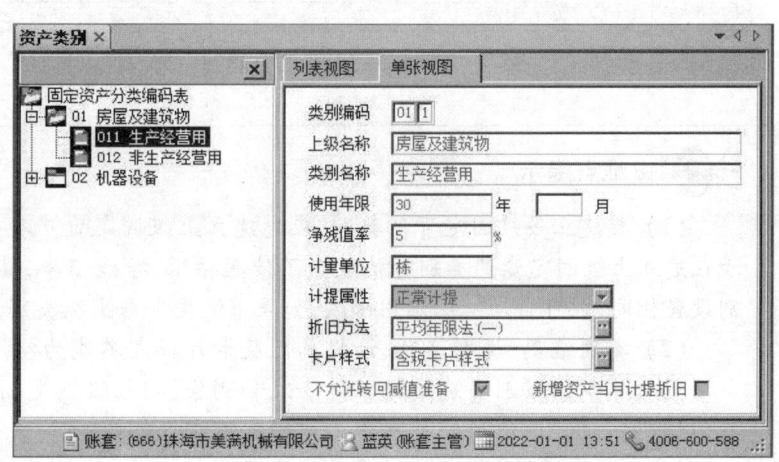

图1-3-53 【资产类别—单张视图】窗口

（4）单击【卡片样式】选项卡，选择【含税卡片样式】，如图1-3-54所示。单击【确定】，再单击【保存】。

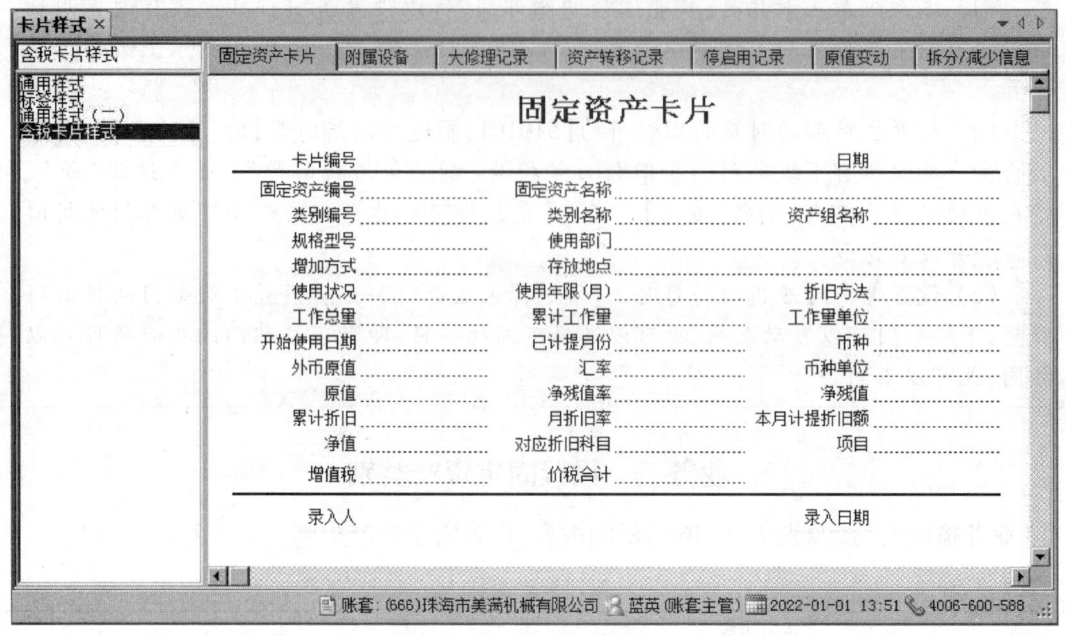

图1-3-54 【卡片样式】窗口

（5）以此方法继续录入表1-3-36中的相关信息，单击【保存】。

（6）在固定资产录入界面，单击【放弃】，系统提示【是否取消本次操作】，单击【是】，返回【资产类别列表视图】窗口，如图1-3-55所示。

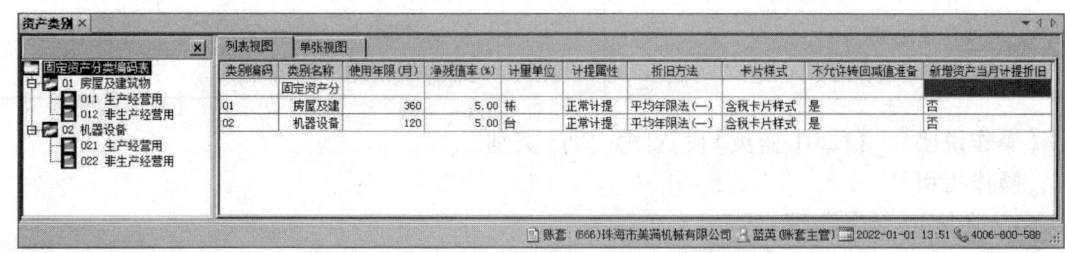

图1-3-55 【资产类别—列表视图】窗口

重难点提示

（1）要建立多级固定资产类别，应先建立上级固定资产类别，再建立下级类别。由于在建立上级固定资产类别时就设置了使用年限、净残值率，其下级类别如果与上级类别设置相同，则可自动继承不用修改；如果下级类别与上级类别设置不同，则可以修改。

（2）类别编码、类别名称、计提属性及卡片样式不能为空。

（3）非明细级别类别编码不能修改和删除，明细级别类别编码修改时只能修改本级的编码。系统已使用的类别不允许增加下级和删除。

（4）使用过的类别的计提属性不能修改。

业务四 设置增减方式对应入账科目

〖业务描述〗 按照表 1-3-37 所示的内容,设置固定资产增减方式对应入账科目。

1-3-15 固定资产增减入账科目设置(微课)

表 1-3-37　　　　　　　　固定资产增减方式对应入账科目

增加方式编码	增加方式名称	对应入账科目	减少方式编码	增加方式名称	对应入账科目
101	直接购入	100201 银行存款——工商银行金湾支行(人民币)	201	出售	100201 工商银行金湾支行
102	投资者投入	400101 实收资本——珠海海通有限责任公司	202	盘亏	6711 营业外支出
103	捐赠	6301 营业外收入	203	投资转出	1511 长期股权投资
104	盘盈	6901 以前年度损益调整	204	捐赠转出	6711 营业外支出
105	在建工程转入	1604 在建工程	205	报废	6711 营业外支出
106	融资租入	2701 长期应付款	206	毁损	1606 固定资产清理
			207	融资租出	1531 长期应收款
			208	拆分减少	1606 固定资产清理

〖操作说明〗 【C201 蓝英】设置固定资产增减方式对应入账科目。
〖操作指引〗

(1) 在固定资产管理系统中,执行【设置—增减方式】命令。

(2) 在【增加方式】选中【直接购入】所在行,单击【修改】,打开【增减方式—单张视图】窗口,在【对应入账科目】栏录入【100201,工商银行金湾支行】,如图 1-3-56 所示,单击【保存】。

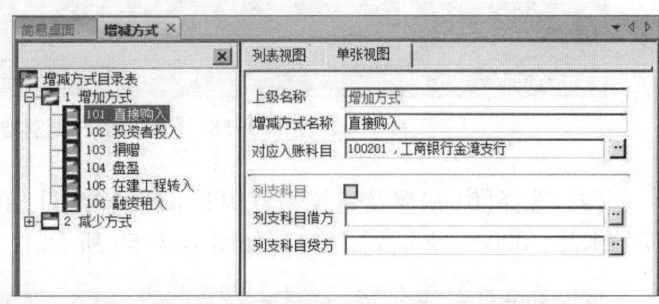

图 1-3-56 【增减方式—单张视图】窗口

(3) 以此方法继续设置其他增减方式对应入账科目,录入结果如图 1-3-57 所示。

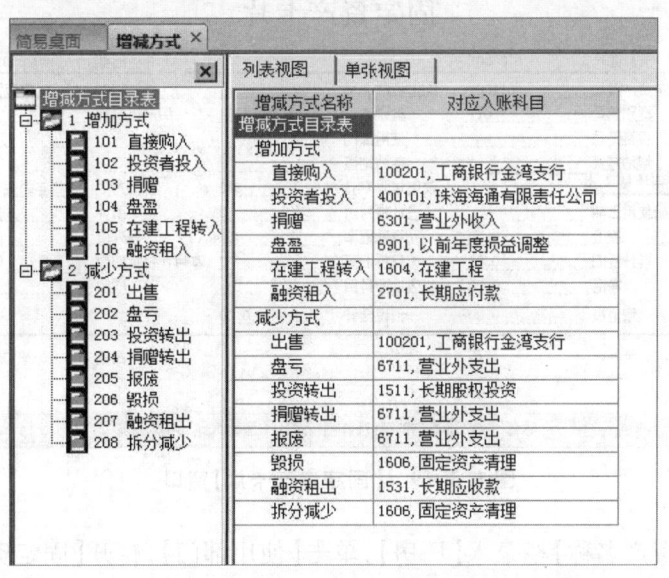

图 1-3-57 【增减方式—列表视图】窗口(录入完成)

1-3-16 原始卡片录入

业务五 原始卡片录入业务

〖业务描述〗 按照表 1-3-38 所示的内容，录入固定资产原始卡片。

〖操作说明〗 【C201 蓝英】录入固定资产原始卡片。

〖操作指引〗

方法一：直接录入原始卡片

（1）在固定资产管理系统中，执行【固定资产—卡片—录入原始卡片】命令，打开【固定资产类别档案】窗口，如图 1-3-58 所示。

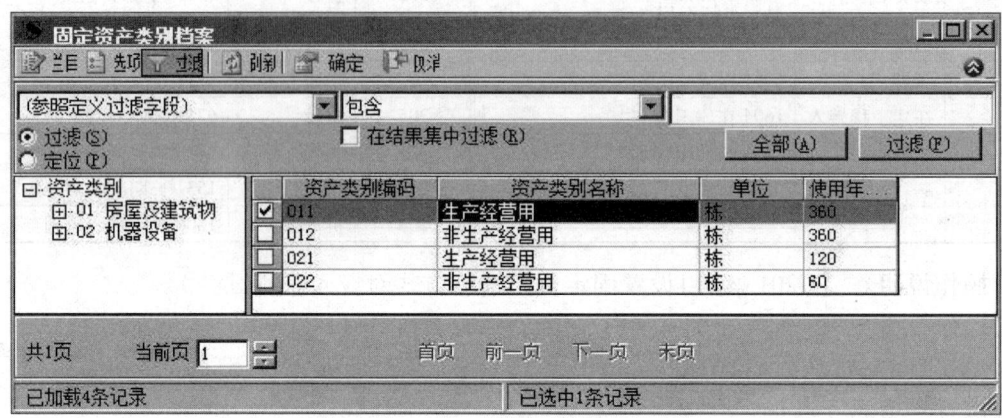

图 1-3-58 【固定资产类别档案】窗口

（2）选择【01 房屋及建筑物】【011 生产经营用】，单击【确认】进入【固定资产卡片［录入原始卡片：00001 号卡片］】窗口，如图 1-3-59 所示。

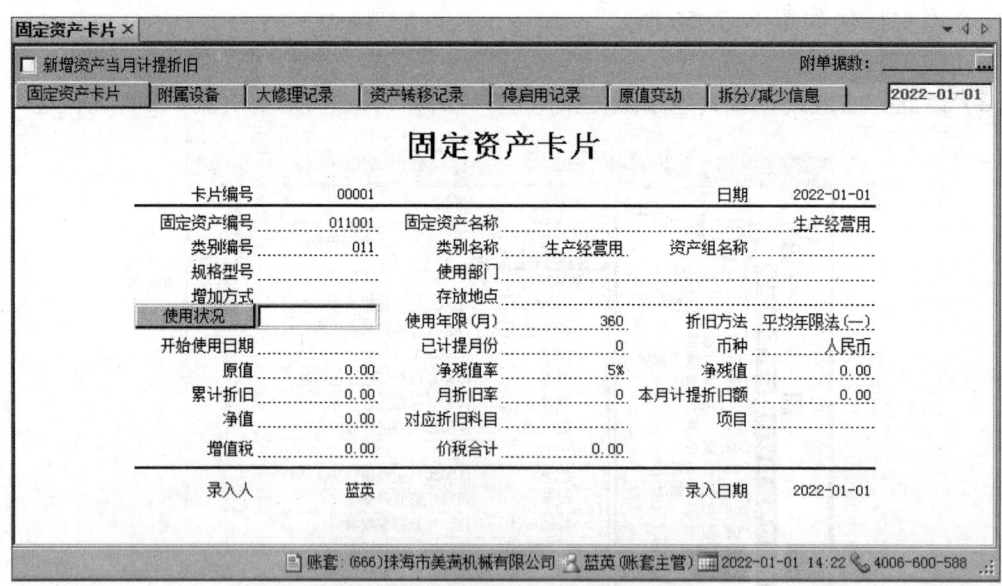

图 1-3-59 【固定资产卡片】窗口

（3）在【固定资产名称】栏录入【厂房】，单击【使用部门】，打开【固定资产】对话框，选择【多部门使用】。

表1-3-38　2022年1月固定资产使用及折旧情况

金额单位：元

资产编号	固定资产名称	使用日期	使用情况	增加方式	使用部门	折旧方法	可使用年限	数量	单价	原值	残值率	已折旧月份	累计折旧	账面净值
011001	厂房	2019/9/30	在用	在建工程转入	一、二车间各50%	平均年限法（一）	30	1	5 400 000	5 400 000	4%	27	388 800	5 011 200
012001	办公楼	2021/8/5	在用	在建工程转入	行政人事部	平均年限法（一）	30	1	3 210 000	3 210 000	4%	4	34 240	3 175 760
021001	变速箱锥齿轮生产线	2017/5/25	在用	直接购入	一车间	平均年限法（一）	10	1	12 000 000	12 000 000	5%	55	5 225 000	6 775 000
021002	传动齿轮生产线	2019/11/30	在用	直接购入	二车间	平均年限法（一）	10	1	6 000 000	6 000 000	5%	25	1 187 500	4 812 500
022001	丰田汽车	2020/12/2	在用	直接购入	销售部	平均年限法（一）	10	1	240 000	240 000	5%	12	22 800	217 200
022002	宝马汽车	2020/12/3	在用	直接购入	行政人事部	平均年限法（一）	10	1	660 000	660 000	5%	12	62 700	597 300
022003~022004	联想电脑	2019/10/3	在用	直接购入	销售部	平均年限法（一）	5	2	6 000	12 000 (6 000×2)	5%	26	4 940 (2 470×2)	7 060 (3 530×2)
022005~022014	华硕电脑	2019/1/20	在用	直接购入	行政人事部	平均年限法（一）	5	10	7 800	78 000 (7 800×10)	5%	35	43 225 (4 322.5×10)	34 775 (3 477.5×10)
	合计							18		27 600 000		196	6 969 205	20 630 795

（4）单击【确定】，打开【使用部门】对话框。单击【增加】，在第一行【使用部门】栏选择【一车间】，在【使用比例%】栏录入【50】。继续单击【增加】，在第二行【使用部门】栏选择【二车间】，在【使用比例%】栏录入【50】，如图1-3-60所示。

（5）单击【确定】，退出【使用部门】对话框。

序号	使用部门	使用比例%	对应折旧科目	项目大类	对应项目	部门编码
1	一车间	50	510101,折旧费			501
2	二车间	50	510101,折旧费			502

图1-3-60 【使用部门】对话框

（6）在【固定资产卡片】录入界面，单击【增加方式】，打开并选择【在建工程转入】，单击【确认】。

（7）单击【使用状况】，打开并选择【在用】，单击【确认】。在【开始使用日期】栏录入【2019-09-30】，在【原值】栏录入【5 400 000.00】，在【累计折旧】栏录入【388 800.00】，【净残值率】修改为【4%】，其他选项选择默认，如图1-3-61所示。

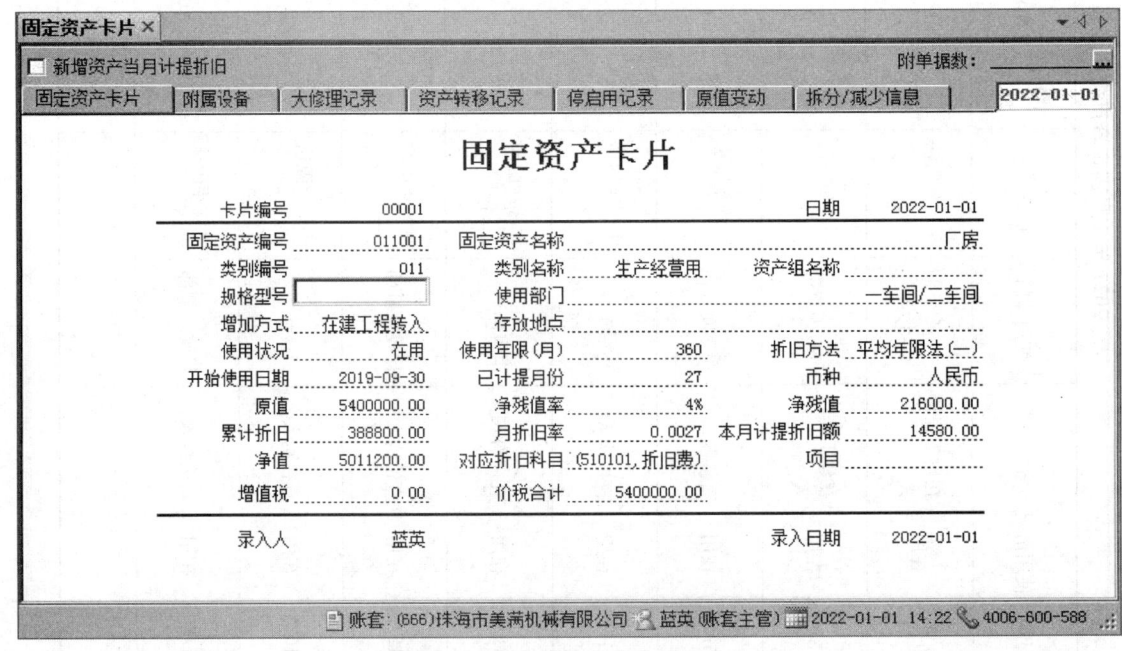

图1-3-61 【固定资产卡片】窗口

（8）单击【保存】，系统提示【数据保存成功！】。
（9）单击【确认】，并以此方法完成【012001～022003】的固定资产卡片录入。
方法二：复制增加录入原始卡片
（1）在固定资产管理系统中，执行【固定资产—卡片—录入原始卡片】命令，打开【固定资产类别档案】窗口。
（2）选择【022 非生产经营用】的复选框，单击【确认】后进入【固定资产卡片[录入原始卡片：00008 号卡片】窗口。

（3）单击【放弃】，弹出【是否取消本次操作？】提示框，单击【是】。

（4）在【固定资产卡片】录入界面，单击【复制】，【起始资产编号】输入【022004】，【终止资产编号】输入【022004】，【卡片复制数量】修改为【1】张，如图 1-3-62 所示。

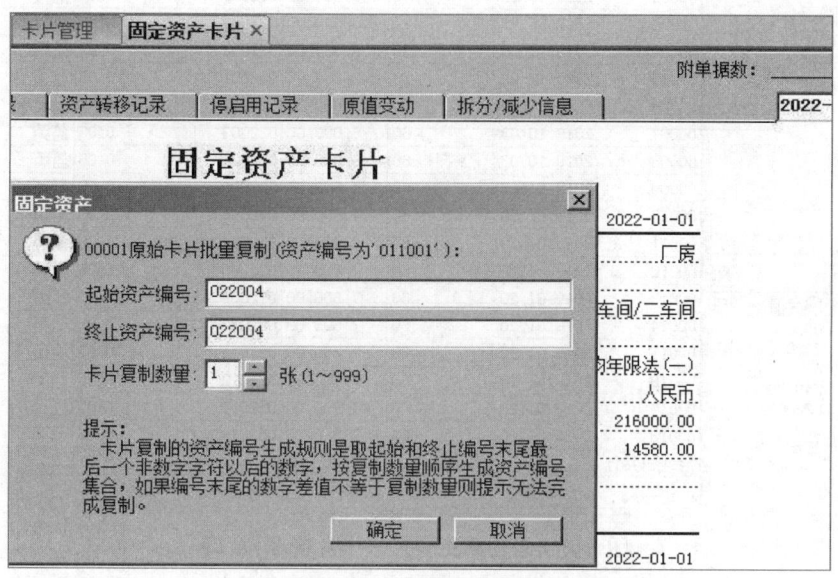

图 1-3-62 【固定资产批量复制】对话框

（5）单击【确定】，自动生成一张编码为【022004】的固定资产卡片，如图 1-3-63 所示。

图 1-3-63 【固定资产卡片】窗口

（6）以此方法继续完成【022005~022014】共 10 张固定资产卡片复制生成。

2. 查询已录入原始卡片

执行【固定资产—卡片—卡片管理】命令，打开【查询条件选择卡片管理】窗口，在【开始使用日期】栏中选择为空，单击【确认】，即可查询所有录入的原始卡片信息，如图 1-3-64 所示。

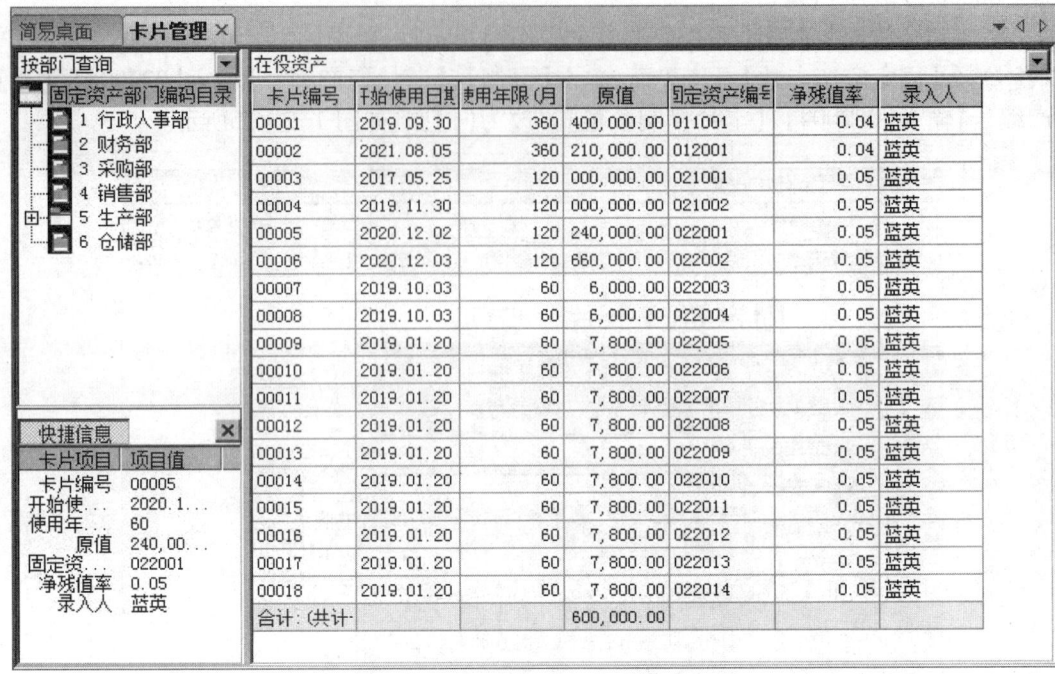

图 1-3-64 【固定资产—卡片管理】窗口

> 🎯 **重难点提示**
>
> （1）在执行原始卡片录入或资产增加功能时，可以为一个资产选择多个使用部门。
>
> （2）当资产为多部门使用时，原值、累计折旧等数据可以在多部门之间按预先设置的比例进行分摊。
>
> （3）单个资产对应多个使用部门时，卡片上的【对应折旧科目】处不能输入，默认为选择使用部门时设置的对应折旧科目。

业务六 固定资产期初对账业务

1-3-17 固定资产期初对账（微课）

〖业务描述〗 执行固定资产模块和总账模块期初余额对账。

〖操作说明〗【C201 蓝英】进行固定资产期初余额与总账期初余额对账。

〖操作指引〗

（1）在固定资产管理系统中，执行【固定资产—处理—对账】命令，打开【与账务对账结果】对话框，提示【结果：平衡】，如图 1-3-65 所示。

（2）单击【确认】，退出【与账务对账结果】提示框。

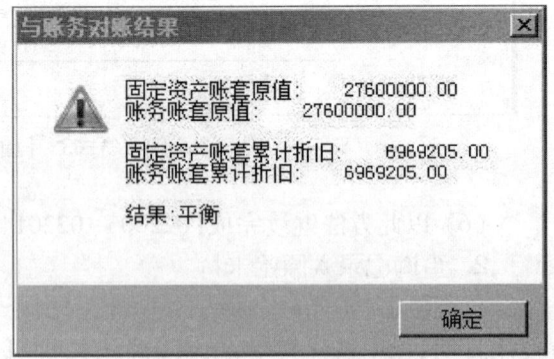

图 1-3-65 【与账务对账结果】提示框

(3) 备份：将账套输出至【D:\666账套备份\1.3.5】文件夹。

> **重难点提示**
>
> 录入完成后，执行【固定资产—处理—对账】命令，验证固定资产管理系统中录入的固定资产明细资料是否与总账中的固定资产数据一致；如果不一致，需要检查总账中固定资产的原值和累计折旧的期初余额录入是否错误，确认总账期初余额准确无误；再检查录入固定资产原始卡片的原值和累计折旧是否错误，最终要保证固定资产管理系统【固定资产原值】【累计折旧】与财务账套总账中【固定资产原值】【累计折旧】的期初余额平衡。

任务六 薪酬管理期初设置

业务一 薪酬管理参数设置

1-3-18 薪酬管理参数设置（微课）

【业务描述】 按照表1-3-39所示的内容设置薪资管理系统的参数；增加【在职人员工资】【离职人员工资】的工资类别。

表1-3-39　　　　　　　　　薪资管理参数设置表

控制参数	参数设置
参数设置	多个工资类别；不核算计件工资
扣税设置	从工资代扣个人所得税
扣零设置	不扣零
人员编码	与公共平台的人员编码一致

【操作说明】 【C201蓝英】设置薪资管理系统参数，增加工资类别。

【操作指引】

1. 参数设置

（1）在企业应用平台，执行【业务工作—人力资源—薪资管理】命令，打开【建立工资套参数设置】对话框。

（2）选择本账套所需处理的工资类别个数为【多个】对话框，【币别】默认【人民币RMB】。

（3）单击【下一步】，打开【建立工资套扣税设置】对话框，选中【是否从工资中代扣个人所得税】。再单击【下一步】，打开【建立工资账套扣零设置】对话框，取消【扣零设置】。

（4）单击【下一步】，打开【建立工资账套人员编码】。

（5）单击【完成】，完成建立工资账套的过程。

2. 增加工资类别

（1）执行【薪资管理—工资类别—新建工资类别】命令，弹出【新建工资类别】对话框，录入工资类别名称为【在职人员工资】，如图1-3-66所示。

（2）单击【下一步】，选定所有部门，如图1-3-67所示。

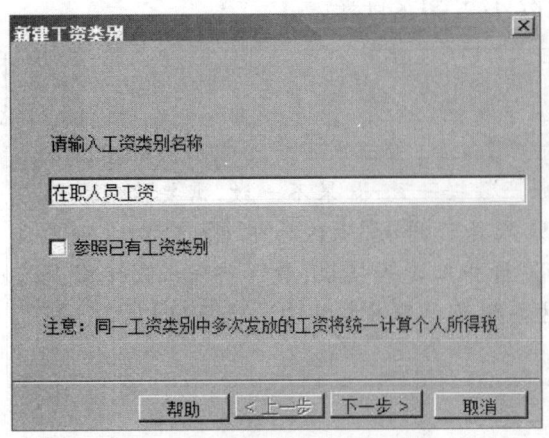
图1-3-66 【新建工资类别—类别名称】对话框

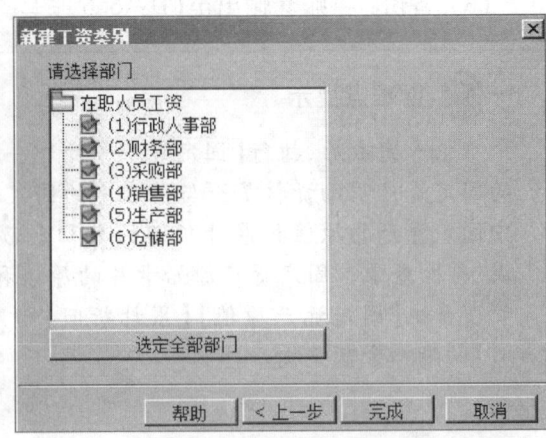
图1-3-67 【新建工资类别—选择部门】对话框

（3）单击【完成】，弹出【是否以2022-01-01为当前工资类别的启用日期】提示框，单击【是】，该工资类别增加成功。

（4）回到企业应用平台执行【薪资管理—人员类别—关闭工资类别】命令，弹出【已关闭工资类别】提示框，单击【确定】。

（5）打开【新建工资类别】，在【类别名称】栏录入【离职人员工资】，勾选【参照已有工资类别】。

（6）单击【下一步】，在【选择工资类别】栏单击选择【(001)在职人员工资】，如图1-3-68所示。单击【下一步】，再单击【完成】，【离职人员工资】工资类别增加完成。

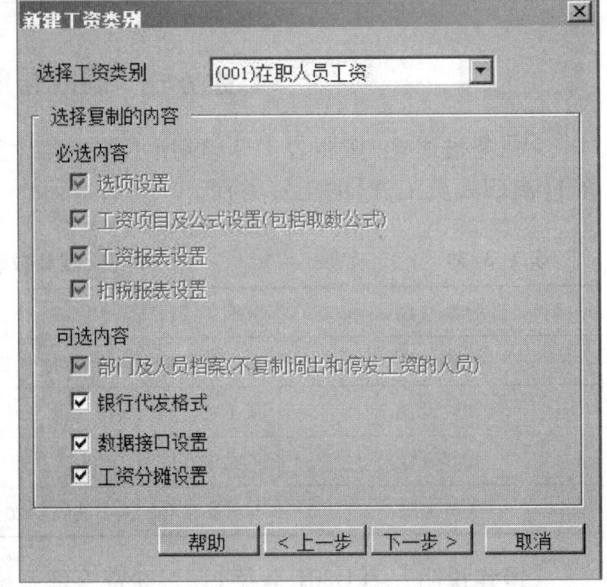
图1-3-68 【新建工资类别—选择工资类别】对话框

> **重难点提示**
>
> （1）工资账套与企业核算账套是不同的概念，企业核算账套在系统管理中建立，是针对整个ERP管理系统而言的，而工资账套只针对用友ERP管理系统中的薪资管理子系统。
>
> （2）如果单位按周或月多次发放薪资，或者是单位有多种不同类别（部门）的人员，工资发放项目不尽相同，计算公式也不相同，但需要进行统一核算管理，此时应选择【多个】工资类别。反之，如果单位中所有人员工资按统一标准进行管理，而且人员的工资项目、工资计算公式全部相同，则选择【单个】工资类别。
>
> （3）选择代扣个人所得税后，系统将自动生成工资项目【代扣税】，并自动进行代扣税金的计算。

业务二 银行档案设置

〖业务描述〗 根据表 1-3-40 的资料,增加银行档案。

表 1-3-40　　　　　　　　　　　银行档案

银行编码	01
银行名称	中国工商银行
账号长度	19 位
录入时自动带出的账号长度	15

1-3-19 银行档案修改（微课）

〖操作说明〗 【C201 蓝英】增加银行档案。

〖操作指引〗

（1）在企业应用平台,执行【基础设置—基础档案—收付结算—银行档案】命令,选中【01 中国工商银行】信息,双击打开【修改银行档案】对话框。

（2）在【个人账户规则】处选中【定长】复选框,在【账号长度】栏录入【19】,在【自动带出账号长度】栏录入【15】,如图 1-3-69 所示。完成后,单击【保存】并退出。

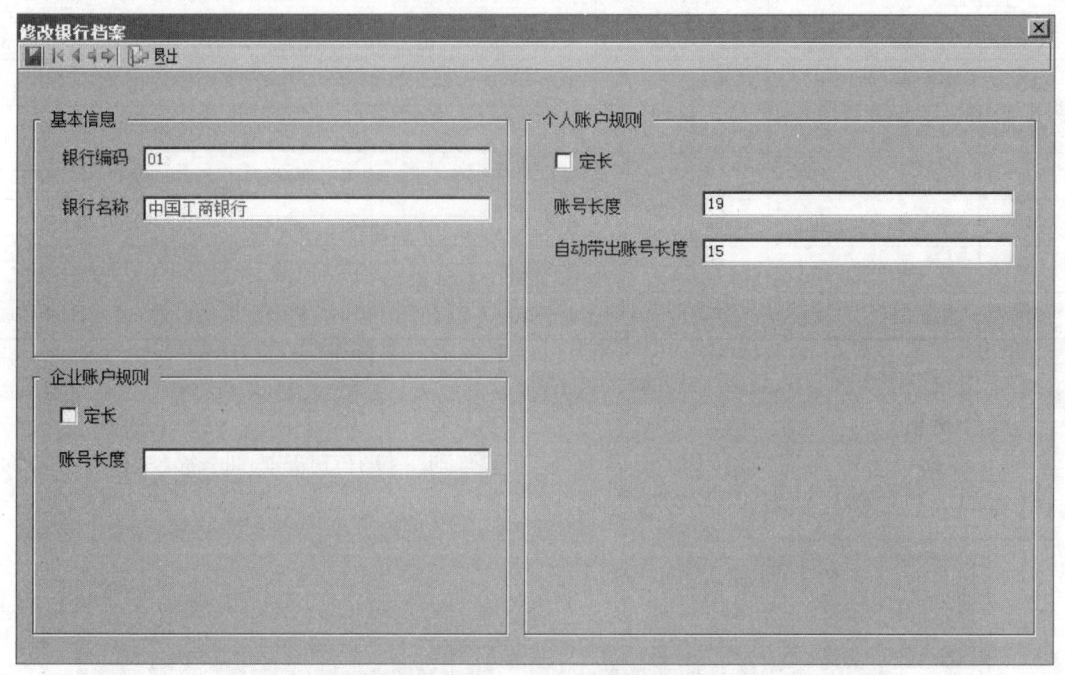

图 1-3-69 【修改银行档案】对话框

🎯 重难点提示

（1）系统预置了 16 个银行名称,如果不能满足需要,可以在此基础上删除或增加新的银行名称。

（2）如果要修改账号长度,则必须按键盘上的回车键确认。

1-3-20 人员档案导入（微课）

业务三　人员档案设置

〖业务描述〗　按照表 1-3-41 所示的内容，设置人员档案。

表 1-3-41　　　　　　　　　人员档案信息表

编码	姓名	性别	行政部门	人员类别	银行名称	银行账号
101	张建国	男	行政人事部	企业管理人员	中国工商银行	6217003090004835001
201	蓝英	女	财务部	企业管理人员	中国工商银行	6217003090004835002
202	李嘉文	女	财务部	企业管理人员	中国工商银行	6217003090004835003
203	张华	女	财务部	企业管理人员	中国工商银行	6217003090004835004
204	韦宝宝	女	财务部	企业管理人员	中国工商银行	6217003090004835005
205	龚纯纯	女	财务部	企业管理人员	中国工商银行	6217003090004835006
301	赵文星	男	采购部	采购人员	中国工商银行	6217003090004835007
302	王智	男	采购部	采购人员	中国工商银行	6217003090004835008
401	王涵	女	销售部	销售人员	中国工商银行	6217003090004835009
402	杨慧	女	销售部	销售人员	中国工商银行	6217003090004835010
501	秦昊	男	一车间	车间管理人员	中国工商银行	6217003090004835011
502	何家鸿	男	一车间	生产人员	中国工商银行	6217003090004835012
503	许志军	男	一车间	生产人员	中国工商银行	6217003090004835013
504	郑彦	男	二车间	车间管理人员	中国工商银行	6217003090004835014
505	沈伟	男	二车间	生产人员	中国工商银行	6217003090004835015
506	吕宏	男	二车间	生产人员	中国工商银行	6217003090004835016
601	陈玮	女	仓储部	企业管理人员	中国工商银行	6217003090004835017

〖操作说明〗　【C201 蓝英】增加人员档案。

〖操作指引〗

（1）在薪资管理系统，执行【薪资管理—工资类别—打开工资类别】命令，【类别名称】选择【在职人员工资】，如图 1-3-70 所示。

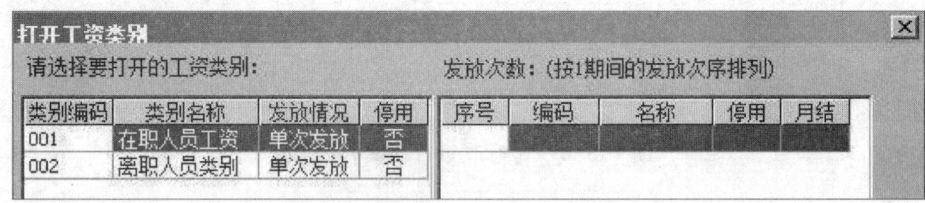

图 1-3-70　【打开工资类别】窗口

（2）单击【确定】，执行【薪资管理—设置—人员档案】命令，打开【人员档案】对话框。单击【批增】，打开【人员批量增加】对话框。

（3）在窗口左侧勾选所有部门，单击【查询】，弹出人员列表，如图 1-3-71 所示，单击【全选】。

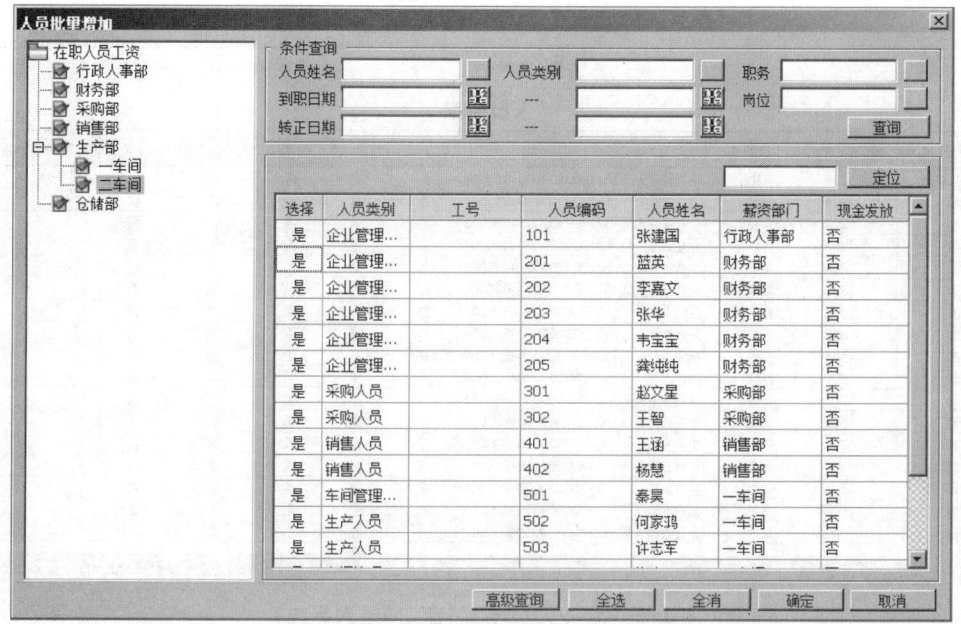

图1-3-71 【人员批量增加】对话框

(4)单击【确定】,返回【人员档案】窗口。选中【101 张建国】信息,双击打开【人员档案明细】对话框,在【基本信息】选项卡中,补充录入【银行名称】【银行账号】信息,如图1-3-72所示。

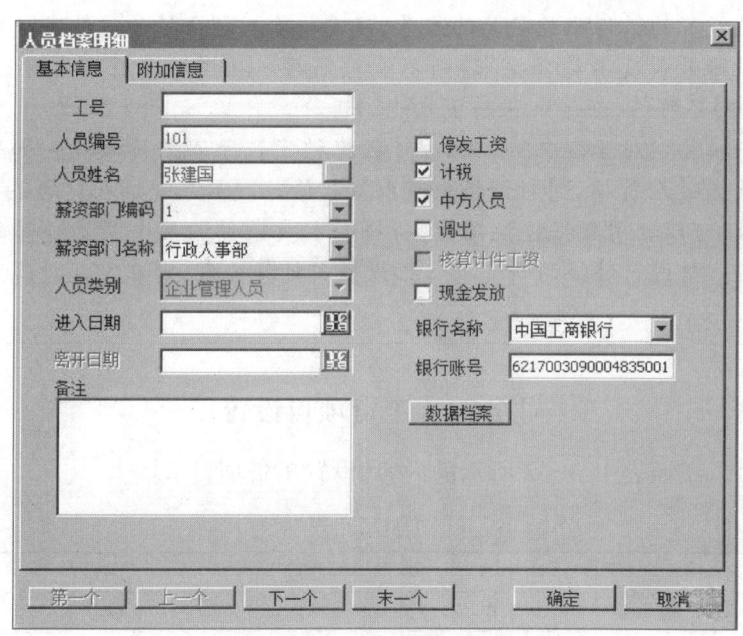

图1-3-72 【人员档案明细】对话框

(5)单击【确定】,系统弹出【写入该人员档案信息吗?】提示框。
(6)单击【确定】,重复第(4)步和第(5)步,继续录入其他人员信息,录入结果如图1-3-73所示。

人员档案

选择	薪资部门名称	工号	人员编号	人员姓名	人员类别	账号	中方人员	是否计税	工资停发	核算计件工资	现金发放	进入日期	离开日期
	行政人事部	101	张建国		企业管理人员	6217003090004835001	是	是	否	否	否		
	财务部	201	蓝英		企业管理人员	6217003090004835002	是	是	否	否	否		
	财务部	202	李嘉文		企业管理人员	6217003090004835003	是	是	否	否	否		
	财务部	203	张华		企业管理人员	6217003090004835004	是	是	否	否	否		
	财务部	204	韦宝宝		企业管理人员	6217003090004835005	是	是	否	否	否		
	财务部	205	龚纯纯		企业管理人员	6217003090004835006	是	是	否	否	否		
	采购部	301	赵文星		采购人员	6217003090004835007	是	是	否	否	否		
	采购部	302	王智		采购人员	6217003090004835008	是	是	否	否	否		
	销售部	401	王涵		销售人员	6217003090004835009	是	是	否	否	否		
	销售部	402	杨慧		销售人员	6217003090004835010	是	是	否	否	否		
	一车间	501	秦昊		车间管理人员	6217003090004835011	是	是	否	否	否		
	一车间	502	何家鸿		生产人员	6217003090004835012	是	是	否	否	否		
	一车间	503	许志军		生产人员	6217003090004835013	是	是	否	否	否		
	二车间	504	郑彦		车间管理人员	6217003090004835014	是	是	否	否	否		
	二车间	505	沈伟		生产人员	6217003090004835015	是	是	否	否	否		
	二车间	506	吕宏		生产人员	6217003090004835016	是	是	否	否	否		
	仓储部	601	陈玮		企业管理人员	6217003090004835017	是	是	否	否	否		

图 1-3-73 【人员档案】窗口(录入完成)

重难点提示

(1) 如果在银行名称设置中设置了【银行账号定长】,那么在输入人员档案的银行账号时,当输入了一个人员档案的银行账号后,再输入第二个人的银行账号时,系统就会自动带出已设置的银行账号定长的账号,只需要输入剩余的号码数字即可。

(2) 如果账号长度不符合要求,则不能被保存。在增加人员档案时,【停发】【调出】【数据档案】不可选,在修改状态下才能编辑。

(3) 在人员档案对话框中,可以单击【数据档案】,录入薪资数据。如果个别人员档案需要修改,在【人员档案】对话框中可以直接修改。如果一批人员的某个薪资项目同时需要修改,可以利用数据替换功能,将符合人员条件的某个薪资项目的内容统一替换某个数据。若进行替换的薪资项目已设置了计算公式,则在重新计算时以计算公式为准。

1-3-21 薪资项目设置

业务四 工资项目设置

〖业务描述〗 按照表 1-3-42 所示的内容,设置工资项目。

表 1-3-42   工资项目

工资项目名称	类型	长度	小数	增减值
基本工资	数字	8	2	增项
奖金	数字	8	2	增项
交补	数字	8	2	增项
岗位工资	数字	8	2	增项
物价补贴	数字	8	2	增项
加班工资	数字	8	2	增项

(续表)

工资项目名称	类型	长度	小数	增减值
缺勤扣款	数字	8	2	增项
请假扣款	数字	8	2	增项
扣个人社保费	数字	8	2	减项
扣个人水电费	数字	8	2	减项
扣个人住房公积金	数字	8	2	减项
平时加班时数	数字	8	2	其他
周末加班天数	数字	8	2	其他
节假日加班天数	数字	8	2	其他
缺勤天数	数字	8	2	其他
请假天数	数字	8	2	其他
计税工资基数	数字	8	2	其他
五险一金计提基数	数字	8	2	其他
工资分配基数	数字	8	2	其他
子女教育经费	数字	8	2	其他
赡养老人经费	数字	8	2	其他
租房租金或购房贷款利息	数字	8	2	其他

〖操作说明〗 【C201 蓝英】设置工资项目。

〖操作指引〗

（1）打开企业应用平台，执行【薪资管理—工资类别—关闭工资类别】命令，回到薪资管理系统，执行【薪资管理—设置—工资项目设置】命令，打开【工资项目设置】对话框。

（2）单击【增加】，从【名称参照】选择【基本工资】，默认类型为【数字】，小数位为【2】，增减项改为【增项】。同理增加其他工资项目，操作结果如图1-3-74所示。

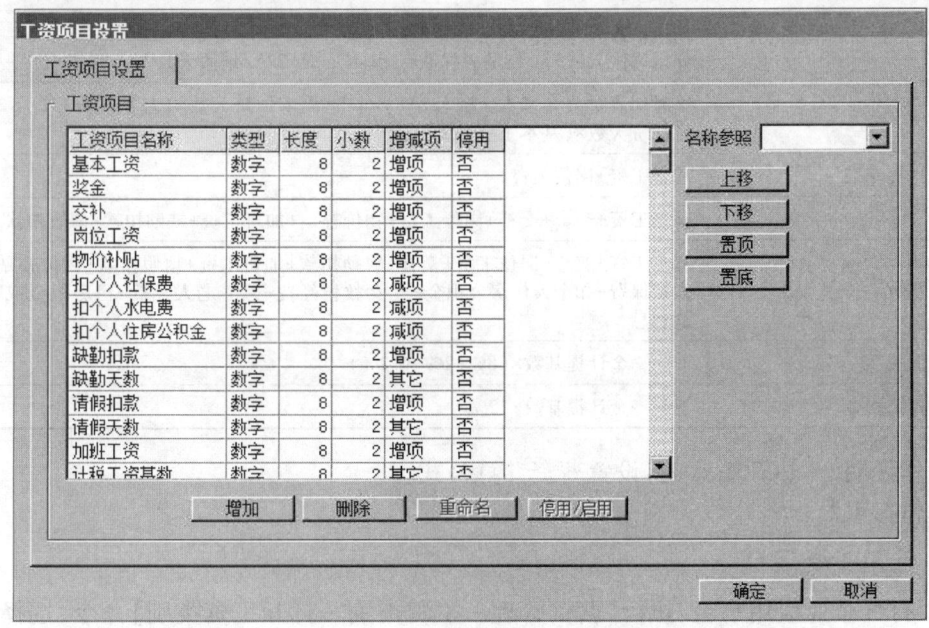

图1-3-74 【工资项目设置】对话框（录入完成）

(3) 单击【确定】,退出【工资项目设置】对话框。

> **重难点提示**
>
> (1) 设置工资项目就是定义工资项目的名称、类型、宽度。
> (2) 薪资管理系统提供了一些固定项目,包括【应发合计】【扣款合计】【实发合计】工资项目。在建立工资账套时,如果选择了扣零处理,则会增加【本月扣零】【上月扣零】两个工资项目;如果选择了扣税处理,则会增加【代扣税】工资项目;如果选择核算计件工资。则会增加【计件工资】工资项目,这些也都是属于固定项目,不能修改或删除。
> (3) 对于【名称参照】下拉列表中没有的项目可以直接输入;或者从【名称参照】中选择一个类似的项目后再进行修改。其他项目可以根据需要修改。
> (4) 此处所设置工资项目是针对所有工资类别所需要使用的全部工资项目。
> (5) 系统提供的固定工资项目不能修改、删除。

1-3-22 薪资项目公式设置

业务五 薪资管理系统公式设置

〖业务描述〗 按照表1-3-43所示的内容,设置在职员工工资薪资公式。

表1-3-43　　　　　　　　　　薪资计算公式

薪资项目	计算公式
岗位工资	企业管理人员、车间管理人员2 000元每月,采购人员1 000元每月,销售人员1 200元每月;生产人员800元每月
交补	企业管理人员、车间管理人员800元每月,采购人员、销售人员500元每月;生产人员300元每月
缺勤扣款	(基本工资÷22)×缺勤天数
请假扣款	如果请假天数≤5天,请假扣款=(基本工资÷22)×请假天数×50% 如果请假天数>5天,请假扣款=(基本工资÷22)×请假天数
加班工资	平时加班时数×(基本工资÷22÷8)×1.5+周末加班天数×(基本工资÷22)×2+节假日加班天数×(基本工资÷22)×3
五险一金计提基数	基本工资+岗位工资
应发合计	基本工资+奖金+交补+岗位工资+物价补贴+加班工资+缺勤扣款+请假扣款
计税工资基数	基本工资+奖金+岗位工资+交补+缺勤扣款+加班工资+请假扣款+物价补贴-扣个人社保费-扣个人住房公积金-子女教育经费-赡养老人经费-租房租金或购房贷款利息
扣个人社保费	五险一金计提基数×(8%+2%+0.2%)
扣个人住房公积金	五险一金计提基数×12%

〖操作说明〗 【C201蓝英】设置薪资计算公式。

〖操作指引〗

一、选用工资项目

(1) 打开企业应用平台,执行【薪资管理—工资类别—打开工资类别】命令,选择【在职人员工资】。

(2)执行【薪资管理—设置—工资项目设置】命令,打开【工资项目设置】对话框。

(3)单击【增加】,从【名称参照】的下拉列表中选择所需的工资项目(所有项目已按表1-3-42提前预设才能选择),操作结果如图1-3-75所示。

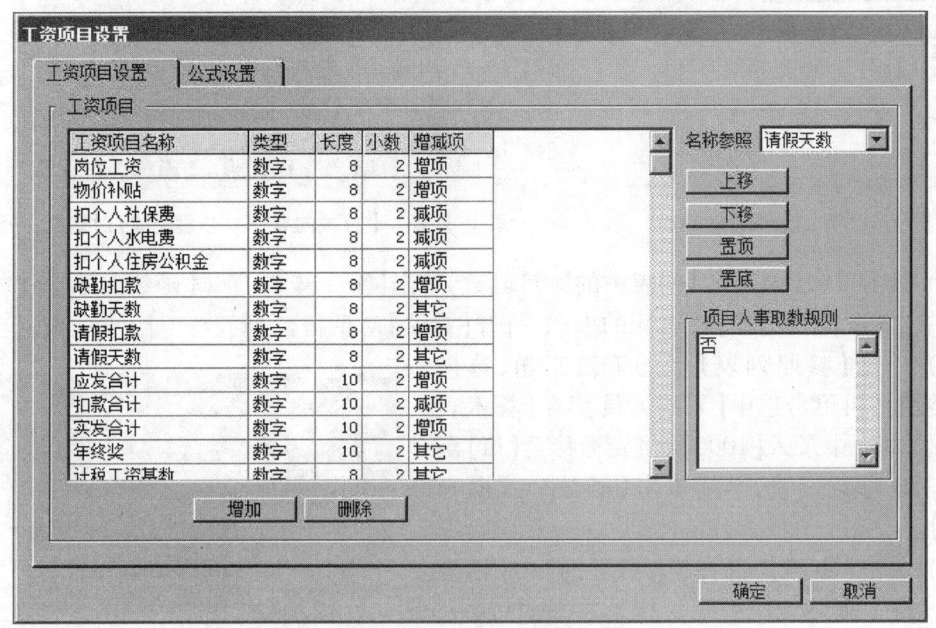

图1-3-75 【工资项目设置】对话框(操作完成)

二、公式设置

1.【岗位工资】公式设置

(1)选择【公式设置】选项卡,单击【增加】,从下拉列表框中选择【岗位工资】。单击【函数公式向导输入…】,打开【函数向导——步骤之1】对话框。单击选中【函数名】列表中的【iff】函数,如图1-3-76所示。

(2)单击【下一步】,打开【函数向导——步骤之2】对话框。

(3)单击【逻辑表达式】栏右侧的【参照】,打开【参照】对话框。单击【参照列表】栏的下拉三角,选择【人员类别】,再单击选中【企业管理人员】,如图1-3-77所示。

(4)单击【确定】,返回【函数向导步骤之2】对话框。在生成的逻辑表达式后面输入【or】,注意前后必须空格。单击选择【人员类别】,再单击选中【车间管理人员】,如图1-3-78所示。

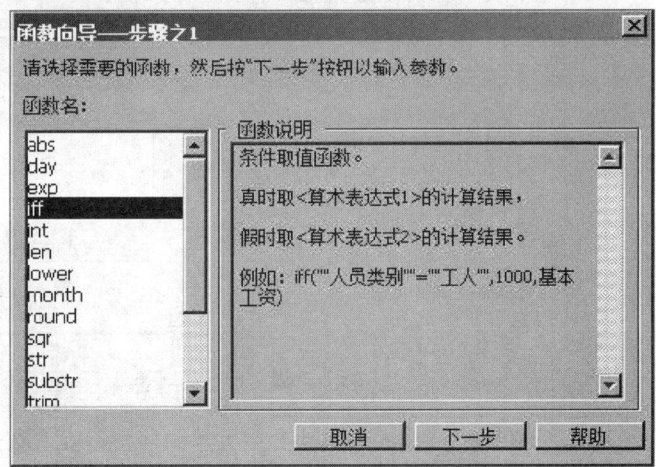

图1-3-76 【函数向导——步骤之1】对话框

(5)在【算术表达式1】文本框中录入【2000】,单击【完成】,返回【工资项目设置—公式设置】对话框。将光标移至【iff】函数的第三个参数设置,继续单击【函数公式向导输入…】。

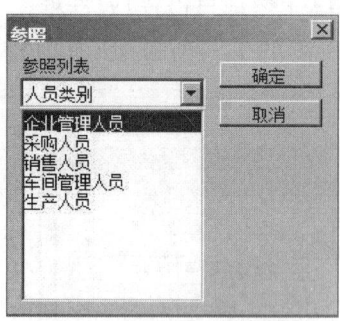

图 1-3-77 【参照】对话框

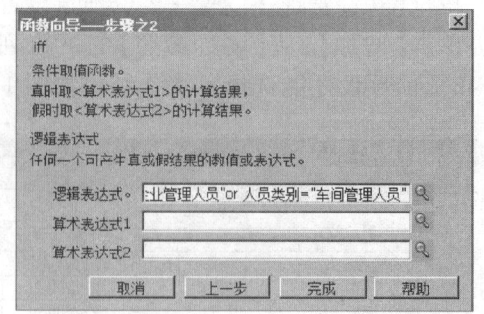

图 1-3-78 【函数向导——步骤之 2】对话框(一)

（6）单击选中【函数名】列表中的【iff】函数，单击【下一步】，打开【函数向导步骤之 2】对话框。单击【逻辑表达式】栏右侧的参照，打开【参照】对话框。

（7）单击【参照列表】栏的下拉三角，选择【人员类别】，再单击选中【采购人员】，在【算术表达式 1】文本框中录入【1000】；将光标移至【iff】函数的第三个参数设置，继续单击【函数公式向导输入…】。

（8）单击【参照】，选择【人员类别】为【销售人员】。在【算术表达式 1】文本框中录入【1200】，在【算术表达式 2】文本框中输入【800】，如图 1-3-79 所示。

（9）单击【完成】，返回【公式设置】界面，如图 1-3-80 所示，单击【公式确认】。

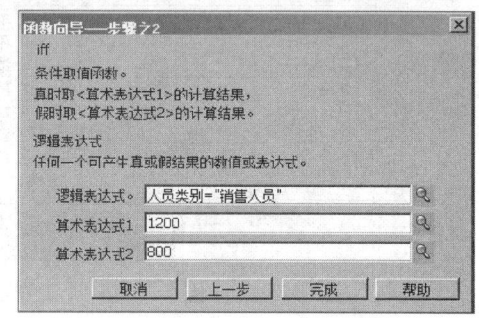

图 1-3-79 【函数向导——步骤之 2】对话框(二)

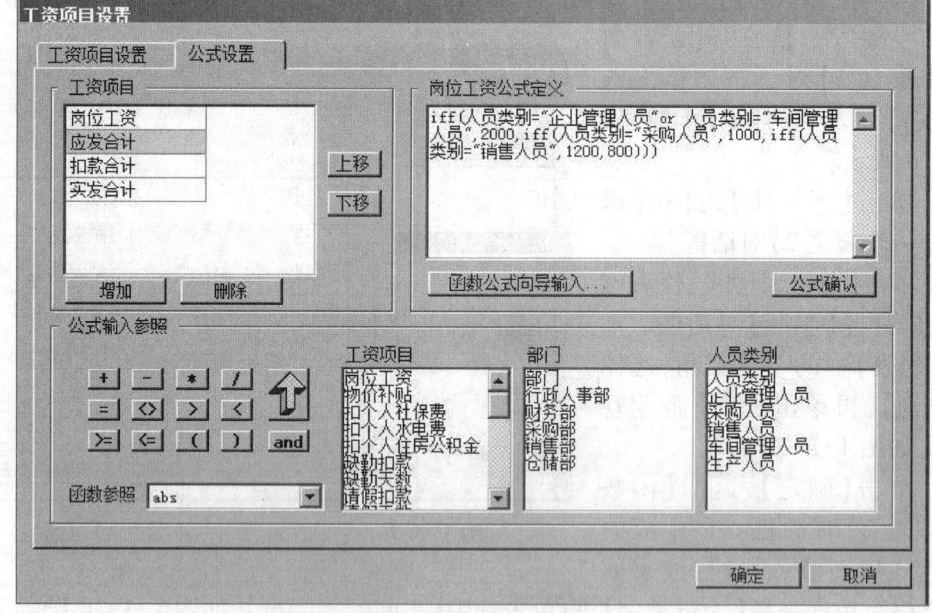

图 1-3-80 【工资项目设置—公式设置】对话框(岗位工资)

(10)【交补】公式参照以上步骤,操作结果如图1-3-81所示。

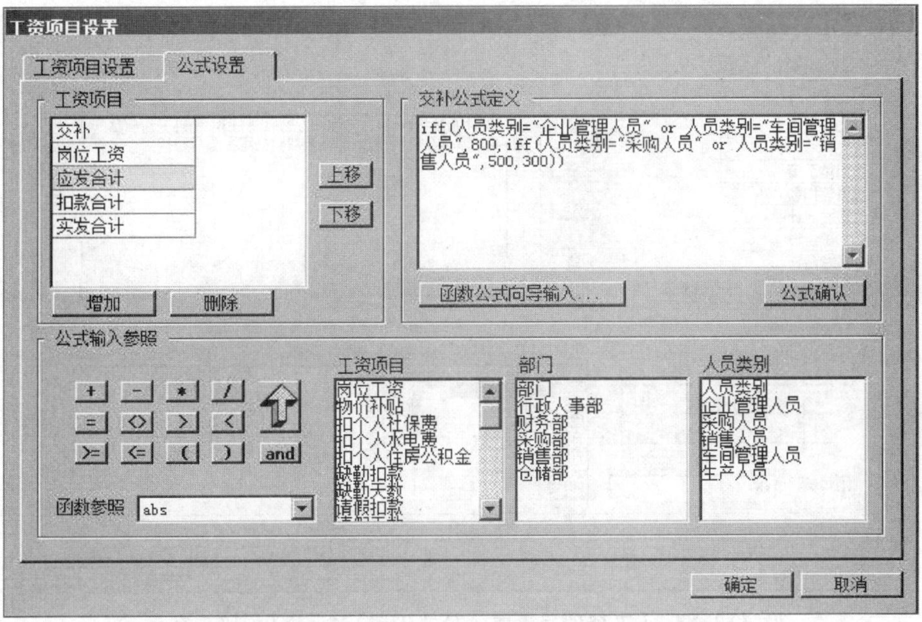

图1-3-81 【工资项目设置—公式设置】对话框(交补)

2.【请假扣款】公式设置

(1)继续单击【增加】,从下拉列框中选择【请假扣款】。

(2)在左下方【函数参照】栏选中【iff】函数,将【iff】函数的第一个参数设置为【请假天数<=5】,第二个参数设置为【(基本工资/22)*请假天数*0.5】,第三个参数设置为【(基本工资/22)*请假天数】,如图1-3-82所示,单击【公式确认】。

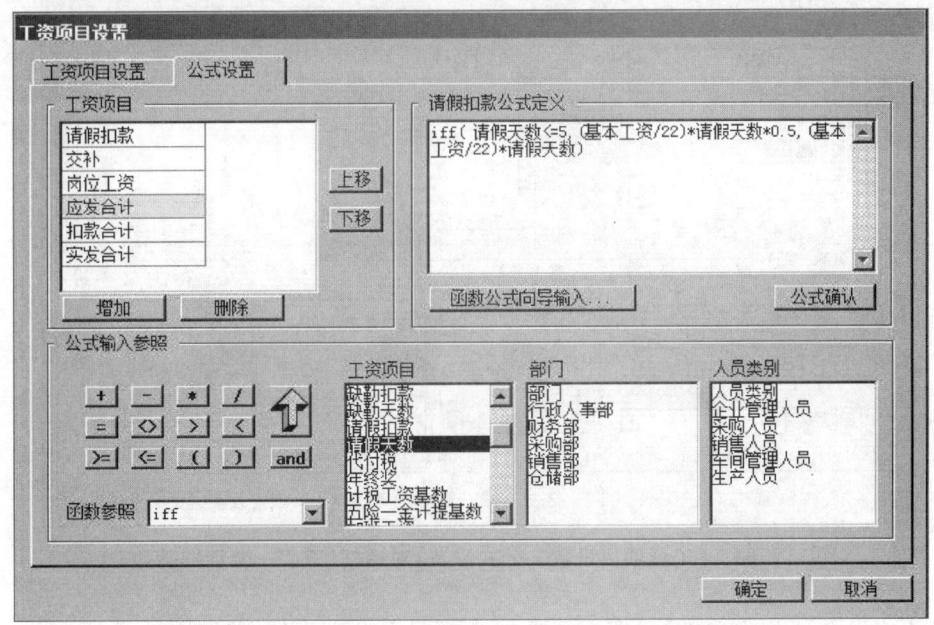

图1-3-82 【工资项目设置—公式设置】对话框(请假扣款)

(3)【加班工资】公式参照以上步骤,操作结果如图1-3-83所示。

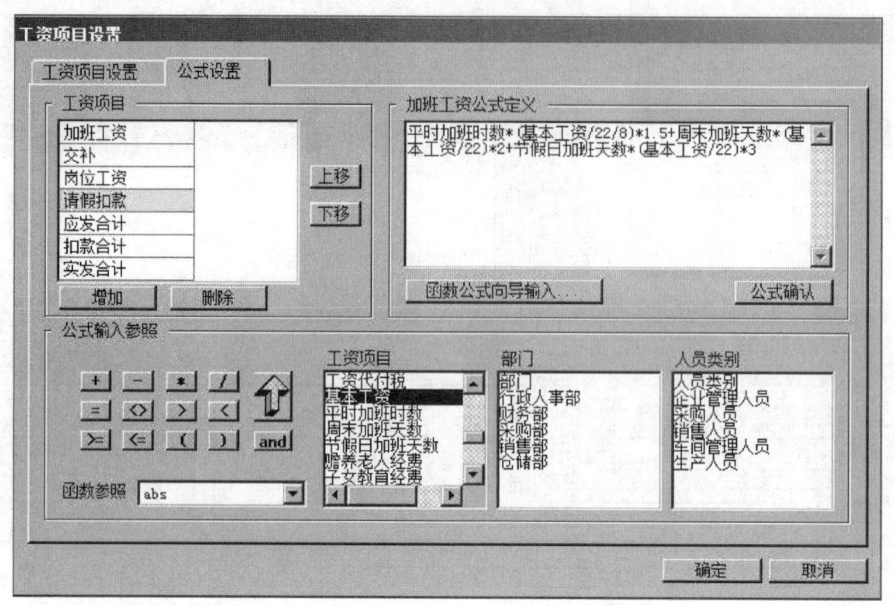

图1-3-83 【工资项目设置—公式设置】对话框(加班工资)

3.【五险一金计提基数】公式设置

(1)上述操作完成后,继续单击【增加】,选择【五险一金计提基数】。

(2)在【五险一金计提基数公式定义】栏直接输入【基本工资+岗位工资】,如图1-3-84所示,单击【公式确认】。

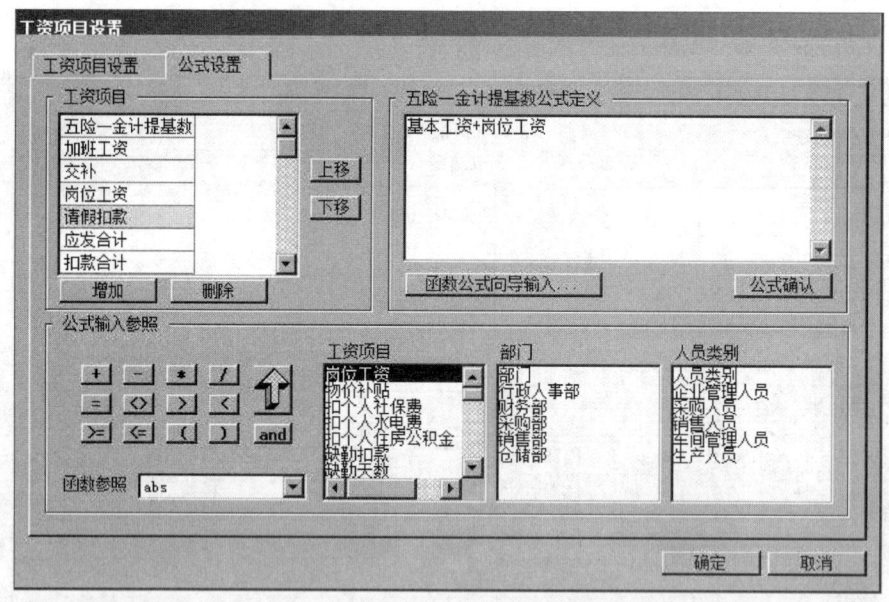

图1-3-84 【工资项目设置—公式设置】对话框(五险一金计提基数)

(3)【应发合计公式定义】是所有增项工资项目自动生成的合计数,公式结束自动生成,如图1-3-85所示。

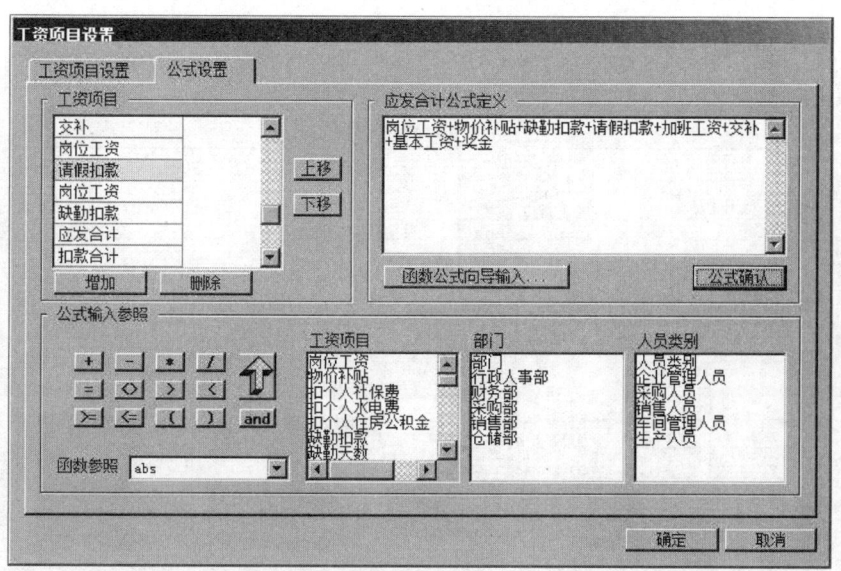

图 1-3-85 【工资项目设置—公式设置】对话框（应发合计）

4.【计税工资基数】公式设置

（1）上述操作完成，继续单击【增加】，从下拉列表中选择【计税工资】。

（2）在【计税工资基数公式定义】处选择项目输入【基本工资+奖金+岗位工资+交补+缺勤扣款+加班工资+请假扣款+物价补贴-扣个人社保费-扣个人住房公积金-子女教育经费-赡养老人经费-租房租金或购房贷款利息】，如图 1-3-86 所示。

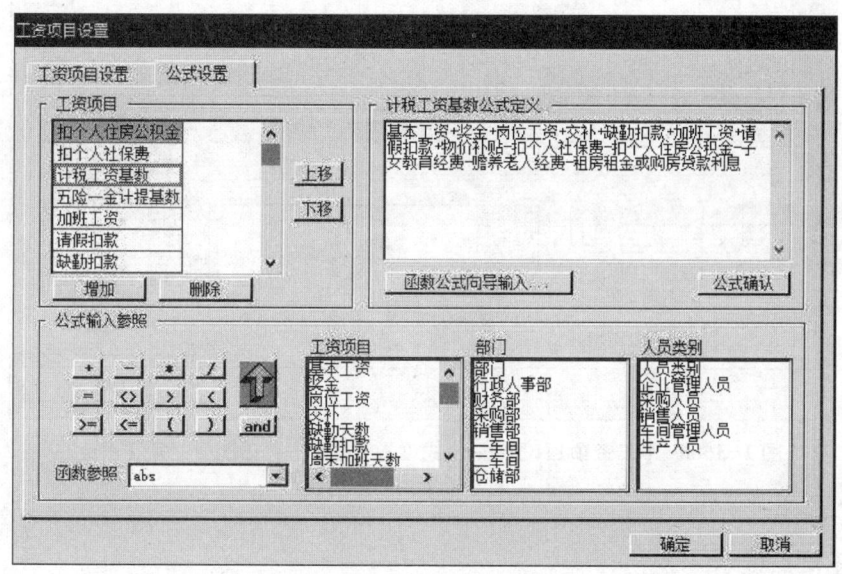

图 1-3-86 【工资项目设置—公式设置】对话框（计税工资基数）

（3）单击【公式确认】，再单击【确定】退出。

5.【个人社保费】和【个人住房公积金】公式设置

以此类推，增加扣个人社保费和扣个人住房公积金的公式设置，分别如图 1-3-87 和图 1-3-88 所示。

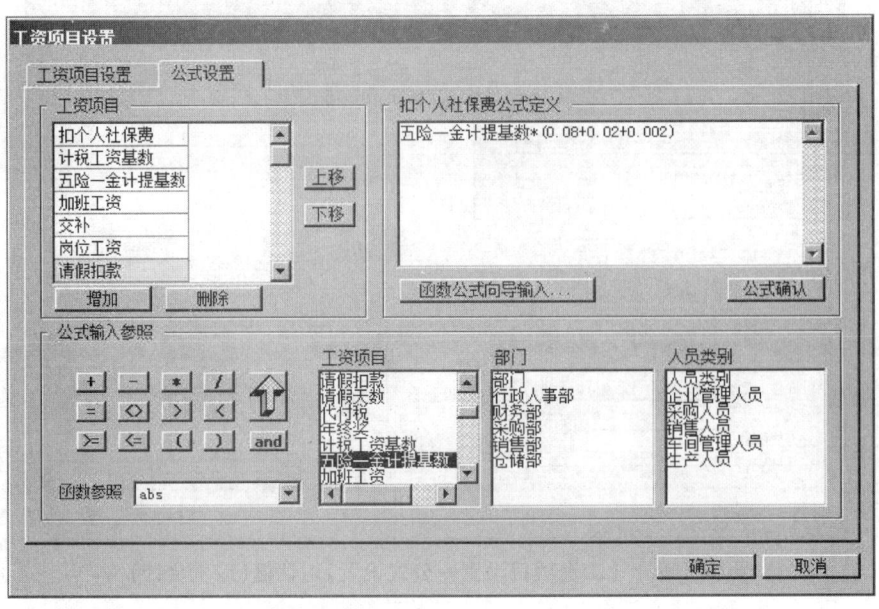

图 1-3-87 【工资项目设置—公式设置】对话框（扣个人社保费）

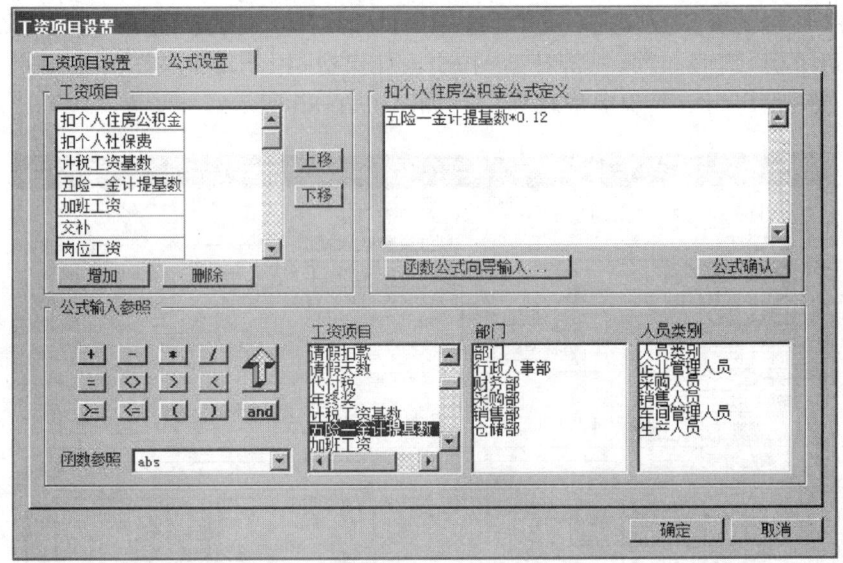

图 1-3-88 【工资项目设置—公式设置】对话框（扣个人住房公积金）

重难点提示

（1）在定义公式时，可以使用函数公式向导输入、函数参数输入、工资项目参照、部门参数和人员类别参照编辑输入工资项目的计算公式。其中，函数公式向导只支持系统提供的函数。工资中没有的项目不允许在公式中出现。

（2）公式中可以引用已设置公式的项目，相同的工资项目可以重复定义公式、多次计算，以最后的运行结果为准。

业务六 代扣个税设置

〖**业务描述**〗 将【个人所得税】的扣税依据修改为【计税工资基数】,并按表 1-3-44 所示内容,修改扣税基数和税率。

1-3-23 扣税设置(微课)

表 1-3-44 个人所得税税率表

级数	应纳税所得额下限	应纳税所得额上限	税率	速算扣除数
1	0	3 000	3%	0
2	3 000	12 000	10%	210
3	12 000	25 000	20%	1 410
4	25 000	35 000	25%	2 660
5	35 000	55 000	30%	4 410
6	55 000	80 000	35%	7 160
7	80 000	80 000 以上	45%	15 160

〖**操作说明**〗 【C201 蓝英】设置个人所得税扣税依据。

〖**操作指引**〗

(1)在薪资管理系统,执行【薪资管理—设置—选项】命令,打开【选项】对话框。

(2)选择【扣税设置】选项卡,单击【编辑】,将个人所得税申报表中的【收入合计】项所对应的工资项目默认的【应发工资】修改为【计税工资基数】,勾选【从工资中代扣个人所得税】,如图 1-3-89 所示。

(3)单击【税率设置】,进入【个人所得税申报表——税率表】对话框,修改【基数】为【5000】,修改【附加费用】为【0】,并在计算公式中按表 1-3-44 对软件原来的税率表进行修改,单击【确定】,完成税率设置工作,如图 1-3-90 所示。

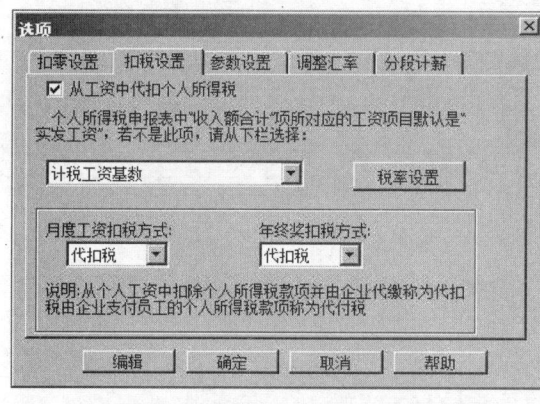

图 1-3-89 【选项】对话框

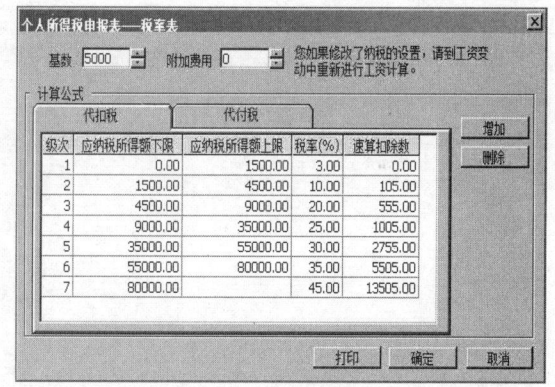

图 1-3-90 【个人所得税申报表——税率表】对话框

(4)备份:将账套输出至【D:\666 账套备份\1.3.6】文件夹。

重难点提示

现行个人综合所得税费计算公式为:

应纳税所得额=应发合计-扣个人社保费-扣个人住房公积金-子女教育经费-赡养老人经费-租房租金或购房贷款利息

模块二
企业日常业务处理

项目一　总账管理系统日常业务处理

2-1-1 总账日常业务总括(微课)

> **思政园地**
>
> **知无涯，生有涯**
>
> 庄子曰："吾生也有涯，而知也无涯"。华为总裁任正非也是一个时时刻刻不忘学习的人。他谈道："差不多有五十年，我每天晚上都会学习到将近一点，我并不是像大家想的不怎么学习。我要去学习，不学习就驾驭不了华为。"
>
> 自新会计准则实施以来，面对环境的变化，企业会计准则也在不断进行新修订。作为财务人员，我们必须与时俱进，以积极的心态钻研新准则，夯实专业知识基础，提高专业技术水平，才能提高企业会计信息质量，尽职尽责完成企业与投资者赋予的责任，真正为企业的经营服务。

任务一　总账日常业务凭证处理

业务一　凭证手工填制业务

2-1-2 总账日常业务单据

2-1-3 凭证手工填制

【业务描述】　2022年1月，珠海市美满机械有限公司发生如下15项经济业务（业务图片见二维码2-1-2）：

（1）1月1日，公司提取现金备用，原始单据如图2-1-1所示。

（2）1月5日，财务部职工张华报销业务招待费，原始单据如图2-1-2所示。

（3）2021年年底材料到货发现损耗5吨，1月8日，经核查确认是珠海市畅通有限公司的责任，原始单据如图2-1-3所示。

（4）1月8日，公司接受无形资产投资，原始单据如图2-1-4所示。

（5）1月13日，公司缴纳上月增值税及附加税，原始单据如图2-1-5和图2-1-6所示。

（6）1月13日，公司缴纳上月工会经费，原始单据如图2-1-7所示。

（7）1月15日，公司缴纳上月个人所得税，原始单据如图2-1-8所示。

（8）1月15日，公司通过银行代发12月份工资，相关资料如图2-1-9所示。

（9）1月16日，公司缴纳本月社保金，单位承担48 672元，个人承担17 846.40元，共计66 518.4元，相关原始单据如图2-1-10所示。

（10）1月20日，公司使用现金支付培训费，原始单据如图2-1-11所示。

（11）1月22日，采购部王智向公司借款，借款单如图2-1-12所示。

（12）1月25日，公司支付银行借款利息，原始单据如图2-1-13所示。

（13）1月25日，以转账支票（其他业务凭证略）支付销售运输费，原始单据如图2-1-14所示。

（14）1月25日，公司收到采购货物的丢失赔偿款，如图2-1-15所示。

(15) 1月30日,公司取得电费发票,分配并用电汇方式支付外购电费(其他业务凭证略),如图2-1-16和图2-1-17所示。

〖操作说明〗 【C202 李嘉文】根据公司以上经济业务填制记账凭证。

〖操作指引〗

1. 填制第一笔业务的记账凭证(有结算方式处理业务)

(1) 以【C202 李嘉文】身份登录企业应用平台,单击【注册】,选择登录账套【[666]珠海市美满机械有限公司】,日期为【2022年1月31日】进入企业应用平台(系统日期同步调整为2022年1月31日)。

(2) 在【业务工作】选项中,执行【总账—凭证—填制凭证】命令,打开【填制凭证】窗口。

(3) 单击【增加】或者按【F5】键,修改凭证日期为【2022.01.01】。

(4) 在【摘要】栏录入【提现备用】,按回车键,或者单击【科目名称】栏。再单击【科目名称】栏的参照(或按【F2】键),选择【资产】类科目【1001 库存现金】,或者直接在【科目名称栏】输入【1001】。按回车键,或者单击【借方余额】栏,录入借方金额【5 000.00】。

(5) 按回车键自动复制上一行的摘要,再按回车键到第二列,或用鼠标单击第二列【科目名称】栏,单击参照(或按【F2】键),选择【资产】类科目【100201 工商银行金湾支行】,或者直接在【科目名称】栏输入【100201】。

(6) 按回车键,弹出【辅助项】对话框,在【结算方式】栏录入【201】或单击参照选择【201 现金支票】,【票号】栏录入【20111235】,结果如图2-1-18所示。

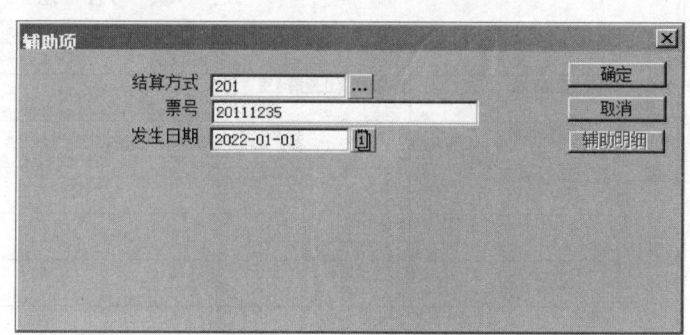

图 2-1-18 【辅助项】对话框

(7) 单击【确定】,操作结果如图 2-1-19 所示。

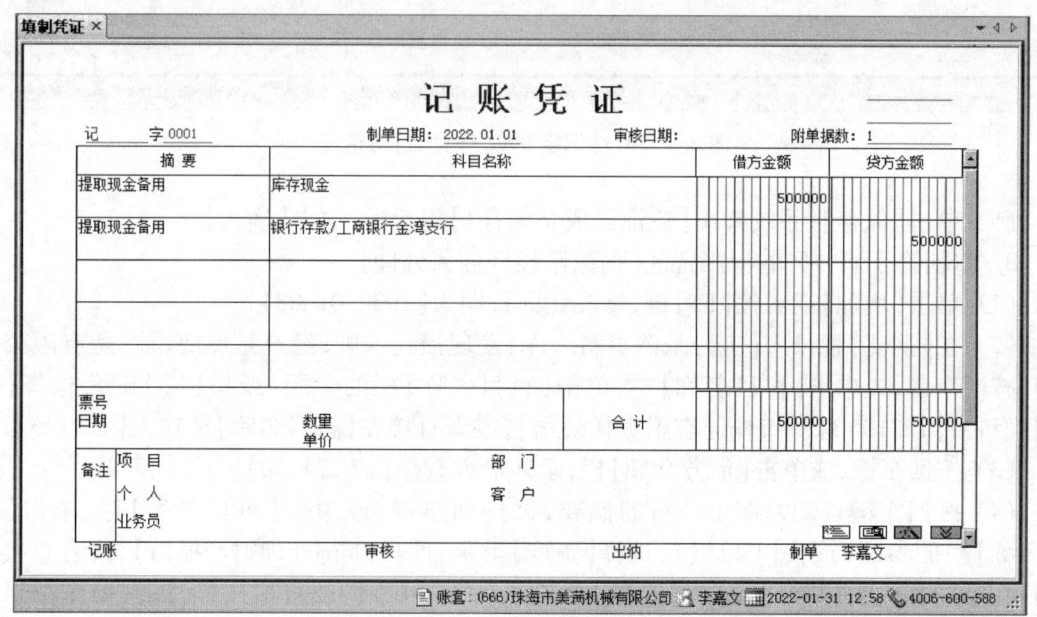

图 2-1-19 【记字 0001 号凭证】对话框

（8）单击【保存】，系统弹出【凭证已成功保存！】提示框，单击【确认】。

2. 填制第二笔业务的记账凭证（有部门核算业务处理）

（1）单击【增加】或者【F5】键，修改凭证日期为【2022.01.05】

（2）在【摘要】栏录入【支付业务招待费】，按回车键，或单击【科目名称】栏，单击【科目名称】栏，选择【损益】类科目【660205 管理费用/业务招待费】，或者直接在【科目名称】栏输入【660205】，弹出【辅助项】对话框，选中【行政人事部】，单击【确认】返回。

（3）按回车键，或单击【借方余额】栏，录入借方余额【800.00】。

（4）按回车键自动复制上一行的摘要，再按回车键，或单击【科目名称】栏，选择【资产】类科目【1001 库存现金】，或者直接在【科目名称】栏输入【1001】，按回车键，单击【贷方金额】栏，录入贷方金额【800.00】，或直接按【=】键，录入【附单据数】为【1】张，操作结果如图2-1-20 所示。

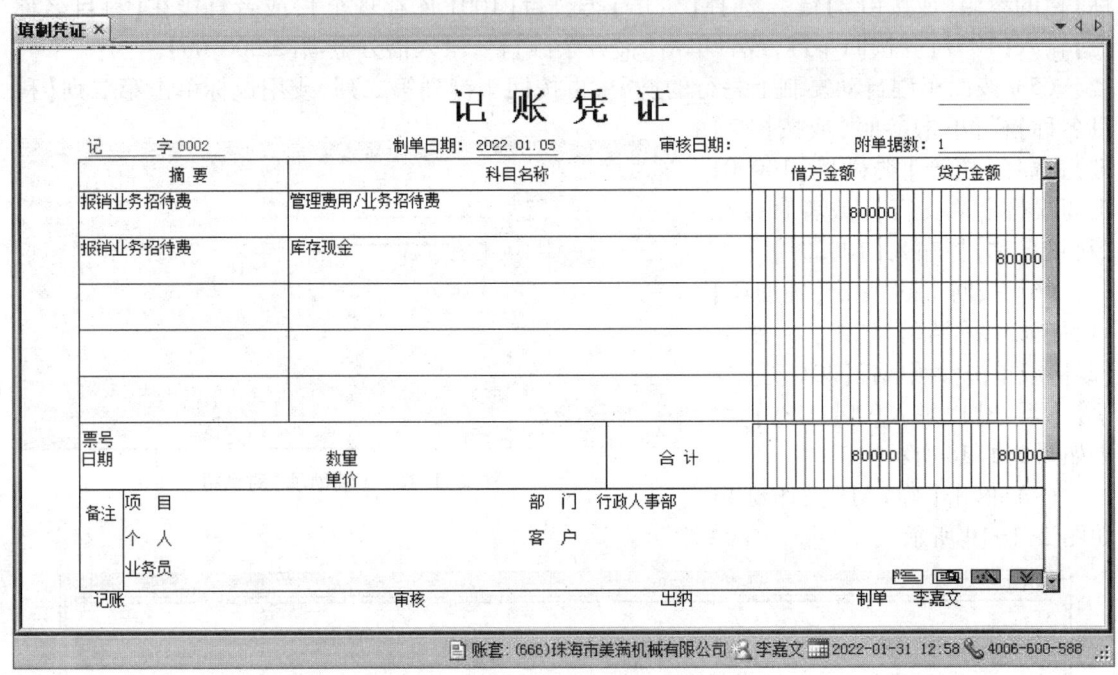

图 2-1-20　【记字 0002 号凭证】对话框

（5）单击【保存】，系统弹出【凭证已成功保存！】提示框，单击【确认】。

3. 填制第三笔业务的记账凭证（有数量核算业务处理）

（1）单击【增加】或者按【F5】键，修改凭证日期为【2022.01.08】

（2）在【摘要】栏录入【上月采购材料入库，发现损耗 5 吨，经查是珠海市顺达有限公司的】，按回车键，或单击【科目名称】栏，单击【科目名称】栏的参照（或按【F2】键），选择【资产】类科目【122105 珠海市畅通有限责任公司】，或者直接在【科目名称】栏输入【122105】。

（3）按回车键，或单击【借方金额】栏，录入借方金额【27 274.50】。

（4）按回车键自动复制上一行的摘要，再按回车键，或单击【科目名称】栏，单击【科目名称】栏的参照（或按【F2】键），选择【资产】类科目【1901 待处理财产损溢】，或者直接在【科目名称】栏输入【1901】，单击【金额】栏输入【27 274.5】，或直接按【=】键，操作结果如图 2-1-21 所示。

(5) 单击【保存】，系统弹出【凭证已成功保存！】提示框，单击【确认】退出。

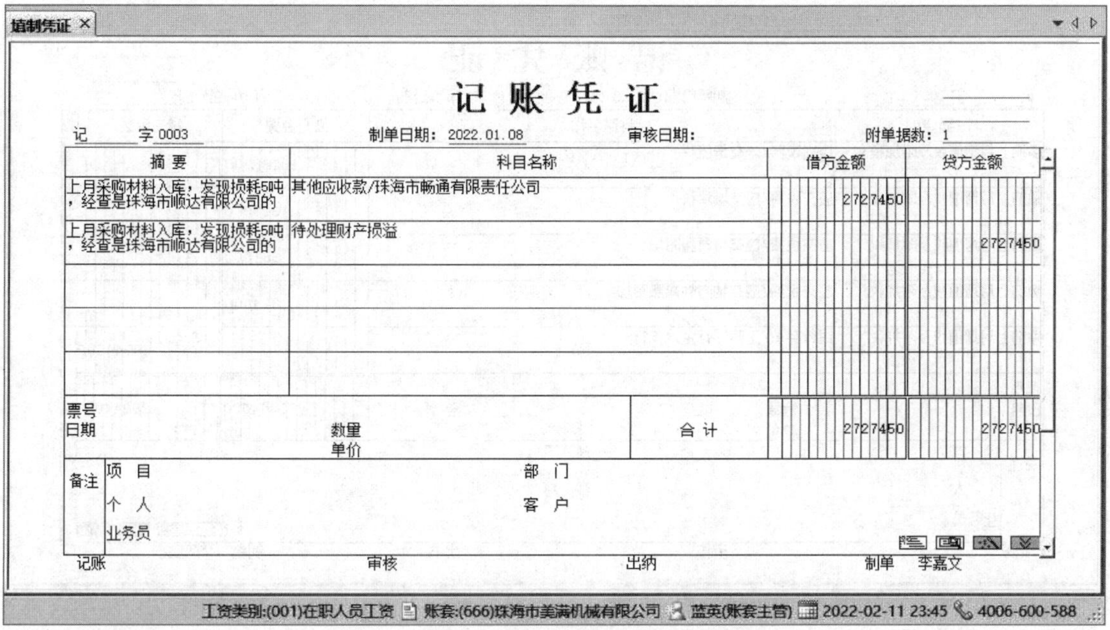

图 2-1-21 【记字 0003 号凭证】对话框

4. 填制第四笔至第十五笔业务的记账凭证

根据上述方法填制第四笔至第十五笔业务的记账凭证，记账凭证如图 2-1-22 至图 2-1-34 所示。

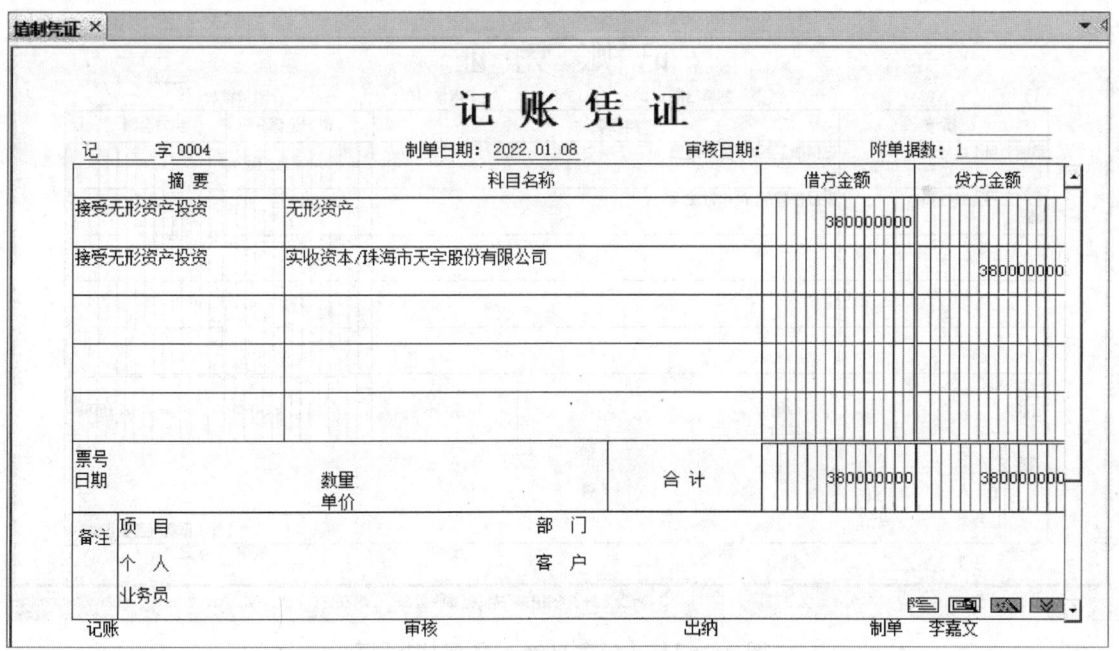

图 2-1-22 【记字 0004 号凭证】对话框

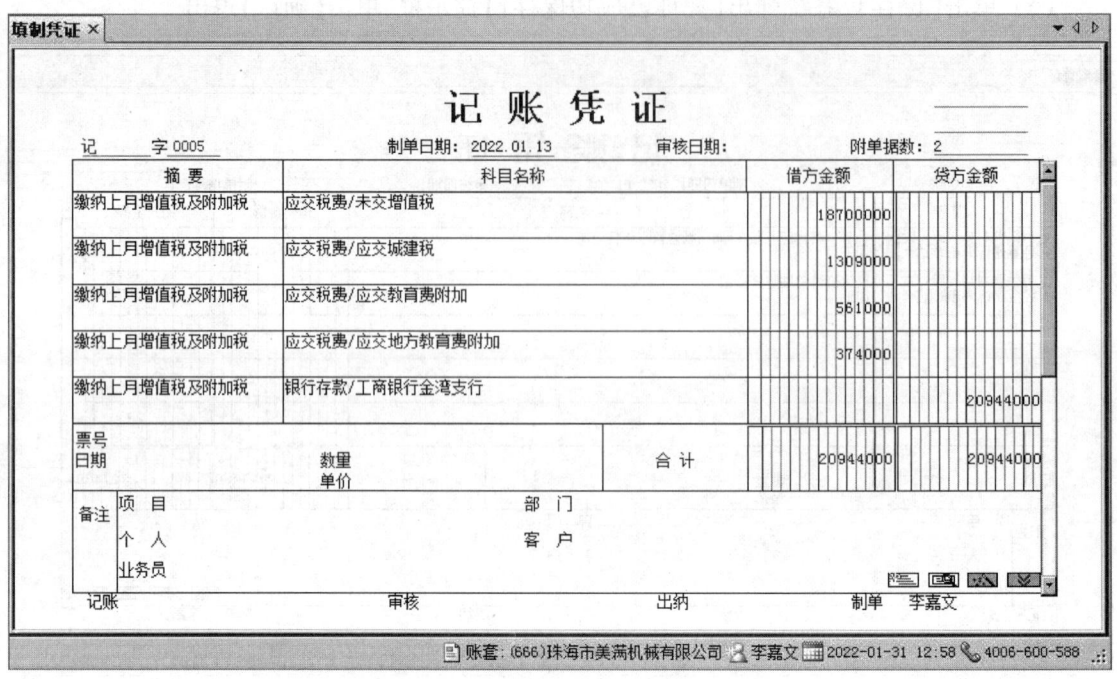

图 2-1-23 【记字 0005 号凭证】对话框

图 2-1-24 【记字 0006 号凭证】对话框

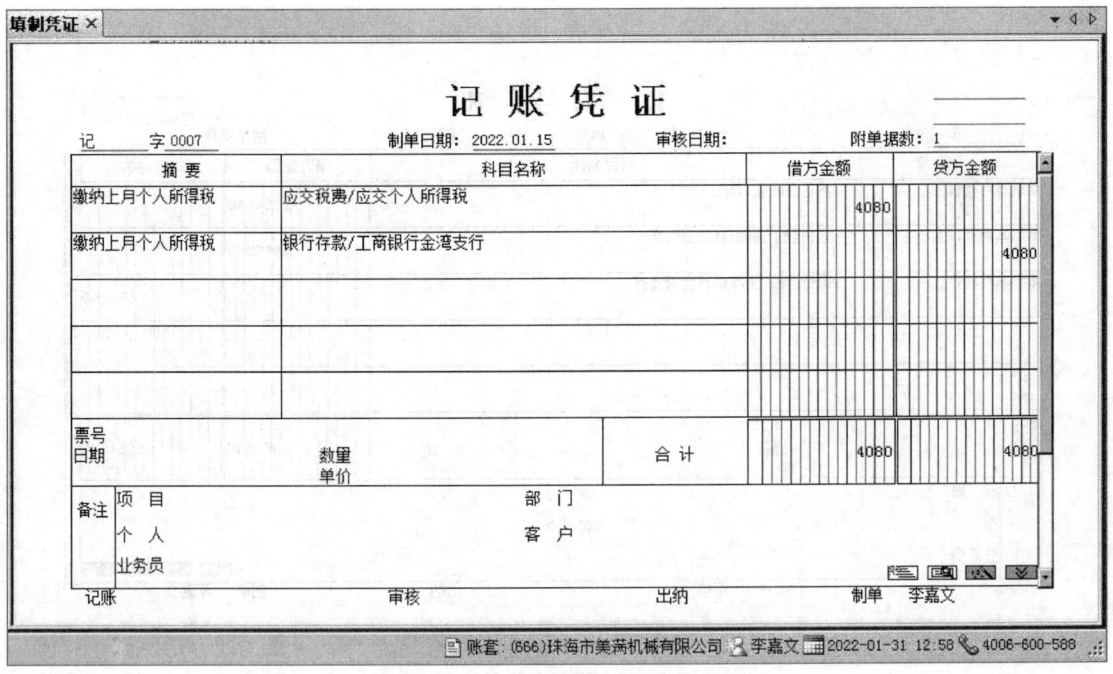

图 2-1-25 【记字 0007 号凭证】对话框

图 2-1-26 【记字 0008 号凭证】对话框

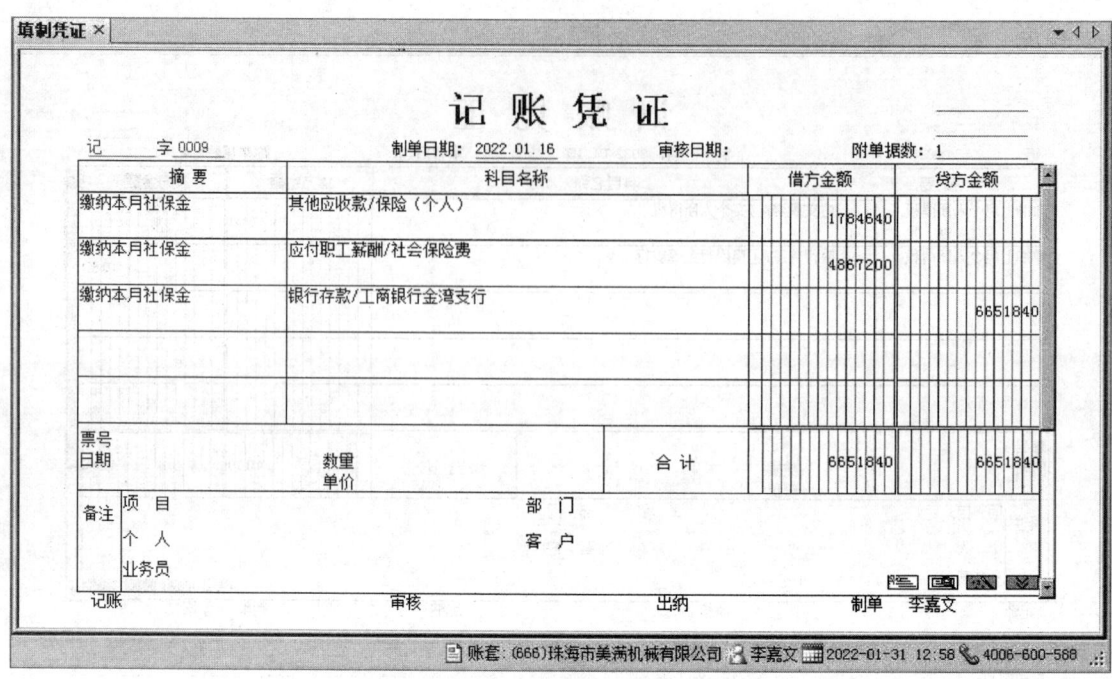

图 2-1-27 【记字 0009 号凭证】对话框

图 2-1-28 【记字 0010 号凭证】对话框

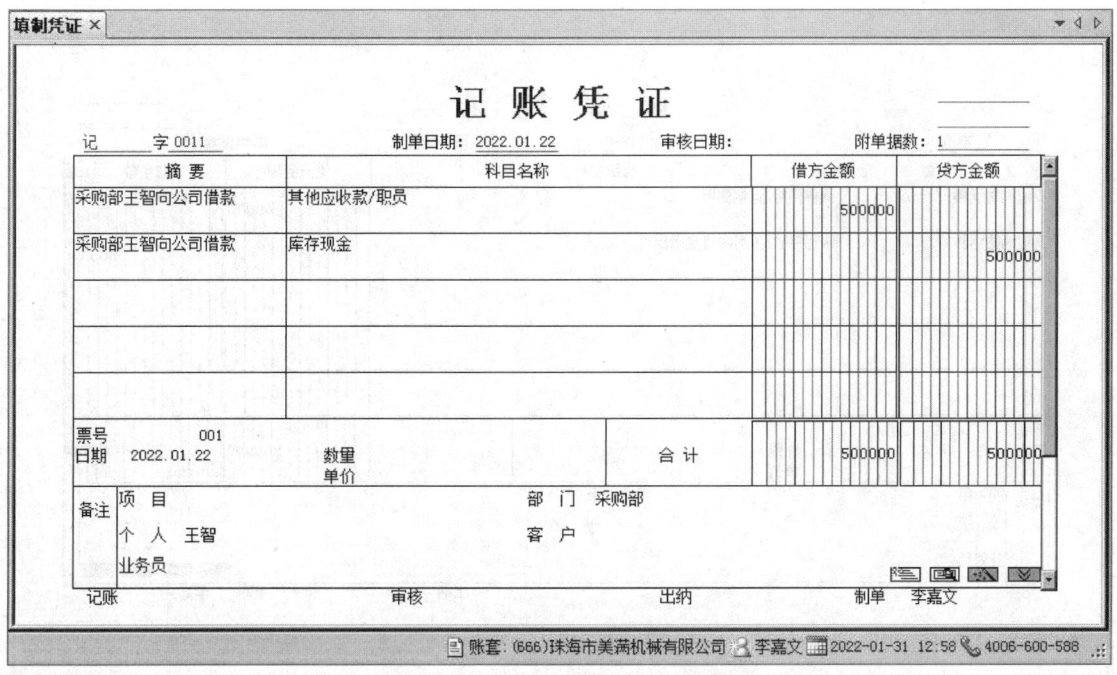

图 2-1-29 【记字 0011 号凭证】对话框

图 2-1-30 【记字 0012 号凭证】对话框

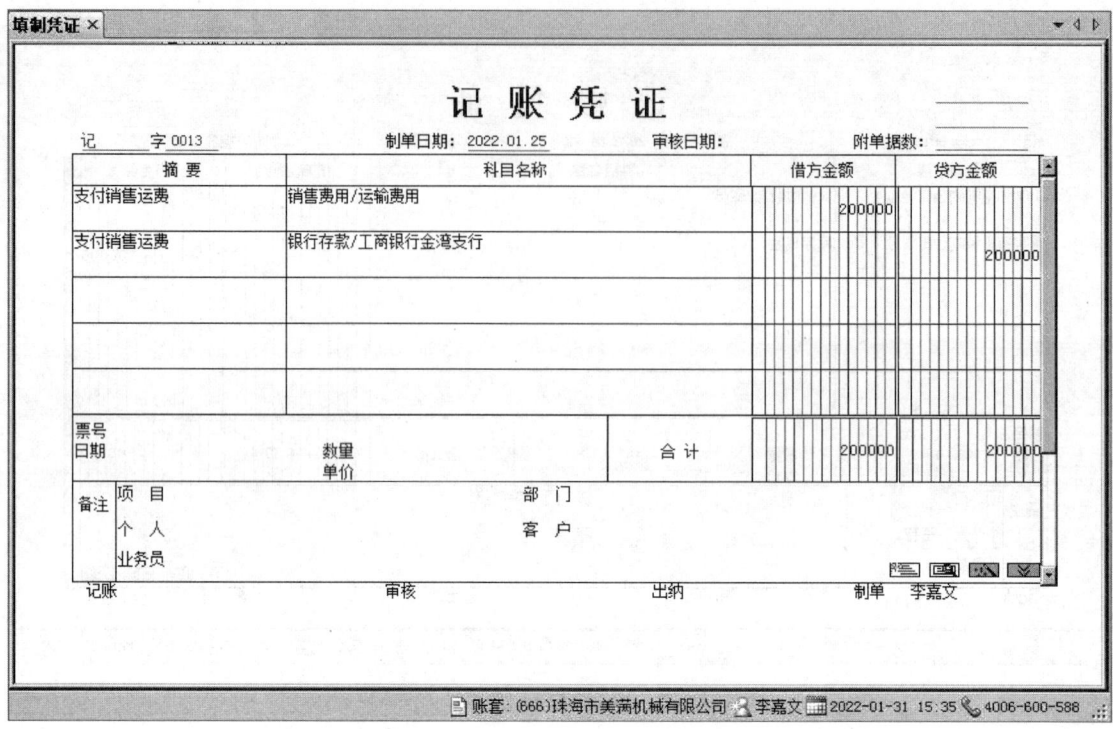

图 2-1-31 【记字 0013 号凭证】对话框

图 2-1-32 【记字 0014 号凭证】对话框

记账凭证

记 字 0015 - 0001/0002　制单日期：2022.01.30　审核日期：2022.01.31 附单据数：2

摘要	科目名称	借方金额	贷方金额
分配并支付电费	生产成本/制造费用	556800	
分配并支付电费	生产成本/制造费用	928000	
分配并支付电费	制造费用/水电费	46400	
分配并支付电费	管理费用/水电费用	74240	
分配并支付电费	销售费用/水电费用	18560	
票号 日期	数量 单价　合计	1624000	1624000
备注	项目　变速箱锥齿轮　　部门　一车间 个 人　　　　　　　　客 户 业务员		

记账　蓝英　　　审核　蓝英　　　出纳　韦宝宝　　　制单　李嘉文

图 2-1-33 【记字 0015 号/0001 凭证】对话框

记账凭证

记 字 0015 - 0001/0002　制单日期：2022.01.30　审核日期：2022.01.31 附单据数：2

摘要	科目名称	借方金额	贷方金额
分配并支付电费	生产成本/制造费用	928000	
分配并支付电费	制造费用/水电费	46400	
分配并支付电费	管理费用/水电费用	74240	
分配并支付电费	销售费用/水电费用	18560	
分配并支付电费	银行存款/工商银行金湾支行		1624000
票号 日期	数量 单价　合计	1624000	1624000
备注	项目　传动齿轮　　部门　二车间 个 人　　　　　　　客 户 业务员		

记账　蓝英　　　审核　蓝英　　　出纳　韦宝宝　　　制单　李嘉文

图 2-1-34 【记字 0015 号/0002 凭证】对话框

> **重难点提示**
>
> （1）凭证填制完成后，可以单击【保存】保存凭证，也可以单击【增加】，保存并增加会计凭证。
>
> （2）凭证填制完成后，在未审核前可以直接修改。

（3）如果凭证的金额录错了方向，可以按空格键改变金额方向。

（4）凭证日期应满足总账选项中的设置，如果默认系统的选项，则不允许凭证日期逆序。

（5）在填制凭证时，如果使用含有辅助核算内容的会计科目，则应选择相应的辅助核算内容，否则将不能查询到辅助核算的相关资料。

（6）【=】键意为取借贷方差额到当前光标位置，每张凭证上只能使用一次。

（7）如果科目参照中没有相关资料科目，可以通过编辑科目添加所需要的科目。

业务二　常用凭证生成及运用业务

2-1-4 生成常用凭证及运用

〖业务描述〗　设置提现备用的常用凭证，并生成一张金额为 2 500 元的提现备用常用凭证。

〖操作说明〗　【C201 蓝英】设置常用凭证，【C202 李嘉文】生成常用凭证。

〖操作指引〗

1. 常用凭证设置

（1）以【C201 蓝英】的身份登录企业应用平台，执行【财务会计—总账—凭证—常用凭证】命令，打开【常用凭证】窗口。

（2）单击【增加】，录入【编码】为【1】，录入【说明】为【提现备用】，单击【凭证类别】，选择【记 记账凭证】，如图 2-1-35 所示。

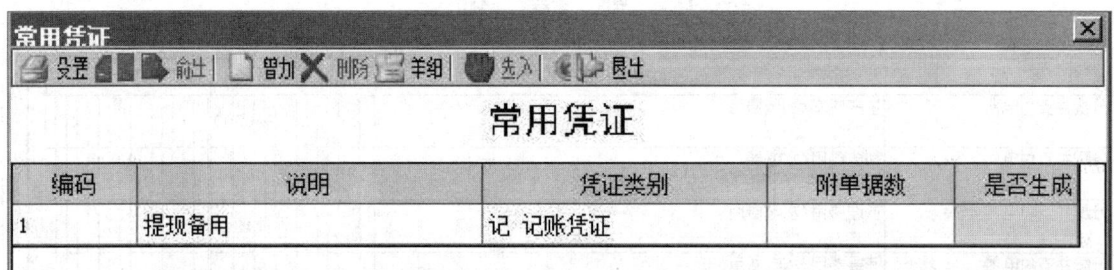

图 2-1-35　【常用凭证】窗口

（3）单击【详情】，进入【记账凭证】窗口。单击【增分】，在【科目名称】栏录入【1001 库存现金】；再单击【增分】，在第二行【科目名称】栏录入【100201 工商银行金湾支行】；选择结算方式【201 现金支票】，结果如图 2-1-36 所示。

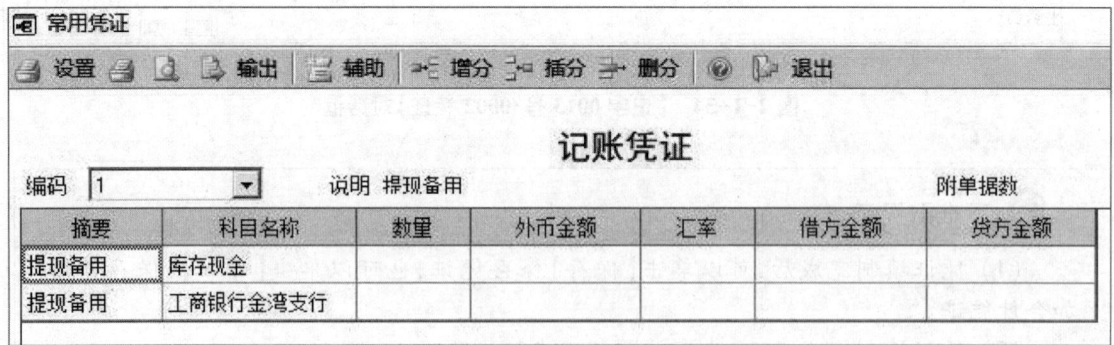

图 2-1-36　【常用凭证—记账凭证】窗口

(4)单击【退出】,在【常用凭证】窗口可以看到一条常用凭证记录,如图 2-1-37 所示。

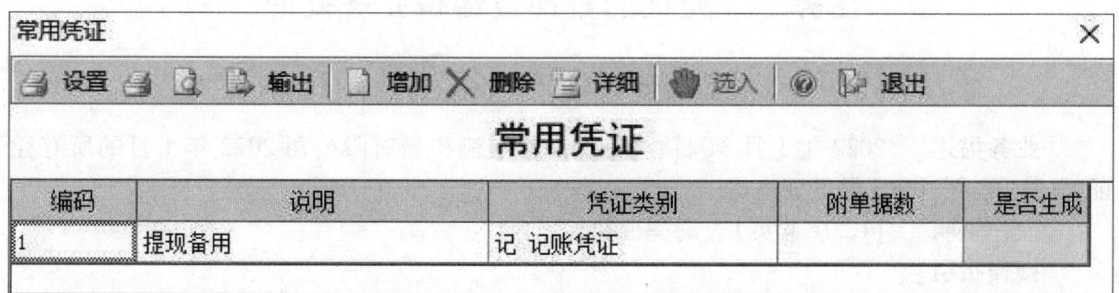

图 2-1-37 【常用凭证】窗口

2. 生成常用凭证

(1)以【C202 李嘉文】的身份登录企业应用平台,执行【财务会计—总账—凭证—填制凭证】命令,打开【填制凭证】窗口,执行【常用凭证—调用常用凭证】命令。

(2)增加一张新凭证,【日期】修改为【2022.01.30】,【摘要】为【提现备用】,借贷方金额分别录入【2 500.00】,单击【保存】,自动生成一张记字 0016 号的提取备用金常用凭证,如图 2-1-38 所示。

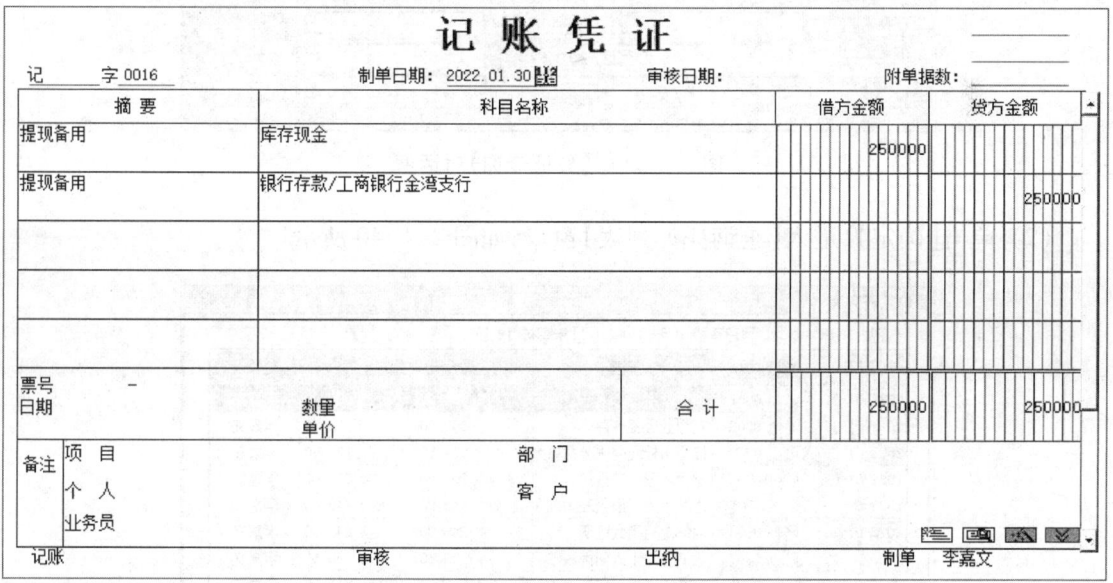

图 2-1-38 【记字 0016 凭证】对话框

3. 备份

将账套输出至【D:\666 账套备份\2.1.1】文件夹。

> **重难点提示**
>
> 在填制凭证时可以执行【常用凭证—调用常用凭证】命令,调用事先定义的常用凭证,或在填制凭证功能中按【F4】键调用常用凭证。调用的常用凭证可以进行修改。

2-1-5 凭证的查询及编辑（微课）

任务二　凭证的查询及编辑业务处理

业务一　凭证查询业务

〖业务描述〗　2022年1月31日，查询珠海市美满机械有限公司2022年1月的所有凭证，并打开记字0015号凭证查看。

〖操作说明〗　【C201 蓝英】查询凭证操作。

〖操作指引〗

(1) 执行【凭证—查询凭证】命令，打开【凭证查询】对话框，【记账范围】栏选择【全部凭证】，如图2-1-39所示。

图 2-1-39　【凭证查询】对话框

(2) 单击【确定】，进入【查询凭证列表】窗口，如图2-1-40所示。

图 2-1-40　【查询凭证列表】窗口

(3) 双击打开记字 0015 号凭证进行查看,如图 2-1-41 所示。

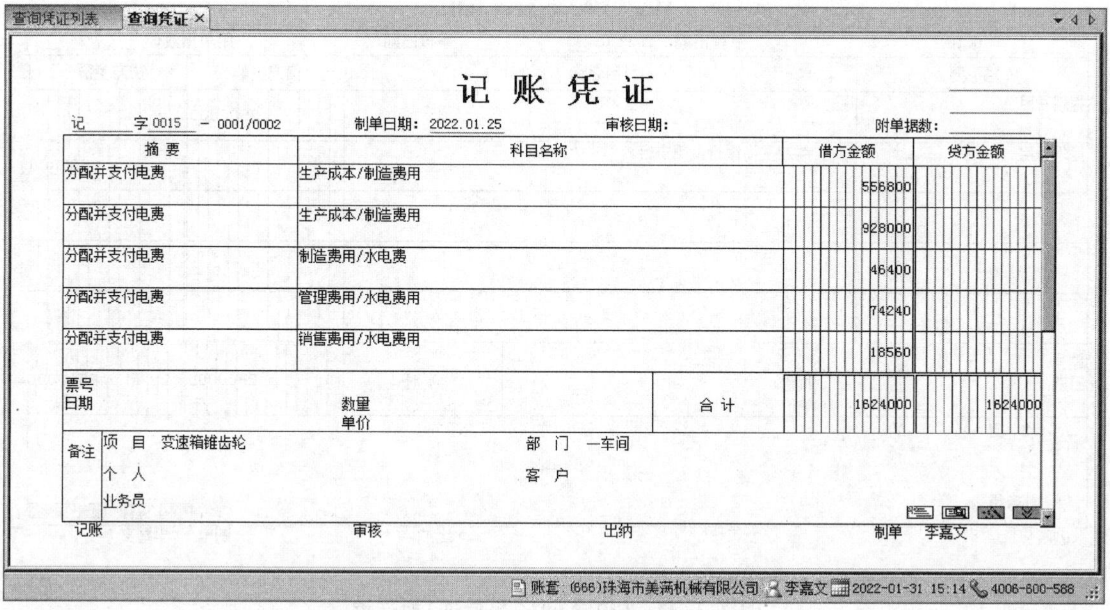

图 2-1-41 【记字 0015 号凭证】对话框

> **重难点提示**
>
> (1) 在【查询凭证】功能中既可以查询已记账凭证,也可以查询未记账凭证。而在填制凭证功能中只能查询到未记账凭证。
> (2) 通过设置查询条件还可以查询【作废凭证】【有错凭证】,某制单人填制的凭证,其他子系统传递过来的凭证,以及【一定日期区间、一定凭证号区间】的记账凭证。
> (3) 已记账凭证除了可以在【查询凭证】功能中查询,还可以在查询账簿资料时,以联查的方式查询。

业务二 凭证修改业务

〖业务描述〗 2022 年 1 月 30 日,修改珠海市美满机械有限公司在 2022 年 1 月的记字 0016 号凭证,将其金额改为 25 000 元。

〖操作说明〗 【C202 李嘉文】修改记字 0016 号凭证。

〖操作指引〗

(1) 以【C202 李嘉文】的身份登录,执行【凭证—填制凭证】命令,打开【填制凭证】对话框。

(2) 单击【查询】,选择月份【2022-01】,【凭证号】录入【16】,单击【确定】,找到记字 0016 号凭证。

(3) 在记字 0016 号记账凭证中,将借贷方金额分别修改为【25 000.00】,单击【保存】,如图 2-1-42 所示。

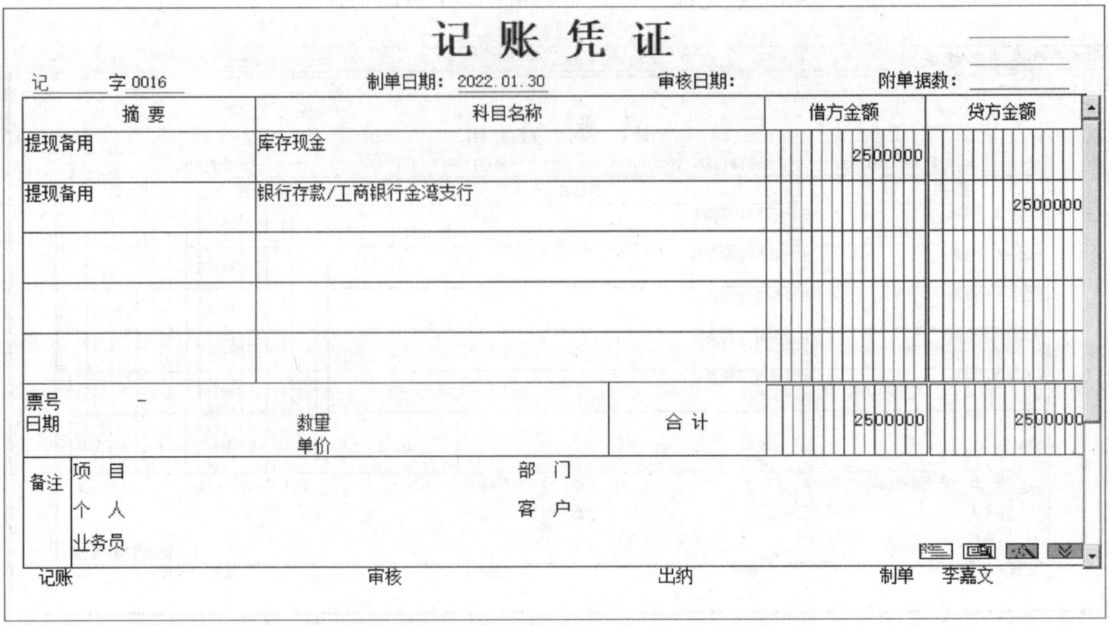

记账凭证

记字 0016　　制单日期：2022.01.30　　审核日期：　　附单据数：

摘要	科目名称	借方金额	贷方金额
提现备用	库存现金	2500000	
提现备用	银行存款/工商银行金湾支行		2500000
	合 计	2500000	2500000

制单　李嘉文

图 2-1-42 【记字 0016 号凭证】对话框

> **重难点提示**
>
> （1）未审核的凭证可以直接修改，但是凭证类别不能修改。
>
> （2）已进行出纳签字而未审核的凭证如果发现有错误，可以由原出纳签字的用户在【出纳签字】功能中取消出纳签字后，再由原制单人在【填制凭证】功能中修改备注。
>
> （3）如果在总账管理系统选项中选中【允许修改，作废他人填制的凭证】，在【填制凭证】功能中可以由非原制单人修改或作废他人填制的凭证，被修改凭证的制单人将被修改为现在修改凭证的人。反之，则只能由原制单人在填制凭证的功能中修改或作废凭证。
>
> （4）已审核的凭证如果发现有错误，应由原审核人在【审核凭证】功能中取消审核签字后，再由原制单人在【填制凭证】功能中修改凭证。
>
> （5）凭证辅助项内容如果有错误，可以在单击含有错误项的会计科目后，将光标移到错误的【辅助项】所在位置，当出现【笔头状光标】时双击此处，弹出【辅助项】窗口，直接修改辅助项的相关内容，或者按【Ctrl+S】键调出【辅助项】录入窗口后修改。

业务三　凭证删除业务

〖业务描述〗　2022 年 1 月 31 日，删除珠海市美满机械有限公司 2022 年 1 月 30 日错误填制的记字 0016 号凭证。

〖操作说明〗　【C202 李嘉文】作废凭证，【C201 蓝英】整理凭证。

〖操作指引〗

（1）以【C202 李嘉文】的身份登录，执行【凭证—填制凭证】命令，打开【填制凭证】对话框，搜索到记字 0016 号记账凭证。

（2）应收单和销售发票一样可以在保存后直接审核,如果在审核功能中审核,则只能到制单功能中制单。

（3）如果同时使用销售系统,在应收系统中只能录入应收单,而不能录入销售发票。

业务二 销售收款日常业务

〖业务描述〗 2022年1月,珠海市美满机械有限公司发生如下几笔收款业务(图2-2-22和图2-2-23见二维码2-2-3):

（1）2022年1月4日,公司收到珠海市明瑞有限公司所欠货款及订货款734 000.00元;核销期初欠款317 260.00元,形成预收款416 740.00元。原始单据如图2-2-22所示。

（2）2022年1月25日,珠海市美满机械有限公司收到深圳市恒兴有限公司的转账支票一张,金额为404 236.80元,票据号为[36143385],取得与业务相关的原始单据如图2-2-23所示。

〖操作说明〗 【C204 韦宝宝】录入收款单,【C203 张华】审核并制单。

〖操作指引〗

1. 录入收款单处理

（1）【C204 韦宝宝】在应收款管理系统中,执行【收款单据处理—收款单据录入】命令,打开【收付款单录入—收款单】窗口。

（2）单击【增加】,修改【日期】为【2022-01-04】;单击【客户】栏参照按钮,选择【珠海明瑞】;单击【结算方式】选择【转账支票】;【金额】栏录入【734 000.00】;【票据号】栏输入【93 909 414】。单击表格中的【款项类型】栏参照按钮,选择【应收款】,并填写【金额】为【317 260.00】,再选择【款项类型】为【预收款】,并填写【金额】为【416 740.00】,如图2-2-24所示。单击【保存】并退出。

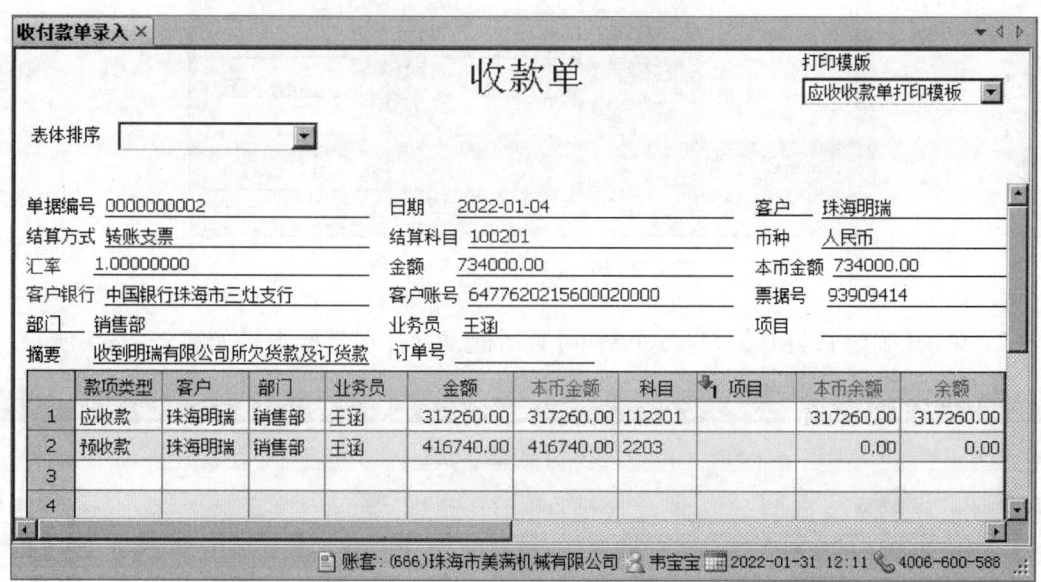

图2-2-24 【收款单】对话框

2. 审核收款单

（1）【C203 张华】在应收款管理系统中,执行【收款单据处理—收款单据审核】命令,打

（2）执行【作废/恢复】命令,凭证显示【作废】标志,如图 2-1-43 所示。

图 2-1-43 【记字 0016 号凭证—作废】对话框

（3）以【C201 蓝英】的身份登录企业应用平台,执行【财务会计—总账—凭证—填制凭证—整理凭证】命令,选择【凭证期间】为【2022.01】,单击【确定】,打开【作废凭证表】对话框。双击【作废凭证表】对话框【删除?】栏,如图 2-1-44 所示。

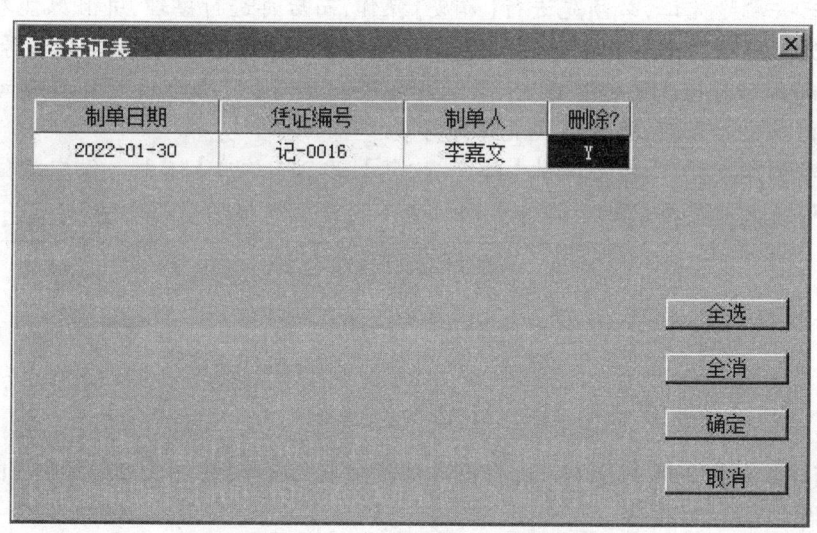

图 2-1-44 【作废凭证表】对话框

（4）单击【确定】,系统弹出【是否还需要整理凭证断号】提示框,并提供三种断号整理方式:【按凭证号重排】【按凭证日期重排】【按审核日期重排】。

（5）选择【按凭证号重排】,单击【是】。系统完成对凭证号的重新整理,再单击【凭证查询】界面,整理后的凭证列表如图 2-1-45 所示。

图 2-1-45　整理凭证之后的【查询凭证列表】对话框

（6）备份：将账套输出至【D:\666 账套备份\2.1.2】文件夹。

> **重难点提示**
>
> （1）未审核的凭证可以直接删除，已审核或已进行出纳签字的凭证不能直接删除，必须在取消审核及取消出纳签字后才可以删除。
>
> （2）若要删除凭证，必须先进行【作废】操作，而后再进行整理，并且只能对未记账凭证进行凭证整理。如果在总账管理系统的选项中选中【自动填补凭证断号】及【系统编号】，那么在对作废凭证整理时，若选择不整理断号，则再次填制凭证时可以由系统自动填补断号。否则，将会出现凭证断号。
>
> （3）对于作废凭证，可以单击【作废/恢复】，取消【作废】标志。作废凭证不能修改、不能审核，但应参与记账。账簿查询时查不到作废凭证的数据。

2-1-6 出纳日记账及资金日报表查询

任务三　出纳日记账及现金流量表查询

业务一　出纳日记账及资金日报表查询

【业务描述】　2022 年 1 月 31 日，查询珠海美满机械有限公司 2022 年 1 月的现金日记账、银行日记账和资金日报表。

【操作说明】　【C204 韦宝宝】查询现金日记账、银行日记账、资金日报表。

【操作指引】

1. 查询 1 月份现金日记账、银行日记账

（1）以【C204 韦宝宝】的身份登录，执行【出纳—现金日记账】命令，打开【现金日记账查询条件】对话框，按月查【2022.01】—【2022.01】，勾选【包含未记账凭证】。

（2）单击【确定】，打开【现金日记账】窗口，如图 2-1-46 所示。

图 2-1-46 【现金日记账】窗口

（3）执行【出纳—银行日记账】命令,打开【银行日记账查询条件】对话框,单击【确定】,打开【银行日记账】窗口,可查询到银行日记账的即时流水账,如图 2-1-47 所示。

图 2-1-47 【银行日记账】窗口

> **重难点提示**
>
> （1）只有在【会计科目】功能中使用【指定科目】功能，【现金总账科目】指定为现金，【银行总账科目】指定为银行存款，才能查询【现金日记账】及【银行日记账】。
> （2）现金及银行日记账既可以按日查询，也可以按月查询。
> （3）查询日记账时还可以查询包含未记账凭证的日记账。
> （4）在已打开的日记账页面还可以通过单击【过滤】，输入过滤条件快速查询日记账的具体内容。
> （5）在已打开的日记账页面还可以通过单击凭证，查询该条记录所对应的记账凭证。

2．查询1月1日的资金日报表

（1）执行【出纳—资金日报】命令，打开【资金日报表—查询条件】对话框。

（2）选择日期【2022.01.01】，单击【确定】，进入【资金日报表】窗口，如图2-1-48所示。

图2-1-48 【资金日报表】窗口

> **重难点提示**
>
> （1）使用【资金日报】功能查询现金，银行存款科目某日的发生额及余额情况。
> （2）查询资金日报表时可以查询包含未记账凭证的资金日报表。
> （3）如果在【资金日报表查询条件】对话框中选中【有余额无发生额也显示】，则即使现金或银行科目在查询中没有发生业务，只要有余额也显示。

业务二　查询并编辑现金流量项目

〖业务描述〗　2022年1月31日，在现金流量明细表中将现金类科目修改为现金流量项目；查询珠海市美满机械有限公司2022年1月的现金流量相关报表。

〖操作说明〗　【C204韦宝宝】查询现金流量凭证，修改现金流量项目，查询现金流量明细表和现金流量统计表。

〖操作指引〗

1．修改1月份现金流量凭证

（1）以【C204韦宝宝】的身份登录，执行【出纳—现金流量表】命令，打开【现金流量凭证查询】窗口，选择【全部凭证】，月份选择【2022.01】，单击【确定】，如图2-1-49所示。

2-1-7 查询并编辑现金流量项目（微课）

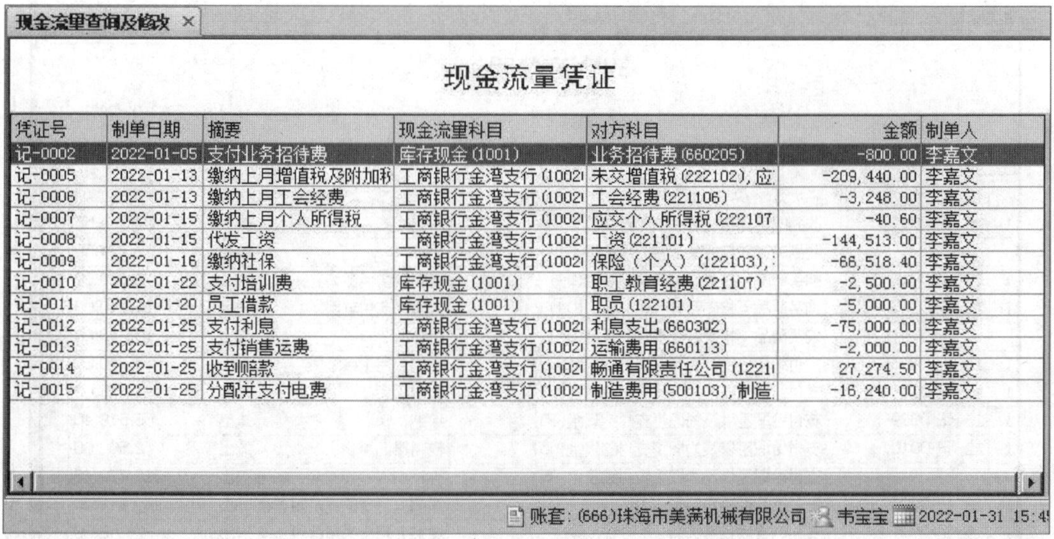

现金流量查询及修改 ×

现金流量凭证

凭证号	制单日期	摘要	现金流量科目	对方科目	金额	制单人
记-0002	2022-01-05	支付业务招待费	库存现金 (1001)	业务招待费 (660205)	-800.00	李嘉文
记-0005	2022-01-13	缴纳上月增值税及附加税	工商银行金湾支行 (1002	未交增值税 (222102), 应	-209,440.00	李嘉文
记-0006	2022-01-13	缴纳上月工会经费	工商银行金湾支行 (1002	工会经费 (221106)	-3,248.00	李嘉文
记-0007	2022-01-15	缴纳上月个人所得税	工商银行金湾支行 (1002	应交个人所得税 (222107	-40.60	李嘉文
记-0008	2022-01-15	代发工资	工商银行金湾支行 (1002	工资 (221101)	-144,513.00	李嘉文
记-0009	2022-01-16	缴纳社保	工商银行金湾支行 (1002	保险 (个人) (122103),	-66,518.40	李嘉文
记-0010	2022-01-22	支付培训费	库存现金 (1001)	职工教育经费 (221107)	-2,500.00	李嘉文
记-0011	2022-01-20	员工借款	库存现金 (1001)	职员 (122101)	-5,000.00	李嘉文
记-0012	2022-01-25	支付利息	工商银行金湾支行 (1002	利息支出 (660302)	-75,000.00	李嘉文
记-0013	2022-01-25	支付销售运费	工商银行金湾支行 (1002	运输费用 (660113)	-2,000.00	李嘉文
记-0014	2022-01-25	收到赔款	工商银行金湾支行 (1002	畅通有限责任公司 (1221	27,274.50	李嘉文
记-0015	2022-01-25	分配并支付电费	工商银行金湾支行 (1002	制造费用 (500103), 制造	-16,240.00	李嘉文

账套: (666)珠海市美满机械有限公司 韦宝宝 2022-01-31 15:4

图 2-1-49 【现金流量凭证查询】窗口

(2) 选中【凭证号】为【记—0002】，单击【修改现金流量项目】，【项目编码】修改为【07】，如图 2-1-50 所示。

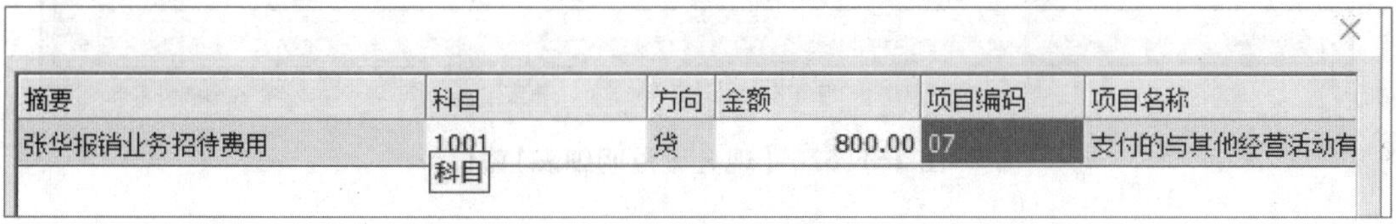

摘要	科目	方向	金额	项目编码	项目名称
张华报销业务招待费用	1001	贷	800.00	07	支付的与其他经营活动有

图 2-1-50 【现金流量编码录入】窗口

(3) 项目名称自动带出【支付的与其他经营活动有关的现金】，单击【确定】，如图 2-1-51 所示。

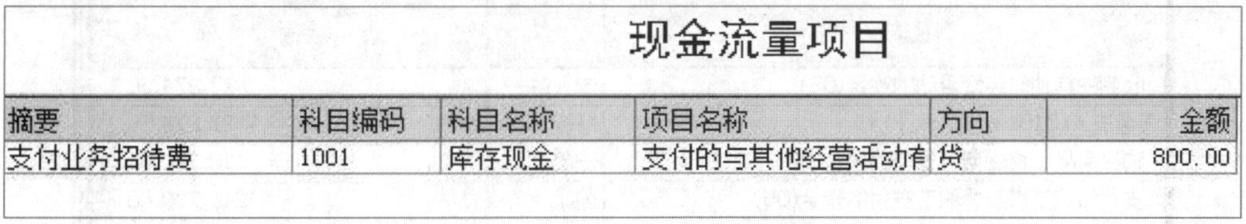

现金流量项目

摘要	科目编码	科目名称	项目名称	方向	金额
支付业务招待费	1001	库存现金	支付的与其他经营活动有	贷	800.00

图 2-1-51 【现金流量项目】窗口

(4) 以此类推，完成所有"库存现金""银行存款"科目的现金流量项目的设置。

2. 查询 1 月份现金流量明细表

以【C204 韦宝宝】的身份登录，执行【出纳—现金流量表】命令，打开【现金流量明细表】窗口，单击按月查【2022. 01】—【2022. 01】，选择【包含未记账凭证】，单击【确定】，如图 2-1-52 所示。

3. 查询 1 月份现金流量统计表

(1) 以【C204 韦宝宝】的身份登录，执行【出纳—现金流量表】命令，打开【现金流量统计表】窗口，单击按月查【2022. 01】—【2022. 01】，选择【包含未记账凭证】，单击【确定】，如图 2-1-53 所示。

图 2-1-52 【现金流量明细表】窗口

图 2-1-53 【现金流量统计表】窗口

（2）备份：将账套输出至【D:\666 账套备份\2.1.3】文件夹。

项目二　销售与应收款管理日常业务处理

2-2-1 销售与应收款管理日常业务处理概述（微课）

> 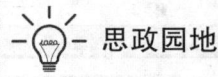 思政园地
>
> ### 彭德怀种麦子
>
> 在盛行"浮夸风"的年代，彭德怀不相信小麦能够亩产几千斤。于是，他亲自种了一份试验地，按照当时媒体宣传的提高农作物产量的"农业八字宪法"一一照做。他精心播种、浇水、施肥、除草，直到收割。他将收获的小麦过秤，共90多斤，他对众人说："就算我照料得不好，翻一倍，亩产200斤，顶天了，绝对不可能到达几千斤！"
>
> 彭德怀同志以自己的实际行动为"实事求是"做了最好的注脚。
>
> 然而，近年来，每年都有上市公司因为虚增收入而爆雷。2021年，"宜华生活"被查实在2016年至2019年，通过虚构销售业务等方式，累计虚增收入71亿元，被罚款600万元。2022年，"一号罚单"显示，山东肥料大王金正大于2015年至2018年上半年，累计虚增收入约230.73亿元，惹怒证监会，被罚款755万元。而到了2022年12月，*ST凯乐披露行政处罚公告：在2016年至2020年累计虚增营业收入高达512.25亿元，虚增营业成本443.52亿元，虚增利润总额59.36亿元。
>
> 一系列的弄虚作假，虚构公司繁荣假象，极大地伤害了投资者的信心，破坏了资本市场的秩序，危及资本市场的健康发展，严重影响了投资者对上市公司的信任，给投资者和国家造成了经济损失。
>
> 参考资料：福州市委组织部干部教育处. 唯有真调研，方能出实招［EB/OL］.（2018-05-02）［2023-3-21］. https：//www.sohu.com/a/230147490_675293.

任务一　销售管理日常业务处理

2-2-2 销售管理日常业务处理

业务一　销售合同签订业务

〖业务描述〗　2022年1月，珠海市美满机械有限公司发生如下3笔销售业务并签订销售合同。（图2-2-1至图2-2-3见二维码2-2-3）

（1）2022年1月18日，与深圳市恒兴有限公司签订销售传动齿轮赊销合同（付款条件1/10，N/30），购销合同如图2-2-1所示。

（2）2022年1月25日，与珠海市明瑞有限公司签订销售变速箱锥齿轮合同，购销合同如图2-2-2所示。

（3）2022年1月25日，与东莞市东和有限公司签订销售变速箱锥齿轮合同，购销合同如图2-2-3所示。

2-2-3 销售与应收款管理日常业务单据

〖操作说明〗　【C401 王涵】在销售管理模块录入销售订单。

〖操作指引〗

1. 填制销售订单并审核

（1）2022年1月18日，销售部【C401 王涵】在企业应用平台中，执行【业务工作—供应链—销售管理—销售订货—销售订单】命令，打开【销售订单】窗口。

（2）单击【增加】按钮，修改【订单编号】为【X2022-01-001】，【销售类型】选择【普通销售】，按照购销合同内容录入订单信息，单击【保存】，再单击【审核】，审核填制的销售订单，如图2-2-4所示。

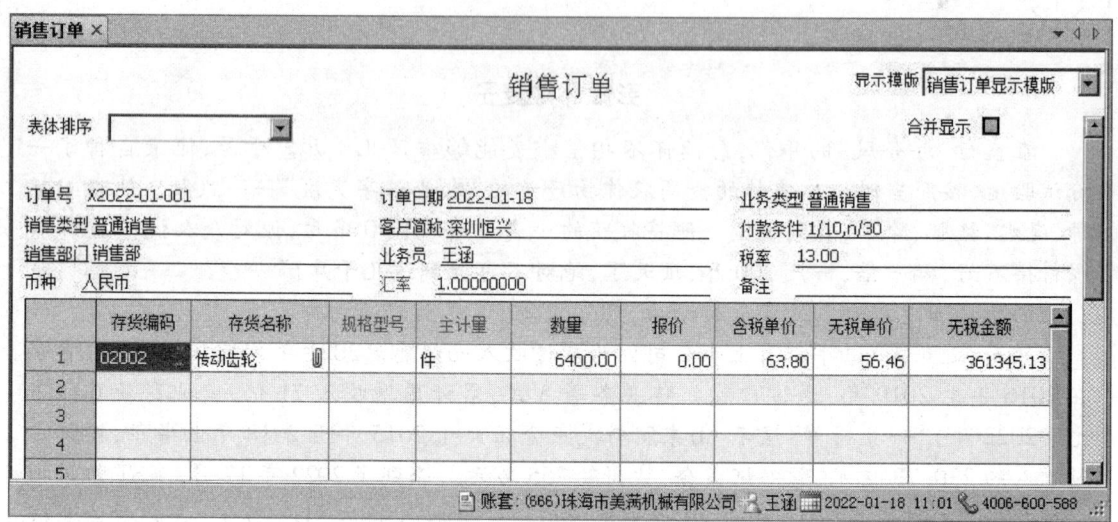

图2-2-4 【销售订单】窗口

2. 完成其他销售订单的录入工作

按以上步骤完成另外两份销售订单的录入工作。

3. 查看销售订单列表

在企业应用平台中，执行【业务工作—供应链—销售管理—销售订货—销售订单】命令，打开【销售订单列表】窗口。所有已完成的订单列表如图2-2-5所示。

图2-2-5 【销售订单列表】窗口

业务二　销售发票开具及发货通知业务

〖业务描述〗 2022年1月，珠海市美满机械有限公司根据销售合同开具发票并向仓库通知发货（图2-2-6至图2-2-8见二维码2-2-3）：

（1）2022年1月18日，与深圳市恒兴有限公司签订销售传动齿轮赊销合同（付款条件1/10，N/30），销售发票如图2-2-6所示。

(2) 2022年1月25日,与珠海市明瑞有限公司签订销售变速箱锥齿轮合同,销售发票如图2-2-7所示。

(3) 2022年1月25日,与东莞市东和有限公司签订销售变速箱锥齿轮合同,销售发票如图2-2-8所示。

〖操作说明〗 销售部【C401王涵】生成并审核销售发票,通知仓库发货。

1. 生成销售专用发票并复核

(1) 2022年1月18日,销售部【C401王涵】在企业应用平台中,执行【业务工作—供应链—销售管理—销售开票】命令,打开【销售专用发票】窗口。

(2) 单击【增加】,系统弹出【查询条件选择——参照订单】窗口,选择相应的订单,如图2-2-9所示。

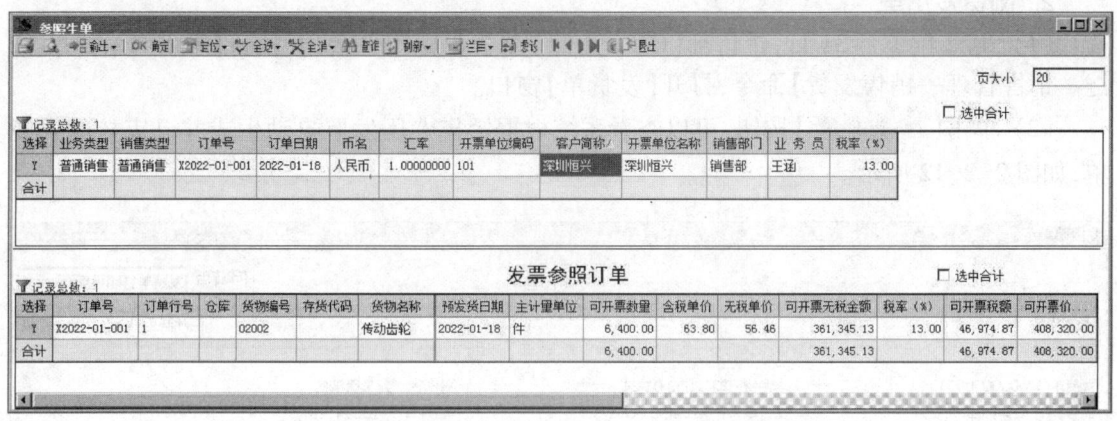

图2-2-9 【查询条件选择——参照订单】窗口

(3) 单击【OK确定】,修改【发票号】为【10694126】,修改表体【仓库名称】为【成品仓】,单击【保存】,再单击【复核】,如图2-2-10所示。

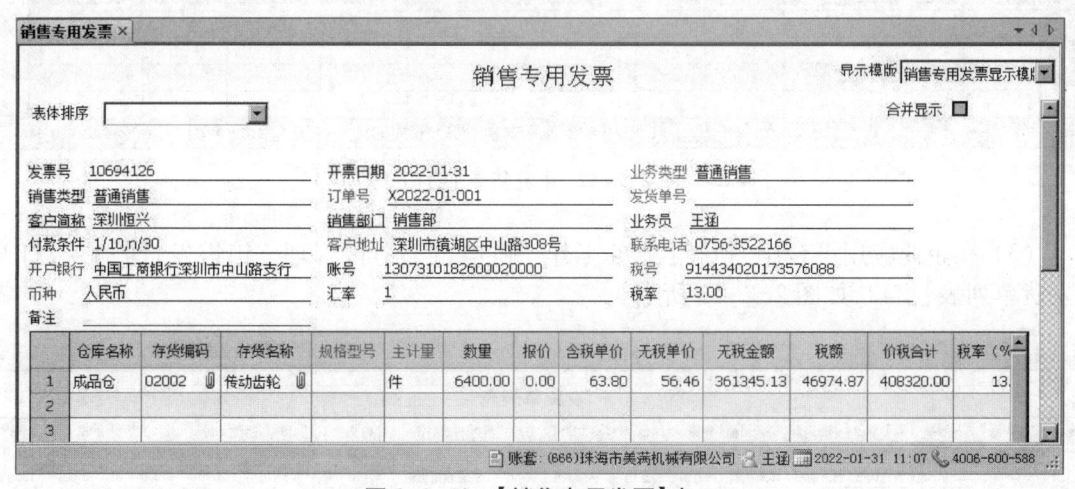

图2-2-10 【销售专用发票】窗口

(4) 按以上步骤完成另外两张发票的生成。

(5) 在企业应用平台中,执行【业务工作—供应链—销售管理—销售开票】命令,打开【销售专用发票】窗口,如图2-2-11所示。

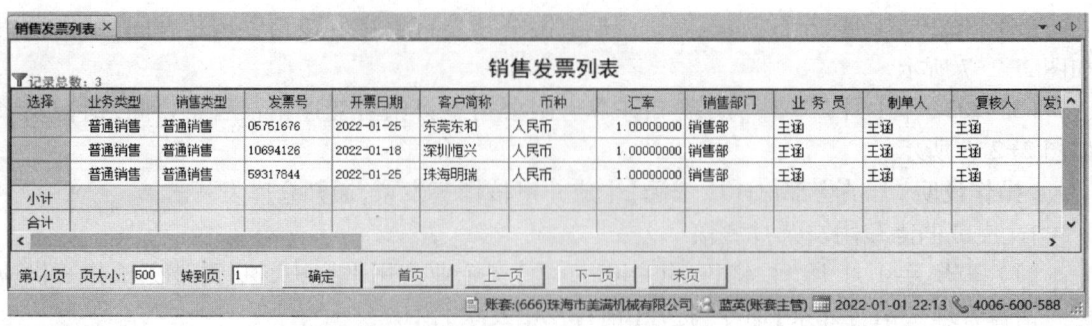

图 2-2-11 【销售发票列表】窗口

2. 浏览发货单

（1）2022 年 1 月 31 日，销售部【C401 王涵】在企业应用平台中，执行【业务工作—供应链—销售管理—销售发货】命令，打开【发货单】窗口。

（2）单击【｜◀ ◀ ▶ ▶｜】按钮，可以查看系统根据销售专用发票自动生成并已审核的发货单，如图 2-2-12 所示。

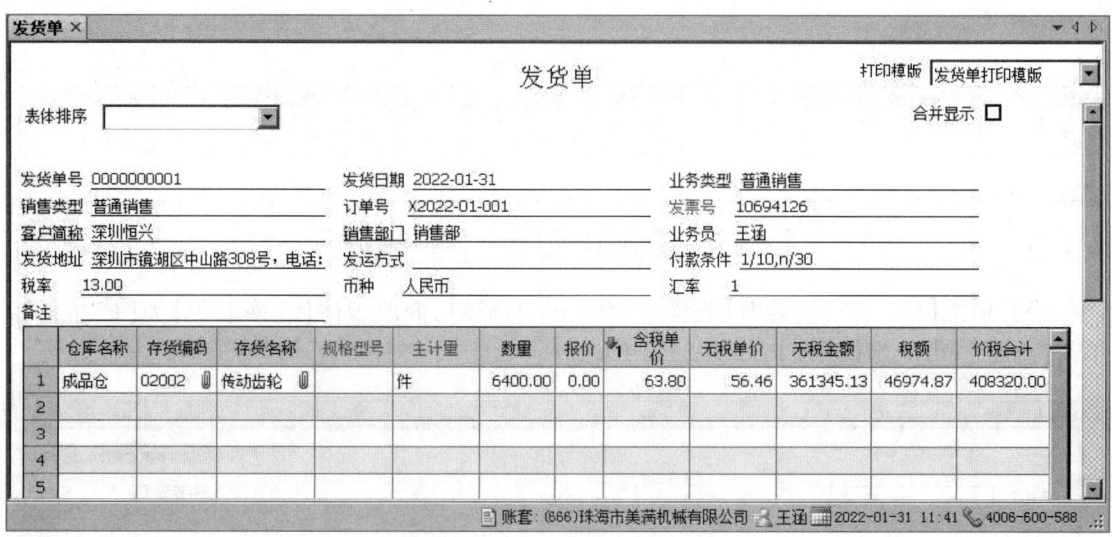

图 2-2-12 【发货单】窗口

（3）在企业应用平台中，执行【业务工作—供应链—销售管理—销售发货】命令，打开【发货单列表】窗口，如图 2-2-13 所示。

图 2-2-13 【发货单列表】窗口

（4）备份：将账套输出至【D:\666 账套备份\2.2.1】文件夹。

任务二　应收单据及收款单据业务处理

业务一　销售应收款确认业务

〖业务描述〗　2022 年 1 月根据销售部开具的发票，在应收管理模块确认审核应收单据并制单生成凭证。具体业务如下：

（1）2022 年 1 月 18 日，珠海市美满机械有限公司向深圳市恒兴有限公司销售传动齿轮。

（2）2022 年 1 月 25 日，珠海市美满机械有限公司向珠海市明瑞有限公司销售变速箱锥齿轮，用现金代垫运费 2 000 元。

（3）2022 年 1 月 25 日，珠海市美满机械有限公司向东莞市东和有限公司销售变速箱锥齿轮。

〖操作说明〗　【C203 张华】录入其他应收单（代垫运费），审核应收单据生成凭证。

〖操作指引〗

1. 录入其他应收单，完成代垫运费的支付业务处理（立即制单处理）

（1）根据第（2）项发生的业务，【C203 张华】在应收款管理系统中，执行【应收单据处理—应收单据录入】命令，打开【单据类别】对话框。

（2）在【单据名称】栏选择【应收单】，在【单据类型】栏选择【其他应收单】，在【方向】栏选择【正向】，单击【确定】，打开【应收单】窗口。

（3）在【应收单】窗口中，单击【增加】，修改【单据日期】为【2022-01-25】，单击【客户】选择【珠海明瑞】，在【金额】栏录入【2 000.00】，在【摘要】栏录入【代垫运费2 000 元】。

（4）单击表格中的【科目】选择【1001 库存现金】【保存】，如图 2-2-14 所示。

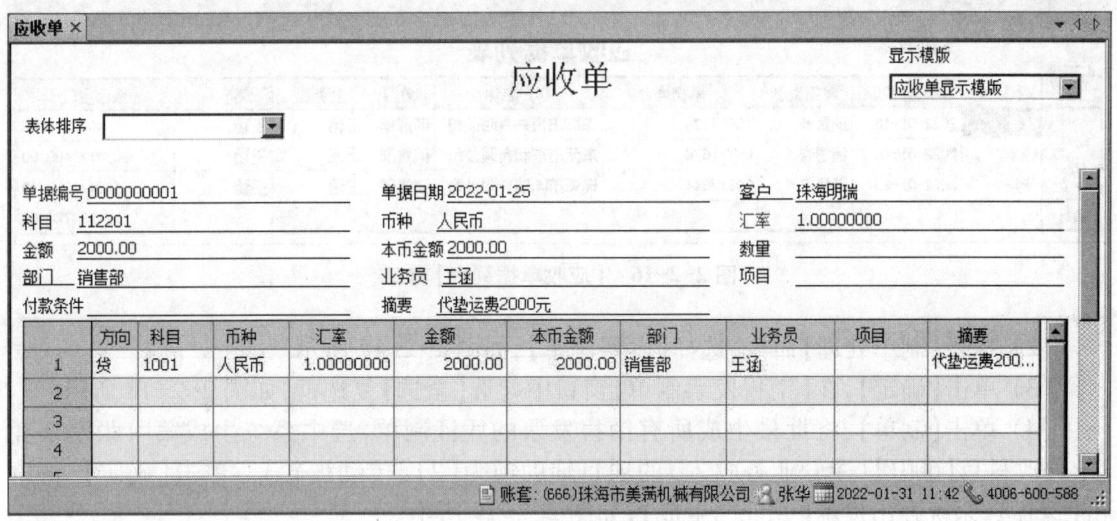

图 2-2-14　【应收单】窗口

(5)单击【审核】,系统弹出【是否立即制单?】提示框。单击【是】,系统弹出【生成凭证】窗口,修改贷方科目【1001】,单击【确定】,再单击【保存】,系统提示【已生成】,如图 2-2-15 所示。

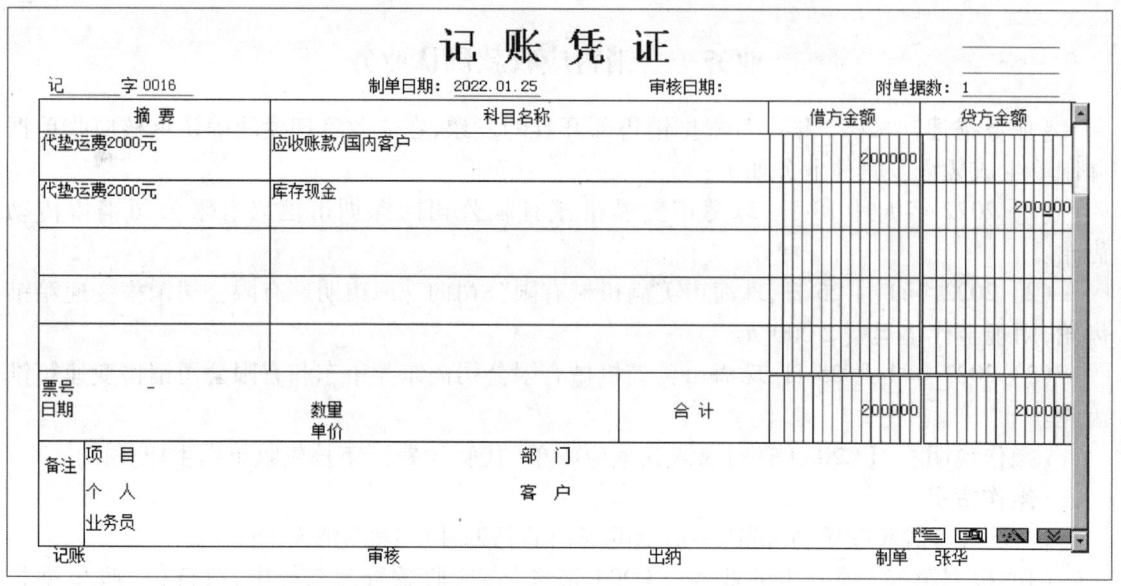

图 2-2-15 【记字 0016 号凭证】对话框

2. 应收单审核与制单处理(不立即制单处理)

(1)2022 年 1 月 31 日,财务部【C203 张华】在企业应用平台中,执行【业务工作—财务会计—应收款管理—应收单据处理—应收单据审核】命令,打开【应收单据查询条件】窗口,勾选【未审核】【未制单】复选框,单击【确定】,跳转到【应收单据列表】窗口,单击【全选】【审核】,结果如图 2-2-16 所示。

图 2-2-16 【应收单据列表】窗口

(2)执行【制单处理】命令,选择【发票制单】,如图 2-2-17 所示。

(3)单击【确定】,在【销售发票制单】窗口中勾选【全选】复选框,如图 2-2-18 所示。

(4)单击【制单】,将批量生成所有销售发票的凭证制单,选中系统生成第一张发票凭证,修改科目【6001】(主营业务收入)的项目辅助项为【2】(传动齿轮)。单击【确定】,再单击【保存】,系统弹出提示【凭证已生成】,如图 2-2-19 所示。

(5)同理,按此方法将所有销售发票需要制单的记录进行修改并制单,如图 2-2-20 和图 2-2-21 所示。

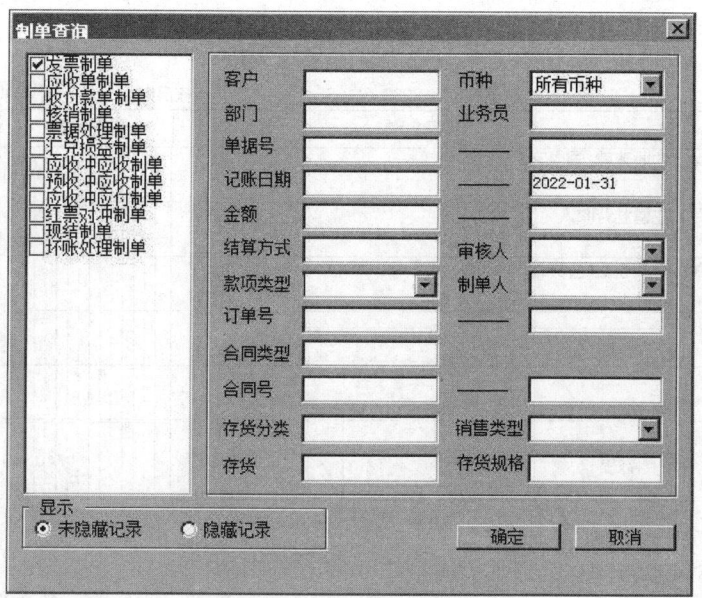

图 2-2-17 【制单查询】窗口

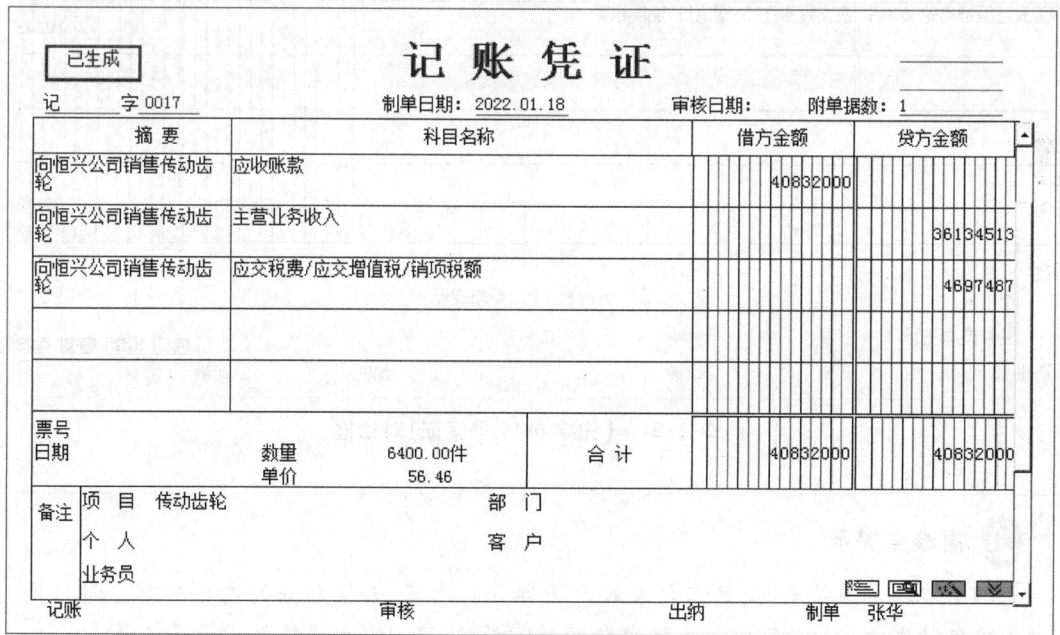

图 2-2-18 【制单】窗口

图 2-2-19 【记字 0017 号凭证】对话框

记 账 凭 证

记　字 0018　　制单日期：2022.01.25　　审核日期：　　附单据数：1

摘要	科目名称	借方金额	贷方金额
销售变速箱锥齿轮100件	应收账款/国内客户	1740000	
销售变速箱锥齿轮100件	主营业务收入		1539823
销售变速箱锥齿轮100件	应交税费/应交增值税/销项税额		200177
	合计	1740000	1740000

备注　项目　　　　　部门
　　　个人　　　　　客户　东莞东和
　　　业务员　王涵

记账　　　　审核　　　　出纳　　　　制单　张华

图 2-2-20 【记字 0018 号凭证】对话框

记 账 凭 证

记　字 0019　　制单日期：2022.01.25　　审核日期：　　附单据数：1

摘要	科目名称	借方金额	贷方金额
销售变速箱锥齿轮5000件	应收账款/国内客户	104400000	
销售变速箱锥齿轮5000件	主营业务收入		92389381
销售变速箱锥齿轮5000件	应交税费/应交增值税/销项税额		12010619
	合计	104400000	104400000

备注　项目　　　　　部门
　　　个人　　　　　客户　珠海明瑞
　　　业务员　王涵

记账　　　　审核　　　　出纳　　　　制单　张华

图 2-2-21 【记字 0019 号凭证】对话框

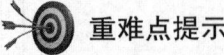

重难点提示

（1）在填制应收单时，只需要录入表头部分的内容，表格部分的内容除对方科目均由系统自动生成。如果不录入表格部分的对方科目，可以在生成凭证后再手工录入。

开【收款单查询条件】对话框,勾选【未审核】【收款单】复选框,单击【确定】,打开【收付款单列表】窗口,如图 2-2-25 所示。

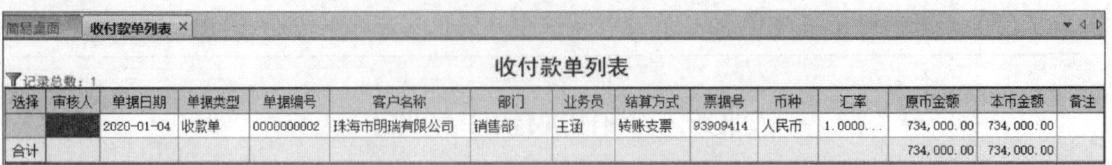

图 2-2-25 【收付款单列表】窗口

（2）单击【选择】,再单击【审核】,系统弹出提示【本次审核成功单据[1]张】,单击【确定】退出。

3. 制单处理

（1）【C203 张华】在应收款管理系统,执行【制单处理】命令,打开【制单查询】对话框,勾选【收付款单制单】复选框,如图 2-2-26 所示。

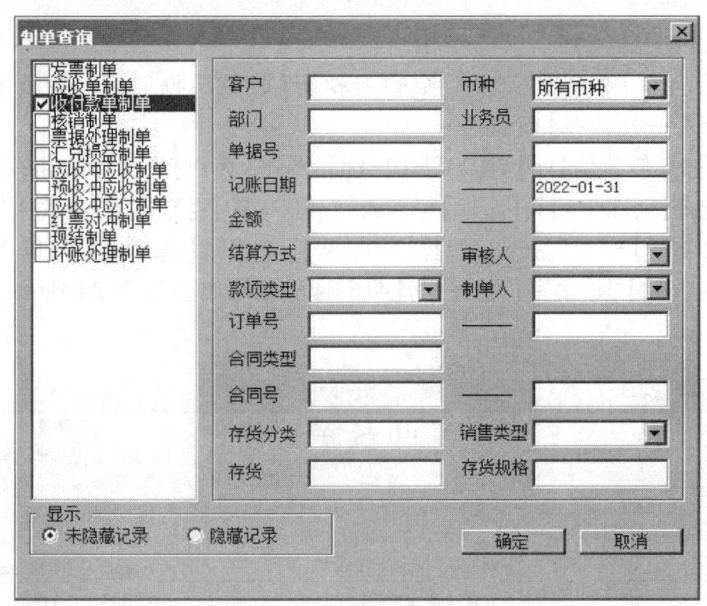

图 2-2-26 【制单查询】对话框

（2）单击【确定】,打开【收付款单制单】对话框,单击【选择标志】,如图 2-2-27 所示。

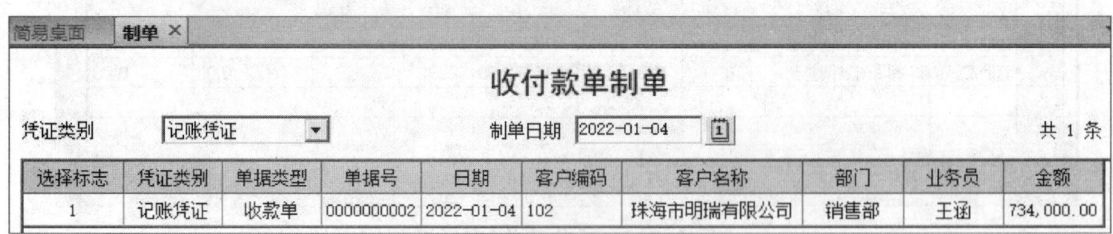

图 2-2-27 【收付款制单】对话框

（3）单击【制单】,再单击【保存】,自动生成凭证,如图 2-2-28 所示。

记 账 凭 证

记　字 0020　　制单日期：2022.01.04　　审核日期：　　附单据数：1

摘要	科目名称	借方金额	贷方金额
收款单	银行存款/工商银行金湾支行	73400000	
收款单	应收账款/国内客户		31726000
收款单	预收账款		41674000
票号 - 日期	数量 单价 合计	73400000	73400000

备注　项　目　　部　门
个　人　　客　户　珠海明瑞
业务员　王涵

记账　　审核　　出纳　　制单　张华

图 2-2-28 【记字 0020 号凭证】对话框

（4）根据以上步骤完成第二笔业务操作，并生成凭证，如图 2-2-29 所示。

记 账 凭 证

记　字 0021　　制单日期：2022.01.25　　审核日期：　　附单据数：1

摘要	科目名称	借方金额	贷方金额
收款单	银行存款/工商银行金湾支行	40423680	
收款单	应收账款/国内客户		40423680
票号 202 - 36143385 日期 2022.01.25	数量 单价 合计	40423680	40423680

备注　项　目　　部　门
个　人　　客　户
业务员

记账　　审核　　出纳　　制单　张华

图 2-2-29 【记字 0021 号凭证】对话框

（5）备份：将账套输出至【D:\666 账套备份\2.2.2】文件夹。

任务三　应收票据管理业务处理

业务一　承兑汇票的录入及审核业务

2-2-5 应收票据管理业务处理

〖业务描述〗 2022 年 1 月 11 日，珠海市美满机械有限公司向中山市阳光有限公司销

售传动齿轮,收到中山市阳光有限公司签发并承兑的商业承兑汇票,取得与业务相关的原始单据如图 2-2-30 和图 2-2-31 所示(见二维码 2-2-3)。

〖操作说明〗【C401 王涵】填制并审核销售发票;【C204 韦宝宝】录入商业承兑汇票;【C203 张华】审核应收单和收款单并制单。

〖操作指引〗

1. 录入销售专用发票并复核

(1) 2022 年 1 月 11 日,销售部【C401 王涵】在企业应用平台中,执行【业务工作—供应链—销售管理—销售开票】命令,打开【销售专用发票】窗口。

(2) 单击【增加】按钮,系统弹出【查询条件选择—参照订单】对话框,关闭【取消】。录入发票号【88615680】;修改【开票日期】为【2022-01-11】;单击【客户】栏参照按钮,选择【中山阳光】;在【税率】栏录入【13】;【仓库名称】选择【成品库】,【存货编码】栏录入【02002】,选择【传动齿轮】;【数量】栏录入【3 000.00】;【无税单价】栏录入【56.46】,单击【复核】,如图 2-2-32 所示。

图 2-2-32 【销售专用发票】窗口

2. 录入商业承兑汇票

(1) 以【C204 韦宝宝】的身份在应收款管理系统中,执行【票据管理】命令,打开【查询条件选择】对话框。单击【确定】,打开【票据管理】窗口。单击【增加】,打开【商业汇票】窗口。

(2) 在【票据类型】栏选择【商业承兑汇票】;【票据编号】栏输入【75515836】;单击【结算方式】栏,选择【商业承兑汇票】;【收到日期】栏选择【2022-01-11】;【出票日期】栏选择【2022-01-11】;【到期日】栏选择【2022-07-11】;【出票人】栏的参照,选择【中山市阳光有限公司】;【金额】栏录入【191 400.00】,如图 2-2-33 所示,单击【保存】。

> **重难点提示**
>
> (1) 保存一张商业票据之后,系统会自动生成一张收款单。这张收款单还需经过审核之后才能生成记账凭证。由票据生成的收款单不能修改。
>
> (2) 在【票据管理】功能中可以对商业承兑汇票和银行承兑汇票进行日常业务处理,包括票据的收入、结算、贴现、背书、转出、计息等。
>
> (3) 商业承兑汇票不能有承兑银行,银行承兑汇票必须有承兑银行。

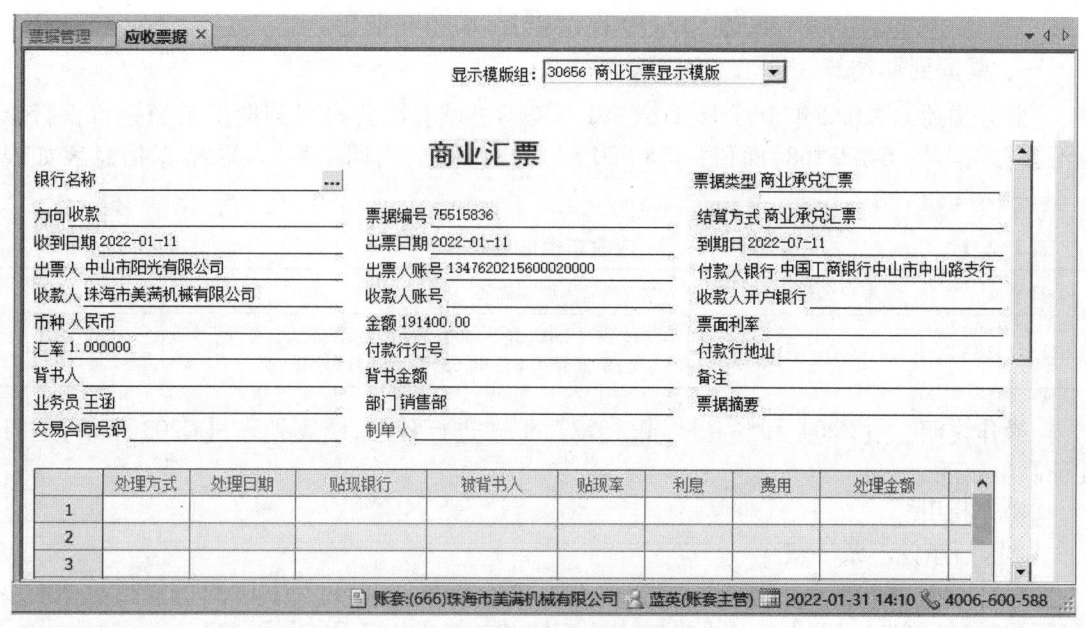

图 2-2-33 【商业汇票】窗口

3. 审核应收单及收款单

(1)【C203 张华】在应收款管理系统中,执行【应收单据处理—应收单据审核】命令,打开【应收单据查询条件】对话框。勾选【未审核】【未制单】选项,单击【确定】,进入【应收单据列表】窗口,单击【全选】,再单击【确定】,系统会弹出【本次审核成功单据[1]张】提示框,如图 2-2-34 所示。

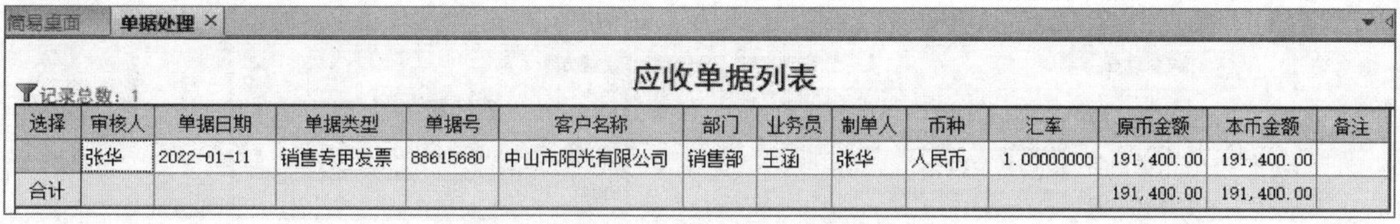

图 2-2-34 【应收单据列表】窗口

(2)在应收款管理系统中,【C203 张华】执行【收款单据处理—收款单据审核】命令,打开【收款单查询条件】对话框。单击【确定】,进入【收付款单列表】窗口,如图 2-2-35 所示。

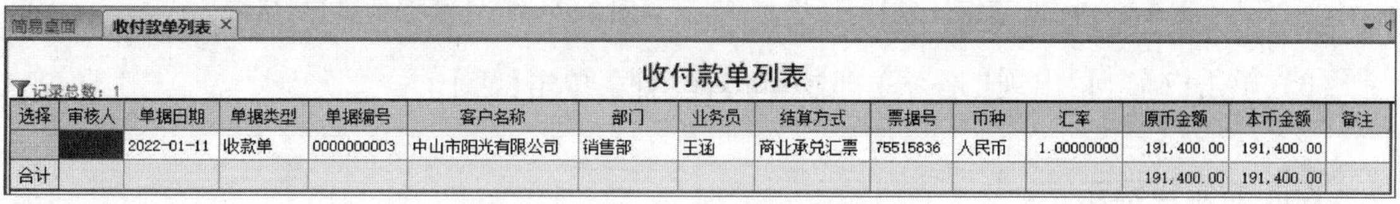

图 2-2-35 【收付款单列表】窗口

(3)单击【全选】,再单击【确定】,系统弹出【本次审核成功单据[1]张】提示框。单击【确定】,在【审核人】栏显示【张华】,审核成功退出。

业务二 应收票据结算处理业务

一、票据到期结算

〖业务描述〗 2022年1月18日,珠海市美满机械有限公司对到期的工商银行银行承兑汇票(票据号:64378968,面值:118 980元)进行计息、到期结算,应收票据信息表如表2-2-1所示。

表2-2-1　　　　　　　　　　　　应收票据信息表

日期	客户名称	摘要	方向	余额(元)
2021-07-18	中山市阳光有限公司	向客户销售传动齿轮1 500个,含税单价为79.32元,票据号为64378968,票面利息为5%	借	118 980.00

〖操作说明〗【C204 韦宝宝】对银行承兑汇票进行计息、结算处理;【C203 张华】进行凭证制单处理。

〖操作指引〗

1. 银行承兑汇票计息

(1)【C204 韦宝宝】在【票据管理】窗口中,单击选中2021年7月18日的银行承兑汇票(64378968)。单击【计息】,打开【票据计息】对话框,如图2-2-36所示。

(2)单击【确定】,出现【是否立即制单?】提示,单击【否】。

2. 银行承兑汇票结算

(1)【C204 韦宝宝】在【票据管理】窗口中,单击选中2021年7月18日的银行承兑汇票号(64378968)。

(2)单击【结算】,打开【票据结算】对话框。修改【结算日期】为【2022-01-18】,录入结算金额【122 020.60】;在【结算科目】栏录入【100201】,或单击【结算科目】栏的参选,选择【100201】;【托收单位】选择【中国工商银行珠海市金湾支行】,如图2-2-37所示。

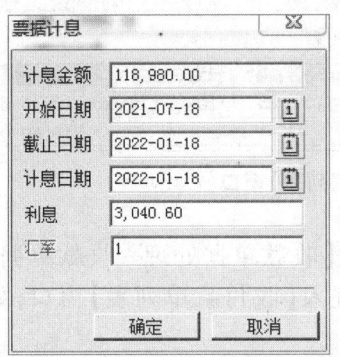　　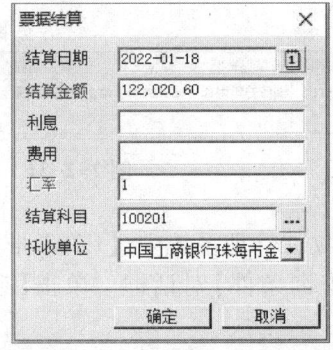

图2-2-36 【票据计息】对话框　　图2-2-37 【票据结算】对话框

(3)单击【确定】,出现【是否立即制单?】提示框,单击【否】。

> 重难点提示
>
> 当票据到期持票收款时,执行票据结算处理。进行票据结算时,结算金额应是通过结算实际收到的金额。结算金额加上利息费用的金额要大于等于票据金额。票据结算后,不能再进行其他与票据相关的处理。

二、持有票据贴现

〖业务描述〗 2022年1月17日,珠海市美满机械有限公司将2022年1月11日收到的中山市阳光有限公司签发并承兑商业承兑汇票(75515836)到银行贴现,贴现率为6%。

〖操作说明〗 财务部【C204 韦宝宝】对商业承兑汇票进行贴现,财务部【C203 张华】凭证制单处理。

〖操作指引〗

(1)【C204 韦宝宝】在应收款管理系统中,执行【票据管理】命令,打开【查询条件选择】对话框。单击【确定】,打开【票据管理】窗口。

(2)在【票据管理】窗口中,选中2022年1月11日收单商业承兑汇票。单击【贴现】,打开【票据贴现】对话框。

(3)在【贴现率】栏录入【6】,在【结算科目】栏录入【100201】,如图2-2-38所示。

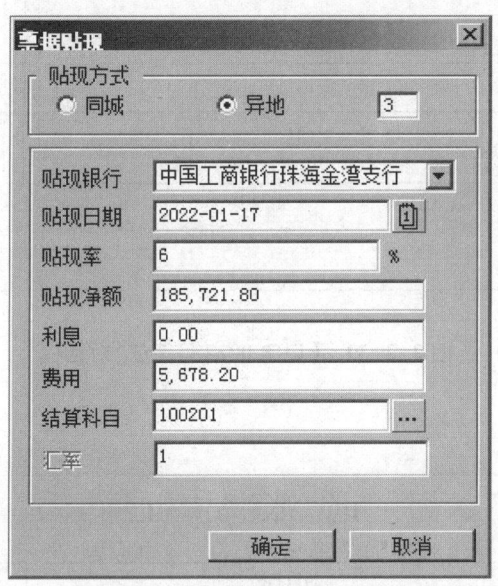

图2-2-38 【票据贴现】对话框

(4)单击【确定】,系统弹出【是否立即制单?】提示框,单击【否】,凭证生成在【制单处理】中统一完成。

> **重难点提示**
>
> 当企业收到带息商业汇票时,如果出现计算的贴现净余额大于票面金额,系统会自动将其差额作为利息收入;如果贴现净余额小于票面金额,系统自动将其差额作为利息支出,以上操作结果不能修改。票据贴现后,将不能对其作其他业务处理。

三、应收票据相关凭证生成

〖业务描述〗 对模块二项目二任务三中业务一和业务二进行制单处理,生成应收账款和应收票据凭证。

〖操作说明〗 【C203 张华】进行凭证生成制单处理。

〖操作指引〗

(1)【C203 张华】在应收款管理系统,执行【制单处理—制单查询】命令。

(2)单击选中【发票制单】【收付款单制单】和【票据处理制单】复选框。单击【确定】,打开【票据处理制单】窗口,单击【全选】。单击【制单】,出现 5 张记账凭证,单击【保存】生成凭证,逐一生成 5 张凭证,如图 2-2-39 至图 2-2-43 所示。

记 账 凭 证

记 字 0022　　制单日期:2022.01.18　　审核日期:　　附单据数:1

摘要	科目名称	借方金额	贷方金额
销售专用发票	应收账款/国内客户	19140000	
销售专用发票	主营业务收入		16938053
销售专用发票	应交税费/应交增值税/销项税额		2201947
	合 计	19140000	19140000

票号　-
日期

备注　项目　　部门
　　　个人　　客户 中山阳光
　　　业务员 王涵

记账　　审核　　出纳　　制单 张华

图 2-2-39　【记字 0022 号凭证】对话框

记 账 凭 证

记 字 0023　　制单日期:2022.01.18　　审核日期:　　附单据数:1

摘要	科目名称	借方金额	贷方金额
收票据利息	应收票据	304060	
收票据利息	财务费用/利息收入		304060
	合 计		

票号　- 64378968
日期　2022.01.18

备注　项目　　部门
　　　个人　　客户 中山阳光
　　　业务员 王涵

记账　　审核　　出纳　　制单 张华

图 2-2-40　【记字 0023 号凭证】对话框

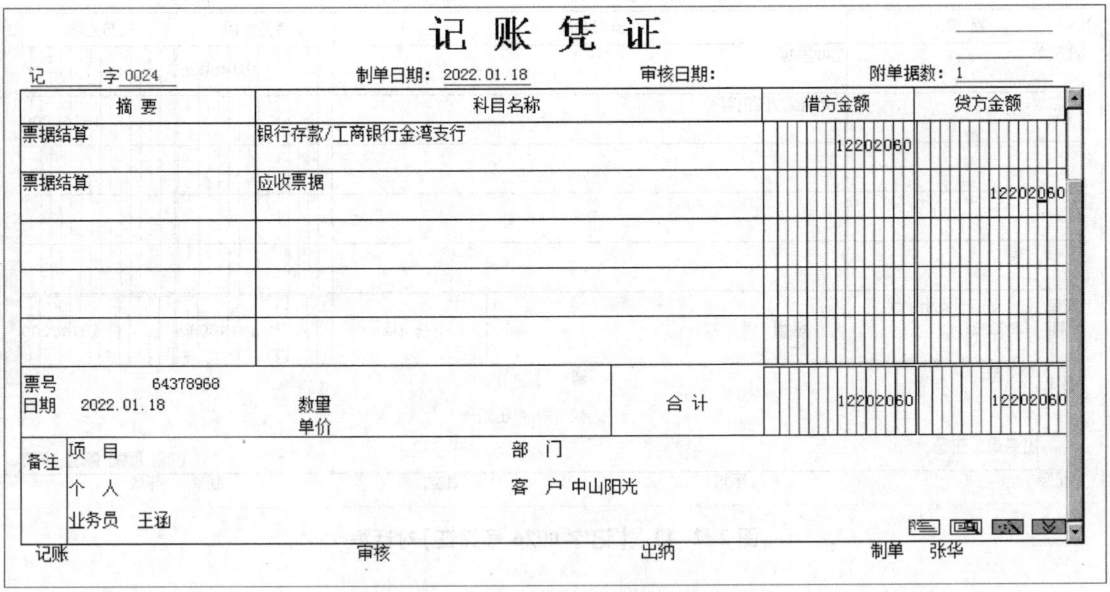

记 账 凭 证

记___字 0024　　制单日期：2022.01.18　　审核日期：　　附单据数：1

摘 要	科目名称	借方金额	贷方金额
票据结算	银行存款/工商银行金湾支行	12202060	
票据结算	应收票据		12202060

票号　64378968
日期　2022.01.18　　数量　单价　　　合计　12202060　12202060

备注　项 目　　部 门
　　　个 人　　客 户 中山阳光
　　　业务员 王涵

记账　　审核　　出纳　　制单 张华

图 2-2-41 【记字 0024 号凭证】对话框

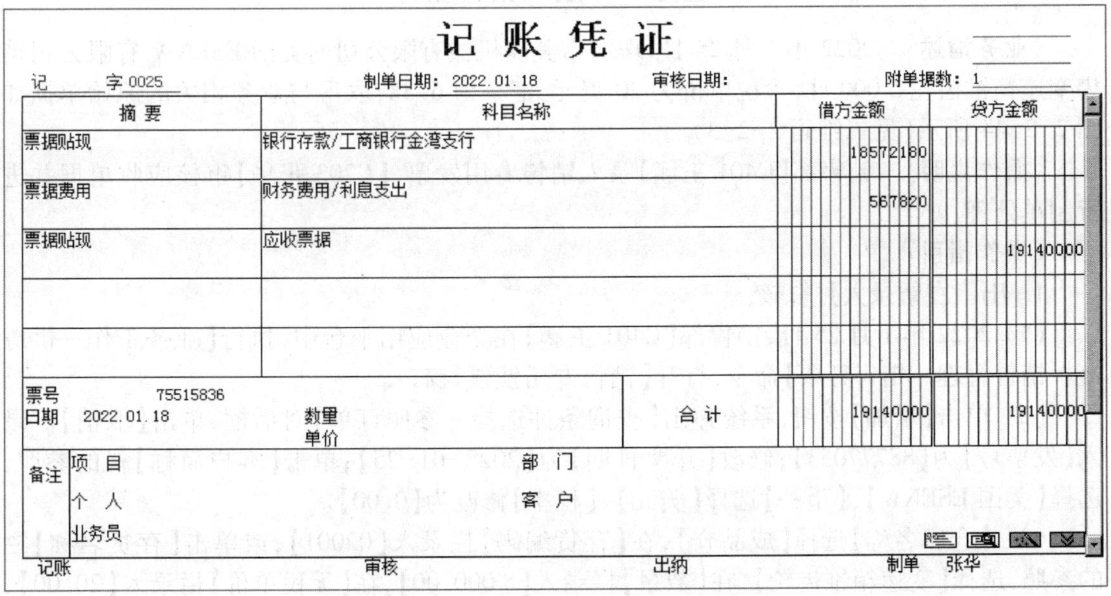

记 账 凭 证

记___字 0025　　制单日期：2022.01.18　　审核日期：　　附单据数：1

摘 要	科目名称	借方金额	贷方金额
票据贴现	银行存款/工商银行金湾支行	18572180	
票据费用	财务费用/利息支出	567820	
票据贴现	应收票据		19140000

票号　75515836
日期　2022.01.18　　数量　单价　　　合计　19140000　19140000

备注　项 目　　部 门
　　　个 人　　客 户
　　　业务员

记账　　审核　　出纳　　制单 张华

图 2-2-42 【记字 0025 号凭证】对话框

图 2-2-43 【记字 0026 号凭证】对话框

(3) 备份：将账套输出至【D:\666 账套备份\2.2.3】文件夹。

任务四　汇兑损益业务处理

业务一　出口销售业务

2-2-6 汇兑损益业务处理

【业务描述】　2022 年 1 月 25 日，珠海市美满机械有限公司向美国 ESENW 有限公司销售变速箱锥齿轮 5 000 件，含税单价为 20 美元，汇率为 6.38，取得与业务相关的原始单据如图 2-2-44 所示(见二维码 2-2-3)。

【操作说明】　销售部【C401 王涵】录入销售专用发票，【C203 张华】审核应收单据并进行制单处理。

【操作指引】

1. 出口发票录入并复核

(1) 2022 年 1 月 25 日，销售部【C401 王涵】在企业应用平台中，执行【业务工作—供应链—销售管理—销售开票】命令，打开【销售专用发票】窗口。

(2) 单击【增加】按钮，系统弹出【查询条件选择—参照订单】对话框，单击【取消】。录入【发票号】为【88777053】；修改【开票日期】为【2022-01-25】；单击【客户简称】栏的参照，选择【美国 ESENW】，【币种】选择【美元】，【税率】修改为【0.00】。

(3) 【仓库名称】选择【成品仓】，在【存货编码】栏录入【02001】，或单击【存货名称】栏的参照，选择【变速箱锥齿轮】，在【数量】栏录入【5 000.00】，在【无税单价】栏录入【20.00】，单击【保存】，如图 2-2-45 所示，单击【复核】退出。

2. 应收单据审核并制单

(1) 【C203 张华】在应收款管理系统中，执行【应收单据处理—应收单据审核】命令，打开【应收单据查询条件】对话框。勾选【未审核】【未制单】选项，单击【确定】，进入【应收单据列表】窗口。单击【全选】，再单击【确定】，系统会弹出【本次审核成功单据[1]张】提示框，【审核人】栏显示【张华】，如图 2-2-46 所示。

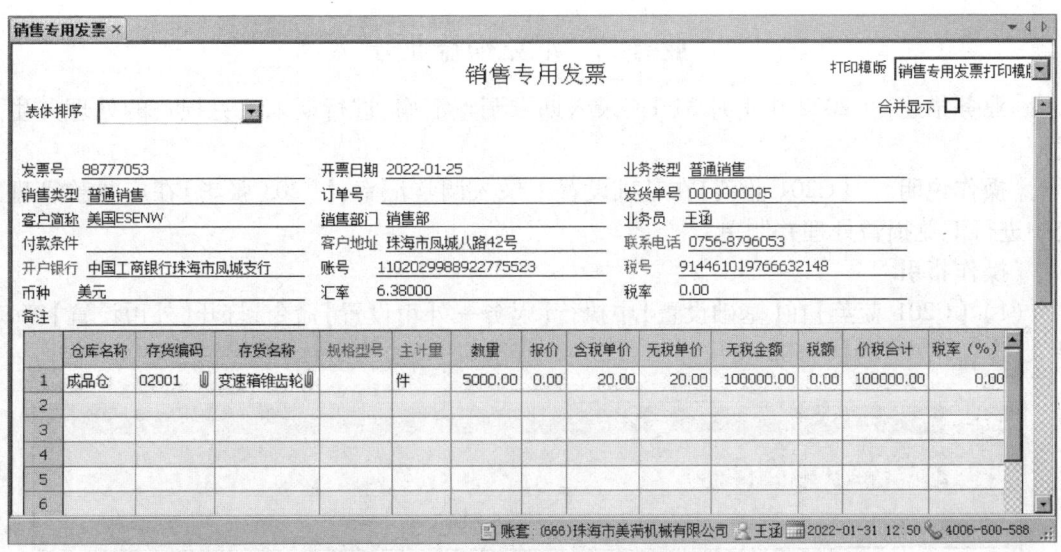

销售专用发票

打印模版 销售专用发票打印模版

表体排序

合并显示 □

发票号 88777053　开票日期 2022-01-25　业务类型 普通销售
销售类型 普通销售　订单号　发货单号 0000000005
客户简称 美国ESENW　销售部门 销售部　业务员 王涵
付款条件　客户地址 珠海市凤城八路42号　联系电话 0756-8796053
开户银行 中国工商银行珠海市凤城支行　账号 1102029988922775523　税号 91446101976663 2148
币种 美元　汇率 6.38000　税率 0.00
备注

	仓库名称	存货编码	存货名称	规格型号	主计量	数量	报价	含税单价	无税单价	无税金额	税额	价税合计	税率（%）
1	成品仓	02001	变速箱锥齿轮		件	5000.00	0.00	20.00	20.00	100000.00	0.00	100000.00	0.00
2													
3													
4													
5													
6													

账套：(666)珠海市美莴机械有限公司　王涵　2022-01-31 12:50　4006-600-588

图 2-2-45 【销售专用发票】对话框

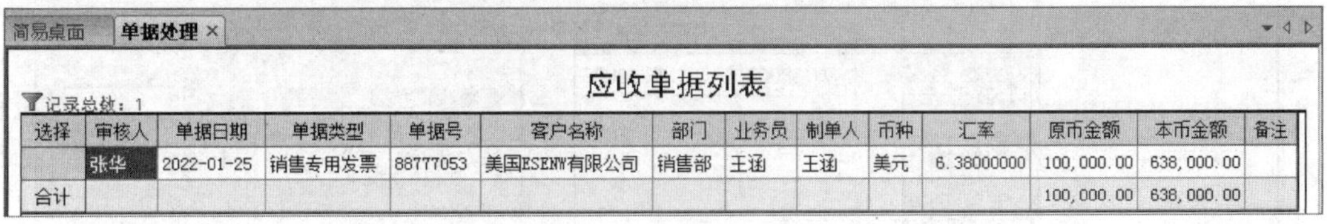

简易桌面　单据处理

应收单据列表

记录总数：1

选择	审核人	单据日期	单据类型	单据号	客户名称	部门	业务员	制单人	币种	汇率	原币金额	本币金额	备注
	张华	2022-01-25	销售专用发票	88777053	美国ESENW有限公司	销售部	王涵	王涵	美元	6.38000000	100,000.00	638,000.00	
合计											100,000.00	638,000.00	

图 2-2-46 【应收单据列表】窗口

（2）【C203 张华】在应收款管理系统，执行【制单处理—制单查询】命令。

（3）单击选中【发票制单】复选框。单击【确定】，打开【销售发票制单】窗口，单击【全选】，再单击【制单】，生成1张记账凭证，修改科目【6001】（主营业务收入）的项目辅助项为【变速箱锥齿轮】，单击【确定】，再单击【保存】，系统弹出提示【凭证已生成】，如图 2-2-47 所示。

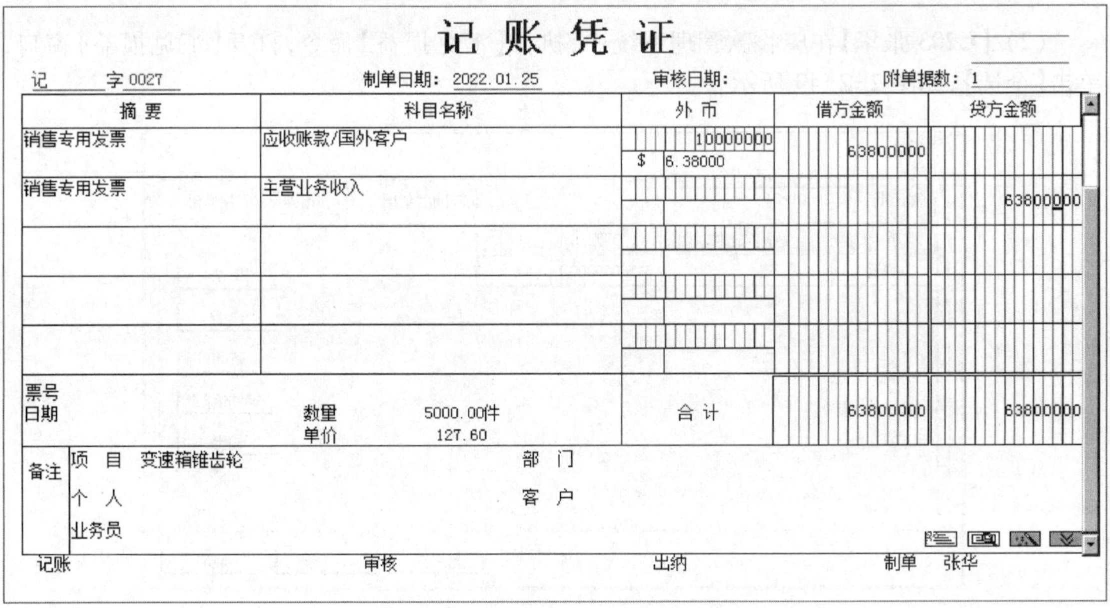

记 账 凭 证

记 字 0027　制单日期：2022.01.25　审核日期：　附单据数：1

摘要	科目名称	外币	借方金额	贷方金额
销售专用发票	应收账款/国外客户	10000000 $ 6.38000	63800000	
销售专用发票	主营业务收入			63800000
票号 日期	数量 5000.00件 单价 127.60	合计	63800000	63800000

备注　项目 变速箱锥齿轮　部门
个人　客户
业务员

记账　审核　出纳　制单 张华

图 2-2-47 【记字 0027 凭证】对话框

业务二 汇兑损益业务

〖业务描述〗 2022年1月31日,录入期末调整汇率,进行期末汇兑损益的处理并生成凭证。

〖操作说明〗 【C201 蓝英】在基础设置中录入调整汇率;【C203 张华】在应收款管理系统中进行汇兑损益处理并制单。

〖操作指引〗

(1)【C201 蓝英】在【基础设置】中执行【财务—外币设置】命令,打开【外币设置】窗口,录入【调整汇率】为【6.580 00】,如图2-2-48所示。

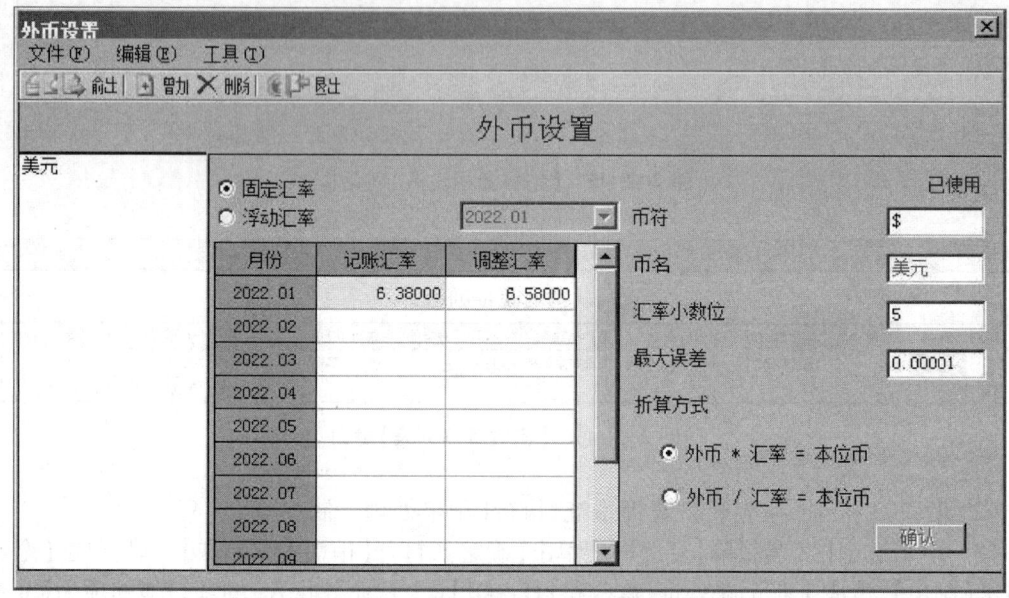

图2-2-48 【外币设置】对话框

(2)【C203 张华】在应收款管理系统中,执行【汇兑损益】命令,打开【汇兑损益】窗口,单击【全选】,如图2-2-49所示。

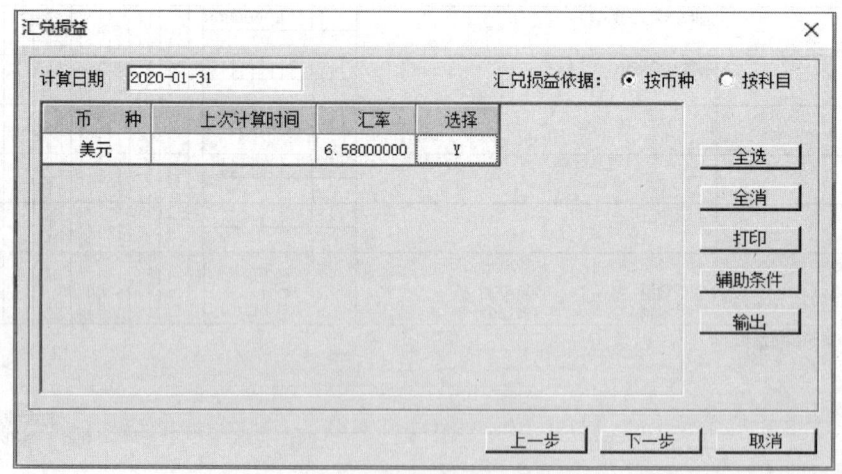

图2-2-49 【汇兑损益】对话框

(3)单击【下一步】,汇兑损益的【差额】为【20 000.00】,如图 2-2-50 所示。

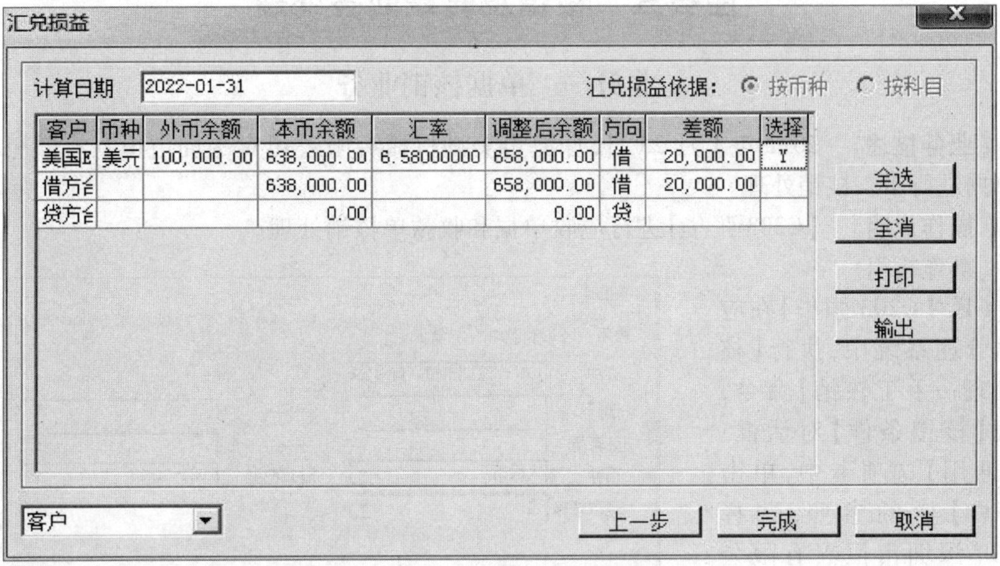

图 2-2-50 【汇兑损益】对话框

(4)单击【完成】,系统弹出【是否立即制单?】,单击【是】,修改凭证字为【记】字,调整【贷方科目】为【660304 财务费用——汇兑损益】,方向为【借方红字】,单击【保存】,如图 2-2-51 所示。

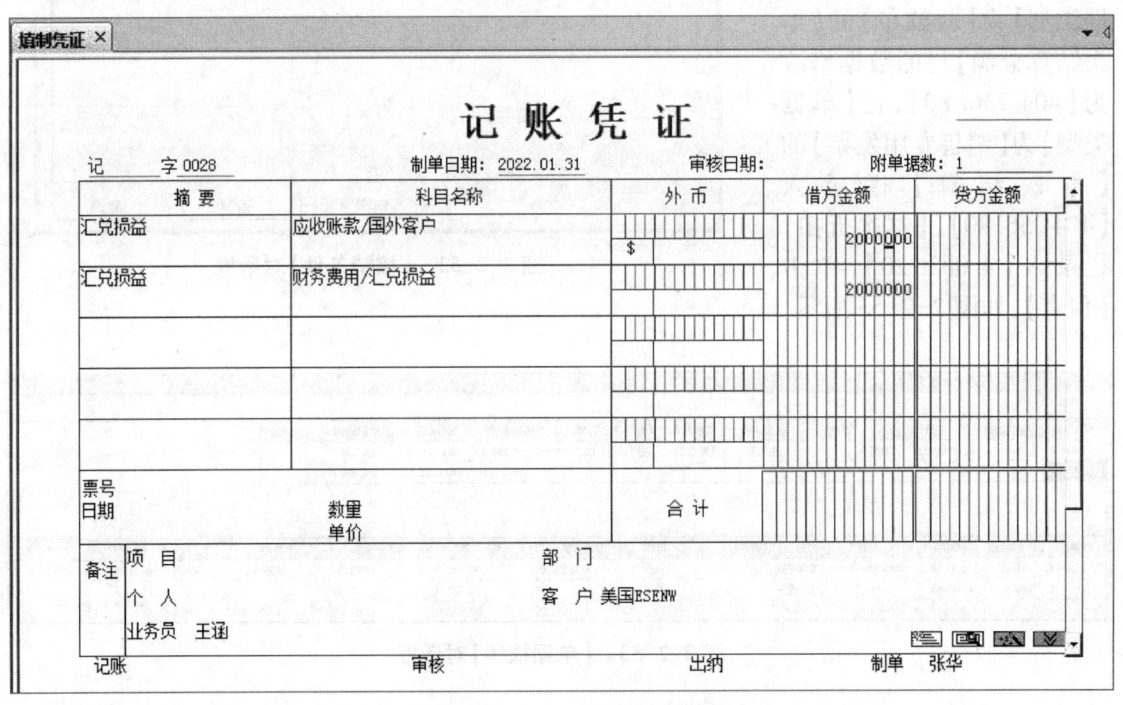

图 2-2-51 【记字 0028 号凭证】对话框

(5)备份将账套输出至【D:\666 账套备份\2.2.4】文件夹。

任务五 核销及转账业务处理

业务一 单据核销业务

〖业务描述〗 2022年1月25日,珠海市美满机械有限公司对深圳市恒兴有限公司相关单据进行手工核销处理。

〖操作说明〗【C203 张华】进行应收单据和收款单核销处理。

〖操作指引〗

(1)【C203 张华】在应收款管理系统中,执行【核销处理—手工核销】命令,打开【核销条件】对话框。在【通用】选项卡中,单击【客户】栏的参照,选择【101-深圳市恒兴有限公司】,选择【计算日期】为【2022-01-25】,如图2-2-52所示。

(2)单击【确定】,打开【单据核销】对话框。将【单据类型】为【收款单】的【本次结算金额】栏的数据修改为【404 236.80】,在【单据类型】为【销售专用发票】的【本次结算】栏录入【404 236.80】,【本次折扣】栏录入【4 083.20】,单击【保存】,如图2-2-53所示。

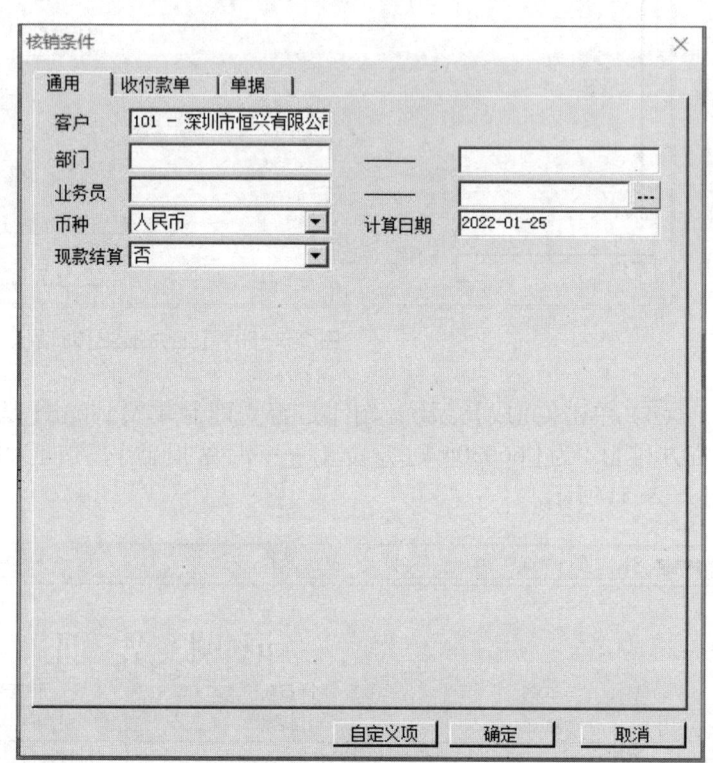

图2-2-52 【核销条件】对话框

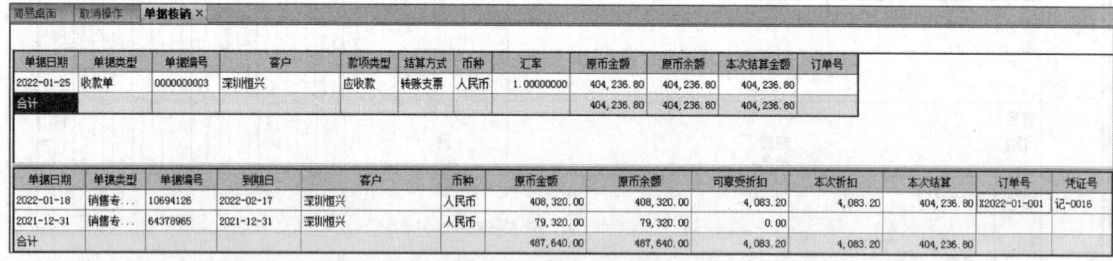

图2-2-53 【单据核销】对话框

(3)执行【制单处理】命令,打开【制单查询】对话框。单击选中【核销制单】复选框。单击【确定】,打开【核销制单】窗口,单击【全选】。单击【制单】,再单击【保存】,系统将自动生成贷方红蓝金额对冲凭证,如图2-2-54所示。

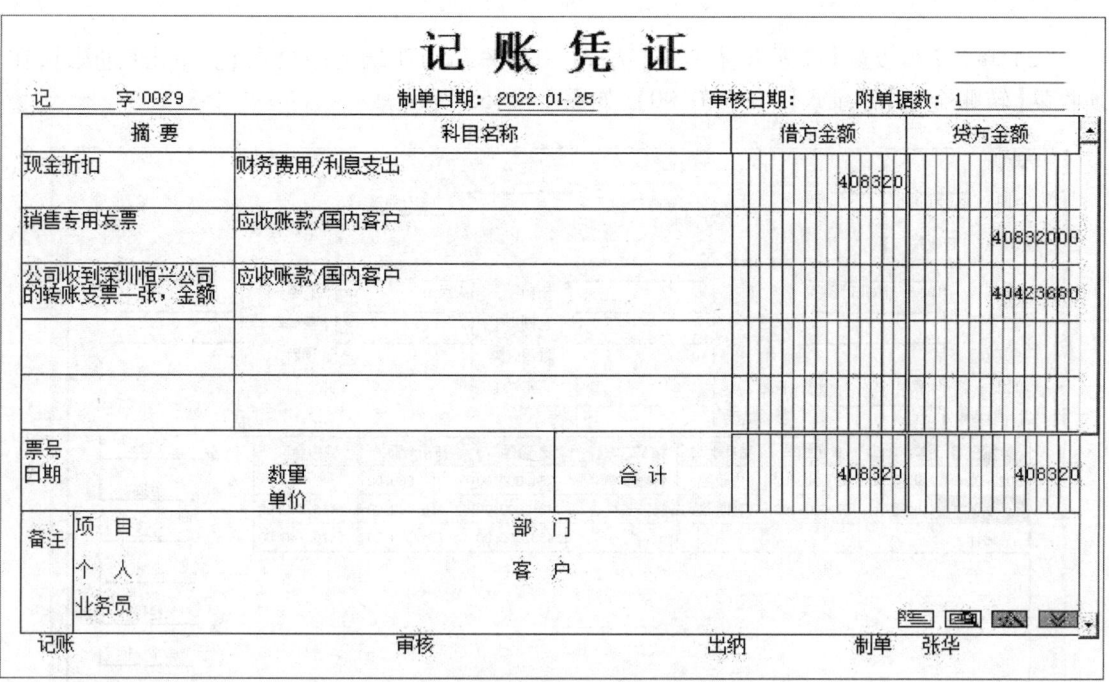

图2-2-54 【记字0029号凭证】对话框

> 🎯 **重难点提示**
>
> （1）在保存核销内容后，【单据核销】窗口中将不再显示已被核销内容。
> （2）核销时，结算单列表中款项类型为应收款的记录默认本次结算金额为该记录上的原币金额；款项类型为预收款的记录默认的本次结算金额为空。核销时可以修改本次结算金额，但是不能大于该记录的原币金额。
> （3）一次只能对一种结算单类型进行核销，即手工核销的情况下需要对收款单和付款单分开核销。
> （4）手工核销保存时，若结算单列表的本次结算金额大于或小于被核销单据列表的本次结算金额合计，系统将提示结算金额不相等，不能保存。
> （5）若发票中同时存在红蓝记录，则核销时先进行单据内容对冲。
> （6）如果核销后未进行其他处理，可以在期末处理中的【取消操作】功能中取消核销操作。

业务二 单据转账业务

一、预收冲应收

〖业务描述〗 2022年1月31日，珠海市美满机械有限公司将珠海市明瑞有限公司的预收款416 740.00元冲应收款处理。

〖操作说明〗 【C203 张华】进行预收冲应收的转账、制单操作处理。

〖操作指引〗

（1）【C203 张华】在应收款管理系统中，执行【转账—预收冲应收】命令，打开【预收冲应收】对话框。

（2）单击【预收款】选项卡，【客户】选择【102 -珠海市明瑞有限公司】。单击【过滤】，在预收款【转账金额】栏录入【416 740.00】，如图 2-2-55 所示。

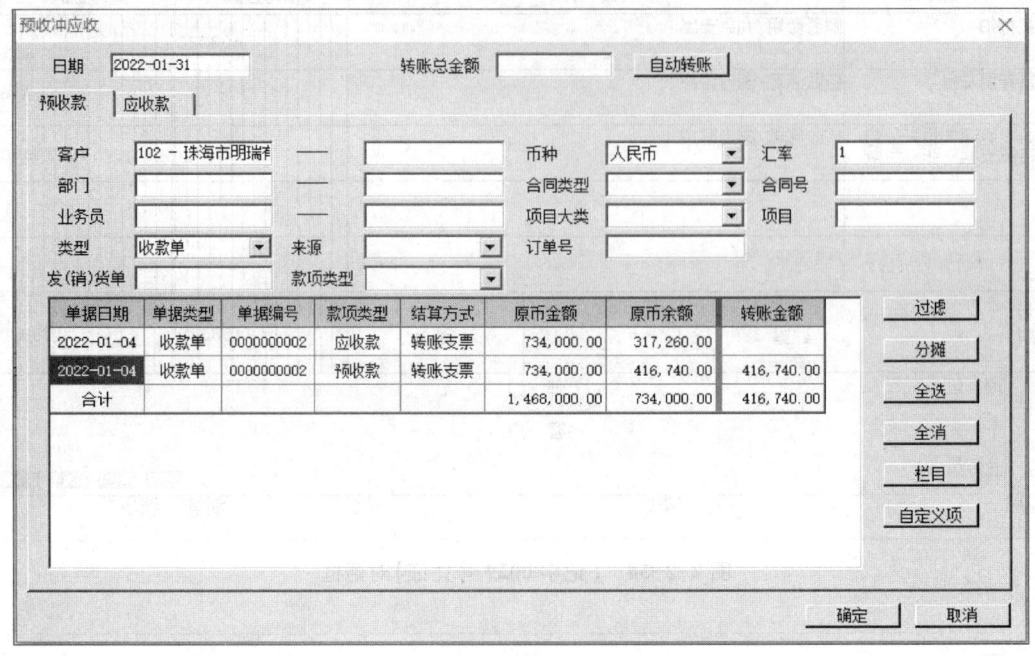

图 2-2-55 【预收冲应收—预收款】对话框

（3）单击【应收款】选项卡，【客户】选择【102 -珠海市明瑞有限公司】。单击【过滤】，显示所有应收款金额，选择【单据编号】为【59317844】的专用发票，在【转账金额】栏录入【416 740.00】，如图 2-2-56 所示。

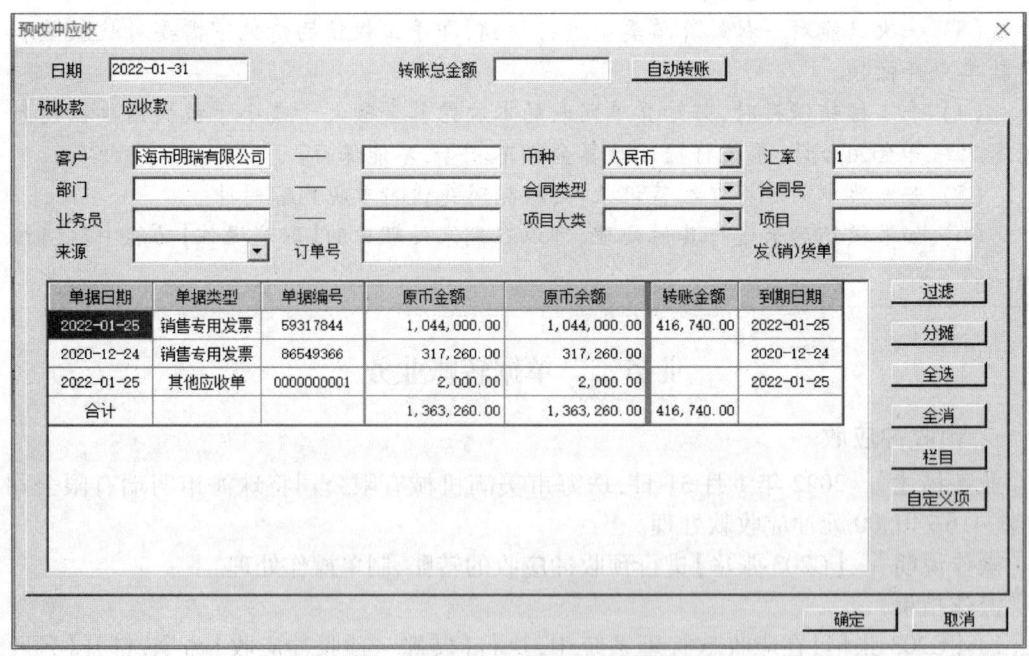

图 2-2-56 【预收冲应收—应收款】对话框

(4) 单击【确定】，出现【是否立即制单？】提示，单击【是】，系统弹出【记账凭证】窗口，系统自动生成红蓝金额对冲凭证，单击【保存】，如图 2-2-57 所示。

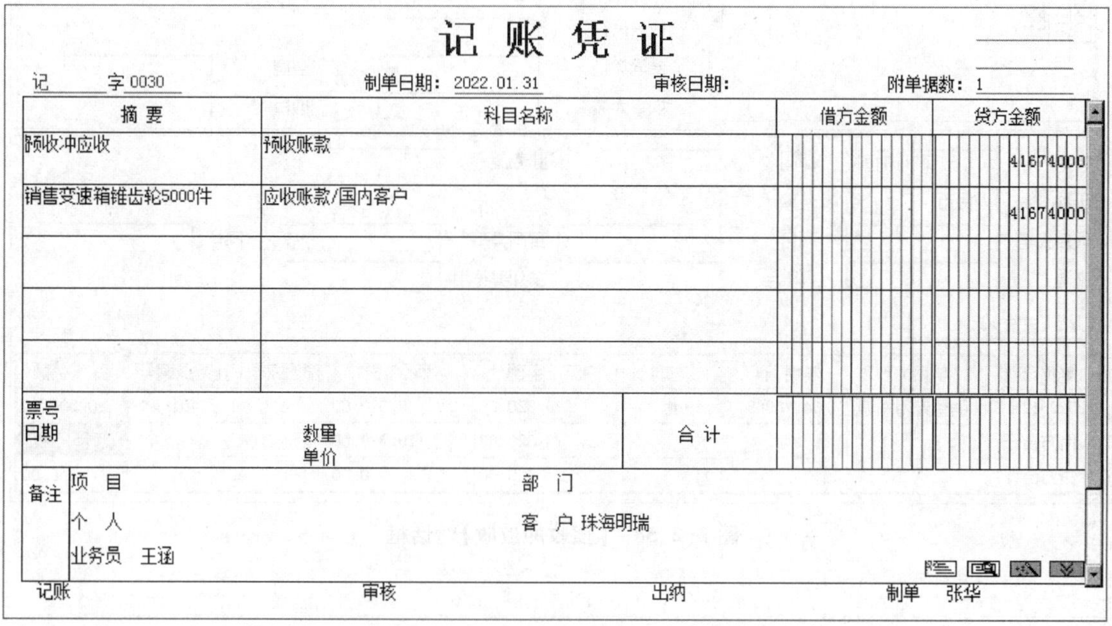

记 账 凭 证

记 字 0030	制单日期：2022.01.31	审核日期：	附单据数：1
摘 要	科目名称	借方金额	贷方金额
预收冲应收	预收账款		41674000
销售变速箱锥齿轮5000件	应收账款/国内客户	41674000	

票号 日期　　　数量 单价　　　　　　合计

备注　项 目　　　　　　　　部 门
　　　个 人　　　　　　　　客 户 珠海明瑞
　　　业务员 王涵

记账　　　审核　　　出纳　　　制单 张华

图 2-2-57 【记字 0030 号凭证】对话框

重难点提示

（1）可以在输入转账总金额后单击【自动转账】，系统自动根据过滤条件进行成批的预收冲应收工作。

（2）每一笔应收款的转账金额不能大于应收款金额。应收款的转账金额合计应等于预收款的转账金额合计。

二、应收冲应收业务处理

〖业务描述〗 2022 年 1 月 31 日，根据珠海市明瑞有限公司和深圳市恒兴有限公司委托转款通知，珠海市美满机械有限公司将深圳市恒兴有限公司应收款 10 000.00 元转给珠海市明瑞有限公司。

〖操作说明〗 【C203 张华】进行应收冲应收的转账、制单操作。

〖操作指引〗

（1）【C203 张华】在应收款管理系统中，执行【转账—应收冲应收】命令，打开【应收冲应收】对话框，单据类型选择【货款】和【应收款】。

（2）在【转入】栏中勾选【客户】栏选择【102 -珠海市明瑞有限公司】。【客户】选择【101 -深圳市恒兴有限公司】，单击【查询】，在【并账金额】栏录入【10 000.00】，如图 2-2-58 所示。

（3）单击【保存】，出现【是否立即制单？】提示，单击【是】，系统弹出【记账凭证】窗口，单击【保存】，系统自动生成红蓝金额对冲凭证，如图 2-2-59 所示。

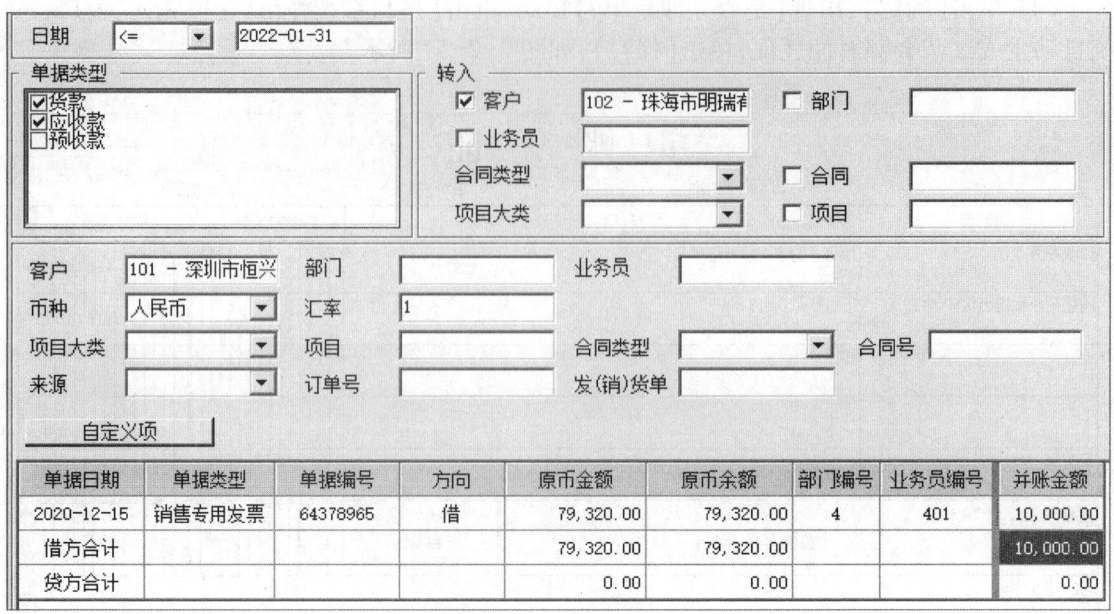

图 2-2-58 【预收冲应收】对话框

图 2-2-59 【记字 0031 号凭证】对话框

三、销售退回并红票对冲业务处理

〖业务描述〗（1）2022 年 1 月 7 日，珠海市美满机械有限公司向中山市阳光有限公司销售变速箱锥齿轮 200 件，业务相关的原始单据如图 2-2-60 所示（见二维码 2-2-3）。

（2）2022 年 1 月 15 日，因质量原因，中山市阳光有限公司要求退货 100 件货物，货物退回，入库已进行红票对冲，业务相关的原始单据如图 2-2-61 和图 2-2-62 所示（见二维码 2-2-3）。

【操作说明】 【C401 王涵】录入销售专用发票、红字销售专用发票,【C203 张华】应收单据审核并制单处理。

【操作指引】

1. 销售商品发票录入及复核

(1) 2022 年 1 月 7 日,【C401 王涵】在企业应用平台中,执行【业务工作—供应链—销售管理—销售开票】命令,打开【销售专用发票】窗口。

(2) 单击【增加】,系统弹出【查询条件选择—参照订单】对话框,单击【取消】。录入【发票号】为【86022887】;修改【开票日期】为【2022-01-07】;单击【客户简称】栏的参照,选择【中山阳光】;【税率】栏录入【13.00】。

(3) 在【仓库名称】选择【成品仓】,在【存货编码】栏录入【02001】,或单击【存货名称】栏的参照,选择【变速箱锥齿轮】,在【数量】栏录入【200.00】,在【无税单价】栏录入【153.98】。单击【保存】,如图 2-2-63 所示,单击【复核】并退出。

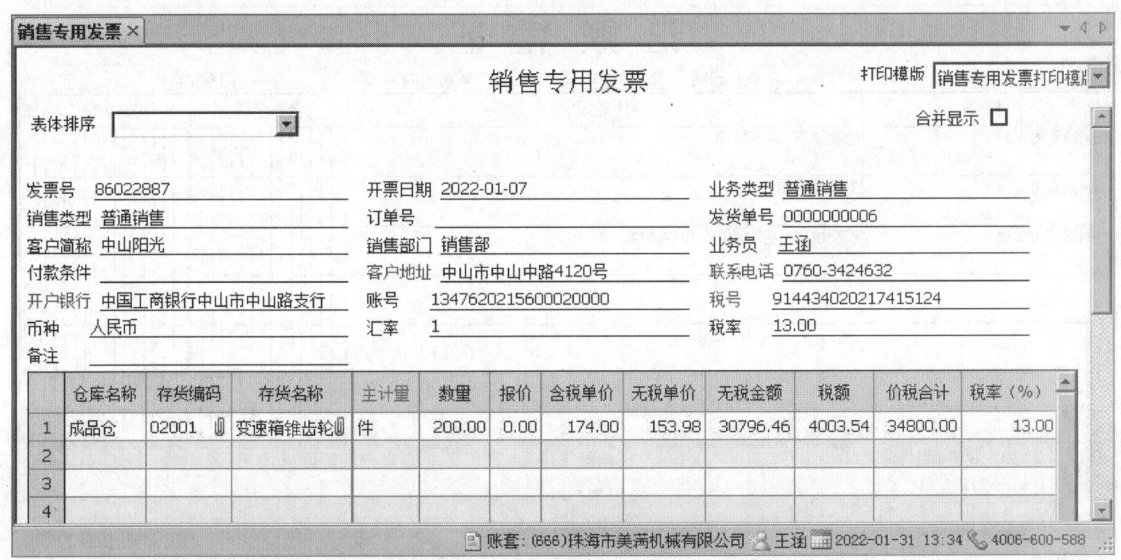

图 2-2-63 【销售专用发票】对话框

2. 应收单据审核并制单

(1)【C203 张华】执行【应收款管理—应收单据处理】命令,打开【应收单据审核】窗口,弹出【应收单查询条件】对话框,勾选【未审核】【未制单】复选框,单击【确定】,打开【应收单据列表】窗口,如图 2-2-64 所示。

图 2-2-64 【应收单据列表】窗口

(2) 单击【选择】,再单击【审核】,系统提示【本次审核成功单据[1]张】,单击【确定】退出单据审核。

（3）打开【制单处理】命令,弹出【制单查询】对话框。在【制单查询】对话框中,选择【发票制单】复选框。

（4）单击【确定】,打开【销售发票制单】窗口。单击【全选】,如图2-2-65所示。

凭证类别	记账凭证			制单日期	2022-01-07				共 1 条
选择标志	凭证类别	单据类型	单据号	日期	客户编码	客户名称	部门	业务员	金额
1	记账凭证	销售专用发票	86022887	2022-01-07	104	中山市阳光有限公司	销售部	王涵	34,800.00

图2-2-65 【销售发票制单】窗口

（5）单击【制单】,单击【保存】,生成凭证如图2-2-66所示。

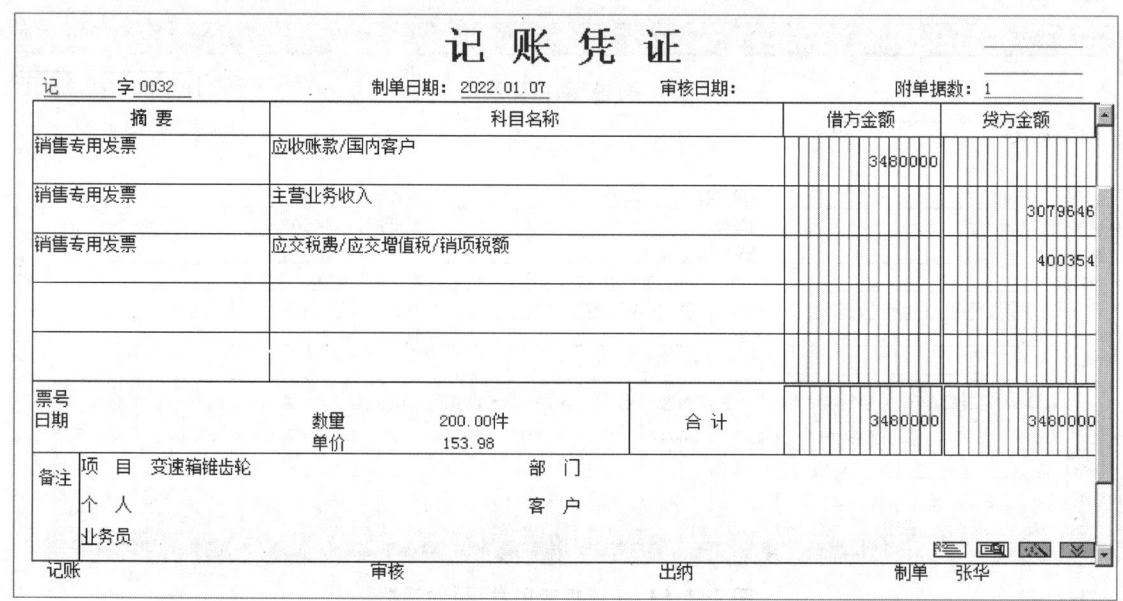

图2-2-66 【记字0032号凭证】对话框

3. 销售退回发票录入审核及制单业务处理

（1）2022年1月15日,销售部【C401王涵】在企业应用平台中,执行【业务工作—供应链—销售管理—销售开票】命令,打开【红字销售专用发票】窗口。

（2）单击【增加】,系统弹出【查询条件选择—参照订单】对话框,单击【取消】。录入【发票号】为【64718709】;修改【开票日期】为【2022-01-15】;单击【客户】栏的参照,选择【中山阳光】;在【税率】栏录入【13.00】。

（3）在【存货编码】栏录入【02001】,或者单击【存货名称】栏的参照,选择【变速箱锥齿轮】,在【数量】栏录入【-100.00】,在【无税单价】栏录入【153.98】,单击【保存】,再单击【复核】,如图2-2-67所示。

（4）【C203张华】执行【应收款管理—应收单据处理】命令,打开【应收单据审核】窗口,弹出【应收单据查询条件】对话框,勾选【未审核】【未制单】复选框,单击【确定】,打开【应收单据列表】窗口,如图2-2-68所示。

图 2-2-67 【销售专用发票】对话框

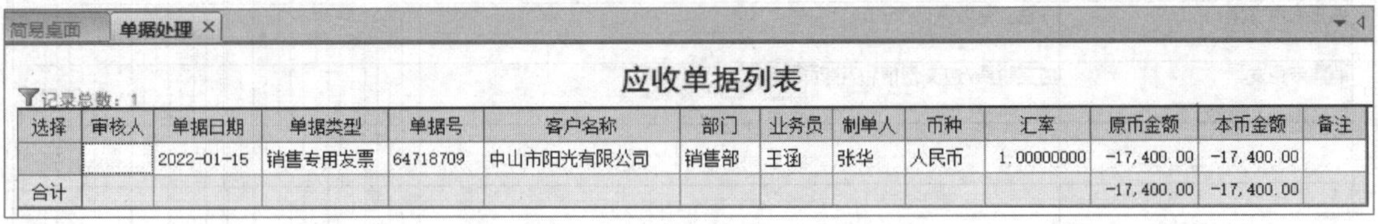

图 2-2-68 【应收单据列表】对话框

（5）单击【选择】，再单击【审核】，系统提示【本次审核成功单据[1]张】。

（6）单击【确定】，退出单据审核，打开【制单处理】命令，弹出【制单查询】对话框。在【制单查询】对话框中，勾选【发票制单】复选框，如图 2-2-69 所示。

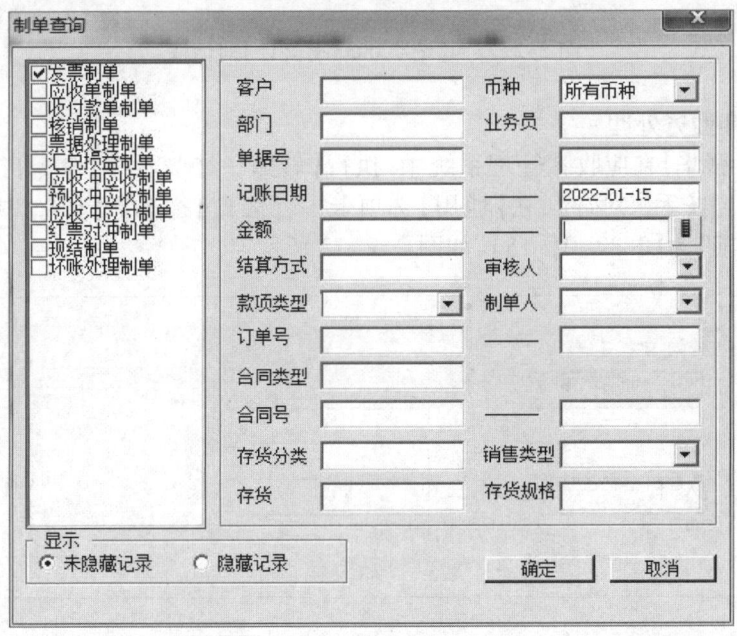

图 2-2-69 【制单查询】对话框

（7）单击【确定】，打开【销售发票制单】对话框。单击【全选】，结果如图2-2-70所示。

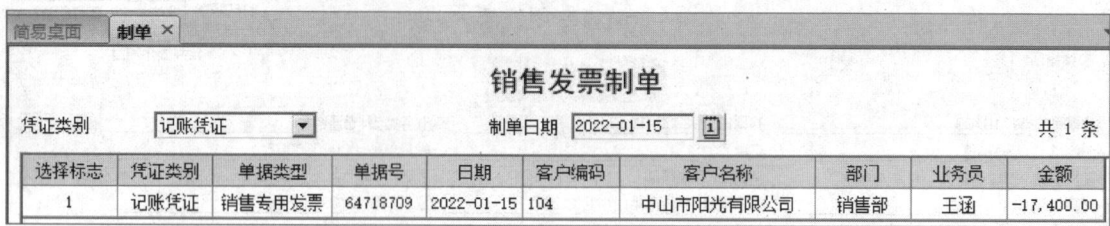

图2-2-70 【销售发票制单】对话框

（8）单击【制单】，再单击【保存】，生成红字金额的凭证，如图2-2-71所示。

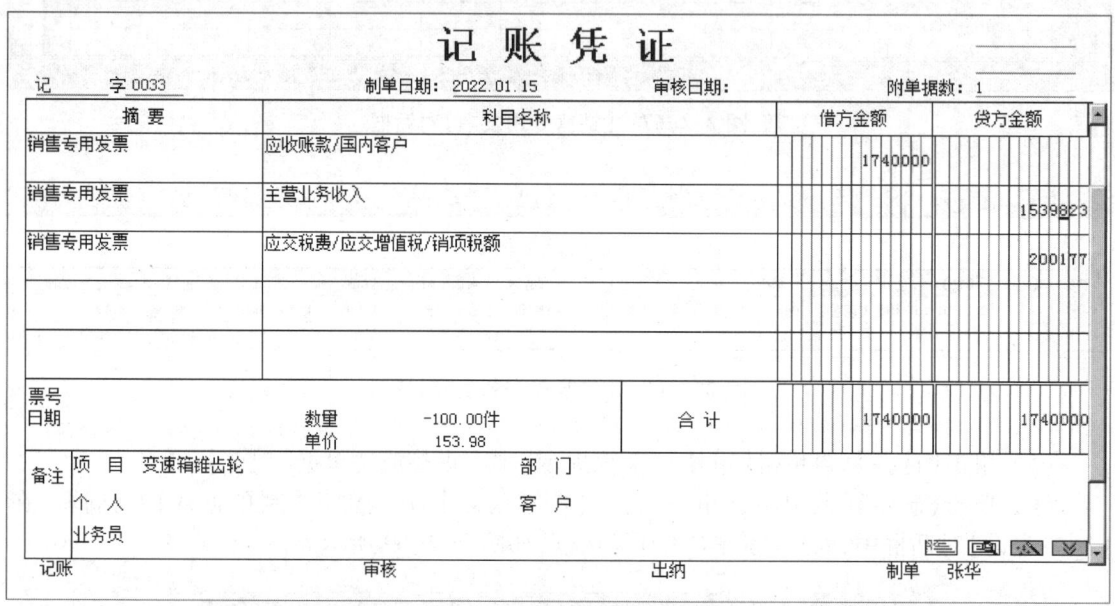

图2-2-71 【记字0033号凭证】对话框

4. 红票对冲业务处理

（1）【C203 张华】在应收款管理系统中，执行【转账—红票对冲】命令，打开【红票对冲条件】对话框，单击【手工对冲】，在【通用】选项卡中，【客户】栏选择【104－中山市阳光有限公司】，【计算日期】为【2022-01-15】，如图2-2-72所示。

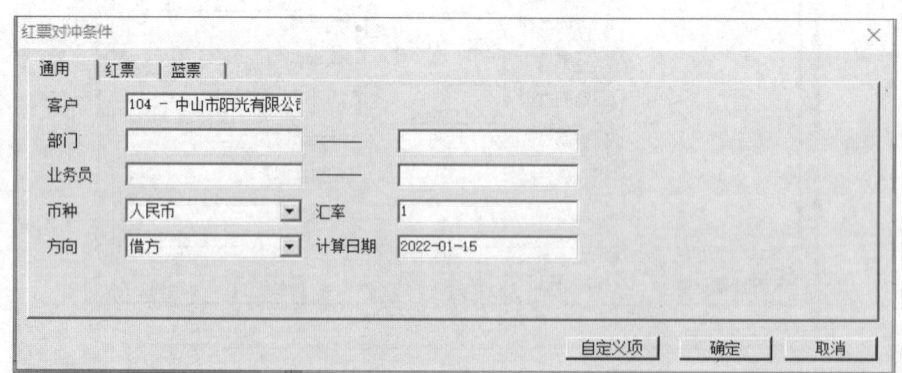

图2-2-72 【红票对冲条件】对话框

（2）单击【确定】，打开【红票对冲】窗口。在红票对冲区选中【单据编号】为【64718709】的对冲金额【17 400.00】，在正常销售专用发票区找到与红字发票发生业务对应的蓝字发票编号【86022887】，在【对冲金额】栏中录入【17 400.00】，如图 2-2-73 所示。

单据日期	单据类型	单据编号	客户	币种	原币金额	原币余额	对冲金额	部门	业务员	合同名称
2022-01-15	销售专用发票	64718709	中山阳光	人民币	17,400.00	17,400.00	17,400.00	销售部	王函	
合计						17,400.00	17,400.00	17,400.00		

单据日期	单据类型	单据编号	客户	币种	原币金额	原币余额	对冲金额	部门	业务员	合同名称
2022-01-07	销售专用发票	86022887	中山阳光	人民币	34,800.00	34,800.00	17,400.00	销售部	王函	
2022-01-11	销售专用发票	88615680	中山阳光	人民币	191,400.00	191,400.00		销售部	王函	
合计						226,200.00	226,200.00	17,400.00		

图 2-2-73 【红票对冲】对话框

（3）单击【确定】，出现【是否立即制单？】提示，单击【是】，系统弹出【记账凭证】窗口，单击【保存】，系统自动生成红蓝金额对冲凭证，如图 2-2-74 所示。

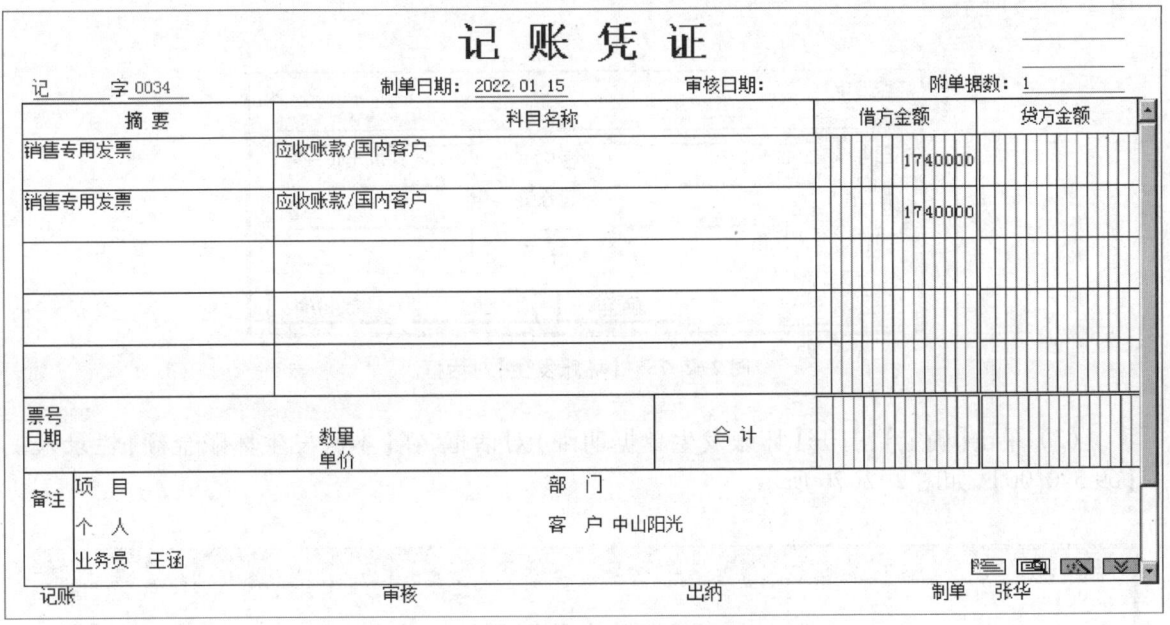

图 2-2-74 【记字 0034 号凭证】对话框

（4）备份：将账套输出至【D:\666 账套备份\2.2.5】文件夹。

> 🎯 **重难点提示**
>
> （1）红字对冲可以实现客户的红字应收单据与其蓝字应收单据、收款单据与付款单据之间的冲抵操作，可以自动对冲或手工对冲。
>
> （2）自动对冲可以同时对多个客户依据对冲原则进行红票对冲，提高红票对冲效率。

项目五　固定资产日常业务处理

思政园地

盲目扩张终致企业"短命"

星空琴行，这个成立于2012年的、由前阿里巴巴管理团队联合音乐教育资深人士共同打造的创新性连锁钢琴培训机构，在2017年9月，一夜之间全国门店集体关门，让很多家长措手不及。那么，星空琴行倒闭的原因是什么呢？

星空琴行败在了盲目扩张。星空琴行的管理团队来自阿里巴巴，其通过成熟的管理机制、优质的音乐教育资源和专业的教学服务深得广大家长和孩子的认同，使其发展速度迅猛。但星空琴行是以"线下体验店"为连接点，为用户提供不同的钢琴教学服务的。因此，在获得市场及用户的高度认可后，星空琴行便在全国范围内盲目铺设线下体验店，在短时间内让其运营成本陡然上升。最终，由于盲目扩张导致资金链断裂，让这个昔日学生和家长都很认可的钢琴教学地一夜之间全国范围"闭店关张"，星空琴行还没来得及迎接寒冬到来，便死在了等待的路上。

固定资产的过度投资会导致固定资产效能低下，沉淀过多可营运的流动资金；固定资产效能过低，价值回收缓慢，会直接造成企业利润低下甚至亏损；固定资产维修费用增加，会导致资产减值风险极大提高。

资料来源：中国新长城组委会编辑部.盲目扩张终致企业"短命"[Z/OL].新长城传媒.(2018-01-15)[2023-03-21].https://www.sohu.com/a/216811074_604724.

2-5-1 固定资产日常业务处理概述（微课）

任务一　固定资产增加日常业务处理

业务一　在建工程转入固定资产业务

〖业务描述〗　2022年1月20日，上月购需要安装的气泵，在建工程期初余额为60 000元（不含税），本月支付安装费3 027.52元，增值税272.48元，气泵交付使用。取得与该业务相关的凭证如图2-5-1和图2-5-2所示（见二维码2-5-3）。

〖操作说明〗　【C202 李嘉文】在总账管理系统录入支付固定资产安装费会计凭证，在固定资产管理系统录入固定资产卡片增加，完成固定资产增加凭证处理。

2-5-2 在建工程转入固定资产业务处理（微课）

〖操作指引〗

（1）在总账管理系统中，【C202 李嘉文】执行【财务会计—总账—凭证—填制凭证】命令，打开【凭证】对话框，单击【增加】。

（2）修改【制单日期】为【2022.01.20】，录入支付安装费的凭证。

2-5-3 固定资产日常业务单据

(3) 手工对冲只能对一个客户进行红票对冲,可以自行选择红票对冲的单据,提高红票对冲的灵活性。

任务六 坏账处理

业务一 坏账发生业务

2-2-8 应收账款坏账处理(微课)

〖业务描述〗 2022年1月20日,珠海市美满机械有限公司将2021年12月15日深圳市恒兴有限公司的应收款项69 320元转为坏账。

〖操作说明〗【C203 张华】进行坏账处理并制单。

〖操作指引〗

(1)【C203 张华】在应收款管理系统中,执行【坏账处理—坏账发生】命令,打开【坏账发生】对话框。

(2)将【日期】修改成【2022-01-20】,【客户】选择【101-深圳市恒兴有限公司】,如图2-2-75所示。

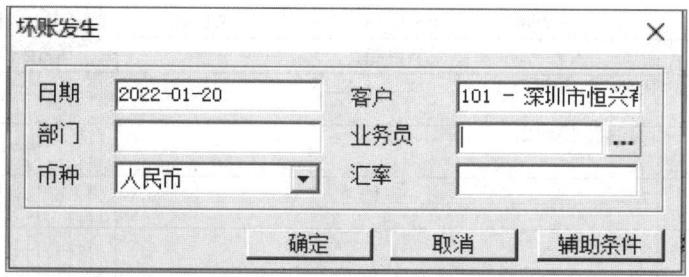

图 2-2-75 【坏账发生】对话框

(3)单击【确定】,打开【坏账发生单据明细】对话框,在【本次发生坏账金额】栏录入【69 320.00】,如图2-2-76所示。

单据类型	单据编号	单据日期	到期日	余额	部门	业务员	本次发生坏账金额
销售专用发票	64378965	2021-12-31	2021-12-31	69,320.00	销售部	王涵	69,320.00
合计				69,320.00			69,320.00

图 2-2-76 【坏账发生单据明细】对话框

(4)单击【OK 确定】,出现【是否立即制单?】提示框,单击【是】,生成发生的坏账的记账凭证,单击【保存】,如图2-2-77所示。

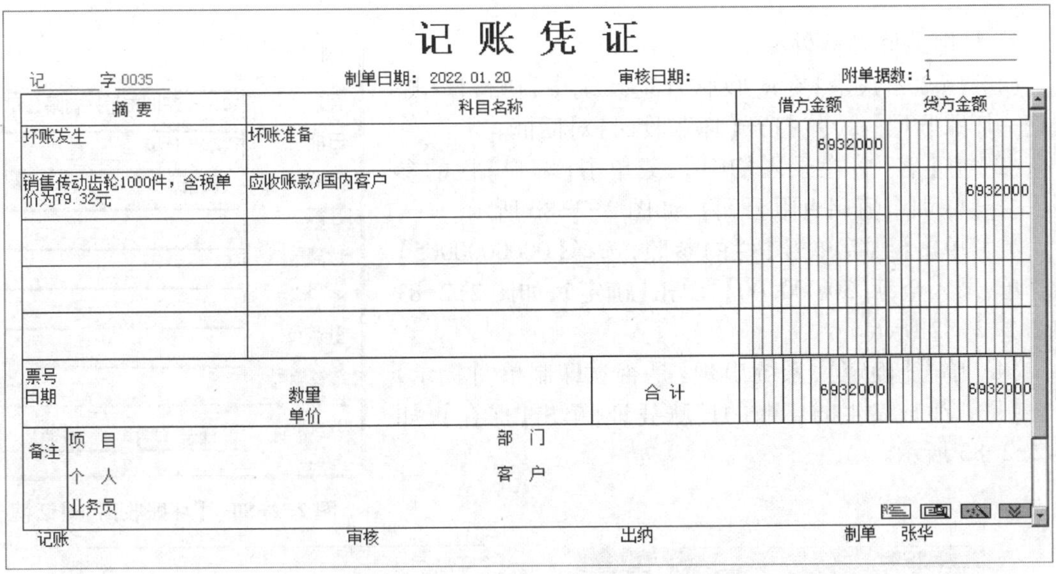

图 2-2-77 【记字 0035 号凭证】对话框

业务二 收回坏账业务

〖业务描述〗 2022 年 1 月 31 日,珠海市美满机械有限公司收到银行通知,收回深圳市恒兴有限公司部分已作为坏账准备处理的应收款项 30 000 元,取得与业务相关的原始单据如图 2-2-78 所示。

〖操作说明〗 【C204 韦宝宝】录入收款单,【C203 张华】坏账收回处理并制单。

〖操作指引〗

1. 录入收款单

(1)【C204 韦宝宝】在应收款管理系统中,执行【收款单据处理—收款单据录入】命令,打开【收款单】窗口。

(2)单击【增加】,修改【日期】为【2022-01-31】;在【客户】栏录入【101】,或单击【客户】栏的参照,选择【深圳恒兴】;单击【结算方式】栏的参照,选择【现金支票】;在【金额】栏录入【30 000.00】;在【票据号】栏输入【60215645】;在【摘要】栏录入【收回坏账】,如图 2-2-79 所示,单击【保存】。

图 2-2-79 【收款单】对话框

2. 坏账收回业务处理

(1)【C203 张华】在应收款管理系统中,执行【坏账处理—坏账收回】命令,打开【坏账收回】对话框。

(2) 在【客户】栏录入【101】,或单击【客户】栏的参照,选择【深圳市恒兴有限公司】,如图 2-2-80 所示。

(3) 单击【结算单号】栏的参照,选择【0000000005】结算单,录入金额【30 000.00】,单击【确定】,如图 2-2-81 和图 2-2-82 所示。

(4) 单击【确定】,系统出现【是否立即制单?】提示,单击【是】,生成发生的坏账的记账凭证,单击【保存】,如图 2-2-83 所示。

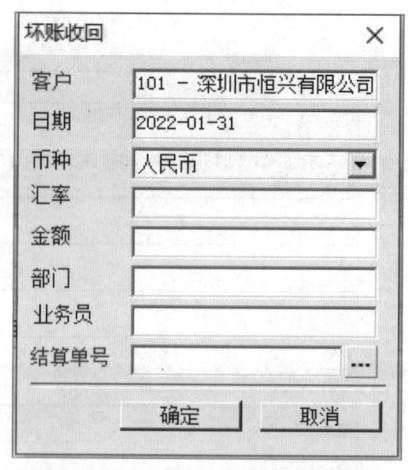

图 2-2-80 【坏账收回】对话框

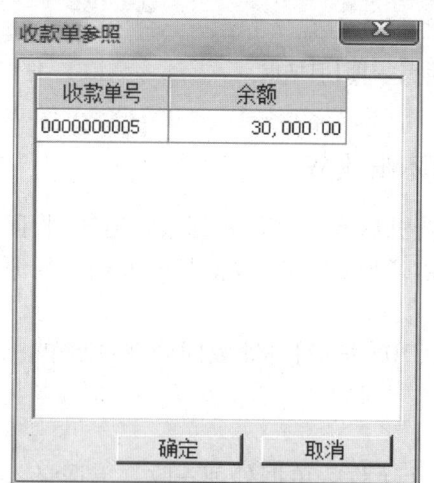

图 2-2-81 【收款单参照】对话框

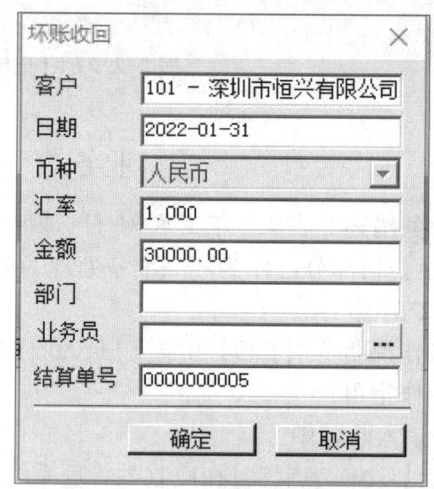

图 2-2-82 【坏账收回】对话框

图 2-2-83 【记字 0036 号凭证】对话框

重难点提示

（1）在录入一笔坏账收回的款项时，注意不要把该客户的其他应收款业务与该笔坏账收回业务录入一张收款单中。

（2）坏账收回制单不受系统中【方向相反分录是否合并】选项控制。

业务三 计提坏账准备业务

〖业务描述〗 2022年1月31日，期末计提坏账准备。

〖操作说明〗 【C203 张华】计提坏账准备业务处理并制单。

〖操作指引〗

（1）【C203 张华】在应收款管理系统中，执行【坏账处理—计提坏账准备】命令，打开【应收账款百分比法】窗口，按公司规定要求进行计提本月坏账准备，如图2-2-84所示。

应收账款总额	计提比率	坏账准备	坏账准备余额	本次计提
1,173,430.00	0.500%	5,867.15	-38,618.00	44,485.15

图2-2-84 【应收账款百分比法】对话框

（2）单击【OK 确定】，出现【是否立即制单？】提示框，单击【是】，生成发生的坏账的记账凭证，单击【保存】，如图2-2-85所示。

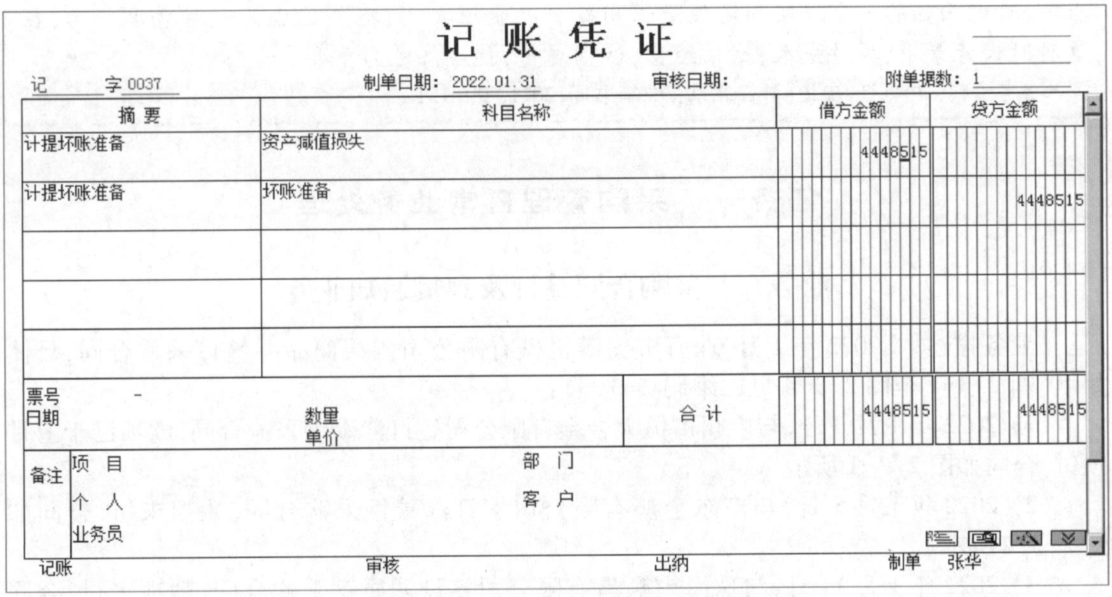

摘要	科目名称	借方金额	贷方金额
计提坏账准备	资产减值损失	44485.15	
计提坏账准备	坏账准备		44485.15
	合计	44485.15	44485.15

记字0037 制单日期：2022.01.31 制单 张华

图2-2-85 【记字0037号凭证】对话框

（3）将账套输出至【D:\666账套备份\2.2.6】文件夹。

2-2-9 业务拓展：应收管理票据、凭证、账表查询

项目三　采购与应付款管理日常业务处理

2-3-1 采购与应付款日常业务处理概述（微课）

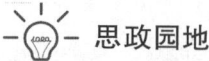

立木取信　一诺千金

春秋战国时，秦国的商鞅在秦孝公的支持下主持变法。为了树立威信，推进改革，商鞅下令在都城南门外立一根3丈长的木头，并当众许下诺言：谁能把这根木头搬到北门，就赏金10两。围观的百姓对此感到奇怪，没有人敢去搬木头。于是，商鞅将赏金提高到50两。终于，有人站起将木头扛到了北门。商鞅也兑现了他的承诺。商鞅这一举动，在百姓心中树立起了威信，变法很快在秦国推广开了。

与之相反的是，在西周末年曾发生过一场令人啼笑皆非的"烽火戏诸侯"的闹剧。周幽王为博宠妃褒姒一笑，下令在都城附近20多座烽火台上点起烽火。诸侯们见到烽火，率领兵将们匆匆赶到后才发现是君王的戏耍。几年后，西夷犬戎大举攻周，周幽王再燃烽火而诸侯未到，因为谁也不愿再上当了。

商鞅"立木取信"，周幽王帝王无信。前者变法成功，国强势壮；后者自取其辱，身死国亡。在经济迅猛发展的今天，任何背离或忽视诚信的行为最终都会将企业送上不归路。当前，我们面临的一个现实问题便是信用缺失。企业之间，拖欠已成为一种普遍行为，在这种时代背景下，再效先人，诚信经营，诚信支付，就显得尤为重要。

参考资料：司马迁.史记[M].北京：中华书局，2011：99-151.

任务一　采购管理日常业务处理

业务一　采购合同签订及到货通知业务

2-3-2 采购管理日常业务处理

2-3-3 采购与应付管理日常单据

【业务描述】　2022年1月，珠海市美满机械有限公司购买商品并签订采购合同，具体如下（图2-3-1至图2-3-4见二维码2-3-3）：

（1）2022年1月3号，与广州市恒大合金有限公司签订渗碳钢采购合同，款项已于上月预付，合同如图2-3-1所示。

（2）2022年1月5日，与广东金鸿有限公司签订渗碳钢采购合同，款项未付，合同如图2-3-2所示。

（3）2022年1月11日，与珠海市顺昌有限公司签订调质钢采购合同，款项未付，合同如图2-3-3所示。

（4）2022年1月27日，与东莞市东和有限公司签订包装箱采购合同，合同如图2-3-4所示。

【操作说明】　【C301赵文星】填制采购订单并生成到货通知单。

〖操作指引〗
1. 填制采购订单并审核

（1）2022年1月3日，采购部【C301 赵文星】在企业应用平台中，执行【业务工作—供应链—采购管理—采购订货】命令，打开【采购订单】窗口。

（2）单击【增加】，【订单编号】修改为【C2022-01-001】，【采购类型】选择【普通采购】，【供应商】选择【广州恒大合金】，【部门】选择【采购部】，【业务员】选择【赵文星】；【存货编码】选择【01002】，输入【数量】为【10.00】，【原币价税合计】为【59 160.00】，修改【计划到货日期】为【2022-01-03】，其他信息由系统自动带出，单击【保存】。

（3）单击【审核】，审核填制的采购订单，如图2-3-5所示。

图2-3-5 【采购订单】窗口

2. 生成采购到货单

（1）2022年1月3日，采购部【C301 赵文星】在企业应用平台中，执行【业务工作—供应链—采购管理—采购到货】命令，打开【到货单】窗口。

（2）单击【增加】，执行【生单—采购订单】命令，打开【查询条件选择—采购订单列表过滤】窗口，选择订货日期【2022-01-03】，已完成的采购【否】，单击【确定】。

（3）系统弹出【拷贝并执行】窗口，选中所要拷贝的采购订单，如图2-3-6所示，单击【OK确定】，系统自动生成到货单，单击【保存】。

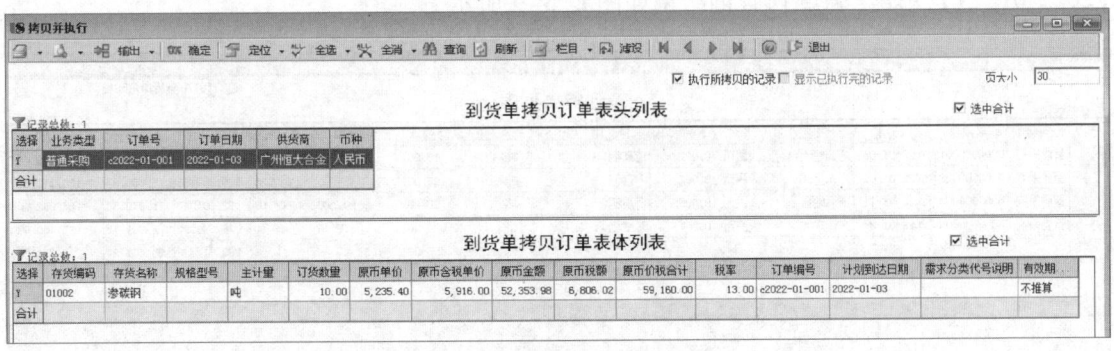

图2-3-6 【拷贝并执行】窗口

（4）单击【审核】，根据采购订单生成采购到货单，如图2-3-7所示。

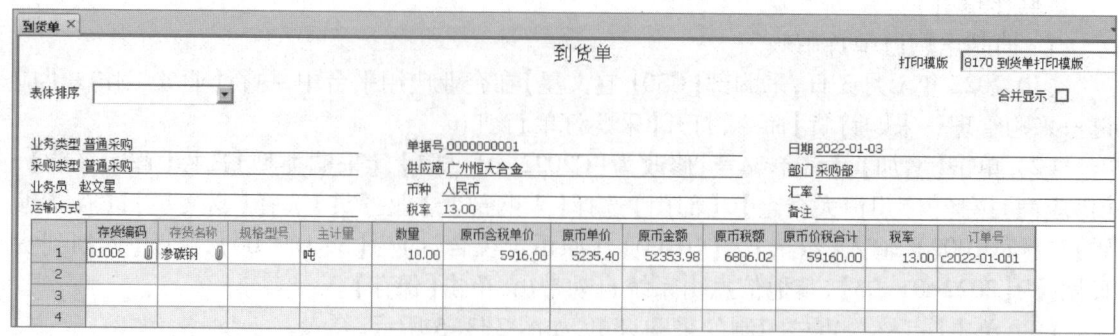

图 2-3-7 【到货单】窗口

3. 完成其他采购业务的录入和生成工作

按照上面的操作步骤,完成所有采购业务的采购订单和到货通知的录入和生成工作。

4. 查询本月新增的采购订单和到货通知

(1) 2022 年 1 月 3 日,采购部【C301 赵文星】在企业应用平台中,执行【业务工作—供应链—采购管理—采购订货—采购订单列表】命令,打开【采购订单列表】窗口,选择期间为【2022-01-01】到【2022-01-31】,单击【确定】,查询结果如图 2-3-8 所示。

图 2-3-8 【订单列表】窗口

(2) 2022 年 1 月 3 日,采购部【C301 赵文星】在企业应用平台中,执行【业务工作】【供应链】【采购管理】【采购到货】命令,打开【到货单列表】窗口,选择期间为【2022-01-01】到【2022-01-31】,单击【确定】,查询结果如图 2-3-9 所示。

图 2-3-9 【到货单列表】窗口

业务二 采购发票收取业务

【业务描述】 2022年1月,珠海市美满机械有限公司收到采购发票具体如下(图 2-3-10 至图 2-3-13 见二维码 2-3-3):

(1) 2022 年 1 月 3 号,向广州市恒大合金有限公司的采购已到货,款项已于上月预付,收取发票如图 2-3-10 所示。

(2) 2022 年 1 月 5 日,向广东金鸿有限公司购买渗碳钢材料到货,款项未付,收取发票如图 2-3-11 所示。

(3) 2022 年 1 月 11 日,向珠海市顺昌有限公司购买调质钢材料到货,款项未付,收取发票如图 2-3-12 所示。

(4) 2022 年 1 月 27 日,向东莞市东和有限公司购买包装箱到货,收取发票如图 2-3-13 所示。

【操作说明】 采购部【C301 赵文星】生成采购专用发票。

【操作指引】

1. 填制采购专用发票

(1) 2022 年 1 月 3 日,采购部【C301 赵文星】在企业应用平台中,执行【业务工作—供应链—采购管理—采购发票】命令,打开【专用采购发票】窗口。

(2) 单击【增加】,执行【生单—采购订单】命令,打开【查询条件选择—采购入库单列表过滤】窗口,日期选择【2022-01-01】到【2022-01-31】,单击【确定】。

(3) 系统弹出【拷贝并执行】窗口,选中所要拷贝的采购订单,单击【确定】,系统自动生成采购专用发票,修改【发票号】为【56487482】,单击【保存】,如图 2-3-14 所示。

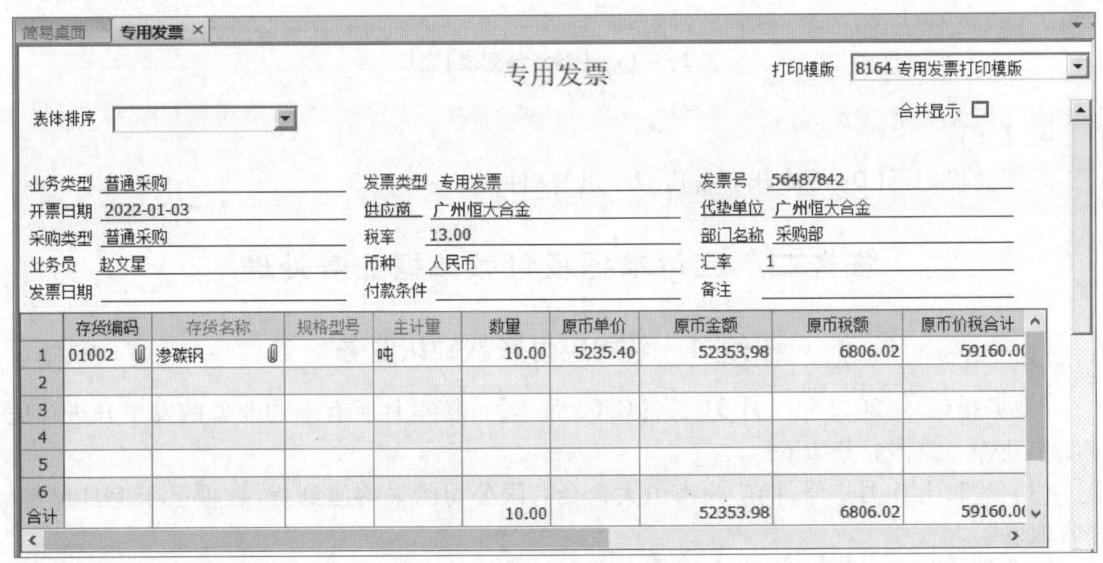

图 2-3-14 【专用发票】窗口

2. 填制其他采购业务的采购发票生单工作

以此类推,完成所有采购业务的采购发票生单工作。

3. 查询市月新增的采购发票及到货单列表

(1) 2022 年 1 月 31 日,采购部【C301 赵文星】在企业应用平台中,执行【业务工作—供应链—采购管理—采购发票】命令,打开【发票列表】窗口,选择期间为【2022-01-01】到【2022-01-31】,单击【确定】,查询结果如图2-3-15所示。

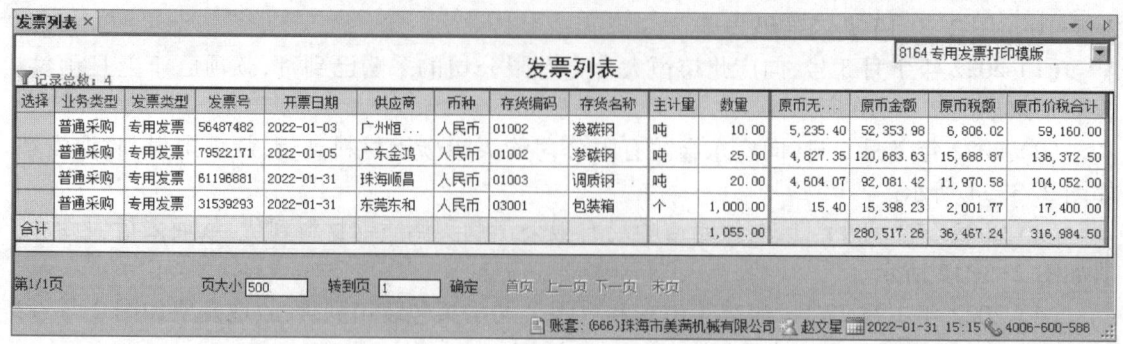

图2-3-15 【发票列表】窗口

(2) 2022年1月31日,采购部【C301赵文星】在企业应用平台中,执行【业务工作—供应链—采购管理—采购到货】命令,打开【到货单列表】窗口,选择期间为【2022-01-01】到【2022-01-31】,单击【确定】,查询结果如图2-3-16所示。

图2-3-16 【到货单列表】窗口

4. 备份

将账套输出至【D:\666账套备份\2.3.1】文件夹。

任务二 应付单据及付款单据业务处理

2-3-4 应付单据及付款单据业务处理

业务一 采购应付账款确认业务

【业务描述】 2022年1月31日,【C203张华】审核本月所有采购业务的发票并进行凭证制单处理。具体业务如下:

(1) 2022年1月3号,向广州市恒大合金有限公司的采购已到货,款项已于上月预付,并收取发票。

(2) 2022年1月5日,向广东金鸿有限公司购买渗碳钢材料到货,款项未付,收取发票。

(3) 2022年1月11日,向珠海市顺昌有限公司购买调质钢材料到货,款项未付,收取发票。

(4) 2022年1月27日,向东莞市东和有限公司购买包装箱到货,款项未付,收取发票。

【操作说明】 【C203张华】审核采购专用发票并完成制单处理。

〖操作指引〗
1. 审核所有采购业务发票并制单

（1）【C203 张华】在应付款管理系统中，执行【应付单据处理—应付单据审核】命令，显示【应付单查询条件】界面，勾选【未审核】【未制单】【未完全报销】复选框，如图 2-3-17 所示。

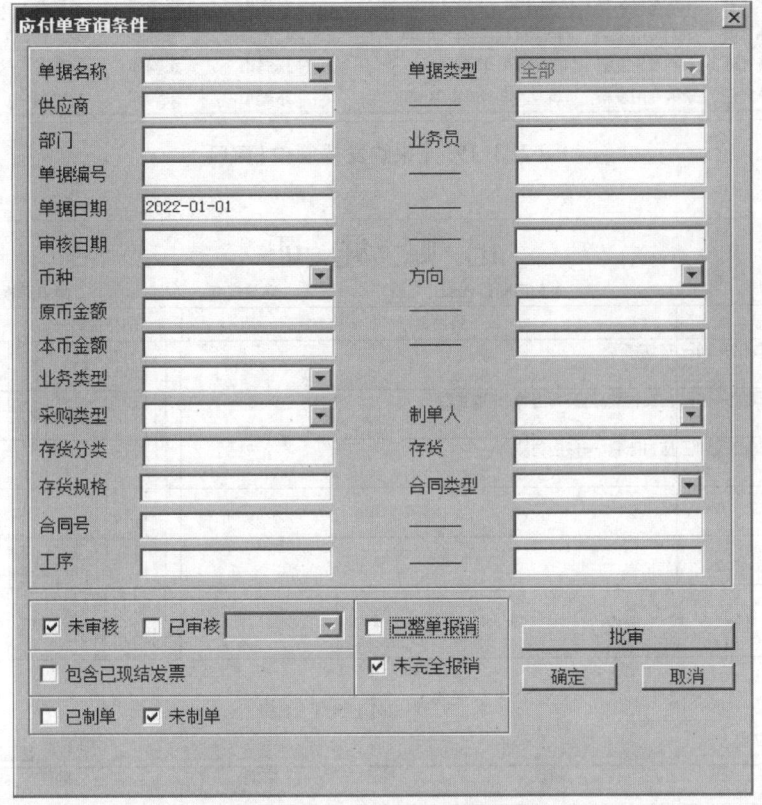

图 2-3-17 【应付单查询条件】窗口

（2）单击【确认】，显示【应付单据列表】，勾选【全选】【审核】，系统弹出提示【本次审核成功单据[4]张】，如图 2-3-18 所示。

选择	单据日期	单据类型	单据号	供应商名称	部门	业务员	制单人	币种	汇率	原币金额	本币金额	备注
	2022-01-03	采购专用发票	56487482	广州市恒大合金有限公司	采购部	赵文星	赵文星	人民币	1.00000000	59,160.00	59,160.00	
	2022-01-05	采购专用发票	79522171	广东金鸿有限公司	采购部	赵文星	赵文星	人民币	1.00000000	136,372.50	136,372.50	
	2022-01-31	采购专用发票	31539293	东莞市东和有限公司	采购部	赵文星	赵文星	人民币	1.00000000	17,400.00	17,400.00	
	2022-01-31	采购专用发票	61196881	珠海市顺昌有限公司	采购部	赵文星	赵文星	人民币	1.00000000	104,052.00	104,052.00	
合计										316,984.50	316,984.50	

图 2-3-18 【应付单据列表】窗口

（3）在应付款管理系统中，执行【制单处理—发票制单】命令，单击【确定】，显示【采购发票制单】界面，勾选【全选】，如图 2-3-19 所示。

（4）执行【制单—生成凭证】命令，单击【保存】，系统弹出提示【凭证已生成】，选择【◁ ◀ ▶ ▷】按钮，生成所有凭证如图 2-3-20 至 2-3-23 所示。

图 2-3-19 【采购发票制单】窗口

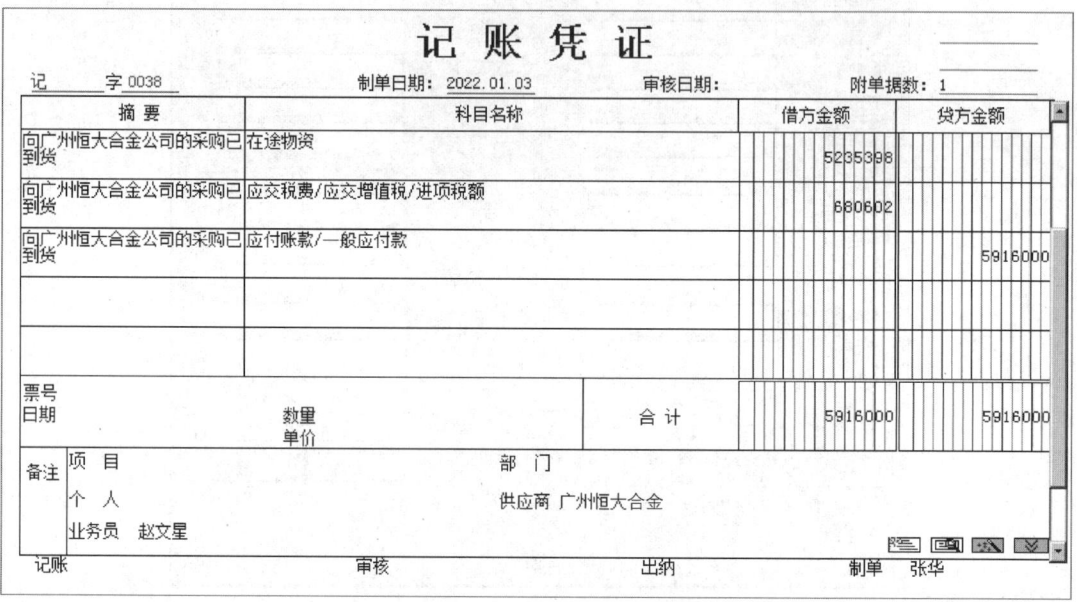

图 2-3-20 【记字 0038 号凭证】对话框

图 2-3-21 【记字 0039 号凭证】对话框

记 账 凭 证

记 字 0040　　制单日期：2022.01.11　　审核日期：　　附单据数：1

摘要	科目名称	借方金额	贷方金额
向珠海顺昌公司购买调质钢材料到货	在途物资	9208142	
向珠海顺昌公司购买调质钢材料到货	应交税费/应交增值税/进项税额	1197058	
向珠海顺昌公司购买调质钢材料到货	应付账款/一般应付款		10405200
票号 日期	数量 单价　合计	10405200	10405200

备注　项目　　部门
　　　个人　　客户
　　　业务员

记账　　审核　　出纳　　制单 张华

图 2-3-22 【记字 0040 号凭证】对话框

记 账 凭 证

记 字 0041　　制单日期：2022.01.27　　审核日期：　　附单据数：1

摘要	科目名称	借方金额	贷方金额
向东莞东和公司购买包装箱到货	在途物资	1539823	
向东莞东和公司购买包装箱到货	应交税费/应交增值税/进项税额	200177	
向东莞东和公司购买包装箱到货	应付账款/一般应付款		1740000
票号 日期	数量 单价　合计	1740000	1740000

备注　项目　　部门
　　　个人　　客户
　　　业务员

记账　　审核　　出纳　　制单 张华

图 2-3-23 【记字 0041 号凭证】对话框

（5）在应付款管理系统中，执行【单据查询—凭证查询】命令，打开【凭证查询】对话框，选择【凭证日期】为【2022-01-01】至【2022-01-31】，单击【确定】，打开【凭证查询】对话框，显示所有采购凭证列表，如图 2-3-24 所示。

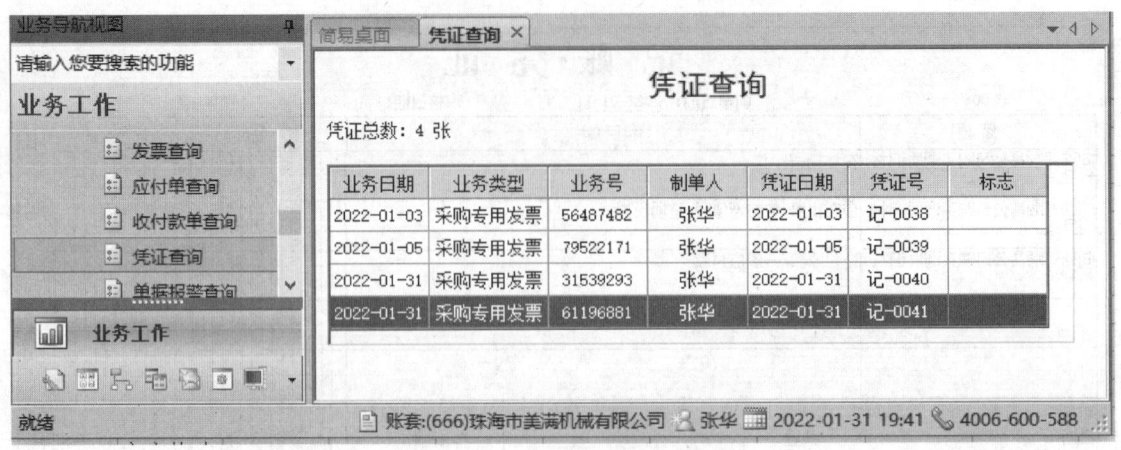

图 2-3-24 【凭证查询】对话框

> **重难点提示**
>
> （1）在填制采购专用发票时，税率由系统自动生成，可以修改。
> （2）已审核的单据不能修改或删除，已生成凭证或进行过核销的单据在单据界面中不再显示。
> （3）录入采购发票后可以直接进行审核，在直接审核后系统会提示【是否立即制单？】，此时可以直接制单。如果录入采购发票后不直接审核，可以在应付单据处理集中统一审核，再到制单功能中统一制单生成凭证。
> （4）已审核的单据在未进行其他处理之前需要修改的应取消审核，再进行修改。

业务二　采购付款日常业务

〖业务描述〗　2022年1月，珠海市美满机械有限公司发生具体业务如下：

（1）根据上月应付账款对账结果，在本月10日和15日分别支付货款，如表2-3-1所示（图2-3-25和图2-3-26见二维码2-3-3）。

表 2-3-1　　　　　　　计划付款转账明细表（补付款凭证支票）

采购日期	供应商名称	摘要	方向	余额（元）	支付日期
2021-12-19	广东金鸿有限公司	采购渗碳钢20吨，含税单价为5 916元，票据号为56726453	贷	118 320	2022-1-10
2021-12-22	珠海市顺昌有限公司	采购调质钢30吨，含税单价为5 568元，票据号为56728954	贷	167 040	2022-1-15

（2）2022年1月25日，支付11日向珠海市顺昌有限公司采购的调质钢货款，取得与业务相关的原始单据如图2-3-25所示。

（3）2022年1月25日，向广州市恒大合金有限公司预付采购渗碳钢货款，取得与业务相关的原始单据如图2-3-26所示。

〖操作说明〗【C204 韦宝宝】录入付款单,【C203 张华】审核付款单并进行核销、制单处理。

〖操作指引〗

1. 录入付款单

(1)【C204 韦宝宝】在应付款管理系统中,执行【付款单据处理—付款单据录入】命令,打开【付款单】窗口。

(2)单击【增加】,修改日期为【2022-01-10】;单击【供应商】选择【广东金鸿】;单击【结算方式】栏,选择【转账支票】;在【金额】栏录入【118 320.00】;在【票据号】栏录入【56726453】;在【摘要】栏录入相关信息;在【款项类型】栏选择【应付款】,单击【保存】,如图 2-3-27 所示。

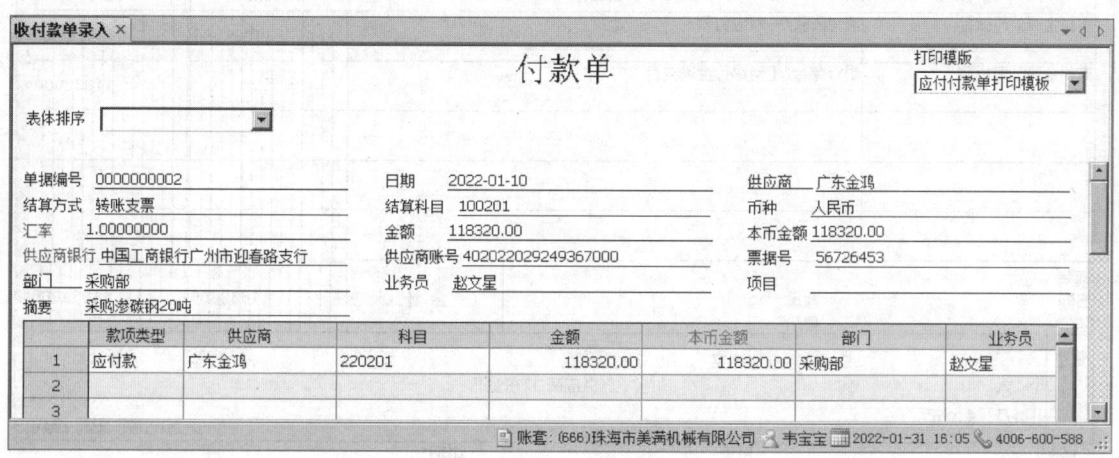

图 2-3-27 【付款单】窗口

2. 审核付款单

(1)【C203 张华】在应付款管理系统中,执行【付款单据处理—付款单据审核】命令,打开【付款查询条件】对话框,默认选择【未审核】【收款单】【付款单】。

(2)单击【确定】,打开【收付款单列表】窗口。单击【全选】,如图 2-3-28 所示。

图 2-3-28 【收付款单列表】窗口

(3)单击【审核】,系统提示【本次审核成功单击[1]张】,单击【确定】。

3. 凭证制单处理

(1)【C203 张华】在应付款管理系统,执行【制单处理】命令,打开【制单查询】对话框。

(2)在【制单查询】对话框,选择【收付款单制单】复选框。单击【确定】,打开【收付款单制单】窗口,单击【全选】,如图 2-3-29 所示。

(3)单击【制单】,系统弹出【生成凭证】窗口,单击【保存】,系统弹出提示【凭证已生成】,在应付款管理系统中生成记账凭证,如图 2-3-30 所示。

图 2-3-29 【收付款单制单】窗口

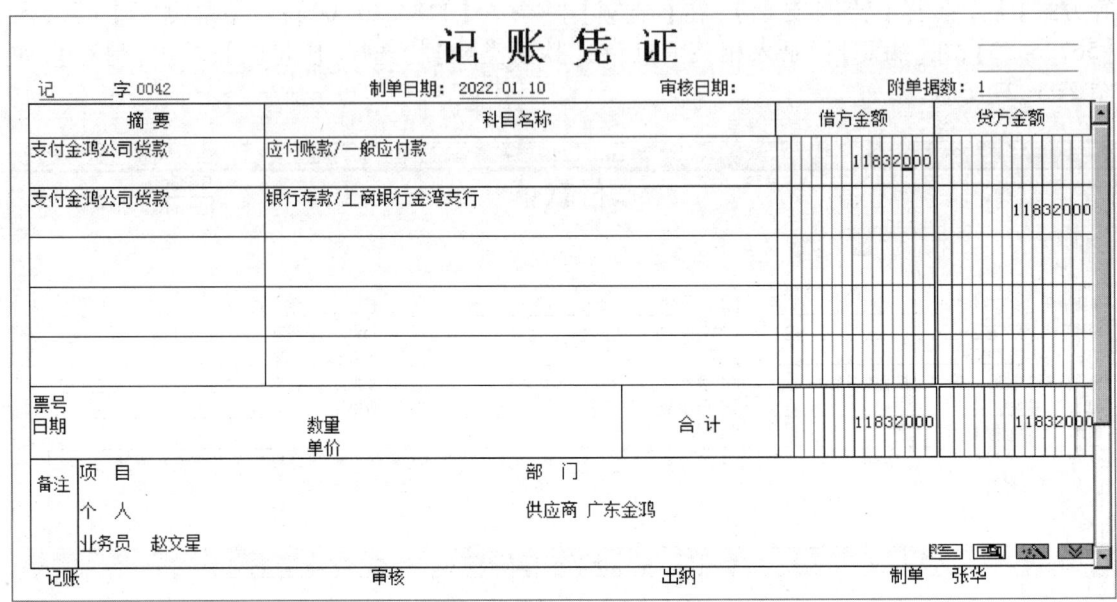

图 2-3-30 【记字 0042 号凭证】对话框

（4）其他业务如上述步骤，所生成的凭证如图 2-3-31 至图 2-3-33 所示。

图 2-3-31 【记字 0043 号凭证】对话框

记 账 凭 证

记　字 0044　　制单日期：2022.01.25　　审核日期：　　附单据数：1

摘要	科目名称	借方金额	贷方金额
支付11日向珠海顺昌公司采购货款	应付账款/一般应付款	10405200	
支付11日向珠海顺昌公司采购货款	银行存款/工商银行金湾支行		10405200
票号 日期	数量 单价　　合计	10405200	10405200

备注　项　目　　部　门
个　人　　供应商　珠海顺昌
业务员　赵文星

记账　　审核　　出纳　　制单　张华

图 2-3-32　【记字 0044 号凭证】对话框

记 账 凭 证

记　字 0045　　制单日期：2022.01.25　　审核日期：　　附单据数：1

摘要	科目名称	借方金额	贷方金额
预付采购渗碳钢货款	预付账款	5000000	
预付采购渗碳钢货款	银行存款/工商银行金湾支行		5000000
票号 日期	数量 单价　　合计	5000000	5000000

备注　项　目　　部　门
个　人　　供应商　广州恒大合金
业务员　赵文星

记账　　审核　　出纳　韦宝宝　　制单　张华

图 2-3-33　【记字 0045 号凭证】对话框

4. 备份

将账套输出至【D:\666 账套备份\2.3.2】文件夹。

任务三　应付票据管理业务处理

2-3-5　应付票据管理业务处理

业务一　承兑票据录入及审核业务

〖业务描述〗　2022 年 1 月 12 日，珠海市美满机械有限公司开具商业承兑汇票，支付 1 月 5 日采购尚欠广东金鸿有限公司货款 136 372.5 元，票据编号为 56728957，出票日期为当天,到期日为2022年7月12日。

〖操作说明〗【C204 韦宝宝】录入商业承兑汇票;【C203 张华】审核付款单并制单处理。

〖操作指引〗

1. 录入商业承兑汇票

(1)【C204 韦宝宝】在应付款管理系统中,执行【票据管理】命令,打开【查询条件选择】对话框,【方向】选择【付款】。

(2)单击【增加】,打开【商业汇票】窗口,选择【票据类型】为【商业承兑汇票】;在【票据编号】栏录入【56728957】;【结算方式】栏选择【商业承兑汇票】;【收到日期】栏选择【2022-01-12】;【出票日期】选择【2022-01-12】;【到期日】选择【2022-07-12】;【收款人】选择【广东金鸿有限公司】;【金额】栏输入【136 372.50】,单击【保存】,如图2-3-34所示。

图2-3-34 【商业汇票】窗口

2. 审核付款单据

(1)【C203 张华】在应付款管理系统中,执行【付款单据处理—付款单据审核】命令,打开【付款单查询条件】对话框,勾选【未审核】【收款单】【付款单】复选框。

(2)单击【确定】,打开【收付款单列表】窗口,单击【全选】,如图2-3-35所示。

图2-3-35 【收付款单列表】窗口

(3)单击【审核】,系统提示【本次审核成功单据[1]张】,单击【确定】。

3. 应付票据制单处理

(1)【C203 张华】在应付款管理系统执行【制单处理】命令,打开【制单查询】对话框。

(2)在【制单查询】对话框中,勾选【收付款单列表】复选框,如图2-3-36所示。

(3)单击【确定】,打开【收付款单制单】窗口。单击【全选】,如图2-3-37所示。

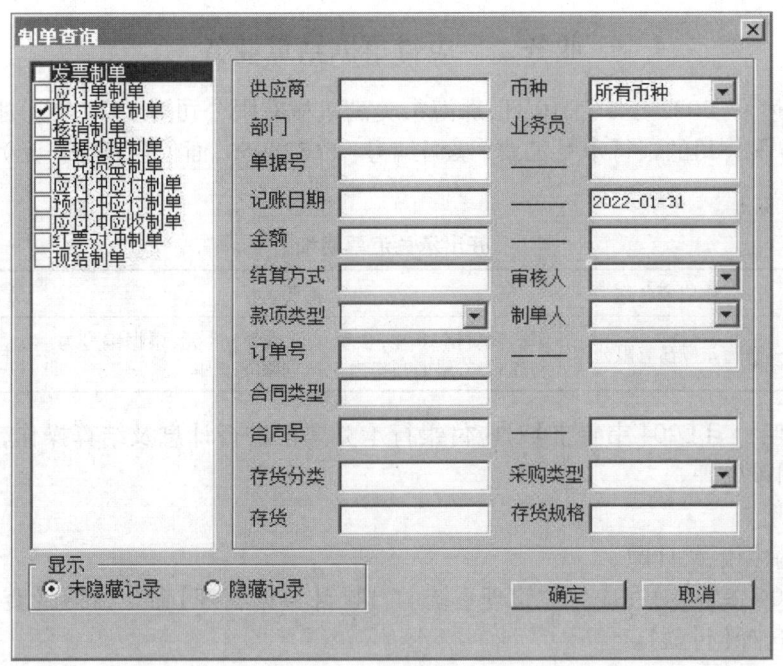

图 2-3-36 【制单查询】对话框

收付款单制单

凭证类别	记账凭证			制单日期	2022-01-12					共 1 条
选择标志	凭证类别	单据类型	单据号	日期	供应商编码	供应商名称		部门	业务员	金额
1	记账凭证	付款单	0000000006	2022-01-12	1	广东金鸿有限公司		采购部	赵文星	136,372.50

图 2-3-37 【收付款单制单】窗口

(4) 单击【制单】,生成记账凭证,单击【保存】,如图 2-3-38 所示。

记 账 凭 证

记　字 0046　　　制单日期:2022.01.12　　　审核日期:　　　附单据数:1

摘　要	科目名称	借方金额	贷方金额
付款单	应付账款/一般应付款	13637250	
付款单	应付票据		13637250
票号 日期	数量 单价	合　计　13637250	13637250
备注	项　目　　　　　　　　　　部　门 个　人　　　　　　　　　供应商 广东金鸿 业务员 赵文星		
记账	审核　　　　　　　　出纳	制单	张华

图 2-3-38 【记字 0046 号凭证】对话框

业务二　应付票据结算业务

〖业务描述〗　2022年1月10日,珠海市美满机械有限公司对2021年7月10日开具给珠海市顺昌有限公司的银行承兑汇票(票据编号:56728956,面值:55 680元)进行计息、结算并制单。

表2-3-2　　　　　　　　　　开出承兑汇票明细

日期	供应商名称	摘要	方向	余额(元)
2021-07-10	珠海市顺昌有限公司	采购调质钢10吨,含税单价为5 568元,票据编号为56728956,票面利率为5%,期限6个月。	贷	55 680

〖操作说明〗　【C204 韦宝宝】对应付银行承兑票汇进行计息及结算操作,【C203 张华】审核并进行制单处理。

〖操作指引〗

1. 银行承兑汇票计息

(1)【C204 韦宝宝】在应付款管理系统中,执行【票据管理】命令,打开【查询条件选择】对话框,方向选择【付款】。

(2)单击【确定】,打开【票据管理】窗口,单击选中2021年7月10日的银行承兑汇票(票据编号:56728956),如图2-3-39所示。

选择	序号	方向	票据类型	收到日期	票据编号	票据摘要	币种	出票日期	结算方式	背书金额	金额	汇率	票面利率	票面余额
Y	1	付款	银行承兑汇票	2021-07-10	56728956	采购调质钢	人民币	2021-07-10		0.00	55,680.00		5	55,680.00
	2	付款	商业承兑汇票	2022-01-12	56728957		人民币	2022-01-12	商业承兑汇票		136,372.50	1.00000000	0	136,372.50
合计										0.00	192,052.50			192,052.50

图2-3-39　【票据管理】窗口

(3)单击【计息】,打开【票据计息】对话框,如图2-3-40所示。

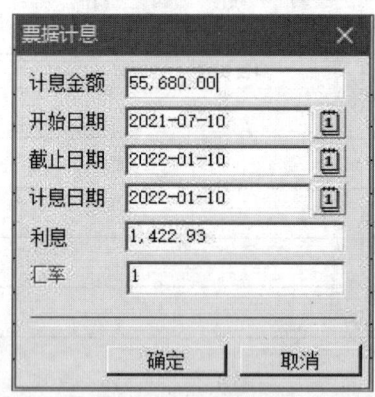

图2-3-40　【票据计息】对话框

(4)单击【确定】,系统弹出提示【是否立即制单?】,单击【否】退出。

2. 银行承兑汇票结算

(1)【C204 韦宝宝】在【票据管理】窗口中,单击选中【票据编号】为【56728956】的

2021年7月10日开出的银行承兑汇票。

（2）单击【结算】，打开【票据结算】对话框，修改结算日期为【2022-01-10】，【结算科目】栏录入或选择【100201】，如图2-3-41所示。

（3）单击【确定】，出现提示【是否立即制单？】，单击【否】退出。

3. 票据处理制单

（1）【C203 张华】在应付款管理系统执行【制单处理】命令，打开【制单查询】对话框。

（2）在【制定查询】对话框中，选择【票据处理制单】复选框。

（3）单击【确定】，打开【应付制单】窗口。单击【全选】，如图2-3-42所示。

（4）单击【制单】，再单击【保存】，在付款系统生成第一张会计凭证，如图2-3-43所示。

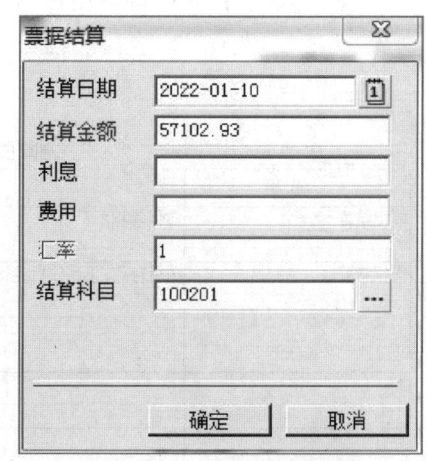

图2-3-41 【票据结算】对话框

应付制单

选择标志	凭证类别	单据类型	单据号	日期	供应商编码	供应商名称	部门	业务员	金额
1	记账凭证	票据计息	56728956	2022-01-10	2	珠海市顺昌有限公司	采购部	赵文星	1,422.93
2	记账凭证	票据结算	56728956	2022-01-10	2	珠海市顺昌有限公司	采购部	赵文星	57,102.93

图2-3-42 【应付制单】窗口

记 账 凭 证

记 字 0047　　制单日期：2022.01.10　　审核日期：　　附单据数：1

摘　要	科目名称	借方金额	贷方金额
付票据利息	财务费用/利息支出	142293	
付票据利息	应付票据		142293
	合　计	142293	142293

票号日期　　数量单价

备注　项　目　　部　门
　　　个　人　　客　户
　　　业务员

记账　　审核　　出纳　　制单 张华

图2-3-43 【记字0047号凭证】对话框

(5) 单击【下张】，自动生成第二张凭证，单击【保存】，如图2-3-44所示。

图 2-3-44 【记字0048号凭证】对话框

4. 备份

将账套输出至【D:\666账套备份\2.3.3】文件夹。

任务四　核销及转账业务处理

业务一　应付单据核销业务

【业务描述】 2022年1月31日，进行以下核销业务处理：

(1) 对珠海市顺昌有限公司应付单据和付款单据进行手工核销。

(2) 对广东金鸿有限公司应付单据和付款单据进行自动核销。

【操作说明】【C203张华】进行手工核销及自动核销处理操作。

【操作指引】

1. 手工核销处理

(1)【C203张华】在应付款管理系统中，执行【核销处理—手工核销】命令，打开【核销条件】对话框。

(2) 在【通用】选项卡，单击【供应商】选择【2-珠海顺昌】，计算日期【2022-01-31】。

(3) 单击【确定】，打开【单据核销】窗口。在【单据类型】为【付款单】和【单据类型】为【采购专用发票】列表中，找到对应的核销的付款项目和开票金额，在【本次结算】中填入【104 052.00】和【167 040.00】，将两个收款记录和对应发票记录进行手工核销处理，【本次结算】合计栏为【271 092.00】，如图2-3-45所示，单击【保存】退出。

单据日期	单据类型	单据编号	供应商	款项类型	结算方式	币种	汇率	原币金额	原币余额	本次结算	订单号
2022-01-15	付款单	0000000003	珠海顺昌	应付款	转账支票	人民币	1.00000000	167,040.00	167,040.00	167,040.00	
2022-01-25	付款单	0000000004	珠海顺昌	应付款	电汇	人民币	1.00000000	104,052.00	104,052.00	104,052.00	
合计								271,092.00	271,092.00	271,092.00	

单据日期	单据类型	单据编号	到期日	供应商	币种	原币金额	原币余额	可享受折扣	本次折扣	本次结算	凭证号
2020-12-22	采购专用发票	56728954	2020-12-22	珠海顺昌	人民币	167,040.00	167,040.00	0.00	0.00	167,040.00	
2022-01-11	采购专用发票	61196881	2022-01-11	珠海顺昌	人民币	104,052.00	104,052.00	0.00	0.00	104,052.00	记-0041
合计						271,092.00	271,092.00	0.00		271,092.00	

图2-3-45 【单据核销】窗口

2. 自动核销处理

（1）【C203 张华】在应付款管理系统中，执行【核销处理—自动核销】命令，打开【核销条件】对话框。

（2）单击【供应商】选择【1-广东金鸿】，计算日期【2022-01-31】。单击【确定】，弹出【是否自动核销？】窗口，单击【是】，完成所有付款单和采购发票的核销处理。

（3）查询【自动核销报告】，单击【明细】，列示所有自动核销明细表，如图2-3-46所示，单击【确定】退出。

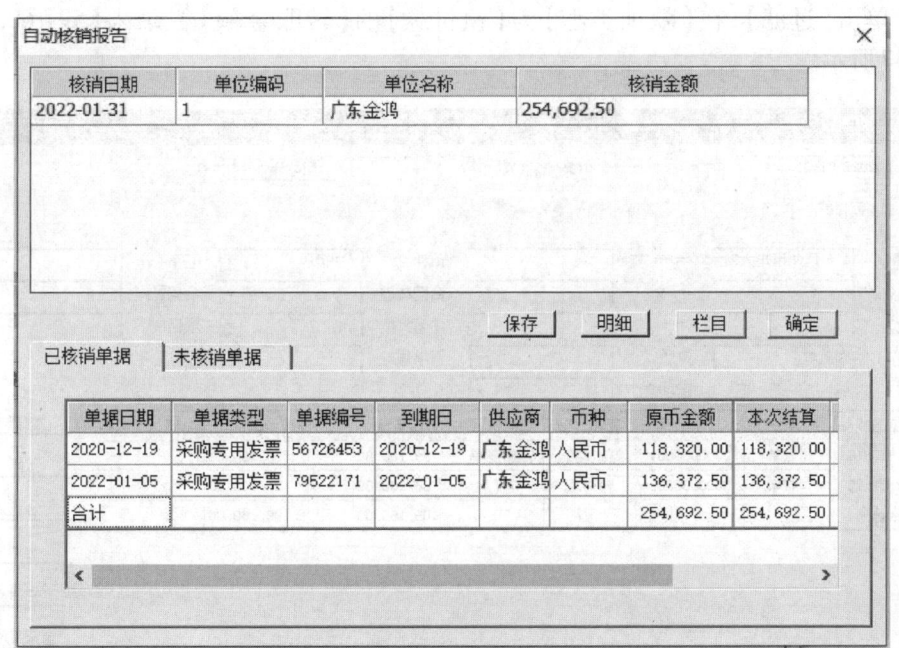

图2-3-46 【自动核销报告】窗口

 重难点提示

（1）在保存核销内容后，【单据核销】窗口中将不再显示已被核销的内容。

（2）核销时，结算单列表中款项类型为应付款的记录默认本次结算金额为该记录上的原币金额；款项类型为预付款的记录默认的本次结算金额为空。核销时，可以修改本次的结算金额，但是不能大于该记录的原币金额。

（3）手工核销保存时，若结算列表的本次结算金额大于或小于被核销单据列表的本次结算金额合计，系统将提示结算金额不相等，不能保存。

（4）如果核销后未进行其他处理，在期末处理的【取消操作】功能中取消核销操作。

（5）自动核销可由系统自动冲销，按采购时间先后顺序，从最早时间开始核销。

业务二　应付单据转账业务

一、预付冲应付

〖业务描述〗　2022年1月31日，将广州市恒大合金有限公司预付款项59 160元和应付款项59 160元进行预付冲应付核销处理。

〖操作说明〗　【C203 张华】进行预付冲应付的转账操作、制单处理。

〖操作指引〗

（1）【C203 张华】在应付款管理系统中，执行【转账】命令，打开【预付冲应付】对话框。

（2）在【预付款】选项卡中，【供应商】选择【4-广州市恒大合金有限公司】。

（3）单击【过滤】，在【款项类型】为【预付款】的【转账金额】栏录入【59 160.00】，如图2-3-47所示。

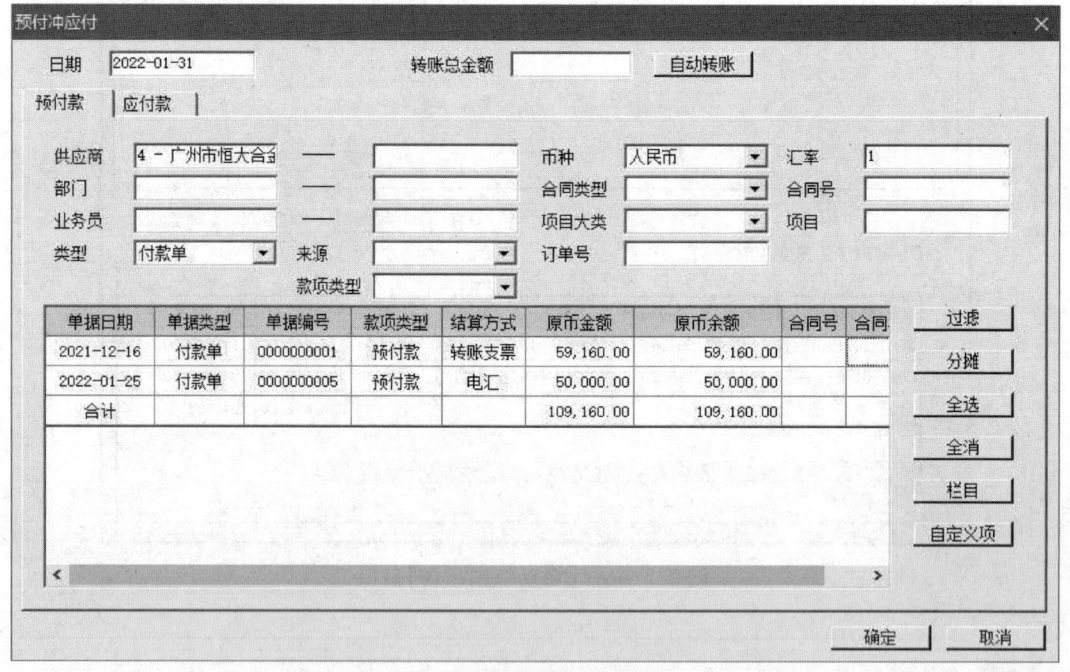

图2-3-47　【预付冲应付—预付款】对话框

（4）单击【应付款】界面，单击【过滤】，在【转账金额】栏录入【59 160.00】，如图2-3-48

所示。

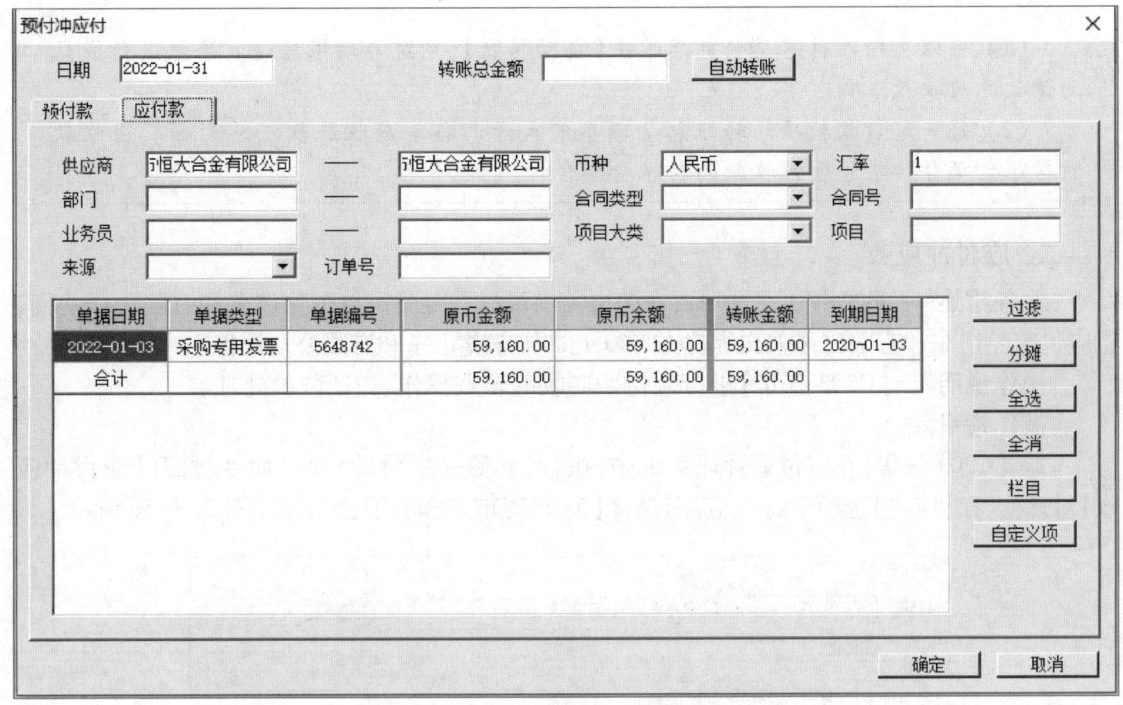

图 2-3-48 【预付冲应付—应付款】对话框

（5）单击【确定】，出现【是否立即制单？】提示框，单击【是】，系统弹出【记账凭证】窗口，自动生成红蓝金额对冲凭证，单击【保存】，系统提示【已生成】，如图 2-3-49 所示。

图 2-3-49 【记字 0049 号凭证】对话框

> **重难点提示**
>
> （1）可以在输入转账总金额后单击【自动转账】，系统自动根据过滤条件进行成批的预收冲应收款工作。
>
> （2）每一笔应收款项的转账总金额不能大于其各笔应收账款汇总金额。应收款的转账金额合计应等于预收款的转账金额合计。

二、应付冲应收

〖业务描述〗 2022年1月31日，珠海市美满机械有限公司与东莞市东和有限公司协商，将应付东莞市东和有限公司采购货款17 400元冲销东莞市东和有限公司销售应收货款款项。

〖操作说明〗 【C203 张华】进行应付冲应收的转账操作、凭证制单处理。

〖操作指引〗

(1)【C203 张华】在应付款管理系统中，执行【转账—应付冲应收】命令，打开【应付冲应收】对话框，在【应付】选项卡，【供应商】选择【5-东莞市东和有限公司】，如图2-3-50所示。

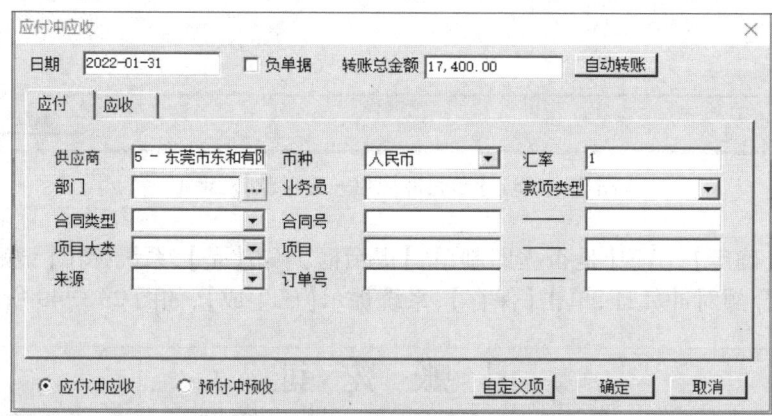

图2-3-50 【应付冲应收—应付】对话框

(2) 单击【应收】选项卡，在【客户】栏录入【105】，或者单击【客户】栏的参照，选择【东莞东和】。

(3) 在【转账金额】录入【17 400.00】，单击【自动转账】，如图2-3-51所示。

单据日期	单据类型	单据编号	原币余额	合同号	合同名称	项目编码	项目	转账金额
2022-01-27	采购专用发票	31539293	17,400.00					17,400.00
合计			17,400.00					17,400.00

转账总金额 17400.00

单据日期	单据类型	单据编号	原币余额	合同号	合同名称	项目编码	项目	转账金额
2022-01-25	销售专用发票	05751676	17,400.00					17,400.00
合计			17,400.00					17,400.00

图2-3-51 【应付冲应收—转账金额录入】窗口

(4) 单击【保存】,出现【是否立即制单?】提示,单击【是】,系统弹出【记账凭证】窗口,单击【保存】,系统提示【已生成】,如图 2-3-52 所示。

记 账 凭 证

摘要	科目名称	借方金额	贷方金额
采购专用发票	应付账款/一般应付款	1740000	
销售专用发票	应收账款/国内客户		1740000
	合 计	1740000	1740000

记　字 0050　制单日期:2022.01.31　审核日期:　附单据数:1

票号日期　数量单价

备注　项　目
　　　个　人　　供应商 东莞东和
　　　业务员 赵文星

记账　　审核　　出纳　　制单 张华

图 2-3-52 【记字 0050 号凭证】对话框

2-3-7 业务拓展:应付管理单据、凭证、账表查询

(5) 备份:将账套输出至【D:\666 账套备份\2.3.4】文件夹。

项目四　库存管理与存货核算业务处理

2-4-1 库存管理与存货核算业务处理概述

> **思政园地**
>
> **银行库存被盗，竟是职员监守自盗买保时捷**
>
> 余某，原任中山市保安服务有限公司押运分公司清钞管理中心副经理，被法院以盗窃罪判处有期徒刑13年。据法院查明，2014年3月至2016年2月，余某在任期间，在押运分公司清钞管理中心1号工场内，多次以偷拿钥匙偷开钱箱的方式，窃取由押运分公司保管的民生银行中山分行和平安银行中山分行的现金，并藏匿在口袋内带走。
>
> 此后，余某利用银行与押运分公司对账的时间差，私自篡改返纳现金交接表、加钞计划表并盗用公章盖上。此外，他又在两家银行前来查库前，向押运分公司工作人员谎称两家银行之间互借现金，指令工作人员进行互借操作。通过上述方法，余某先后作案100多次，累计盗窃金额约人民币1560万元。
>
> 世间何来"一夜暴富"？财富的积累，都是通过个人努力实现的。一个平日都要靠借钱周转度日的职员，面对大量金钱动了贪念，找到了一条"致富"之路。与钱打交道，最可怕的就是伸手拿不该拿的钱。
>
> 参考资料：朱晓宇. 中山男子监守自盗1560万！买奔驰保时捷，每天花销1万[N/OL]. 中山日报. (2016-10-26)[2023-03-21]. https://static.nfapp.southcn.com/content/201610/26/c158550.html.

2-4-2 采购入库与结算处理

2-4-3 库存管理与存货核算日常业务单据

任务一　库存管理日常业务处理

业务一　采购入库及采购结算业务

〖业务描述〗　仓库根据采购部的到货通知，联系质检部进行货物的验收工作，并将材料办理入库手续，采购部方可进行采购结算业务处理。具体采购入库业务如下（图2-4-1至图2-4-4见二维码2-4-3）：

（1）2022年1月3号，与广州市恒大合金有限公司采购的渗碳钢到货入库，如图2-4-1所示。

（2）2022年1月5日，与广东金鸿有限公司采购的渗碳钢到货入库，如图2-4-2所示。

（3）2022年1月11日，与珠海市顺昌有限公司采购的调质钢到货入库，如图2-4-3所示。

（4）2022年1月27日，与东莞市东和有限公司采购的包装箱到货入库，如图2-4-4所示。

〖操作说明〗　【C501陈玮】生成入库单并审核，【C301赵文星】进行结算处理。

〖操作指引〗
1. 根据到货通知核对收货，并生成采购入库单

（1）2022年1月3日，仓储部【C501 陈玮】在企业应用平台中，执行【业务工作—供应链—库存管理—入库业务】命令，打开【采购入库单】窗口。

（2）执行【生单—采购到货单（蓝字）】命令，打开【查询条件选择—采购到货单列表】窗口，选择【单据日期】为【2022-01-01】到【2022-01-03】，单击【确定】，如图2-4-5所示。

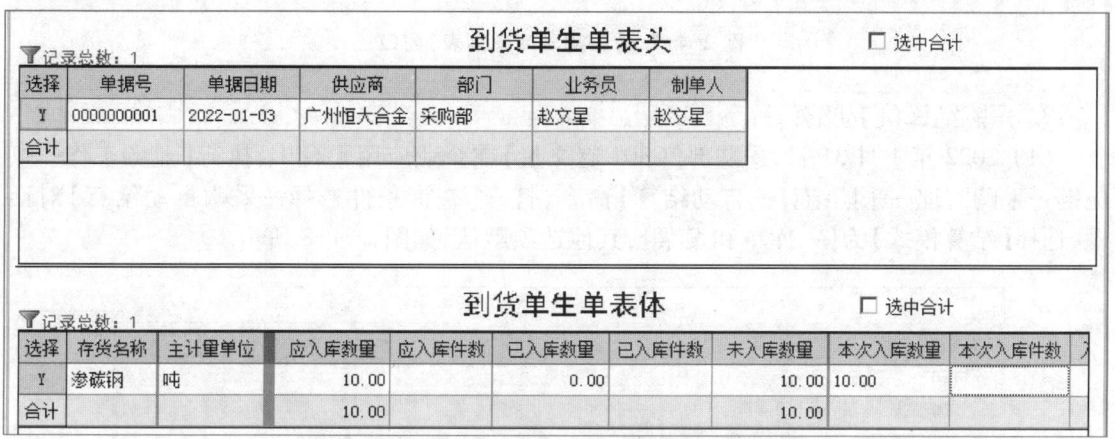

图2-4-5 【查询条件选择—采购到货单列表】窗口

（3）打开【到货单生单列表】窗口，选择相应的【到货单生单表头】，单击【确定】，系统自动生成采购入库单，修改【仓库】为【材料仓】，单击【保存】，再单击【审核】，如图2-4-6所示。

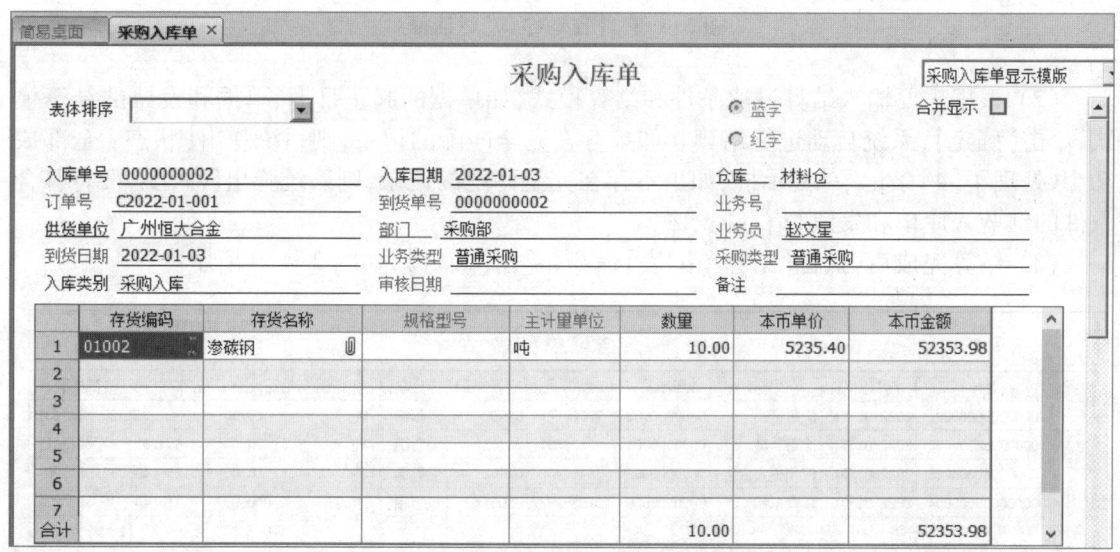

图2-4-6 【采购入库单】窗口

（4）以此类推，按入库单实际到货时间进行查询，完成所有材料采购入库单生单操作。

2. 查询本月生成的采购入库单列表

仓储部【C501 陈玮】在企业应用平台中，执行【业务工作—供应链—库存管理—单据列表】命令，打开【采购入库单列表】窗口，选择【单据日期】为【2022-01-01】到【2022-01-31】，

单击【确定】，采购入库单列表如图2-4-7所示。

采购入库单列表													采购入库单打印模版
记录总数：4													
选择	记账人	仓库	入库日期	入库单号	入库类别	部门	业务员	供应商	制单人	审核人	存货编码	存货名称	主	数量	本币无	本币无
	龚纯纯	材料仓	2022-01-27	0000000005	采购入库	采购部	赵文星	东莞东和	陈玮	陈玮	03001	包装箱	个	1,000.00	15.40	15,398.23
	龚纯纯	材料仓	2022-01-11	0000000004	采购入库	采购部	赵文星	珠海顺昌	陈玮	陈玮	01003	调质钢	吨	20.00	4,604.07	92,081.42
	龚纯纯	材料仓	2022-01-03	0000000002	采购入库	采购部	赵文星	广州恒大合金	陈玮	陈玮	01002	渗碳钢	吨	10.00	5,235.40	52,353.98
	龚纯纯	材料仓	2022-01-05	0000000003	采购入库	采购部	赵文星	广东金鸿	陈玮	陈玮	01002	渗碳钢	吨	25.00	4,827.35	120,683.63
小计														1,055.00		280,517.26

图2-4-7 【采购入库单列表】窗口

3. 采购结算（自动结算）

（1）2022年1月31日，采购部【C301 赵文星】在企业应用平台中，执行【业务工作—供应链—采购管理—采购结算—自动结算】命令，打开【查询条件选择—采购自动结算】对话框，选择【结算模式】为【入库单和发票】，其他选项默认，如图2-4-8所示。

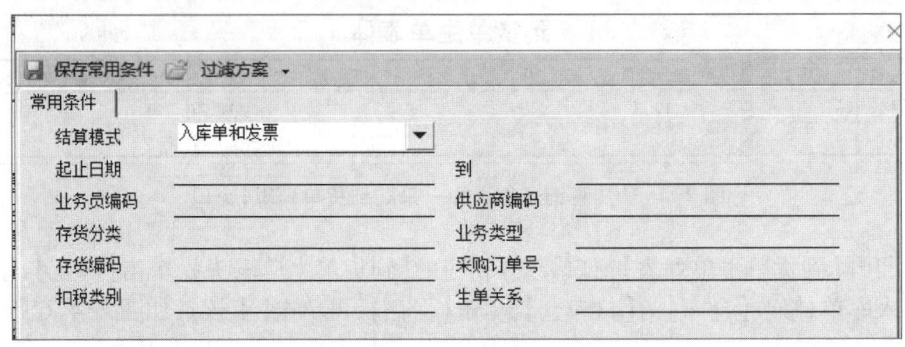

图2-4-8 【自动结算】对话框

（2）根据需要输入结算过滤条件和结算模式，如单据的起止日期、单据和发票的结算模式，单击【确定】，系统自动进行结算。如果存在完全匹配的记录，则系统弹出【状态：全部成功，共处理了[4]条记录】提示框；如果不存在完全匹配的记录，则系统弹出【状态：没有符合条件的红蓝入库单和发票】信息提示框。

（3）结算完成后，执行【结算单列表】命令，单击【确定】，如图2-4-9所示。

结算单列表											8176结算单打印模版
记录总数：4											
选择	结算单号	结算日期	供应商	入库单号...	发票号	存货编码	存货名称	主计量	结算数量	结算单价	结算金额
	000000000000001	2022-01-31	广东金鸿	0000000003	79522171	01002	渗碳钢	吨	25.00	4,827.35	120,683.63
	000000000000002	2022-01-31	珠海顺昌	0000000004	61196881	01003	调质钢	吨	20.00	4,604.07	92,081.42
	000000000000003	2022-01-31	广州恒大合金	0000000002	56487482	01002	渗碳钢	吨	10.00	5,235.40	52,353.98
	000000000000004	2022-01-31	东莞东和	0000000005	31539293	03001	包装箱	个	1,000.00	15.40	15,398.23
合计									1,055.00		280,517.26

图2-4-9 【结算单列表】窗口

（4）选择第一行结算单，双击查询第一张结算单，如图2-4-10所示。

（5）结算完成后，在企业应用平台中，执行【业务工作—供应链—采购管理—采购发票—增值税专用发票】命令，查询已结算的采购专用发票，采购专用发票左上方显示【已结算】，如图2-4-11所示。

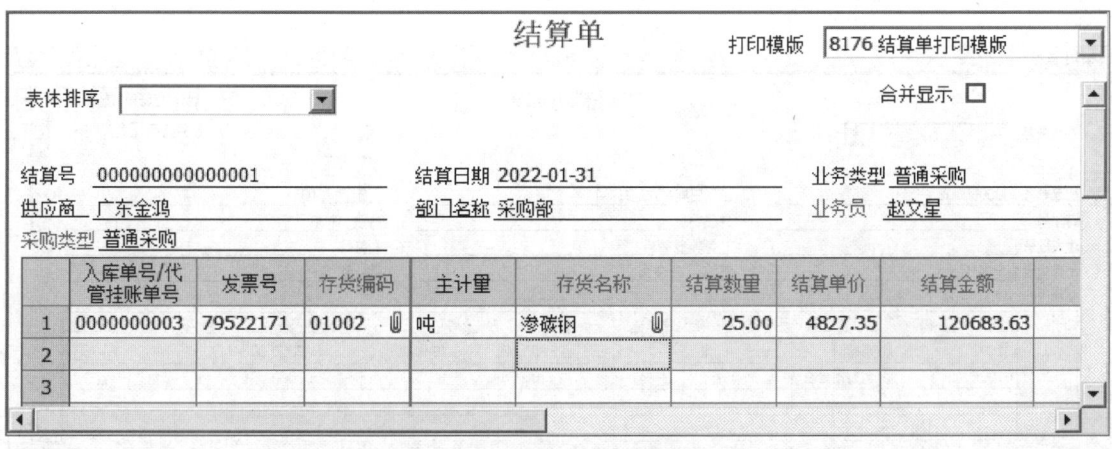

图 2-4-10 【结算单】对话框

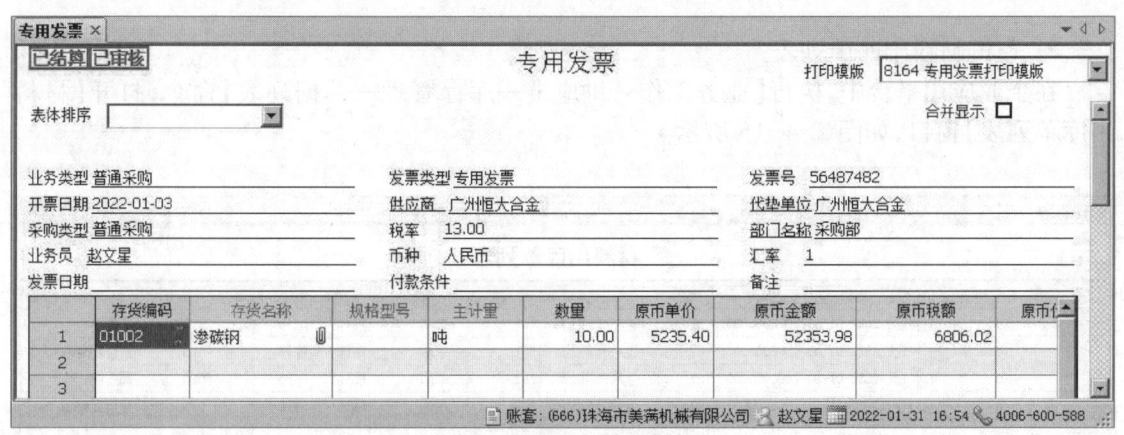

图 2-4-11 【已结算—专用发票】窗口

业务二 生产领料业务

【业务描述】 2022 年 1 月 1 日,按本月生产计划,一车间生产变速箱锥齿轮 4 000 件,二车间生产传动齿轮 7 000 件,生产产品领用原材料,领料单如图 2-4-12 和图 2-4-13 所示(见二维码 2-4-3)。

2-4-4 生产领料业务

【操作说明】 【C501 陈玮】根据公司以上经济业务填制生产领料单。

【操作指引】

1. 根据生产领料单,一车间生成材料出库单

(1) 2022 年 1 月 30 日,仓储部【C501 陈玮】在企业应用平台中,执行【业务工作—供应链—库存管理—出库业务】命令,打开【材料出库单】窗口。

(2) 单击【增加】,修改【出库日期】为【2022-01-30】,选择【仓库】为【材料仓】,【出库类别】为【生产领料出库】,【部门】选择【一车间】,材料编码选【01002】和【01004】,数量分别录入【50.00】和【200.00】,单价分别录入【4 941.00】和【15.00】,单击【保存】,再单击【审核】,如图 2-4-14 所示。

(3) 按以上步骤完成二车间生产领料出库业务处理。

189

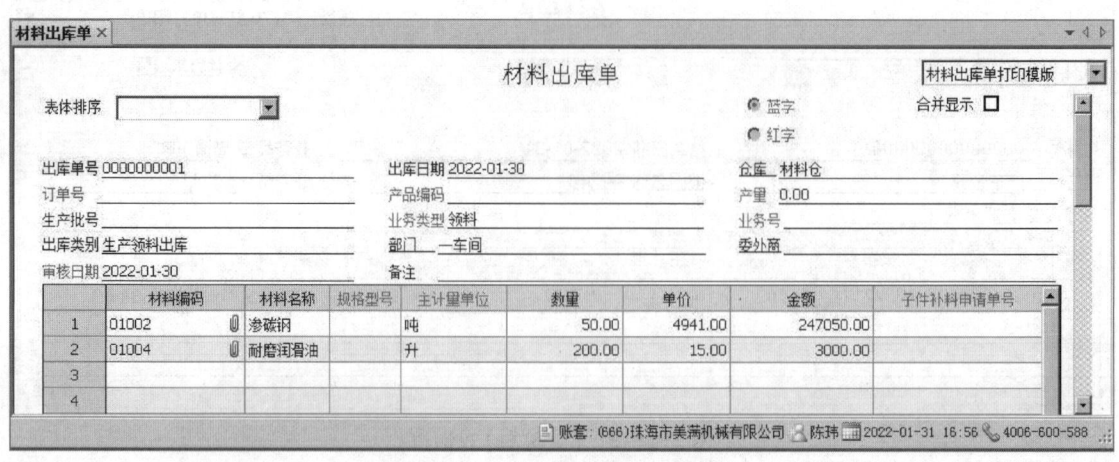

图 2-4-14 【材料出库单】窗口

2. 查询材料出库单列表

在企业应用平台中,执行【业务工作—供应链—库存管理—单据列表】命令,打开【材料出库单列表】窗口,如图 2-4-15 所示。

图 2-4-15 【材料出库单列表】窗口

业务三 产成品完工入库业务

〖业务描述〗 2022 年 1 月 31 日,根据生产部的报表,一车间本月投产的变速箱锥齿轮完工率为 80%,完工数量为 3 109 件;二车间本月投产的传动齿轮完工率为 90%,完工数量为 6 088 件,生产完工产品全部入库,入库单如图 2-4-16 和图 2-4-17 所示(见二维码 2-4-3)。

〖操作说明〗 【C501 陈炜】根据公司以上经济业务填制完工产品入库单。

〖操作指引〗

1. 根据产成品完工数据,填制一车间完工产成品入库单

(1) 2022 年 1 月 31 日,仓储部【C501 陈炜】在企业应用平台中,执行【业务工作—供应链—库存管理—入库业务】命令,打开【产成品入库单】窗口。

(2) 单击【增加】,修改【入库日期】为【2022-01-31】,【仓库】选择【成品仓】,【出库类别】选择【产品完工入库】,【部门】选择【一车间】,【产品编码】选择【02001】,【数量】录入【3 109.00】,【单价】为空,单击【保存】,再单击【审核】,如图 2-4-18 所示。

(3) 按以上步骤完成二车间产成品完工入库业务处理。

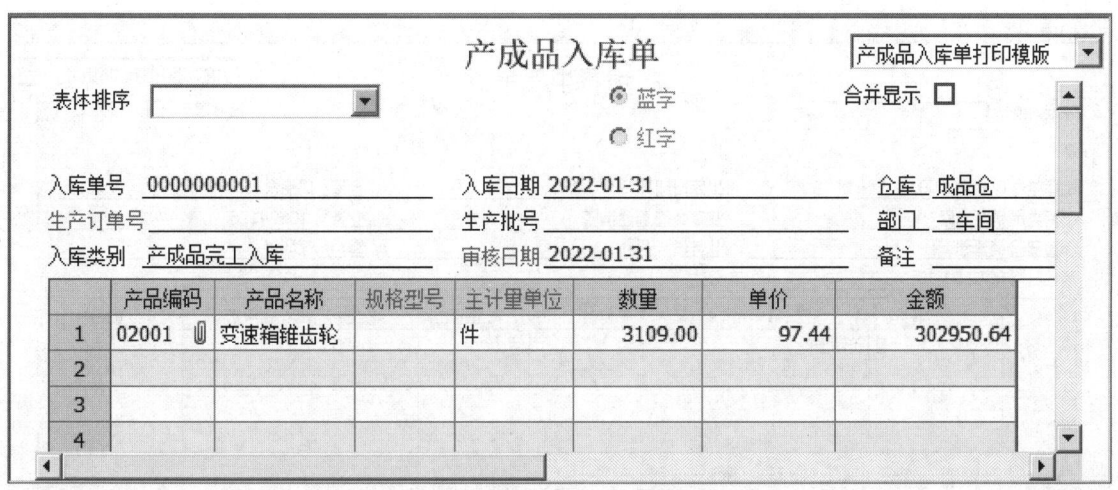

图 2-4-18 【产成品入库单】窗口

2. 查询产成品入库单列表

在企业应用平台中,执行【业务工作—供应链—库存管理—单据列表】命令,打开【产成品入库单列表】窗口,如图 2-4-19 所示。

图 2-4-19 【产成品入库单列表】窗口

业务四 销售商品出库业务

〖业务描述〗 2022 年 1 月,根据销售订单发货,生成销售出库单,如图 2-4-20 至图 2-4-26 所示(见二维码 2-4-3)。

〖操作说明〗 【C501 陈玮】根据公司以上经济业务填制销售出库单。

〖操作指引〗

1. 根据销售发票生成本月销售出库单

(1) 2022 年 1 月 18 日,仓储部【C501 陈玮】在企业应用平台中,执行【供应链—库存管理—出库业务】命令,打开【销售出库单】窗口。

(2) 执行【生单—销售生单】命令,打开【查询条件选择—销售发货单列表】对话框,单击【确定】,浏览自动生成的第一张销售出库单,如图 2-4-27 所示。

2. 完成其他销售出库单的审核

单击【⇤ ⇠ ⇢ ⇥】,选择相应的【销售出库单】,单击【审核】,完成所有销售出库单的系统自动审核。

3. 查询所有销售出库单列表

仓储部【C501 陈玮】在企业应用平台中,执行【供应链—库存管理—单据列表—出库单

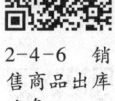

2-4-6 销售商品出库业务

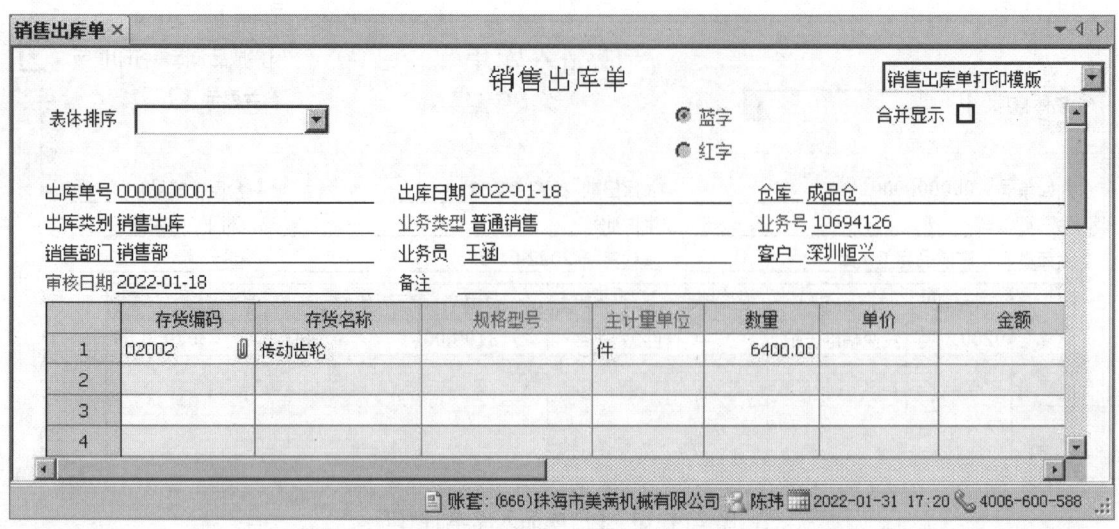

图 2-4-27 【销售出库单】窗口

列表选项查询】命令,【出库日期】选择【2022-01-01】至【2022-01-31】,单击【确定】,打开【销售单据列表】窗口,如图 2-4-28 所示。

图 2-4-28 【销售出库单列表】窗口

2-4-7 仓库调拨业务

业务五　仓库调拨业务

【业务描述】　2022 年 1 月 31 日,因成品仓需要维修,公司将二车间存货【02002 传动齿轮】125 台,从【成品仓】调拨到【半成品仓】。

【操作说明】　【C501 陈炜】填制调拨单,并完成其他出入库单的审核工作。

【操作指引】

1. 新增调拨单

(1) 2022 年 1 月 31 日,仓储部【C501 陈炜】在企业应用平台中,执行【业务工作—供应链—库存管理—调拨业务】命令,打开【调拨单】窗口。

(2) 单击【增加】,选择【转出仓库】为【成品仓】,【转入仓库】为【半成品仓】,【出库类别】选择【其他出库】,【入库类别】选择【其他入库】,输入【存货编码】为【02002】,【数量】为【125.00】,单击【保存】,再单击【审核】,如图 2-4-29 所示。

图 2-4-29 【调拨单】窗口

2. 审核其他入库单

2022 年 1 月 31 日,【C501 陈玮】在企业应用平台中,执行【业务工作—供应链—库存管理—入库业务—其他入库单】命令,单击【｜← ← → →｜】,找到调拨单自动生成的其他入库单,再单击【审核】,如图 2-4-30 所示。

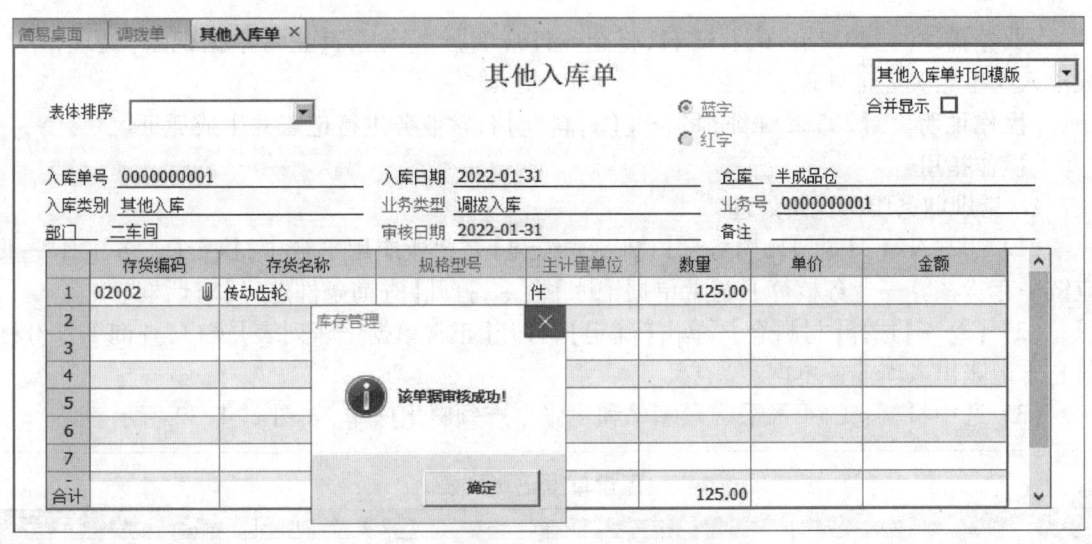

图 2-4-30 【其他入库单】窗口

3. 审核其他出库单

2022 年 1 月 31 日,【C501 陈玮】在企业应用平台中,执行【业务工作—供应链—库存管理—出库业务—其他出库单】命令,单击【浏览】,找到调拨单自动生成的其他出库单,再单击【审核】,如图 2-4-31 所示。

4. 备份

将账套输出至【D:\666 账套备份\2.4.1】文件夹。

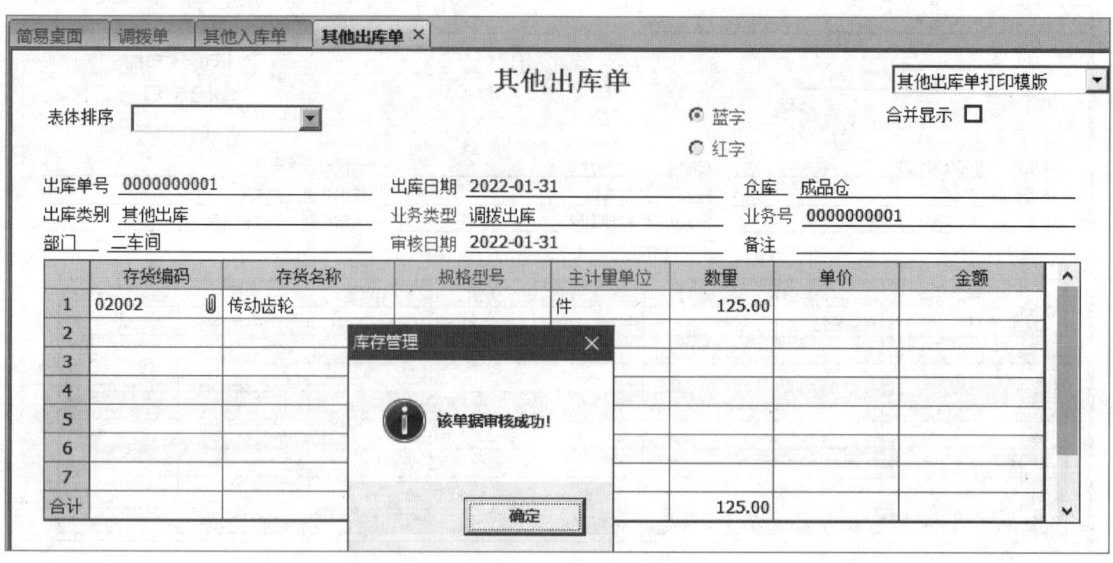

图 2-4-31 【其他出库单】窗口

任务二 存货核算日常业务处理

业务一 正常单据记账与凭证生成业务

2-4-8 正常单据记账与凭证生成业务处理（微课）

〖业务描述〗 2022年1月31日，将企业日常单据业务进行【正常单据记账】处理，并生成出入库单相关凭证处理。

〖操作说明〗【205 龚纯纯】将企业【材料仓】日常业务进行记账并生成凭证。

〖操作指引〗

1. 常规业务单据记账处理

（1）2022年1月31日，财务部【C205 龚纯纯】在企业应用平台中，执行【业务工作—供应链—存货核算—业务核算—正常单据记账】命令，打开【查询条件选择】对话框。

（2）【仓库】选择【材料仓】，单击【确定】，打开【正常单据记账列表】窗口，查询1月份材料仓未记账出入库业务单据。

（3）选中材料仓的4张采购入库单和4张生产领料出库单，如图 2-4-32 所示。

正常单据记账列表

记录总数：8

选择	日期	单据号	存货编码	存货名称	单据类型	仓库名称	收发类别	数量	单价	金额	计划单价	计划金额
	2022-01-03	0000000002	01002	渗碳钢	采购入库单	材料仓	采购入库	10.00	5,235.40	52,353.98		
	2022-01-05	0000000003	01002	渗碳钢	采购入库单	材料仓	采购入库	25.00	4,827.35	120,683.63		
	2022-01-11	0000000004	01003	调质钢	采购入库单	材料仓	采购入库	20.00	4,604.07	92,081.42		
	2022-01-27	0000000005	03001	包装箱	采购入库单	材料仓	采购入库	1,000.00	15.40	15,398.23		
	2022-01-30	0000000001	01002	渗碳钢	材料出库单	材料仓	生产领料出库	50.00	4,941.00	247,050.00		
	2022-01-30	0000000001	01004	耐磨润滑油	材料出库单	材料仓	生产领料出库	200.00	15.00	3,000.00		
	2022-01-30	0000000002	01003	调质钢	材料出库单	材料仓	生产领料出库	20.00	4,590.00	91,800.00		
	2022-01-30	0000000002	01004	耐磨润滑油	材料出库单	材料仓	生产领料出库	80.00	15.00	1,200.00		
小计								1,405.00		623,567.26		

图 2-4-32 【材料仓—正常单据记账列表】窗口

(4) 单击【记账】,系统提示【记账成功!】,完成有单价的所有日常业务单据的记账处理,关闭并退出【正常单据记账列表】窗口。

(5)【仓库】勾选【成品仓】【半成品仓】复选框,单击【确定】,打开【正常单据记账列表】窗口,查询1月份成品仓和半成品仓未记账出入库业务,如图2-4-33所示,由于没有单价金额,暂时不需要作记账处理,查询后退出。

正常单据记账列表

记录总数:12

选择	日期	单据号	存货编码	存货名称	规格型号	存货代码	单据类型	仓库名称	收发类别	数量	计划单价
	2022-01-07	86022887	02001	变速箱锥齿轮			专用发票	成品仓	销售出库	200.00	
	2022-01-11	88615680	02002	传动齿轮			专用发票	成品仓	销售出库	3,000.00	
	2022-01-15	64718709	02001	变速箱锥齿轮			专用发票	成品仓	销售出库	-100.00	
	2022-01-18	10694126	02002	传动齿轮			专用发票	成品仓	销售出库	6,400.00	
	2022-01-25	59317844	02001	变速箱锥齿轮			专用发票	成品仓	销售出库	5,000.00	
	2022-01-25	05751676	02001	变速箱锥齿轮			专用发票	成品仓	销售出库	100.00	
	2022-01-25	88777053	02001	变速箱锥齿轮			专用发票	成品仓	销售出库	5,000.00	
	2022-01-31	0000000001	02001	变速箱锥齿轮			产成品入库单	成品仓	产成品完工入库	3,109.00	
	2022-01-31	0000000002	02002	传动齿轮			产成品入库单	成品仓	产成品完工入库	6,088.00	
	2022-01-31	0000000001	02002	传动齿轮			其他出库单	成品仓	其他出库	125.00	
	2022-01-31	0000000001	02002	传动齿轮			其他入库单	半成品仓	其他入库	125.00	

图2-4-33 【正常单据记账列表】窗口

重难点提示

由于产成品完工入库需要期末统一分配成本并计算产品单价,才能计算出产成品入库和出库的单价和金额,本次暂时不进行产品完工入库和销售出库的单据记账业务,待月末进行产成品成本分配和计算后,再进行【成品仓】和【半成品仓】未记账单据处理。

2. 已记账出入库单据生成凭证处理

(1) 财务部【C205 龚纯纯】在企业应用平台中,执行【业务工作—供应链—存货核算—财务核算—生成凭证】命令,打开【查询条件】对话框。

(2) 单击【确定】,打开【未生成凭证单据一览表】窗口,单击【选择】栏,选中待生成凭证的单据,如图2-4-34所示。

输出　单据　全选　全消　确定　取消

□ 已结算采购入库单自动选择全部结算单上单据(包括入库单、发票、付款单),非本月采购入库单按蓝字报销单制单

未生成凭证单据一览表

选择	记账日期	单据日期	单据类型	单据号	仓库	收发类别	记账人	部门	部门编码	业务单号	业务类型	计价方式	摘要	供应商
	2022-01-31	2022-01-03	采购入库单	0000000002	材料仓	采购入库	蓝英	采购部	3		普通采购	先进先出法	采购入库单	广州市恒大合金有限公司
	2022-01-31	2022-01-05	采购入库单	0000000003	材料仓	采购入库	蓝英	采购部	3		普通采购	先进先出法	采购入库单	广东金鸿有限公司
	2022-01-31	2022-01-11	采购入库单	0000000004	材料仓	采购入库	蓝英	采购部	3		普通采购	先进先出法	采购入库单	珠海市顺昌有限公司
	2022-01-31	2022-01-27	采购入库单	0000000005	材料仓	采购入库	蓝英	采购部	3		普通采购	先进先出法	采购入库单	东莞市东和有限公司
	2022-01-31	2022-01-30	材料出库单	0000000001	材料仓	生产领料出	蓝英	一车间	501		领料	先进先出法	材料出库单	
	2022-01-31	2022-01-30	材料出库单	0000000002	材料仓	生产领料出	蓝英	二车间	502		领料	先进先出法	材料出库单	

图2-4-34 【未生成凭证单据一览表】窗口

(3) 单击【确定】,【凭证类别】选择【记 记账凭证】,如图2-4-35所示。

(4) 单击【生成】,再单击【保存】,共生成6张记凭证,如图2-4-36至图2-4-41所示。

凭证类别	记 记账凭证										
选择	单据类型	单据号	科目类型	科目编码	科目名称	借方金额	贷方金额	借方数量	贷方数量	存货编码	存货名称
1	材料出库单	0000000001	对方	500101	直接材料	3,000.00		200.00		01004	耐磨润滑油
			存货	140304	耐磨润滑油		3,000.00		200.00	01004	耐磨润滑油
		0000000002	对方	500101	直接材料	48,000.00		10.00		01003	调质钢
			存货	140303	调质钢		48,000.00		10.00	01003	调质钢
			对方	500101	直接材料	48,000.00		10.00		01003	调质钢
			存货	140303	调质钢		48,000.00		10.00	01003	调质钢
			对方	500101	直接材料	1,200.00		80.00		01004	耐磨润滑油
			存货	140304	耐磨润滑油		1,200.00		80.00	01004	耐磨润滑油
	采购入库单	0000000003	存货	140302	渗碳钢	52,353.98		10.00		01002	渗碳钢
			对方	1402	在途物资		52,353.98		10.00	01002	渗碳钢
			存货	140302	渗碳钢	120,683.63		25.00		01002	渗碳钢
			对方	1402	在途物资		120,683.63		25.00	01002	渗碳钢
		0000000004	存货	140303	调质钢	92,081.42		20.00		01003	调质钢
			对方	1402	在途物资		92,081.42		20.00	01003	调质钢
		0000000005	存货	1412	包装物	15,398.23		1,000.00		03001	包装箱
			对方	1402	在途物资		15,398.23		1,000.00	03001	包装箱
合计						635,717.26	635,717.26				

图 2-4-35 【生成凭证】窗口

记 账 凭 证

记 字 0051　　制单日期：2022.01.31　　审核日期：　　附单据数：1

摘要	科目名称	借方金额	贷方金额
采购入库单	原材料/渗碳钢	5235398	
采购入库单	在途物资		5235398
票号 日期	数量　10.00吨 单价　5235.40	合 计　5235398	5235398
备注	项目 个人 业务员	部门 客户	

记账　　审核　　出纳　　制单 龚纯纯

图 2-4-36 【记字 0051 号凭证】对话框

记 账 凭 证

记　字 0052　　　　制单日期：2022.01.31　　审核日期：　　附单据数：1

摘　要	科目名称	借方金额	贷方金额
采购入库单	原材料/渗碳钢	12068363	
采购入库单	在途物资		12068363

票号
日期　　　　数量　　25.00吨　　　　合　计　　12068363　　12068363
　　　　　　单价　　4827.35

备注　项　目　　　　　　　部　门
　　　个　人　　　　　　　客　户
　　　业务员

记账　　　　审核　　　　出纳　　　　制单　龚纯纯

图 2-4-37　【记字 0052 号凭证】对话框

记 账 凭 证

记　字 0053　　　　制单日期：2022.01.31　　审核日期：　　附单据数：1

摘　要	科目名称	借方金额	贷方金额
采购入库单	原材料/调质钢	9208142	
采购入库单	在途物资		9208142

票号
日期　　　　数量　　20.00吨　　　　合　计　　9208142　　9208142
　　　　　　单价　　4604.07

备注　项　目　　　　　　　部　门
　　　个　人　　　　　　　客　户
　　　业务员

记账　　　　审核　　　　出纳　　　　制单　龚纯纯

图 2-4-38　【记字 0053 号凭证】对话框

记账凭证

记 字 0054　　制单日期：2022.01.31　　审核日期：　　附单据数：1

摘要	科目名称	借方金额	贷方金额
采购入库单	包装箱	1539823	
采购入库单	在途物资		1539823

票号日期　　数量 1000.00 个　单价 15.40　　合计　1539823　1539823

备注　项目　　　部门
　　　个人　　　客户
　　　业务员

记账　　审核　　出纳　　制单 龚纯纯

图 2-4-39 【记字 0054 号凭证】对话框

记账凭证

记 字 0055　　制单日期：2022.01.31　　审核日期：　　附单据数：1

摘要	科目名称	借方金额	贷方金额
材料出库单	生产成本/直接材料	25005000	
材料出库单	原材料/渗碳钢		24705000
材料出库单	原材料/耐磨润滑油		300000

票号日期　　数量　单价　　合计　25005000　25005000

备注　项目 变速箱锥齿轮　部门 一车间
　　　个人　　　客户
　　　业务员

记账　　审核　　出纳　　制单 龚纯纯

图 2-4-40 【记字 0055 号凭证】对话框

图 2-4-41 【记字 0056 号凭证】对话框

业务二 特殊单据记账与凭证生成业务

〖业务描述〗 2022 年 1 月 31 日,将企业特殊单据业务(包括发出商品、直运销售、特殊单据)进行记账,并生成凭证处理。

〖操作说明〗 【205 龚纯纯】将企业特殊业务进行记账并生成凭证。

〖操作指引〗

1. 检查发出商品单据记账

(1) 2022 年 1 月 31 日,财务部【C205 龚纯纯】在企业应用平台中,执行【业务工作—供应链—存货核算—业务核算—发出商品单据记账】命令,打开【查询条件选择】对话框。

(2) 单击【确定】,打开【发出商品记账】窗口,没有发现尚未记账单据,不需要进行记账处理,如图 2-4-42 所示。

2-4-9 特殊单据记账与凭证生成业务处理(微课)

图 2-4-42 【发出商品记账】窗口

2. 检查直运销售单据记账

(1) 2022 年 1 月 31 日,财务部【C205 龚纯纯】在企业应用平台中,执行【业务工作—供应链—存货核算—业务核算—直运销售单据记账】命令,打开【查询条件选择】对话框,选择单据类型为【采购发票】和【销售发票】。

(2) 单击【确定】,打开【直运销售记账】窗口,没有发现尚未记账单据,不需要进行记账处理,如图 2-4-43 所示。

					直运销售记账					
▼记录总数：0										
选择	日期	单据号	存货编码	存货名称	规格型号	收发类别	单据类型	数量	单价	金额
小计										

图 2-4-43 【直运销售记账】窗口

3. 检查特殊单据记账

（1）2022 年 1 月 31 日，财务部【C205 龚纯纯】在企业应用平台中，执行【业务工作—供应链—存货核算—业务核算—特殊单据记账】命令，打开【查询条件选择】对话框，选择【单据类型】为【调拨单】，如图 2-4-44 所示。

（2）单击【确定】，打开【特殊单据记账】窗口，如图 2-4-45 所示。

（3）单击【记账】，将调拨单记账，系统提示【记账成功！】。

（4）执行【财务核算—生成凭证】命令，打开【查询条件】对话框。

（5）单击【确定】，打开【未生成凭证单据一览表】窗口，【科目编码】录入【1405】，【科目名称】为【库存商品】，如图 2-4-46 所示。

（6）单击【合成】，其他入库单和其他出库单合并生成一张记账凭证，生成科目为【库存商品】的记账凭证，删除凭证中科目名称为库存商品的借方和贷方各一行，如图 2-4-47 所示，在借方和贷方项目栏中，均双击选择【传动齿轮】，单击【保存】。

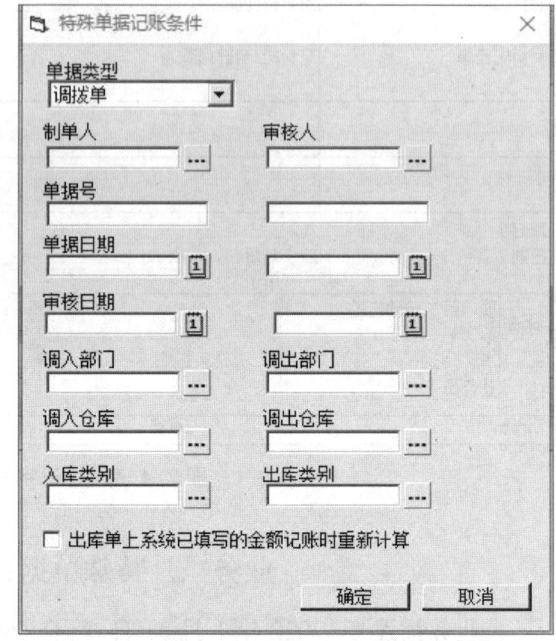

图 2-4-44 【特殊单据记账条件】窗口

					特殊单据记账				
▼记录总数：1									
选择	单据号	单据日期	转入仓库	转出仓库	转入部门	转出部门	经手人	审核人	制单人
Y	0000000001	2022-01-31	半成品仓	成品仓	二车间	二车间	陈玮	蓝英$	蓝英$
小计									

图 2-4-45 【特殊单据记账】窗口

选择	单据类型	单据号	摘要	科目类型	科目编码	科目名称	借方金额	贷方金额	借方数量	贷方数量	科目方向	存货编码	存货名称	部门编码	部门名称
1	其他出库单	0000000001	其他出库单	对方	1405	库存商品	3,890.00		125.00		1	02002	传动齿轮	502	二车间
				存货	1405	库存商品		3,890.00		125.00		02002	传动齿轮	502	二车间
	其他入库单		其他入库单	存货	1405	库存商品	3,890.00		125.00		2	02002	传动齿轮	502	二车间
				对方	1405	库存商品		3,890.00		125.00		02002	传动齿轮	502	二车间
合计							7,780.00	7,780.00							

图 2-4-46 【未生成凭证单据一览表】窗口

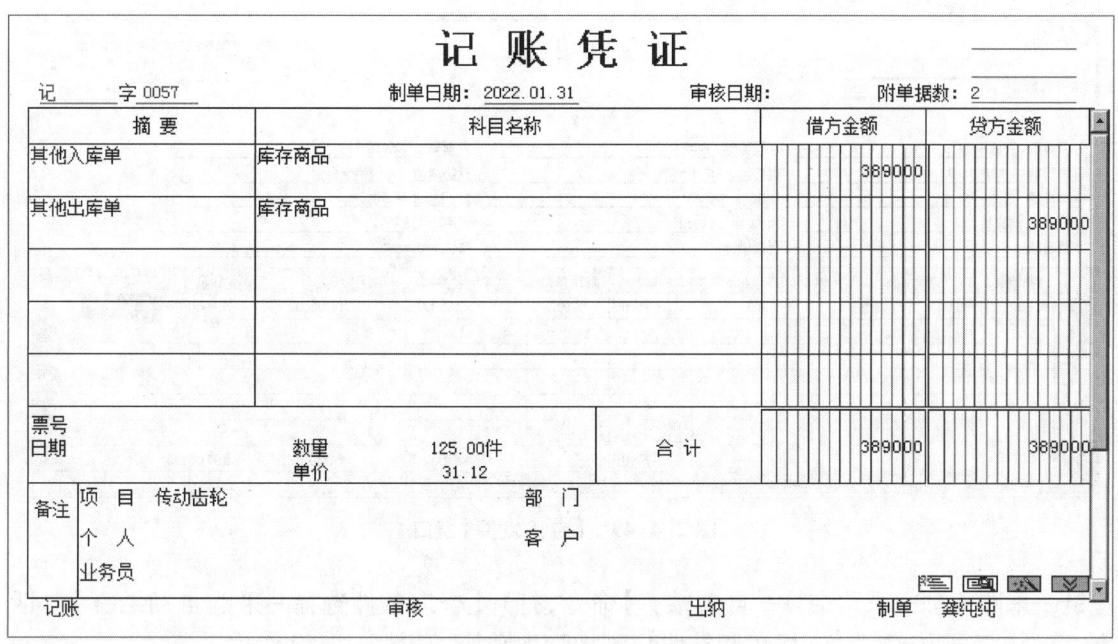

图 2-4-47 【记字 0057】号凭证对话框

4. 备份

将账套输出至【D:\666 账套备份\2.4.2】文件夹。

任务三 采购暂估业务处理

业务一 本期到票冲上期暂估业务

2-4-10 暂估业务处理

〖业务描述〗 2022 年 1 月 3 日,收到 2021 年 12 月 18 日入库的广州市恒大合金有限公司的 10 吨渗碳钢发票,取得与该业务相关的凭证如图 2-4-48 所示(见二维码 2-4-3)。

〖业务解析〗 本笔业务是期初入库,本期收到采购专用发票的暂估处理业务。

〖操作说明〗 采购部【C301 赵文星】填制采购专用发票;财务部【C203 张华】审核发票、财务部【C205 龚纯纯】结算成本处理并制单。

〖操作指引〗

1. 生成采购专用发票

(1) 2022 年 1 月 3 日,采购部【C301 赵文星】在企业应用平台中,执行【业务工作—供应链—采购管理—采购发票—专用采购发票】命令,打开【专用采购发票】窗口。

(2) 单击【增加】,执行【生单—入库单】命令,打开【查询条件选择—采购入库单列表过滤】对话框,单击【确定】。

(3) 系统弹出【拷贝并执行】对话框,选中所要拷贝的采购入库单,单击【确定】,系统自动生成采购专用发票,修改【发票号】为【56487843】,单击【结算】,完成自动结算处理,如图 2-4-49 所示。

2. 采购结算(自动结算)

(1) 2022 年 1 月 31 日,采购部【C301 赵文星】在企业应用平台中,执行【业务工作—供

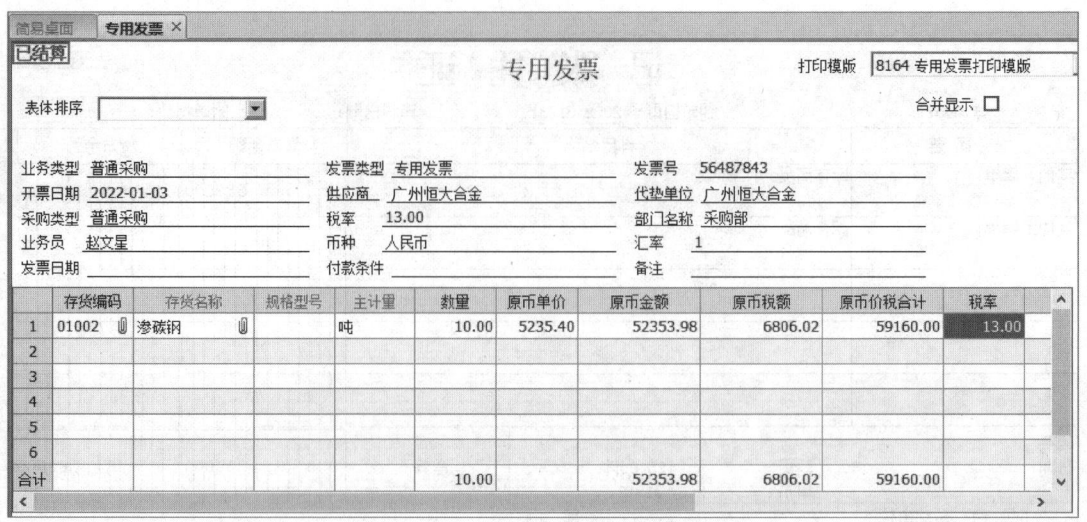

图 2-4-49 【专用发票】窗口

应链—采购管理—采购结算—自动结算】命令,打开【查询条件选择—采购自动结算】对话框,选择【结算模式】为【入库单和发票】,其他选项默认,如图 2-4-50 所示。

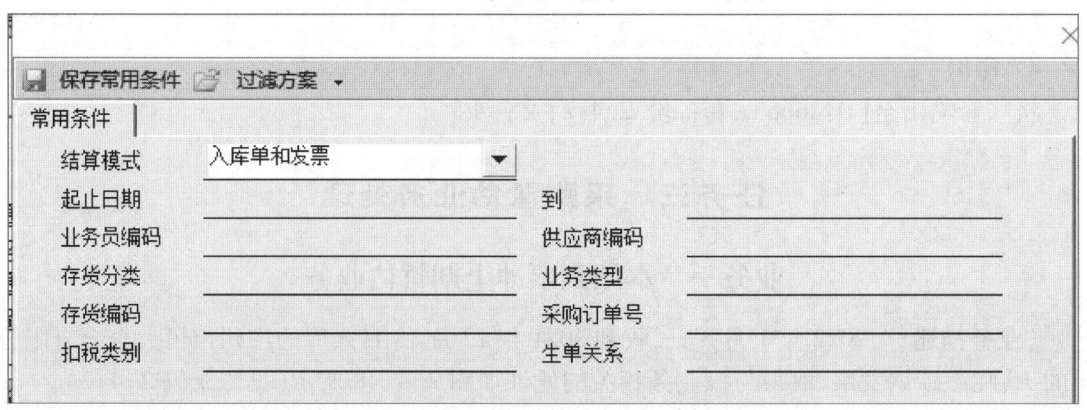

图 2-4-50 【采购自动结算】对话框

(2) 根据需要输入结算过滤条件和结算模式,如单据的起止日期,单据和发票的结算模式,单击【确定】,系统自动进行结算。如果存在完全匹配的记录,则系统弹出【状态:全部成功,共处理了[1]条记录】提示框;如果不存在完全匹配的记录,则系统弹出【状态:没有符合条件的红蓝入库单和发票】提示框。

(3) 结算完成后,执行【结算单列表】命令,单击【确定】,如图 2-4-51 所示。

选择	结算单号	结算日期	供应商	入库单号	发票号	存货编码	存货名称	主计量	结算数量	结算单价	结算金额	暂估单价	暂估金额	制单人
	000000000000001	2022-01-31	广东金鸿	0000000003	79522171	01002	渗碳钢	吨	25.00	4,827.35	120,683.63	4,827.35	120,683.63	赵文星
	000000000000002	2022-01-31	珠海顺昌	0000000004	61196581	01003	调质钢	吨	20.00	4,604.07	92,081.42	4,604.07	92,081.42	赵文星
	000000000000003	2022-01-31	广州恒大合金	0000000002	56487482	01002	渗碳钢	吨	10.00	5,235.40	52,353.98	5,235.40	52,353.98	赵文星
	000000000000004	2022-01-31	东莞东和	0000000005	31539293	03001	包装箱	个	1,000.00	15.40	15,398.23	15.40	15,398.23	赵文星
	000000000000005	2022-01-03	广州恒大合金	0000000001	56487843	01002	渗碳钢	吨	10.00	5,235.98	5,916.00	5,235.98	59,160.00	赵文星
合计									1,065.00		332,871.24		339,677.26	

图 2-4-51 【结算单列表】窗口

3. 应付单据审核与制单

(1) 2022 年 1 月 31 日,财务部【C203 张华】在企业应用平台中,执行【业务工作—财务会计—应付款管理—应付单据处理—应付单据审核】命令,打开【应付单据查询条件】对话框。

(2) 勾选【未审核】【未制单】【未完全报销】【已整单报销】复选框,单击【确定】,系统弹出【应付单据列表】窗口。

(3) 双击【选择】栏,或单击【全选】,单击【审核】,系统完成审核并给出审核报告,如图 2-4-52 所示。

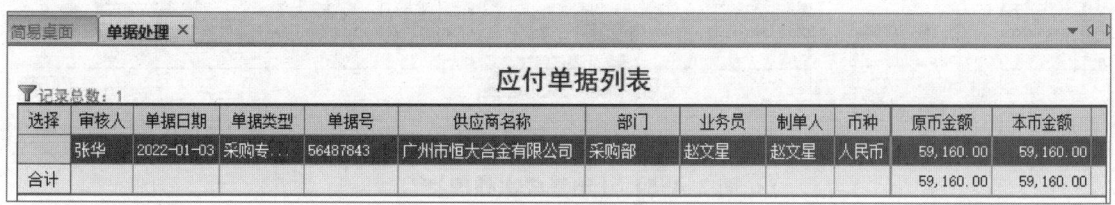

图 2-4-52 【应付单据列表】窗口

(4) 单击【确定】后退出,执行【制单处理】命令,打开【制单查询】对话框,勾选【发票制单】复选框,单击【确定】,打开【采购发票制单】窗口。

(5) 选择【记账凭证】,单击【全选】,选中要制单的【专用采购发票】。

(6) 单击【制单】,生成一张记账凭证,单击【保存】,如图 2-4-53 所示。

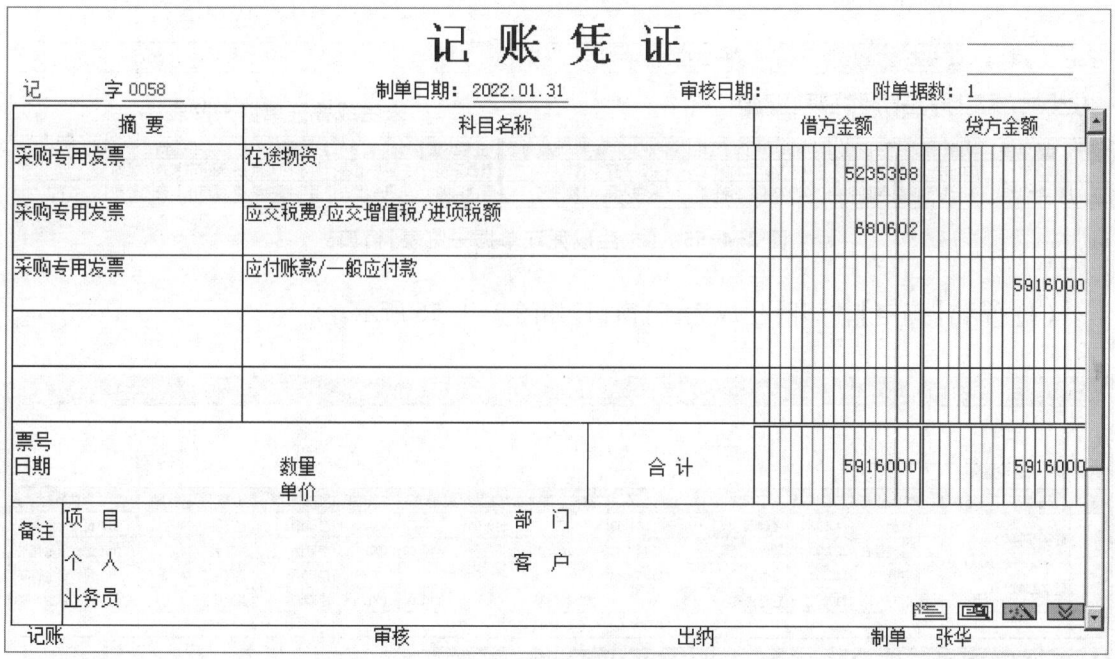

图 2-4-53 【记字 0058 号凭证】对话框

4. 结算成本处理

(1) 2022 年 1 月 31 日,财务部【C205 龚纯纯】在企业应用平台中,执行【业务工作—供应链—存货核算—业务核算—结算成本处理】命令,打开【暂估处理查询】对话框。

（2）选中【材料仓】复选框,再选中未全部结算完的单据是否显示。单击【确定】,打开【暂估结算表】窗口。

（3）单击【选择】栏,或单击【全选】,选中要暂估结算的结算单,如图 2-4-54 所示,再单击【暂估】。

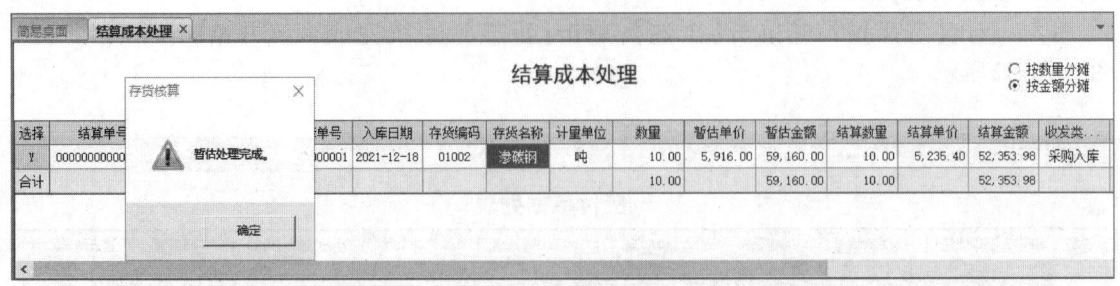

图 2-4-54 【结算成本处理】窗口

5. 生成红蓝回冲单凭证

（1）2022 年 1 月 31 日,财务部【C205 龚纯纯】在企业应用平台执行【业务工作—供应链—存货核算—财务核算—生成凭证】命令,打开【生成凭证】窗口。

（2）单击【选择】,打开【查询条件】对话框,选中【红字回冲单】和【蓝字回冲单】复选框。

（3）单击【确定】,打开【未生成凭证单据一览表】窗口,单击【选择】栏,如图 2-4-55 所示。

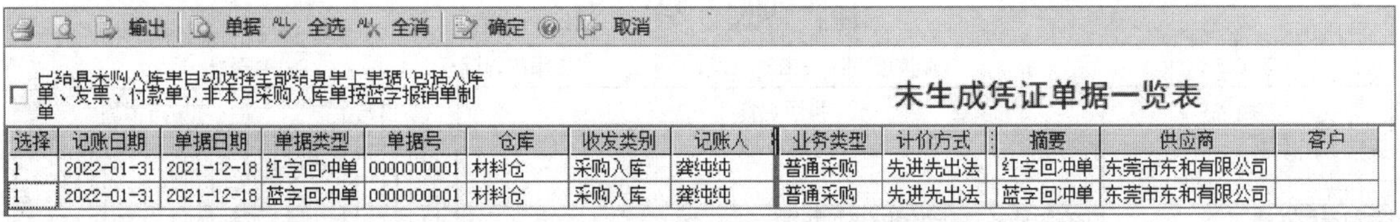

图 2-4-55 【未生成凭证单据一览表】窗口

（4）单击【确定】,打开【生成凭证】窗口,如图 2-4-56 所示。

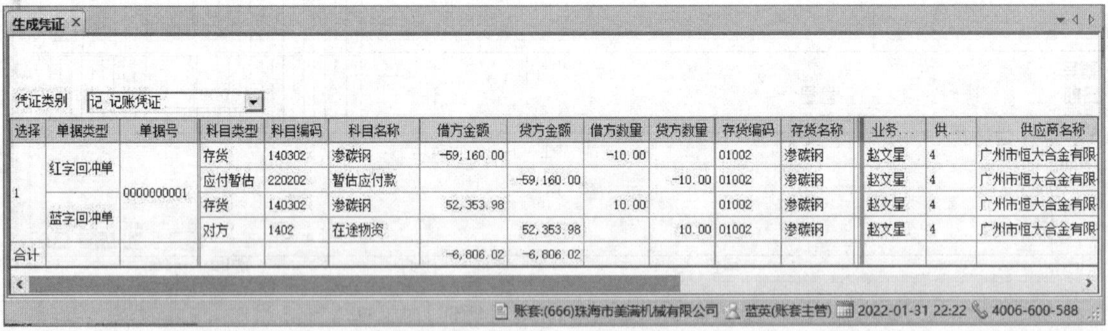

图 2-4-56 【生成凭证】窗口

（5）单击【生成】,再单击【保存】,生成两张记账凭证,如图 2-4-57 和图 2-4-58 所示。

记 账 凭 证

记　　字 0059　　制单日期：2022.01.31　　审核日期：　　附单据数：1

摘要	科目名称	借方金额	贷方金额
红字回冲单	原材料/渗碳钢	5916000	
红字回冲单	应付账款/暂估应付款		5916000
票号 日期　　数量 -10.00吨 单价 5916.00	合计	5916000	5916000
备注　项目 个人 业务员	部门 客户		

记账　　审核　　出纳　　制单　龚纯纯

图 2-4-57　【记字 0059 号凭证】对话框

记 账 凭 证

记　　字 0060　　制单日期：2022.01.31　　审核日期：　　附单据数：1

摘要	科目名称	借方金额	贷方金额
蓝字回冲单	原材料/渗碳钢	5235398	
蓝字回冲单	在途物资		5235398
票号 日期　　数量 10.00吨 单价 5235.40	合计	5235398	5235398
备注　项目 个人 业务员	部门 客户		

记账　　审核　　出纳　　制单　龚纯纯

图 2-4-58　【记字 0060 号凭证】对话框

业务二　期末货到票未到的暂估业务

2-4-11　货到票未到处理

〖业务描述〗　2022 年 1 月 31 日，采购部向广州市恒大合金有限公司采购角钢一批，含税单价为 5 916 元，货已验收入库，发票仍未收到，如图 2-4-59 和图 2-4-60 所示（见二维码 2-4-3）。

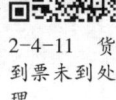

〖操作指引〗

1. 填制采购订单

（1）2022 年 1 月 31 日，采购部【C301 赵文星】执行【业务工作—供应链—采购管理—采购订货】命令,打开【采购订单】窗口。

(2)单击【增加】,【订单编号】修改为【C2022-01-005】,【采购类型】选择【普通采购】,【供应商】选择【广州恒大合金】,【部门】选择【采购部】,【业务员】选择【赵文星】;在表体中,选择【存货编码】为【01001】,输入【数量】为【10.00】,【原币含税单价】为【5 916.00】,修改【计划到货日期】为【2022-01-31】,其他信息由系统自动带出,单击【保存】,再单击【审核】,如图2-4-61所示。

图2-4-61 【采购订单】窗口

2. 生成采购到货单

(1)2022年1月31日,采购部【C301赵文星】执行【业务工作—供应链—采购管理—采购到货】命令,打开【到货单】窗口。

(2)单击【增加】,执行【生单—采购订单】命令,打开【查询条件选择—采购订单列表过滤】窗口,单击【确定】。

(3)系统弹出【拷贝并执行】窗口,选中所要拷贝的采购订单,单击【确定】,系统自动生成到货单,单击【保存】。

(4)单击【审核】,根据采购订单生成采购到货单,如图2-4-62所示。

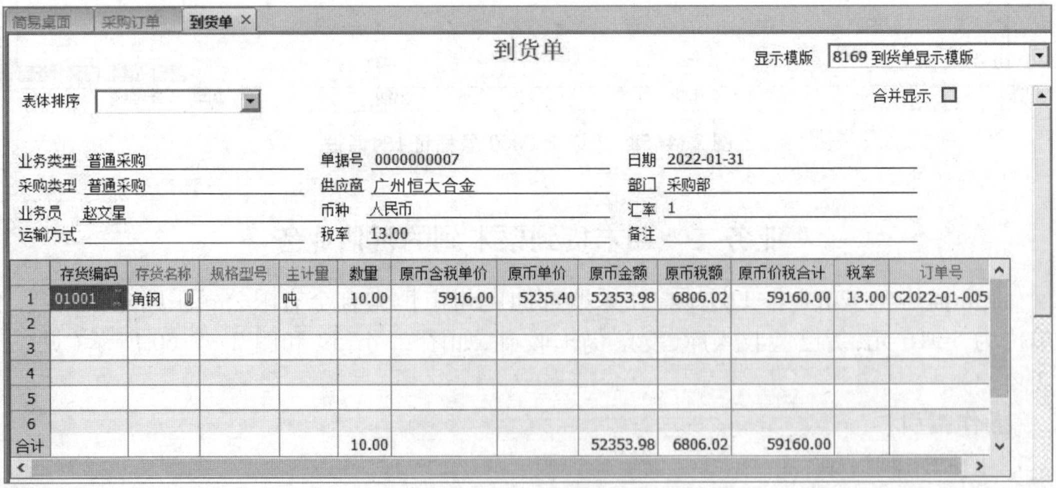

图2-4-62 【到货单】窗口

3. 生成采购入库单

（1）2022年1月31日，仓储部【C501 陈玮】在企业应用平台中，执行【业务工作—供应链—库存管理—入库业务】命令，打开【采购入库单】窗口。

（2）执行【生单—采购到货单（蓝字）】命令，打开【查询条件选择—采购到货单列表】窗口，单击【确定】。

（3）打开【到货单生单列表】窗口，选择相应的【到货单生单表头】，单击【OK 确定】，系统自动生成采购入库单，修改【仓库】为【材料仓】，单击【保存】，再单击【审核】，如图2-4-63所示。

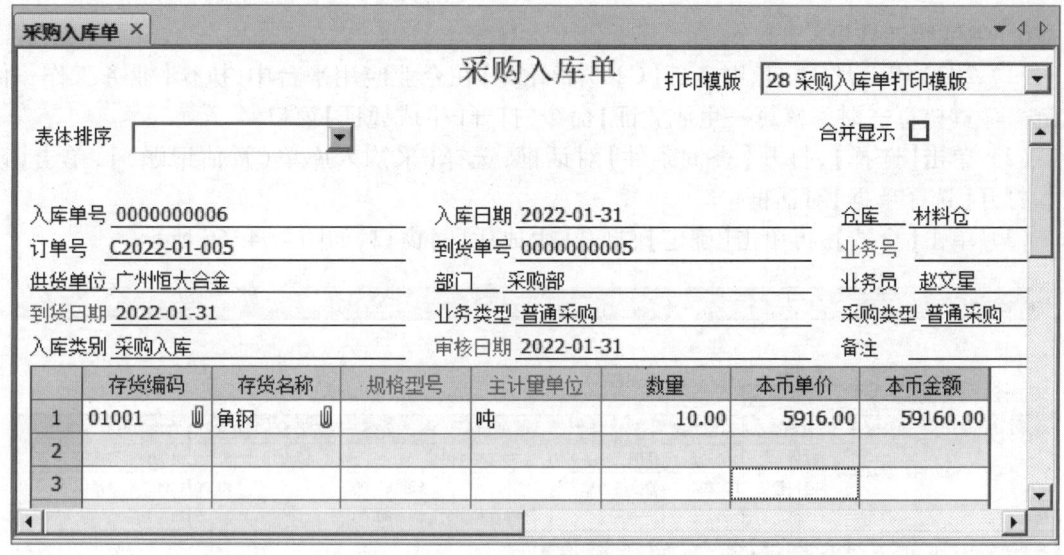

图2-4-63 【采购入库单】窗口

4. 暂估成本录入

（1）2022年1月31日，财务部【C205 龚纯纯】在企业应用平台中，执行【业务工作—供应链—存货核算—业务核算—暂估成本录入】命令，包括【已有暂估金额的单据】选择【是】，打开【采购入库单成本—成批录入查询】窗口。

（2）选中【材料仓】，单击【确定】，打开【暂估成本录入】窗口，修改【单价】为【5916.00】，如图2-4-64所示。

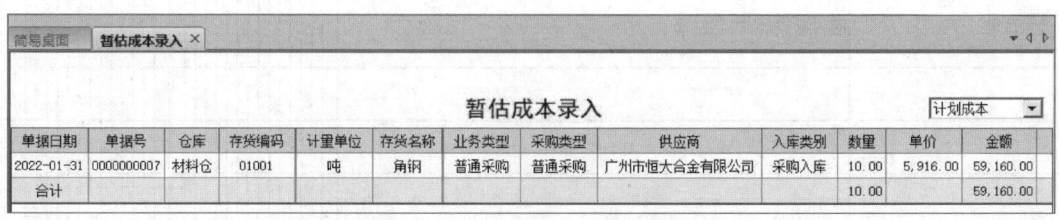

图2-4-64 【暂估成本录入】窗口

（3）单击【保存】，再单击【退出】，退出【暂估成本录入】窗口。

5. 正常单据记账

（1）2022年1月31日，财务部【C205 龚纯纯】在企业应用平台中，执行【业务工作—供应链—存货核算—业务核算—正常单据记账】命令，打开【查询条件选择】对话框，选择【材料仓】。

（2）单击【确定】，打开【正常单据记账列表】窗口，单击【全选】，如图2-4-65所示。

(3) 单击【记账】，显示【记账成功！】退出。

正常单据记账列表										
选择	日期	单据号	存货编码	存货名称	规格型号	单据类型	仓库名称	收发类别	数量	单价	金额	供应商简称	计量单位
	2022-01-31	0000000006	01001	角钢		采购入库单	材料仓	采购入库	10.00	5,916.00	59,160.00	广州恒大合金	吨
小计									10.00		59,160.00		

图 2-4-65 【正常单据记账列表】窗口

6. 生成暂估凭证

（1）2022年1月31日，财务部【C205 龚纯纯】在企业应用平台中，执行【业务工作—供应链—存货核算—财务核算—生成凭证】命令，打开【生成凭证】窗口。

（2）单击【选择】，打开【查询条件】对话框，选择【采购入库单（暂估记账）】，单击【确定】，打开【选择单据】对话框。

（3）单击【全选】，再单击【确定】，打开【生成凭证】窗口，如图2-4-66所示。

生成凭证										
凭证类别	记 记账凭证									
选择	单据类型	单据号	科目类型	科目编码	科目名称	借方金额	贷方金额	借方数量	贷方数量	存货编码	存货名称
1	采购入库单	0000000006	存货	140301	角钢	59,160.00		10.00		01001	角钢
			应付暂估	220202	暂估应付款		59,160.00		10.00	01001	角钢
合计						59,160.00	59,160.00				

图 2-4-66 【生成凭证】窗口

（4）单击【生成】，生成暂估凭证，单击【保存】，凭证显示【已生成】，如图2-4-67所示。

记 账 凭 证

记 字 0061　　制单日期：2022.01.31　　审核日期：　　附单据数：1

摘要	科目名称	借方金额	贷方金额
采购入库单	原材料/角钢	5916000	
采购入库单	应付账款/暂估应付款		5916000
票号日期	数量　10.00吨 单价　5916.00	合计	5916000	5916000
备注	项目 个人 业务员	部门 客户		
记账	审核	出纳	制单 龚纯纯

图 2-4-67 【记字 0061 号凭证】对话框

7. 备份

将账套输出至【D:\666 账套备份\2.4.3】文件夹。

任务四　库存存货盘点业务处理

〖业务描述〗

(1) 2022 年 1 月 31 日,对所有仓库进行实地盘点,存货盘点表如表 2-4-1 所示。

(2) 2022 年 1 月 31 日,经批准,盘亏的存货损失 50%由仓库员承担,计入其他应收款,50%由企业承担,计入营业外支出。

(3) 2022 年 1 月 31 日,盘盈的存货经批准冲减管理费用。

表 2-4-1　　　　　　　　　　　存货盘点表

盘点日期:2022-01-31　　　　　　　　　　　　　　　　　　　　　　　盘点人:龚纯纯、陈玮

序号	盘点仓库	存货编码	存货名称	计量单位	账面数量	实盘数量	差异	备注
1	材料仓	01001	角钢	吨	10	10	0	
2	材料仓	01002	渗碳钢	吨	15	15	0	
3	材料仓	01003	调质钢	吨	10	9.8	-0.2	
4	材料仓	01004	耐磨润滑油	升	420	416	-4	
5	材料仓	03001	包装箱	个	1 000	995	-5	
6	成品仓	02001	变速箱锥齿轮	件	7 909	7 909	0	
7	成品仓	02002	传动齿轮	件	6 563	6 565	2	
8	半成品仓	02002	传动齿轮	件	125	125	0	

〖业务解析〗　本笔业务是存货期末常规盘点业务。

〖操作指引〗

1. 导出期末库存盘点数据

(1) 2022 年 1 月 31 日,仓储部【C501 陈玮】在企业应用平台中,执行【业务工作—供应链—库存管理—报表—统计表】命令,打开【收发存汇总表】窗口。

(2) 选择【单据日期】为【2022-01-01】至【2022-01-31】,单击【确定】,显示【收发存汇总表数据】,如图 2-4-68 所示。

收发存汇总表

仓库名称	存货编码	存货名称	主计量单位	存货大类编码	存货分类名称	期初结存数量	期初结存金额	总计_入库数量	总计_入库金额	总计_出库数量	总计_出库金额	期末结存数量	期末结存金额
材料仓	01001	角钢	吨	01	原材料			10.00				10.00	
材料仓	01002	渗碳钢	吨	01	原材料	30.00		35.00		50.00		15.00	
材料仓	01003	调质钢	吨	01	原材料	10.00		20.00		20.00			
材料仓	01004	耐磨润滑油	升	01	原材料	700.00				280.00		420.00	
材料仓	03001	包装箱	个	03	包装物			1,000.00				1,000.00	
成品仓	02001	变速箱…	件	02	产成品	15,000.00		3,109.00		10,200.00		7,909.00	
成品仓	02002	传动齿轮	件	02	产成品	10,000.00		6,088.00		9,525.00		6,563.00	
半成品仓	02002	传动齿轮	件	02	产成品			125.00				125.00	
合　计						25,740.00		10,387.00		20,075.00		16,052.00	

图 2-4-68　【收发存汇总表】窗口

（3）单击【输出】，将所有仓库的盘点单导出 Excel 表，进行盘点表设置处理，财务部协同仓储部持表到仓库进行实地盘点。

2. 填制盘点单

（1）2022 年 1 月 31 日，盘点完毕，仓储部【C501 陈玮】在企业应用平台中，执行【业务工作—供应链—库存管理—盘点业务】命令，打开【盘点单】窗口。

（2）单击【增加】，【盘点仓库】选择【材料仓】，【出库类别】为【其他出库】，【部门】为【仓储部】，【经手人】为【陈玮】，单击【盘库】，选择【按仓库盘点】，根据实地盘点表，输入各存货实盘数据，单击【保存】，再单击【审核】，完成【材料仓】系统盘点表录入，如图 2-4-69 所示。

图 2-4-69 【材料仓盘点单】窗口

（3）以此类推，按以上步骤完成【成品仓】【半成品仓】盘点业务录入工作，如图 2-4-70 和图 2-4-71 所示。

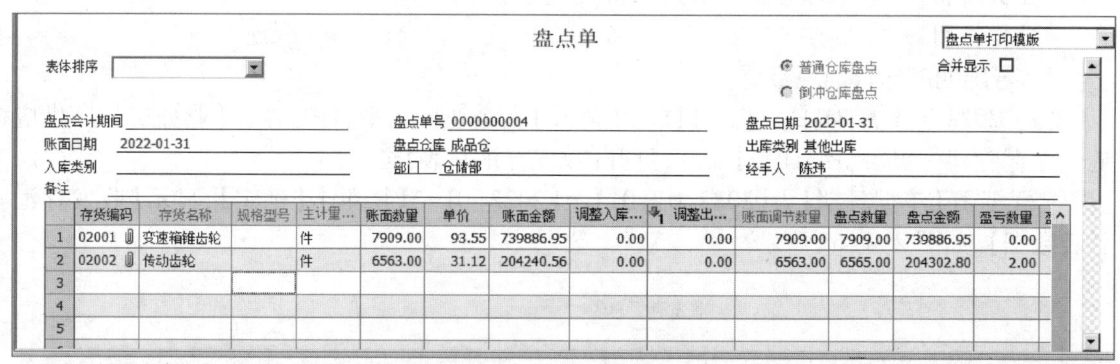

图 2-4-70 【成品仓盘点单】窗口

3. 审核盘盈盘亏生成的其他出库单

（1）2022 年 1 月 31 日盘点完毕，根据各仓库盘盈盘亏数据进行单据审核操作。

（2）仓储部【C501 陈玮】在企业应用平台中，执行【业务工作—供应链—库存管理—入库业务—其他入库单】命令，单击【⇤ ⇠ ⇢ ⇥】，找到盘点单自动生成的其他入库单，单击【审核】，如图 2-4-72 所示。

图 2-4-71 【半成品仓盘点单】窗口

图 2-4-72 【其他入库单审核】窗口

（3）仓储部【C501 陈玮】在企业应用平台中,执行【业务工作—供应链—库存管理—出库业务—其他出库单】命令,单击【 ｜◄ ◄ ► ►｜ 】,找到盘点单自动生成的其他出库单,单击【审核】,如图 2-4-73 所示。

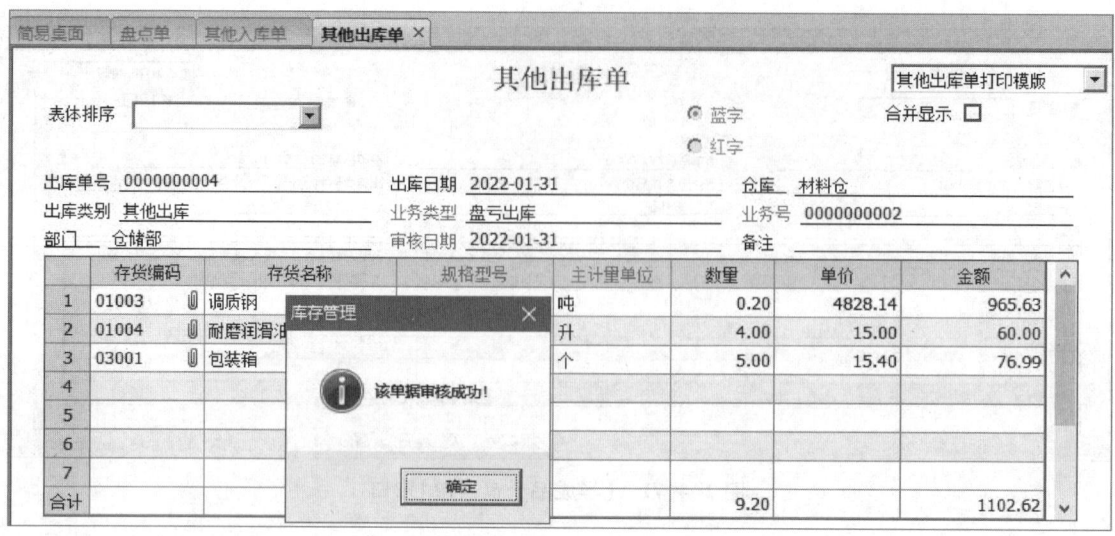

图 2-4-73 【其他出库单】窗口

4. 存货核算生成盘盈盘亏凭证处理

(1) 2022年1月31日,财务部【C205 龚纯纯】在企业应用平台中,执行【业务工作—供应链—存货核算—业务核算—正常单据记账】命令,打开【查询条件选择】对话框。

(2) 单击【确定】,打开【正常单据记账列表】窗口,如图 2-4-74 所示。

选择	日期	单据号	存货编码	存货名称	规格型号	存货代码	单据类型	仓库名称	收发类别	数量	单价	金额
	2022-01-07	86022887	02001	变速箱锥齿轮			专用发票	成品仓	销售出库	200.00		
	2022-01-11	88615680	02002	传动齿轮			专用发票	成品仓	销售出库	3,000.00		
	2022-01-15	64718709	02001	变速箱锥齿轮			专用发票	成品仓	销售出库	-100.00		
	2022-01-18	10694126	02002	传动齿轮			专用发票	成品仓	销售出库	6,400.00		
	2022-01-25	05751676	02001	变速箱锥齿轮			专用发票	成品仓	销售出库	100.00		
	2022-01-25	59317844	02001	变速箱锥齿轮			专用发票	成品仓	销售出库	5,000.00		
	2022-01-25	88777053	02001	变速箱锥齿轮			专用发票	成品仓	销售出库	5,000.00		
	2022-01-31	0000000001	02001	变速箱锥齿轮			产成品入库单	成品仓	产成品完工入库	3,109.00	97.44	302,950.64
	2022-01-31	0000000002	03001	包装箱			其他出库单	材料仓	其他出库	5.00		
	2022-01-31	0000000002	02002	传动齿轮			产成品入库单	成品仓	产成品完工入库	6,088.00	34.06	207,334.08
	2022-01-31	0000000002	02002	传动齿轮			其他入库单	成品仓		2.00	31.12	62.24
	2022-01-31	0000000002	01003	调质钢			其他出库单	材料仓	其他出库	0.20		
	2022-01-31	0000000002	01004	耐磨润滑油			其他出库单	材料仓	其他出库	4.00		
小计										28,808.20		510,346.96

图 2-4-74 【正常单据记账列表】窗口

(3) 单击【记账】,将其他出库单记账,系统提示【记账成功!】。

(4) 执行【财务核算—生成凭证】命令,打开【查询条件】对话框。

(5) 单击【确定】,打开【未生成凭证单据一览表】窗口,如图 2-4-75 所示。

(6) 单击【全选】,选中待生成凭证的单据,单击【确定】。

(7) 【凭证类别】选择【记 记账凭证】,补充其他出库单和其他入库单对方科目为【1901 待处理财产损溢】,如图 2-4-76 所示。

图 2-4-75 【未生成凭证单据一览表】窗口

选择	记账日期	单据日期	单据类型	单据号	仓库	收发类别	记账人	部门	业务类型	计价方式	摘要
1	2022-01-31	2022-01-31	其他出库单	0000000004	材料仓	其他出库	蓝英$	仓储部	盘亏出库	先进先出法	其他出库单
1	2022-01-31	2022-01-31	其他入库单	0000000005	成品仓	其他入库	蓝英$	仓储部	盘盈入库	先进先出法	其他入库单

图 2-4-76 【生成凭证】窗口

凭证类别 记 记账凭证

选择	单据类型	单据号	摘要	科目类型	科目编码	科目名称	借方金额	贷方金额	借方数量	贷方数量	科目方向	存货编码	存货名称
1	其他出库单	0000000002	其他出库单	对方	1901	待处理...	965.63		0.20		1	01003	调质钢
				存货	140303	调质钢		965.63		0.20	2	01003	调质钢
				对方	1901	待处理...	60.00		4.00		1	01004	耐磨润...
				存货	140304	耐磨润...		60.00		4.00	2	01004	耐磨润...
				对方	1901	待处理...	76.99		5.00		1	03001	包装箱
				存货	1412	包装箱		76.99		5.00	2	03001	包装箱
	其他入库单		其他入库单	存货	1405	库存商品	62.24		2.00		1	02002	传动齿轮
				对方	1901	待处理...		62.24		2.00	2	02002	传动齿轮
合计							1,164.86	1,164.86					

(9) 单击【生成】,生成两张记账凭证,分别单击【保存】,生成凭证如图 2-4-77 和图 2-4-78 所示。

记 账 凭 证

记 字 0062 制单日期:2022.01.31 审核日期: 附单据数:1

摘 要	科目名称	借方金额	贷方金额
其他入库单	库存商品	62.24	
其他入库单	待处理财产损溢		62.24
票号 日期	数量 2.00件 单价 31.12	合计 62.24	62.24
备注	项 目 传动齿轮 个 人 业务员	部 门 客 户	
记账	审核	出纳	制单 龚纯纯

图 2-4-77 【记字 0062 号凭证】对话框

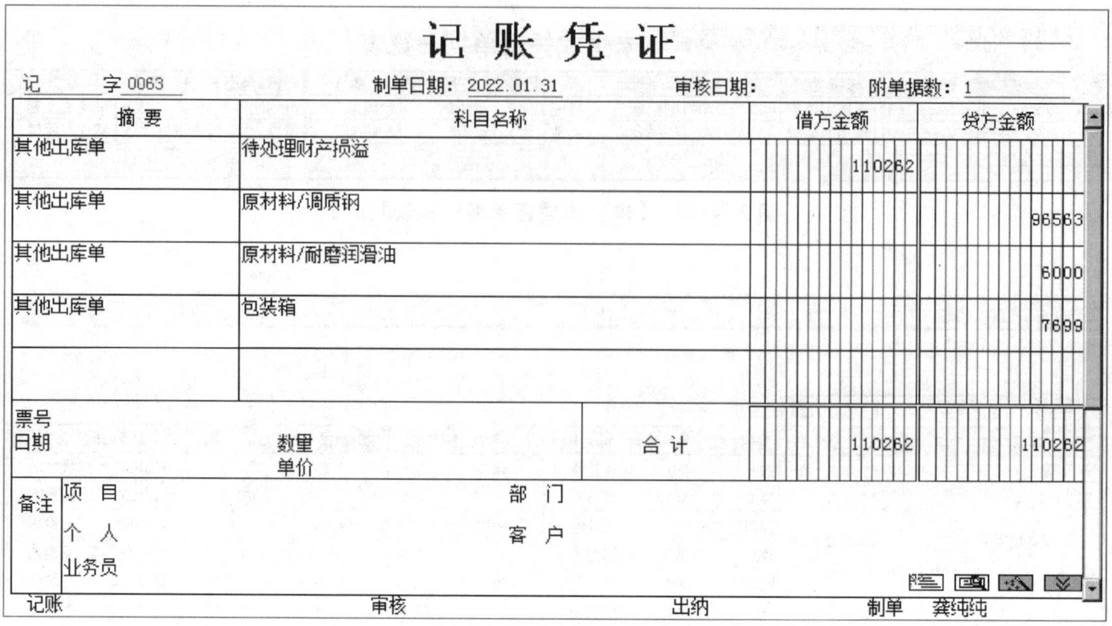

记账凭证

记 字 0063　　制单日期：2022.01.31　　审核日期：　　附单据数：1

摘要	科目名称	借方金额	贷方金额
其他出库单	待处理财产损溢	110262	
其他出库单	原材料/调质钢		96563
其他出库单	原材料/耐磨润滑油		6000
其他出库单	包装箱		7699
票号 日期	数量 单价 合计	110262	110262

备注　项目　　部门

个人　　客户

业务员

记账　　审核　　出纳　　制单　龚纯纯

图 2-4-78 【记字 0063 号凭证】对话框

5. 盘盈盘亏责任认定的账务处理

(1) 2022 年 1 月 31 日,财务部【C202 李嘉文】在企业应用平台中,执行【业务工作—财务会计—总账—凭证处理—填制凭证】命令,打开【填制凭证】窗口,单击【增加】,手工填制一张盘盈记账凭证,将【管理费用】科目的发生额调整为【借方红字】,单击【保存】,如图 2-4-79 所示。

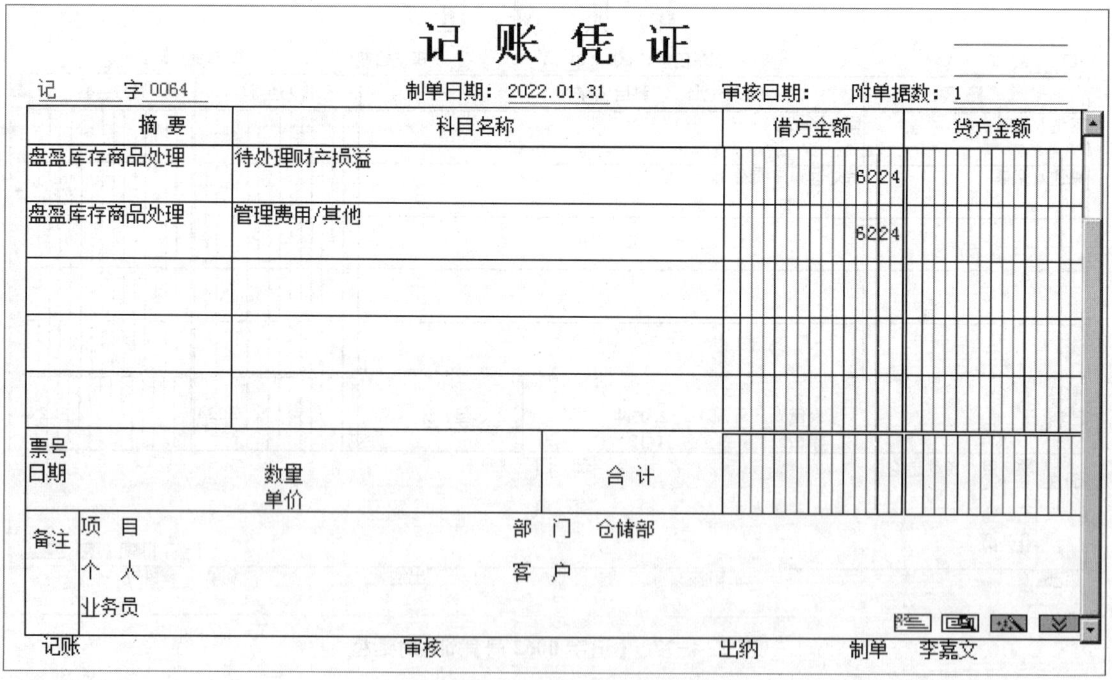

记账凭证

记 字 0064　　制单日期：2022.01.31　　审核日期：　　附单据数：1

摘要	科目名称	借方金额	贷方金额
盘盈库存商品处理	待处理财产损溢	6224	
盘盈库存商品处理	管理费用/其他	6224	
票号 日期	数量 单价 合计		

备注　项目　　部门　仓储部

个人　　客户

业务员

记账　　审核　　出纳　　制单　李嘉文

图 2-4-79 【记字 0064 号凭证】对话框

（2）单击【增加】，手工填制一张盘亏记账凭证，【待处理财产损溢】账面金额为【1 102.62】，【应交税费/应交增值税（进项税额转出）】金额为【143.34】。经批准，盘亏存货损失的50%由仓库员承担，记入"其他应收款——职员"科目，50%由企业承担，记入"营业外支出"科目，单击【保存】，如图2-4-80所示。

图2-4-80 【记字0065号凭证】对话框

6. 备份

将账套输出至【D:\666账套备份\2.4.4】文件夹。

 重难点提示

仓库报损业务处理和盘点盘亏业务处理一样，均通过其他出库单业务处理。

任务五 存货核算产成品成本分配业务处理

业务一 产成品成本分配业务

【业务描述】 2022年1月31日，根据生产部的报表，完成产成品成本分配业务处理，本月投产的变速箱锥齿轮完工80%，完工数量为3 109件；传动齿轮完工90%，完工数量为6 088件。相关产量和成本数据从科目余额表取数，计算产品成本计算如表2-4-2所示。

2-4-13 产成品成本分配业务处理（微课）

表2-4-2　　　　　　　　　产品成本计算表　　　　　　　　金额单位：元

序号	产品名称	产量（件）	直接材料	直接人工	制造费用	成本合计
1	变速箱锥齿轮	3 109	203 176	9 737.44	90 037.2	302 950.64
2	传动齿轮	6 088	87 228	16 985.43	103 120.65	207 334.08
3	合计	9 197	290 404	26 722.87	193 157.85	510 284.72

【操作说明】 【C205 龚纯纯】完成产成品完工入库成本分配处理。

〖操作指引〗

1. 录入生产成本金额,分配计算单位成本

(1) 2022 年 1 月 31 日,财务部【C205 龚纯纯】在企业应用平台中,执行【业务工作—供应链—存货核算—业务核算—产成品成本分配】命令,打开【查询】对话框,勾选【成品仓】【只处理当月的单据】复选框。

(2) 单击【确定】,打开【产成品成本分配】窗口,从科目余额表获取相关成本数据,【变速箱锥齿轮】金额录入【302 950.64】,【传动齿轮】金额录入【207 334.08】,自动生成单价信息,如图 2-4-81 所示。

产成品成本分配

存货/分类编码	存货/分类名称	存货代码	规格型号	计量单位	数量	金额	单价
	存货 合计				9197.00	510,284.72	55.48
02	产成品小计				9197.00	510,284.72	55.48
02001	变速箱锥齿轮			件	3109.00	302,950.64	97.44
02002	传动齿轮			件	6088.00	207,334.08	

图 2-4-81 【产成品成本分配】窗口

(3) 单击【分配】,提示【分配工作顺利完成!】,单击【确定】退出。

2. 单据记账处理

(1) 2022 年 1 月 31 日,财务部【C205 龚纯纯】在企业应用平台中,执行【业务工作—供应链—存货核算—业务核算—正常单据记账】命令,【仓库】选择【成品仓】,【单据类型】选择【产成品入库单】,打开【正常单据记账】对话框,单击【全选】,如图 2-4-82 所示。

简易桌面 未记账单据一览表

正常单据记账列表

记录总数:2

选择	日期	单据号	存货编码	存货名称	规格型号	存货代码	单据类型	仓库名称	收发类别	数量	单价	金额
Y	2022-01-30	0000000002	02001	变速箱锥齿轮			产成品入库单	成品仓	产品完工入库	3,109.00	97.44	302,950.64
Y	2022-01-30	0000000003	02002	传动齿轮			产成品入库单	成品仓	产品完工入库	6,088.00	34.06	207,334.08
小计										9,197.00		510,284.72

图 2-4-82 【正常单据记账列表】窗口

(2) 单击【记账】,显示【记账成功】退出,继续执行【选择】命令,【仓库】选择【成品仓】,【单据类型】选择【专用发票】,打开【正常单据记账列表】窗口,单击【全选】,如图 2-4-83 所示。

正常单据记账列表

记录总数:7

选择	日期	单据号	存货编码	存货名称	单据类型	仓库名称	收发类别	数量	单价	金额
	2022-01-07	86022887	02001	变速箱锥齿轮	专用发票	成品仓	销售出库	200.00		
	2022-01-11	88615680	02002	传动齿轮	专用发票	成品仓	销售出库	3,000.00		
	2022-01-15	64718709	02001	变速箱锥齿轮	专用发票	成品仓	销售出库	-100.00		
	2022-01-18	10694126	02002	传动齿轮	专用发票	成品仓	销售出库	6,400.00		
	2022-01-25	59317844	02001	变速箱锥齿轮	专用发票	成品仓	销售出库	5,000.00		
	2022-01-25	05751676	02001	变速箱锥齿轮	专用发票	成品仓	销售出库	100.00		
	2022-01-25	88777053	02001	变速箱锥齿轮	专用发票	成品仓	销售出库	5,000.00		
小计								19,600.00		

图 2-4-83 【正常单据记账列表】窗口

（3）由于使用先进先出法核算，出库单据单价为空，记账后自动带出，单击【记账】，完成所有成品仓出入库单据的记账，退出【未记账单据一览表】。

业务二　产成品出入库财务核算业务

【业务描述】　2022 年 1 月 31 日，根据生产部的报表，完成与产成品相关的出入库单据记账，填制生成凭证。

【操作说明】　【C205 龚纯纯】完成产成品出入库单记账并制单处理。

【操作指引】

（1）2022 年 1 月 31 日，财务部【C205 龚纯纯】在企业应用平台中，执行【业务工作—供应链—存货核算—财务核算—生成凭证】命令，打开【选择】对话框，单击【全消】，勾选【(10)产成品入库单】【(26)销售专用发票】复选框，如图 2-4-84 所示。

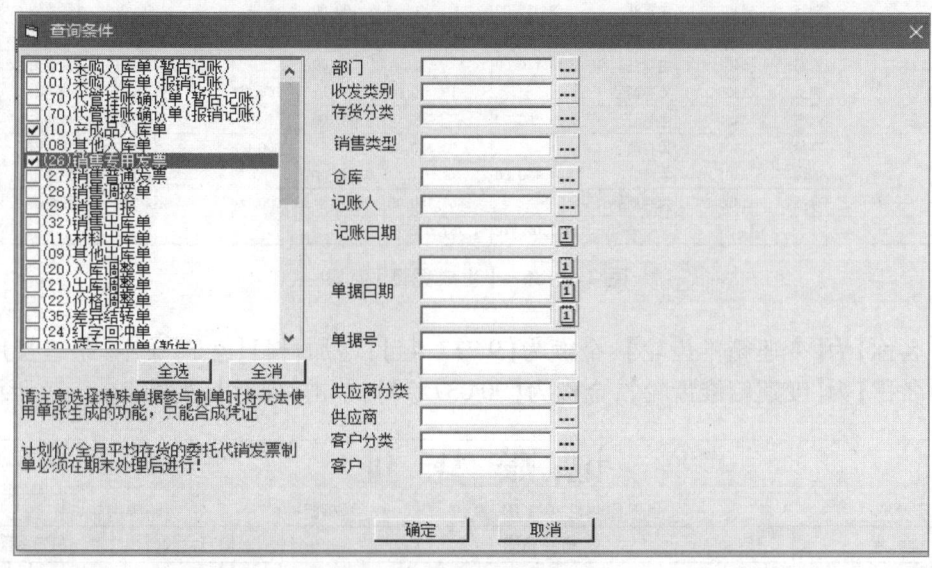

图 2-4-84　【查询条件】窗口

（2）单击【确定】，打开【未生成凭证单据一览表】窗口，单击【全选】，如图 2-4-85 所示。

图 2-4-85　【未生成凭证单据一览表】窗口

（3）单击【确定】，进入【生成凭证】窗口，如图 2-4-86 所示。

（4）单击【生成】，进入【记账凭证】界面，在产成品入库凭证中，查看凭证借方金额【302 950.64】，修改【库存商品】【项目名称】为【变速箱锥齿轮】；修改【生产成本/直接材料】【项目名称】为【变速箱锥齿轮】，金额为【203 176.00】；增加科目【生产成本/直接人工】，修

图 2-4-86 【生成凭证】窗口

单据号	摘要	科目类型	科目编码	科目名称	借方金额	贷方金额	借方数量	贷方数量	科目方向	存货编码	存货名称	部门编码
0000000001	产成品入库单	存货	1405	库存商品	302,950.64		3,109.00		1	02001	变速箱...	501
		对方	500101	直接材料		302,950.64		3,109.00	2	02001	变速箱...	501
0000000002		存货	1405	库存商品	207,334.08		6,088.00		1	02002	传动齿轮	502
		对方	500101	直接材料		207,334.08		6,088.00	2	02002	传动齿轮	502
05751676		对方	6401	主营业...	9,355.00		100.00		1	02001	变速箱...	4
		存货	1405	库存商品		9,355.00		100.00	2	02001	变速箱...	4
10694126		对方	6401	主营业...	199,168.00		6,400.00		1	02002	传动齿轮	4
		存货	1405	库存商品		199,168.00		6,400.00	2	02002	传动齿轮	4
59317844		对方	6401	主营业...	467,750.00		5,000.00		1	02001	变速箱...	4
		存货	1405	库存商品		467,750.00		5,000.00	2	02001	变速箱...	4
64718709	专用发票	对方	6401	主营业...	-9,355.00		-100.00		1	02001	变速箱...	4
		存货	1405	库存商品		-9,355.00		-100.00	2	02001	变速箱...	4
86022887		对方	6401	主营业...	18,710.00		200.00		1	02001	变速箱...	4
		存货	1405	库存商品		18,710.00		200.00	2	02001	变速箱...	4
88615680		对方	6401	主营业...	93,360.00		3,000.00		1	02002	传动齿轮	4
		存货	1405	库存商品		93,360.00		3,000.00	2	02002	传动齿轮	4
88777053		对方	6401	主营业...	467,750.00		5,000.00		1	02001	变速箱...	4
		存货	1405	库存商品		467,750.00		5,000.00	2	02001	变速箱...	4
					1,757,022.72	1,757,022.72						

图 2-4-86 【生成凭证】窗口

改【项目名称】为【变速箱锥齿轮】,金额为【9 737.44】;增加科目【生产成本/制造费用】,修改【项目名称】为【变速箱锥齿轮】,金额为【90 037.20】,单击【保存】,如图 2-4-87 所示。

记 账 凭 证

记 字 0066　　制单日期: 2022.01.31　　审核日期:　　附单据数: 1

摘要	科目名称	借方金额	贷方金额
产成品入库单	库存商品	30295064	
产成品入库单	生产成本/直接材料		20317600
产成品入库单	生产成本/直接人工		973744
产成品入库单	生产成本/制造费用		9003720

票号日期　　数量 3109.00件　单价 97.44　　合计 30295064　30295064

备注 项目 变速箱锥齿轮　部门
个人　客户
业务员

记账　　审核　　出纳　　制单 龚纯纯

图 2-4-87 【产成品入库凭证】界面

(5) 单击【|← ← → →|】,选择后面 8 张凭证,分别按要求修改凭证并保存,生成相关凭证如图 2-4-88 至图 2-4-95 所示。

记 账 凭 证

记　字 0067　　制单日期：2022.01.31　　审核日期：　　附单据数：1

摘　要	科目名称	借方金额	贷方金额
产成品入库单	库存商品	20733408	
产成品入库单	生产成本/直接材料		8722800
产成品入库单	生产成本/直接人工		1698543
产成品入库单	生产成本/制造费用		10312065

票号日期　　数量 6088.00件　　单价 34.06　　合　计　20733408　20733408

备注　项　目 传动齿轮　　部　门
　　　个　人　　　　　　　客　户
　　　业务员

记账　　　审核　　　出纳　　　制单 龚纯纯

图 2-4-88 【记字 0067 号凭证】对话框

记 账 凭 证

记　字 0068　　制单日期：2022.01.31　　审核日期：　　附单据数：1

摘　要	科目名称	借方金额	贷方金额
专用发票	主营业务成本	935500	
专用发票	库存商品		935500

票号日期　　数量 100.00件　　单价 93.55　　合　计　935500　935500

备注　项　目 变速箱锥齿轮　　部　门
　　　个　人　　　　　　　　客　户
　　　业务员

记账　　　审核　　　出纳　　　制单 龚纯纯

图 2-4-89 【记字 0068 号凭证】对话框

记 账 凭 证

记　字 0069　　制单日期：2022.01.31　　审核日期：　　附单据数：1

摘要	科目名称	借方金额	贷方金额
专用发票	主营业务成本	199168.00	
专用发票	库存商品		199168.00

票号日期　　数量　6400.00件　　合计　199168.00　199168.00
　　　　　　单价　　 31.12

备注　项目　传动齿轮　　　　部门
　　　个人　　　　　　　　　客户
　　　业务员

记账　　　审核　　　出纳　　　制单 龚纯纯

图 2-4-90　【记字 0069 号凭证】对话框

记 账 凭 证

记　字 0070　　制单日期：2022.01.31　　审核日期：　　附单据数：1

摘要	科目名称	借方金额	贷方金额
专用发票	主营业务成本	467750.00	
专用发票	库存商品		467750.00

票号日期　　数量　5000.00件　　合计　467750.00　467750.00
　　　　　　单价　　 93.55

备注　项目　变速箱锥齿轮　　部门
　　　个人　　　　　　　　　客户
　　　业务员

记账　　　审核　　　出纳　　　制单 龚纯纯

图 2-4-91　【记字 0070 号凭证】对话框

记 账 凭 证

记___字 0071　　制单日期：2022.01.31　　审核日期：　　附单据数：1

摘 要	科目名称	借方金额	贷方金额
专用发票	主营业务成本	935500	
专用发票	库存商品		935500

票号
日期　　数量　-100.00件　　合 计　　935500　　935500
　　　　单价　93.55

备注　项 目　变速箱锥齿轮　　部 门
　　　个 人　　　　　　　　客 户
　　　业务员

记账　　审核　　出纳　　制单 龚纯纯

图 2-4-92 【记字 0071 号凭证】对话框

记 账 凭 证

记___字 0072　　制单日期：2022.01.31　　审核日期：　　附单据数：1

摘 要	科目名称	借方金额	贷方金额
专用发票	主营业务成本	1871000	
专用发票	库存商品		1871000

票号
日期　　数量　200.00件　　合 计　　1871000　　1871000
　　　　单价　93.55

备注　项 目　变速箱锥齿轮　　部 门
　　　个 人　　　　　　　　客 户
　　　业务员

记账　　审核　　出纳　　制单 龚纯纯

图 2-4-93 【记字 0072 号凭证】对话框

图 2-4-94 【记字 0073 号凭证】对话框

图 2-4-95 【记字 0074 号凭证】对话框

（6）备份：将账套输出至【D:\666 账套备份\2.4.5】文件夹。

> **重难点提示**
>
> （1）库存商品、商品销售收入、商品销售成本科目下级科目的结构必须相同。
> （2）库存商品科目的辅助核算除了可以比商品销售收入的科目少往来辅助核算，其他辅助核算与销售收入科目相同。
> （3）由于销售成本的计算取决于销售数量和生产成本两个因素，在生成销售成本结转凭证之前，必须对所有销售业务的凭证以及产品完工入库凭证审核记账后，才能生成正确的销售成本结转凭证。

(3) 单击【保存】，凭证保存成功，如图 2-5-3 所示。

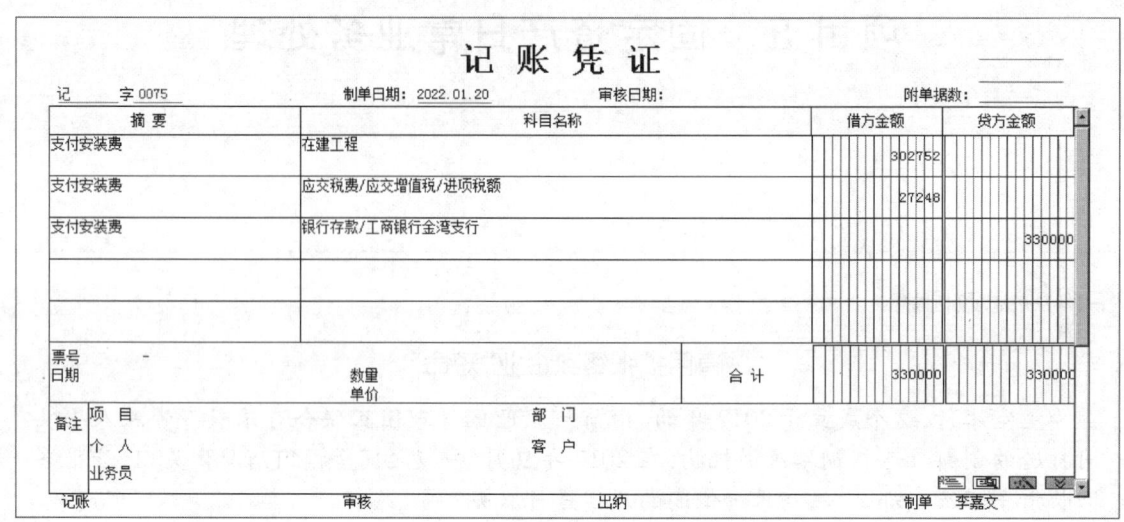

图 2-5-3 【记字 0075 号凭证】对话框

(4) 在固定资产管理系统中，【C202 李嘉文】执行【固定资产—卡片—资产增加】命令，打开【固定资产类别参照档案】对话框。

(5) 双击【02 机器设备】【021 生产经营用】，进入【固定资产卡片】窗口。

(6) 在【固定资产名称】栏录入【气泵】；【使用部门】选择【一车间】；【增加方式】选择【在建工程转入】；【使用状况】为【在用】；【原值】栏录入【63027.52】，其他信息默认，如图 2-5-4 所示。

图 2-5-4 【固定资产卡片】窗口

(7) 单击【保存】，系统提示【数据保存成功！】。单击【确认】，系统弹出会计凭证，修改凭证类别为【记账凭证】，单击【保存】，如图 2-5-5 所示。

记 账 凭 证

记　字 0076　　　制单日期：2022.01.20　　　审核日期：　　　附单据数：0

摘要	科目名称	借方金额	贷方金额
在建工程转入资产	固定资产	6302752	
在建工程转入资产	在建工程		6302752
票号 日期	数量 单价	合计 6302752	6302752

备注　项目　　　　　部门
　　　个人　　　　　客户
　　　业务员

记账　　　　审核　　　　出纳　　　　制单 李嘉文

图 2-5-5 【记字 0076 号凭证】对话框

 重难点提示

（1）新卡片录入的第一个月不提折旧，折旧额为空或零。

（2）【原值】栏录入的必须是卡片录入月初的价值，否则将会出现计算错误。

（3）如果录入的累计折旧、累计工作量大于零，说明该固定资产的累计折旧或累计工作量是进入本单位前的累计值。

业务二　采购不需要安装生产设备的业务

【业务描述】　2022 年 1 月 21 日，因提高产能需要，一车间购入一台不需要安装的变速箱锥齿轮生产线，含税单价为 116 000 元，已电汇支付货款。取得与该业务相关的凭证如图 2-5-6 所示（见二维码 2-5-3）。

2-5-4　采购不需要安装生产设备的业务处理（微课）

【操作说明】　【C202 李嘉文】在固定资产管理系统录入固定资产增加卡片并生成凭证。

【操作指引】

（1）在固定资产管理系统中，执行【固定资产—卡片—资产增加】命令，打开【固定资产类别参照档案】对话框。

（2）双击【02 机器设备】【021 生产经营用】，进入【固定资产卡片】窗口。

（3）根据【固定资产卡片】录入相应信息，如图 2-5-7 所示。

（4）单击【保存】，系统提示【数据成功保存！】。单击【确定】，系统弹出一张会计凭证，修改凭证类别为【记账凭证】，单击【保存】，凭证保存成功，如图 2-5-8 所示。

固定资产卡片

卡片编号	00020			日期	2022-01-21
固定资产编号	021004	固定资产名称	变速箱锥齿轮生产线		
类别编号	021	类别名称	生产经营用	资产组名称	
规格型号		使用部门	一车间		
增加方式	直接购入	存放地点			
使用状况	在用	使用年限(月)	120	折旧方法	平均年限法(一)
开始使用日期	2022-01-21	已计提月份	0	币种	人民币
原值	102654.87	净残值率	5%	净残值	5132.74
累计折旧	0.00	月折旧率	0	本月计提折旧额	0.00
净值	102654.87	对应折旧科目	510101,折旧费	项目	
增值税	13345.13	价税合计	116000.00		
录入人	李嘉文			录入日期	2022-01-21

图 2-5-7 【固定资产卡片】对话框

记 账 凭 证

记 字 0077　　制单日期: 2022.01.21　　审核日期:　　附单据数: 0

摘 要	科目名称	借方金额	贷方金额
直接购入资产.	固定资产	10265487	
直接购入资产.	应交税费/应交增值税/进项税额	1334513	
直接购入资产.	银行存款/工商银行金湾支行		11600000
票号 日期	数量 单价 合 计	11600000	11600000

备注　项 目　　部 门
　　　个 人　　客 户
　　　业务员

记账　　审核　　出纳　　制单 李嘉文

图 2-5-8 【记字 0077 号凭证】对话框

2-5-5 批量购入固定资产业务处理(微课)

业务三　批量购入固定资产业务

〖业务描述〗 2022 年 1 月 23 日,因企业信息化平台发展需要,销售部门购入三台联想电脑(编号分别为 022015、022016、022017),采购部门购入两台联想电脑(编号分别为 022018 和 022019),不含税单价为 6 159.29 元,使用年限为 5 年。货款使用支票支付,取得与该业务相关的原始凭证如图 2-5-9 所示(见二维码 2-5-3)。

〖操作说明〗 【C202 李嘉文】在固定资产管理系统复制新增固定资产卡片,完成固定资产增加凭证处理。

〖操作指引〗

（1）在固定资产管理系统中，执行【固定资产—卡片—资产增加】命令，打开【固定资产类别参照档案】对话框。

（2）双击【02 机器设备】【022 非生产经营用】，进入【固定资产卡片】窗口。

（3）根据【固定资产卡片】录入相应信息，如图 2-5-10 所示。

固定资产卡片			
卡片编号	00021	日期	2022-01-23
固定资产编号	022015	固定资产名称	非生产经营用
类别编号	022	类别名称 非生产经营用	资产组名称
规格型号		使用部门	销售部
增加方式	直接购入	存放地点	
使用状况	在用	使用年限（月） 60	折旧方法 平均年限法（一）
开始使用日期	2022-01-23	已计提月份 0	币种 人民币
原值	6159.29	净残值率 5%	净残值 307.96
累计折旧	0.00	月折旧率 0	本月计提折旧额 0.00
净值	6159.29	对应折旧科目 660106,折旧费	项目
增值税	800.71	价税合计 6960.00	
录入人	李嘉文	录入日期	2022-01-23

图 2-5-10 【固定资产卡片】窗口

（4）单击【保存】，系统提示【数据成功保存！】。

（5）单击【确定】，提示【还有没有保存的凭证，是否退出？】，单击【是】退出。

（6）选中固定资产编号为【022015】的卡片，单击【复制】，打开【固定资产】对话框，在【起始资产编号】栏录入【022016】，在【终止资产编号】栏录入【022019】，【卡片复制数量】选择【4】，如图 2-5-11 所示。

（7）单击【确定】，提示【卡片批量复制完成】，如图 2-5-12 所示。

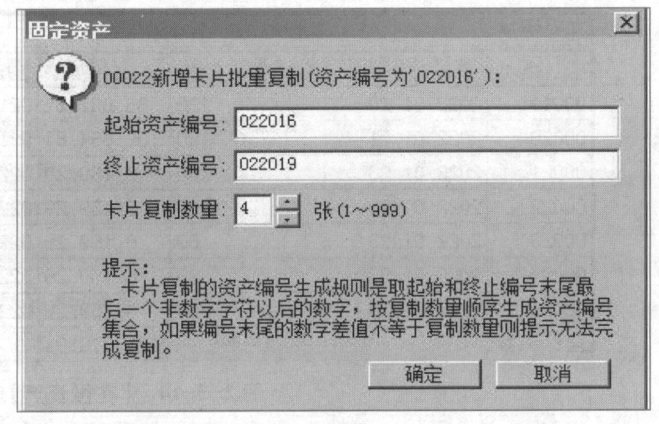

图 2-5-11 【固定资产—批量复制】对话框

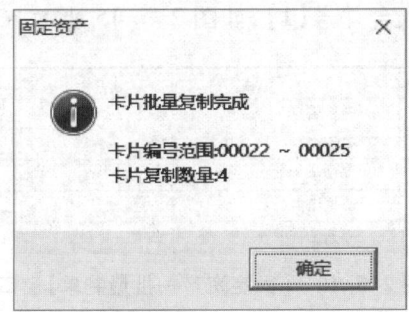

图 2-5-12 【固定资产—批量复制完成】提示框

(8) 单击【确定】,选择固定资产编号为 022018 和 022019 的卡片,单击【修改】,修改使用部门为【采购部】,单击【保存】,如图 2-5-13 所示。

固定资产卡片

卡片编号	00024			日期	2022-01-23
固定资产编号	022018	固定资产名称			联想电脑
类别编号	022	类别名称	非生产经营用	资产组名称	
规格型号		使用部门			采购部
增加方式	直接购入	存放地点			
使用状况	在用	使用年限(月)	60	折旧方法	平均年限法(一)
开始使用日期	2022-01-23	已计提月份	0	币种	人民币
原值	6159.29	净残值率	5%	净残值	307.96
累计折旧	0.00	月折旧率		本月计提折旧额	0.00
净值	6159.29	对应折旧科目	660206,折旧费	项目	
增值税	800.71	价税合计	6960.00		
录入人	李嘉文			录入日期	2022-01-23

图 2-5-13 【固定资产卡片】窗口

(9) 关闭【固定资产卡片】窗口。回到【卡片管理】选择查看所有新增加的固定资产卡片列表,如图 2-5-14 所示。

在役资产

卡片编号	开始使用日期	使用年限(月)	原值	固定资产编号	净残值率	录入人
00019	2022.01.20	120	63,027.52	021003	0.05	李嘉文
00020	2022.01.21	120	102,654.87	021004	0.05	李嘉文
00021	2022.01.23	60	6,159.29	022015	0.05	李嘉文
00022	2022.01.23	60	6,159.29	022016	0.05	李嘉文
00023	2022.01.23	60	6,159.29	022017	0.05	李嘉文
00024	2022.01.23	60	6,159.29	022018	0.05	李嘉文
00025	2022.01.23	60	6,159.29	022019	0.05	李嘉文
合计:(共			196,478.84			

图 2-5-14 【在役资产】对话框

(10) 执行【固定资产—处理—批量制单】命令,打开【查询条件选择—批量制单】窗口,【常用条件】全部默认,单击【确认】,打开【批量制单】对话框,双击需要进行凭证制单业务的【选择】栏,打上【Y】标记,输入合并号【1】,如图 2-5-15 所示。

序号	业务日期	业务类型	业务描述	业务号	发生额	合并号	选择
1	2022-01-23	卡片	新增资产	00021	6,159.29	1	Y
2	2022-01-23	卡片	新增资产	00022	6,159.29	1	Y
3	2022-01-23	卡片	新增资产	00023	6,159.29	1	Y
4	2022-01-23	卡片	新增资产	00024	6,159.29	1	Y
5	2022-01-23	卡片	新增资产	00025	6,159.29	1	Y

图 2-5-15 【固定资产—批量制单】窗口

(11) 单击【制单设置】选项卡,单击【凭证】,弹出会计凭证列表,勾选【方向相同时合并分录】和【方向相反时合并分录】复选框,如图 2-5-16 所示。

(12) 单击【凭证】,系统弹出一张会计凭证,单击【保存】,如图 2-5-17 所示。

序号	业务日期	业务类型	业务描述	业务号	方向	发生额	科目
1	2022-01-23	卡片	新增资产	00021	借	6,159.29	1601 固定资产
2	2022-01-23	卡片	新增资产	00021	借	800.71	22210101 进项税额
3	2022-01-23	卡片	新增资产	00021	贷	6,960.00	100201 工商银行金湾支行
4	2022-01-23	卡片	新增资产	00022	借	6,159.29	1601 固定资产
5	2022-01-23	卡片	新增资产	00022	借	800.71	22210101 进项税额
6	2022-01-23	卡片	新增资产	00022	贷	6,960.00	100201 工商银行金湾支行
7	2022-01-23	卡片	新增资产	00023	借	6,159.29	1601 固定资产
8	2022-01-23	卡片	新增资产	00023	借	800.71	22210101 进项税额
9	2022-01-23	卡片	新增资产	00023	贷	6,960.00	100201 工商银行金湾支行
10	2022-01-23	卡片	新增资产	00024	借	6,159.29	1601 固定资产
11	2022-01-23	卡片	新增资产	00024	借	800.71	22210101 进项税额
12	2022-01-23	卡片	新增资产	00024	贷	6,960.00	100201 工商银行金湾支行
13	2022-01-23	卡片	新增资产	00025	借	6,159.29	1601 固定资产
14	2022-01-23	卡片	新增资产	00025	借	800.71	22210101 进项税额
15	2022-01-23	卡片	新增资产	00025	贷	6,960.00	100201 工商银行金湾支行

图 2-5-16 【固定资产填制凭证】窗口

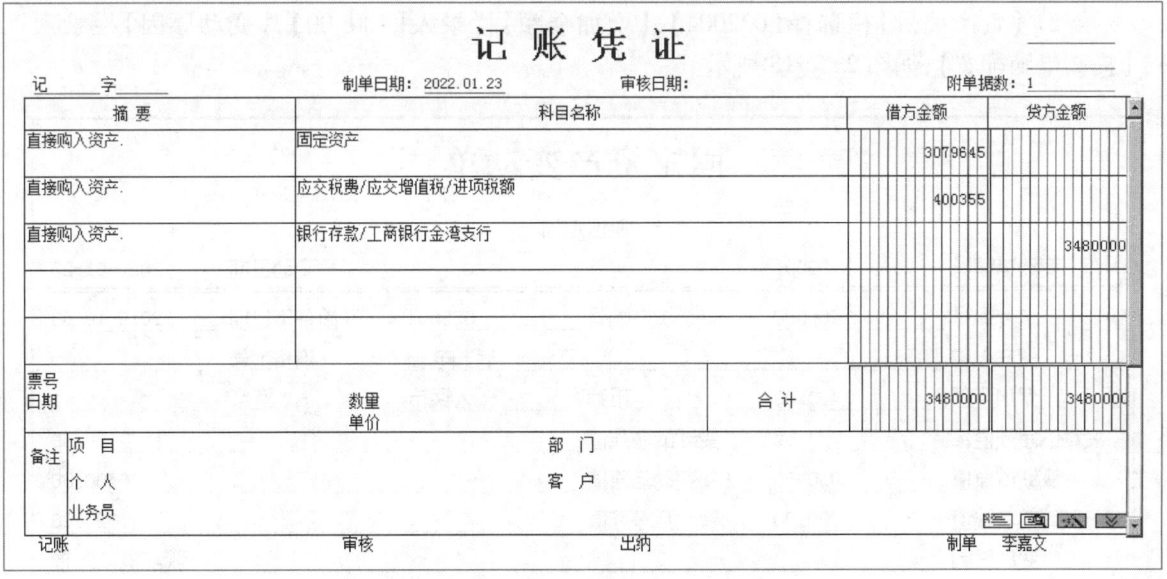

图 2-5-17 【记字 0078 号凭证】对话框

(13) 备份:将账套输出至【D:\666 账套备份\2.5.1】文件夹。

> **重难点提示**
>
> （1）只有在固定资产管理系统中勾选了【业务发生后立即制单】复选框，系统才能在新增固定资产卡片后，自动弹出【填制凭证】窗口，否则必须在【批量制单】窗口进行凭证处理。
>
> （2）如果发现凭证有错误，可以在固定资产管理系统凭证查询窗口，找到错误凭证，单击【编辑】进行修改。如果是因为卡片的错误而导致凭证错误，则需要删除凭证，修改卡片后，再次生成正确的凭证。

2-5-6 资产原值增减变动业务处理

任务二 固定资产变动业务处理

业务一 资产原值增减变动业务

〖业务描述〗（1）资产原值增加业务：2022年1月23日，因销售部门使用的联想电脑（资产编号为022004）需要提高配置，购买价值400元的内存条，用现金支付收到购买收据。

（2）资产原值减少业务：2022年1月23日，厂房（资产编号为011001）因台风受损，经与保险公司确认原值减少20 000元，当月全款收到银行电汇赔偿款入账。

〖操作说明〗【C202李嘉文】在固定资产管理系统录入固定资产原值变动单，并生成资产变动的会计凭证处理。

〖操作指引〗

1．资产原值增加业务处理

（1）在固定资产管理系统中，执行【固定资产—卡片—变动单—原值增加】命令，打开【固定资产变动单】对话框。

（2）【资产编号】栏选择【022004】，【增加金额】栏录入【400.00】，【变动原因】栏录入【提高电脑配置】，如图2-5-18所示。

固定资产变动单
— 原值增加 —

变动单编号	00001			变动日期	2022-01-23
卡片编号	00008	资产编号	022004	开始使用日期	2019-10-03
资产名称		联想电脑		规格型号	
增加金额	400.00	币种	人民币	汇率	1
变动的净残值率	5%	变动的净残值			20.00
变动前原值	6000.00	变动后原值			6400.00
变动前净残值	300.00	变动后净残值			320.00
变动原因					提高电脑配置
				经手人	李嘉文

图2-5-18 【固定资产变动单】对话框

(3) 单击【保存】,系统提示【数据保存成功!】。单击【确定】,系统弹出会计凭证,修改凭证类别为【记账凭证】,贷方科目选择录入【库存现金】,单击【保存】,凭证保存成功,如图 2-5-19 所示。

记 账 凭 证

记　字 0079　　　制单日期：2022.01.23　　　审核日期：　　　附单据数：0

摘要	科目名称	借方金额	贷方金额
原值增加	固定资产	40000	
原值增加	库存现金		40000

票号日期　　　数量单价　　　合　计　　40000　　40000

备注　项　目　　　　部　门
　　　个　人　　　　客　户
　　　业务员

记账　　　审核　　　出纳　　　制单　李嘉文

图 2-5-19 【记字 0079 号凭证】对话框

2. 资产原值减少业务处理

(1) 在固定资产管理系统中,执行【固定资产—卡片—变动单—原值减少】命令,打开【固定资产变动单】对话框。

(2)【卡片编号】栏选择【00001】,【减少金额】栏录入【20 000.00】,【变动原因】栏录入【台风受损】,如图 2-5-20 所示。

固定资产变动单
— 原值减少 —

变动单编号	00002			变动日期	2022-01-23
卡片编号	00001	资产编号	011001	开始使用日期	2019-09-30
资产名称			厂房	规格型号	
减少金额	20000.00	币种	人民币	汇率	1
变动的净残值率	4%	变动的净残值			800.00
变动前原值	5400000.00	变动后原值			5380000.00
变动前净残值	216000.00	变动后净残值			215200.00
变动原因					台风受损
				经手人	李嘉文

图 2-5-20 【固定资产变动单】对话框

（3）单击【保存】,系统提示【数据保存成功!】。单击【确定】,系统弹出会计凭证,修改凭证类别为【记账凭证】,借方科目选择录入【银行存款/工商银行金湾支行】,单击【保存】,凭证保存成功,如图 2-5-21 所示。

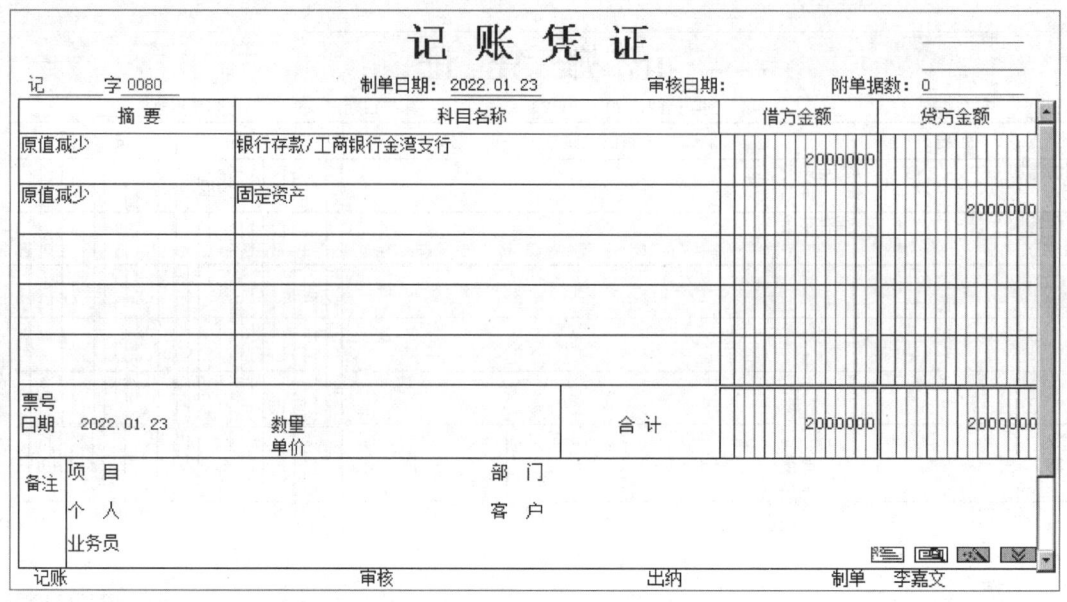

图 2-5-21 【记字 0080 号凭证】对话框

2-5-7 固定资产其他变动业务处理

业务二　固定资产其他变动业务

〖业务描述〗

（1）使用部门变动：2022 年 1 月 31 日,根据财务部固定资产调拨申请,将行政人事部闲置的华硕电脑（资产编号为 022005）转到财务部使用,相关数据如表 2-5-1 所示。

表 2-5-1　　　　　　　　　使用部门变动表

资产编号	固定资产名称	使用日期	增加方式	变动原因	原使用部门	新使用部门
022005	华硕电脑	2019-01-20	直接购入	业务需要	行政人事部	财务部门

（2）使用状况调整：2022 年 1 月 31 日,行政人事部通过固定资产盘点表发现,存放的华硕电脑（资产编号为 002008）闲置,决定将资产处理为不需用。相关数据如表 2-5-2 所示。

表 2-5-2　　　　　　　　固定资产使用状况调整表

资产编号	固定资产名称	使用日期	增加方式	使用部门	原使用情况	现使用情况
022008	华硕电脑	2019-01-20	直接购入	行政人事部	在用	不需用

（3）使用年限调整：2022 年 1 月 31 日,根据资产评估结果,将销售部丰田汽车的使用年限调整为 8 年。相关数据如表 2-5-3 所示。

表 2-5-3　　　　　　　　　使用年限调整表

资产编号	固定资产名称	使用日期	增加方式	使用情况	使用部门	折旧方法	原可使用年限	现可使用年限
022001	丰田汽车	2020-12-02	直接购入	在用	销售部	直线法	10	8

〖操作说明〗 【C202 李嘉文】在固定资产管理系统中录入固定资产变动单。

〖操作指引〗

1. 使用部门变动处理

（1）在固定资产管理系统中，执行【固定资产—卡片—变动单—部门转移】命令，打开【固定资产变动单】对话框。

（2）在【资产编号】选择【022005】，【变动后部门】选择【财务部】，【变动原因】录入【业务需要】，如图 2-5-22 所示，单击【保存】，系统提示【数据保存成功！】。

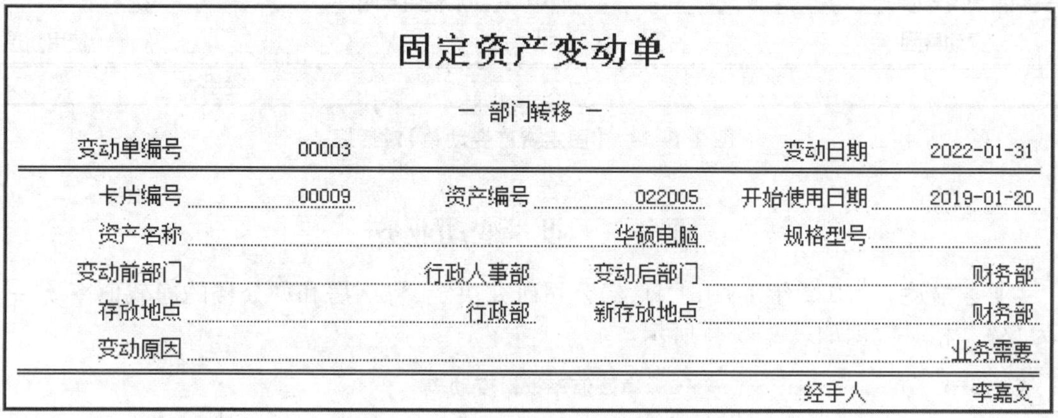

固定资产变动单

— 部门转移 —

变动单编号	00003			变动日期	2022-01-31
卡片编号	00009	资产编号	022005	开始使用日期	2019-01-20
资产名称			华硕电脑	规格型号	
变动前部门		行政人事部	变动后部门		财务部
存放地点		行政部	新存放地点		财务部
变动原因					业务需要
				经手人	李嘉文

图 2-5-22 【固定资产变动单】对话框

2. 使用状况调整处理

（1）在固定资产管理系统中，执行【固定资产—卡片—变动单—使用状况调整】命令，打开【固定资产变动单】对话框。

（2）在【资产编号】栏选择【022008】，在【变动原因】栏录入【日常不需使用】，如图 2-5-23 所示。单击【保存】，系统提示【数据保存成功！】。

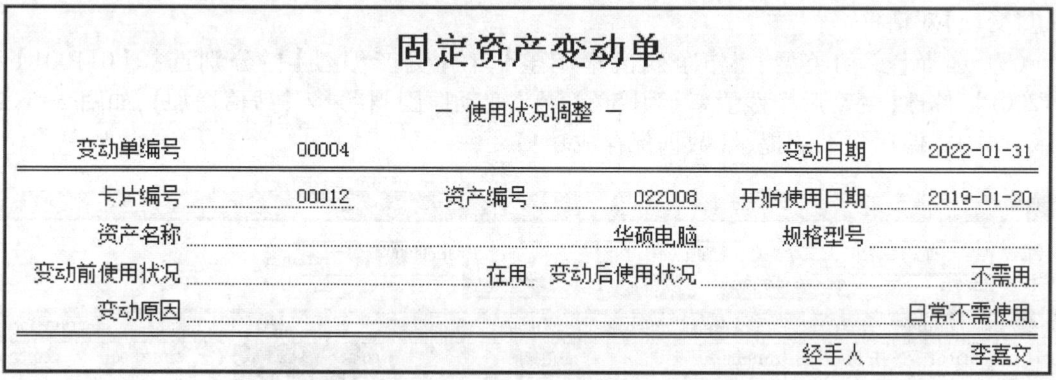

固定资产变动单

— 使用状况调整 —

变动单编号	00004			变动日期	2022-01-31
卡片编号	00012	资产编号	022008	开始使用日期	2019-01-20
资产名称			华硕电脑	规格型号	
变动前使用状况		在用	变动后使用状况		不需用
变动原因					日常不需使用
				经手人	李嘉文

图 2-5-23 【固定资产变动单】对话框

3. 使用年限调整处理

（1）在固定资产管理系统中，执行【固定资产—卡片—变动单—使用年限调整】命令，打开【固定资产变动单】对话框。

（2）在【资产编号】栏选择【022001】，在【变动后使用年限】栏录入【96】，在【变动原因】栏录入【使用过度】，单击【保存】，系统提示【数据保存成功！】。如图 2-5-24 所示。

固定资产变动单

— 使用年限调整 —

变动单编号	00005			变动日期	2022-01-31
卡片编号	00005	资产编号	022001	开始使用日期	2020-12-02
资产名称			丰田汽车	规格型号	
变动前使用年限		120	变动后使用年限		96
变动原因					使用过度
				经手人	李嘉文

图 2-5-24 【固定资产变动单】对话框

业务三 批量变动业务

〖业务描述〗 2022 年 1 月 31 日,经公司研究决定,将厂房和办公楼的净残值率统一调整为 5%。相关数据如表 2-5-4 所示。

表 2-5-4　　　　　　净残值率批量变动表

资产编号	固定资产名称	使用日期	增加方式	使用情况	使用部门	折旧方法	原净残值率	现净残值率
011001	厂房	2019-09-30	在建工程转入	在用	生产部门	直线法	4%	5%
012001	办公楼	2021-08-05	在建工程转入	在用	管理部门	直线法	4%	5%

〖操作说明〗【C202 李嘉文】在固定资产管理系统进行批量固定资产残值变动单处理。

〖操作指引〗

(1) 在固定资产管理系统中,执行【固定资产—卡片—变动单—批量变动】命令,打开【批量变动】对话框。

(2) 选择【变动类型】为【净残值率调整】,在【资产编号】栏分别选择【011001】和【012001】,修改【变动后净残值率】为【5%】,在【变动原因】栏录入【残值增加】,如图 2-5-25 所示。单击【保存】,系统提示【数据保存成功!】。

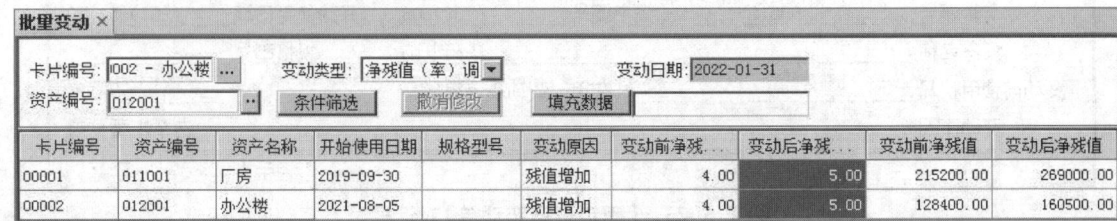

图 2-5-25 【固定资产—批量变动】对话框

业务四 计提减值准备业务

〖业务描述〗 2022 年 1 月 31 日,对销售部门使用的丰田汽车进行测试并计提减值准备,相关数据如表 2-5-5 所示。

2-5-8 计提减值准备业务处理（微课）

表 2-5-5　　　　　　　　　月末计提减值准备表　　　　　　　　　金额单位：元

资产编号	固定资产名称	使用日期	增加方式	使用情况	使用部门	折旧方法	可使用年限	账面净值	预计可收回金额	计提减值准备
022001	丰田汽车	2020-12-02	直接购入	在用	销售部门	直线法	10	217 200	167 200	50 000

〖操作说明〗　【C202 李嘉文】在固定资产管理系统中录入计提减值准备变动单,并生成计提减值准备的会计凭证。

〖操作指引〗

（1）在固定资产管理系统中,执行【固定资产—卡片—变动单—计提减值准备】命令,打开【固定资产变动单】对话框。

（2）【资产编号】栏选择【022001】,【减值准备金额】栏录入【50 000.00】,【变动原因】栏录入【资产减值】。单击【保存】,系统提示【数据保存成功！】。

（3）单击【确定】,系统弹出会计凭证,修改凭证类别为【记账凭证】,录入借方科目【资产减值损失】。单击【保存】,凭证保存成功,如图 2-5-26 所示。

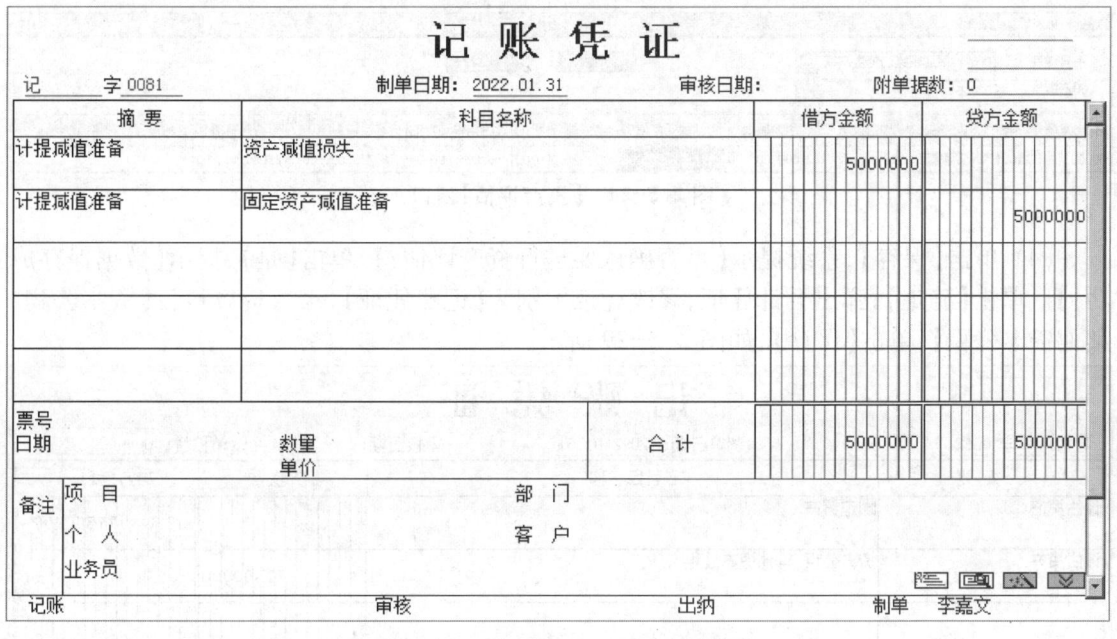

图 2-5-26　【记字 0081 号凭证】对话框

业务五　资产评估业务

〖业务描述〗　2022 年 1 月 31 日,经公司决定,将变速箱锥齿轮生产线(资产编号为 021001)作价 6 000 000 元,向珠海市明瑞有限公司投资。相关数据如表 2-5-6 所示。

表 2-5-6　　　　　　　　　对外投资固定资产评估表　　　　　　　　　金额单位：万元

固定资产名称	使用部门	原使用年限	评估使用年限	原值	评估原值	累计折旧	账面净值	评估净值
变速箱锥齿轮生产线	生产部门	10	8	1 200	1 122.5	522.5	677.5	600

2-5-9 资产评估业务

〖操作说明〗【C202 李嘉文】在固定资产管理系统进行资产评估,生成固定资产评估的会计凭证。

〖操作指引〗

（1）在固定资产管理系统中,执行【固定资产—卡片—资产评估】命令,打开【资产评估选择】对话框。

（2）单击【增加】,弹出【评估资产选择】对话框,勾选【原值】【净值】【使用年限(月)】复选框,如图 2-5-27 所示。

（3）单击【确定】,打开【评估资产】界面,【固定资产编号】选择【021001】,在【评估后原值】栏录入【11 225 000.00】,在【评估后净值】栏录入【6 000 000.00】,在【评估后使用年限】栏录入【96】,如图 2-5-28 所示。

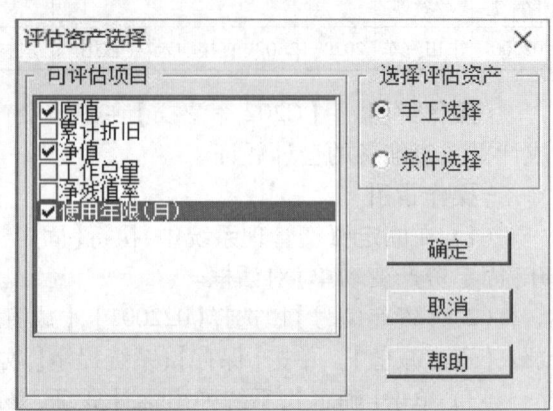

图 2-5-27 【评估资产选择】对话框

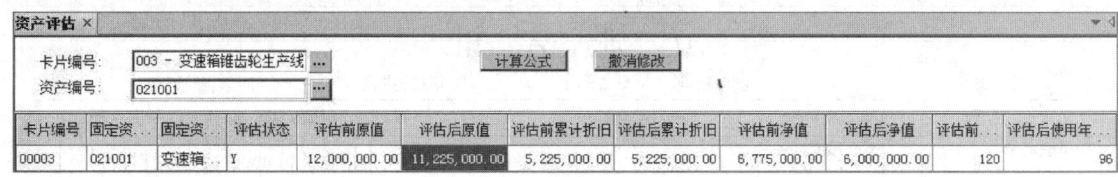

图 2-5-28 【资产评估】窗口

（4）单击【保存】,系统提示【是否确认要进行资产评估?】,单击【是】,提示【数据保存成功!】。单击【确定】,弹出会计凭证,修改凭证类别为【记账凭证】,录入贷方科目【资本公积/其他资本公积】,单击【保存】,如图 2-5-29 所示。

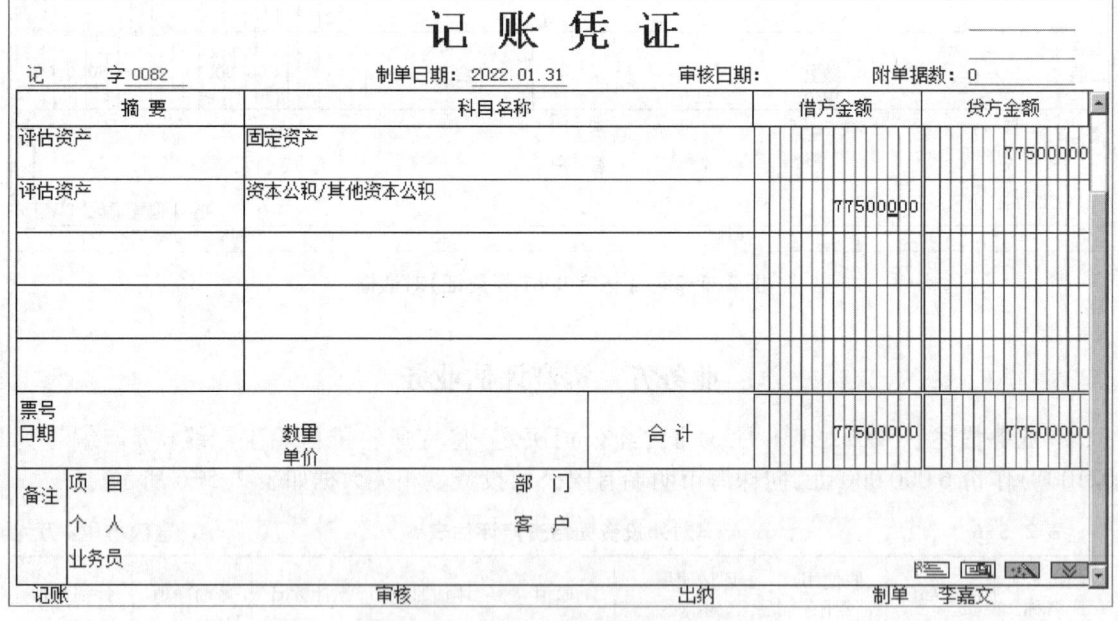

图 2-5-29 【记字 0082 号凭证】对话框

（5）备份:将账套输出至【D:\666 账套备份\2.5.2】文件夹。

> **重难点提示**
>
> （1）固定资产在使用过程中，可能会因为原值变动、部门转移、使用状况变动、使用年限调整、折旧方法调整、净残值（率）调整、工作总量调整、资产类别调整等而需要对固定资产卡片中的一些项目进行调整。这些变动在固定资产管理系统中通过【固定资产变动单】进行操作。此类操作必须有原始凭证/文件支持，制作的原始凭证称为变动单。
>
> （2）变动单不能修改，只有当月可以删除重做。
>
> （3）当月录入新增卡片后，在执行变动单操作时部分功能会受限，如不能进行原值增加、原值减少、部门转移等操作。
>
> （4）只有固定资产原值增减变动和计提减值准备业务处理才会生成凭证，其他变动都在当月不需生成凭证，只会在次月计提折旧时产生影响。

任务三　固定资产期末业务处理

业务一　固定资产计提折旧业务

2-5-10 固定资产计提折旧业务处理（微课）

【业务描述】 2022年1月31日，完成固定资产计提折旧业务处理。

【操作说明】 【C202李嘉文】在固定资产管理系统中计提固定资产折旧，并生成计提固定资产折旧的会计凭证。

【操作指引】

（1）在固定资产管理系统，执行【固定资产—处理—计提本月折旧】命令，打开【固定资产】对话框，提示【是否要查看折旧清单？】，单击【是】，系统提示【本次操作将计提本月折旧，并花费一定时间，是否继续？】。

（2）单击【是】，打开【折旧清单】窗口，如图2-5-30所示。

按部门查询	卡片编号	资产编号	资产名称	原值	计提原值	本月计提折旧额	累计折旧	本年计提折旧	减值准备	净值	净残值	折旧率
固定资产部门编码目录	00001	011001	厂房	5,380,000.00	5,400,000.00	14,580.00	403,380.00	14,580.00	0.00	620.00	9,000.00	0.0027
1 行政人事部	00002	012001	办公楼	3,210,000.00	3,210,000.00	8,667.00	42,907.00	8,667.00	0.00	093.00	9,500.00	0.0027
2 财务部	00003	021001	变速箱锥齿	11,225,000.00	12,000,000.00	118,800.00	343,800.00	118,800.00	0.00	200.00	1,250.00	0.0099
3 采购部	00004	021002	传动齿轮生	6,000,000.00	6,000,000.00	47,400.00	234,900.00	47,400.00	0.00	100.00	0,000.00	0.0079
4 销售部	00005	022001	丰田汽车	240,000.00	240,000.00	2,376.00	25,176.00	2,376.00	50,000.00	824.00	2,000.00	0.0099
5 生产部	00006	022002	宝马汽车	660,000.00	660,000.00	5,214.00	67,914.00	5,214.00	0.00	086.00	3,000.00	0.0079
6 仓储部	00007	022003	联想电脑	6,000.00	6,000.00	94.80	2,564.80	94.80	0.00	435.20	300.00	0.0158
	00008	022004	联想电脑	6,400.00	6,000.00	94.80	2,564.80	94.80	0.00	835.20	320.00	0.0158
	00009	022005	华硕电脑	7,800.00	7,800.00	123.24	4,445.74	123.24	0.00	354.26	390.00	0.0158
	00010	022006	华硕电脑	7,800.00	7,800.00	123.24	4,445.74	123.24	0.00	354.26	390.00	0.0158
	00011	022007	华硕电脑	7,800.00	7,800.00	123.24	4,445.74	123.24	0.00	354.26	390.00	0.0158
	00012	022008	华硕电脑	7,800.00	7,800.00	123.24	4,445.74	123.24	0.00	354.26	390.00	0.0158
	00013	022009	华硕电脑	7,800.00	7,800.00	123.24	4,445.74	123.24	0.00	354.26	390.00	0.0158
	00014	022010	华硕电脑	7,800.00	7,800.00	123.24	4,445.74	123.24	0.00	354.26	390.00	0.0158
	00015	022011	华硕电脑	7,800.00	7,800.00	123.24	4,445.74	123.24	0.00	354.26	390.00	0.0158
	00016	022012	华硕电脑	7,800.00	7,800.00	123.24	4,445.74	123.24	0.00	354.26	390.00	0.0158
	00017	022013	华硕电脑	7,800.00	7,800.00	123.24	4,445.74	123.24	0.00	354.26	390.00	0.0158
	00018	022014	华硕电脑	7,800.00	7,800.00	123.24	4,445.74	123.24	0.00	354.26	390.00	0.0158
	合计			26,805,400.00	27,600,000.00	198,459.00	167,664.00	198,459.00	50,000.00	736.00	0,270.00	

图2-5-30　【折旧清单】窗口

（3）单击【退出】，系统提示【计提折旧完成！】

（4）单击【确定】，打开【折旧分配表】窗口，如图2-5-31所示。

图 2-5-31 【折旧分配表】窗口

（5）单击【凭证】，生成会计凭证。修改凭证类别为【记账凭证】，单击【保存】，凭证保存成功，如图 2-5-32 所示。

图 2-5-32 【记字 0083 号凭证】对话框

> **重难点提示**
>
> （1）如果计提固定资产的折旧方法为工作量法，在计提折旧之前，要录入固定资产本月的工作量，这样，才能正确计提本月的折旧。
>
> （2）计提折旧功能每期对各项资产计提一次折旧，并自动生成折旧分配表，然后生成会计凭证，将本期的折旧费用自动登账；计提折旧的会计凭证可以不立即生成并保存，而在【批量制单】中生成，在【批量制单】中勾选【方向相反时合并分录】，生成的凭证会合并会计科目相同的会计分类。
>
> （3）部门转移和类别调整的资产当月计提折旧会自动分配到变动后的部门和类别。
>
> （4）在一个期间内可以多次计提折旧，每次计提折旧后，只是将计提的折旧累加到月初的累计折旧上，不会重复累计。
>
> （5）若计提折旧已生成凭证传递到总账管理系统，必须删除该凭证才能重新计提折旧。
>
> （6）如果计提折旧后，又进行了影响折旧的计算或分配操作，必须重新计提折旧。

业务二 固定资产减少业务

〖业务描述〗

（1）评估资产对外投资：2022年1月31日，经公司决定向珠海明瑞公司投资变速箱锥齿轮生产线（资产编号为021001）。

（2）资产报废：2022年1月31日，行政人事部使用的华硕电脑（资产编号为022014）损坏报废，清理现金收入500元。

〖操作说明〗

（1）【C202 李嘉文】在固定资产管理系统进行资产评估，并将固定资产对外投资，完成固定资产对外投资减少的凭证处理。

（2）【C202 李嘉文】在固定资产管理系统中减少固定资产，生成固定资产减少的会计凭证；在总账管理系统填制结转固定资产清理的会计凭证。

〖操作指引〗

1. 将评估资产进行对外投资业务处理

（1）在固定资产管理系统中，执行【固定资产—卡片—资产减少】命令。【资产编号】选择【021001】，单击【增加】，在【减少方式】栏选择【投资转出】，在【清理原因】栏录入【对外投资】，如图2-5-33所示。

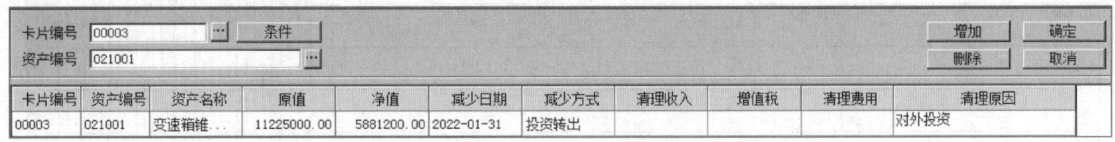

图 2-5-33 【资产减少】对话框

（2）单击【确定】，系统提示【所选卡片已经减少成功！】。单击【确定】，系统弹出会计凭证，修改凭证类别为【记账凭证】，【固定资产清理】科目改为【长期股权投资】，单击【保存】，凭证保存成功，如图2-5-34所示。

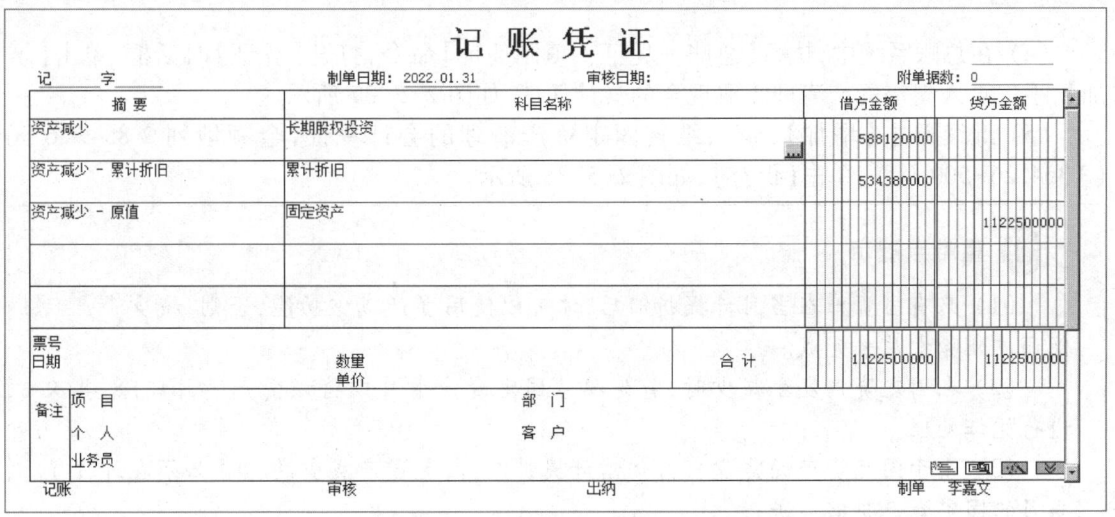

图 2-5-34 【记字0084号凭证】对话框

2. 资产报废业务处理

（1）在固定资产管理系统中，执行【固定资产—卡片—资产减少】命令。

（2）【资产编号】选择【022014】，单击【增加】，【减少方式】栏选择【报废】，【清理原因】栏录入【资产报废】，如图 2-5-35 所示。

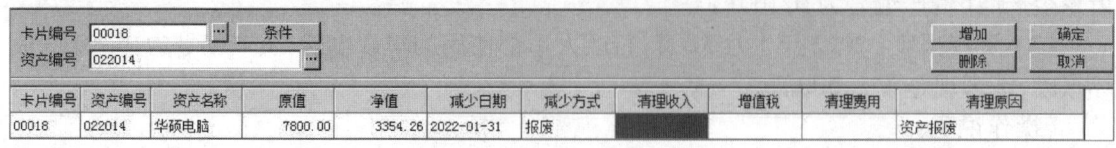

图 2-5-35 【固定资产减少】窗口

（3）单击【确定】，系统提示【所选卡片已经减少成功！】。单击【确定】，系统弹出会计凭证，修改凭证类别为【记账凭证】，单击【保存】，如图 2-5-36 所示。

图 2-5-36 【记字 0085 号凭证】对话框

（4）在总账系统中，执行【总账—凭证—填制凭证】命令，打开【凭证】对话框，单击【增加】，手工录入固定资产清理收取现金的会计凭证，如图 2-5-37 所示。

（5）继续单击【增加】，录入结转固定资产清理的会计凭证，金额填列 2 854.26 元（3 354.26-500.00），单击【保存】，如图 2-5-38 所示。

> **重难点提示**
>
> （1）只有当资产在当月计提折旧后，才可以使用资产减少功能，否则，减少资产只能通过删除卡片来完成。
>
> （2）在固定资产发生减少时，首先要从固定资产卡片中将该资产卡片删除，其次进行凭证处理。
>
> （3）由于固定资产的减少当月仍需计提折旧，固定资产减少的核算必须在计提了当月的固定资产折旧后进行。
>
> （4）与资产减少相关的支付清理费用等业务凭证，需要在总账管理系统中填制。

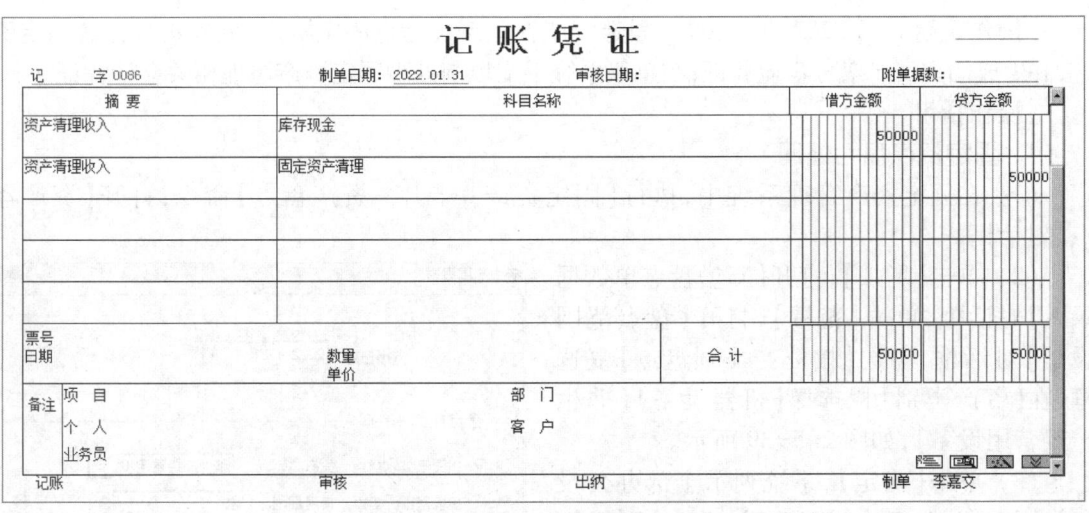

图 2-5-37 【记字 0086 号凭证】对话框

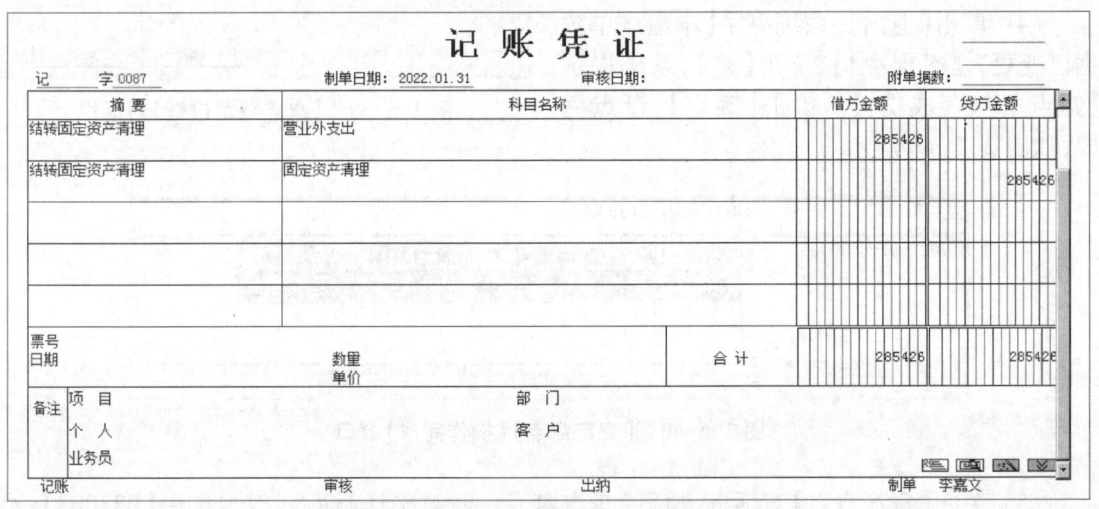

图 2-5-38 【记字 0087 号凭证】对话框

业务三 固定资产期末盘点业务

〖业务描述〗 （1）固定资产盘亏：2022 年 1 月 31 日，盘点办公设备，发现销售部的联想电脑（资产编号为 022003）丢失，原值为 6 000 元，已计提折旧 2 564.8 元。经查，损失由该部门负责人杨慧赔偿，尚未收到赔偿款。

（2）固定资产盘盈：2022 年 1 月 31 日，对二车间进行盘点，盘盈手动叉车一台，同类产品市场原值 5 000 元，新旧程度 90%，预计使用年限为 3 年，相关数据如表 2-5-7 所示。

表 2-5-7　　　　　　　　　固定资产盘盈表　　　　　　　金额单位：元

固定资产名称	开始使用日期	增加方式	使用情况	使用部门	折旧方法	预计使用年限	同类市场原值	残值率	新旧程度	累计折旧
手动叉车	2022-01-31	盘盈	在用	二车间	直线法	3	5 000	5%	90%	500

【操作说明】【C202李嘉文】在固定资产管理系统盘点固定资产,处理盘亏盘盈固定资产,并生成固定资产盘亏盘盈凭证;在总账系统手工填制处理固定资产清理相关会计凭证。

〖操作指引〗

1. 固定资产盘亏处理

(1) 在固定资产管理系统中,执行【固定资产—卡片—资产盘点】命令,打开【资产盘点】对话框。

(2) 单击【增加】,打开【新增盘点单数据录入】对话框,单击【范围】,打开【盘点范围设置】对话框,勾选【按资产类别盘点】复选框,在【资产类别】栏选择【机器设备】【非生产经营用设备】,如图2-5-39所示。

(3) 单击【确定】,系统列示全部办公设备类固定资产,双击【022003】,单击【删行】,删除【022003】。

(4) 单击【退出】,系统提示【本盘点单数据已变更,是否保存!】,单击【是】,系统提示【盘点单保存成功!】。单击【确定】,盘点完成,如图2-5-40所示。

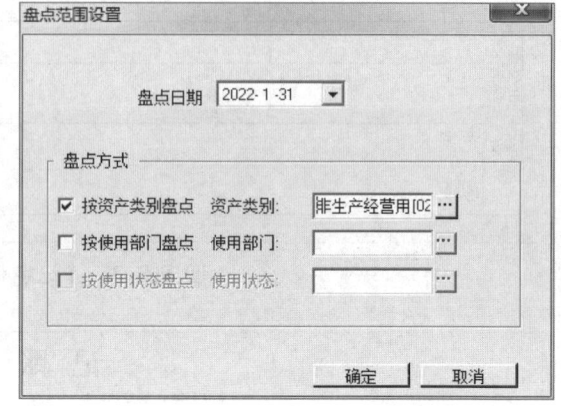

图2-5-39 【盘点范围设置】对话框

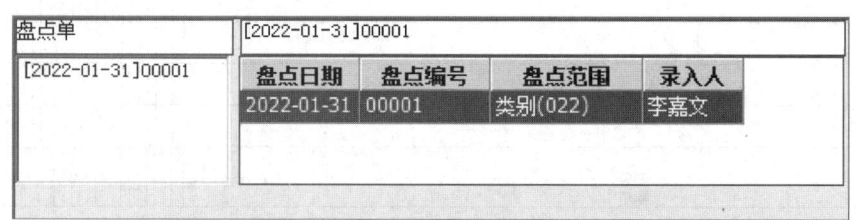

图2-5-40 【资产盘点】(操作完成)窗口

(5) 关闭【资产盘点】对话框,执行【盘点盘亏—盘盈确认】命令,双击选中【022003】,在【审核】栏选中【同意】,在【处理意见】栏录入【由部门负责人照价赔偿】,如图2-5-41所示。

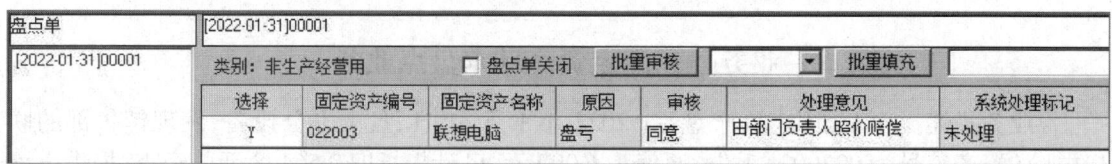

图2-5-41 【盘点盘亏—盘盈确认】窗口

(6) 单击【保存】,系统提示【保存成功】。单击【确认】,退出【盘点盘亏—盘盈确认】对话框。

(7) 执行【资产盘亏】命令,双击选中【022003】,如图2-5-42所示。

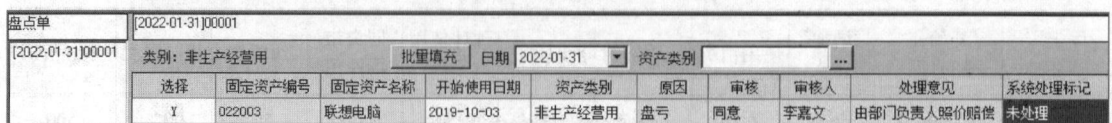

图2-5-42 【资产盘亏】窗口

(8) 单击菜单栏上的【盘亏处理】命令,打开【资产减少】窗口,在【清理原因】栏录入【资产盘亏】,如图 2-5-43 所示。

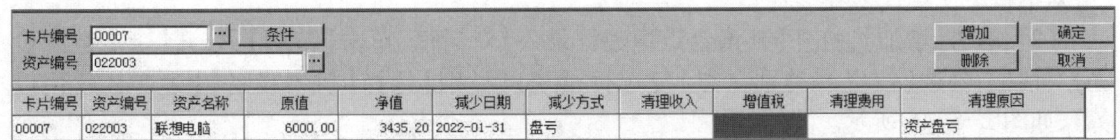

图 2-5-43 【资产减少】窗口

(9) 单击【确定】,系统提示【所选卡片已经减少成功】。单击【确认】,弹出会计凭证,修改凭证类别为【记账凭证】,将【固定资产清理】科目修改为【待处理财产损溢】。单击【保存】,凭证保存成功,如图 2-5-44 所示。

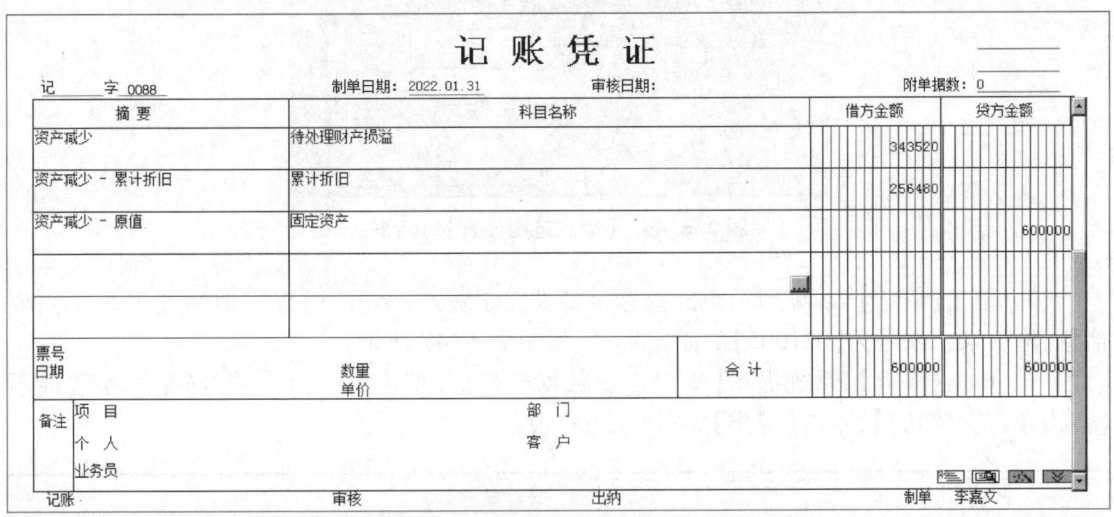

图 2-5-44 【记字 0088 号凭证】对话框

(10) 在总账系统中,执行【总账—凭证—填制凭证】命令,打开【凭证】对话框,单击【增加】,录入处理盘亏固定资产的会计凭证。单击【保存】,凭证保存成功,如图 2-5-45 所示。

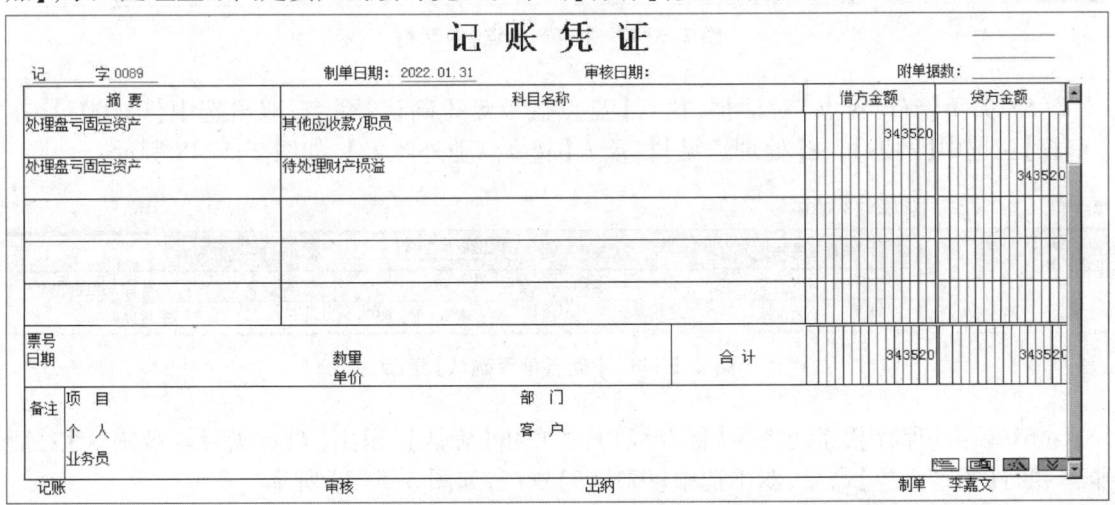

图 2-5-45 【记字 0089 号凭证】对话框

2. 固定资产盘盈

（1）在固定资产管理系统中，执行【固定资产—卡片—资产盘点】命令，打开【资产盘点】对话框。

（2）单击【增加】，打开【新增盘点单数据录入】对话框，单击【范围】，打开【盘点范围设置】对话框，勾选【按资产类别盘点】复选框，【资产类别】选择【机器设备】【生产经营用设备】，如图 2-5-46 所示。

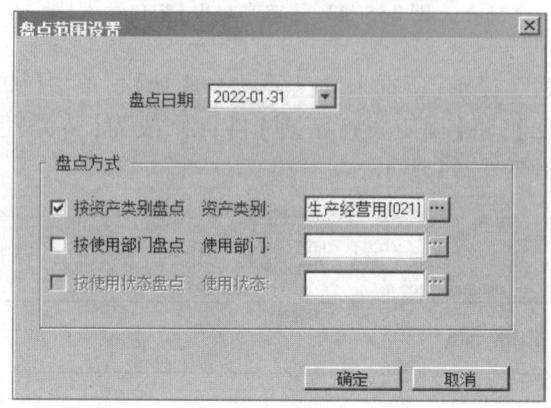

图 2-5-46 【盘点范围设置】对话框

（3）单击【确定】，系统列示全部机器设备类固定资产，单击【增行】，根据表 2-5-7 内容信息，增加录入编号为【021005】的固定资产，如图 2-5-47 所示。

（4）单击【保存】，系统提示【本盘点单数据已变更，是否保存！】。单击【是】，系统提示【盘点单保存成功！】，单击【退出】，资产盘点完成。

选择	固定资产编号	固定资产名称	部门编号	类别编号	币种	使用年限(月)	开始使	录入日期	外币原值	汇率	录入人	原值
	021002	传动齿轮生产线	502	021	人民币	120	2019-11-30	2022-01-01	0	1	蓝英	6000000
	021003	气泵	501	021	人民币	120	2022-01-20	2022-01-20	0		李嘉文	63027.52
	021004	变速箱锥齿轮生产线	501	021	人民币	120	2022-01-21	2022-01-21	0	1	李嘉文	102654.87
Y	021005	手动叉车	502	021	人民币	38	2022-01-31	2022-01-31			李嘉文	5000

图 2-5-47 【资产盘点】对话框

（5）关闭【资产盘点】对话框，执行【盘点盘亏盘盈确认】命令，双击选中【021005】，在【审核】栏选中【同意】，在【处理意见】栏录入【转入营业外收入】，如图 2-5-48 所示。

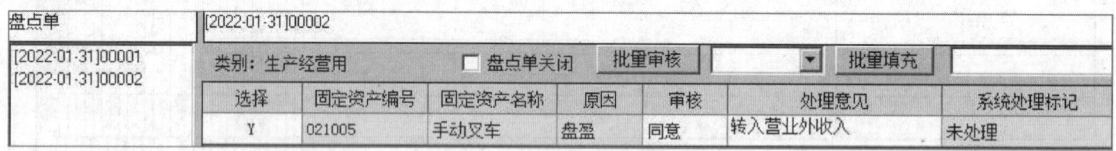

图 2-5-48 【盘点盘亏确认】窗口

（6）单击【保存】，系统提示【保存成功】。单击【确认】，退出【盘点盘亏盘盈确认】对话框。执行【资产盘盈】命令，双击选中【021005】资产，如图 2-5-49 所示。

（7）单击【盘盈处理】，打开【固定资产卡片】窗口，如图 2-5-50 所示。

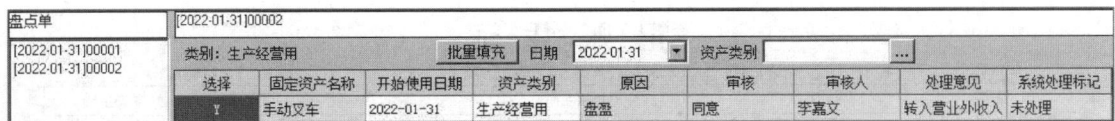

图 2-5-49 【资产盘盈】窗口

固定资产卡片

卡片编号	00026			日期	2022-01-31
固定资产编号	021005	固定资产名称			手动叉车
类别编号	021	类别名称	生产经营用	资产组名称	
规格型号		使用部门			二车间
增加方式	盘盈	存放地点			
使用状况	在用	使用年限(月)	36	折旧方法	平均年限法(一)
开始使用日期	2022-01-31	已计提月份	0	币种	人民币
原值	5000.00	净残值率	5%	净残值	250.00
累计折旧	500.00	月折旧率	0	本月计提折旧额	0.00
净值	4500.00	对应折旧科目		项目	
增值税	0.00	价税合计	5000.00		
录入人	李嘉文			录入日期	2022-01-31

图 2-5-50 【固定资产卡片】窗口

(8) 单击【保存】,弹出一张会计凭证,将【以前年度损益调整】科目修改为【待处理财产损溢】科目。单击【保存】,如图 2-5-51 所示。

记账凭证

记 字 0090		制单日期: 2022.01.31	审核日期:		附单据数: 0
摘要		科目名称		借方金额	贷方金额
盘盈资产		固定资产		500000	
盘盈资产		累计折旧			50000
盘盈资产		待处理财产损溢			450000
			合计	500000	500000

图 2-5-51 【记字 0090 号凭证】对话框

(9) 在总账系统中,执行【总账—凭证—填制凭证】命令,打开【凭证】对话框,单击【增加】,录入处理盘盈固定资产的会计凭证。单击【保存】,如图 2-5-52 所示。

2-5-13 查询单据凭证及账表（微课）

2-5-14 业务拓展：固定资产账表查询

图 2-5-52 【记字 0091 号凭证】对话框

（10）备份：将账套输出至【D:\666 账套备份\2.5.3】文件夹。

项目六　薪资管理日常业务处理

2-6-1 薪资管理日常业务处理概述（微课）

> **思政园地**
>
> 税后所得　心安理得
>
> 　　自2018年以来，多位明星被爆出逃税罚款的新闻，逃税数额共计高达31亿元。
>
> 　　在2019年至2020年，某电商主播通过隐匿个人收入、虚构业务、转换收入性质、虚假申报等方式偷逃税款约6.43亿元，其他少缴税款约0.6亿元。国家税务总局依法对其追缴税款、加收滞纳金并处罚款，共计13.41亿元。
>
> 　　明星范某因"阴阳合同""天价片酬"等涉税问题被处罚金8.84亿元。明星邓某没有履行依法申报的公民义务，反而是一直偷税漏税，最终被罚款2.99亿元。邓某被相关部门催促缴纳税款却置之不理，新华社在社交媒体平台上发布消息称其偷逃税款被处罚并追缴1.06亿元，彻底被钉在了"劣迹艺人"的耻辱柱上。
>
> 　　在大数据的环境下，各种收入来源存有可查的电子痕迹，税务机关能够更快、更全面地查清纳税人的真实情况。纳税人应自觉依据税法要求，认真缴税。

任务一　薪资月变动业务处理

2-6-2 人员增减变动业务处理（微课）

业务一　人员增减变动业务

〖业务描述〗　公司有入职新增和离职减少的人员变动，当月人事部将人员增加信息表和人员减少信息表交由财务部，将相关信息录入系统并计算人工薪酬，相关信息如表2-6-1和表2-6-2所示。

表 2-6-1　　　　　　　　　　　人员增加信息表

人员编号	入职时间	人员姓名	性别	行政部门	人员类别	银行账号
102	2022-01-15	刘芳芳	女	行政人事部	企业管理人员	6217003090004835018
507	2022-01-22	徐佳丽	女	一车间	车间管理人员	6217003090004835019
509	2022-01-22	肖骁云	男	二车间	生产人员	6217003090004835020

表 2-6-2　　　　　　　　　　　　人员减少信息表　　　　　　　　　　　　单位：元

人员编号	离职时间	人员姓名	性别	行政部门	人员类别	是否操作员	基本工资	奖金	岗位工资	交补
501	2022-01-21	秦昊	男	一车间	车间管理人员	否	2 000	600	2 000	800
505	2022-01-22	沈伟	男	二车间	生产人员	否	2 000	600	800	300

〖操作说明〗【C201 蓝英】在基础设置中增加人员档案，【C202 李嘉文】在薪酬管理系统中进行增减人员处理。

〖操作指引〗

1. 基本档案人员增加处理

（1）【C201 蓝英】在【基础设置】中，执行【基础档案—机构人员—人员档案】命令，打开【人员列表】窗口。

（2）单击【增加】，根据表 2-6-1 数据，输入人员编码【102】、人员姓名【刘芳芳】等相关信息，如图 2-6-1 所示。

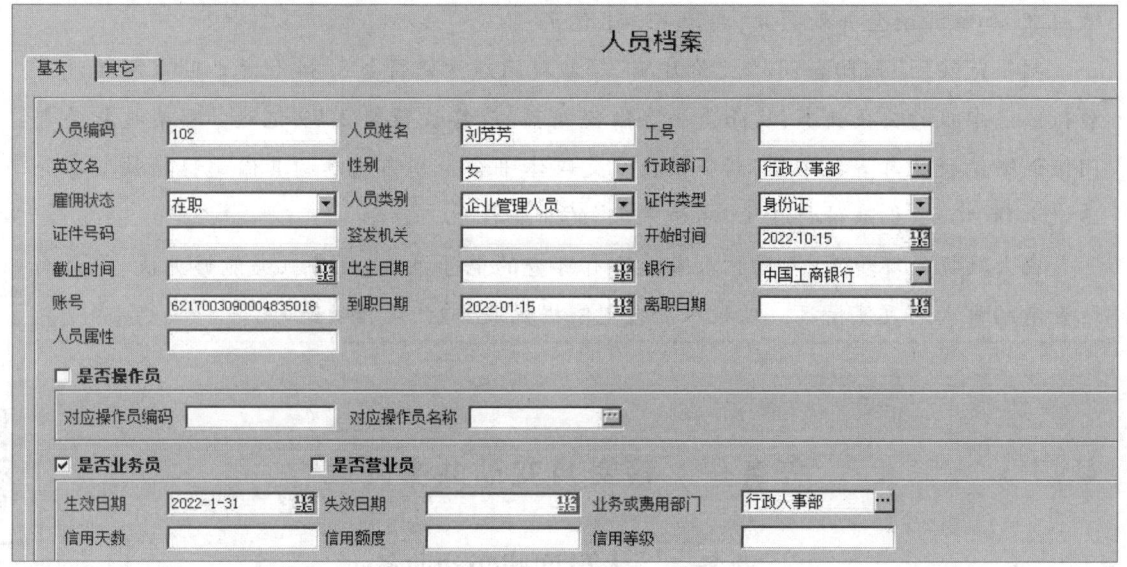

图 2-6-1　【人员档案】对话框

（3）重复执行上述操作，按照表 2-6-1 的内容增加编号为【507】【509】的人员相关信息。

2. 薪资管理系统人员增加处理

（1）【C202 李嘉文】在薪资管理系统中，执行【薪资管理—工资类别—打开工资类别】，选择【001 在职人员工资】，单击【确定】。

（2）执行【设置—部门设置】命令，勾选【在职人员工资】所有部门窗口（注意勾选二级部门），单击【确定】。

（3）执行【设置—人员档案】命令，单击【增加】，打开【人员档案明细】对话框，【人员姓名】选择【刘芳芳】，单击【确定】，如图 2-6-2 所示。

（4）按以上步骤增加其他人员信息，添加完成后，单击【取消】退出。

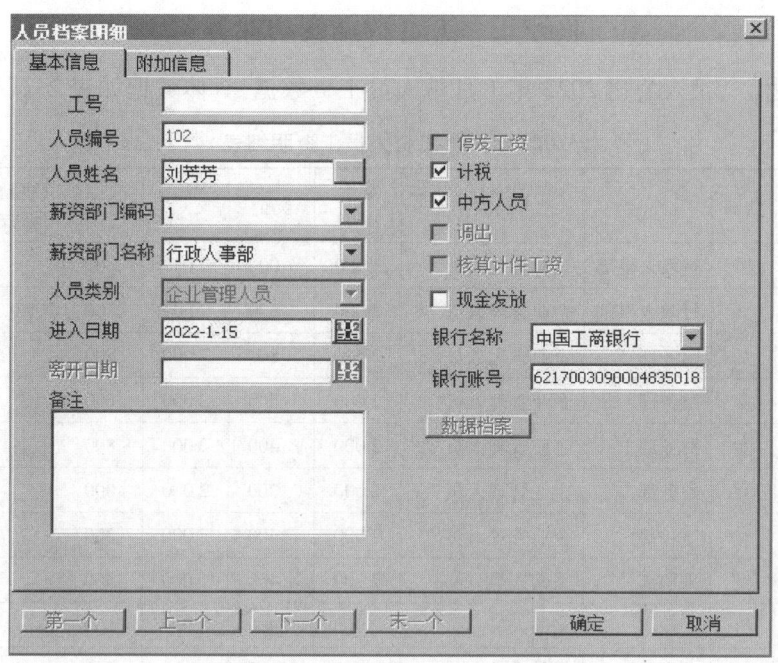

图 2-6-2 【人员档案明细】对话框

3. 人员减少处理

（1）【C201 蓝英】在【基础设置】中，执行【基础档案—机构人员—人员档案】命令，打开【人员列表】窗口。

（2）选择【人员编号】为【501】、【人员姓名】为【秦昊】的职员，单击【修改】，选择【雇佣状态】为【离职】，【离职日期】栏录入【2022-01-21】，单击【保存】，如图 2-6-3 所示。

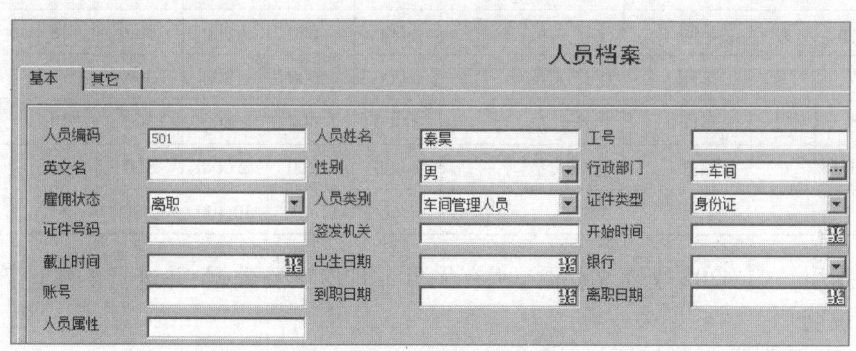

图 2-6-3 【人员档案】对话框

（3）按以上步骤对其他离职员工进行操作，操作完成如图 2-6-4 所示。

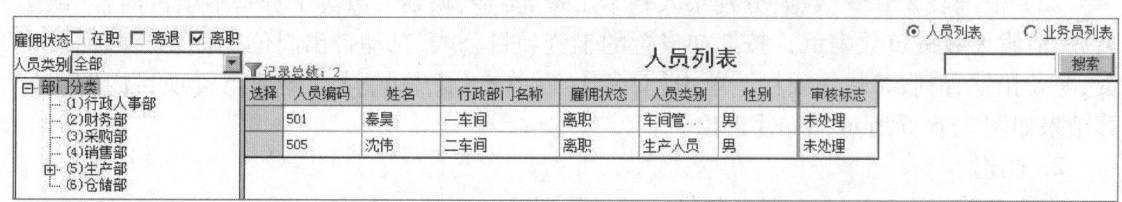

图 2-6-4 【人员列表】窗口

2-6-3 工资数据变动业务处理（微课）

业务二　工资数据变动业务

〖业务描述〗　录入公司 2022 年 1 月份人员工资数据,具体数据如表 2-6-3 所示。

表 2-6-3　　　　　　　　2022 年 1 月工资人员工资明细表　　　　　　　金额单位:元

人员编号	人员姓名	性别	部门	人员类别	基本工资	奖金	岗位工资	交补	缺勤天数	周末加班	请假天数
101	张建国	男	行政人事部	企业管理人员	3 000	1 000	2 000	800			
102	刘芳芳	女	行政人事部	企业管理人员	2 000	600	2 000	800	10		
201	蓝英	女	财务部	企业管理人员	2 500	800	2 000	800			
202	李嘉文	女	财务部	企业管理人员	2 000	600	2 000	800			1
203	张华	女	财务部	企业管理人员	2 000	400	2 000	800			
204	韦宝宝	女	财务部	企业管理人员	2 000	200	2 000	800			
205	龚纯纯	女	财务部	企业管理人员	2 000	400	2 000	800			
301	赵文星	女	采购部	采购人员	2 200	400	1 000	500			3
302	王智	男	采购部	采购人员	2 000	400	1 000	500			
401	王涵	男	销售部	销售人员	2 400	800	1 200	500			
402	杨慧	女	销售部	销售人员	2 000	600	1 200	500			
501	秦昊	男	一车间	车间管理人员	2 000	600	2 000	800	9		2
502	何家鸿	男	一车间	生产人员	2 000	600	800	300		3	
503	许志军	男	一车间	生产人员	2 000	600	800	300		2	
507	徐佳丽	女	一车间	车间管理人员	2 500	800	2 000	800	14		
504	郑彦	男	二车间	车间管理人员	2 000	600	800	300		2	
505	沈伟	男	二车间	生产人员	2 000	600	800	300	8		
506	吕宏	男	二车间	生产人员	2 000	600	800	300		2	
509	肖骁云	男	二车间	生产人员	2 000	600	800	300	14		
601	陈玮	女	仓储部	管理人员	2 000	200	2 000	800			
				合计	42 600	11 400	30 400	12 300	55	9	6

〖操作指引〗　【C202 李嘉文】录入所有人员 1 月份工资数据,并进行汇总计算。

〖操作说明〗

1. 录入工资数据并进行汇总计算

（1）【C202 李嘉文】在薪资管理系统中,执行【薪资管理—业务处理—工资变动】命令,打开【工资变动】窗口。

（2）根据表 2-6-3 数据,分别录入基本工资、奖金、缺勤天数等工资基本项目内容（缺勤天数、请假天数按负数表示）,按期初设置的工资项目公式,自动带出岗位工资、交补、加班工资、缺勤扣款、请假扣款等项目。单击【计算】,再单击【汇总】,计算全部工资项目内容。计算结果如图 2-6-5 所示,单击【退出】。

2. 备份

将账套输出至【D:\666 账套备份\2.6.1】文件夹。

图 2-6-5 【工资变动】窗口

> 🎯 **重难点提示**
>
> （1）第一次使用薪资管理系统时，必须将所有人员的基本工资数据录入系统。工资数据可以在录入人员档案时直接录入，需要计算的内容在此功能中进行计算；也可以在工资变动功能中录入，当工资数据发生变动时应在此录入。
> （2）如果工资数据的变化具有规律性，可以使用【替换】功能进行成批数据替换。
> （3）在修改数据、重新设置计算公式、进行数据替换或在个人所得税中执行自动扣税等操作后，必须调用【计算】和【汇总】功能对个人工资数据重新计算，以保证数据正确。

任务二　薪资费用分摊设置业务处理

〖业务描述〗

（1）工资费用项目计提：公司工会经费和职工教育经费按【应发工资】计提，单位和个人承担的社保费和公积金均按【五险一金计提基数】计提，职工福利费按实际发生数列支。计提比例如表 2-6-4 所示。

（2）2022 年 1 月 31 日，根据表 2-6-5 至表 2-6-13 设置工资及各项费用分摊表。

表 2-6-4　　　　　　　　各费用计提基数及比率表

项目	计提基数	计提比例	其中	
			单位	个人
计提应发工资	应发合计	100%		
计提工会经费	应发合计	2%		
计提职工教育经费	应发合计	2.5%		
计提社保费	五险一金计提基数	44.6%	32.8%	11.8%
计提住房公积金	五险一金计提基数	24%	12%	12%
代扣个人所得税	扣税合计	100%		
工资发放	实发合计	100%		

2-6-4 薪资费用分摊设置业务处理

表 2-6-5　　　　　　　　　　计提应发工资转账分录一览表

部门名称	人员类别	项目	借方科目	贷方科目
行政人事部、财务部、仓储部	企业管理人员	应发合计	660201	221101
采购部	采购人员	应发合计	660201	221101
销售部	销售人员	应发合计	660101	221101
一车间、二车间	车间管理人员	应发合计	510103	221101
一车间	生产人员	应发合计	500102（变速箱锥齿轮）	221101
二车间	生产人员	应发合计	500102（传动齿轮）	221101

表 2-6-6　　　　　　　　　　计提工会经费转账分录一览表

部门名称	人员类别	项目	借方科目	贷方科目
行政人事部、财务部、仓储部	企业管理人员	应发合计	660210	221106
采购部	采购人员	应发合计	660210	221106
销售部	销售人员	应发合计	660110	221106
一车间、二车间	车间管理人员	应发合计	510103	221106
一车间	生产人员	应发合计	500102（变速箱锥齿轮）	221106
二车间	生产人员	应发合计	500102（传动齿轮）	221106

表 2-6-7　　　　　　　　　　计提职工教育经费转账分录一览表

部门名称	人员类别	项目	借方科目	贷方科目
行政人事部、财务部、仓储部	企业管理人员	应发合计	660211	221107
采购部	采购人员	应发合计	660211	221107
销售部	销售人员	应发合计	660111	221107
一车间、二车间	车间管理人员	应发合计	510103	221107
一车间	生产人员	应发合计	500102（变速箱锥齿轮）	221107
二车间	生产人员	应发合计	500102（传动齿轮）	221107

表 2-6-8　　　　　　　　　　计提社会保险费（公司）转账分录一览表

部门名称	人员类别	项目	借方科目	贷方科目
行政人事部、财务部、仓储部	企业管理人员	五险一金计提基数	660203	221104
采购部	采购人员	五险一金计提基数	660203	221104
销售部	销售人员	五险一金计提基数	660103	221104
一车间、二车间	车间管理人员	五险一金计提基数	510103	221104
一车间	生产人员	五险一金计提基数	500102（变速箱锥齿轮）	221104
二车间	生产人员	五险一金计提基数	500102（传动齿轮）	221104

表 2-6-9　　　　　　　　　　计提住房公积金（公司）转账分录一览表

部门名称	人员类别	项目	借方科目	贷方科目
行政人事部、财务部、仓储部	企业管理人员	五险一金计提基数	660209	221105
采购部	采购人员	五险一金计提基数	660209	221105
销售部	销售人员	五险一金计提基数	660109	221105

(续表)

部门名称	人员类别	项目	借方科目	贷方科目
一车间、二车间	车间管理人员	五险一金计提基数	510103	221105
一车间	生产人员	五险一金计提基数	500102（变速箱锥齿轮）	221105
二车间	生产人员	五险一金计提基数	500102（传动齿轮）	221105

表 2-6-10　　　　　　　　　　计提社会保险费（个人）转账分录一览表

部门名称	人员类别	项目	借方科目	贷方科目
行政人事部、财务部、仓储部	企业管理人员	五险一金计提基数	221101	122103
采购部	采购人员	五险一金计提基数	221101	122103
销售部	销售人员	五险一金计提基数	221101	122103
一车间、二车间	车间管理人员	五险一金计提基数	221101	122103
一车间、二车间	生产人员	五险一金计提基数	221101	122103

表 2-6-11　　　　　　　　　　计提住房公积金（个人）转账分录一览表

部门名称	人员类别	项目	借方科目	贷方科目
行政人事部、财务部、仓储部	企业管理人员	五险一金计提基数	221101	122104
采购部	采购人员	五险一金计提基数	221101	122104
销售部	销售人员	五险一金计提基数	221101	122104
一车间、二车间	车间管理人员	五险一金计提基数	221101	122104
一车间、二车间	生产人员	五险一金计提基数	221101	122104

表 2-6-12　　　　　　　　　　计提代扣个人所得税转账分录一览表

部门名称	人员类别	项目	借方科目	贷方科目
行政人事部、财务部、仓储部	企业管理人员	扣税合计	221101	222107
采购部	采购人员	扣税合计	221101	222107
销售部	销售人员	扣税合计	221101	222107
一车间、二车间	车间管理人员	扣税合计	221101	222107
一车间、二车间	生产人员	扣税合计	221101	222107

表 2-6-13　　　　　　　　　　工资发放转账分录一览表

部门名称	人员类别	项目	借方科目	贷方科目
行政人事部、财务部、仓储部	企业管理人员	实发合计	221101	100201
采购部	采购人员	实发合计	221101	100201
销售部	销售人员	实发合计	221101	100201
一车间、二车间	车间管理人员	实发合计	221101	100201
一车间、二车间	生产人员	实发合计	221101	100201

〖操作说明〗　【C202 李嘉文】进行工资及相关费用分摊设置业务处理。
〖操作指引〗
（1）在薪资管理系统中，执行【薪资管理—业务处理—工资分摊】命令，打开【工资分摊】对话框。

(2) 单击【工资分摊设置】,打开【分摊类型设置】对话框。单击【增加】,打开【分摊计提比例设置】对话框。在【计提类型名称】栏录入【计提应发工资】,【分摊计提比例】默认【100%】,如图 2-6-6 所示。

(3) 单击【下一步】,打开【分摊构成设置】对话框。选择【人员类别】和【部门名称】,输入或选择不同人员类别工资项目、借方科目代码、贷方科目代码以及借方项目大类及借方项目名称,如图 2-6-7 所示。

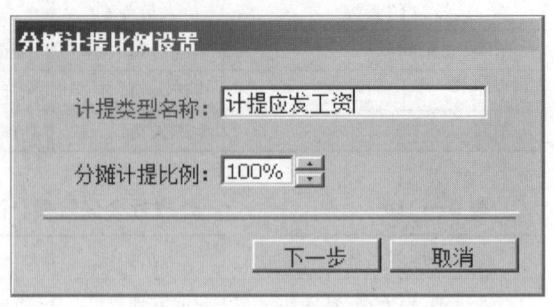

图 2-6-6 【分摊计提比例设置】对话框

人员类别	工资项目	借方科目	借方项目大类	借方项目	贷方科目	贷方项目大类	贷方项目
企业管理人员	应发合计	660201			221101		
采购人员	应发合计	660201			221101		
销售人员	应发合计	660101			221101		
车间管理人员	应发合计	510103			221101		
生产人员	应发合计	500102	01产品项目	变速箱锥齿轮	221101		
生产人员	应发合计	500102	01产品项目	传动齿轮	221101		

图 2-6-7 【分摊构成设置】对话框

(4) 单击【完成】,返回【分摊类型设置】对话框。继续增加工会经费、职工教育经费、社会保险费(公司)、住房公积金(公司)等分录。增加结果如图 2-6-8 所示。

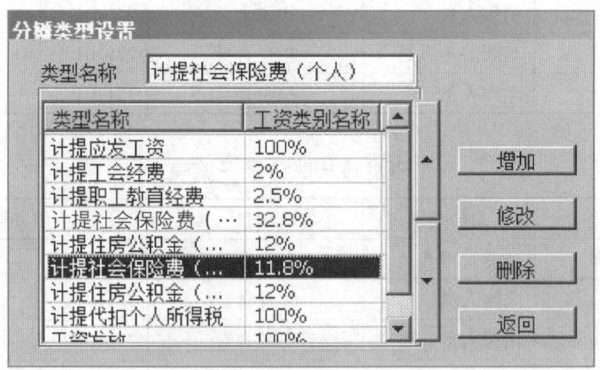

图 2-6-8 【分摊类型设置】对话框

(5) 单击【返回】,返回到【工资分摊】对话框。如图 2-6-9 所示。
(6) 单击【取消】,退出【工资分摊】对话框。
(7) 备份:将账套输出至【D:\666 账套备份\2.6.2】文件夹。

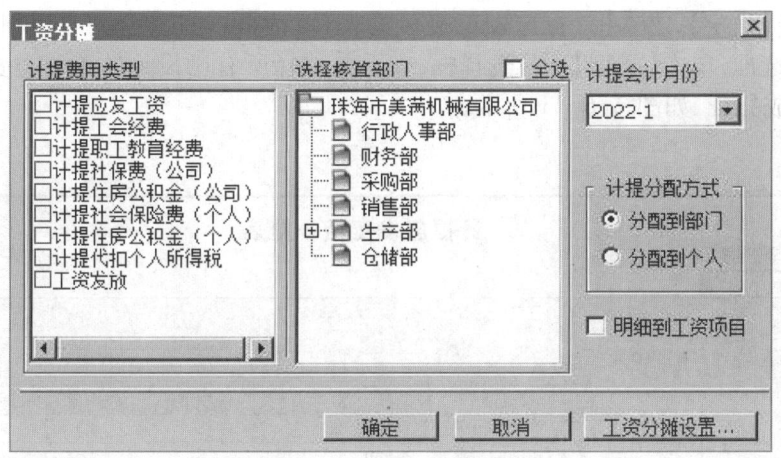

图 2-6-9 【工资分摊】对话框

 重难点提示

（1）所有与工资相关的费用及基金均需建立相应的分摊类型名称及分类比例。
（2）相同部门、不同人员类别，可以设置不同的分摊科目。
（3）不同部门、相同人员类别，可以设置相同的分摊科目。

任务三　薪资费用分摊凭证业务处理

〖业务描述〗　2022年1月31日，根据以上工资分摊设置项目生成相应凭证。

〖操作说明〗　【C202 李嘉文】生成1月份各项薪资费用及代扣项目凭证。

〖操作指引〗

（1）在薪资管理系统中，执行【薪资管理—业务处理—工资分摊】命令，打开【工资分摊】对话框，勾选【计提费用类型】栏下所有复选框。

（2）【选择核算部门】栏勾选【全选】复选框，【计提分配方式】选择【分配到部门】，并勾选【明细到工资项目】和【按项目核算】复选框，如图 2-6-10 所示。

2-6-5 薪资费用分摊凭证业务处理

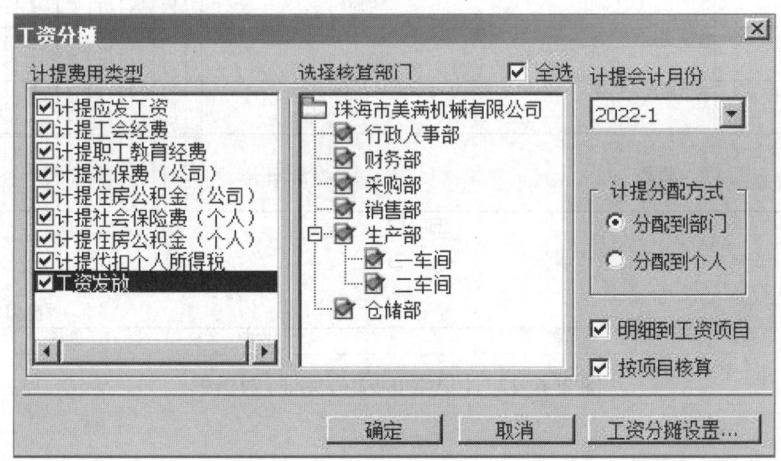

图 2-6-10 【工资分摊】对话框

(3)单击【确定】,进入【计提应发工资一览表】对话框,勾选【合并科目相同、辅助项相同的分录】复选框,单击【类型】下拉选择框,查看并选择所有已设计的工资类费用计提项目模板,分别生成凭证,如图 2-6-11 所示。

2-6-6 单据、账表查询及工资表打印

部门名称	人员类别	应发合计						
		分配金额	借方科目	借方项目大类	借方项目	贷方科目	贷方项目大类	贷方项目
行政人事部	企业管理人员	11290.91	660201			221101		
财务部		26854.55	660201			221101		
采购部	采购人员	7850.00	660201			221101		
销售部	销售人员	9200.00	660101			221101		
一车间	车间管理人员	9000.00	510103			221101		
	生产人员	8309.09	500102	01产品项目	变速箱锥齿轮	221101		
二车间	车间管理人员	5763.64	510103			221101		
	生产人员	9463.64	500102	01产品项目	传动齿轮	221101		
仓储部	企业管理人员	5000.00	660201			221101		

图 2-6-11 【计提应发工资一览表】对话框

(4)单击【制单】或【批制】,生成工资费用分摊凭证,修改凭证类别为【记账凭证】。单击【保存】,逐步生成记字【0092】至【0100】共 9 张凭证,如图 2-6-12 到图 2-6-20 所示。

(5)备份:将账套输出至【D:\666 账套备份\2.6.3】文件夹。

图 2-6-12 【记字 0092 号凭证】对话框

记 账 凭 证

记　字 0093　　制单日期：2022.01.31　　审核日期：　　附单据数：0

摘 要	科目名称	借方金额	贷方金额
计提社会保险费（个人）	应付职工薪酬/工资	8614.00	
计提社会保险费（个人）	其他应收款/保险（个人）		8614.00
票号 日期	数量 单价	合　计　　8614.00	8614.00

备注　项　目　　　部　门
　　　个　人　　　客　户
　　　业务员

记账　　　审核　　　出纳　　　制单 李嘉文

图 2-6-13 【记字 0093 号凭证】对话框

记 账 凭 证

记　字 0094　　制单日期：2022.01.31　　审核日期：　　附单据数：0

摘 要	科目名称	借方金额	贷方金额
计提住房公积金（个人）	应付职工薪酬/工资	8760.00	
计提住房公积金（个人）	其他应收款/住房公积金（个人）		8760.00
票号 日期	数量 单价	合　计　　8760.00	8760.00

备注　项　目　　　部　门
　　　个　人　　　客　户
　　　业务员

记账　　　审核　　　出纳　　　制单 李嘉文

图 2-6-14 【记字 0094 号凭证】对话框

记账凭证

记 字 0095 - 0001/0002　　制单日期：2022.01.31　　审核日期：　　附单据数：0

摘要	科目名称	借方金额	贷方金额
计提工会经费	制造费用/薪酬	29527	
计提工会经费	管理费用/工会经费	22582	
计提工会经费	管理费用/工会经费	53709	
计提工会经费	管理费用/工会经费	15700	
计提工会经费	销售费用/工会经费	18400	
票号 日期	数量 单价 　　合计	185463	185463

备注　项目　　　　　部门
　　　个人　　　　　客户
　　　业务员

记账　　　审核　　　出纳　　　制单 李嘉文

图 2-6-15 【记字 0095 号凭证】对话框

记账凭证

记 字 0096 - 0001/0002　　制单日期：2022.01.31　　审核日期：　　附单据数：0

摘要	科目名称	借方金额	贷方金额
计提职工教育经费	制造费用/薪酬	36909	
计提职工教育经费	管理费用/职工教育经费	28227	
计提职工教育经费	管理费用/职工教育经费	67136	
计提职工教育经费	管理费用/职工教育经费	19625	
计提职工教育经费	销售费用/职工教育经费	23000	
票号 日期	数量 单价 　　合计	231829	231829

备注　项目　　　　　部门
　　　个人　　　　　客户
　　　业务员

记账　　　审核　　　出纳　　　制单 李嘉文

图 2-6-16 【记字 0096 号凭证】对话框

记账凭证

记 字 0097　　　制单日期：2022.01.31　　　审核日期：　　　附单据数：0

摘要	科目名称	借方金额	贷方金额
计提代扣个人所得税	应付职工薪酬/工资	2373	
计提代扣个人所得税	应交税费/应交个人所得税		2373
	合计	2373	2373

票号日期　　数量单价　　备注　项目　个人　业务员　　部门　客户

记账　　审核　　出纳　　制单　李嘉文

图 2-6-17　【记字 0097 号凭证】对话框

记账凭证

记 字 0098　　　制单日期：2022.01.31　　　审核日期：　　　附单据数：0

摘要	科目名称	借方金额	贷方金额
工资发放	应付职工薪酬/工资	7650210	
工资发放	银行存款/工商银行金湾支行		7650210
	合计	7650210	7650210

票号日期　　数量单价　　备注　项目　个人　业务员　　部门　客户

记账　　审核　　出纳　　制单　李嘉文

图 2-6-18　【记字 0098 号凭证】对话框

记账凭证

记 字 0099 - 0001/0002　制单日期: 2022.01.31　审核日期:　　附单据数: 0

摘要	科目名称	借方金额	贷方金额
计提住房公积金（公司）	制造费用/薪酬	150000	
计提住房公积金（公司）	销售费用/公积金	81600	
计提住房公积金（公司）	管理费用/公积金	108000	
计提住房公积金（公司）	管理费用/公积金	246000	
计提住房公积金（公司）	管理费用/公积金	74400	
票号 日期	数量 单价	合计 876000	876000

备注　项目　　　　部门
　　　个人　　　　客户
　　　业务员

记账　　　审核　　　出纳　　　制单 李嘉文

图 2-6-19 【记字 0099 号凭证】对话框

记账凭证

记 字 0100 - 0001/0002　制单日期: 2022.01.31　审核日期:　　附单据数: 0

摘要	科目名称	借方金额	贷方金额
计提社保费（公司）	销售费用/社会保险费	223040	
计提社保费（公司）	制造费用/薪酬	410000	
计提社保费（公司）	应付职工薪酬/社会保险费		2394400
计提社保费（公司）	管理费用/社会保险费	295200	
计提社保费（公司）	管理费用/社会保险费	672400	
票号 日期	数量 单价	合计 2394400	2394400

备注　项目　　　　部门
　　　个人　　　　客户
　　　业务员

记账　　　审核　　　出纳　　　制单 李嘉文

2-6-7 业务拓展：薪资管理账表查询

图 2-6-20 【记字 0100 号凭证】对话框

模块三
企业期末业务处理

项目一　总账管理系统期末业务处理

3-1-1 总账期末业务处理概述

>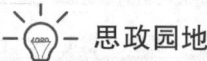
>
> **吾日三省吾身**
>
> 　　欧阳修是宋代闻名遐迩的大文豪，其创作态度十分严谨，自己写下的每一篇文章都会反复锤炼推敲，一丝不苟。相传，欧阳修曾为好友韩琦的新宅写文，由于时间较紧，写完后他便交给来人带走。可到了晚上，欧阳修再次推敲文章，认为"仕宦至将相，锦衣归故乡"过于直白，苦思冥想后，认为需要在两句话上各加一个"而"字，意义会更深远。于是欧阳修不顾夜深叫来下人，骑上快马追回文稿。欧阳修将那两个"而"字补上，才松了一口气。从此，欧阳修快马追字的故事便不胫而走，为许多人熟知和传诵。
> 　　德国哲学家海涅曾说：反省是一面镜子，它能将我们的错误清清楚楚地找出来，使我们有改正的机会。犯错并不可怕，时时自省，时时改正，善于从错误中吸取教训，人生道路才会越走越顺畅。

3-1-2 凭证签字、审核、记账、修改业务处理

任务一　凭证签字、审核、记账、修改业务处理

业务一　凭证出纳签字业务

【业务描述】　2022年1月31日，对珠海市美满机械有限公司2022年1月的所有资金业务进行出纳签字处理。

【操作说明】　【C204 韦宝宝】对1月份所有现金业务进行出纳签字。

【操作指引】

（1）重新注册，更新用户为【C204 韦宝宝】。

（2）执行【总账—凭证—出纳签字】命令，打开【出纳签字】对话框，如图3-1-1所示。

（3）单击【确定】，进入【出纳签字列表】窗口。双击打开待签字的【0001】号记账凭证，如图3-1-2所示。

（4）执行【批处理—

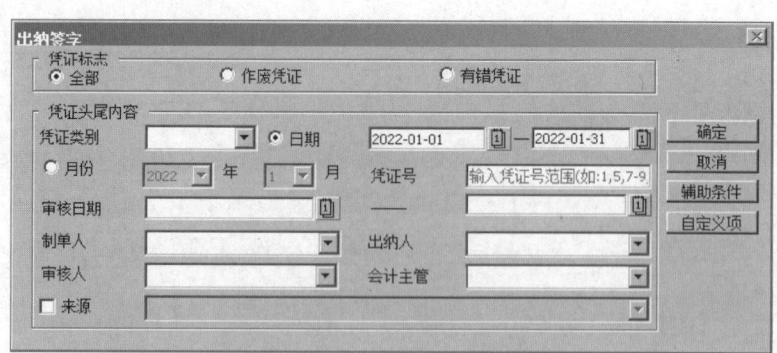

图3-1-1　【出纳签字】对话框

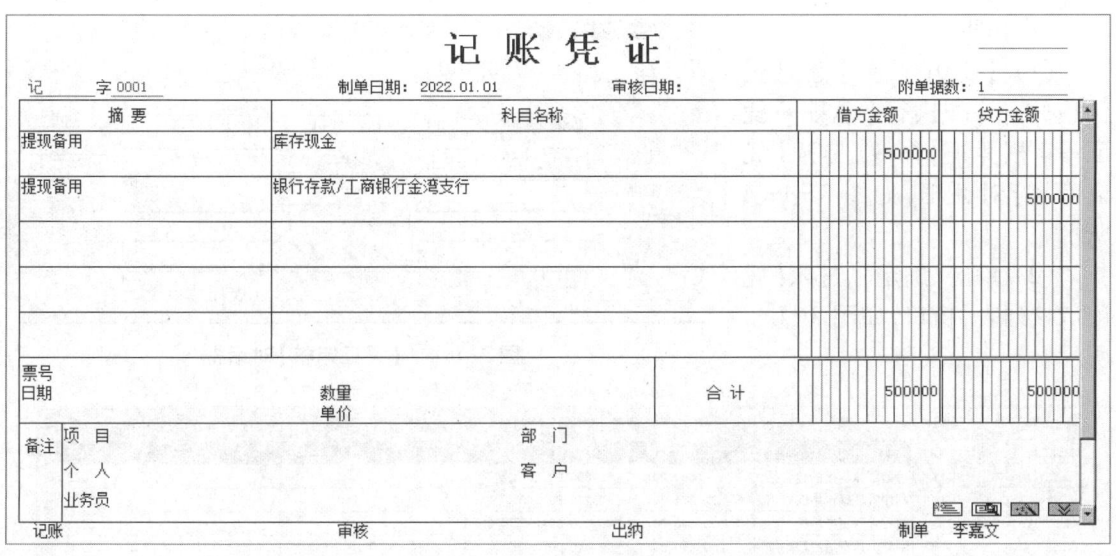

图 3-1-2 【待出纳签字—记字 0001 号记账凭证】对话框

成批出纳签字】命令,对所有资金凭证进行出纳签字,操作结果如图 3-1-3 所示。

图 3-1-3 【凭证—批审成功】对话框

 重难点提示

(1) 出纳签字操作既可以在【凭证审核】后进行,也可以在【凭证审核】前进行。

(2) 进行出纳签字的用户已在【系统管理】中赋予了【出纳签字】的权限。如果已经进行了出纳签字的凭证有错误,则应在取消出纳签字后再在填制凭证功能中进行修改。

(3) 要进行出纳签字的操作应满足三个条件:首先,在总账管理系统的选项中已经设置了【出纳凭证必须经由出纳签字】;其次,已经在会计科目中进行了【指定科目】的操作;最后,凭证中所使用的会计科目是已经在总账系统中设置为【日记账】辅助核算内容的会计科目。

业务二 凭证审核业务

〖业务描述〗 2022 年 1 月 31 日,对珠海市美满机械有限公司 2022 年 1 月所有业务凭证进行审核处理。

〖操作说明〗 【C201 蓝英】审核记账凭证。

〖操作指引〗

(1)【C201 蓝英】登录企业应用平台,执行【总账—凭证—审核凭证】命令,打开【凭证审核】对话框,如图 3-1-4 所示。

(2)单击【确定】,进入【凭证审核列表】窗口,如图 3-1-5 所示。

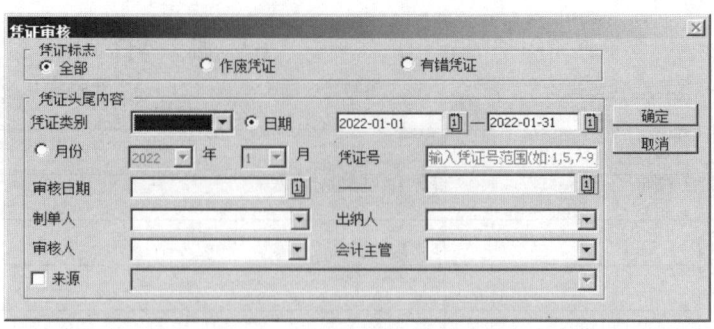

图 3-1-4 【凭证审核】对话框

制单日期	凭证编号	摘要	借方金额合计	贷方金额合计	制单人	审核人	系统名	备注	审核日期	年度
2022-1-1	记-0001	提现备用	5,000.00	5,000.00	李嘉文					2022
2022-1-5	记-0002	行政部张华报销业务招待	800.00	800.00	李嘉文					2022
2022-1-8	记-0003	材料损耗确认是珠海市	27,274.50	27,274.50	李嘉文					2022
2022-1-8	记-0004	接受无形资产投资	3,800,000.00	3,800,000.00	李嘉文					2022
2022-1-13	记-0005	缴纳上月增值税及附加税	209,440.00	209,440.00	李嘉文					2022
2022-1-13	记-0006	缴纳上月工会经费	3,248.00	3,248.00	李嘉文					2022
2022-1-15	记-0007	缴纳上月个人所得税	40.60	40.60	李嘉文					2022
2022-1-15	记-0008	代发12月工资	144,513.00	144,513.00	李嘉文					2022
2022-1-16	记-0009	缴纳社保	66,518.40	66,518.40	李嘉文					2022
2022-1-20	记-0010	支付培训费	2,500.00	2,500.00	李嘉文					2022
2022-1-22	记-0011	员工借支	5,000.00	5,000.00	李嘉文					2022
2022-1-25	记-0012	支付利息	75,000.00	75,000.00	李嘉文					2022
2022-1-25	记-0013	支付销售运输费	2,000.00	2,000.00	李嘉文					2022
2022-1-25	记-0014	收到运输公司货物丢失赔	27,274.50	27,274.50	李嘉文					2022
2022-1-30	记-0015	分配并支付电费	16,240.00	16,240.00	李嘉文					2022
2022-1-25	记-0016	其他应收单	2,000.00	2,000.00	张华		应收系统			2022
2022-1-25	记-0017	销售专用发票	408,320.00	408,320.00	张华		应收系统			2022
2022-1-25	记-0018	销售专用发票	1,044,000.00	1,044,000.00	张华		应收系统			2022
2022-1-25	记-0019	销售专用发票	17,400.00	17,400.00	张华		应收系统			2022
2022-1-25	记-0020	收到明瑞有限公司所欠	734,000.00	734,000.00	张华		应收系统			2022
2022-1-25	记-0021	收到深圳恒兴公司的货款	404,236.80	404,236.80	张华		应收系统			2022

图 3-1-5 【凭证审核列表】窗口

(3)双击打开待审核的【记-0001 号】记账凭证,如图 3-1-6 所示。

记 账 凭 证

记 字 0001　　　　制单日期:2022.01.01　　　审核日期:　　　　　　　附单据数:1

摘 要	科目名称	借方金额	贷方金额
提现备用	库存现金	500000	
提现备用	银行存款/工商银行金湾支行		500000
	合 计	500000	500000

票号
日期　　　　数量
　　　　　　单价

备注　项　目　　　　　　部　门
　　　个　人　　　　　　客　户
　　　业务员

记账　　　　审核　　　　出纳 韦宝宝　　　制单 李嘉文

图 3-1-6 【待审核—记字 0001 号凭证】对话框

（4）单击【审核】，凭证审核完成后，系统自动翻页到第二张待审核的凭证，再单击【审核】，或执行【成批处理—成批审核凭证】命令，对所有凭证进行审核签字，如图 3-1-7 所示。

图 3-1-7　【批审成功】对话框

（5）单击【确定】，系统弹出【是否重新刷新凭证列表数据】提示框，单击【是(Y)】。

重难点提示

（1）系统要求制单和审核不能是同一人，因此在审核凭证前一定要检查当前用户是否是制单人，如果是，则应更换用户。

（2）凭证审核的操作权限首先应在【系统管理】权限中进行赋权，其次还要注意总账管理系统的选项中是否勾选了【凭证审核控制到用户】，如果勾选该选项，则应继续设置审核的明确权限，即【数据权限】中的【用户】权限，只有在【数据权限】中设置了某用户有权审核其他用户所填制凭证的权限，该用户才真正拥有了审核凭证的权限。

（3）在凭证审核的功能中，除了可以分别对单张凭证进行审核，还可以执行【成批处理】的功能，对符合条件的待审核凭证进行成批审核。

（4）在审核凭证的功能中，可以对有错误的凭证进行【标错】，还可以进行【取消】。已审核的凭证不能直接进行修改，只能取消审核后在填制凭证的功能中进行修改。

业务三　修改已审核签字的凭证业务

〖业务描述〗　2022 年 1 月 31 日，检查发现【记-0013 号】凭证的金额错误，正确金额为 2 500 元。

〖操作说明〗　【C204 韦宝宝】取消凭证的出纳签字，【C201 蓝英】取消凭证的审核，【C202 李嘉文】修改凭证，再由【C204 韦宝宝】对凭证进行出纳签字，【C201 蓝英】再审核凭证。

〖操作指引〗

（1）【C204 韦宝宝】执行【凭证】命令，打开【出纳签字】对话框，如图 3-1-8 所示。

图 3-1-8　【出纳签字】对话框

（2）单击【月份】选项，【凭证号】输入【记-0013】，单击【确认】，进入【出纳签字列表】窗口。双击进入【记-0013 号】记账凭证页面，单击【取消】，取消出纳签字，如图 3-1-9 所示。

图 3-1-9 【记字 0013 号凭证】对话框

（3）重新注册，更换用户为【C201 蓝英】，执行【凭证—凭证审核】命令，打开【凭证审核】对话框，根据上述方式操作，找到并打开【记-0013 号】记账凭证，单击【取消】，取消审核签字，如图 3-1-10 所示。

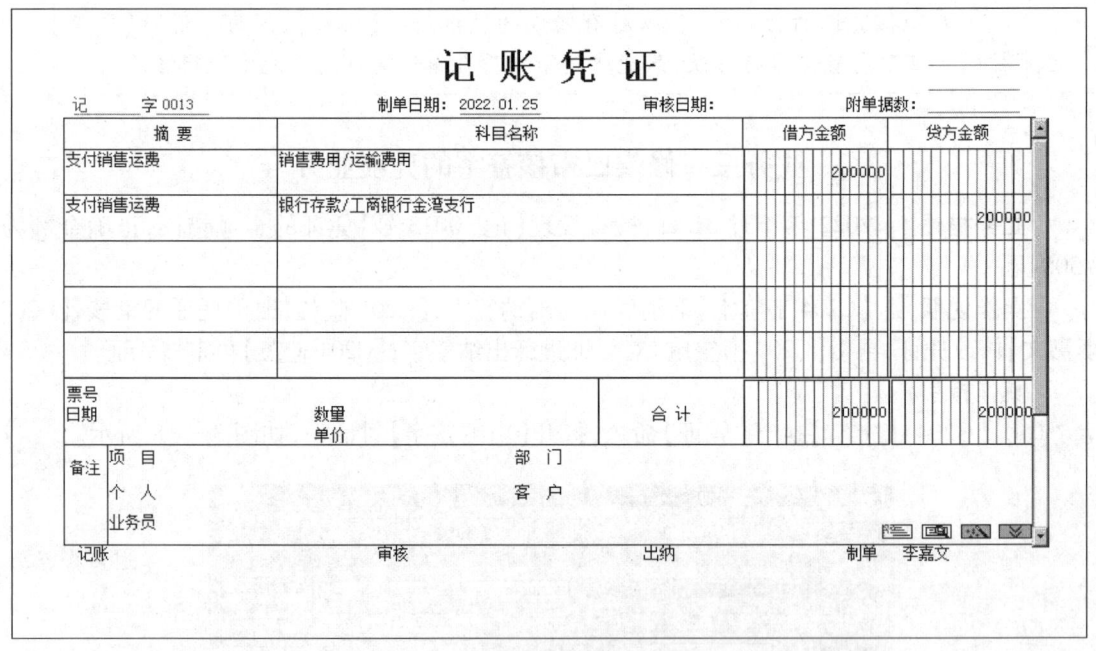

图 3-1-10 【记字 0013 号凭证】对话框

（4）重新注册，更换用户为【C202 李嘉文】。执行【凭证—填制凭证】命令，打开【填制凭证】对话框。单击【上张凭证】和【下张凭证】，找到【记-0013 号】记账凭证。将金额修改为【2500】,单击【保存】,如图 3-1-11 所示。

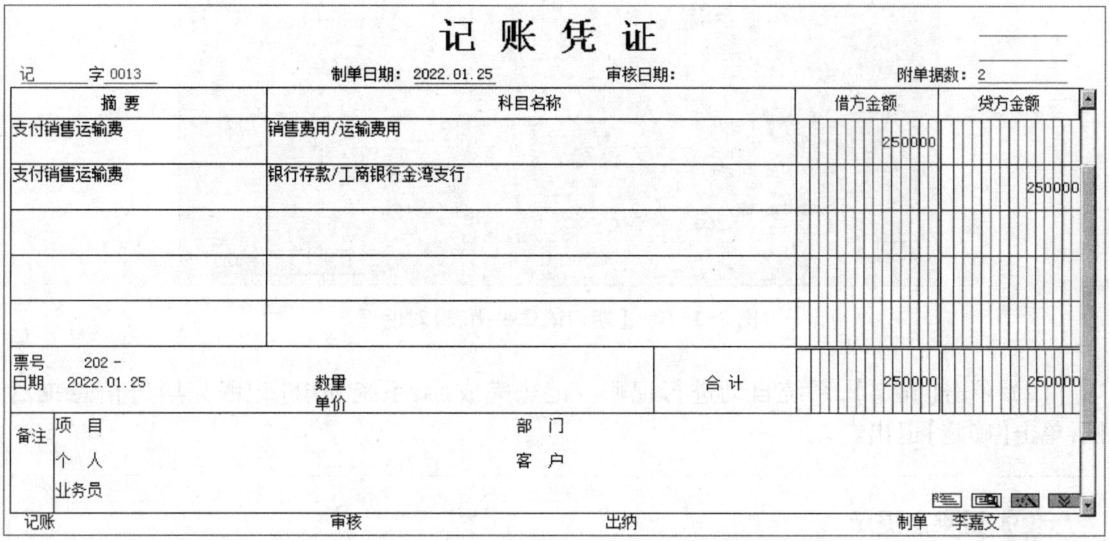

记账凭证				
记 字 0013	制单日期：2022.01.25	审核日期：		附单据数：2
摘 要	科目名称		借方金额	贷方金额
支付销售运输费	销售费用/运输费用		250000	
支付销售运输费	银行存款/工商银行金湾支行			250000
票号 202- 日期 2022.01.25	数量 单价	合 计	250000	250000
备注 项 目 个 人 业务员		部 门 客 户		
记账	审核	出纳		制单 李嘉文

图 3-1-11 【记字 0013 号凭证】对话框

（5）更换用户,由【C201 蓝英】对【记-0013 号】记账凭证进行审核,由【C204 韦宝宝】对【记-0013 号】记账凭证进行出纳签字,操作如前所示。

> **重难点提示**
>
> （1）未审核的凭证可以直接修改,但凭证类别不能修改。
> （2）如果发现已进行出纳签字而未审核的凭证有错误,可以由原出纳签字的用户在【出纳签字】功能中取消出纳签字后,再由原制单人在填制凭证功能中修改。
> （3）如果在总账管理系统的选项中勾选【允许修改,作废他人填制的凭证】,则在填制凭证功能中,可以由非原制单人修改或作废他人填制的凭证,被修改凭证的制单人将被修改为现在修改凭证的人。
> （4）如果没有在总账管理系统的选项中勾选【允许修改,作废他人填制的凭证】,则只能由原制单人在填制凭证的功能中修改或作废凭证。
> （5）已审核的凭证如果发现有错误,应由原审核人在【审核凭证】功能中取消审核签字后,再由原制单人在填制凭证功能中修改凭证。

业务四　凭证记账业务

〖业务描述〗　2022 年 1 月 31 日,对珠海市美满机械有限公司 2022 年 1 月所有凭证进行记账处理。

〖操作说明〗　【C201 蓝英】对 1 月份已审核的凭证进行记账处理。

〖操作指引〗

（1）【C201 蓝英】执行【凭证—记账】命令,打开【记账】对话框,选择【2022.01 凭证】,【记账范围】为【全选】,单击【记账】,弹出【期初试算平衡表】对话框,如图 3-1-12 所示。

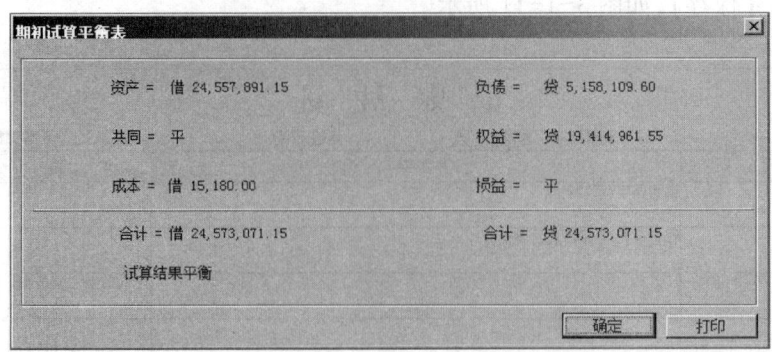

图 3-1-12 【期初试算平衡表】对话框

(2) 单击【确定】,系统自动进行记账。记账完成后,系统弹出【记账完毕!】信息提示框,单击【确定】退出。

> **重难点提示**
>
> (1) 如果期初余额试算不平衡,则不允许记账;如果有未审核的凭证,则不允许记账;如果上月未结账,则本月不能记账。
> (2) 如果不输入记账范围,则系统默认记账范围为所有凭证;记账后不能整理凭证断号;已记账的凭证不能在【填制凭证】窗口中查询。
> (3) 如果想要恢复记账前状态,修改凭证,执行【业务工作—财务会计—期末】命令,单击【对账】进入【对账对话框】,选择【2022.01】,按住"Ctrl+H"快捷键,系统提示恢复记账前状态已被激活。

业务五 凭证冲销业务

〖业务描述〗 2022年1月31日,经审核发现【记-0002号】记账凭证的业务招待费是销售部招待客户费用,需要将已审核记账的【记-0002号】记账凭证进行冲销操作,并填制借方科目为【管理费用/业务招待费】的正确凭证。

〖操作说明〗 【C202 李嘉文】填制冲销凭证,并按实际情况将正确凭证进行填制,【C204 韦宝宝】进行出纳签字,【C201 蓝英】对凭证进行审核和记账处理。

〖操作指引〗

(1)【C202 李嘉文】执行【凭证—填制凭证】命令,打开【填制凭证】窗口。

(2) 执行【冲销凭证】命令,打开【冲销凭证】对话框,在【凭证号】栏录入【02】,如图 3-1-13 所示。

(3) 单击【确定】,再单击【保存】生成一张红字凭证,如图 3-1-14 所示。

(4) 单击【增加】,填制一张借方科目为【销售费用/业务招待费】的正确凭

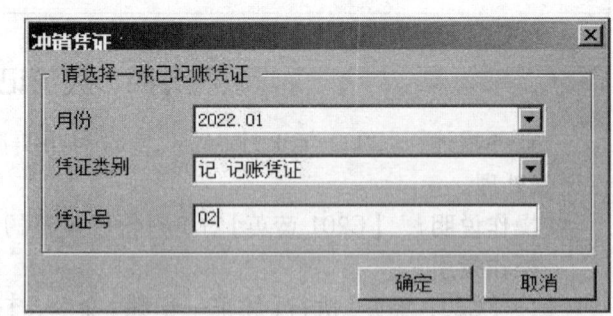

图 3-1-13 【冲销凭证】对话框

证，单击【保存】，如图 3-1-15 所示。

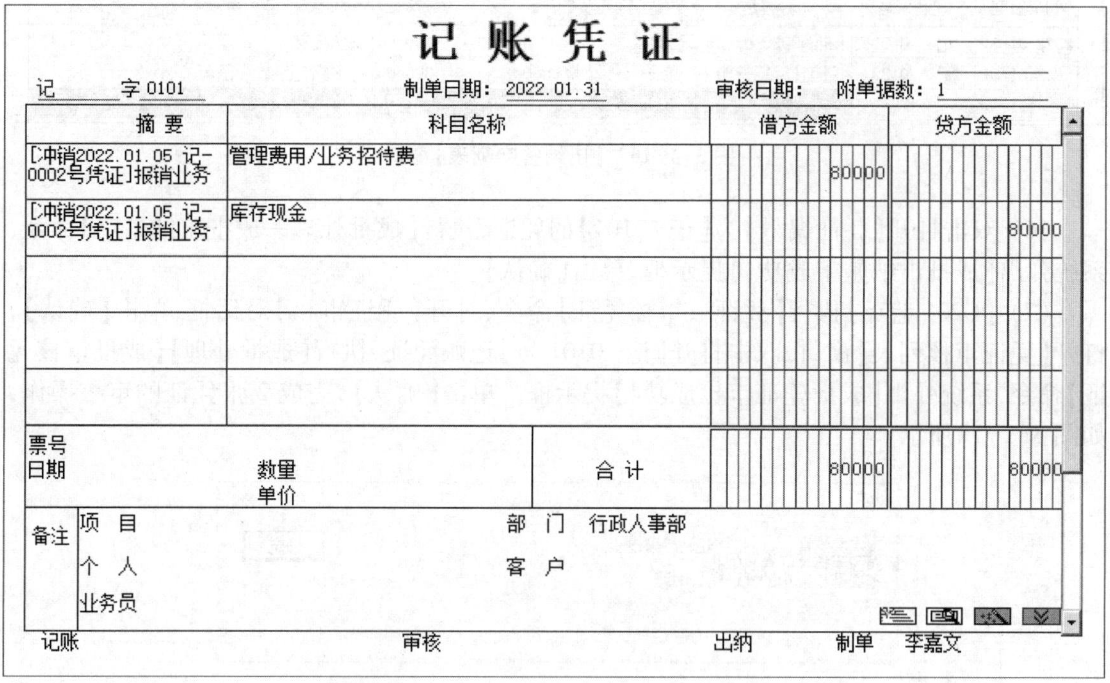

记账凭证

记　　字 0101　　制单日期：2022.01.31　　审核日期：　　附单据数：1

摘要	科目名称	借方金额	贷方金额
[冲销2022.01.05 记-0002号凭证]报销业务	管理费用/业务招待费	80000	
[冲销2022.01.05 记-0002号凭证]报销业务	库存现金		80000
票号 日期	数量 单价 合计	80000	80000

备注　项　目　　部　门　行政人事部

个　人　　客　户

业务员

记账　　审核　　出纳　　制单　李嘉文

图 3-1-14　【记字 0101 号凭证】对话框

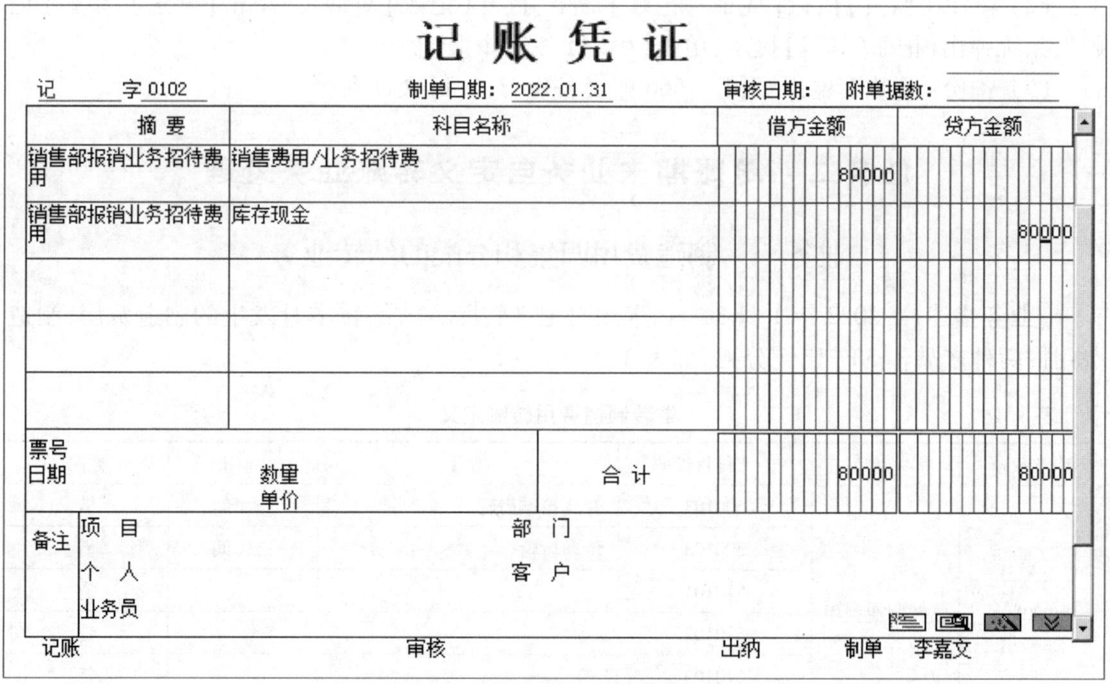

记账凭证

记　　字 0102　　制单日期：2022.01.31　　审核日期：　　附单据数：

摘要	科目名称	借方金额	贷方金额
销售部报销业务招待费用	销售费用/业务招待费	80000	
销售部报销业务招待费用	库存现金		80000
票号 日期	数量 单价 合计	80000	80000

备注　项　目　　部　门

个　人　　客　户

业务员

记账　　审核　　出纳　　制单　李嘉文

图 3-1-15　【记字 0102 号凭证】对话框

（5）【C204 韦宝宝】执行【凭证—出纳签字】命令，打开【出纳签字】对话框，单击【确定】，打开【出纳签字列表】窗口，如图 3-1-16 所示。

制单日期	凭证编号	摘要	借方金额合计	贷方金额合计	制单人	审核人	系统名
2022-01-31	记-0101	[冲销2022.01.05 记-00	-800.00	-800.00	李嘉文	蓝英	
2022-01-31	记-0102	报销业务招待费	800.00	800.00	李嘉文	蓝英	
		合计	0.00	0.00			

图 3-1-16 【出纳签字列表】窗口

（6）双击打开【凭证编号】为【记-0101】的凭证，执行【成批处理—成批出纳签字】命令，系统弹出【成批出纳签字成功！】提示框，单击【确认】。

（7）【C201 蓝英】执行【凭证—审核凭证】命令，打开【凭证审核】对话框，单击【确认】，打开【凭证审核列表】窗口，双击打开【记-0101 号】记账凭证，执行【成批处理】【成批审核凭证】命令，系统弹出【成批凭证审核成功！】提示框。单击【确认】，完成 2 张凭证的审核操作，如图 3-1-17 所示。

图 3-1-17 【成批凭证审核成功提示】对话框

（8）【C201 蓝英】执行【凭证—记账】命令，打开【记账】对话框，单击【全选】，单击【记账】，系统弹出【记账完毕！】提示，单击【确定】，完成记账命令。

（9）备份：将账套输出至【D:\666 账套备份\3.1.1】文件夹。

任务二 总账期末业务自定义转账业务处理

业务一 制造费用归集和分配的结转业务

【业务描述】 2022 年 1 月 31 日，采用自定义转账方式结转本月发生的制造费用，制造费用按两种产品各 50%比例分摊，如表 3-1-1 所示。

表 3-1-1 结转制造费用转账定义

转账序号	摘要	会计科目编码	项目	部门	方向
0001	结转制造费用	500103	变速箱锥齿轮	一车间	借
		500103	传动齿轮	二车间	借
		510101			贷
		510102			贷
		510103			贷
		510104			贷

【操作说明】 【C202 李嘉文】设置制造费用自定义转账并生成凭证处理，【C201 蓝英】完成凭证的审核和记账。

〖操作指引〗

（1）【C202 李嘉文】在总账管理系统中，执行【总账—期末—转账定义—自定义转账】命令，打开【自定义转账】对话框。

（2）单击【增加】，打开【转账目录】对话框，输入【转账序号】为【0001】，输入【转账说明】为【结转制造费用】，【凭证类别】默认为【记 记账凭证】，如图 3-1-18 所示。

（3）单击【确定】，返回【自定义转账设置】对话框。

（4）选择转账序号【0001】，单击【增行】的，输入第一条分录科目编码【500103 生产成本制造费用】，【部门】栏录入【501】，或单击参照选择【一车间】，【项目】选择【变速箱锥齿轮】，【方向】栏为【借】。单击【金额公式】，弹出【公式向导】对话框，选择【期末余额（MQ）】，如图 3-1-19 所示。

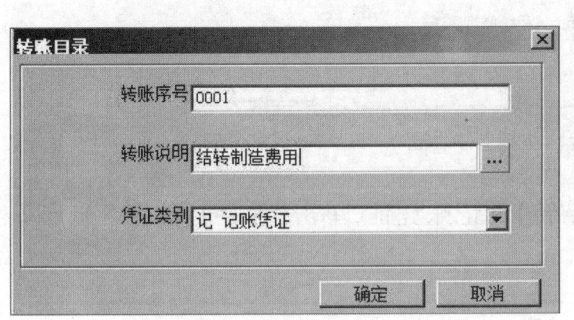

图 3-1-18 【转账目录】对话框　　　　　图 3-1-19 【公式向导】对话框

（5）单击【下一步】，选择【会计科目】为【5101】，【期间】为【月】。

（6）单击【完成】，【金额公式】输入【QM(5101,月)*0.5】。

（7）单击【增行】，输入【科目编码】为【500103】，【部门】栏录入【502】或选择【二车间】，【项目】选择【传动齿轮】，复制【金额公式】为【QM(5101,月)*0.5】。

（8）单击【增行】，输入第三条至第六条分录，【方向】为【贷】，金额公式如表 3-1-2 所示，全部设置完毕后，单击【保存】退出，设置结果如图 3-1-20 所示。

摘要	科目编码	部门	个人	客户	供应商	项目	方向	金额公式
结转制造费用	500103	一车间				变速箱…	借	QM(5101,月)*0.5
结转制造费用	500103	二车间				传动齿轮	借	QM(5101,月)*0.5
结转制造费用	510101						贷	QM(510101,月)
结转制造费用	510102						贷	QM(510102,月)
结转制造费用	510103						贷	QM(510103,月)
结转制造费用	510199						贷	QM(510199,月)

图 3-1-20 【自定义转账】对话框

（9）【C202 李嘉文】执行【财务会计—总账—期末—转账生成】命令，打开【转账生成】对话框，勾选【自定义转账】单选框。单击【制造费用结转】，在【是否结转】栏中，双击【Y】标记，如图 3-1-21 所示。

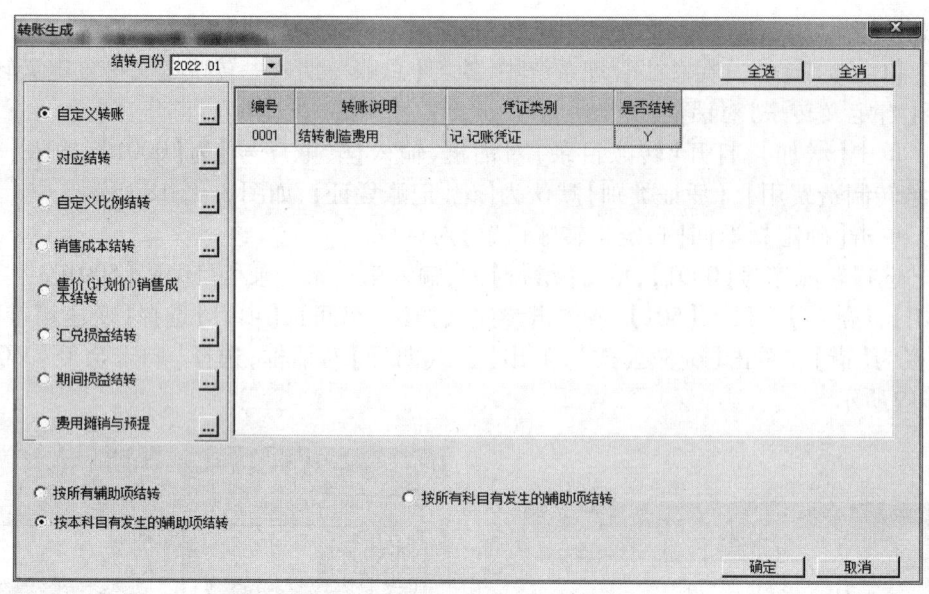

图 3-1-21 【转账生成】对话框

(10) 单击【确定】,自动生成【制造费用结转】的记账凭证,单击【保存】,如图 3-1-22 所示。

图 3-1-22 【记字 0103 号凭证】对话框

3-1-5 设置增值税对应结转和计提业务

(11) 切换用户【C201 蓝英】,对结转制造费用凭证进行审核,并进行记账处理。

业务二 设置增值税对应结转和计提业务

〖业务描述〗(1) 2022 年 1 月 31 日,采用对应结转方式将增值税各末级科目转到未交税金科目,并自动生成相应凭证;进行凭证审核、记账处理。具体设置如表 3-1-2 所示。

表 3-1-2　　　　　　　　　　　　　　对应结转设置

转账编号	摘要	转出科目编码	转入科目编码	系数
0001	结转进项税额	22210101	222102	1.00
0002	结转销项税额	22210102	222102	1.00
0003	结转进项税转出	22210103	222102	1.00

（2）2022年1月31日，采用自定义转账计提城建税、教育费附加及无形资产摊销并生成凭证，具体设置如表3-1-3所示。

表 3-1-3　　　　　　　　　　　　　　自定义转账设置

转账序号	摘要	方向	会计科目编码
0004	计提城市维护建设税	借	6403
		贷	222103
0005	计提教育费附加	借	6403
		贷	222104
0006	计提地方教育费附加	借	6403
		贷	222105

〖操作说明〗　【C202 李嘉文】设置结转和计提定义凭证并生成对应凭证，【C201 蓝英】完成凭证的审核和记账处理。

〖操作指引〗

1. 对应结转设置及生成凭证处理

（1）【C202 李嘉文】在总账系统中，执行【总账—期末—转账定义—对应结转】命令，打开【对应结转设置】对话框。

（2）单击【增加】，输入【编号】为【0001】，输入【摘要】为【结转进项税额】，录入【转出科目】为【22210101】。

（3）单击【增行】，录入【转入科目编码】为【222102】，单击【保存】，如图3-1-23所示。

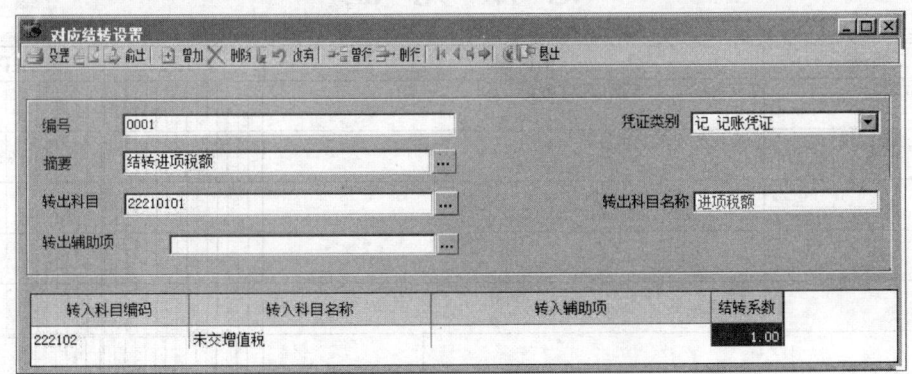

图 3-1-23　【对应结转设置】对话框

（4）重复以上操作步骤，完成编号【0002】【0003】的对应结转设置。

（5）【C202 李嘉文】执行【财务会计—总账—期末—转账生成】命令，打开【转账生成】对话框，勾选【对应结转】单选框。单击【全选】，【是否结转】栏中显示【Y】标记，如图3-1-24所示。

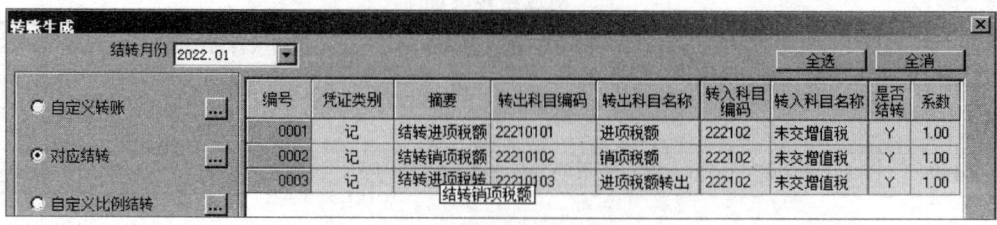

图 3-1-24 【转账生成】对话框

(6) 单击【确定】,生成三张会计凭证,单击【保存】,如图 3-1-25 至图 3-1-27 所示。

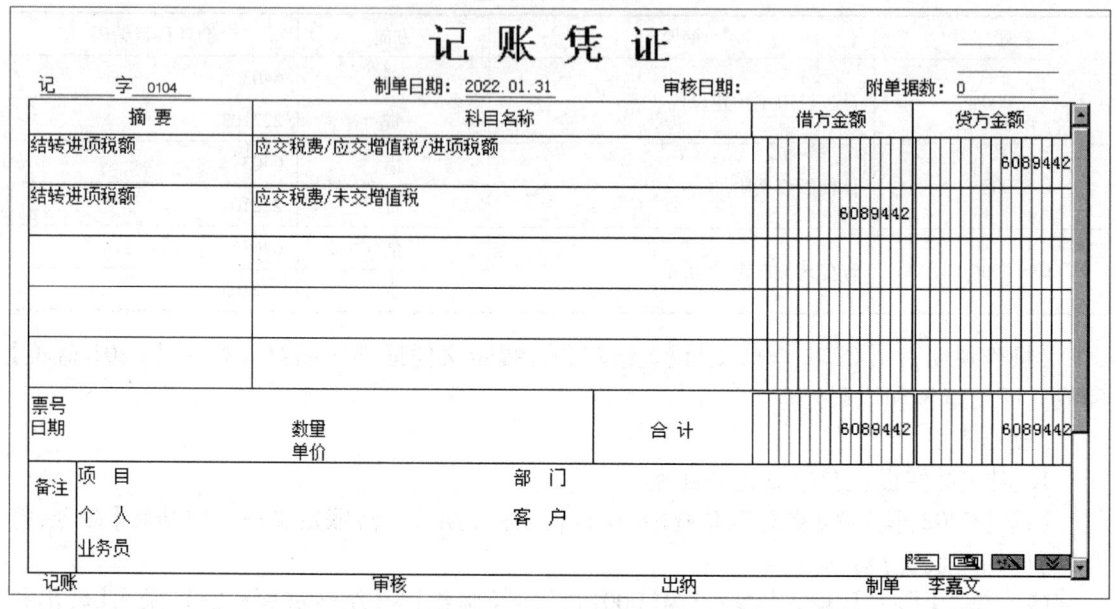

图 3-1-25 【记字 0104 号凭证】对话框

图 3-1-26 【记字 0105 号凭证】对话框

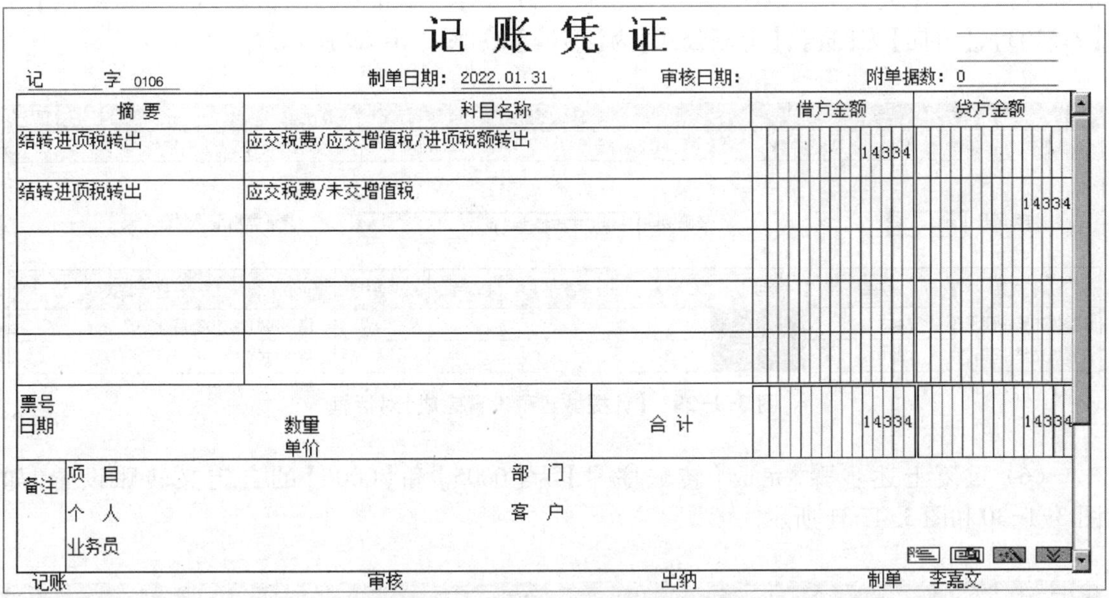

记 账 凭 证

记 字 0106　　制单日期：2022.01.31　　审核日期：　　附单据数：0

摘　要	科目名称	借方金额	贷方金额
结转进项税转出	应交税费/应交增值税/进项税额转出	14334	
结转进项税转出	应交税费/未交增值税		14334

| 票号 日期 | 数量 单价 | 合　计 | 14334 | 14334 |

备注　项目　　　　　　　部门
　　　个人　　　　　　　客户
　　　业务员

记账　　　审核　　　出纳　　　制单 李嘉文

图 3-1-27 【记字 0106 号凭证】对话框

（7）切换用户【C201 蓝英】对以上凭证进行审核，并进行记账处理。

2. 计提设置及生成凭证处理

（1）【C202 李嘉文】在总账管理系统中，执行【总账—期末—转账定义—自定义转账】命令，打开【自定义转账】对话框。

（2）单击【增加】，打开【转账目录】对话框，输入转账序号【0004】，输入【转账说明】为【计提城市维护建设税】，【凭证类别】默认【记账凭证】。

（3）单击【确定】，返回【自定义转账设置】对话框。

（4）单击【增行】，输入【分录科目】为【税金及附加】，输入【科目编码】为【6403】，双击金额公式栏，单击【参照】，选择【期末余额】，单击【下一步】，打开【公式向导】对话框。将【科目】修改为【222102】，【期间】选择【月】，如图 3-1-28 所示。

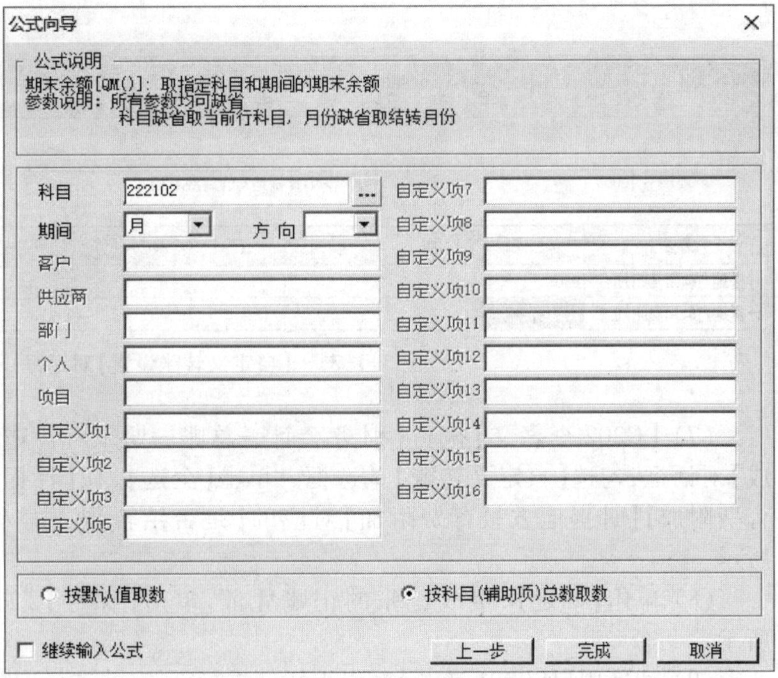

（5）单击【完成】，返回【自定义转账设置】对

图 3-1-28 【公式向导】对话框

话框,输入【金额公式】为【QM(222102,月)*0.07】。单击【增行】,输入【科目编码】为【222103】,【方向】为【贷】,【金额公式】为【JG( )】,如图3-1-29所示。

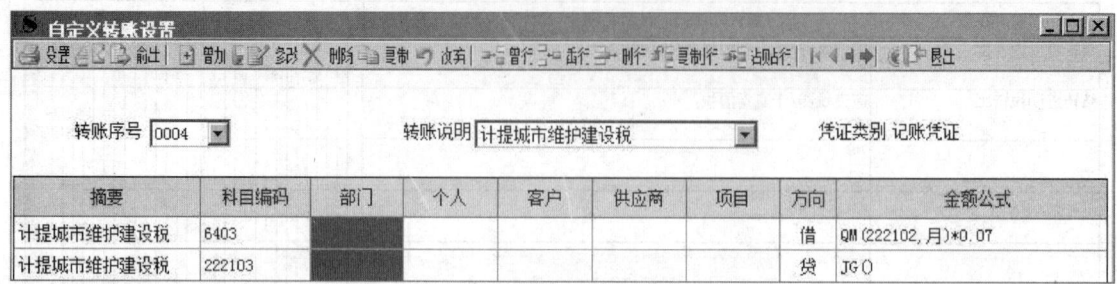

图3-1-29 【计提城建税设置完成】对话框

(6) 重复上述步骤,完成【转账序号】为【0005】和【0006】的自定义转账设置,如图3-1-30和图3-1-31所示。

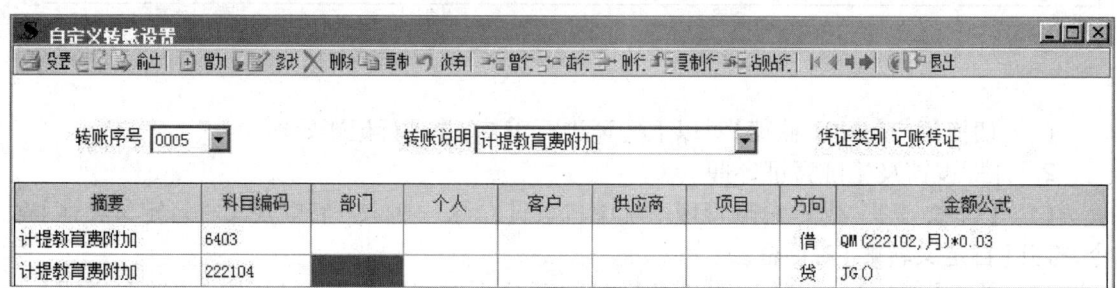

图3-1-30 【自定义转账设置】对话框

图3-1-31 【自定义转账设置】对话框

(7)【C202 李嘉文】执行【财务会计—总账—期末—转账生成】命令,打开【转账生成】对话框,勾选【自定义转账】单选框。单击【全选】,在【计提城市维护建设税】【计提教育费附加】【计提地方教育费附加】对应的【是否结转】栏中双击【Y】标记,如图3-1-32所示。

(8) 单击【确定】,生成三张的记账凭证,单击【保存】,如图3-1-33至图3-1-35所示。

(9) 切换用户【C201 蓝英】对以上凭证进行审核,并进行记账处理。

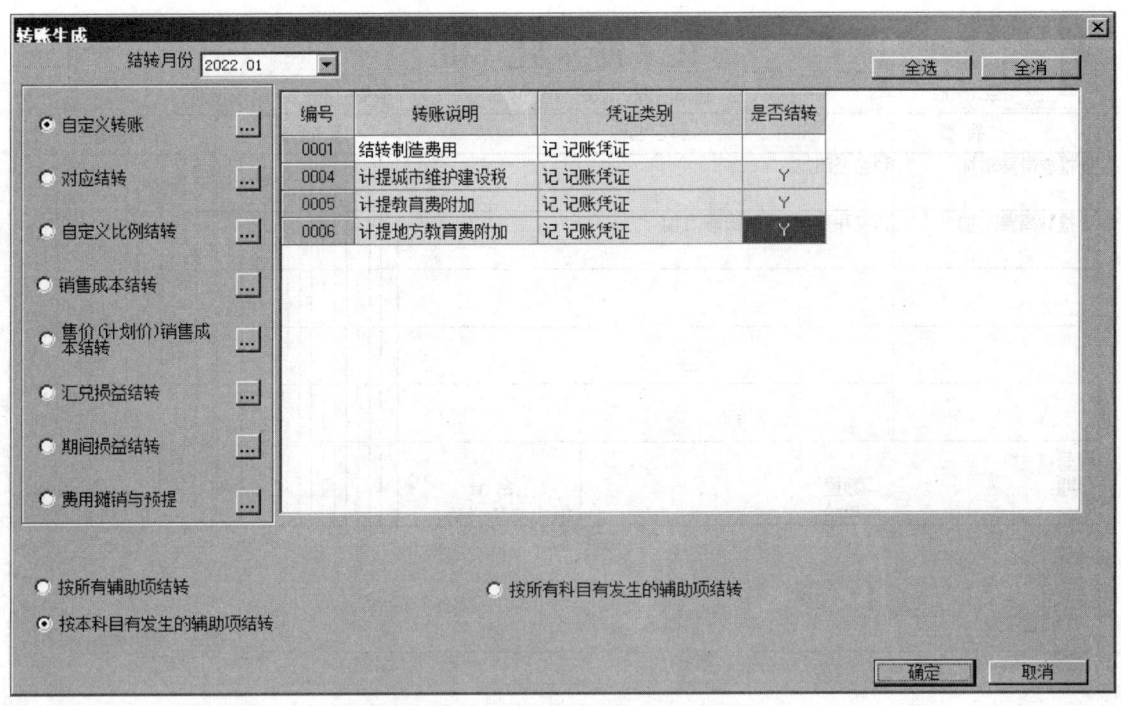

图 3-1-32 【转账生成】对话框

记 账 凭 证

记 字 0107　　　制单日期：2022.01.31　　　审核日期：　　附单据数：0

摘要	科目名称	借方金额	贷方金额
计提城市维护建设税	税金及附加	926471	
计提城市维护建设税	应交税费/应交城建税		926471
	合计	926471	926471

备注　项目　　　部门
　　　个人　　　客户
　　　业务员

记账　　　审核　　　出纳　　　制单 李嘉文

图 3-1-33 【记字 0107 号凭证】对话框

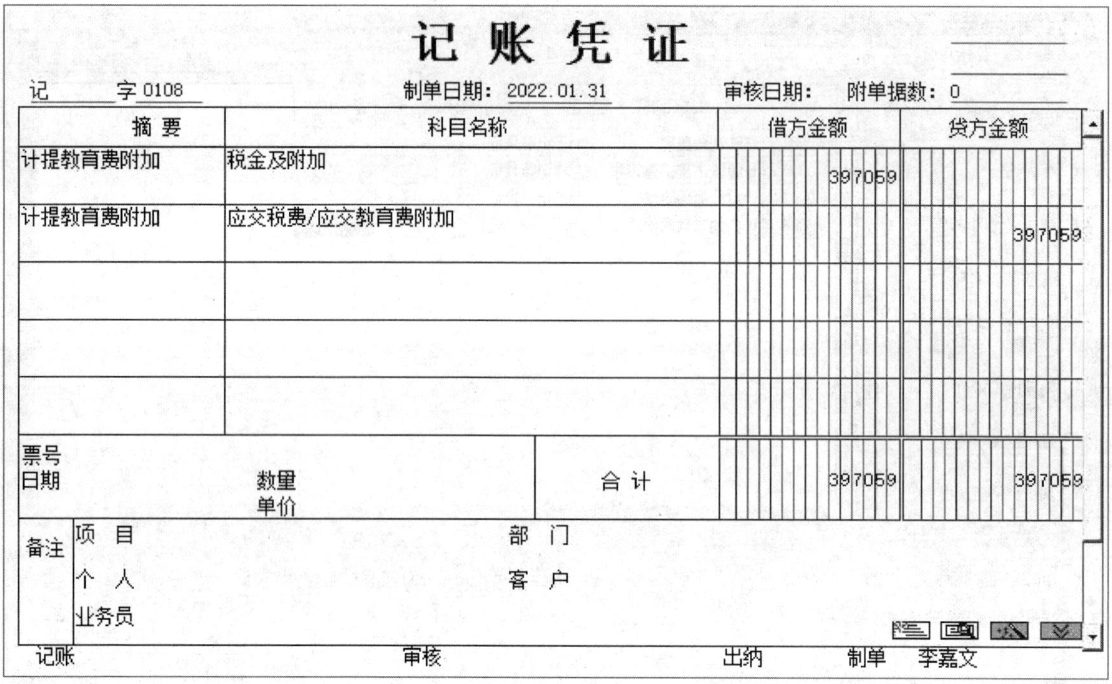

记 账 凭 证

记　　字 0108　　　　制单日期：2022.01.31　　审核日期：　　附单据数：0

摘要	科目名称	借方金额	贷方金额
计提教育费附加	税金及附加	3970.59	
计提教育费附加	应交税费/应交教育费附加		3970.59
	合　计	3970.59	3970.59

备注　项目　　　　　　部门
　　　个人　　　　　　客户
　　　业务员

记账　　　　审核　　　　出纳　　制单 李嘉文

图 3-1-34 【记 0108 号凭证】对话框

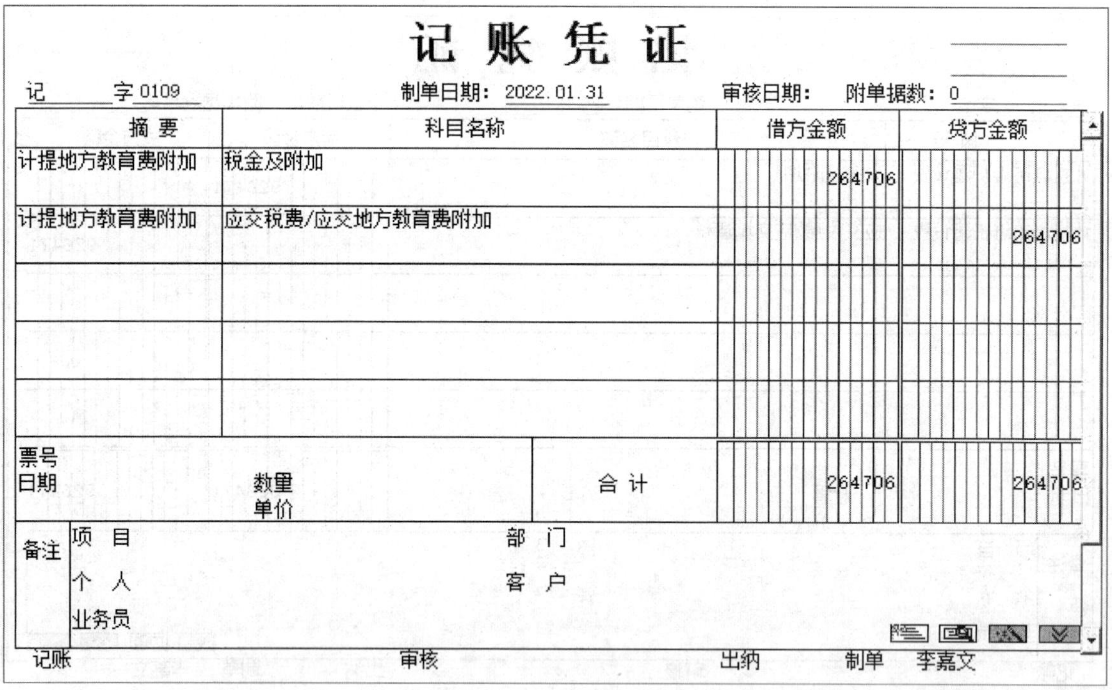

记 账 凭 证

记　　字 0109　　　　制单日期：2022.01.31　　审核日期：　　附单据数：0

摘要	科目名称	借方金额	贷方金额
计提地方教育费附加	税金及附加	2647.06	
计提地方教育费附加	应交税费/应交地方教育费附加		2647.06
	合　计	2647.06	2647.06

备注　项目　　　　　　部门
　　　个人　　　　　　客户
　　　业务员

记账　　　　审核　　　　出纳　　制单 李嘉文

图 3-1-35 【记字 0109 号凭证】对话框

业务三 设置计提无形资产摊销业务

〖业务描述〗 根据企业实际业务情况,进行无形资产摊销设置并生成凭证,如表 3-1-4 所示。

3-1-6 设置计提无形资产摊销业务

表 3-1-4　　　　　　　　　　　　　无形资产摊销　　　　　　　　　　　　金额单位:元

转账序号	摘要	生成计划	待摊销凭证	待摊销科目	待摊销总额	结转期数	结转金额/摊销金额	转入费用科目	结转比率
0001	无形资产摊销	月	2022.01-记-0004	1701 无形资产	3 800 000.00	120	31 666.67	660299 管理费用——其他（行政人事部）	100.00%

〖操作说明〗【C202 李嘉文】进行结转和计提设置,并生成对应凭证,【C201 蓝英】完成凭证的审核和记账。

〖操作指引〗

(1)【C202 李嘉文】在总账系统中,执行【总账—期末—转账定义—费用摊销与预提】命令,打开【费用摊销与预提设置】对话框,选择【费用摊销】。

(2)单击【增加】,【编号】为【0001】,【摘要】为【无形资产摊销】,【生成计划】为【月】,【待摊销凭证】选择【2022.01-记-0004】,【待摊科目】选择【1701 无形资产】,【待摊销总额】为【3 800 000.00】,【结转期数】为【120】,【结转金额】自动弹出【31 666.67】。

(3)单击【增行】,【转入费用科目】为【660299 其他】,【转入辅助项】为【行政人事部】,【摊销金额】录入【31 666.67】,【结转比率%】自动弹出【100.00】,单击【保存】,如图 3-1-36 所示。

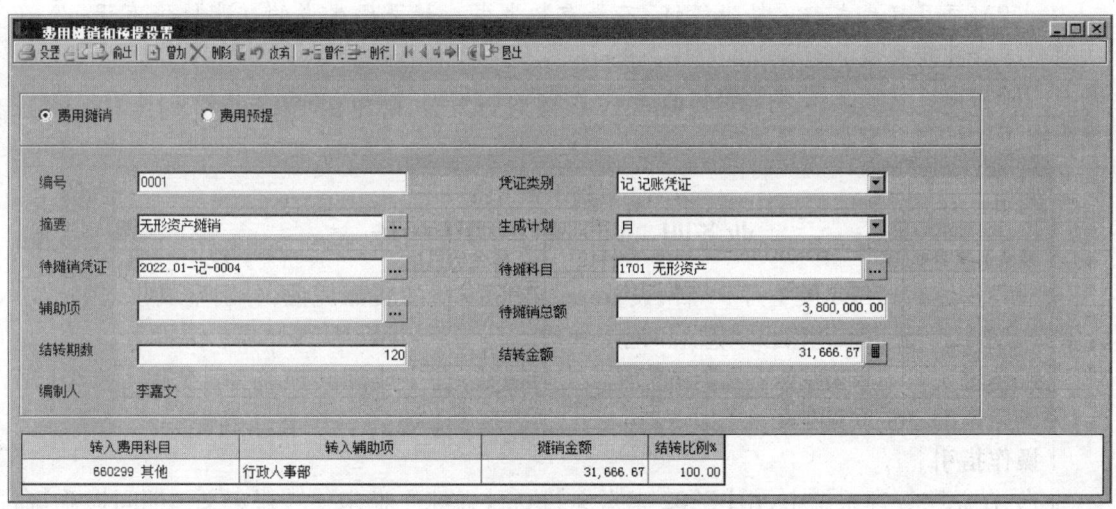

图 3-1-36　【费用摊销和预提设置】对话框

(4)执行【财务会计—总账—期末—转账生成】命令,打开【转账生成】对话框,勾选【费用摊销和预提】单选框。选择【无形资产摊销】对应的【是否结转】栏,双击【Y】标记。

(5)单击【确定】,自动生成记账凭证,单击【保存】,如图 3-1-37 所示。

(6)切换用户【C201 蓝英】对以上凭证进行审核,并进行记账处理。

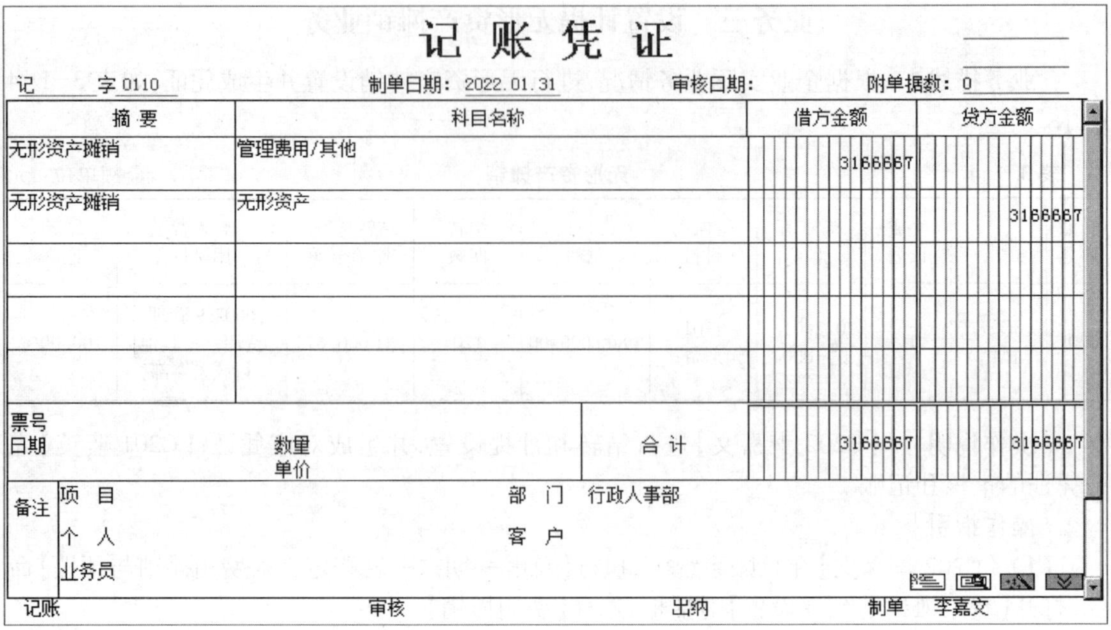

记账凭证

记 字 0110 制单日期：2022.01.31 审核日期： 附单据数：0

摘要	科目名称	借方金额	贷方金额
无形资产摊销	管理费用/其他	3166667	
无形资产摊销	无形资产		3166667
	合计	3166667	3166667

部门 行政人事部

制单 李嘉文

图 3-1-37 【记字 0110 号凭证】对话框

重难点提示

（1）生成转账凭证退出后，返回转账生成界面，若不进行其他类型的转账生成，应单击【取消】退出；如果单击【确定】，系统会重复生成凭证。

（2）每月只生成一次转账凭证，不要重复生成。如果已生成的转账凭证有误，必须删除后重新生成。

（3）通过转账生成功能的转账凭证必须保存，否则将视同放弃该凭证。自动转账生成的凭证仍需审核和记账。

业务四 期间损益结转业务

〖业务描述〗 2022 年 1 月 31 日，设置结转期间损益的转账凭证，分别生成收入和成本费用支出结转凭证，完成凭证的审核和记账处理。

〖操作说明〗 【C202 李嘉文】设置结转期间损益，并生成期间损益会计凭证，【C201 蓝英】完成凭证的审核和记账。

〖操作指引〗

（1）在总账管理系统中，由【C202 李嘉文】执行【总账—期末—转账定义—期间损益】命令，打开【期间损益结转设置】对话框。

（2）【凭证类别】默认【记 记账凭证】，在【本年利润科目】栏输入【4103】。如图 3-1-38 所示。

（3）单击【确定】，完成期间损益结转设置。

（4）执行【财务会计—总账—期末—转账生成】命令，打开【转账生成】对话框，选择【期间损益结转】单选框。在【类型】栏选择【收入】，单击【全选】，如图 3-1-39 所示。

3-1-7 期间损益结转业务

图 3-1-38 【期间损益结转设置】对话框

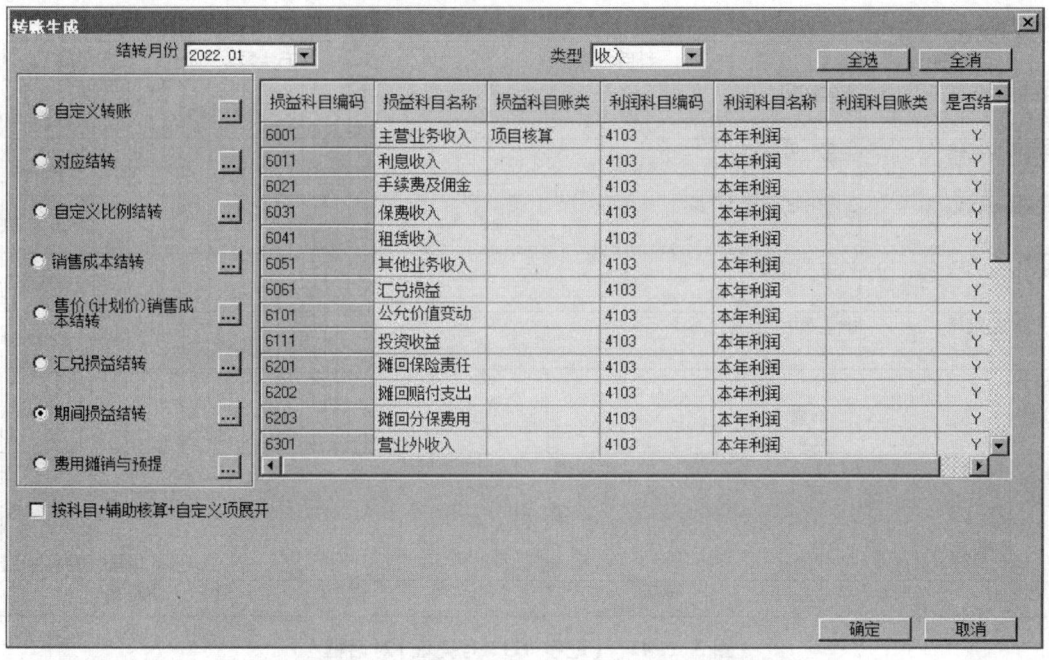

图 3-1-39 【转账生成——期间损益结转】对话框

（5）单击【确定】，生成记账凭证，如图 3-1-40 所示。

记 账 凭 证

记 字 0111　　制单日期：2022.01.31　　审核日期：　　附单据数：0

摘要	科目名称	借方金额	贷方金额
期间损益结转	本年利润		212791593
期间损益结转	主营业务收入	159269027	
期间损益结转	主营业务收入	53072566	
期间损益结转	营业外收入	450000	
票号 日期	数量 单价 合计	212791593	212791593

备注　项目　　部门
　　　个人　　客户
　　　业务员

记账　　审核　　出纳　　制单 李嘉文

图 3-1-40 【记字 0111 号凭证】对话框

（6）关闭【凭证】窗口，回到转账生成界面，在【类型】栏选择【支出】，单击【全选】，系统提示【2022.01 或之前有未记账的凭证，是否继续结转?】，单击【是】，自动生成支出类的记账凭证，如图 3-1-41 所示。

记 账 凭 证

记 字 0112 - 0001/0009　　制单日期：2022.01.31　　审核日期：　　附单据数：0

摘要	科目名称	借方金额	贷方金额
期间损益结转	本年利润	156097416	
期间损益结转	主营业务成本		95421000
期间损益结转	主营业务成本		29252800
期间损益结转	税金及附加		1588236
期间损益结转	销售费用/工资		920000
票号 日期	数量 单价 合计	156097416	156097416

备注　项目　　部门
　　　个人　　客户
　　　业务员

记账　　审核　　出纳　　制单 李嘉文

图 3-1-41 【记字 0112 号凭证】对话框

（7）【C201 蓝英】对以上凭证进行审核，并进行记账处理。

业务五 利润分配转账定义业务

〖业务描述〗 2022年1月31日,企业通过自定义转账设置,进行利润分配设置并生成凭证,完成凭证审核和记账处理(所得税按25%计提,法定盈余公积按10%计提,任意盈余公积按20%计提),企业利润分配转账定义设置如表3-1-5所示。

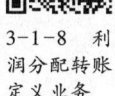

3-1-8 利润分配转账定义业务

表3-1-5　　　　　　　　企业利润分配转账定义设置

转账序号	摘要	方向	会计科目编码
0007	计提所得税	借	6801
		贷	222106
0008	结转所得税费用	借	4103
		贷	6801
0009	本年利润一次结转到未分配利润	借	4103
		贷	410405
0010	计提法定、任意盈余公积	借	410401
		借	410402
		贷	410101
		贷	410102
0011	结转法定、任意盈余公积到未分配利润	借	410405
		贷	410401
		贷	410402

〖操作说明〗 【C202 李嘉文】对自定义转账凭证进行设置,并生成凭证,【C201 蓝英】完成凭证审核和记账处理。

〖操作指引〗

(1) 在总账系统中,执行【总账—期末—转账定义—自定义转账】命令,打开【自定义转账】对话框。

(2) 单击【增加】,打开【转账目录】对话框,输入【转账序号】为【0007】,输入【转账说明】为【计提所得税】,【凭证类别】默认【记账凭证】。

(3) 单击【确定】,返回【自定义转账设置】对话框。

(4) 单击【增行】,输入【科目编码】为【6801】,双击【金额公式栏】,单击【参照】,选择【期末余额】,单击【下一步】,打开【公式向导】对话框。修改系统默认的会计科目为【4103】,【期间】为【月】,【方向】为【贷】,如图3-1-42所示。

(5) 单击【完成】,返回【自定义转账设置】框,【金额公式】栏输入【QM(4103,月,贷)*0.25】。

(6) 单击【增行】,输入【科目编码】为【222106】,【方向】为【贷】,【金额公式】为【JG()】,如图3-1-43所示。

(7) 重复上述步骤,完成【转账序号】为【0008】至【0011】的自定义转账设置,如图3-1-44至图3-1-47所示。

283

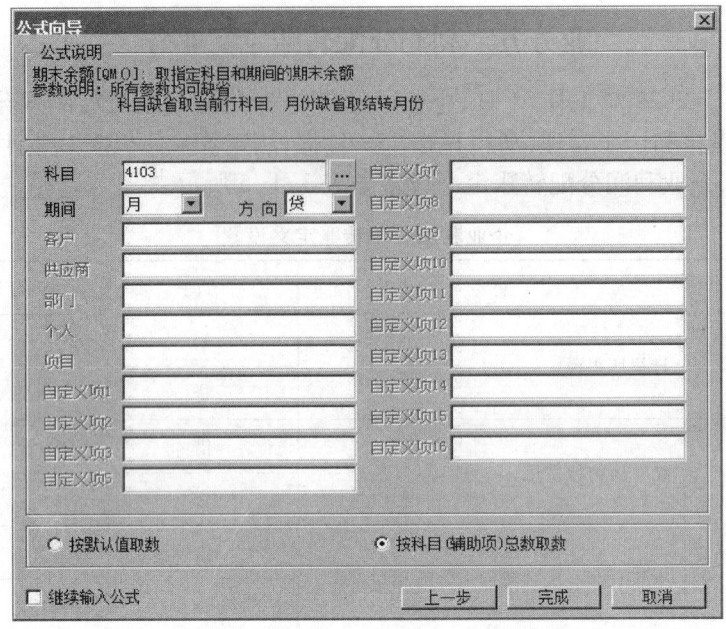

图3-1-42 【公式向导】对话框

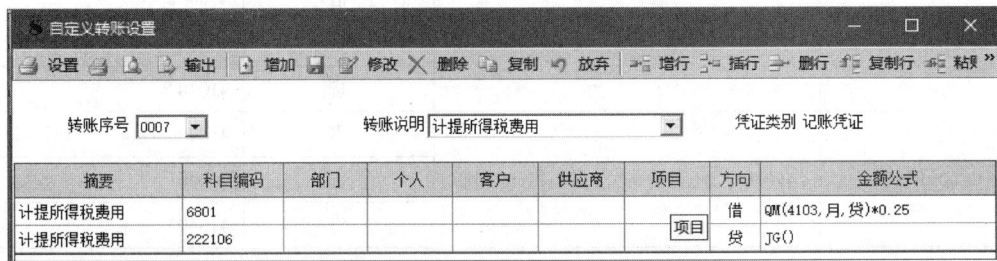

图3-1-43 【自定义转账设置】对话框

图3-1-44 【自定义转账设置】对话框

图3-1-45 【自定义转账设置】对话框

模块三 企业期末业务处理

图 3-1-46 【自定义转账设置】对话框

图 3-1-47 【自定义转账设置】对话框

（8）【C202 李嘉文】执行【财务会计—总账—期末—转账生成】命令，打开【转账生成】对话框，勾选【自定义转账】单选框。选择【计提所得税】对应的【是否结转】栏，双击【Y】标记，如图 3-1-48 所示。

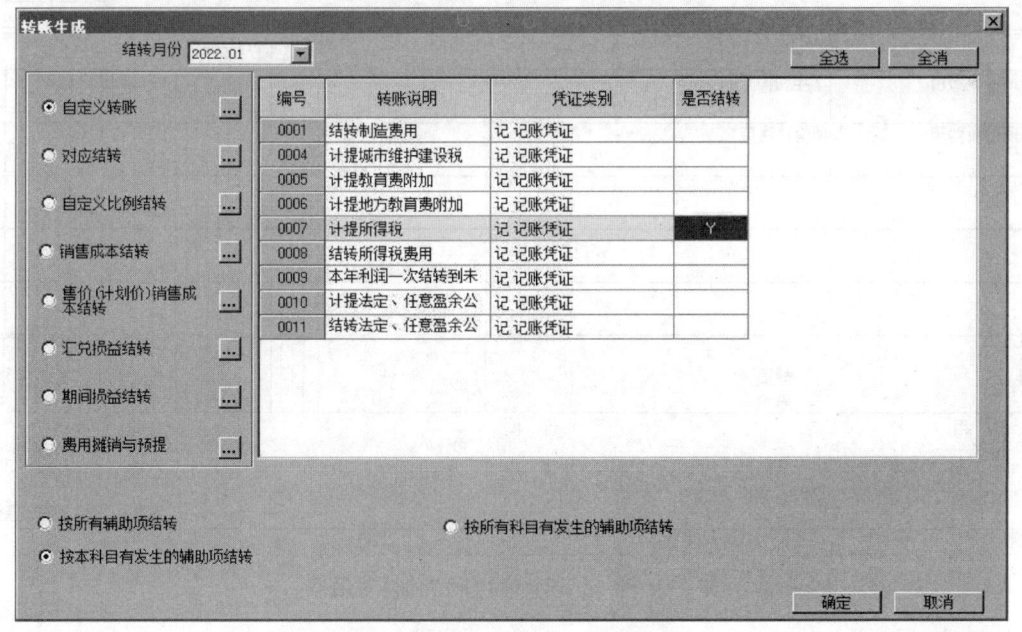

图 3-1-48 【转账生成】对话框

(9) 单击【确定】，自动生成记账凭证，单击【保存】，如图 3-1-49 所示。

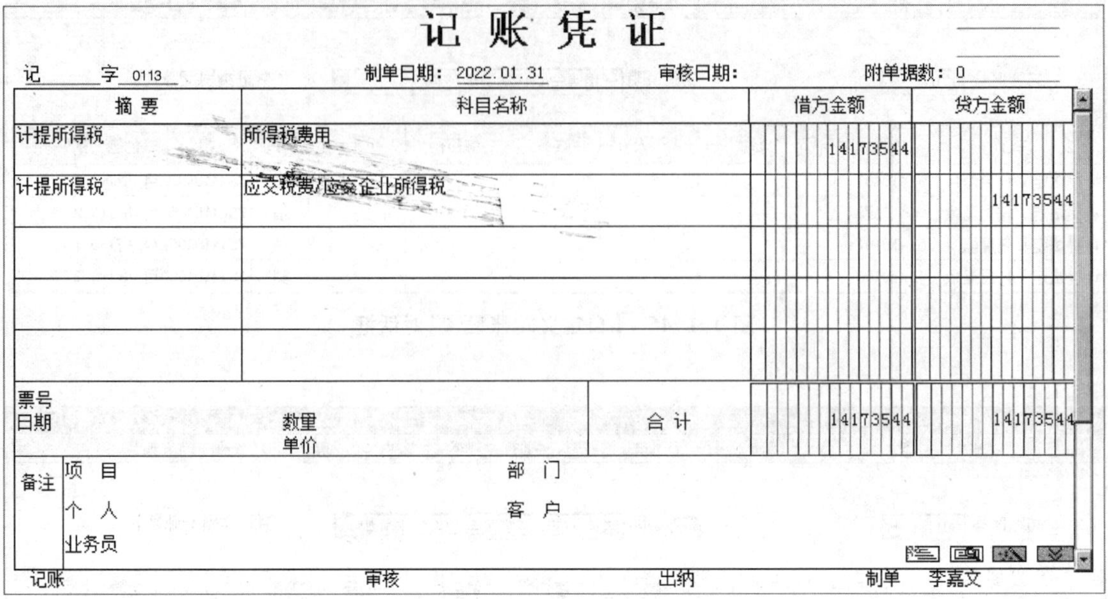

记 字 0113	制单日期：2022.01.31	审核日期：	附单据数：0	
摘要	科目名称		借方金额	贷方金额
计提所得税	所得税费用		14173544	
计提所得税	应交税费/应交企业所得税			14173544
	合计		14173544	14173544

制单 李嘉文

图 3-1-49 【记字 0113 号凭证】对话框

(10)【C201 蓝英】对以上凭证进行审核和记账处理。

(11) 重复以上步骤，自动生成【转账序号】为【0008】至【0011】的记账凭证。需要注意的是，这几张凭证的取数与上一张凭证的数据相关，每一张记账凭证需要经过审核和记账后，才能生成下一张记账凭证，生成凭证如图 3-1-50 至图 3-1-53 所示。

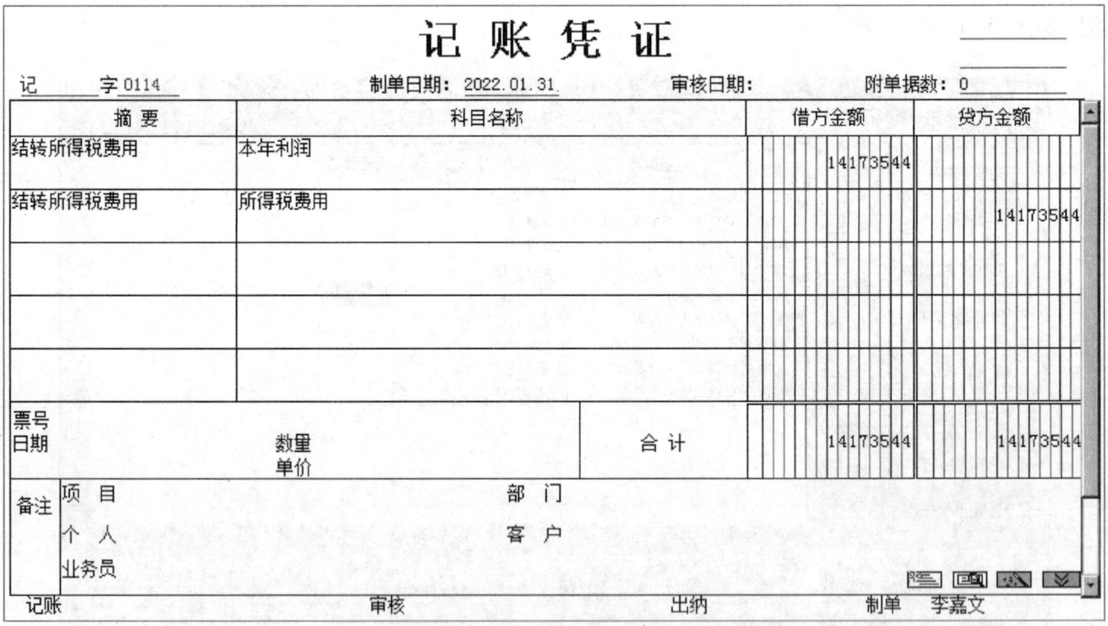

记 字 0114	制单日期：2022.01.31	审核日期：	附单据数：0	
摘要	科目名称		借方金额	贷方金额
结转所得税费用	本年利润		14173544	
结转所得税费用	所得税费用			14173544
	合计		14173544	14173544

制单 李嘉文

图 3-1-50 【记字 0114 号凭证】对话框

记 账 凭 证

记 字 0115　　制单日期：2022.01.31　　审核日期：　　附单据数：0

摘要	科目名称	借方金额	贷方金额
本年利润—一次结转到未分配利润	本年利润	42520633	
本年利润—一次结转到未分配利润	利润分配/未分配利润		42520633
票号 日期	数量 单价	合计	42520633	42520633

备注　项目　　　　　　　部门
　　　个人　　　　　　　客户
　　　业务员

记账　　　审核　　　出纳　　　制单 李嘉文

图 3-1-51 【记字 0115 号凭证】对话框

记 账 凭 证

记 字 0116　　制单日期：2022.01.31　　审核日期：　　附单据数：0

摘要	科目名称	借方金额	贷方金额
计提法定、任意盈余公积	利润分配/提取法定盈余公积	4252063	
计提法定、任意盈余公积	利润分配/提取任意盈余公积	8504127	
计提法定、任意盈余公积	盈余公积/法定盈余公积		4252063
计提法定、任意盈余公积	盈余公积/任意盈余公积		8504127
票号 日期	数量 单价	合计	12756190	12756190

备注　项目　　　　　　　部门
　　　个人　　　　　　　客户
　　　业务员

记账　　　审核　　　出纳　　　制单 李嘉文

图 3-1-52 【记字 0116 号凭证】对话框

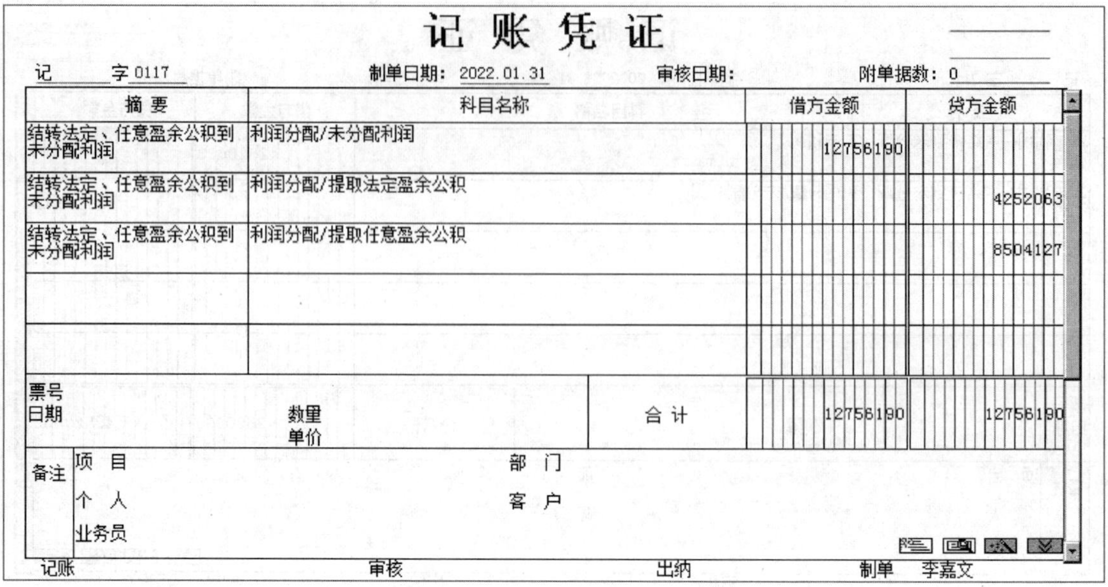

```
                        记 账 凭 证
       记  字 0117        制单日期：2022.01.31    审核日期：        附单据数：0
    |    摘  要       |      科目名称           |  借方金额    |  贷方金额   |
    |结转法定、任意盈余公积到|利润分配/未分配利润      | 12756190    |            |
    |未分配利润       |                         |              |            |
    |结转法定、任意盈余公积到|利润分配/提取法定盈余公积|              |  4252063   |
    |未分配利润       |                         |              |            |
    |结转法定、任意盈余公积到|利润分配/提取任意盈余公积|              |  8504127   |
    |未分配利润       |                         |              |            |

    票号                数量              合 计    12756190   12756190
    日期                单价
    备注   项 目              部 门
           个 人              客 户
           业务员
    记账            审核            出纳            制单 李嘉文
```

图 3-1-53 【记字 0117 号凭证】对话框

（12）备份：请将账套输出至【D:\666账套备份\3.1.2】文件夹。

项目二 各模块期末业务处理

3-2-1 各模块期末业务处理概述

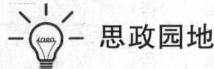

循序渐进登高峰

纪昌拜神射手飞卫为师。飞卫对他说："你先要学会在任何情况下都不眨眼睛的本领，然后才谈得上学习射箭。"纪昌回家后，仰面躺在他妻子的织布机下，两眼死死地盯着穿来穿去的梭子。如此练习了两年以后，即便锥子已经快刺到他的眼睛了，他也能不眨一下。

纪昌高兴地把自己的成绩告诉飞卫。飞卫却说："这还不够。当你能够把极小的物体看得很大，把模糊不清的目标看得清清楚楚，到那时候，你再来找我。"纪昌回到家，捉了一个虱子，用牛尾长毛拴着，吊在窗户上。他每天面朝南方，目不转睛地盯着那只虱子。十多天后，虱子在纪昌的眼中渐渐变得大了起来。这样过了三年以后，虱子在纪昌眼里竟变得像车轮一般大小。他再看其他的东西，就好像山丘一样巨大。他便用燕国牛角做成的弓，搭上朔冬蓬杆制成的箭，对准虱子射去。箭头贯穿了虱子的中心，而牛尾还好端端地悬在空中。纪昌把学习成果告诉飞卫，飞卫高兴地说："你学成了！"

无论学什么技术都没有捷径可走，要从学习基本功入手，踏踏实实、锲而不舍地进行训练，才能获得真正的本领。人生旅途如爬梯，若想要一步登天，只会适得其反。

参考资料：列子.《列子》[M].武汉：长江文艺出版社，2021：55-83.

任务一 供应链模块期末对账及结账处理

3-2-2 供应链模块期末对账及结账业务处理

〖业务描述〗 供应链模块各业务系统月末与总账对账后，进行月末结账，相关单据及数据随即锁定。

〖操作指引〗

1. 采购管理月末结账

（1）2022 年 1 月 31 日，采购部【C301 赵文星】在企业应用平台中，执行【业务工作—供应链—采购管理—月末结账】命令，打开【结账】对话框，如图 3-2-1 所示。

（2）单击【结账】，系统弹出【月末结账】提示，如图 3-2-2 所示。

（3）单击【否】，【结账】界面中，【会计月份】为 2022 年 1 月中【是否结账】显示【是】，如图 3-2-3

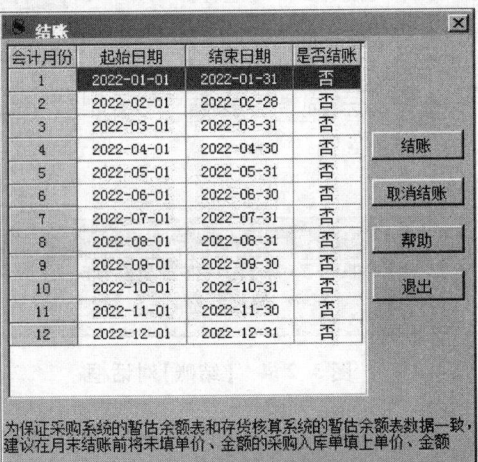

图 3-2-1 【结账】对话框

所示。

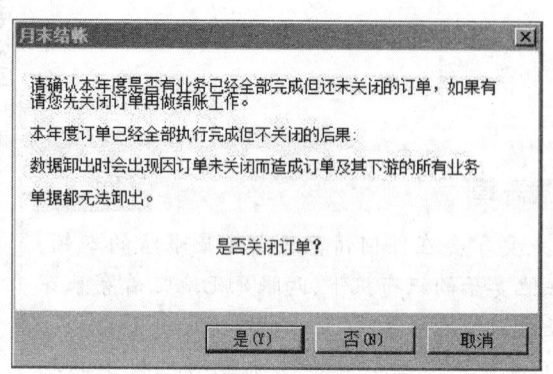

图 3-2-2 【月末结账】提示对话框

图 3-2-3 【结账】对话框

（4）单击【退出】，完成采购管理月末结账处理。

2. 销售管理月末结账

（1）2022 年 1 月 31 日，销售部【C401 王涵】在企业应用平台中，执行【业务工作—供应链—销售管理—月末结账】命令，打开【结账】对话框，如图 3-2-4 所示。

（2）单击【结账】，系统弹出【销售管理】对话框，如图 3-2-5 所示。

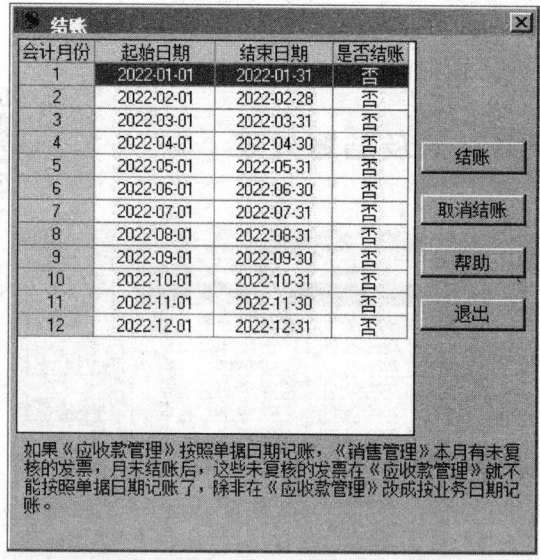

图 3-2-4 【结账】对话框

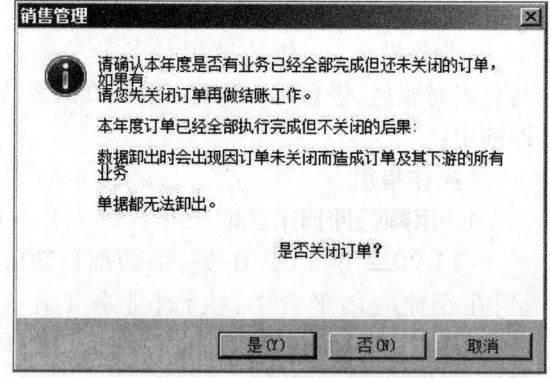

图 3-2-5 【销售管理】对话框

（3）单击【否】，【结账】界面中，【会计月份】为 2022 年 1 月【是否结账】显示【是】，如图 3-2-6 所示。

（4）单击【退出】，完成销售管理月末结账处理。

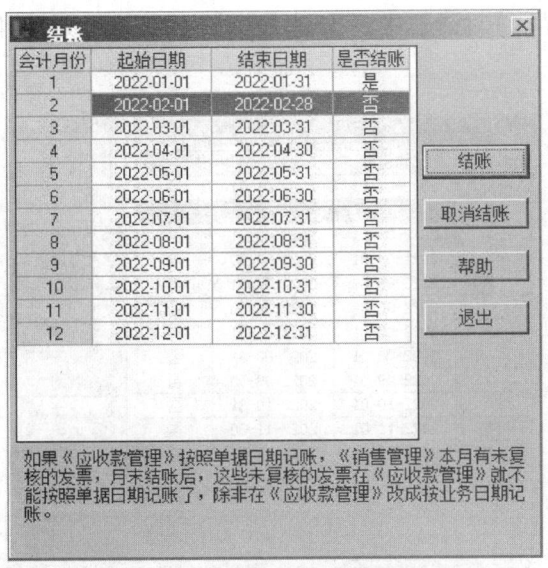

图 3-2-6 【结账】对话框

3. 库存管理月末结账

（1）2022 年 1 月 31 日，仓储部【C501 陈玮】在企业应用平台中，执行【业务工作—供应链—库存管理—对账—库存与存货对账】命令，【月份】选择【1】，勾选【包含未审核单据】复选框，结果如图 3-2-7 所示。

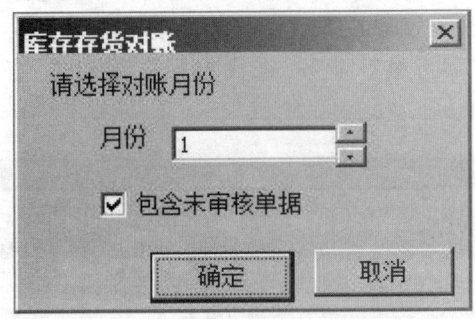

图 3-2-7 【库存存货对账】对话框

图 3-2-8 【库存管理】提示框

（2）单击【确定】，提示【本次对账数据完全正确！】，如图 3-2-8 所示，单击【确定】。

（3）2022 年 1 月 31 日，仓储部【C501 陈玮】在企业应用平台中，执行【业务工作—供应链—库存管理—月末结账】命令，打开【结账】对话框。

（4）选中【会计月份】为【1】，单击【结账】，系统弹出【库存管理】提示框，如图 3-2-9 所示。

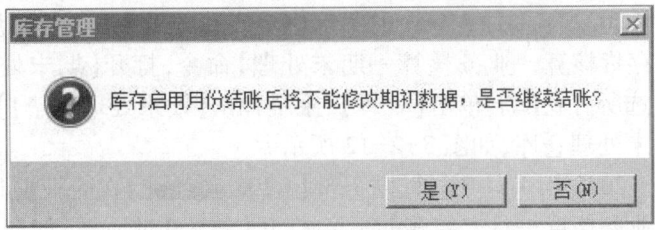

图 3-2-9 【库存管理】提示框

（5）单击【是】,【结账】对话框中,【会计月份】为 2022 年 1 月,【是否结账】显示【是】,如图 3-2-10 所示。

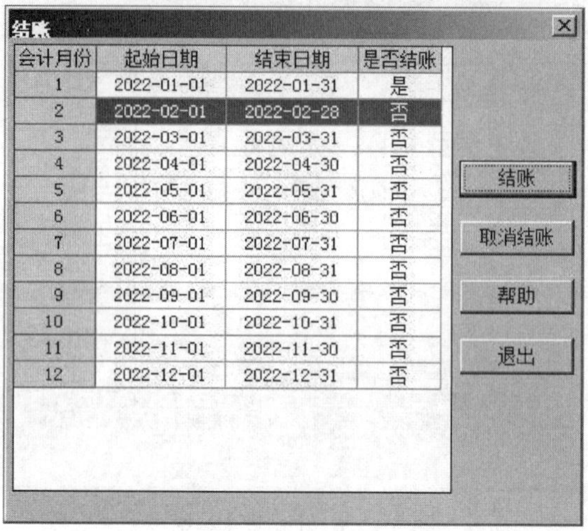

会计月份	起始日期	结束日期	是否结账
1	2022-01-01	2022-01-31	是
2	2022-02-01	2022-02-28	否
3	2022-03-01	2022-03-31	否
4	2022-04-01	2022-04-30	否
5	2022-05-01	2022-05-31	否
6	2022-06-01	2022-06-30	否
7	2022-07-01	2022-07-31	否
8	2022-08-01	2022-08-31	否
9	2022-09-01	2022-09-30	否
10	2022-10-01	2022-10-31	否
11	2022-11-01	2022-11-30	否
12	2022-12-01	2022-12-31	否

图 3-2-10 【结账】对话框

（6）单击【退出】,完成库存管理月末结账处理。

4. 存货核算月末结账

（1）与总账对账。2022 年 1 月 31 日,财务部【C205 龚纯纯】在企业应用平台中,执行【业务工作—供应链—存货核算—财务核算】命令,打开【与总账对账】窗口,勾选【数量检查】【金额检查】【包含未记账凭证】复选框,如图 3-2-11 所示。若显示【对账相平】,单击【关闭】退出;若显示【对账不平】,则核对总账与存货核算业务,查找差异进行调整,直至对账相符为止方可结账。

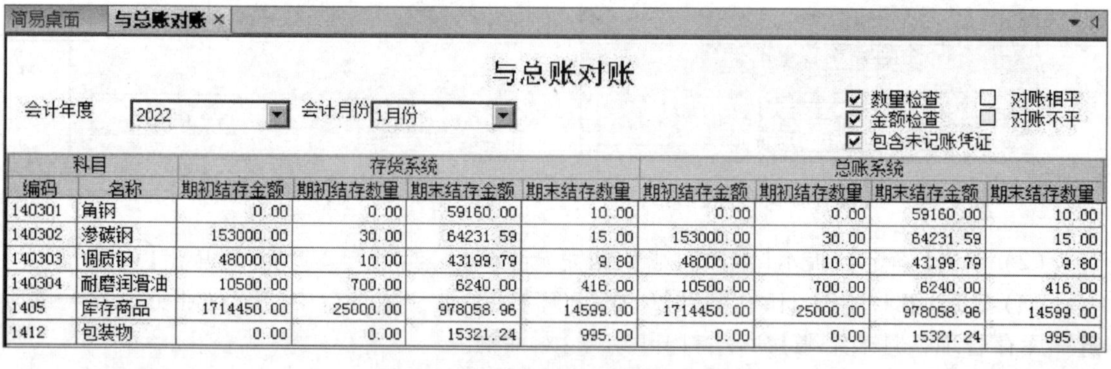

科目		存货系统				总账系统			
编码	名称	期初结存金额	期初结存数量	期末结存金额	期末结存数量	期初结存金额	期初结存数量	期末结存金额	期末结存数量
140301	角钢	0.00	0.00	59160.00	10.00	0.00	0.00	59160.00	10.00
140302	渗碳钢	153000.00	30.00	64231.59	15.00	153000.00	30.00	64231.59	15.00
140303	调质钢	48000.00	10.00	43199.79	9.80	48000.00	10.00	43199.79	9.80
140304	耐磨润滑油	10500.00	700.00	6240.00	416.00	10500.00	700.00	6240.00	416.00
1405	库存商品	1714450.00	25000.00	978058.96	14599.00	1714450.00	25000.00	978058.96	14599.00
1412	包装物	0.00	0.00	15321.24	995.00	0.00	0.00	15321.24	995.00

图 3-2-11 【与总账对账】对话框

（2）期末处理。2022 年 1 月 31 日,财务部【C205 龚纯纯】在企业应用平台中,执行【业务工作—供应链—存货核算—业务核算—期末处理】命令,打开【期末处理】窗口,选中【未期末处理仓库】,勾选所有仓库。单击【处理】,系统弹出【期末处理完毕!】提示框。单击【确定】,系统提示已期末处理仓库,如图 3-2-12 所示。

（3）月末结账。2022 年 1 月 31 日,财务部【C205 龚纯纯】在企业应用平台中,执行【业务工作—供应链—业务核算—月末结账】命令,打开【结账】对话框,如图 3-2-13 所示。单

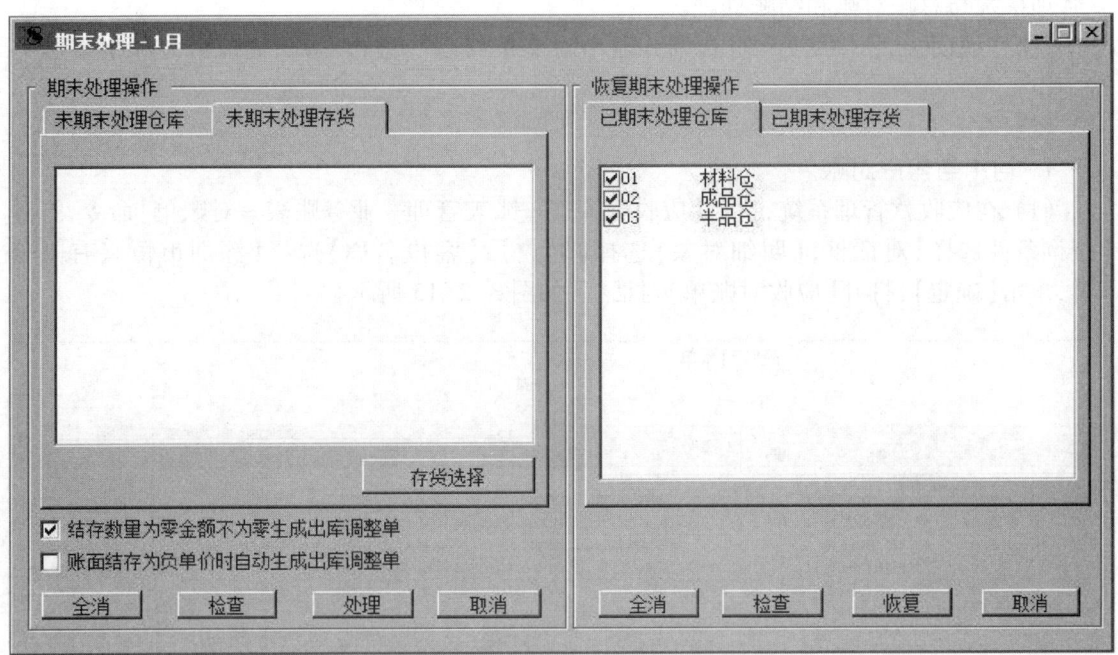

图 3-2-12 【期末处理】对话框

击【结账】,系统提示【月末结账完成!】,如图 3-2-14 所示。

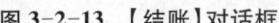

图 3-2-13 【结账】对话框

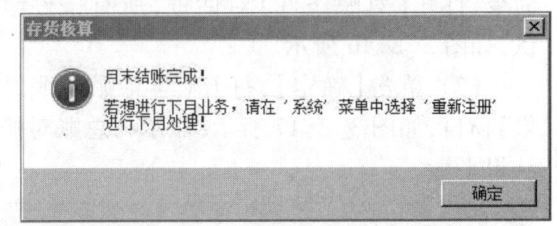

图 3-2-14 【存货核算】对话框

5. 备份

请将账套输出至【D:\666 账套备份\3.2.1】文件夹。

任务二　财务会计模块期末对账及结账处理

业务一　应收模块期末对账及结账业务

3-2-3 应收模块期末对账及结账业务处理

【业务描述】　2022 年 1 月 31 日,应收款管理系统中输出对账单与客户对账,完成应收款管理系统与总账对账和结账处理。

〖操作说明〗【C203 张华】查询并输出对账单与客户进行对账,完成与总账对账和结账工作。

〖操作指引〗

1. 月末与客户对账

(1) 在应收款管理系统,执行【应收款管理—账表管理—业务账表—对账单】命令,打开【查询条件选择】对话框,【明细对象】选择【客户】,【客户名称】选择【深圳市恒兴有限公司】,单击【确定】,打开【应收对账单】对话框,如图 3-2-15 所示。

应收对账单												
								币种:全部 期间:1-1				
年	月	日	凭证号	客户名称	客户编码	订单号	摘要	单据号	单据类型	币种	本期应收本币	本期收回本币	余额本币	到期日
				深圳市恒兴有限公司	101		期初余额						79,320.00	
2022	1	18	记-0016	深圳市恒兴有限公司	101	X2022-0...	销售专用发票	10694126	销售专...	人民币	408,320.00		487,640.00	2022-02-17
2022	1	20	记-0035	深圳市恒兴有限公司	101		并账	HZAR0000000000002	坏账发生	人民币		69,320.00	418,320.00	2021-12-15
2022	1	25	记-0021	深圳市恒兴有限公司	101		公司收到深圳...	0000000003	收款单	人民币		404,236.80	14,083.20	2022-01-25
2022	1	25	记-0033	深圳市恒兴有限公司	101	X2022-0...	销售专用发票	HXAR0000000000006	核销	人民币		4,083.20	10,000.00	2022-01-25
2022	1	31	记-0034	深圳市恒兴有限公司	101		并账	BZAR0000000000003	并账	人民币	-10,000.00			2021-12-15
				(101)小计:							398,320.00	477,640.00		
合计											398,320.00	477,640.00		

图 3-2-15 【应收对账单】对话框

(2) 单击【打印预览】,打印后盖章再传给客户对账;或引出对账单并发送给客户核对,做到每月对账,达到账账相符。

(3) 其他客户对账依照以上步骤,完成每月末与所有客户的对账工作。

2. 应收管理与总账期末进行对账并结账

(1) 在应收款管理系统中,执行【应收款管理—账表管理—业务账表—与总账对账】命令,打开【对账条件】对话框,所有条件默认,如图 3-2-16 所示。

(2) 单击【确定】,打开【与总账对账结果】窗口,如图 3-2-17 所示,显示与总账对账结果平衡。

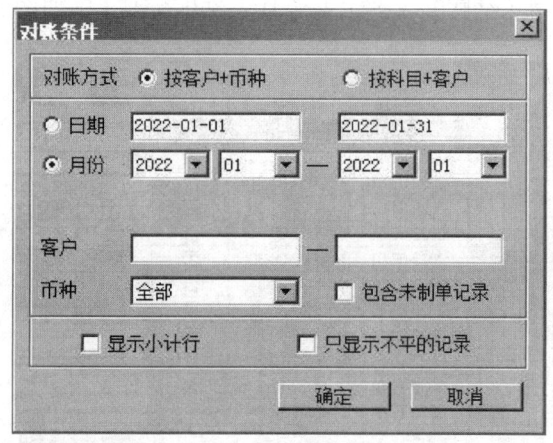

图 3-2-16 【对账条件】对话框

图 3-2-17 【与总账对账结果】窗口

(3) 在应收款管理系统中,执行【期末处理—月末结账】命令,打开【月末处理】窗口。
(4) 双击【结账标志】栏,出现选中标记【Y】,如图 3-2-18 所示。
(5) 单击【下一步】,弹出【月末处理】对话框,如图 3-2-19 所示。

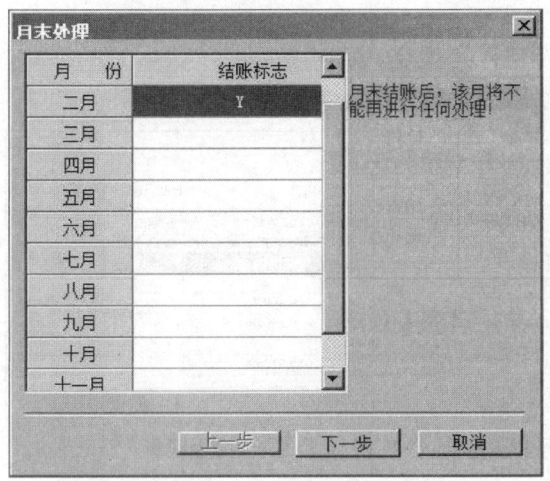

图 3-2-18 【月末处理】对话框

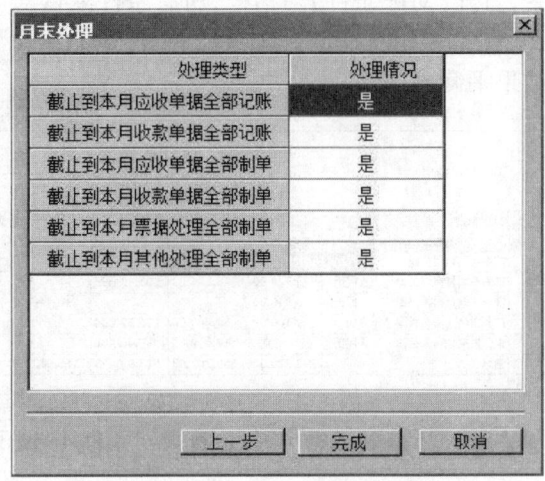

图 3-2-19 【月末处理】对话框

(6) 单击【完成】,系统弹出【结账成功】提示框,单击【确定】退出,完成应收管理结账处理。

业务二 应付模块期末对账及结账业务

〖业务描述〗 2022 年 1 月 31 日,应付款管理系统与供应商广东金鸿公司对账,并完成与总账对账、结账工作。

〖操作说明〗 【C203 张华】完成应付款管理系统与供应商广东金鸿公司对账,并完成与总账对账、结账工作。

3-2-4 应付模块期末对账及结账业务处理

〖操作指引〗

1. 月末与供应商对账

(1) 在应付款管理系统,执行【应付款管理—账表管理—业务账表—对账单】命令,打开【查询条件选择】对话框,【明细对象】选择【供应商】,【供应商编码】栏选择【1】,单击【确定】,弹出【应付对账单】窗口,如图 3-2-20 所示。

图 3-2-20 【应付对账单】窗口

(2) 单击【打印预览】,打印后盖章再传给供应商对账,或引出对账单并发送给供应商核对,做到每月对账,达到账账相符。

（4）其他供应商对账依照以上步骤，完成每月末与所有供应商的对账工作。

2. 应付管理与总账期末进行对账并结账

（1）在应付款管理系统中，执行【应付款管理—账表管理—业务账表—与总账对账】命令，打开【对账条件】对话框，所有条件默认。

（2）单击【确定】，显示【与总账对账结果】对话框，如图 3-2-21 所示，显示与总账对账结果平衡。

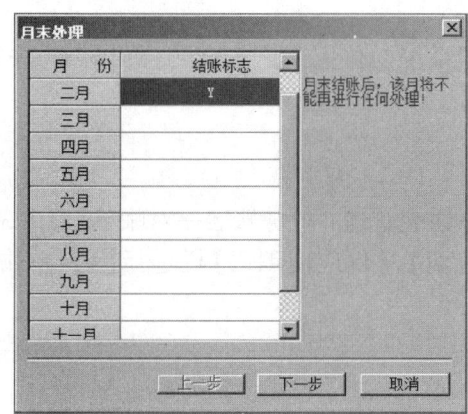

图 3-2-21 【与总账对账结果】对话框

（3）在应付款账单系统，执行【期末处理—月末结账】命令，打开【月末处理】对话框。
（4）双击【结账标志】栏，出现选中标记【Y】，如图 3-2-22 所示。
（5）单击【下一步】，弹出【月末处理】对话框，如图 3-2-23 所示。
（6）单击【完成】，系统弹出【结账成功】提示框，单击【确定】退出，完成应付管理结账处理。

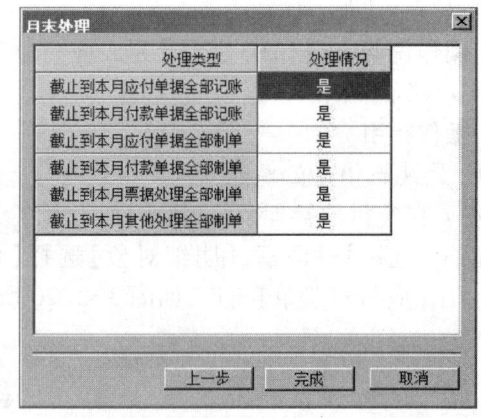

图 3-2-22 【月末处理】对话框　　　图 3-2-23 【月末处理】对话框

3-2-5 固定资产期末对账及结账业务处理

业务三　固定资产期末对账及结账业务

〖业务描述〗 2022 年 1 月 31 日，固定资产管理系统与总账对账、结账。
〖操作说明〗 【C202 李嘉文】进行固定资产管理系统对账、结账处理。
〖操作指引〗

（1）【C202 李嘉文】执行【固定资产—处理—对账】命令，打开【与账务对账结果】提示框，系统提示【结果：平衡】，如图 3-2-24 所示。

（2）执行【固定资产—处理—月末结账】命令，打开【月末结账】对话框。单击【开始结账】命令，打开【与账务对账结果】对话框。单击【确定】，系统提示【月末结账成功完成！】。

（3）单击【确定】，系统提示【本账套最新可修改日期已经更新为2022-02-01……】，如图3-2-25所示，单击【确定】，完成固定资产期末结账处理。

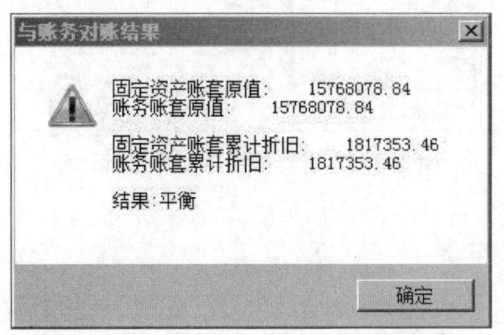

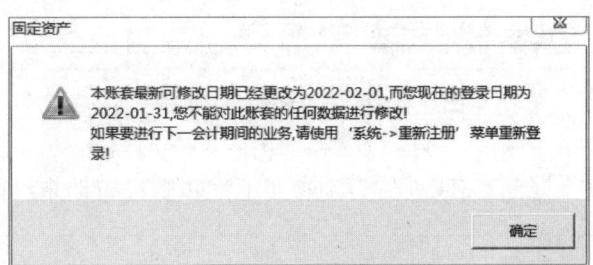

图3-2-24 【与账务对账结果】提示框　　　　图3-2-25 【固定资产】提示框

重难点提示

（1）固定资产管理系统与总账对账之前，要保证固定资产管理系统传递到总账管理系统中的凭证已经审核和记账，否则对账不成功。

（2）如果对账不平，需要根据初始化是否选中【在对账不平的情况下允许固定资产月末结账】复选框来判断是否可以进行结账处理。

（3）月末结账工作每月进行一次，如果结账后发现结账前的操作有误，则可以使用系统提供的一个纠错功能，即【恢复月末结账前状态】进行【反结账】。

（4）如果总账管理系统已经结账，则固定资产管理系统不可以再执行取消结账功能。

业务四　薪资管理期末业务

〖业务描述〗　2022年1月31日，在薪资管理系统中，分别对在职人员和离职人员工资类别处理月末结账，将【缺勤天数】【周末加班天数】【加班工资】【请假天数】【请假扣款】【缺勤扣款】【代扣税】清零。

〖操作说明〗　【C202 李嘉文】完成薪资管理系统结账处理。

〖操作指引〗

（1）在薪资管理系统中，执行【工资类别】命令，单击【打开工资类别】，选择【在职人员工资】。

（2）执行【业务处理—月末处理】命令，打开【月末处理】对话框，如图3-2-26所示。

（3）单击【确定】，系统提示【月末处理之后，本月工资将不许变动！继续月末处理吗？】，单击【是】，系统继续提示【是否选择清零？】，单击【是】，打开【选择清零项目】对话框。选择需要清理的项目【缺勤扣款】【缺勤天数】【加班工资】【请假扣款】【请假天数】【周末加班天数】【代扣税】，如图3-2-27所示。

（4）单击【确定】，系统提示【月末处理完毕！】。

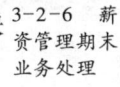

3-2-6　薪资管理期末业务处理

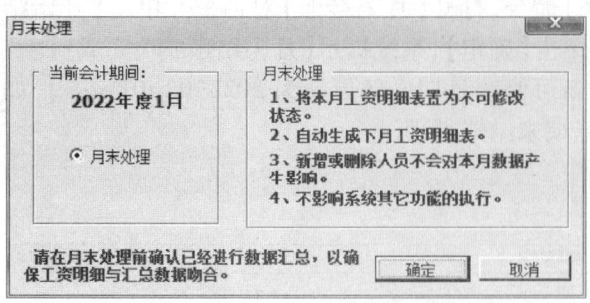
图 3-2-26 【月末处理】对话框

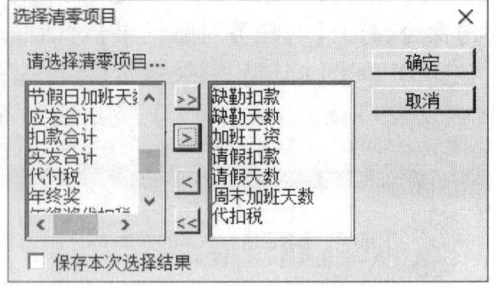
图 3-2-27 【选择清零项目】对话框

（5）离职人员类别参照上述步骤进行期末结账处理。

> 重难点提示
>
> （1）薪资管理系统月末结账时，若设置了多个工资类别，则应打开工资类别，分别进行月末结账处理。如果在初始设置中选择了单个工资类别，则对薪资管理系统进行一次月末结账即可。
>
> （2）期末对工资中每月无规律变动的项目进行清零，是为了让清零项目在下月工资变动表中不再显示上月数据，否则下月核算工资变动表前应对变动项目进行手工清零处理。

3-2-7 总账期末对账及结账业务处理

业务五　总账期末对账及结账业务

〖业务描述〗　2022年1月31日，完成总账管理系统期末处理，对总账进行对账与结账处理。

〖操作说明〗　【C201蓝英】完成总账对账与结账处理。

〖操作指引〗

1. 总账期末对账处理

（1）在总账管理系统中，执行【总账—期末—对账】命令，打开【对账】对话框。单击【试算】，系统显示【试算结果平衡】，如图3-2-28所示。

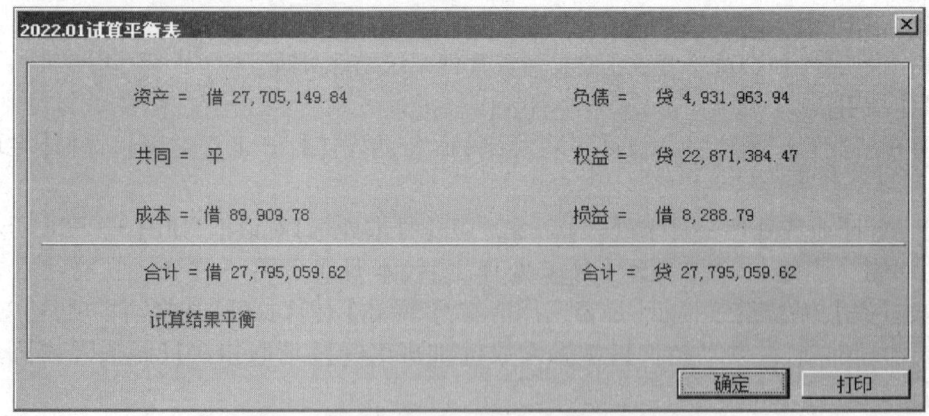

图 3-2-28 【2022.01试算平衡表】对话框

（2）单击【确定】，退出【2022.01试算平衡表】对话框。单击【检查】，系统提示【总账、辅助账、多辅助账、凭证数据正确！】。

（3）单击【确定】，勾选【检查科目档案辅助项与账务数据的一致性】【总账与明细】【总账与辅助账】【辅助账与明细账】复选框。单击【选择】，激活【对账】菜单。单击【对账】，系统完成对账，对账结果如图3-2-29所示。

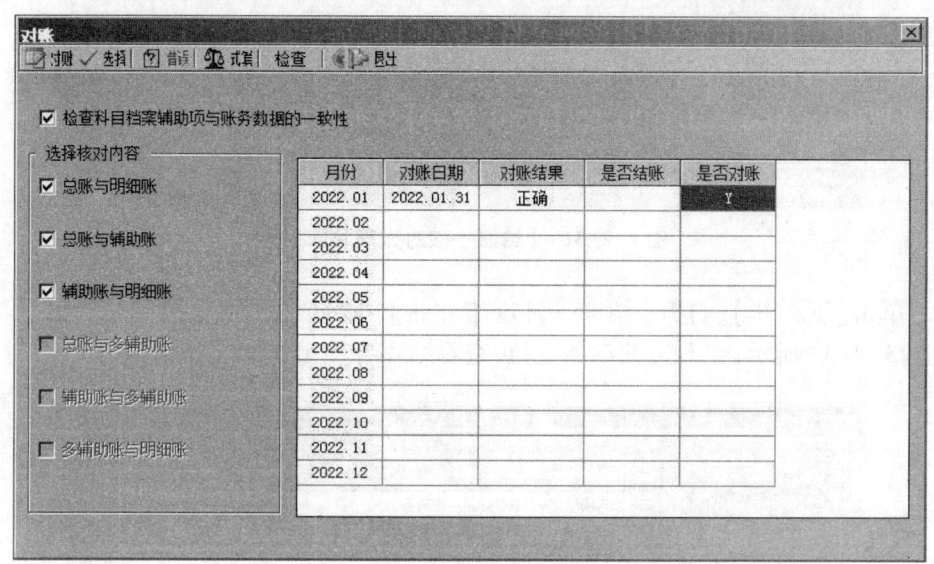

图 3-2-29 【对账】窗口

（4）单击【退出】完成期末对账处理。

2. 总账期末结账处理

（1）在总账管理系统，执行【总账—期末—结账】命令，打开【结账】对话框，系统默认【月份】为【2022.01】，如图3-2-30所示。

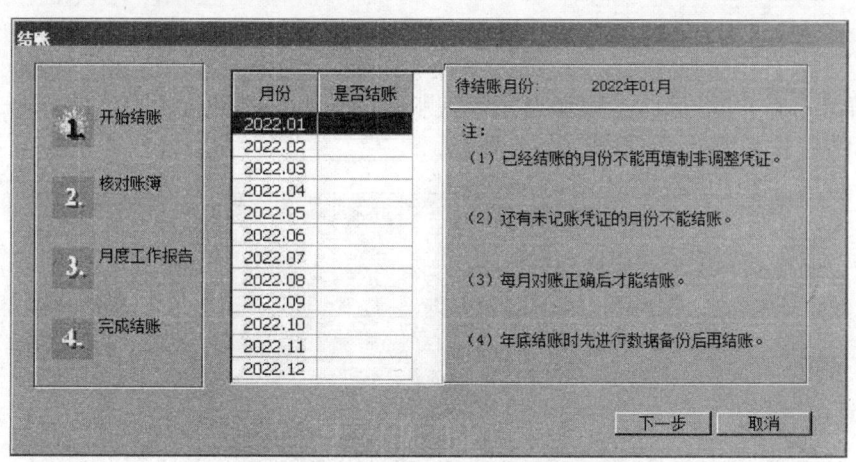

图 3-2-30 【结账—开始结账】对话框

（2）单击【下一步】，打开【结账—核对账簿】对话框，单击【对账】。系统【核对2022年01月账簿】，如图3-2-31所示。

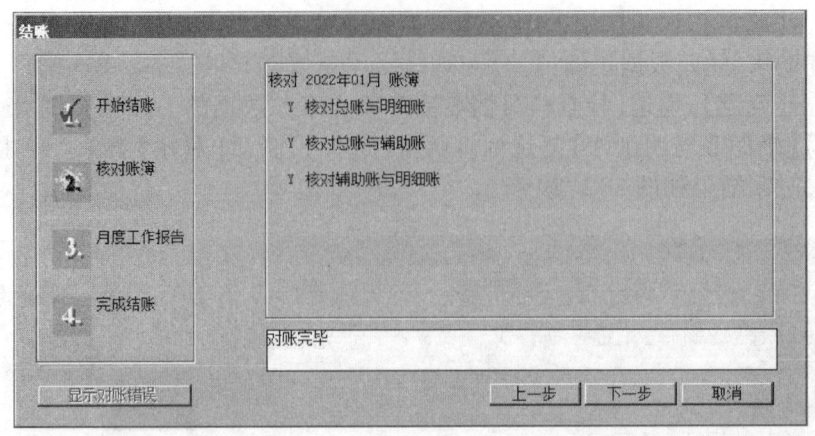

图 3-2-31 【结账—核对账簿】对话框

(3) 单击【下一步】,打开【结账—月度工作报告】对话框,显示【2022 年 01 月工作报告】,如图 3-2-32 所示,在右边滚动条下拉,查看结账各项工作的检查报告情况。

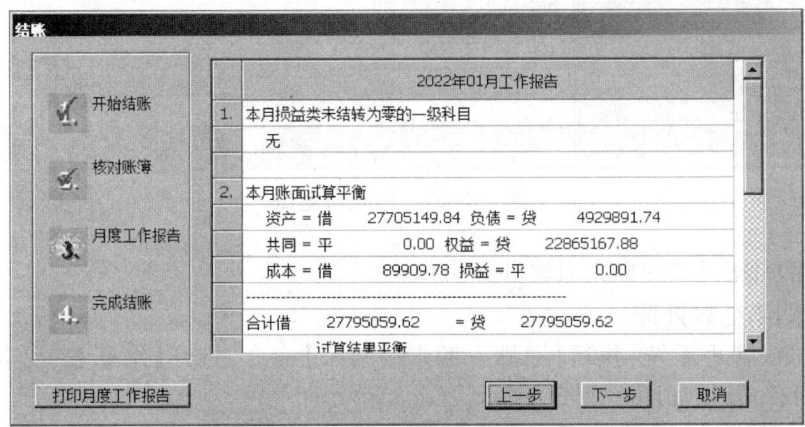

图 3-2-32 【结账—月度工作报告】对话框

(4) 单击【下一步】,打开【结账—完成结账】对话框,系统提示【2022 年 01 月工作检查完成,可以结账】,如图 3-2-33 所示。

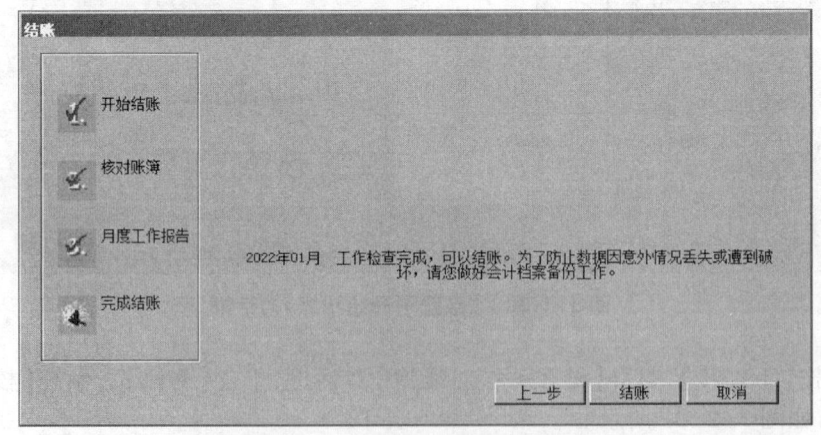

图 3-2-33 【结账—完成结账】对话框

(5) 单击【结账】,总账结账完成。

(6) 备份:请将账套输出至【D:\666账套备份\3.2.2】文件夹。

> **重难点提示**
>
> (1) 结账必须按月连续进行,上月未结账,则本月不能结账。
> (2) 每月对账正确后才可以进行结账。
> (3) 若结账后发现结账错误,可以进入【结账】对话框,选择要取消结账的月份,按"Ctrl+Shift+F6"组合键取消结账。
> (4) 取消结账前,要进行数据备份。

3-2-8 账簿查询运用概述(微课)

3-2-9 企业账表设置及查询运用

项目三　财务报表管理与分析

3-3-1 财务报表管理概述（微课）

> **思政园地**
>
> **康美药业300亿现金"一夜蒸发"**
>
> 　　在中国证监会的调查下，2019年4月29日，康美药业发布《关于前期会计差错更正的公告》称，由于财务数据出现会计差错，造成2017年营业收入多计入88.98亿元，营业成本多计入76亿元，销售费用少计入5亿元，财务费用少计入2亿元，销售商品多计入102亿元，货币资金多计入299亿元，筹资活动有关的现金项目多计入3亿元。300亿元货币资金"不翼而飞"，市场一片哗然。没有人敢想象一家行业龙头企业，一家白马上市公司，竟然在众目睽睽之下进行财务造假。
>
> 　　财务报表本是全面揭示企业一定时期财务状况、经营成果和现金流量的载体。一方面，财务报表有利于经营管理人员了解企业财务状况，改善经营管理水平，提高经济收益；另一方面，财务报表有利于投资者掌握企业的财务状况，为报表使用者的投资、贷款行为提供决策依据。然而，不少上市公司为了达到自身的不良目的，蓄意对会计信息进行操纵，有意掩盖甚至歪曲其真实的经营业绩，这不仅损害了投资者的利益，也阻碍了证券市场的健康发展。
>
> 　　2021年11月17日，广东省佛山市中级人民法院对康美药业原董事长马兴田等12人操纵证券市场案公开宣判。马兴田因操纵证券市场罪、违规披露、不披露重要信息罪以及单位行贿罪数罪并罚，被判处有期徒刑12年，并处罚金人民币120万元。从"首富"到"首恶"，一代药王的故事划上句号。随着新证券法、《中华人民共和国刑法》修正案（十一）的正式施行，财务造假等违法成本大幅提高，打击资本市场违法犯罪上升到一个新高度，投资者将获得更加有力的保护。

任务一　财务报表模板应用

业务一　生成资产负债表业务

3-3-2 报表模板应用

【业务描述】　2022年1月31日，【C201蓝英】登录平台，利用财务报表模板生成本月资产负债表并设置关键字。

【操作说明】　【C201蓝英】利用财务报表模板生成资产负债表，并保存财务报表模板。

【操作指引】

1. 系统自动生成【资产负债表】

（1）在企业应用平台，执行【财务会计—UFO报表】命令，打开【UFO报表】，系统提示【日积月累】，单击【关闭】。

(2) 单击【新建】，打开一张空白报表表页。

(3) 执行【格式—报表模板(M)】命令，打开【报表模板】对话框，【您所在的行业：】选择【2007年新会计制度科目】，【财务报表】选择【资产负债表】。

(4) 单击【确定】，系统提示【模板格式将覆盖本表格式！是否继续？】，单击【确认】，生成资产负债表模板，此时报表为【格式】状态，如图3-3-1所示。

> **重难点提示**
>
> 由于用友U8.V10.1版自动生成的报表项目为系统内置项目，相关报表项目与最新的会计制度科目不完全相符。

（资产负债表格式截图）

图3-3-1 【资产负债表】窗口

2. 设置报表表头关键字

（1）在格式状态下双击A3单元格，删除原手工录入的【编制单位】。组合A3：B3单元格。选中组合后的单元格，执行【数据—关键字—设置】命令，打开【设置关键字】对话框，选中【单位名称】，自动生成报表编制单位，如图3-3-2所示，单击【确定】。

（2）在格式状态下调整报表年月日的间距，执行【数据—关键字—偏移】命令，打开【定义关键字偏移】对话框，输入【年】为

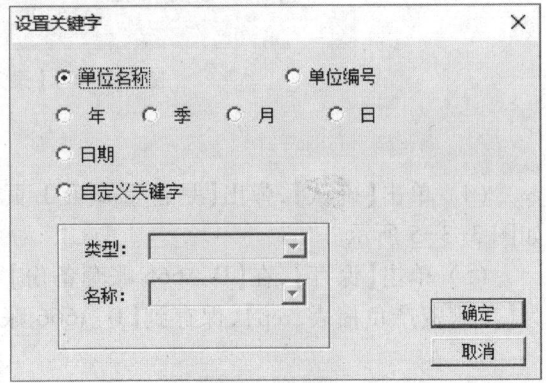

图3-3-2 【设置关键字】对话框

【25】,【月】为【0】,【日】为【-75】,如图3-3-3所示,单击【确定】。

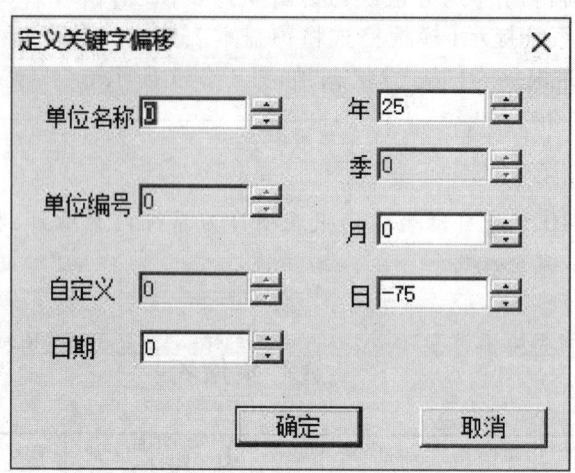

图3-3-3 【定义关键字偏移】对话框

（3）单击【数据】,执行【数据—关键字—录入关键字】命令,打开【录入关键字】对话框,在【单位名称】的文本框中录入【珠海市美满机械有限公司】,【年】【月】【日】分别录入【2022】【1】【31】,如图3-3-4所示。

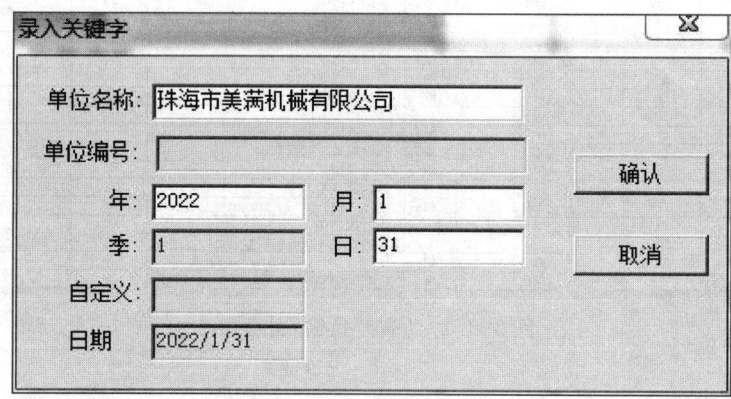

图3-3-4 【录入关键字】对话框

（4）单击【确认】,弹出【是否重算第1页】提示框,单击【是】,在数据状态下生成报表,如图3-3-5所示。

（5）单击【保存】,在【D:\666账套备份】下新建【报表汇总】文件夹,将资产负债表命名为【美满资产负债表.rep】,保存到【D:\666账套备份\报表汇总】文件夹下。

资产负债表

单位名称：珠海市美满机械有限公司　　2022 年 1 月 31 日

会企01表　单位：元

资产	行次	期末余额	年初余额	负债和所有者权益（或股东权益）	行次	期末余额	年初余额
流动资产：				流动负债：			
货币资金	1	1,626,136.72	1,357,700.05	短期借款	32		
交易性金融资产	2			交易性金融负债	33		
应收票据	3		118,980.00	应付票据	34	136,372.50	55,680.00
应收账款	4	1,308,792.85	395,878.00	应付账款	35	128,760.00	354,960.00
预付款项	5	50,000.00	59,160.00	预收款项	36	158,630.00	158,630.00
应收利息	6			应付职工薪酬	37	75,262.92	238,487.00
应收股利	7			应交税费	38	380,866.52	300,352.60
其他应收款	8	-8,315.82	-17,846.40	应付利息	39	50,000.00	50,000.00
存货	9	1,252,866.12	1,941,130.00	应付股利	40		
一年内到期的非流动资产	10			其他应付款	41		
其他流动资产	11			一年内到期的非流动负债	42		
流动资产合计	12	4,229,479.87	3,855,001.65	其他流动负债	43		
非流动资产：				流动负债合计	44	929,891.94	1,158,109.60
可供出售金融资产	13			非流动负债：			
持有至到期投资	14			长期借款	45	4,000,000.00	4,000,000.00
长期应收款	15			应付债券	46		
长期股权投资	16	5,881,200.00		长期应付款	47		
投资性房地产	17			专项应付款	48		
固定资产	18	13,900,725.38	20,630,795.00	预计负债	49		
在建工程	19		60,000.00	递延所得税负债	50		
工程物资	20			其他非流动负债	51		
固定资产清理	21			非流动负债合计	52	4,000,000.00	4,000,000.00
生产性生物资产	22			负债合计	53	4,929,891.94	5,158,109.60
油气资产	23			所有者权益（或股东权益）：			
无形资产	24	3,768,333.33		实收资本（或股本）	54	20,400,000.00	16,600,000.00
开发支出	25			资本公积	55	-445,000.00	330,000.00
商誉	26			减：库存股	56		
长期待摊费用	27			盈余公积	57	367,561.90	240,000.00
递延所得税资产	28			未分配利润	58	2,244,961.55	2,244,961.55
其他非流动资产	29			所有者权益（或股东权益）合计	59	22,567,523.45	19,414,961.55
非流动资产合计	30	23,550,258.71	20,690,795.00				
资产总计	31	27,779,738.58	24,545,796.65	负债和所有者权益（或股东权益）总计	60	27,497,415.39	24,573,071.15

图 3-3-5 【资产负债表】窗口

业务二　生成利润表业务

〖业务描述〗　2022 年 1 月 31 日，【C201 蓝英】登录企业应用平台，利用财务报表模板生成本月利润表。

〖操作说明〗　【C201 蓝英】利用财务报表模板生成利润表，并保存财务报表模板。

〖操作指引〗

（1）在报表生成界面单击【新建】，打开一张空白报表表页。

（2）执行【格式—报表模板(M)】命令，打开【报表模板】对话框，【您所在的行业：】选择【2007 年新会计制度科目】，【财务报表】选择【利润表】。

（3）重复上述业务一操作步骤，在数字状态下生成本月【利润表】，如图 3-3-6 所示。

（4）单击【保存】，将利润表命名为【美满利润表.rep】，保存到【D:\666 账套备份\报表汇总】文件下。

	A	B	C	D
1	利 润 表			
2				会企02表
3	单位名称：珠海市美满机械有限公司	2022 年 1 月		单位：元
4	项 目	行数	本期金额	上期金额
5	一、营业收入	1	2,123,415.93	
6	减：营业成本	2	1,246,738.00	
7	税金及附加	3	15,882.36	
8	销售费用	4	18,711.60	
9	管理费用	5	118,536.08	
10	财务费用	6	63,143.73	
11	资产减值损失	7	94,485.15	
12	加：公允价值变动收益（损失以"-"号填列）	8		
13	投资收益（损失以"-"号填列）	9		
14	其中：对联营企业和合营企业的投资收益	10		
15	二、营业利润（亏损以"-"号填列）	11	565,919.01	
16	加：营业外收入	12	4,500.00	
17	减：营业外支出	13	3,477.24	
18	其中：非流动资产处置损失	14		
19	三、利润总额（亏损总额以"-"号填列）	15	566,941.77	
20	减：所得税费用	16	141,735.44	
21	四、净利润（净亏损以"-"号填列）	17	425,206.33	
22	五、每股收益：	18		
23	（一）基本每股收益	19		
24	（二）稀释每股收益	20		

图 3-3-6 【利润表】窗口

业务三 生成现金流量表业务

〖业务描述〗 2022 年 1 月 31 日，【C201 蓝英】登录平台，利用财务报表模板生成本月现金流量表，并进行相关设置。

〖操作说明〗 【C201 蓝英】根据财务报表模板生成现金流量表，并保存财务报表模板。

〖操作指引〗

（1）【C201 蓝英】在报表生成界面单击【新建】，打开一张空白报表表页。

（2）执行【格式—报表模板（M）】命令，打开【报表模板】对话框，【您所在的行业：】选择【2007 年新会计制度科目】，【财务报表】选择【现金流量表】。

（3）重复上述业务一操作步骤，在【数据】状态下生成本月【现金流量表】，因现金流量表尚未设置公式，生成当月报表没有显示数据，如图 3-3-7 所示。

（4）单击【保存】，将现金流量表命名为【美满现金流量表.rep】，保存到【D:\666 账套备份\报表汇总】文件下。

	A	B	C	D
1		现金流量表		
2				会企03表
3	编制单位：	xxxx 年 xx 月		单位：元
4	项　目	行次	本期金额	上期金额
5	一、经营活动产生的现金流量：			
6	销售商品、提供劳务收到的现金	1		
7	收到的税费返还	2		
8	收到其他与经营活动有关的现金	3		
9	经营活动现金流入小计	4	公式单元	公式单元
10	购买商品、接受劳务支付的现金	5		
11	支付给职工以及为职工支付的现金	6		
12	支付的各项税费	7		
13	支付其他与经营活动有关的现金	8		
14	经营活动现金流出小计	9	公式单元	公式单元
15	经营活动产生的现金流量净额	10	公式单元	公式单元
16	二、投资活动产生的现金流量：			
17	收回投资收到的现金	11		
18	取得投资收益收到的现金	12		
19	处置固定资产、无形资产和其他长期资产收回的现金	13		
20	处置子公司及其他营业单位收到的现金净额	14		
21	收到其他与投资活动有关的现金	15		
22	投资活动现金流入小计	16	公式单元	公式单元
23	购建固定资产、无形资产和其他长期资产支付的现金	17		
24	投资支付的现金	18		
25	取得子公司及其他营业单位支付的现金净额	19		
26	支付其他与投资活动有关的现金	20		
27	投资活动现金流出小计	21	公式单元	公式单元
28	投资活动产生的现金流量净额	22	公式单元	公式单元
29	三、筹资活动产生的现金流量：			
30	吸收投资收到的现金	23		
31	取得借款收到的现金	24		
32	收到其他与筹资活动有关的现金	25		
33	筹资活动现金流入小计	26	公式单元	公式单元
34	偿还债务支付的现金	27		
35	分配股利、利润或偿付利息支付的现金	28		
36	支付其他与筹资活动有关的现金	29		
37	筹资活动现金流出小计	30	公式单元	公式单元
38	筹资活动产生的现金流量净额	31	公式单元	公式单元
39	四、汇率变动对现金及现金等价物的影响	32		
40	五、现金及现金等价物净增加额	33	公式单元	公式单元

图 3-3-7 【现金流量表】对话框

（5）备份：请将账套输出至【D:\666 账套备份\3.3.1】文件夹。

重难点提示

（1）在实际工作中，用户也可以执行【格式—报表模板】命令，从系统提供的 21 个行业的财务报表中查找适合本企业的财务报表模板。财务报表模板是预先设立了标准格式的财务报表，模板中各单元的计算公式已设立，可大大减少财务报表格式设计和公式定义的工作量。

（2）UFO 报表系统有两种工作状态，一种是格式状态，一种是数据状态。两种状态的切换只需要单击窗口左下角以红色字体显示的【格式】或【数据】即可实现。

（3）在数据状态下，执行【数据—整表重算】命令，弹出【整表重算】提示框，单击【是】，系统自动利用设计的报表公示从相关系统或表页中取数，完成整表重算，获得报表数据；也可以执行【数据—表页重算】命令，生成当前表页的报表项目数据。

（4）资产负债表中的相关项目数据提取的是资产、负债、所有者权益各项不同时点的数据，它主要提取两个时点的数据，即年初余额与年末余额，各自对应的函数名为【QC】和【QM】。而利润表各项目对应的账户为损益类账户，在提取项目金额时，应提取发生额，对应的函数名为【FS】。

（5）现金流量表需要设置公式方可取到数据。

3-3-3 资产负债表公式检查及修改

任务二 财务报表模板设置

业务一 设置资产负债表模板

〖业务描述〗 2022年1月31日,【C201 蓝英】审核并修改资产负债表公式。

〖操作说明〗 【C201 蓝英】审核并修改资产负债表公式。

〖操作指引〗

1. 设置审核公式

(1) 打开【美满资产负债表.rep】,在格式状态下,单击【数据】,执行【编辑公式】命令,打开【审核公式】对话框。

(2) 打开【审核公式】对话框,输入【C38＝G38】,换行录入【MESS"资产负债表期末不平!"】,换行录入【D38＝H38】,换行录入【MESS"资产负债表年初不平!"】,如图3-3-8所示,单击【确定】。

(3) 单击【格式】,切换到财务报表的【数据】状态,单击【数据】,再单击【审核】,弹出【资产负债表期末不平!】的提示。

2. 修改【资产负债表】公式

经过审核发现【资产总计】和【负债和所有者权益(或股东权益)总计】的期末余额不等,差额为2 323.19,如图3-3-9所示。

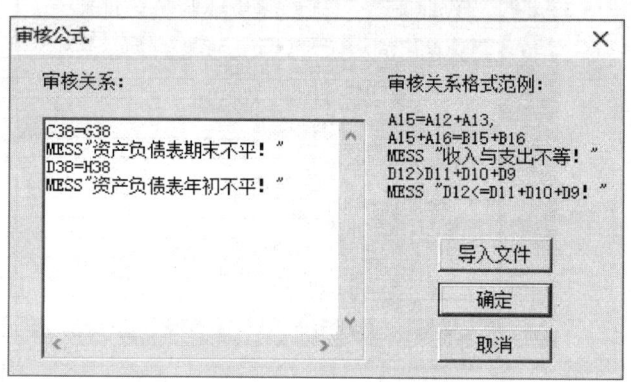

图3-3-8 【审核公式】对话框

图3-3-9 【资产负债表】窗口

(1) 修改【未分配利润】公式。检查发现【未分配利润】的期末余额与年初余额一致,其原因是【未分配利润】的期末余额公式设置错误,将资产负债表【数据】状态改为【格式】状态,双击G35单元格,原公式如图3-3-10所示。将公式修改为【QM("4103",月,,,年,,)+QM("4104",月,,,年,,)】,如图3-3-11所示,单击【确认】。

图3-3-10 【定义公式】对话框

(2) 修改【存货】公式。经过查找科目余额表,发现科目【1409 自制半成品】【1410 低值易耗品】【1412 包装箱】没有包含在存货取数公式中。

图 3-3-11 【定义公式】对话框

（3）回到资产负债表，在原公式后添加公式【+QM("1409",月,,,年,,)+QM("1410",月,,,年,,)+QM("1412",月,,,年,,)】，如图 3-3-12 所示。

图 3-3-12 【定义公式】对话框

（4）复制存货期末公式，粘贴到期初单元格，单击【编辑】，再单击【替换（R）】。在【替换】窗口，在【查找】栏中录入【QM】，在【替换】栏中录入【QC】，并勾选【包含表样单元】【包含公式单元】复选框，【范围】栏勾选【选中部分单元】复选框，单击【替换全部】，弹出【替换完毕】提示框，单击【确定】，如图 3-3-13 所示。

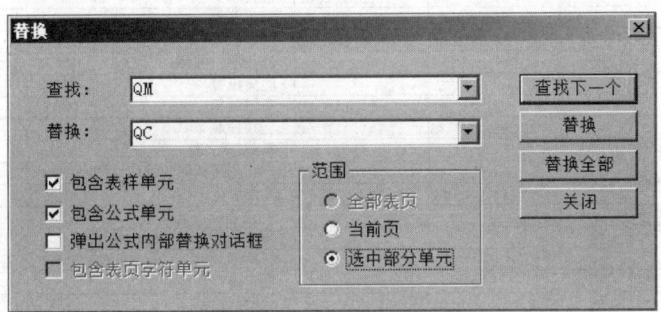

图 3-3-13 【替换】对话框

（5）重复上述操作，将【月】替换为【全年】，结果如图 3-3-14 所示。

图 3-3-14 【定义公式】对话框

（6）修改其他流动资产公式。经过查找科目余额表，发现【1901 待处理财产损溢】没有在"其他流动资产"项目中体现。切换到【格式】状态下，在【其他流动资产】期末余额和年初余额单元格中，分别添加公式【QM("1901",月,,,年,,)】【QC("1901",全年,,,年,,)】，如图 3-3-15 所示。

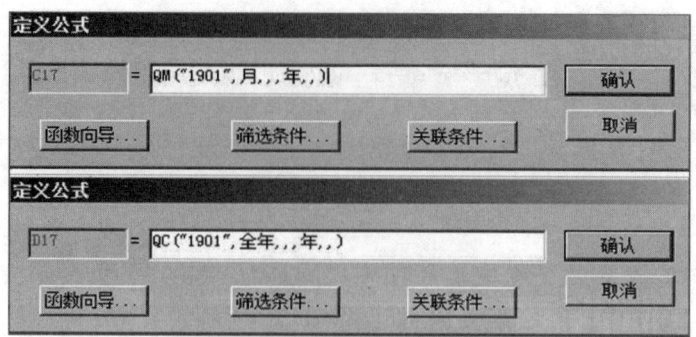

图 3-3-15 【定义公式】对话框

(7) 切换到报表的【数据】状态，单击【数据】，再单击【审核】，若未弹出任何内容，则表示报表公式正确，资产负债表金额平衡，如图 3-3-16 所示。单击【保存】，将修改后的报表保存到【D:\666 账套备份\报表汇总\美满资产负债表.rep】文件中。

	A	B	C	D	E	F	G	H
1				资 产 负 债 表				
2								会企01表
3	单位名称：珠海市美满机械有限公司			2022 年 1 月 31 日				单位:元
4	资 产	行次	期末余额	年初余额	负债和所有者权益（或股东权益）	行次	期末余额	年初余额
6	流动资产：				流动负债：			
7	货币资金	1	1,626,136.72	1,357,700.05	短期借款	32		
8	交易性金融资产	2			交易性金融负债	33		
9	应收票据	3		118,980.00	应付票据	34	136,372.50	55,680.00
10	应收账款	4	1,308,792.85	395,878.00	应付账款	35	128,760.00	354,960.00
11	预付款项	5	50,000.00	59,160.00	预收款项	36	158,630.00	158,630.00
12	应收利息	6			应付职工薪酬	37	75,262.92	238,487.00
13	应收股利	7			应交税费	38	380,866.52	300,352.60
14	其他应收款	8	-8,315.82	-17,846.40	应付利息	39	50,000.00	50,000.00
15	存货	9	1,268,187.36	1,941,130.00	应付股利	40		
16	一年内到期的非流动资产	10			其他应付款	41		
17	其他流动资产	11		27,274.50	一年内到期的非流动负债	42		
18	流动资产合计	12	4,244,801.11	3,882,276.15	其他流动负债	43		
19	非流动资产：				流动负债合计	44	929,891.94	1,158,109.60
20	可供出售金融资产	13			非流动负债：			
21	持有至到期投资	14			长期借款	45	4,000,000.00	4,000,000.00
22	长期应收款	15			应付债券	46		
23	长期股权投资	16	5,881,200.00		长期应付款	47		
24	投资性房地产	17			专项应付款	48		
25	固定资产	18	13,900,725.38	20,630,795.00	预计负债	49		
26	在建工程	19		60,000.00	递延所得税负债	50		
27	工程物资	20			其他非流动负债	51		
28	固定资产清理	21			非流动负债合计	52	4,000,000.00	4,000,000.00
29	生产性生物资产	22			负债合计	53	4,929,891.94	5,158,109.60
30	油气资产	23			所有者权益（或股东权益）：			
31	无形资产	24	3,768,333.33		实收资本（或股本）	54	20,400,000.00	16,600,000.00
32	开发支出	25			资本公积	55	-445,000.00	330,000.00
33	商誉	26			减：库存股	56		
34	长期待摊费用	27			盈余公积	57	367,561.90	240,000.00
35	递延所得税资产	28			未分配利润	58	2,542,605.98	2,244,961.55
36	其他非流动资产	29			所有者权益（或股东权益）合计	59	22,865,167.88	19,414,961.55
37	非流动资产合计	30	23,550,258.71	20,690,795.00				
38	资产总计	31	27,795,059.82	24,573,071.15	负债和所有者权益（或股东权益）合计	60	27,795,059.82	24,573,071.15

图 3-3-16 【资产负债表】窗口

业务二　设置利润表模板

【业务描述】　2022 年 1 月 31 日，修改利润表模板。

〖操作说明〗 【C201 蓝英】修改利润表模板,增加【本年累计】栏。
〖操作指引〗
1. 修改【利润表】项目
(1)打开【利润表.rep】,在【格式】状态下,选中 A1 单元格,在菜单栏【格式】中找到【组合单元格(C)】,单击【取消组合】,如图 3-3-17 所示。

	A	B	C	D
1	利润表			
2	演示数据			会企02表
3	单位名称:xxxxxxxxxxxxxxxxxxxxxxxx		xxxx 年　　xx 月	单位:元
4	项　　目	行数	本期金额	上期金额
5	一、营业收入	1	公式单元	公式单元
6	减:营业成本	2	公式单元	公式单元
7	税金及附加	3	公式单元	公式单元
8	销售费用	4	公式单元	公式单元
9	管理费用	5	公式单元	公式单元
10	财务费用	6	公式单元	公式单元
11	资产减值损失	7	公式单元	公式单元
12	加:公允价值变动收益(损失以"-"号填列)	8	公式单元	公式单元
13	投资收益(损失以"-"号填列)	9	公式单元	公式单元
14	其中:对联营企业和合营企业的投资收益	10		

图 3-3-17 【利润表】窗口

(2)单击报表【D 列】,执行【编辑—插入(I)—列】命令,【数量】输入【1】,单击【确认】,新增 D 列,如图 3-3-18 所示。

	A	B	C	D	E
1	利润表				
2					会企02表
3	单位名称:xxxxxxxxxxxxxxxxxxxxxxxx		xxxx 年　　xx 月		单位:元
4	项　　目	行数	本期金额		上期金额
5	一、营业收入	1	公式单元		公式单元
6	减:营业成本	2	公式单元		公式单元
7	税金及附加	3	公式单元		公式单元
8	销售费用	4	公式单元		公式单元
9	管理费用	5	公式单元		公式单元
10	财务费用	6	公式单元		公式单元
11	资产减值损失	7	公式单元		公式单元
12	加:公允价值变动收益(损失以"-"号填列)	8	公式单元		公式单元
13	投资收益(损失以"-"号填列)	9	公式单元		公式单元
14	其中:对联营企业和合营企业的投资收益	10			
15	二、营业利润(亏损以"-"号填列)	11	公式单元		公式单元
16	演示数据业外收入	12	公式单元		公式单元
17	减:营业外支出	13	公式单元		公式单元
18	其中:非流动资产处置损失	14			

图 3-3-18 【利润表】窗口

(3)单击【D4】单元格,在单元格中输入【本年累计】。

2. 设置【本年累计】列公式并取数

（1）编辑公式选中 C5：C24 单元格，将公式复制粘贴到 D5：D24 单元格。选中 D5：D24 单元格的公式，单击【编辑】，再单击【替换（R）】，打开【替换】窗口。

（2）【查找】录入【fs】，【替换】录入【lfs】，勾选【包含表样单元】【包含公式单元】复选框，【范围】中勾选【选中部分单元】，如图 3-3-19 所示。

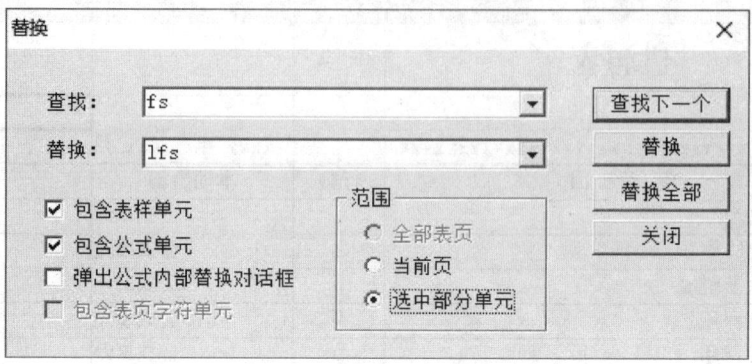

图 3-3-19 【替换】对话框

（3）单击【替换全部】，弹出【替换完毕】提示框，单击【确定】，如图 3-3-20 所示。

	A	B	C	D	E
1	利润表				
2					会企02表
3	单位名称：xxxxxxxxxxxxxxxxxxxx		xxxx 年	xx 月	单位：元
4	项　目	行数	本期金额	演示数据本年累计	上期金额
5	一、营业收入	1	公式单元	公式单元	公式单元
6	减：营业成本	2	公式单元	公式单元	公式单元
7	税金及附加	3	公式单元	公式单元	公式单元
8	销售费用	4	公式单元	公式单元	公式单元
9	管理费用	5	公式单元	公式单元	公式单元
10	财务费用	6	公式单元	公式单元	公式单元
11	资产减值损失	7	公式单元	公式单元	公式单元
12	加：公允价值变动收益（损失以"-"号填列）	8	公式单元	公式单元	公式单元
13	投资收益（损失以"-"号填列）	9	公式单元	公式单元	公式单元
14	其中：对联营企业和合营企业的投资收益	10			
15	二、营业利润（亏损以"-"号填列）	11	公式单元	公式单元	公式单元
16	加：营业外收入	12	公式单元	公式单元	公式单元
17	减：营业外支出	13	公式单元	公式单元	公式单元
18	其中：非流动资产处置损失	14			
19	三、利润总额（亏损总额以"-"号填列）	15	公式单元	公式单元	公式单元
20	减：所得税费用	16	公式单元	公式单元	公式单元
21	四、净利润（净亏损以"-"号填列）	17	公式单元	公式单元	公式单元
22	五、每股收益：	18			
23	（一）基本每股收益	19			
24	（二）稀释每股收益	20			

图 3-3-20 【利润表】窗口

（4）编辑表头单元，合并 A1：E1 单元格。

（5）将报表转换为【数据】状态，并对报表进行重算，如图 3-3-21 所示。由于新开账套，暂无上期金额数据显示。

利 润 表

会企02表

单位名称：珠海市美满机械有限公司　　2022 年 1 月　　　　　　　　　单位：元

项　　目	行数	本期金额	本年累计金额	上期金额
一、营业收入	1	2,123,415.93	2,123,415.93	
减：营业成本	2	1,246,738.00	1,246,738.00	
营业税金及附加	3	15,882.36	15,882.36	
销售费用	4	18,711.60	18,711.60	
管理费用	5	118,536.08	118,536.08	
财务费用	6	63,143.73	63,143.73	
资产减值损失	7	94,485.15	94,485.15	
加：公允价值变动收益（损失以"-"号填列）	8			
投资收益（损失以"-"号填列）	9			
其中：对联营企业和合营企业的投资收益	10			
二、营业利润（亏损以"-"号填列）	11	565,919.01	565,919.01	
加：营业外收入	12	4,500.00	4,500.00	
减：营业外支出	13	3,477.24	3,477.24	
其中：非流动资产处置损失	14			
三、利润总额（亏损总额以"-"号填列）	15	566,941.77	566,941.77	
减：所得税费用	16	141,735.44	141,735.44	
四、净利润（净亏损以"-"号填列）	17	425,206.33	425,206.33	
五、每股收益：	18			
（一）基本每股收益	19			
（二）稀释每股收益	20			

图 3-3-21 【利润表】窗口

（6）单击【保存】,将修改好的利润表保存到【D:\666 账套备份\报表汇总\美满利润表.rep】文件中。

业务三　设置现金流量表模板

3-3-5 设置现金流量表模板

〖业务描述〗　2022 年 1 月 31 日,根据现金流量表项目,完成现金流量表公式设置。

〖操作说明〗　【C201 蓝英】设置现金流量表取数公式。

〖操作指引〗

1. 修改【现金流量表】表体

双击打开【现金流量表.rep】,在【格式】状态下,单击【D4】单元格,将【上期金额】修改为【全年金额】,完成现金流量表表体设置。

2. 设置现金流量表本期金额公式

（1）打开【现金流量表.rep】,在【格式】状态下,单击【C6】单元格,在菜单栏双击【FX】,单击【函数向导】,选择【用友财务函数—现金流量项目金额（XTLL）】,如图 3-3-22 所示。

（2）单击【下一步】,单击【参照】,在【财务函数】窗口,【方向】选择【流入】,【现金流量项目编码】选择【01】,勾选【包含未记账凭证】【包含调整期凭证】复选框,其他选项默认,如图 3-3-23 所示。

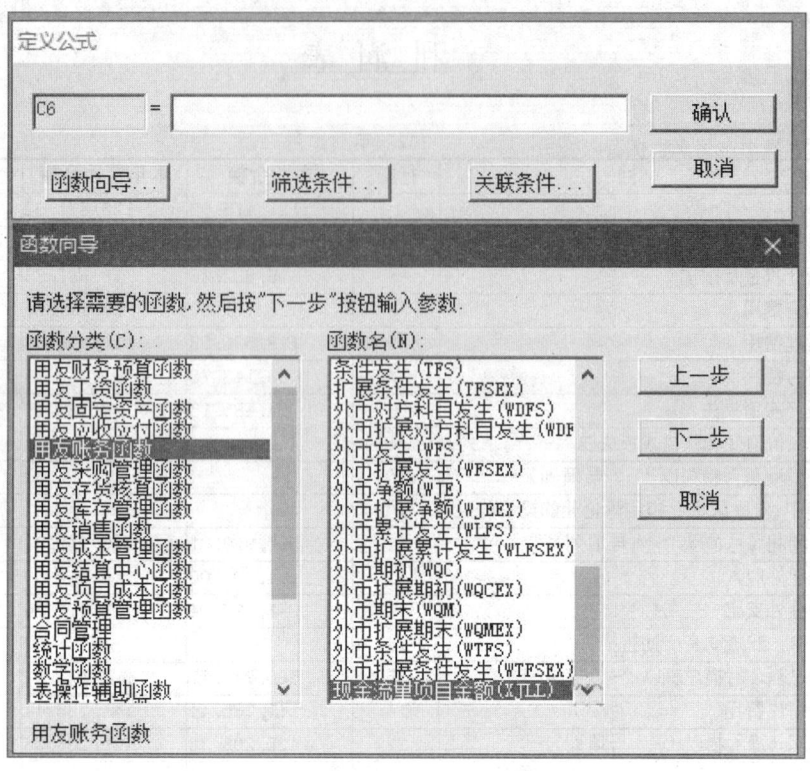

图 3-3-22 【定义公式】窗口

图 3-3-23 【财务函数】窗口

(3)单击【确认】,回到【用友账务函数】窗口,【函数录入】栏显示已选中的公式,如图 3-3-24 所示。

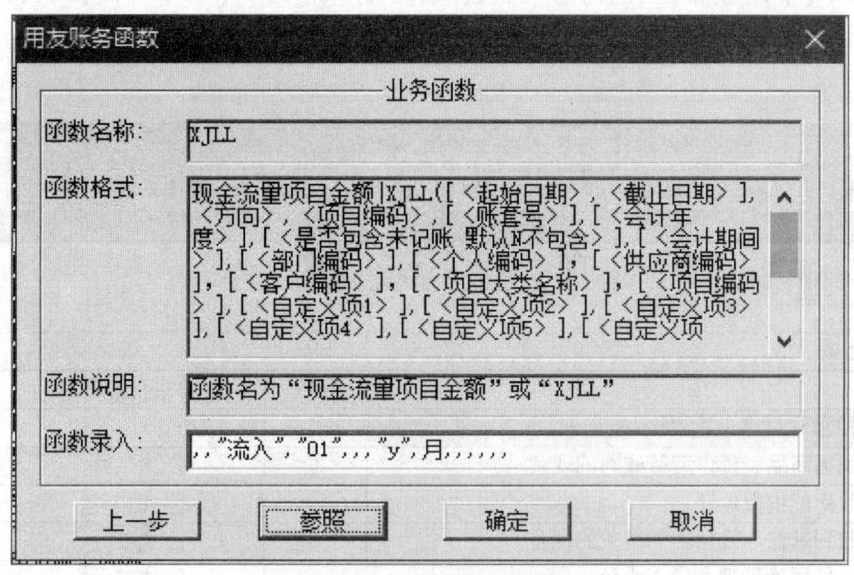

图 3-3-24 【用友账务函数】窗口

(4)单击【确认】,回到【定义公式】窗口,【C6】框显示已选中的公式,如图 3-3-25 所示。

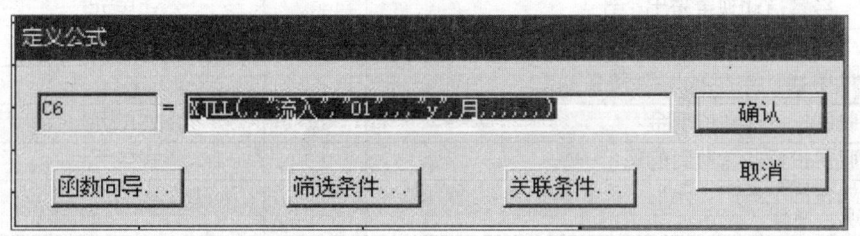

图 3-3-25 【定义公式】窗口

(5)单击【确认】,在【C6】栏中显示【　　　=XJLL(,,"流入","01",,,"y",月,,,,,,)　　　】,将【C6】公式下拉填充到【C8】,在【C7】和【C8】栏,分别将【01】修改为【02】和【03】,完成经营活动现金流入公式的设置。

(6)选中【C6】栏公式,复制并粘贴到【C10】至【C13】栏,将公式中的【流入】修改【流出】,并分别按现金流量项目代码,将【01】分别修改为【04】【05】【06】和【07】,完成经营活动现金流出公式的设置。

(7)以此类推,完成【本期金额】列中【投资活动产生的现金流量】和【投资活动产生的现金流量】各项目的公式设置。

(8)单击【C41】单元格,在菜单栏双击【FX】,单击【函数向导】。选择【用友财务函数】【期初(QC)】,设置【期初货币资金】取数公式为【QC("1001",月,,,,,,,"y",,)+QC("1002",月,,,,,,,"y",,)+QC("1012",月,,,,,,,"y",,)】,完成【加:期初现金及现金等价物余额】项目本期金额的公式设置。

3. 修改现金流量表全年金额公式设置并取数

（1）选中【本期金额】列的所有项目公式，复制并粘贴到【全年金额】列，将公式中的【月】修改【全年】，完成【全年金额】公式的设置，如图 3-3-26 所示。

	A	B	C	D
		现 金 流 量 表		
2				会企03表
3	单位名称：xxxxxxxxxxxxxxxxxxxxxxxxxxxx 年x 月			单位：元
4	项　　目	行次	本期金额	全年金额
5	一、经营活动产生的现金流量：			
6	销售商品、提供劳务收到的现金	1	公式单元	公式单元
7	收到的税费返还	2	公式单元	公式单元
8	收到其他与经营活动有关的现金	3	公式单元	公式单元
9	经营活动现金流入小计	4	公式单元	公式单元
10	购买商品、接受劳务支付的现金	5	公式单元	公式单元
11	支付给职工以及为职工支付的现金	6	公式单元	公式单元
12	支付的各项税费	7	公式单元	公式单元
13	支付其他与经营活动有关的现金	8	公式单元	公式单元
14	经营活动现金流出小计	9	公式单元	公式单元
15	经营活动产生的现金流量净额	10	公式单元	公式单元
16	二、投资活动产生的现金流量：			
17	收回投资收到的现金	11	公式单元	公式单元
18	取得投资收益收到的现金	12	公式单元	公式单元
19	处置固定资产、无形资产和其他长期资产收回的现金净额	13	公式单元	公式单元
20	处置子公司及其他营业单位收到的现金净额	14	公式单元	公式单元
21	收到其他与投资活动有关的现金	15	公式单元	公式单元
22	投资活动现金流入小计	16	公式单元	公式单元
23	购建固定资产、无形资产和其他长期资产支付的现金	17	公式单元	公式单元

图 3-3-26 【现金流量表】对话框

（2）将格式转换为【数据】状态，弹出【是否重算表页？】提示，单击【是】，结果如图 3-3-27 所示。单击【保存】，将现金流量表保存到【D:\666 账套备份\美满现金流量表.rep】文件中。

（3）备份：请将账套输出至【D:\666 账套备份\3.3.2】文件夹。

现 金 流 量 表

会企03表
单位:元

单位名称:珠海市美满机械有限公司　　2022 年 1 月

项　　目	行次	本期金额	本年累计金额
一、经营活动产生的现金流量：			
销售商品、提供劳务收到的现金	1	1,475,979.20	1,475,979.20
收到的税费返还	2		
收到其他与经营活动有关的现金	3	27,274.50	27,274.50
经营活动现金流入小计	4	1,503,253.70	1,503,253.70
购买商品、接受劳务支付的现金	5	668,854.93	668,854.93
支付给职工以及为职工支付的现金	6	293,172.68	293,172.68
支付的各项税费	7	209,480.80	209,480.80
支付其他与经营活动有关的现金	8	8,300.00	8,300.00
经营活动现金流出小计	9	1,179,808.41	1,179,808.41
经营活动产生的现金流量净额	10	323,445.29	323,445.29
二、投资活动产生的现金流量：			
收回投资收到的现金	11		
取得投资收益收到的现金	12		
处置固定资产、无形资产和其他长期资产收回的现金净额	13	20,500.00	20,500.00
处置子公司及其他营业单位收到的现金净额	14		
收到其他与投资活动有关的现金	15		
投资活动现金流入小计	16	20,500.00	20,500.00
购建固定资产、无形资产和其他长期资产支付的现金	17	400.00	400.00
投资支付的现金	18		
取得子公司及其他营业单位支付的现金净额	19		
支付其他与投资活动有关的现金	20		
投资活动现金流出小计	21	400.00	400.00
投资活动产生的现金流量净额	22	20,100.00	20,100.00
三、筹资活动产生的现金流量：			
吸收投资收到的现金	23		
取得借款收到的现金	24		
收到其他与筹资活动有关的现金	25		
筹资活动现金流入小计	26		
偿还债务支付的现金	27		
分配股利、利润或偿付利息支付的现金	28	75,000.00	75,000.00
支付其他与筹资活动有关的现金	29		
筹资活动现金流出小计	30	75,000.00	75,000.00
筹资活动产生的现金流量净额	31	-75,000.00	-75,000.00
四、汇率变动对现金及现金等价物的影响	32		
五、现金及现金等价物净增加额	33	268,545.29	268,545.29
加：期初现金及现金等价物余额	34	1,357,700.05	1,357,700.05
六、期末现金及现金等价物余额	35	1,626,245.34	1,626,245.34

图 3-3-27 【现金流量表】窗口

3-3-6 自定义财务报表概述（微课）

3-3-7 管理费用部门费用明细设计

任务三　自定义财务报表设计

业务一　设计管理费用明细表模板

〖业务描述〗　2022年1月31日，根据管理费用部门费用明细(表3-3-1)，在UFO报表中设计该管理费用部门费用明细表。

表3-3-1　　　　　　　　　　管理费用部门费用明细

编制单位：珠海市美满机械有限公司				2022年1月			单位：元	
项目	行政人事部	财务部	采购部	销售部	一车间	二车间	供应部	合计
工资								
福利费								
社会保险费								
办公费								
业务招待费								
折旧费								
差旅费								
水电费用								
公积金								
工会经费								
职工教育经费								
其他								
合计								

〖操作说明〗　【C201 蓝英】自定义设计管理费用部门费用明细表。

〖操作指引〗

1. 创建新表

(1) 2022年1月31日，【C201 蓝英】在企业应用平台中，执行【财务会计—UFO报表】命令，打开【UFO报表】。

(2) 单击【新建】，生成一张空白表页。

2. 设置表尺寸

(1) 执行【格式—表尺寸】命令，打开【表尺寸】对话框。

(2) 输入报表的【行数】为【16】，【列数】为【9】，如图3-3-28所示。

3. 设置行高、列宽

(1) 选定整张表，执行【格式—行高】命令，打开【行高】对话框，输入报表【行高】为【8】，如图3-3-29所示。

(2) 执行【格式—列宽】命令，打开【列宽】对话框，输入报表【列宽】为【20】，如图3-3-30所示。

图3-3-28　【表尺寸】对话框

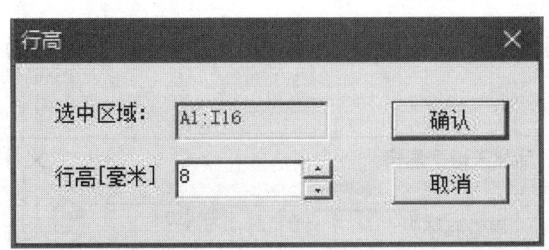
图 3-3-29 【行高】对话框

图 3-3-30 【列宽】对话框

4. 表格画线
(1) 选中 A3:H16 区域,执行【格式—区域画线】命令,打开【区域画线】对话框。
(2)【画线类型】选择【网线】,选择【样式】粗细,如图 3-3-31 所示。

5. 定义组合单元
(1) 选中 A1:I1 区域,执行【格式—组合单元】命令,打开【组合单元】对话框,如图 3-3-32 所示。

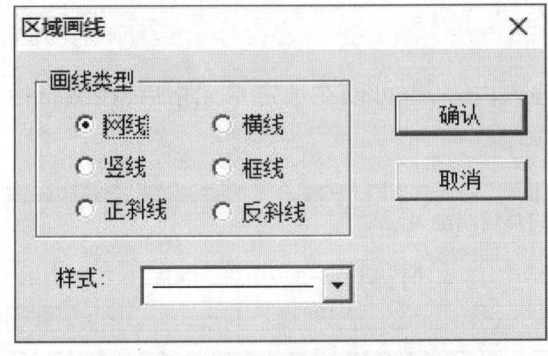
图 3-3-31 【区域画线】对话框

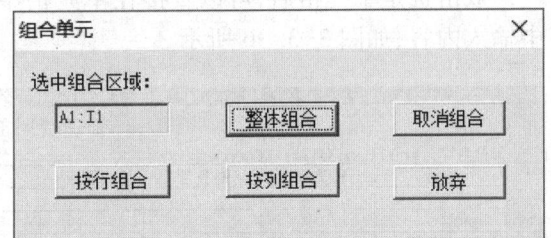
图 3-3-32 【组合单元】对话框

(2) 单击【整体组合】,将 A1:I1 合并为一个组合单元。

6. 设置单元属性
(1) 选中整张表,执行【格式—单元属性】命令,打开【单元格属性】对话框。
(2) 系统默认【单元类型】为【数值】,【格式】栏勾选【逗号】复选框,如图 3-3-33 所示,单击【确定】。

7. 设置关键字
(1) 按照组合单元的操作,将 A2:C2 合并为一个组合单元。
(2) 选中组合单元,执行【数据—关键字—设置】命令,打开【设置关键字】对话框,勾选【单位名称】单选框,如图 3-3-34 所示。单击【确定】。
(3) 重复上一步操作,分别选择 D2、F2

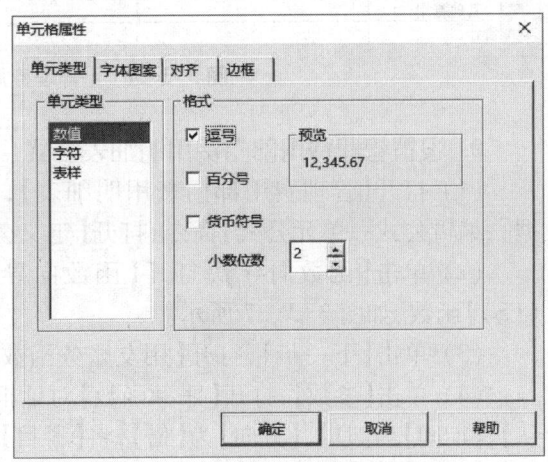
图 3-3-33 【单元格属性】对话框

单元,设置关键字【年】和【月】。

(4) 执行【数据—关键字—偏移】命令,打开【定义关键字偏移】对话框,输入【年】为【10】,【月】为【10】,如图 3-3-35 所示。

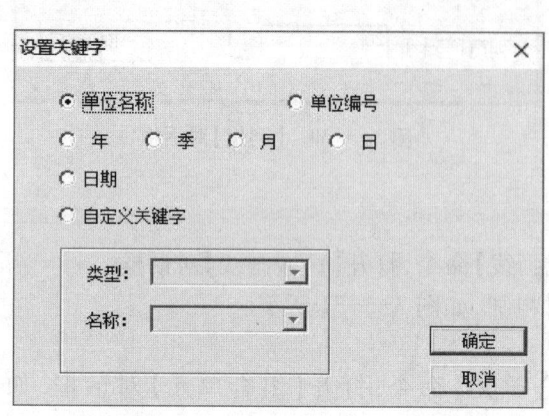

图 3-3-34 【设置关键字】对话框　　　　图 3-3-35 【定义关键字偏移】对话框

8. 录入表体项目

双击选定单元格后,可以直接在单元格中输入内容;也可以在选定单元格后,在编辑栏中输入内容,如图 3-3-36 所示。

图 3-3-36 【管理费用部门费用明细表】窗口

9. 设置管理费用部门费用明细表公式

(1) 打开【管理费用部门费用明细表】,在【格式】状态下,选择【B4】单元格,执行【数据—编辑公式—单元公式】命令,打开【定义公式】对话框。

(2) 单击【函数向导】,打开【函数向导】对话框,选择【用友账务函数】,选择【发生(FS)】函数,如图 3-3-37 所示。

(3) 单击【下一步】,打开【用友账务函数】编辑窗口。

(4) 单击【参数】,打开【账务函数】对话框。【账套号】选择【默认】,【会计年度】选择【默认】,【期间】为【月】,【方向】为【借】,将【科目】修改或选择录入为【660201】,在【辅助核算—部门编码】选择【1】,勾选【包含未记账凭证】【包含调整期凭证】复选框,如图 3-3-38 所示。

◆ 模块三 企业期末业务处理

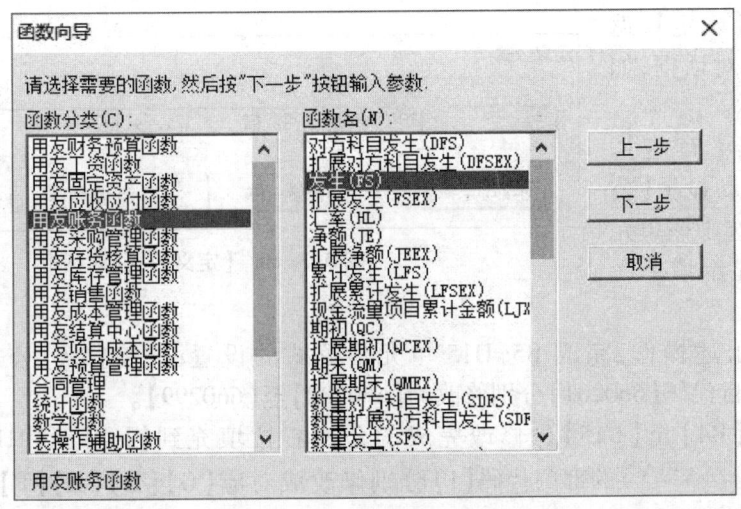

图 3-3-37 【函数向导】对话框

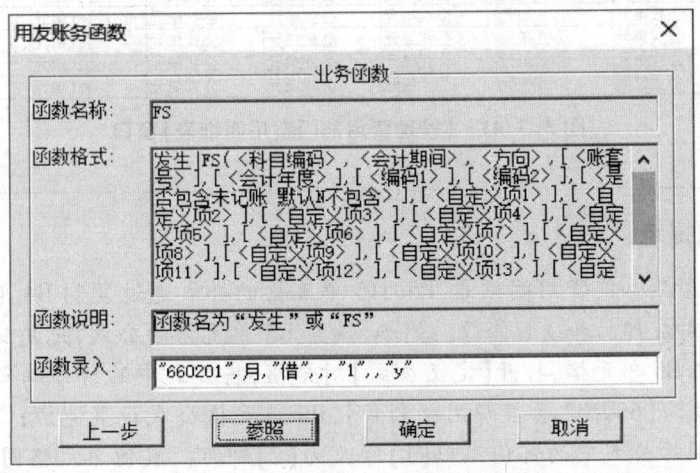

图 3-3-38 【账务函数】对话框

(5) 单击【确定】,返回【用友账务函数】对话框,如图 3-3-39 所示。

图 3-3-39 【用友账务函数】对话框

321

(6) 单击【确定】,返回【定义公式】对话框,如图 3-3-40 所示。

(7) 单击【确定】,【B4】单元格自动显示【公式单元】字样,选中该单元格时,工具栏显示该单元计算公式。

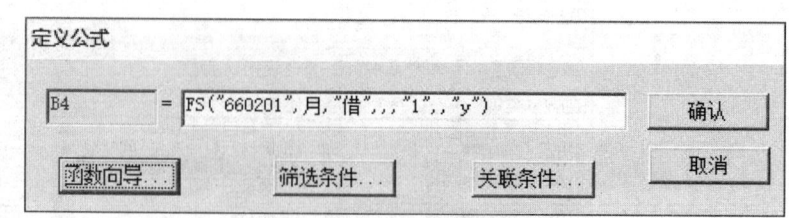

图 3-3-40 【定义公式】对话框

(8) 重复上述操作,完成 B5: H15 单元格公式的设置;或将【B4】公式下拉填充至【B15】,再将项目代码【660201】分别修改为【660202】至【660299】。

(9) 再将【B4】至【B15】已修改完成的公式右拉填充到【H4】至【H15】,将公式中 FS("660201",月,"借",,,"1",,"y") 的部门代码【1】分别修改成对应【C】【D】【E】【F】【G】【H】列中【2】【3】【4】【501】【502】【6】的部门代码,完成各部门各项目公式取数的设置;或通过查找替换方式,分别将【C】【D】【E】【F】【G】【H】列公式中的部门【1】查找替换成【2】【3】【4】【501】【502】【6】的部门代码,快速完成各部门取数公式设置。

(10) 选择【B16】单元,执行向下求和【Σ】公式,完成【B4】至【B15】单元的求和,将【B16】单元格公式右拉填充,自动生成【C16】至【I16】求和公式。

(11) 选中【I4】单元格,执行向右求和【Σ】公式,完成【B4】至【H4】单元的求和,将【I4】单元格公式下拉填充,自动生成【I5】至【I16】求和公式。管理费用部门费用明细表公式设置完成,如图 3-3-41 所示。

	A	B	C	D	E	F	G	H	I
1				管理费用部门费用明细表					
2	单位名称:xxxxxxxxxxxxxxxx				xxxx 年 xx 月				单位:元
3	项目	行政人事部	财务部	采购部	销售部	一车间	二车间	仓储部	合计
4	工资	公式单元	公式单元	公式单元	公式单元	公式单元	公式单元	公式单元	公式单元
5	福利费	公式单元	公式单元	公式单元	公式单元	公式单元	公式单元	公式单元	公式单元
6	社会保险费	公式单元	公式单元	公式单元	公式单元	公式单元	公式单元	公式单元	公式单元
7	办公费	公式单元	公式单元	公式单元	公式单元	公式单元	公式单元	公式单元	公式单元
8	业务招待费	公式单元	公式单元	公式单元	公式单元	公式单元	公式单元	公式单元	公式单元
9	折旧费	公式单元	公式单元	公式单元	公式单元	公式单元	公式单元	公式单元	公式单元
10	差旅费	公式单元	公式单元	公式单元	公式单元	公式单元	公式单元	公式单元	公式单元
11	水电费用	公式单元	公式单元	公式单元	公式单元	公式单元	公式单元	公式单元	公式单元
12	公积金	公式单元	公式单元	公式单元	公式单元	公式单元	公式单元	公式单元	公式单元
13	工会经费	公式单元	公式单元	公式单元	公式单元	公式单元	公式单元	公式单元	公式单元
14	职工教育经费	公式单元	公式单元	公式单元	公式单元	公式单元	公式单元	公式单元	公式单元
15	其他费用	公式单元	公式单元	公式单元	公式单元	公式单元	公式单元	公式单元	公式单元
16	合计	公式单元	公式单元	公式单元	公式单元	公式单元	公式单元	公式单元	公式单元

图 3-3-41 【管理费用部门费用明细表】窗口

> **重难点提示**
>
> 上述管理费用部门费用明细表,B5: J15 单元格的公式通过复制 B4 单元格公式,然后根据单元格对应部门和项目修改。例如,设置 B5 单元格的公式,先复制 B4 单元格的公式,然后双击 B5 单元格,打开【定义公式】对话框,将公式中的科目编码【660202 管理费用工资】修改为【660202 管理费用福利费】,B5 单元格公式设置完成;C4 单元格的公式,可以把复制后公式中的部门编码【1】修改为【2】即可。其他单元格同理。

10. 生成管理费用部门费用明细表数据

（1）打开【管理费用部门费用明细表】窗口，单击【数据/格式】切换，进入【数据】状态，执行【数据—关键字—录入】命令，打开【录入关键字】对话框。

（2）【单位名称】录入【珠海市美满机械有限公司】，在【年】【月】栏分别录入【2022】【01】。

（3）单击【确定】，系统提示【是否重算第一页？】，单击【是】，生成2022年1月管理费用部门费用明细表，如图3-3-42所示。

项目	行政人事部	财务部	采购部	销售部	一车间	二车间	仓储部	合计
工资	11,290.91	26,854.55	7,850.00				5,000.00	50,995.46
福利费								
社会保险费	2,952.00	6,724.00	2,033.60				1,312.00	13,021.60
办公费								
业务招待费								
折旧费	14,990.16	123.24						15,113.40
差旅费								
水电费用	742.40							742.40
公积金	1,080.00	2,460.00	744.00				480.00	4,764.00
工会经费	225.82	537.09	157.00				100.00	1,019.91
职工教育经	282.27	671.36	196.25				125.00	1,274.88
其他	31,666.67						-62.24	31,604.43
合计	63,230.23	37,370.24	10,980.85				6,954.76	118,536.08

管理费用部门费用明细表
单位名称：珠海市美满机械有限公司　　2022年 1月　　单位：元

图3-3-42　【管理费用部门费用明细表】窗口

11. 保存报表

（1）执行【文件—保存】命令，打开【另存为】对话框。

（2）选择保存路径【D:\666备份账套\4.2】，输入文件名【管理费用部门费用明细表】，单击【另存为】，报表保存成功。

业务二　设计销售费用明细表模板

【业务描述】　2022年1月31日，【C201 蓝英】根据销售费用科目明细表（表3-3-2），在UFO报表中设计了2022年第1季度的销售比较明细表，第2季度至第4季度费用比较明细表的设置可参照此方法。

3-3-8　设计销售费用明细表模板

表3-3-2　　　　　　　　　销售费用比较明细表
单位名称：珠海市美满机械有限公司　　2022年第1季度　　　　　　　　　单位：元

项目	1月金额	2月金额	3月金额	第1季度累计金额
工资				
福利费				
社会保险费				
办公费				
业务招待费				

(续表)

项目	1月金额	2月金额	3月金额	第1季度累计金额
折旧费				
差旅费				
水电费用				
公积金				
工会经费				
职工教育经费				
广告费				
运输费用				
其他				
合计				

〖操作说明〗 【C201 蓝英】参照自定义设置的管理费用部门费用明细表,设计 1~3 月销售费用比较明细表。

〖操作指引〗

1. 创建新表

(1) 2022 年 1 月 31 日,【C201 蓝英】在企业应用平台中,执行【财务会计—UFO 报表】命令,打开【UFO 报表】。

(2) 单击【新建】,生成一张空白表页。

2. 设置表尺寸

(1) 执行【格式—表尺寸】命令,打开【表尺寸】对话框。

(2) 输入报表的【行数】为【18】,【列数】为【5】,单击【确认】,系统自动将报表显示区域的空白表根据所设置的行、列进行显示。

3. 设置行高、列宽

(1) 选定整张表,执行【格式—行高】命令,打开【行高】对话框,输入报表行高【8】,单击【确认】。

(2) 执行【格式—列宽】命令,打开【列宽】对话框,输入报表列宽【40】,单击【确认】。

4. 画表格线

(1) 选中 A3:E18 区域,执行【格式—区域画线】命令,打开【区域画线】对话框。

(2) 选择【网线】,选择【样式】粗细。

5. 定义组合单元

(1) 选中 A1:E1 区域,执行【格式】命令,打开【组合单元】对话框。

(2) 单击【整体组合】,将 A1:E1 合并为一个组合单元。

6. 设置单元属性

(1) 选中整张表,执行【格式—单元属性】命令,打开【单元格属性】对话框。

(2) 系统默认单元类型为【数值】,选中【逗号】单选框,单击【确定】。

7. 设置关键字

(1) 选中 A2:B2 单元格并合并,执行【数据—关键字—设置】命令,打开【设置关键字】对话框,选中【单位名称】单选框,单击【确定】。

(2) 选择【C2】单元格,设置关键字【年】,选择 D2 单元,设置关键字【月】。

(3)执行【数据—关键字—偏移】命令,打开【定义关键字偏移】对话框,输入【月】偏移量【-60】,单击【确定】。

8. 录入报表文字内容

双击选定单元,根据表 3-3-2,直接在单元格中输入内容;也可选定单元格后,将光标定位在窗口上方中的编辑栏中进行输入,如图 3-3-43 所示。

	A	B	C	D	E
1	销售费用比较明细表				
2	单位名称：xxxxxxxxxxxxxxxxxxxxxx		2022年1-3月		单位:元
3	项 目	1月份金额	2月份金额	3月份金额	第1季度累计金额
4	工资				
5	福利费				
6	社会保险费				
7	办公费				
8	业务招待费				
9	折旧费				
10	差旅费				
11	水电费用				
12	公积金				
13	工会经费				
14	职工教育经费				
15	广告费				
16	运输费用				
17	其他				
18	合 计				

图 3-3-43 【销售费用比较明细表】对话框

9. 设置销售费用比较明细表公式

(1)打开【销售费用比较明细表】,在【格式】状态下,选择【B4】单元格,执行【数据—编辑公式—单元公式】命令,打开【定义公式】对话框。

(2)单击【函数向导】,打开【函数向导】对话框,选择【函数分类】为【用友账务函数】,选择【函数名】为【发生(FS)】函数,如图 3-3-44 所示。

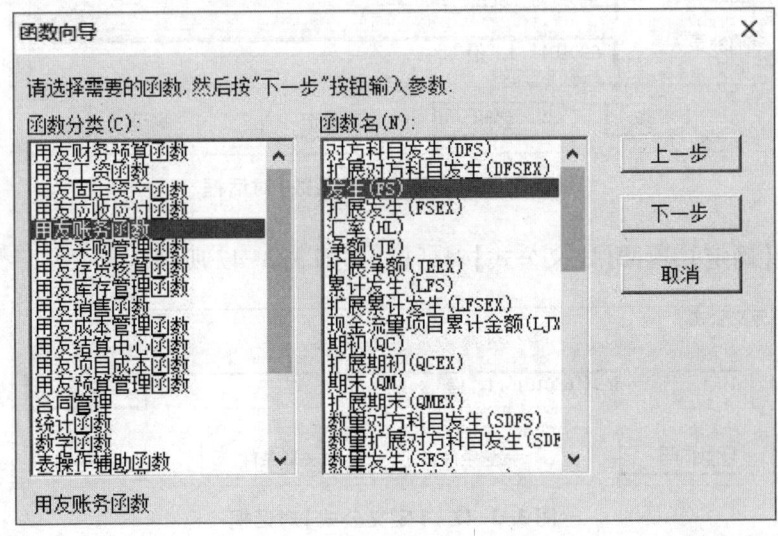

图 3-3-44 【函数向导】对话框

(3)单击【下一步】,打开【用友账务函数】编辑窗口。

(4)单击【参数】,打开【账务函数】对话框。【账套号】默认,【会计年度】默认,【期间】选择【1月】,【方向】默认【借】,将【会计科目】修改或选择录入为【660101】,勾选【包含未记账凭证】【包含调整期凭证】复选框,如图3-3-45所示。

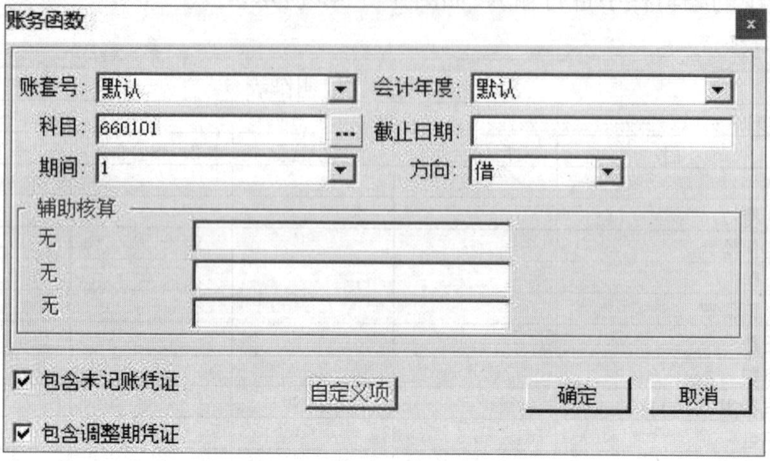

图3-3-45 【账务函数】对话框

(5)单击【确定】,返回【用友账务函数】对话框,如图3-3-46所示。

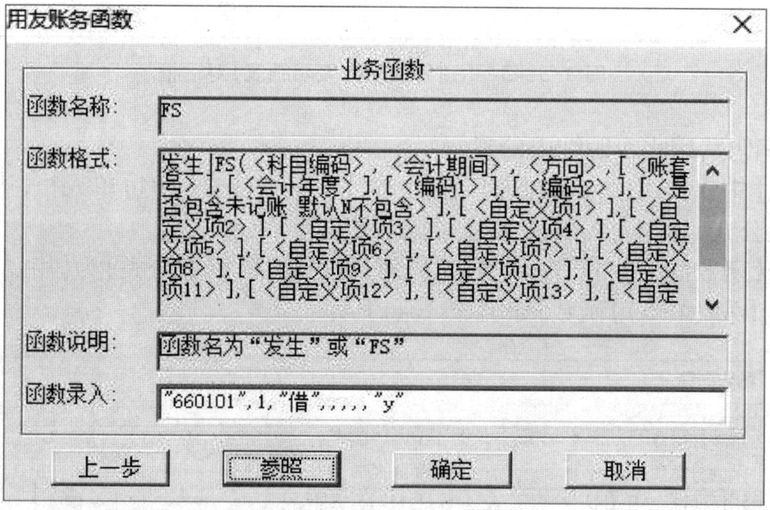

图3-3-46 【用友账务函数】对话框

(6)单击【确定】,返回【定义公式】对话框,如图3-3-47所示。

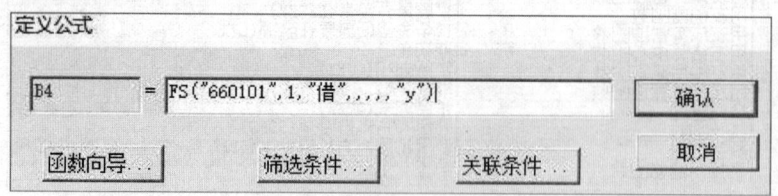

图3-3-47 【定义公式】对话框

（7）单击【确定】,【B4】单元格自动显示【公式单元】字样,选中该单元格时,工具栏显示该单元计算公式。

（8）重复上述步骤,完成 B5:E11 单元格公式设置。

（9）选择【B18】单元格,执行【数据—编辑公式—单元公式】命令,在打开的【定义公式】对话框中输入数据公式【PTOTAL(C4:C17)】,如图 3-3-48 所示。

	A	B	C	D	E
1			销售费用比较明细表		
2	单位名称:xxxxxxxxxxxxxxxxxxxxxxxxxxx		2022年1-3月		单位:元
3	项　　目	1月份金额	2月份金额	3月份金额	第1季度累计金额
4	工资	公式单元			
5	福利费	公式单元			
6	社会保险费	公式单元			
7	办公费	公式单元			
8	业务招待费	公式单元			
9	折旧费	公式单元			
10	差旅费	公式单元			
11	水电费用	公式单元			
12	公积金	公式单元			
13	工会经费	公式单元			
14	职工教育经费	公式单元			
15	广告费	公式单元			
16	运输费用	公式单元			
17	其他	公式单元			
18	合　　计	公式单元			

图 3-3-48 【销售费用比较明细表】窗口

（10）选中【B4】至【B18】单元格,复制并粘贴至【C4】至【C18】单元格和【D4】至【D18】单元格,在 C 列和 D 列中利用查找替换功能,分别将【1】月替换为【2】【3】月,并向右求和,完成【E4】至【E18】第 1 季度求和,公式设置如图 3-3-49 所示。

	A	B	C	D	E
1			销售费用比较明细表		
2	单位名称:xxxxxxxxxxxxxxxxxxxxxxxxxxx		2022年1-3月		单位:元
3	项　　目	1月份金额	2月份金额	3月份金额	第1季度累计金额
4	工资	公式单元	公式单元	公式单元	公式单元
5	福利费	公式单元	公式单元	公式单元	公式单元
6	社会保险费	公式单元	公式单元	公式单元	公式单元
7	办公费	公式单元	公式单元	公式单元	公式单元
8	业务招待费	公式单元	公式单元	公式单元	公式单元
9	折旧费	公式单元	公式单元	公式单元	公式单元
10	差旅费	公式单元	公式单元	公式单元	公式单元
11	水电费用	公式单元	公式单元	公式单元	公式单元
12	公积金	公式单元	公式单元	公式单元	公式单元
13	工会经费	公式单元	公式单元	公式单元	公式单元
14	职工教育经费	公式单元	公式单元	公式单元	公式单元
15	广告费	公式单元	公式单元	公式单元	公式单元
16	运输费用	公式单元	公式单元	公式单元	公式单元
17	其他	公式单元	公式单元	公式单元	公式单元
18	合　　计	公式单元	公式单元	公式单元	公式单元

图 3-3-49 【销售费用比较明细表】窗口

10. 生成销售费用明细表数据

（1）打开【销售费用明细表】，单击【数据/格式】切换，进入【数据】状态，执行【数据—关键字—录入】命令，打开【录入关键字】对话框。

（2）【单位名称】录入【珠海市美满机械有限公司】。

（3）单击【确定】，系统提示【是否重算第一页？】，单击【是】，生成2022年第1季度销售费用比较明细表，如图3-3-50所示。

	A	B	C	D	E
1	销售费用比较明细表				
2	单位名称：珠海市美满机械有限公司		2022年1-3月		单位：元
3	项 目	1月份金额	2月份金额	3月份金额	第1季度累计金额
4	工资	9,200.00			9,200.00
5	福利费				
6	社会保险费	2,230.40			2,230.40
7	办公费				
8	业务招待费	800.00			800.00
9	折旧费	2,565.60			2,565.60
10	差旅费				
11	水电费用	2,500.00			2,500.00
12	公积金	185.60			185.60
13	工会经费	816.00			816.00
14	职工教育经费	184.00			184.00
15	广告费	230.00			230.00
16	运输费用				
17	其他				
18	合 计	18,711.60			18,711.60

图3-3-50 【销售费用比较明细表】窗口

11. 保存报表

（1）执行【文件】【保存】命令，打开【另存为】对话框。

（2）选择保存路径【D:\666备份账套份】，输入文件名【销售费用明细表】，单击【另存为】，报表保存成功。

12. 备份

请将账套输出至【D:\666账套备份\3.3.3】文件夹。

3-3-9 业务拓展：财务指标报表分析设计

3-3-10 财务指标分析

3-3-11 财务指标分析表的设计

财经类专业"十四五"规划教材

会计综合仿真实训

蒋薇薇　任红梅　胡桂青　主　编
曲雪芹　江　泠　赵玉红　副主编

立信会计出版社

图书在版编目(CIP)数据

会计综合仿真实训 / 蒋薇薇,任红梅,胡桂青主编.
—上海:立信会计出版社,2023.2
 ISBN 978-7-5429-7032-9

Ⅰ.①会… Ⅱ.①蒋… ②任… ③胡… Ⅲ.①会计学
—教材 Ⅳ.①F230

中国国家版本馆CIP数据核字(2023)第044057号

策划编辑　　王斯龙
责任编辑　　王斯龙
美术编辑　　吴博闻

会 计 综 合 仿 真 实 训
KUAIJI ZONGHE FANGZHEN SHIXUN

出版发行	立信会计出版社			
地　　址	上海市中山西路2230号	邮政编码	200235	
电　　话	(021)64411389	传　　真	(021)64411325	
网　　址	www.lixinaph.com	电子邮箱	lixinaph2019@126.com	
网上书店	http://lixin.jd.com	http://lxkjcbs.tmall.com		
经　　销	各地新华书店			
印　　刷	常熟市人民印刷有限公司			
开　　本	787毫米×1092毫米　　1/16			
印　　张	13.75			
字　　数	343千字			
版　　次	2023年2月第1版			
印　　次	2023年2月第1次			
书　　号	ISBN 978-7-5429-7032-9/F			
定　　价	45.00元			

如有印订差错,请与本社联系调换

前　　言

会计学是一门技术性、应用性很强的学科。独立开设会计实训课程业已成为高校会计学专业的共识，是会计实践教学的重要组成。而会计实训教材是会计教学相长的纽带，它既是教师教学的取材之源，又是学生求知解惑和能力培养之本。为此，我们在应用型院校会计实训教学与研究的基础上，组织富有会计实践经历和长期从事会计实践教学的骨干教师，精心编写了新的《会计综合仿真实训》教材。本教材贯彻落实党的二十大精神，具有以下特点：

一是，经济业务内容体现了最新的相关税收政策、税法规定和会计制度（准则）的新要求。

二是，模拟的经济业务涵盖了企业典型的、常用的经济业务类型，部分经济业务采用了全电发票、电子支付结算凭证等新形式。

三是，会计实训按照会计基本工作过程，完成建账、填制、审核原始凭证和记账凭证、登记账簿、成本计算、编制会计报表等工作任务。

四是，实训内容与实际工作紧密连接，培养学生的职业意识，提高学生的职业素质，强化学生的思政德育，帮助学生形成工作能力。

本教材的主要内容包括：一是会计综合仿真实训的目的；二是模拟企业基本资料，主要概括了模拟企业的基本信息、机构设置、财务部人员及其分工；三是模拟企业内部核算制度，让学生熟知企业会计核算的流程与核算方法；四是会计综合仿真实训的要求；五是会计综合仿真实训操作规范；六是模拟企业12月份发生的经济业务，包括附录一、附录二的内容，充分体现企业经济范围，要求学生在高度仿真的情况下进行真账实操训练，为日后走向会计工作岗位奠定基础；七是科目汇总表、试算平衡表及会计报表。

本教材由苏州大学应用技术学院蒋薇薇、任红梅、胡桂青任主编，辽宁师范大学海华学院曲雪芹、江泠和兰州职业技术学院赵玉红任副主编，本教材具体分工如下：蒋薇薇编写项目一至项目五、附录一及仿真业务1～业务20，任红梅编写附录三、仿真业务21～业务40，曲雪芹编写仿真业务41～业务60，江泠编写仿真业务61～业务75，赵玉红编写仿真业务76～业务103，胡桂青审读全书并完成统稿工作。本教材可以作为应用型院校财会类专业的实训教材，也可以作为企业财会人员自学参考使用。由于我们水平有限，加之时间仓促，书中如有疏漏之处敬请读者批评指正。

编　者

2023年2月

目　　录

项目一　会计综合仿真实训的目的 ·· 1

项目二　模拟企业基本资料 ··· 2
　　一、企业基本信息 ··· 2
　　二、企业机构设置 ··· 2
　　三、财务部人员分工 ··· 2

项目三　模拟企业内部核算制度 ·· 3
　　一、货币资金 ·· 3
　　二、存货 ··· 3
　　三、应收款项 ·· 3
　　四、固定资产 ·· 3
　　五、无形资产 ·· 3
　　六、职工薪酬 ·· 3
　　七、产品成本 ·· 4
　　八、各项税费 ·· 4
　　九、利润分配 ·· 4
　　十、会计核算流程 ··· 4

项目四　会计综合仿真实训的要求 ·· 5
　　一、实训的内容 ··· 5
　　二、实训的组织 ··· 5
　　三、实训成绩评定标准 ·· 5
　　四、实训准备材料 ··· 5

项目五　会计综合仿真实训操作规范 ··· 6
　　一、原始凭证操作规范 ·· 6
　　二、记账凭证操作规范 ·· 7
　　三、会计账簿操作规范 ·· 8
　　四、对账与结账 ··· 9

五、会计报表编制规范 …………………………………………………… 11

附录一　12 月份期初资料 ………………………………………………… 12

附录二　12 月份经济业务原始凭证 ……………………………………… 17

附录三　科目汇总表、试算平衡表及会计报表 ………………………… 197

项目一　会计综合仿真实训的目的

　　会计综合仿真实训是在学完专业主干课程之后为学生开设的综合性实践课程。通过会计综合仿真实训，将会计专业知识和会计实务工作有效地结合在一起，使学生比较系统地演练企业会计核算的基本程序和具体方法，加强对会计基本理论的理解和掌握。会计综合仿真实训以"苏州顺驰汽车科技有限公司"为模拟企业，采用原始凭证形式给出模拟企业12月份发生的各种经济业务，要求学生做出正确的会计处理，以达到以下实训目的：

　　(1) 教学目的： 通过对会计综合仿真实训的操作，学生可以综合运用所学的会计核算方法，系统掌握企业会计核算的全过程。

　　(2) 知识目标： 学生能够理解会计学的基本知识与理论，全面系统地掌握和运用会计核算的方法体系。

　　(3) 能力目标： 学生能够依据会计法律制度、企业会计准则和税收法律制度，正确把握企业会计的基本方法及其应用，培养对企业经济业务的会计处理能力，提高会计职业判断能力。

　　(4) 素质目标： 坚持以新时代社会主义思想为指导，落实立德树人根本任务，帮助学生了解相关法律法规和相关政策，促进德法兼修，培育学生坚持准则、依法核算、恪守信用、诚信服务的职业素养。

项目二　模拟企业基本资料

一、企业基本信息

企业名称：苏州顺驰汽车科技有限公司
企业类型：工业企业
企业性质：股份有限公司（增值税一般纳税人）
企业地址：苏州市姑苏区华商路8号
法人代表：章飞跃
注册资本：800万元
联系电话：0512-52936750
开户银行：中国工商银行股份有限公司苏州平江支行
银行账号：4301011409100236682
统一社会信用代码：9132011578383206X8
经营范围：生产汽车零部件（配件A、配件B、配件C）

二、企业机构设置

基本生产车间：热处理车间和冷加工车间
辅助生产车间：机修车间和车队
管理部门：办公室、财务部等
销售部门：销售部

三、财务部人员分工

邱兆明：财务总监，全面负责财务部工作，制定本企业财务制度，负责企业资金调度，审查企业财务计划执行情况。

乔国辉：财务经理，负责会计稽核和总账报表核算，包括审核会计凭证、登记总账和编制会计报表。

程倩倩：会计，负责工资薪金、收入、费用、利润及涉税业务的核算，包括填制相关会计凭证及相关明细账的登记。

杨富春：会计，负责资产物资、资金、往来及成本的核算，包括填制相关会计凭证、成本计算及相关明细账的登记。

李梦旭：出纳，负责出纳核算，包括办理现金和银行存款收付业务、负责票据和有价证券保管工作、登记现金日记账和银行存款日记账。

项目三　模拟企业内部核算制度

一、货币资金

出纳人员应严格遵守银行结算制度和现金管理制度,及时登记现金和银行存款日记账。

二、存货

（1）企业存货包括原材料、周转材料和库存商品,采用实际成本计价。其中,原材料包括主材料、辅助材料、燃料、包装材料等;周转材料包括低值易耗品、包装物等。

（2）低值易耗品领用采用一次摊销法。包装物在生产过程中领用,计入生产成本。

（3）发出存货成本采用全月一次加权平均法计算。月末,财务部门根据"发料凭证汇总表",采用全月一次加权平均法计算发出存货的平均单价及发出存货的成本。

（4）每月月末要对各种库存存货进行实地盘点。对于盘盈盘亏的存货,由董事会批准后进行账务处理。

（5）期末,存货按成本与可变现净值孰低原则计价。存货跌价准备按单个存货项目的成本高于其可变现净值的差额提取。

三、应收款项

应收款项包括应收账款、其他应收款等。每年年末,应收款项按应收账款余额百分比法计提坏账准备,提取比例为0.3%。

四、固定资产

固定资产包括房屋及建筑物、生产设备、运输设备、电子设备等。

固定资产按平均年限法计提折旧。房屋及建筑物的折旧年限为20年;生产设备和运输设备的折旧年限为5年;电子设备的折旧年限为3年。

五、无形资产

无形资产包括土地使用权、商标权、专利权、专有技术等。无形资产自取得当月起在预计使用年限内分期平均摊销,计入损益。

六、职工薪酬

职工薪酬包括工资、职工福利、养老保险、失业保险、工伤保险、生育保险、住房公积金、职工教育经费、工会经费等。

（1）工资在月末计提,并按受益对象进行分配,在下月初实际支付。

（2）职工福利在实际发生时入账,并进行分配。

（3）养老保险(缴费比例:单位19%,个人8%)、医疗保险(缴费比例:单位9%,个人

2%)、失业保险(缴费比例：单位0.5%,个人0.5%)、工伤保险(缴费比例：单位1%)、生育保险(缴费比例：单位1%)、住房公积金(缴费比例：单位8%,个人8%)、职工教育经费(8%)、工会经费(2%)计入产品成本和期间费用。

七、产品成本

产品成本计算采用品种法,并在"生产成本"总账下,按"基本生产成本""辅助生产成本"设置二级明细账,分别核算基本生产车间和辅助生产车间发生的各项生产费用。

(1) 在"生产成本——基本生产成本"二级明细账下,按配件A、配件B、配件C三种产品设置三级明细账,并按"直接材料""直接人工""制造费用"三个成本项目归集应负担的生产费用。其中,发生的直接材料费用、直接人工费用按实际发生数直接计入产品成本；发生的各项间接生产费用先通过"制造费用"账户归集,并按"热处理车间""冷加工车间"部门进行辅助核算并设明细账,月末再用按生产工时比例分配转入配件A、配件B、配件C的成本中。

(2) 在"生产成本——辅助生产成本"二级明细账下,按"机修车间""车队"部门进行辅助核算,月末采用直接分配法按受益对象的受益量进行辅助生产费用分配。

(3) 完工产品成本采用约当产量法计算,将期初在产品成本和本月发生的生产费用合计数在期末在产品和完工产品之间进行分配,编制产品成本计算单。该企业材料在生产开始时一次投入。

(4) 各种分配率、单价、单位成本保留2位小数,尾差在末项调整(注：如果希望得到更精确的数字,可要求保留多位小数)。

八、各项税费

增值税税率为13%,城市维护建设税税率为7%,教育费附加征收率为3%,地方教育附加征收率为2%,企业所得税税率为25%。企业所得税分月预缴,年终汇算清缴。

九、利润分配

(1) 法定盈余公积的提取比例为10%。
(2) 当年若发放股利,需由股东会议决定。

十、会计核算流程

本模拟实训采用科目汇总表账务处理程序,即根据记账凭证定期编制科目汇总表,并登记总账。科目汇总表账务处理程序的流程如下：

(1) 根据原始凭证编制汇总原始凭证。
(2) 根据原始凭证或汇总原始凭证编制记账凭证。
(3) 根据有关记账凭证逐笔登记现金日记账和银行存款日记账。
(4) 根据原始凭证、汇总原始凭证和记账凭证逐笔登记各明细分类账。
(5) 根据记账凭证定期编制科目汇总表。
(6) 根据科目汇总表登记总分类账。
(7) 期末,将现金日记账和银行存款日记账余额与现金总账和银行存款总账余额进行核对,将各明细分类账余额之和与有关总分类账余额进行核对。
(8) 期末,根据核对无误的总分类账和明细分类账记录,编制会计报表。
(9) 将上述会计资料整理完毕后装订成册。

项目四　会计综合仿真实训的要求

一、实训的内容

根据苏州顺驰汽车科技有限公司12月份的期初资料(见附录一)和12月份发生经济业务取得的原始凭证(见附录二),完成填制会计凭证、登记会计账簿、编制会计报表等会计工作。

二、实训的组织

(1) 本实训一般在"基础会计""财务会计"和"成本会计"等课程结束后开展,建议课时为70学时。

(2) 根据实训业务量购买所需的工具、会计凭证、会计账簿、会计报表等会计用品。

(3) 教师介绍实训的目的、企业的概况及内部核算制度、实训的时间安排等,使学生对实训有一个清晰的认识和积极的态度。

(4) 本实训可以有两种开展方式:一是按岗位分组完成;二是由每个学生独立完成。

(5) 实训结束后,学生应对所填制的会计凭证、登记的会计账簿、编制的会计报表进行整理,并按要求装订成册,交教师评分;同时,学生需撰写一份实训报告,总结实训的心得体会。

三、实训成绩评定标准

(1) 实训成绩评定采用百分制:优秀(90分以上)、良好(80~90分)、中等(70~80分)、及格(60~70分)、不及格(60分以下)。

(2) 标准分数构成为:①填制会计凭证(30分);②登记账簿(30分);③成本计算及损益计算(10分);④纳税申报(10分);⑤编制会计报表(10分);⑥会计档案整理及工作纪律(10分)。

(3) 会计凭证的扣分标准为:①填制凭证按错填所占比例扣分;②会计分录出错不给分;③其他项目出错酌情扣分。

(4) 账簿的扣分标准为:①账簿登记按出错次数所占全部账簿登记次数的比例扣分;②登记出错或与会计凭证不符的不给分;③登记不规范酌情扣分。

(5) 各种计算表和会计报表计算出错不给分,其他项目出错酌情扣分。

四、实训准备材料

(1) 通用记账凭证140张,科目汇总表6张。

(2) 总账账页70张,现金日记账账页2张,银行存款日记账账页3张,三栏式明细账账页75张,数量金额式明细账账页25张,多栏式明细账账页15张。

(3) 试算平衡表2张,资产负债表2张,利润表2张,现金流量表2张,所有者权益(股东权益)变动表2张。

(4) 记账凭证封面3张,总账、日记账、明细账的封面各1张,会计报表封面1张。

注意:以上数量为预估数量,实际操作中若发生短缺,请及时补充。

项目五　会计综合仿真实训操作规范

一、原始凭证操作规范

(一) 原始凭证的填制要求

1. 记录要真实

记录真实,就是要实事求是地填写经济业务,原始凭证填制日期、业务内容、数量、金额等必须与实际情况相一致,不得歪曲经济业务真相、弄虚作假。对于实物数量、质量和金额的计算,要准确无误,不得匡算或估计,确保凭证所记录的内容真实可靠。

2. 内容要完整

原始凭证上各项内容要逐项填制齐全,不得遗漏和省略。年、月、日要按照取得原始凭证的实际日期填写;名称要齐全,不能简化;品名或用途要填写明确,不能含糊不清;需要填写一式数联的原始凭证,必须用复写纸套写,各联的内容必须完全相同,联次不得缺少;业务经办人员必须在原始凭证上签名或盖章,对原始凭证的真实性和正确性负责。

3. 手续要完备

单位自制的原始凭证必须附有经办单位领导或其他指定的人员签名盖章;对外开出的原始凭证必须加盖本单位公章;从外部取得的原始凭证,必须盖有填制单位的公章;从个人取得的原始凭证,必须有填制人员的签名盖章。这里所说的"公章",是指具有法律效力和特定用途,能够证明单位身份和性质的印鉴,包括业务公章、财务专用章、发票专用章、结算专用章等。

4. 书写要清楚、规范

填写原始凭证要字迹清晰,易于辨认,不得使用未经国务院公布的简化汉字。大小写金额必须相符且填写规范。原始凭证数字及文字的填写应注意以下几点:

(1) 中文大写金额数字应用正楷或行书填写,如壹、贰、叁、肆、伍、陆、柒、捌、玖、拾、佰、仟、万、亿、元、角、分、零、整(正)等字样。不得用一、二(两)、三、四、五、六、七、八、九、十、毛、另(或〇)填写,不得自造简化字。

(2) 中文大写金额到元或角为止的,后面要写"整"或"正"字,大写金额数字有"分"的,"分"后面不写"整"(或"正")字。

(3) 中文大写金额数字前应标明"人民币"字样,大写数字应紧接"人民币"字样填写。未印"人民币"字样的,应加填"人民币"三个字。

(4) 小写金额用阿拉伯数字逐个填写。阿拉伯小写金额数字前面,均应填写人民币符号"￥"(或草写￥),不得写连笔字,人民币符号"￥"与阿拉伯数字之间不得留有空白。金额数字一律填写到角分,无角分的,写"00"或符号"—"。有角无分的,分位写"0",不得用符号"—"。

(5) 阿拉伯数字中间有"0"时,中文大写金额要写"零"字。阿拉伯数字中间连续有几个"0"时,中文大写金额中间可以只写一个"零"字。但如果阿拉伯数字万位或元位是"0",而千位和角位不是"0"时,中文大写金额中可以只写一个"零"字,也可以不写"零"字。

(6) 现行结算票据的出票日期必须使用中文大写。为防止出票日期被篡改,在填写月、日时,月为壹、贰和壹拾的,日为壹至玖和壹拾、贰拾和叁拾的,应在其前加"零";日为拾壹至拾玖的,应在其前加"壹"。票据出票日期使用小写填写的,银行不予受理。

5. 编号要连续

各种原始凭证要连续编号,以便查考。有些原始凭证已预先印定编号,特别是涉及库存现金、银行存款收付的原始凭证,如发票、收据、支票,都有连续编号,应按编号连续使用。这类原始凭证如有填写错误,应予以作废并重填,并在填错的原始凭证上加盖"作废"戳记,与存根一起保存,不得任意销毁。

6. 不得涂改、刮擦、挖补

原始凭证发生差错要按规定的方法更正,不得涂改、刮擦、挖补。原始凭证有错误的,应当由出具单位重开或更正,更正处应当加盖出具单位印章。原始凭证金额有错误的,应当由出具单位重开,不得在原始凭证上更正。

7. 填制要及时

每笔经济业务发生或完成时,经办人员必须及时取得或填制原始凭证,并按照规定的程序及时送交会计部门审核、记账,不能提前,也不能事后补办,做到不积压、不误时、不事后补制。

(二) 原始凭证的审核

一切原始凭证由经济业务当事人填写或取得后,应按规定程序将其有关联次(如会计联、记账联等)及时送交财会部门,以便进行审核并据以编制记账凭证。只有审核无误的原始凭证才能作为编制记账凭证和登记会计账簿的依据。

原始凭证的审核包括以下两个方面:

(1) 形式上的审核。审核原始凭证是否符合规定的要求,凭证中所应具备的内容是否填列齐全,尤其是要审核是否真实可靠,数字计算是否正确,大、小写金额是否相符,数字和文字是否清晰,有关人员是否签章等。

(2) 实质上的审核。审核原始凭证的来源是否可靠,凭证所反映的经济业务是否合法、合规、合理,是否符合国家财经法规以及本单位制定的有关制度、预算和计划等;是否存在弄虚作假、贪污舞弊等行为;是否履行了规定的手续,有无背离经济效益原则和违反内部控制制度的现象等。

二、记账凭证操作规范

(一) 记账凭证的填制要求

(1) 填制记账凭证的日期和编号。填制记账凭证的日期原则上应与经济业务发生的日期或收到原始凭证的日期一致。若业务发生日期与原始凭证收到日期不一致,则可按收到日期填列,而将业务发生日期写入摘要内。使用通用格式的记账凭证时,记账凭证应统一连续编号。采用收、付、转专用记账凭证时,这三类记账凭证应分别连续编号。

(2) 所附原始凭证必须完整无缺,并在记账凭证上注明原始凭证的张数,以便核对摘要及所编会计分录的正确性。一张原始凭证如涉及几张记账凭证的,可以把原始凭证附在一张主要的记账凭证后面,并在其他记账凭证上注明附有该原始凭证的记账凭证的编号。一张原始凭证所列的支出需要由几个单位共同负担时,应当由保存该原始凭证的单位开具原始凭证分割单给其他应负担的单位。

(3) 各种记账凭证应按照填制的顺序,每月分别从第一号开始连续编号。如采用通用记账凭证格式,应采用顺序编号。如采用专用记账凭证格式,则采用字号编号。例如,收款凭证用"现收字第××号""银收字第××号",付款凭证用"现付字第××号""银付字第××号",转账凭证用"转字第××号"。如果一项交易或事项需要填制一张以上的记账凭证时,记账凭证的编号应采用"分数编号法",即每一项交易或事项编一总号,再按凭证张数编几个分号。

(4) 记账凭证填制完经济业务事项后,如有空行,应当自金额栏最后一笔金额数字下的空行处至合计数上的空行处划线注销。

(二) 记账凭证错误的处理

(1) 填制时发生错误的,应当重新填制。

(2) 已登记入账,在当年内发现填写错误时,对于金额以外有错的,先用红字填写一张与原内容相同的记账凭证,在摘要栏注明"注销某月某日某号凭证"字样,同时再用蓝字重新填制一张正确的记账凭证,注明"订正某月某日某号凭证"字样;对于只是金额错误的,也可将正确数字与错误数字之间的差额,另编一张调整的记账凭证(调增金额用蓝字、调减金额用红字)。

(3) 发现以前年度记账凭证有错误的,应当用蓝字填制一张更正的记账凭证。

(三) 记账凭证的审核

(1) 内容是否真实。审核记账凭证是否附有原始凭证,所附原始凭证是否经过审核且其内容与记账凭证的内容是否一致等。

(2) 项目是否齐全。审核凭证上是否有日期、凭证编号、摘要、会计科目、金额、所附原始凭证张数及有关人员签章等。

(3) 科目是否正确。审核记账凭证的应借、应贷科目是否正确,是否有明确的账户对应关系,所使用的会计科目是否符合有关会计制度的规定等。

(4) 金额是否正确。审核记账凭证所记录的金额与原始凭证的有关金额是否一致,所附原始凭证中的数量、单价、金额计算等是否正确。

(5) 书写是否规范。审核记账凭证中的记录是否文字工整、数字清晰,是否按规定使用蓝黑墨水,是否按规定进行更正等。

三、会计账簿操作规范

(1) 登记会计账簿时,应当将会计凭证日期、编号、业务内容摘要、金额和其他有关资料逐项记入账内,做到数字准确、摘要清楚、登记及时、字迹工整。对每一项会计事项,一方面要记入有关的总账,另一方面也须记入该总账所属的明细账。会计账簿记录中的日期,应该填写记账凭证上的日期;以自制原始凭证,如收料单、领料单等作为记账依据的,会计账簿记录中的日期应按有关自制凭证上的日期填列。

(2) 登记完毕后,要在记账凭证上签名或者盖章,并注明"√"表示已经登账。

(3) 会计账簿中书写的文字或数字应紧靠底线书写,上面要留有适当空格,不要写满格,一般应占格距的 1/2,以便留有改错的空间。

(4) 登记会计账簿必须用蓝黑色墨水或者碳素墨水书写,不得使用圆珠笔(银行的复写账簿除外)或者铅笔书写。

(5) 特殊记账使用红色墨水。下列情况,可以用红色墨水记账:①编制红字冲账的记账凭证,冲销错误记录;②在不设借贷等栏的多栏式账页中,登记减少数;③在三栏式账户的余额栏前,如未印明余额方向,可用红色墨水在余额栏内登记负数余额;④根据国家统一的会计制度的规定可以用红字登记的其他会计记录。

(6) 各种账簿应按账户页次顺序连续登记,不得跳行、隔页。如果发生跳行、隔页现象,应在空行、空页处用红色墨水划对角线注销,注明"此页空白"或"此行空白"字样,并由记账人员签章。

(7) 凡需要结出余额的账户,结出余额后,应在"借或贷"等栏内写明"借"或者"贷"等字样,以示余额的方向。没有余额的账户,应在"借或贷"栏内写"平"字,并在"余额"栏内用"Ø"表示。现金日记账和银行存款日记账必须逐日结出余额。

(8) 对于登错的记录,不得刮擦、挖补、涂改或用药水消除字迹等手段更正错误,也不允许重抄,应采用正确的错账更正规则进行更正。

(9) 各账户在一张账页登记完毕结转下页时,应当结出本页合计数和余额,写在本页最后一行和下页第一行有关栏内,并在本页最后一行的"摘要"栏内注明"转次页"字样,在下一页第一行的"摘要"栏内注明"承前页"字样,以保持会计账簿记录的连续性,便于对账和结账。对"转次页"的本页合计数如何计算,一般分三种情况:第一种,需要结出本月发生额的账户,结计"转次页"的本页合计数应当为自本月初起至本页末止的发生额合计数,如现金日记账及采用"账结法"下的各损益类账户;第二种,需要结计本年累计发生额的账户,结计"转次页"的本页合计数应当为自年初起至本页末止的累计数,如采用"表结法"下的各损益类账户;第三种,既不需要结计本月发生额也不需要结计本年累计发生额的账户,可以只将每页末的余额结转次页,如债权、债务结算类账户和财产物资类账户等。

四、对账与结账

(一) 对账

1. 账证核对

账证核对是指核对账簿记录与原始凭证、记账凭证的时间、凭证字号、内容、金额是否一致,记账方向是否相符,以做到账证相符。一般来说,日记账应与收款凭证、付款凭证相核对,总账应与记账凭证相核对,明细账应与记账凭证或原始凭证相核对。通常这种核对是在日常编制凭证和记账过程中进行的。

2. 账账核对

账账核对是指核对不同会计账簿之间的账簿记录是否相符,主要包括:

(1) 总分类账簿之间的核对,即核对所有总分类账户借方发生额合计与贷方发生额合计是否相符;所有总分类账户借方余额合计与贷方余额合计是否相符。

(2) 总分类账簿与所属明细分类账簿之间的核对,即核对总分类账户余额合计与其所属明细分类账户余额合计是否相符。

(3) 总分类账簿与序时账簿之间的核对，即核对库存现金总分类账和银行存款总分类账的余额与其日记账的余额是否相符。

(4) 明细分类账簿之间的核对，即核对财会部门的财产物资明细分类账户余额与财产物资保管、使用部门的有关明细分类账户余额是否相符。

3. 账实核对

账实核对是指核对各项财产物资、债权债务等账面余额与实有数额是否相符，主要包括：

(1) 现金日记账账面余额与库存现金实际库存数逐日核对是否相符。

(2) 银行存款日记账账面余额与银行对账单的余额是否相符。

(3) 财产物资明细账账面余额与财产物资的实有数额是否相符。

(4) 有关债权债务明细账账面余额与对方单位的账面记录是否相符。

(二) 结账

企业应当依据有关法律法规规定的结账日进行结账，不得提前或延迟。年度结账日为公历年度每年的12月31日；半年度、季度、月度结账日分别为公历年度每半年、每季、每月的最后一天。

1. 结账的内容

结账的内容通常包括两个方面：一是结清各种损益类账户，并据以计算确定本期利润；二是结清各资产、负债和所有者权益类账户，分别结出本期发生额合计和余额。

2. 结账的程序

结账程序包括四个步骤：

(1) 将本期内发生的经济业务全部记入有关账簿。若发生漏账、错账，应及时补记、更正，既不能提前结账，也不能将本期发生的经济业务推迟至下期登账。

(2) 根据权责发生制的要求，调整有关账项，合理确定本期应计的收入和应计的费用。

(3) 将损益类账户转入"本年利润"账户，结平所有损益类账户。

(4) 结算出资产、负债和所有者权益账户的本期发生额和余额，并结转下期。

3. 结账的方法

结账时，应当根据不同账户的记录，分别采用不同的方法：

(1) 对不需按月结计本期发生额的账户，如债权、债务明细账和财产物资明细账，每次记账以后，都要随时结出余额，每月最后一笔余额即为月末余额。月末结账时，只需要在最后一笔经济业务记录之下通栏划单红线，不需要再结计一次余额。

(2) 现金日记账、银行存款日记账和需要按月结计发生额的收入、费用等明细账，每月结账时，需要在最后一笔经济业务记录下面通栏划单红线，结出本月发生额和期末余额，在摘要栏内注明"本月合计"字样，并在下面通栏划单红线。

(3) 需要结计本年累计发生额的某些明细账户，如收入、费用等明细账，每月结账时，应在"本月合计"行下结出自年初起至本月末止的累计发生额，登记在月份发生额下面，在摘要栏内注明"本年累计"字样，并在下面通栏划单红线；12月末的"本年累计"就是全年累计发生额，全年累计发生额下面应通栏划双红线。

(4) 总账账户平时只需结出月末余额。年终结账时，要将所有总账账户结出全年发生额和年末余额，在摘要栏内注明"本年合计"字样，并在合计数下通栏划双红线。

(5) 年度终了结账时,有余额的账户,要将余额结转到下年,并在摘要栏注明"结转下年"字样。在下一会计年度新建有关会计账户的第一行余额栏内填写上年结转的余额,并在摘要栏注明"上年结转"字样。

五、会计报表编制规范

为了确保会计报表的质量,使会计信息真正成为使用者进行管理和决策的重要依据,会计报表的编制要做到以下要求。

1. 数字真实

会计报表是一个信息系统,真实性是对会计信息质量的基本要求。编制会计报表时,必须做到账账、账实、账表相符,不得匡计数字,更不得弄虚作假、隐瞒谎报、篡改数字,应如实地反映企业的财务状况、经营成果和现金流量。

2. 计算准确

日常的会计核算以及编制会计报表,涉及大量的数字计算,只有准确的计算,才能保证数字的真实可靠。这就要求编制会计报表必须以核对无误后的账簿记录和其他有关资料为依据,不能使用估计或推算的数据,更不能以任何方式弄虚作假,玩数字游戏或隐瞒谎报。

3. 内容完整

各种会计报表之间,以及会计报表的各项指标之间,是相互联系、互为补充的,因此,必须按照《企业会计准则应用指南》规定的种类、格式和内容填报。各会计主体对国家规定应予填报的各种报表和表内各项目,要填报齐全,不得随意漏编、漏报;报表附注和应该编制的附表及财务情况说明书,必须同时编报。会计报表应当反映企业经济活动的全貌,只有全面反映企业的财务状况和经营成果,才能满足各方面对会计信息的需要。凡是国家要求提供的会计报表,各企业必须全部编制并报送,不得漏编和漏报。凡是国家统一要求披露的信息,都必须披露。

4. 说明清楚

会计报表编制之后,还必须按照会计准则和有关制度规定及上级主管部门的要求,对需要说明的诸如会计报表中主要指标的构成和计算方法、本报告期发生的特殊情况等问题,写出简要的文字说明,以便使用者了解与会计报表有关的情况,作出正确决策和判断。

附录一 12月份期初资料

1. 期初建账资料

总账及明细账期初资料

2022年12月1日

总账科目	明细科目	借方余额	贷方余额	备注
库存现金		1 200.00		日记账
银行存款		2 026 000.00		日记账
其他货币资金	存出投资款	160 000.00		
交易性金融资产	成本			
	公允价值变动			
应收票据	银行承兑汇票			
	商业承兑汇票	210 000.00		
应收账款	苏州灵动新能源车辆有限公司	180 000.00		
	南通倍特机械有限公司	20 000.00		
	常州瑞通制造有限公司	200 000.00		
其他应收款	书报费	300.00		
	预借差旅费			按照部门、人员多项目辅助核算
坏账准备			2 500.00	
在途物资	甲材料	13 000.00		
原材料	主材料	192 000.00		甲材料2 000千克,单价12.4元/千克,共计24 800元;乙材料11 000千克,单价15.2元/千克,共计167 200元。数量金额式明细账
	辅助材料	12 830.00		润滑剂A 500千克,单价16.7元/千克,共计8 350元;润滑剂B 400千克,单价11.2元/千克,共计4 480元。数量金额式明细账
	燃料	35 490.00		成品油A 2 400千克,单价5.6元/千克,共计13 440元;成品油B 4 500千克,单价4.9元/千克,共计22 050元。数量金额式明细账
	包装材料	5 640.00		泡沫塑料400千克,单价14.1元/千克,共计5 640元。数量金额式明细账

(续表)

总账科目	明细科目	借方余额	贷方余额	备注
库存商品	配件A	139 200.00		12 000只,单价11.6元/只。数量金额式明细账
	配件B	84 000.00		5 000只,单价16.8元/只。数量金额式明细账
	配件C	83 160.00		6 300只,单价13.2元/只。数量金额式明细账
周转材料	包装物	6 850.00		配件A包装箱350个,单价11元/个,共计3 850元;配件B包装箱120个,单价10元/个,共计1 200元;配件C包装箱180个,单价10元/个,共计1 800元。数量金额式明细账
	低值易耗品	3 040.00		安全帽80个,单价38元/个,共计3 040元。数量金额式明细账
生产成本	配件A	7 100.00		其中：直接材料5 000元,直接人工1 400元,制造费用700元。多栏式明细账
	配件B	13 300.00		其中：直接材料8 500元,直接人工3 000元,制造费用1 800元。多栏式明细账
	配件C	55 600.00		其中：直接材料48 000元,直接人工4 800元,制造费用2 800元。多栏式明细账
固定资产		7 862 588.00		
累计折旧			448 645.06	
在建工程	仓库工程	250 000.00		
无形资产	专利权	240 000.00		
累计摊销			72 000.00	
应付账款	苏州卓达商贸有限公司		300 000.00	
	常州精炼石化有限公司			
	镇江晶润化工有限公司			
	无锡爱邦包装制品有限公司			
	徐州荣盛合金材料有限公司		12 000.00	
应付职工薪酬	工资		571 400.00	
	职工福利			
	养老保险		108 566.00	
	失业保险		2 857.00	

(续表)

总账科目	明细科目	借方余额	贷方余额	备注
应付职工薪酬	医疗保险		51 426.00	
	工伤保险		5 714.00	
	生育保险		5 714.00	
	住房公积金		45 712.00	
	职工教育经费			
	工会经费		13 594.00	
应交税费	未交增值税		160 000.00	应交增值税采用多栏式明细账
	应交城市维护建设税		11 200.00	
	应交教育费附加		4 800.00	
	地方教育附加		1 600.00	
	应交印花税		523.94	
	应交个人所得税			
应付利息			3 000.00	
长期借款			400 000.00	
实收资本			8 000 000.00	
盈余公积	法定盈余公积		15 000.00	
	任意盈余公积		135 000.00	
本年利润			1 170 046.00	
利润分配	未分配利润		260 000.00	
	提取法定盈余公积			
	应付利润			

注：制造费用、销售费用、管理费用、财务费用均采用多栏式明细账。

2. 期初资产负债表资料

期初资产负债表资料

会企 01 表

编制单位：　　　　　　　　　　　　　　　　　　　　　年　　月　　日　　　　　　　　　　　　　　　　　　　　　单位：元

资　产	期末余额	上年年末余额	负债和所有者权益（或股东权益）	期末余额	上年年末余额
流动资产：			流动负债：		
货币资金		2 187 200.00	短期借款		
交易性金融资产			交易性金融负债		
衍生金融资产			衍生金融负债		
应收票据		210 000.00	应付票据		
应收账款		397 500.00	应付账款		312 000.00
应收款项融资			预收款项		

(续表)

资产	期末余额	上年年末余额	负债和所有者权益（或股东权益）	期末余额	上年年末余额
预付款项			合同负债		
其他应收款		300.00	应付职工薪酬		804 983.00
存货		651 210.00	应交税费		178 123.94
合同资产			其他应付款		3 000.00
持有待售资产			持有待售负债		
一年内到期的非流动资产			一年内到期的非流动负债		
其他流动资产			其他流动负债		
流动资产合计		3 446 210.00	流动负债合计		1 298 106.94
非流动资产：			非流动负债：		
债权投资			长期借款		400 000.00
其他债权投资			应付债券		
长期应收款			其中：优先股		
长期股权投资			永续债		
其他权益工具投资			租赁负债		
其他非流动金融资产			长期应付款		
投资性房地产			预计负债		
固定资产		7 413 942.94	递延收益		
在建工程		250 000.00	递延所得税负债		
生产性生物资产			其他非流动负债		
油气资产			非流动负债合计		400 000.00
使用权资产			负债合计		1 698 106.94
无形资产		168 000.00	所有者权益（或股东权益）		
开发支出			实收资本（或股本）		8 000 000.00
商誉			其他权益工具		
长期待摊费用			其中：优先股		
递延所得税资产			永续债		
其他非流动资产			资本公积		
非流动资产合计		7 831 942.94	减：库存股		
			其他综合收益		
			专项储备		
			盈余公积		150 000.00
			未分配利润		1 430 046.00
			所有者权益（或股东权益）合计		9 580 046.00
资产总计		11 278 152.94	负债和所有者权益（或股东权益）总计		11 278 152.94

3. 损益账户2022年1～11月发生额及2021年累计发生额

损益账户2022年1～11月发生额及2021年累计发生额

账户名称	2022年1～11月累计发生额		2021年度累计发生额	
	借方	贷方	借方	贷方
主营业务收入		18 853 000.00		18 650 000.00
其他业务收入		100 340.00		106 200.00
公允价值变动收益		13 804.00		20 391.00
投资收益		76 034.00		67 389.00
营业外收入		53 000.00		59 000.00
主营业务成本	12 560 090.00		13 166 809.00	
其他业务成本	27 500.00		29 600.00	
税金及附加	167 590.00		189 600.00	
销售费用	756 420.00		793 551.00	
管理费用	1 479 586.00		1 633 851.00	
财务费用	83 028.00		96 738.00	
资产减值损失			7 739.00	
营业外支出	32 670.00		26 890.00	
所得税费用	997 323.50		739 550.50	

附录二　12月份经济业务原始凭证

中国工商银行 业务收费凭证

领用日期：2022年12月1日

领用单位	苏州顺驰汽车科技有限公司		账号		4301011409100236682			
凭证名称	起始号码	讫止号码	单位	数量	单价	工本费	手续费	小计
现金支票	63225972	63225992	本	1	20.00	5.00	15.00	20.00

人民币（大写）：贰拾元整

小计　￥5.00　￥15.00　￥20.00

领用单位经领人签章　身份证号码：320103119960626755　李梦旭

（中国工商银行 苏州平江支行 2022.12.1 转讫）

电子发票（增值税专用发票）

发票号码：22322000000001317512
开票日期：2022年12月1日

购买方信息	名称：苏州顺驰汽车科技有限公司 统一社会信用代码/纳税人识别号：9132011578383206X8	销售方信息	名称：中国工行银行股份有限公司苏州平江支行 统一社会信用代码/纳税人识别号：913201006340 73615N

项目名称	规格型号	单位	数量	单价	金额	税率/征收率	税额
*金融服务*直接收费金融服务			1	18.8679245283	18.87	6%	1.13
合　计					￥18.87		￥1.13

价税合计（大写）：⊗ 贰拾元整　　（小写）￥20.00

备注：

开票人：党彩虹

业务 1：从银行领用空白现金支票,共 2 张原始凭证。

凭证 1-1　业务收费凭证

凭证 1-2　增值税专用发票

附录二　12月份经济业务原始凭证

中国工商银行
现金支票存根
10203210
63225972

附加信息
付款银行账号：
4301011409100236682

出票日期 2022 年 12 月 1 日

收款人：	苏州顺驰汽车科技有限公司
金　　额：	￥2 000.00
用　　途：	备用金

单位主管　　会计　杨富春

东吴证券股份有限公司

客户名称：苏州顺驰汽车科技有限公司　　　　　　　　　　日期：2022 年 12 月 1 日

603198	成交过户交割单	买
股东编号：896572 电脑编号：290656 公司编号：1029	成交证券：迎驾贡酒 成交数量：5 000 成交价格：16.00	
申请编号：4665 申报时间：14：28 成交时间：15：20	成交金额：80 000.00 标准佣金：120.00 过户费用：0.00	③通知联
上次余额：0（股） 本次成交：5 000（股） 本次余额：5 000（股） 本次库存：	印花税： 应收金额： 附加费用：	
实付金额：￥80 120.00		

业务 2：开出现金支票，从银行提取现金作为备用金，共 1 张原始凭证。

凭证 2　现金支票存根

业务 3：购入股票，期望在短期价格变化中获利，共 2 张原始凭证。

凭证 3-1　成交过户交割单

电子发票（增值税专用发票）

发票号码：22322000000001780507
开票日期：2022 年 12 月 1 日

购买方信息	名称：苏州顺驰汽车科技有限公司 统一社会信用代码/纳税人识别号：9132011578383206X8				销售方信息	名称：东吴证券股份有限公司 统一社会信用代码/纳税人识别号：91320100134881536B		
项目名称	规格型号	单位	数 量	单 价	金 额	税率/征收率	税 额	
*金融服务*直接收费金融服务			1	113.2075471698	113.21	6%	6.79	
合 计					¥113.21		¥6.79	
价税合计（大写）	⊗壹佰贰拾元整				（小写）¥120.00			
备注								

开票人：赵文泉

苏州顺驰汽车科技有限公司

关于同意吸收投资人的决议

会议时间：2022 年 11 月 20 日
会议地点：公司一号会议室
到会人员：全体股东，应到 10 人，实到 10 人

按照《中华人民共和国公司法》和公司章程的规定，苏州顺驰汽车科技有限公司全体股东于 2022 年 11 月 20 日召开会议，经过充分讨论协商，一致通过以下决议：

1. 同意吸收江苏安特汽车制造有限公司 230 万元投资，用于支持产品技术研发投入。
2. 投资完成后，公司注册资本由 800 万元增加至 1 000 万元。新股东于 2022 年 12 月 1 日以货币方式出资到公司，其他股东同意放弃增资认购权。
3. 增资完成后，各股东的持股比例确定如下：
(1) 南京明达工业集团有限公司占注册资本的 30%。
(2) 南京宏宇商贸公司占注册资本的 27.5%。
(3) 江苏安特汽车制造有限公司占注册资本的 20%。
(4) 企业高层管理员章飞跃占注册资本的 15%。
(5) 企业高层管理员周正泉占注册资本的 7.5%。
4. 增资完成 10 日内，举行全体股东会议修改公司章程，重组公司管理层。

苏州顺驰汽车科技有限公司
2022 年 11 月 20 日

凭证 3-2　增值税专用发票

业务 4：收到新股东的投资款，共 2 张原始凭证。

凭证 4-1　股东会决议文件

中国工商银行 进账单（收账通知） 3

2022 年 12 月 1 日　　　　　　　第　号

出票人	全称	江苏安特汽车制造有限公司	收款人	全称	苏州顺驰汽车科技有限公司
	账号	82131058970809135		账号	4301011409100236682
	开户银行	工商银行淮安淮北路支行		开户银行	工商银行苏州平江支行
金额	人民币（大写）	贰佰叁拾万元整			千 百 十 万 千 百 十 元 角 分 ¥ 2 3 0 0 0 0 0 0 0 0
票据种类	转账支票	票据张数	1		
票据号码	28205389				
	复核　　　记账			收款人开户银行签章	

（中国工商银行 苏州平江支行 2022.12.1 转讫）

此联是收款人开户银行交给收款人的收账通知

中国工商银行 贷款（借款）凭证

日期：2022 年 12 月 1 日　　　银行编号：102301000331

收款单位	名称	苏州顺驰汽车科技有限公司	放款单位	名称	工商银行苏州平江支行
	账号	4301011409100236682		账号	4301012205113729366
	开户银行	工商银行苏州平江支行		开户银行	工商银行苏州分行
借款期限	6 个月	月利率	0.50%	起息日	2022 年 12 月 1 日
借款申请金额	肆拾万元整				亿 千 百 十 万 千 百 十 元 角 分 ¥ 4 0 0 0 0 0 0 0
借款原因及用途	补充流动资金	银行核定金额		肆拾万元整	
备注	期限	计划还款日期		计划还款金额（本金）	
		2023 年 6 月 1 日		肆拾万元整	

上述借款已同意贷给并转入你单位开户银行户，借款应按期归还。
借款单位：　　　　　　　　　　　　　　　　　　（银行盖章）　2022 年 12 月 1 日

借款人债务凭证　入账回单

凭证4-2 进账单

业务5：为补充流动资金，向银行借款，共1张原始凭证。

凭证5 贷款(借款)凭证

中国工商银行 银行汇票申请书（存根） 1 第　号

申请日期　2022年12月2日

申请人	苏州顺驰汽车科技有限公司	收款人	苏州卓达商贸有限公司
账　号	4301011409100236682	账　号	1102026509000217085
用　途	支付采购款	代理付款行	中国工商银行苏州平江支行

汇票金额	人民币（大写）	贰拾陆万元整	千百十万千百十元角分 ¥ 2 6 0 0 0 0 0 0

备　注	（苏州顺驰汽车科技有限公司财务专用章）（跃飞章印）申请人签章	科　目 对方科目 财务主管　　复核　　经办

此联申请人留存

报账（付款）审批单

2022年12月2日　　　　　　　　　　　　　　　　　　　　　附单据：2张

部　门	办公室	事　由	采购办公用品
项目名称	金额(元)	付款(结算)方式	备　注
管理费用	515.00	库存现金	
合　计	515.00		

总经理：章飞跃　　　财务经理：乔国辉　　　部门主管：张志坤　　　申请人：张志坤

业务6：提交银行汇票申请书，共1张原始凭证。

凭证6　银行汇票申请书

业务7：购买复印纸，并向管理部门和销售部门发放，共3张原始凭证。

凭证7-1　报账（付款）审批单

电子发票（普通发票）

发票号码：23322000000005266890
开票日期：2022 年 12 月 2 日

购买方信息	名称：苏州顺驰汽车科技有限公司 统一社会信用代码/纳税人识别号：9132011578383206X8	销售方信息	名称：苏州开欣办公用品有限公司 统一社会信用代码/纳税人识别号：91320100721175028820

项目名称	规格型号	单位	数量	单价	金额	税率/征收率	税额
*纸制品*复印纸		盒	20	25.00	500.00	3%	15.00
合　　计					￥500.00		￥15.00
价税合计（大写）	⊗伍佰壹拾伍元整			（小写）￥515.00			
备注							

开票人：卞芸芸

办公用品领用单

2022 年 12 月 2 日

领用部门	物品名称	数量	领用人
管理部门	复印纸	10 盒	赵艳来
销售部门	复印纸	10 盒	刘佳欣
合　计		20 盒	

财务主管：乔国军　　　　记账：杨富春　　　　制单：石梦园

凭证 7-2　增值税普通发票

凭证 7-3　办公用品领用单

电子发票（增值税专用发票）

发票号码：23220000003020001
开票日期：2022 年 12 月 3 日

购买方信息	名称：苏州顺驰汽车科技有限公司 统一社会信用代码/纳税人识别号：9132011578383206XB	销售方信息	名称：南京文成广告传媒有限公司 统一社会信用代码/纳税人识别号：913201053025894011

项目名称	规格型号	单位	数量	单价	金额	税率/征收率	税额
*广告服务*互联网广告发布			1	11 320.7547169811	11 320.75	6%	679.25
合　计					￥11 320.75		￥679.25

价税合计（大写）：⊗壹万贰仟元整　　（小写）￥12 000.00

备注：

开票人：倪虹

中国工商银行　网上银行电子回单

电子回单号码：0030-5566-7852-1100

付款人	户　名	苏州顺驰汽车科技有限公司	收款人	户　名	南京文成广告传媒有限公司
	账　号	4301011409100236682		账　号	4301019109101101518
	开户银行	工商银行苏州平江支行		开户银行	建设银行南京大明路支行

金　额	￥12 000.00	金额（大写）	人民币壹万贰仟元整
摘　要		业务(产品)种类	跨行发报
用　途	付广告服务费		
交易流水号	41835470	时间戳	2022-12-03-10.29.40.811.563

备注：

验证码：2erLtpzgpv91qH5o7Nwm6690RA2Jwv75H40=

记账网点	00398	记账柜员	00020	记账日期	2022 年 12 月 3 日

打印日期：2022 年 12 月 3 日

业务 8：支付广告服务费，共 2 张原始凭证。

凭证 8-1　增值税专用发票

凭证 8-2　网上银行电子回单

购销协议书

甲方(出卖方)：苏州顺驰汽车科技有限公司
乙方(买受方)：江苏新动智造汽车有限公司

根据国家相关的法律、法规，甲、乙双方本着平等自愿、互惠互利的原则，就乙方向甲方购买机动车配件事宜，双方经充分协商一致，签订本合同。

一、产品名称、数量及价格

产品名称	数量(只)	单价(元)	不含税总价(元)	税金(元)
机动车配件A	9 000	20.00	180 000.00	23 400.00
机动车配件C	4 000	18.00	72 000.00	9 360.00
合计	13 000		252 000.00	32 760.00

金额(大写)：贰拾捌万肆仟柒佰陆拾元整

二、产品质量

甲方保证所提供产品质量符合国家相关生产标准，乙方在使用产品过程中，质量不符的产品由甲方负责调换，若不能调换，甲方予以退还。

三、合同价款及付款方式

1. 甲方在收到乙方提供的货款支付凭证后发货，如甲方不能按时供货，将按照货款总额的20%赔付乙方损失费用。
2. 货到三日内乙方验收产品，并通知甲方；逾期不通知的，视为质量合格。

四、合同效力

本合同一式两份，甲、乙双方各执一份，自双方授权代表签字盖章后生效。

甲方(盖章)　　　　　　　　　　　　　乙方(盖章)
授权代表：钟国梦　　　　　　　　　　授权代表：毕强胜
签字日期：2022.12.3　　　　　　　　 签字日期：2022.12.3

业务 9：销售产品，收到银行承兑汇票，并发货，共 4 张原始凭证。

凭证 9-1　购销协议书

电子发票（增值税专用发票）

发票号码：22322000000001082339
开票日期：2022年12月3日

购买方信息	名称：江苏新动智造汽车有限公司 统一社会信用代码/纳税人识别号：91320102834911937W				销售方信息	名称：苏州顺驰汽车科技有限公司 统一社会信用代码/纳税人识别号：913201157838206X8			
项目名称	规格型号	单位	数量	单价	金额		税率/征收率	税额	
*机动车零配件*配件A		只	9 000	20.00	180 000.00		13%	23 400.00	
*机动车零配件*配件C		只	4 000	18.00	72 000.00		13%	9 360.00	
合　计					¥252 000.00			¥32 760.00	
价税合计（大写）	⊗贰拾捌万肆仟柒佰陆拾元整					（小写）¥284 760.00			
备注									

开票人：黄娟

银行承兑汇票　　2　　10300051
　　　　　　　　　　　　　　　　　　25843965

出票日期（大写）：贰零贰贰年壹拾贰月零叁日

出票人全称	江苏新动智造汽车有限公司	收款人	全称	苏州顺驰汽车科技有限公司
出票人账号	430103672970216		账号	4301011409100236682
付款行全称	农业银行南京江北新区支行		开户银行	工商银行苏州平江支行
出票金额	人民币（大写）贰拾捌万肆仟柒佰陆拾元整			亿千百十万千百十元角分 ¥ 2 8 4 7 6 0 0 0
汇票到期日(大写)	贰零贰叁年零壹月零叁日	付款行	行号	103301012200
承兑协议编号			地址	南京市新华路255号
本汇票请你行承兑，到期无条件付款		本汇票已经承兑，到期日由本行付款。 承兑日期 2022年12月3日	密押 承兑行盖章 复核　记账	

出票人签章

此联收款人开户行随托收凭证寄付款行作借方凭证附件

凭证 9-2　增值税专用发票

凭证 9-3　银行承兑汇票

注 意 事 项

一、收款人必须将本汇票和解讫通知同时交开户银行,两者缺一不可。

二、本汇票经背书可以转让。

被背书人:	被背书人:
 　 　 　 背书人签章 日期　年　月　日	 　 　 　 背书人签章 日期　年　月　日

产品出库单

2022 年 12 月 3 日　　　　　　　　　　　　　凭证编号：CK1201

用途：销售　　　　　　　　　　　　　　　　　仓库：产成品库

产品编号	名称及规格	计量单位	数量	单位成本	总成本	备注
01	配件 A	只	9 000			
03	配件 C	只	4 000			
	合　计					

供销主管：　　　　保管员：贺宏光　　　　记账：杨富春　　　　制单：石梦园

② 财务联

电子发票（增值税专用发票）

发票号码：23322000000004112290

开票日期：2022 年 12 月 4 日

购买方信息	名称：苏州顺驰汽车科技有限公司	销售方信息	名称：苏州卓达商贸有限公司
	统一社会信用代码/纳税人识别号：91320115783832O6X8		统一社会信用代码/纳税人识别号：91320594338875602O

项目名称	规格型号	单位	数 量	单 价	金 额	税率/征收率	税 额
*有色金属冶炼压延品*乙材料		千克	14 000	16.00	224 000.00	13%	29 120.00
合　　计					￥224 000.00		￥29 120.00
价税合计（大写）	⊗ 贰拾伍万叁仟壹佰贰拾元整				（小写）￥253 120.00		
备注							

开票人：祝诗诗

凭证 9-4　产品出库单

业务 10：用银行汇票支付购买材料款,并收回多余款,共 3 张原始凭证。

凭证 10-1　增值税专用发票

电子发票（增值税专用发票）

货物运输服务

发票号码：22322000330002029362
开票日期：2022年12月4日

购买方信息	名称：苏州顺驰汽车科技有限公司 统一社会信用代码/纳税人识别号：9132011578383206X8			销售方信息	名称：江苏顺达物流有限公司 统一社会信用代码/纳税人识别号：91320400321657763		
项目名称	规格型号	单位	数量	单价	金额	税率/征收率	税额
*陆路货物运输服务*公路运输		千克	14 000	0.087	1 218.00	9%	109.62
合　　计					¥1 218.00		¥109.62
价税合计（大写）	⊗壹仟叁佰贰拾柒元陆角贰分			（小写）¥1 327.62			
备注							

开票人：郭倩

中国工商银行

银行汇票（多余款收账通知）　　4　10300041
　　　　　　　　　　　　　　　　　　　　10392020

出票日期（大写）贰零贰贰年拾贰月零肆日	代理付款行：工商银行苏州平江支行　行号：102301000331
收款人：苏州卓达商贸有限公司	账号：1102026509000217085

出票金额	人民币（大写）	贰拾陆万元整	亿 千 百 十 万 千 百 十 元 角 分
实际结算金额	人民币（大写）	贰拾伍万肆仟肆佰肆拾柒元陆角贰分	¥　　　2 5 4 4 4 7 6 2

申请人：苏州顺驰汽车科技有限公司	账号：4301011409100236682
出票行：工行苏州平江支行	密押：
行号：102301000331	
备注：凭票付款	左列退回多余金额已收入你账户内
出票行签章	多余金额 千 百 十 万 千 百 十 元 角 分 ¥　　　　5 5 5 2 3 8

此联出票行结清多余款后交申请人

提示付款期限自出票之日起壹个月

中国工商银行
苏州平江支行
2022.12.4
转讫

复核　　记账

凭证 10-2　增值税专用发票

凭证 10-3　银行汇票（多余款收账通知）

苏州顺驰汽车科技有限公司

关于转销无法支付前欠
徐州荣盛合金材料有限公司货款的请示

公司领导：

  本公司应付徐州荣盛合金材料有限公司货款 12 000 元（人民币壹万贰仟元整），因该公司已经破产倒闭，无法正常支付。根据有关财务制度的规定，申请将该应付账款转作营业外收入，请批准予以核销。

财务部
2022 年 12 月 4 日

经研究决定，同意财务部意见。

票据签收单

  今收到苏州顺驰汽车科技有限公司背书转让的银行承兑汇票（签发单位：江苏新动智造汽车有限公司　票号：25843965）壹张。出票金额（大写）：人民币贰拾捌万肆仟柒佰陆拾元整（￥284 760.00），抵付前欠材料款。

苏州卓达商贸有限公司

领收人：汪佳嘉

日　期：2022 年 12 月 4 日

业务 11：经批准,核销应付账款,共 1 张原始凭证。

凭证 11　请示文件

业务 12：背书转让银行承兑汇票,共 2 张原始凭证。

凭证 12-1　票据签收单

注意事项

一、收款人必须将本汇票和解讫通知同时交开户银行,两者缺一不可。

二、本汇票经背书可以转让。

被背书人：苏州卓达商贸有限公司	被背书人：
背书人签章 日期 2022 年 12 月 4 日	背书人签章 日期　　年　月　日

收 料 单

供应单位：苏州卓达商贸有限公司　　　　　　　　　　　　收料单号码：SL1201
发票号码：22322000000004112290
　　　　　22322000330002029362　　2022 年 12 月 5 日　　收料仓库：原料库

材料编号	名称及规格	计量单位	数量		实际成本		备注
			应收	实收	单价	金额	
	乙材料	千克	14 000	14 000	16.087	225 218.00	
合　　计			14 000	14 000		225 218.00	

供销主管：　　　　　保管员：胡育康　　　　记账：杨富春　　　　制单：芮晶晶

② 财务联

凭证 12-2　背书事项

业务 13：本月采购的材料，本月入库，共 1 张原始凭证。

凭证 13　收料单

中国工商银行
现金支票存根
10203210
63225973

附加信息
付款银行账号：
4301011409100236682

出票日期 2022 年 12 月 5 日

收款人：	苏州顺驰汽车科技有限公司
金　额：	¥7 000.00
用　途：	备用金

单位主管　　会计 杨富春

 成品油

电子发票（增值税专用发票）

发票号码：22322000000005202776
开票日期：2022 年 12 月 5 日

购买方信息	名称：苏州顺驰汽车科技有限公司 统一社会信用代码/纳税人识别号：9132011578383206X8	销售方信息	名称：常州精炼石化有限公司 统一社会信用代码/纳税人识别号：913204127180585682

项目名称	规格型号	单位	数量	单价	金额	税率/征收率	税额
*石油制品*成品油A		千克	2 100	6.50	13 650.00	13%	1 774.50
合　　计					¥13 650.00		¥1 774.50
价税合计（大写）	⊗壹万伍仟肆佰贰拾肆元伍角整				（小写）¥15 424.50		

备注：

开票人：蔡建滔

业务 14：开出现金支票，从银行提取现金作为备用金，共 1 张原始凭证。

凭证 14　现金支票存根

业务 15：采购材料入库，款未付，共 2 张原始凭证。

凭证 15-1　增值税专用发票

收 料 单

供应单位：常州精炼石化有限公司　　　　　　　　　　　　收料单号码：SL1202
发票号码：223220000000005202776　　2022年12月5日　　收料仓库：原料库

材料编号	名称及规格	计量单位	数量		实际成本		备注
			应收	实收	单价	金额	
	成品油A	千克	2 100	2 100	6.50	13 650.00	
	合　　计						

②财务联

供销主管：　　　　　　保管员：胡育康　　　　　　记账：杨富春　　　　　　制单：芮晶晶

借 款 单（记账）

2022年12月5日

借款部门	销售部门	借款人	刘佳欣	事　由	出差北京参加行业展会
借款金额	人民币（大写）伍仟元整		（小写）5 000.00		
部门负责人意见	同意	借款人签字	刘佳欣	注意事项： 1. 凡需借用公款必须填写本单据； 2. 办妥借款事务后，应当在十日内完成结算。	
会计负责人审批： 同意借款 邱兆明		付款方式： 库存现金		出纳： 李梦旭	

现金付讫

凭证 15-2　收料单

业务 16：销售人员预借差旅费，共 1 张原始凭证。
凭证 16　借款单

收 料 单

供应单位：南京美林合金材料有限公司　　　　　2022 年 12 月 5 日　　　　　收料单号码：SL1203
发票号码：22323000000006202887　　　　　　　　　　　　　　　　　　　　收料仓库：原料库

| 材料编号 | 名称及规格 | 计量单位 | 数量 | | 实际成本 | | 备注 |
			应收	实收	单价	金额	
	甲材料	千克	1 000	1 000	13.00	13 000.00	该入库材料为上月采购
	合　计						

供销主管：　　　　　　保管员：胡育康　　　　　　记账：杨富春　　　　　　制单：芮晶晶

② 财务联

成品油　　　电子发票（增值税专用发票）　　发票号码：22322001102305800200
　　　　　　　　　　　　　　　　　　　　　　　　　　　　　　　　　　开票日期：2022 年 12 月 6 日

购买方信息	名称：苏州顺驰汽车科技有限公司			销售方信息	名称：江苏盈科能源有限公司		
	统一社会信用代码/纳税人识别号：9132011578383206X8				统一社会信用代码/纳税人识别号：9132042155022226955		

项目名称	规格型号	单位	数量	单价	金　额	税率/征收率	税　额
*石油制品*成品油B		千克	5 800	4.50	26 100.00	13％	3 393.00
合　计					¥26 100.00		¥3 393.00
价税合计（大写）	⊗ 贰万玖仟肆佰玖拾叁元整				（小写）¥29 493.00		

备注：

开票人：毛羽峰

业务 17：上月采购的材料，本月入库，共 1 张原始凭证。

凭证 17　收料单

业务 18：购买材料并验收入库，款已付，共 3 张原始凭证。

凭证 18-1　增值税专用发票

中国工商银行　网上银行电子回单

电子回单号码：0040-4298-2653-1100

付款人	户　名	苏州顺驰汽车科技有限公司	收款人	户　名	江苏盈科能源有限公司
	账　号	4301011409100236682		账　号	1105020502076018818
	开户银行	工商银行苏州平江支行		开户银行	工商银行常州武进支行
金额		¥29 493.00	金额(大写)		人民币 贰万玖仟肆佰玖拾叁元整
摘要			业务(产品)种类		汇划发报
用途		付成品油B采购货款			
交易流水号		42783562	时间戳		2022-12-06-14.53.35.610.722
备注：					
验证码：3ecvMtuzRWv87Xyaqt8o7J0KN83G					
记账网点	00515	记账柜员	00031	记账日期	2022年12月6日

（中国工商银行 电子回单专用章）

打印日期：2022年12月6日

收　料　单

供应单位：江苏盈科能源有限公司　　　　　　　　　　收料单号码：SL1204
发票号码：22322001102305800200　　2022年12月6日　　收料仓库：原料库

材料编号	名称及规格	计量单位	数量		实际成本		备注
			应收	实收	单价	金额	
	成品油B	千克	5 800	5 800	4.50	26 100.00	
	合　　计						

供销主管：　　　保管员：胡育康　　　记账：杨富春　　　制单：芮晶晶

②财务联

凭证 18-2 网上银行电子回单

凭证 18-3 收料单

东吴证券股份有限公司

客户名称：苏州顺驰汽车科技有限公司　　　　　　　　日期：2022 年 12 月 7 日

600999		成交过户交割单		卖	
股东编号：896505 电脑编号：290428 公司编号：1377		成交证券：迎驾贡酒 成交数量：5 000（股） 成交价格：19.10			③通知联
申请编号：6982 申报时间：10：15 成交时间：10：33		成交金额：95 500.00 标准佣金：143.25 过户费用：			
上次余额：5 000（股） 本次成交：5 000（股） 本次余额：0（股） 本次库存：		印花税：95.50 应收金额： 附加费用：			
实收金额：￥95 261.25					

电子发票（增值税专用发票）　　　　发票号码：23322000000001023500
　　　　　　　　　　　　　　　　　　开票日期：2022 年 12 月 7 日

购买方信息	名称：苏州顺驰汽车科技有限公司 统一社会信用代码/纳税人识别号：9132011578383206X8	销售方信息	名称：东吴证券股份有限公司 统一社会信用代码/纳税人识别号：913201001348815368

项目名称	规格型号	单位	数量	单价	金额	税率/征收率	税额
*金融服务*直接收费金融服务			1	135.1415094340	135.14	6%	8.11
合　　计					￥135.14		￥8.11
价税合计（大写）	⊗壹佰肆拾叁元贰角伍分				（小写）￥143.25		
备注							

开票人：赵文泉

业务 19：出售股票，共 2 张原始凭证。

凭证 19-1　成交过户交割单

凭证 19-2　增值税专用发票

购销协议书

甲方(出卖方)：苏州顺驰汽车科技有限公司
乙方(买受方)：常州德佳精密制造有限公司

根据国家相关法律、法规，甲、乙双方本着平等自愿、互惠互利的原则，就乙方向甲方购买活塞事宜，双方经充分协商一致，签订本合同。

一、产品名称、数量及价格

产品名称	数量(只)	单价(元)	不含税总价(元)	税金(元)
配件 B	4 800	22.00	105 600.00	13 728.00
配件 C	9 000	18.00	162 000.00	21 060.00
合　计	13 800		267 600.00	34 788.00

金额(大写)：叁拾万贰仟叁佰捌拾捌元整

二、产品质量

甲方保证所提供产品质量符合国家相关生产标准，乙方在使用产品过程中，质量不符的产品由甲方负责调换，若不能调换，甲方予以退还。

三、合同价款及付款方式

1. 甲方在收到乙方预付款总额的80％(￥241 910.40)五日内发货，如甲方不能如期供货，将按照货款总额的20％赔付乙方损失费用。
2. 货到三日内乙方付清尾款，每延迟一日承担尾款总额的千分之一违约金。

四、合同效力

本合同一式两份，甲、乙双方各执一份，自双方授权代表签字盖章后生效。

甲方(盖章)　　　　　　　　　乙方(盖章)
授权代表：钟国梦　　　　　　授权代表：郝闻明
签字日期：2022.12.6　　　　　签字日期：2022.12.6

业务 20：预收销货款,共 2 张原始凭证。

凭证 20-1　购销协议书

中国工商银行　网上银行电子回单

电子回单号码：0036-3211-9030-1100

付款人	户　名	常州德佳精密制造有限公司	收款人	户　名	苏州顺驰汽车科技有限公司
	账　号	1105020372452232193		账　号	4301011409100236682
	开户银行	工商银行常州武进支行		开户银行	工商银行苏州平江支行
金额		¥241 910.40	金额(大写)		人民币贰拾肆万壹仟玖佰壹拾元肆角整
摘要			业务(产品)种类		汇划收报
用途		发货预付款			
交易流水号		93480759	时间戳		2022-12-07-16.09.21.490.321
备注：					
验证码：3hsnMTPucqD80XYZ2H1w8G8CSI99＝					
记账网点		00655	记账柜员	00024	记账日期　2022 年 12 月 7 日

打印日期：2022 年 12 月 7 日

中国工商银行　网上银行电子回单

电子回单号码：0020-3107-0335-1100

付款人	户　名	苏州顺驰汽车科技有限公司	收款人	户　名	常州精炼石化有限公司
	账　号	4301011409100236682		账　号	1102064676632093573
	开户银行	工商银行苏州平江支行		开户银行	工商银行常州河海支行
金额		¥15 424.50	金额(大写)		人民币壹万伍仟肆佰贰拾肆元伍角整
摘要			业务(产品)种类		汇划发报
用途		偿还前欠货款			
交易流水号		20053540	时间戳		2022-12-07-19.03.22.441.300
备注：					
验证码：3ZZ02uw75MntPo3Lo70ya83RWG5＝					
记账网点		00222	记账柜员	00011	记账日期　2022 年 12 月 7 日

打印日期：2022 年 12 月 7 日

凭证 20-2　网上银行电子回单

业务 21：偿还前欠货款,共 1 张原始凭证。

凭证 21　网上银行电子回单

开具红字增值税专用发票申请单   NO.

销售方	名称	苏州顺驰汽车科技有限公司		购买方	名称	江苏巧力传动机械有限公司
	税务登记代码	9132011578383206X8			税务登记代码	91320102834911937W

开具红字专用发票内容	货物(劳务)名称	单价	数量	金额	税额
	配件C	18	400	¥7 200.00	¥936.00
	合计			¥7 200.00	¥936.00

说明	对应蓝字专用发票抵扣增值税销项税额情况： 已抵扣□ 未抵扣☑ 纳税人识别号认证不符□ 专用发票代码、号码认证不符□ 对应蓝字专用发票密码区内打印的代码： 号码： 开具红字专用发票理由：上月销售产品因质量问题退回。

申明：我单位提供的申请单内容真实，否则将承担相关法律责任。
购买方经办人：略   购买方名称(印章)：略

2022 年 12 月 8 日

注：本申请单一式两联。第一联由购买方留存；第二联由购买方主管机关留存。

电子发票(增值税专用发票)   发票号码：22322000011001050116

开票日期：2022 年 12 月 8 日

购买方信息	名称：江苏巧力传动机械有限公司		销售方信息	名称：苏州顺驰汽车科技有限公司	
	统一社会信用代码/纳税人识别号：91320102834911937W			统一社会信用代码/纳税人识别号：9132011578383206X8	

项目名称	规格型号	单位	数量	单价	金额	税率/征收率	税额
*机动车零配件*配件C		只	-400	18.00	-7 200.00	13%	-936.00
合计					¥-7 200.00		¥-936.00

价税合计(大写)	⊗(负数)捌仟壹佰叁拾陆元整	(小写)¥-8 136.00

备注	

开票人：黄娟

业务 22：上月销售产品因质量问题退回，共 4 张原始凭证。

凭证 22-1　开具红字增值税专用发票申请单

凭证 22-2　红字增值税专用发票

中国工商银行　网上银行电子回单

电子回单号码：0019-6920-8998-1100

付款人	户　名	苏州顺驰汽车科技有限公司	收款人	户　名	江苏巧力传动机械有限公司
	账　号	4301011409100236682		账　号	1103030709100007496
	开户银行	工商银行苏州平江支行		开户银行	工商银行无锡太湖支行
金　额		￥8 136.00	金额(大写)		人民币捌仟壹佰叁拾陆元整
摘　要			业务(产品)种类		汇划发报
用　途		退货款			
交易流水号		52568211	时间戳		2022-12-08-16.33.49.320.429
备注：					
验证码：79qpJtuz9cC57P22NtDo9B0YA66F=					
记账网点		00210	记账柜员	00012	记账日期	2022年12月8日

打印日期：2022年12月8日

产品入库单

2022年12月8日

凭证编号：RK1202
交库部门：销售部门　　　　　　　　　　　仓库：产成品库

产品编号	名称及规格	计量单位	数量	单位成本	总成本	备注
03	配件C	只	400			销售退货
	合　计					

供销主管：　　　　保管员：贺宏光　　　　记账：杨富春　　　　制单：石梦园

② 财务联

凭证 22-3　网上银行电子回单

凭证 22-4　产品入库单

电子发票(增值税专用发票)

发票号码:23322000260001020523
开票日期:2022年12月9日

购买方信息	名称:苏州顺驰汽车科技有限公司 统一社会信用代码/纳税人识别号:9132011578383206X8	销售方信息	名称:南京安盾建筑工程有限公司 统一社会信用代码/纳税人识别号:913201165804993966

项目名称	规格型号	单位	数量	单价	金额	税率/征收率	税额
*建筑服务*仓库工程			1		150 000.00	9%	13 500.00
合 计					¥150 000.00		¥13 500.00
价税合计(大写)	⊗壹拾陆万叁仟伍佰元整				(小写)¥163 500.00		
备注							

开票人:孙文雯

ICBC 中国工商银行 托收凭证(付款通知)   5

委托日期:2022年12月9日   付款期限:2022年12月9日

业务类型	委托收款(□邮划 □电划) 托收承付(□邮划 □电划)						
付款人	全 称	苏州顺驰汽车科技有限公司		收款人	全 称	南京安盾建筑工程有限公司	
	账 号	4301011409100236682			账 号	4301010919100230770	
	地 址	江苏省苏州	市县 开户行 工行平江支行		地 址	江苏省南京	市县 开户行 工行宁南支行
金额	人民币(大写)	壹拾陆万叁仟伍佰元整				¥ 千百十万千百十元角分 1 6 3 5 0 0 0 0	
	款项内容	仓库工程款	托收凭证名称	发票	附寄单证张数	1	
	商品发货情况			合同名称号码			
	备注			付款人注意: 1.根据支付结算办法,上列委托收款(托收承付)款项在付款期限内未提出拒付,即视为同意付款,以此代付款通知。 2.如需提出全部或部分拒付,应在规定期限内,将拒付理由书并附债务证明退交开户银行。				
	复核	记账					

中国工商银行
苏州平江支行
2022.12.9
付款人开户银行付签章
转讫
2022年12月9日

业务 23：支付仓库工程款,共 2 张原始凭证。

凭证 23-1　增值税专用发票

凭证 23-2　托收凭证

电子发票（增值税专用发票）

发票号码：23322000368271382001
开票日期：2022 年 12 月 9 日

购买方信息	名称：常州德佳精密制造有限公司 统一社会信用代码／纳税人识别号：91320412555B194660	销售方信息	名称：苏州顺驰汽车科技有限公司 统一社会信用代码／纳税人识别号：9132011578383206X8

项目名称	规格型号	单位	数量	单价	金额	税率/征收率	税额
*机动车零配件*配件 B		只	4 800	22.00	105 600.00	13%	13 728.00
*机动车零配件*配件 C		只	9 000	18.00	162 000.00	13%	21 060.00
合　　计					¥267 600.00		¥34 788.00

价税合计（大写）	⊗叁拾万零贰仟叁佰捌拾捌元整	（小写）¥302 388.00

备注	

开票人：黄娟

产品出库单

2022 年 12 月 9 日　　　　　凭证编号：CK1202

用途：销售　　　　　　　　　仓库：产成品库

产品编号	名称及规格	计量单位	数量	单位成本	总成本	备注
02	配件 B	只	4 800			
03	配件 C	只	9 000			
	合　计					

供销主管：　　　保管员：贺宏光　　　记账：杨富春　　　制单：石梦园

② 财务联

业务 24：发出商品，共 2 张原始凭证。

凭证 24-1　增值税专用发票

凭证 24-2　产品出库单

中国工商银行　网上银行电子回单

电子回单号码：0025-3623-3900-1100

付款人	户名	苏州顺驰汽车科技有限公司	收款人	户名	苏州市红十字会
	账号	4301011409100236682		账号	532100256965022825
	开户银行	工商银行苏州平江支行		开户银行	江苏银行苏州平江支行
	金额	￥4 000.00		金额（大写）	人民币肆仟元整
	摘要			业务（产品）种类	跨行发报
	用途	定向捐赠款			
	交易流水号	70056356		时间戳	2022-12-09-8.30.20.330.793
	备注：				
	验证码：33KRCctvD99A62O76WBA0ZoostrEEtcan				
记账网点	00222	记账柜员	0013	记账日期	2022 年 12 月 9 日

打印日期：2022 年 12 月 9 日

公益事业捐赠统一票据
UNIFIED INVOICE OF DONATION FOR PUBLIC WELFARE

捐赠人 Donor：苏州顺驰汽车科技有限公司　　2022 年 12 月 9 日　　(OOA) No

捐赠项目 For purpose	实物(外币)种类 Material objects(Currency)	数量 Amount	金额 Total amount 千 百 十 万 千 百 十 元 角 分
定向捐赠款	人民币		4 0 0 0 0 0
金额合计（小写）In Figures			￥　　　4 0 0 0 0 0
金额合计（大写）In Words	⊗仟⊗佰⊗拾⊗万肆仟零佰零拾零元零角零分		

接受单位（盖章）：Receiver's Seal　　复核人：董亮 Verified by　　开票人：周芳 Handling Person

感谢您对公益事业的支持！Thank you for support of public welfare！

业务 25：通过红十字会进行捐款,共 2 张原始凭证。

凭证 25-1　网上银行电子回单

凭证 25-2　公益事业捐赠统一票据

中国工商银行 网上银行电子回单

电子回单号码：0035-4891-5036-1100

付款人	户　名	常州德佳精密制造有限公司	收款人	户　名	苏州顺驰汽车科技有限公司
	账　号	1105020372452232193		账　号	4301011409100236682
	开户银行	工商银行常州武进支行		开户银行	工商银行苏州平江支行

金　额	¥60 477.60	金额(大写)	人民币陆万零肆佰柒拾柒元陆角整
摘　要	货物采购尾款	业务(产品)种类	汇划收报
用　途			
交易流水号	13552458	时间戳	2022-12-10-17.00.11.568.167
备注：			
验证码：EZsenUTPubLM65RTv0rktv8Lssi=			
记账网点	00300	记账柜员	00012	记账日期	2022 年 12 月 10 日

打印日期：2022 年 12 月 10 日

报账(付款)审批单

2022 年 12 月 10 日

附单据：

部　门	财务部	事　由	发放工资
项目名称	金额(元)	付款(结算方式)	备　注
应付职工薪酬	462 834.00	银行转账	上月实发工资总额为 462 834.00 元，直接转入职工个人银行卡。
合　计	¥462 834.00		
金额(大写)	人民币肆拾陆万贰仟捌佰叁拾肆元整		

单位负责人：章飞跃　　　财务主管：邱兆明　　　部门主管：　　　制单：程倩倩

业务 26：收到货物采购尾款，共 1 张原始凭证。

凭证 26-1　网上银行电子回单

业务 27：发放上月职工工资，共 3 张原始凭证。

凭证 27-1　报账(付款)审批单

职工工资发放汇总表

2022 年 12 月 10 日

部门	项目	应付工资	代扣款项					实发工资
			个人所得税	养老保险	失业保险	医疗保险	住房公积金	
热处理车间	生产工人	167 000.00	835.00	13 360.00	835.00	3 340.00	13 360.00	135 270.00
	管理人员	12 000.00	60.00	960.00	60.00	240.00	960.00	9 720.00
冷加工车间	生产工人	214 000.00	1 070.00	17 120.00	1 070.00	4 280.00	17 120.00	173 340.00
	管理人员	14 500.00	72.50	1 160.00	72.50	290.00	1 160.00	11 745.00
机修车间		27 300.00	136.50	2 184.00	136.50	546.00	2 184.00	22 113.00
车队		29 600.00	148.00	2 368.00	148.00	592.00	2 368.00	23 976.00
销售部门		42 100.00	210.50	3 368.00	210.50	842.00	3 368.00	34 101.00
管理部门		64 900.00	324.50	5 192.00	324.50	1 298.00	5 192.00	52 569.00
合计		571 400.00	2 857.00	45 712.00	2 857.00	11 428.00	45 712.00	462 834.00

中国工商银行 电子转账凭证

币种：人民币　　　委托日期：2022 年 12 月 10 日　　　凭证编号：00255626

付款人	全称	苏州顺驰汽车科技有限公司	收款人	全称	批量代付
	账号	4301011409100236682		账号	
	地址	苏州市姑苏区华商路8号		地址	江苏苏州市
汇出行名称		工商银行苏州平江支行	汇入行名称		工商银行苏州平江支行

金额	人民币（大写）	肆拾陆万贰仟捌佰叁拾肆元整	亿	千	百	十	万	千	百	十	元	角	分
					¥	4	6	2	8	3	4	0	0

附加信息及用途：职工工资

银行盖章：中国工商银行 苏州平江支行 2022.12.10 转讫

支付密码：

根据中国工商银行苏州顺驰汽车科技有限公司客户121059号电子命令，上述款项已由本行支付。

客户经办人：1621　　复核：　　记账：

第一联　客户回单

凭证 27-2　职工工资发放汇总表

凭证 27-3　电子转账凭证

中国工商银行　电子缴税付款凭证

转账日期：20221210　　　　　　　　　　　　凭证字号：14121078

纳税人全称及纳税人识别号：苏州顺驰汽车科技有限公司 9132011578383206X8
付款人全称：苏州顺驰汽车科技有限公司
付款人账号：4301011409100236682　　　征收机关名称：国家税务总局苏州市姑苏区税务局
付款人开户银行：工商银行苏州平江支行　　收款国库（银行）名称：国家金库苏州市中心支库
小写（合计）金额：￥160 000.00　　　　　缴款书交易流水号：91013586
大写（合计）金额：人民币壹拾陆万元整　　税票号码：1252020198523765

税种名称	所属时间	实缴金额
增值税	20221101-20221130	￥160 000.00

第二联　　　作付款回单（无银行收讫章无效）　　复核（略）　　记账（略）

（中国工商银行苏州平江支行 2022.12.10 转讫）

中国工商银行　电子缴税付款凭证

转账日期：20221210　　　　　　　　　　　　凭证字号：14121079

纳税人全称及纳税人识别号：苏州顺驰汽车科技有限公司 9132011578383206X8
付款人全称：苏州顺驰汽车科技有限公司
付款人账号：4301011409100236682　　　征收机关名称：国家税务总局苏州市姑苏区税务局
付款人开户银行：工商银行苏州平江支行　　收款国库（银行）名称：国家金库苏州市中心支库
小写（合计）金额：￥18 123.94
大写（合计）金额：人民币壹万捌仟壹佰贰拾叁元玖角肆分　　税票号码：1252020198523766
缴款书交易流水号：91013587

税种名称	所属时间	实缴金额
城市维护建设税	20221101—20221130	￥11 200.00
教育费附加	20221101—20221130	￥4 800.00
地方教育附加	20221101—20221130	￥1 600.00
印花税	20221101—20221130	￥523.94

第二联　　　作付款回单（无银行收讫章无效）　　复核（略）　　记账（略）

（中国工商银行苏州平江支行 2022.12.10 转讫）

业务28：支付上月各项税费，共5张原始凭证。

凭证28-1　电子缴税付款凭证

凭证28-2　电子缴税付款凭证

中国工商银行 电子缴税付款凭证

转账日期：20221210 凭证字号：14121080

纳税人全称及纳税人识别号：苏州顺驰汽车科技有限公司 9132011578383206X8
付款人全称：苏州顺驰汽车科技有限公司
付款人账号：4301011409100236682 征收机关名称：国家税务总局苏州市姑苏区税务局
付款人开户银行：工商银行苏州平江支行 收款国库（银行）名称：国家金库苏州市中心支库
小写（合计）金额：¥2 857.00 缴款书交易流水号：91013588
大写（合计）金额：人民币贰仟捌佰伍拾柒元整 税票号码：1252020198523767

税种名称	所属时间	实缴金额
个人所得税	20221101—20221130	¥2 857.00

第二联 作付款回单（无银行收讫章无效） 复核（略） 记账（略）

中国工商银行 电子缴税付款凭证

转账日期：20221210 凭证字号：14121459

纳税人全称及纳税人识别号：苏州顺驰汽车科技有限公司 9132011578383206X8
付款人全称：苏州顺驰汽车科技有限公司
付款人账号：4301011409100236682 征收机关名称：国家税务总局苏州市姑苏区税务局
付款人开户银行：工商银行苏州平江支行 收款国库（银行）名称：国家金库苏州市中心支库
小写（合计）金额：¥13 594.00 缴款书交易流水号：91013589
大写（合计）金额：人民币壹万叁仟伍佰玖拾肆元整 税票号码：1252020198523768

税（费）种名称	所属时间	实缴金额
工会经费	20221101—20221130	¥13 594.00

第二联 作付款回单（无银行收讫章无效） 复核（略） 记账（略）

凭证 28-3　电子缴税付款凭证

凭证 28-4　电子缴税付款凭证

中国工商银行 电子缴税付款凭证

转账日期：20221210　　　　　　　　　　　　凭证字号：14121460

纳税人全称及纳税人识别号：苏州顺驰汽车科技有限公司 9132011578383206X8

付款人全称：苏州顺驰汽车科技有限公司

付款人账号：4301011409100236682　　　征收机关名称：国家税务总局苏州市姑苏区税务局

付款人开户银行：工商银行苏州平江支行　　收款国库(银行)名称：国家金库苏州市中心支库

小写(合计)金额：￥234 274.00　　　　　　缴款书交易流水号：91013590

大写(合计)金额：人民币贰拾叁万肆仟贰佰柒拾肆元整　税票号码：1252020198523769

税(费)种名称	所属时间	实缴金额
养老保险本金	20221101—20221130	￥154 278.00
医疗保险本金	20221101—20221130	￥62 854.00
失业保险本金	20221101—20221130	￥5 714.00
工伤保险本金	20221101—20221130	￥5 714.00
生育保险本金	20221101—20221130	￥5 714.00

第二联　　作付款回单(无银行收讫章无效)　　复核(略)　　记账(略)

电子发票(增值税专用发票)

发票号码：22312000045021300537

开票日期：2022 年 12 月 10 日

购买方信息：
名称：苏州顺驰汽车科技有限公司
统一社会信用代码/纳税人识别号：9132011578383206X8

销售方信息：
名称：上海国家会计学院
统一社会信用代码/纳税人识别号：12100000717800718J

项目名称	规格型号	单位	数量	单价	金额	税率/征收率	税额
*非学历教育服务*业务培训					2 400.00	6%	144.00
合　计					￥2 400.00		￥144.00

价税合计(大写)：⊗ 贰仟伍佰肆拾肆元整　　(小写)￥2 544.00

备注：

开票人：肖君

凭证 28-5　电子缴税付款凭证

业务 29：报销职工教育经费，共 2 张原始凭证。

凭证 29-1　增值税专用发票

附录二　12月份经济业务原始凭证　77

中国工商银行　网上银行电子回单

电子回单号码：0035-5033-2012-1100

付款人	户　名	苏州顺驰汽车科技有限公司	收款人	户　名	上海国家会计学院
	账　号	4301011409100236682		账　号	31001984300059768088
	开户银行	工商银行苏州平江支行		开户银行	建设银行上海徐泾支行
金　额		￥2 544.00	金额(大写)		人民币贰仟伍佰肆拾肆元整
摘　要			业务(产品)种类		跨行发报
用　途		支付业务培训费			
交易流水号		30063351	时间戳		2022-12-10-17.50.30.168.211
备　注					
验证码：Pu20bv58LE99Z0sen2UTLM65RTv0rktssi=					
记账网点	00212	记账柜员	00009	记账日期	2022 年 12 月 10 日

打印日期：2022 年 12 月 10 日

(中国工商银行 电子回单 专用章)

单位职工生日礼金发放签字表(12月份)

制单部门：办公室　　　　　　　　　　　　　　　　　　日期：2022 年 12 月 10 日

序号	部　门	姓　名	金额	签字	领取日期
1	销售部门	钟国梦	200.00	钟国梦	2022.12.10
2	销售部门	刘佳欣	200.00	刘佳欣	2022.12.10
3	管理部门	赵艳来	200.00	赵艳来	2022.12.10
4	热处理车间	杨国伟	200.00	杨国伟	2022.12.10
5	冷加工车间	盛华为	200.00	盛华为	2022.12.10
6	机修车间	郭复兴	200.00	郭复兴	2022.12.10
合计		现金付讫	1 200.00		

凭证 29-2 网上银行电子回单

业务 30：向职工发放生日礼金，共 1 张原始凭证。

凭证 30：单位职工生日礼金发放签字表

附录二　12月份经济业务原始凭证

电子发票（增值税专用发票）

发票号码：23322000030021902132
开票日期：2022 年 12 月 10 日

购买方信息	名称：苏州顺驰汽车科技有限公司 统一社会信用代码/纳税人识别号：9132011578383206X8	销售方信息	名称：南京苏宁环球商贸有限公司 统一社会信用代码/纳税人识别号：913201067673706839

项目名称	规格型号	单位	数量	单价	金额	税率/征收率	税额
*特种服装*防护服		套	100	120.00	12 000.00	13%	1 560.00
合　计					￥12 000.00		￥1 560.00

价税合计（大写）	⊗壹万叁仟伍佰陆拾元整	（小写）￥13 560.00

备注	

开票人：彭欣华

中国工商银行　网上银行电子回单

电子回单号码：0019-1533-0387-1100

付款人	户　名	苏州顺驰汽车科技有限公司	收款人	户　名	南京苏宁环球商贸有限公司
	账　号	4301011409100236682		账　号	4301032637253964530
	开户银行	工商银行苏州平江支行		开户银行	工商银行南京鼓楼支行
金　额		￥13 560.00	金额（大写）		人民币壹万叁仟伍佰陆拾元整
摘　要			业务（产品）种类		汇划发报
用　途		购买防护服			
交易流水号		92820220	时间戳		2022-12-10-12.59.10.120.618
备注：					
验证码：		Qq67Mna7Du803WT90Itg3ys0YOSony2			
记账网点	00117	记账柜员	00221	记账日期	2022 年 12 月 10 日

打印日期：2022 年 12 月 10 日

业务 31：购买防护服，共 3 张原始凭证。

凭证 31-1　增值税专用发票

凭证 31-2　网上银行电子回单

收 料 单

供应单位：南京苏宁环球商贸有限公司　　　　　　　　　　　　收料单号码：SL1205
发票号码：22322000030021902132　　2022 年 12 月 10 日　　收料仓库：周转材料库

材料编号	名称及规格	计量单位	数量		实际成本		备注
			应收	实收	单价	金额	
	防护服	套	100	100	120.00	12 000.00	
	合　计		100	100		12 000.00	

供销主管：　　　　保管员：胡育康　　　　记账：杨富春　　　　制单：芮晶晶

② 财务联

中国工商银行　凭证费、手续费、邮电费收费凭证

单位名称	苏州顺驰汽车科技有限公司		账　号		4301011409100236682	
凭证名称	数量	单价	凭证费	手续费	邮电费	合　计
银行承兑汇票				￥110.00		￥110.00
合　计				￥110.00		￥110.00
合计人民币（大写）	壹佰壹拾元整					

中国工商银行苏州平江支行 2022.12.11 转讫

中国工商银行（盖章）

凭证 31-3　收料单

业务 32：支付银行承兑汇票承兑手续费，共 2 张原始凭证。

凭证 32-1　收费凭证

电子发票(增值税专用发票)

发票号码：22322000090101310511
开票日期：2022 年 12 月 11 日

购买方信息	名称：苏州顺驰汽车科技有限公司 统一社会信用代码/纳税人识别号：9132011578383206X8		销售方信息	名称：中国工行银行股份有限公司苏州平江支行 统一社会信用代码/纳税人识别号：91320100634073615N		
项目名称	规格型号	单位	数量	单价	金额	税率/征收率	税额
*金融服务*直接收费金融服务			1		103.77	6%	6.23
合计					￥103.77		￥6.23
价税合计（大写）	⊗壹佰壹拾元整			（小写）￥110.00			
备注							

开票人：冯征

电子发票(增值税专用发票)

发票号码：22322000201751020313
开票日期：2022 年 12 月 11 日

购买方信息	名称：苏州顺驰汽车科技有限公司 统一社会信用代码/纳税人识别号：9132011578383206X8		销售方信息	名称：南京美林合金材料有限公司 统一社会信用代码/纳税人识别号：91320106637587O1L		
项目名称	规格型号	单位	数量	单价	金额	税率/征收率	税额
*非金属矿石*甲材料		千克	2 000	13.20	26 400.00	13%	3 432.00
合计					￥26 400.00		￥3 432.00
价税合计（大写）	⊗贰万玖仟捌佰叁拾贰元整			（小写）￥29 832.00			
备注							

开票人：贾惠

凭证 32-2　增值税专用发票

业务 33：购买材料并验收入库，款已付，共 3 张原始凭证。

凭证 33-1　增值税专用发票

银行承兑汇票（存根） 4

10300051
37842806

出票日期（大写）：贰零贰贰年壹拾贰月壹拾壹日

出票人全称	苏州顺驰汽车科技有限公司	收款人	全称	南京美林合金材料有限公司
出票人账号	4301011409100236682		账号	4301055590050286322
付款行全称	工商银行苏州平江支行		开户银行	工商银行南京天元支行
汇票金额	人民币（大写）贰万玖仟捌佰叁拾贰元整			￥29 832 00 （亿千百十万千百十元角分）
汇票到期日（大写）	贰零贰壹年叁月壹拾壹日	付款行	行号	102301000331
承兑协议编号	2022121104553-9		地址	苏州市中山路129号
备注：购买材料	（苏州顺驰汽车科技有限公司 财务专用章）		负责 经办 詹铭	

此联出票人存查

收 料 单

供应单位：南京美林合金材料有限公司 　　　　　　　　　　　收料单号码：SL1206
发票号码：22322000201751020313　　2022年12月11日　　收料仓库：原料库

材料编号	名称及规格	计量单位	数量		实际成本		备注
			应收	实收	单价	金额	
	甲材料	千克	2 000	2 000	13.20	26 400.00	
	合　　计		2 000	2 000		26 400.00	

供销主管：　　　　保管员：胡育康　　　记账：杨富春　　　制单：芮晶晶

② 财务联

凭证 33-2 银行承兑汇票

凭证 33-3 收料单

电子发票(增值税专用发票)

发票号码：223220001022000600
开票日期：2022 年 12 月 12 日

购买方信息	名称：苏州顺驰汽车科技有限公司 统一社会信用代码/纳税人识别号：9132011578383206X8		销售方信息	名称：南京万厘精密机械有限公司 统一社会信用代码/纳税人识别号：913201923027022907			
项目名称	规格型号	单位	数量	单价	金额	税率/征收率	税额
*小型起降设备*固定式升降机		台	1	15 000.00	15 000.00	13%	1 950.00
合计					¥15 000.00		¥1 950.00
价税合计（大写）	⊗壹万陆仟玖佰伍拾元整				（小写）¥16 950.00		
备注							

开票人：陈彭茜

货物运输服务

电子发票(增值税专用发票)

发票号码：223220200090550107 11
开票日期：2022 年 12 月 12 日

购买方信息	名称：苏州顺驰汽车科技有限公司 统一社会信用代码/纳税人识别号：9132011578383206X8		销售方信息	名称：南京盛通八方物流有限公司 统一社会信用代码/纳税人识别号：913201007388687708			
项目名称	规格型号	单位	数量	单价	金额	税率/征收率	税额
*国内道路货物运输服务*运输费			1		200.00	9%	18.00
合计					¥200.00		¥18.00
价税合计（大写）	⊗贰佰壹拾捌元整				（小写）¥218.00		
备注							

开票人：邹方

业务 34： 购入一台固定式升降机并进行安装，共 4 张原始凭证。

凭证 34-1　增值税专用发票

凭证 34-2　增值税专用发票

中国工商银行 电汇凭证(回单)　1

☐普通　☐加急　　委托日期　2022 年 12 月 12 日

汇款人	全称	苏州顺驰汽车科技有限公司	收款人	全称	南京万厘精密机械有限公司
	账号	4301011409100236682		账号	4303376980306095832
	汇出地点	江苏省苏州市		汇入地点	江苏省南京市
汇出行名称		工商银行苏州平江支行	汇入行名称		工商银行南京江北新区支行

金额	人民币（大写）	壹万柒仟壹佰陆拾捌元整	亿 千 百 十 万 千 百 十 元 角 分
			￥　　　　1 7 1 6 8 0 0

（中国工商银行苏州平江支行 2022.12.12 转讫）

汇出行签章

支付密码

附加信息及用途：支付货款

复核：　　　　记账：

此联汇出行给汇款人的回单

待安装设备交接单

项目名称：铣床安装工程　　　　2022 年 12 月 12 日

资产名称	规格型号	计量单位	数量	单价	运杂费	合计
固定式升降机		台	1			

验收：盛华为　　　　经办：吴　茜　　　　制表：朱丹平

凭证 34-3　电汇凭证

凭证 34-4　待安装设备交接单

中国工商银行　网上银行电子回单

电子回单号码：0026-1599-0216-1100

付款人	户　名	苏州顺驰汽车科技有限公司	收款人	户　名	南京宁安机械工程有限公司
	账　号	4301011409100236682		账　号	4301062304275739961
	开户银行	工商银行苏州平江支行		开户银行	工商银行南京珠江路支行
	金　额	￥904.00		金额(大写)	人民币玖佰零肆元整
	摘　要			业务(产品)种类	汇划发报
	用　途	支付设备安装费			
	交易流水号	926857031		时间戳	2022-12-13-15.32.50.874.562
	备　注				
	验证码：NM676Sa7YBD125MINe 72gg6suP52ZKsp6T				
	记账网点	00100	记账柜员	0032	记账日期	2022 年 12 月 13 日

打印日期：2022 年 12 月 13 日

电子发票(增值税专用发票)

发票号码：23322000090101010321

开票日期：2022 年 12 月 13 日

购买方信息	名称：苏州顺驰汽车科技有限公司	销售方信息	名称：南京宁安机械工程有限公司
	统一社会信用代码/纳税人识别号：9132011578383206X8		统一社会信用代码/纳税人识别号：91320104790435978X

项目名称	规格型号	单位	数量	单价	金额	税率/征收率	税额
*安装服务*升降机安装费		台	1	800.00	800.00	13%	104.00
合　计					￥800.00		￥104.00
价税合计(大写)	⊗玖佰零肆元整				(小写)￥904.00		

备注

开票人：屈炜

业务 35：支付固定式升降机安装费，共 2 张原始凭证。

凭证 35-1　网上银行电子回单

凭证 35-2　增值税专用发票

电子发票（增值税专用发票）

发票号码：22322000101103080629
开票日期：2022 年 12 月 13 日

购买方信息	名称：苏州顺驰汽车科技有限公司 统一社会信用代码/纳税人识别号：91320115783832O6X8		销售方信息	名称：镇江晶润化工有限公司 统一社会信用代码/纳税人识别号：91321107406592O6E		
项目名称	规格型号	单位	数量	单价	金额	税率/征收率	税额
*石油制品*润滑剂 A		千克	500	16.10	8 050.00	13%	1 046.50
*石油制品*润滑剂 B		千克	400	12.54	5 016.00	13%	652.08
合　计					¥13 066.00		¥1 698.58
价税合计（大写）	⊗壹万肆仟柒佰陆拾肆元伍角捌分			（小写）¥14 764.58			
备注							

开票人：柴学宾

苏州市住房公积金汇（补）缴申请单（网上）

缴存日期：2022 年 12 月 13 日

单位签章

单位名称	苏州顺驰汽车科技有限公司				汇缴月份			2022 年 11 月						
单位账号	91320115783832O6X8				联系电话									
转移金额（大写）						仟	佰	拾	万	仟	佰	拾	元	角	分
⊗玖万壹仟肆佰贰拾肆元整							¥	9	1	4	2	4	0	0
项目	上月汇缴	调整前后差额	增加	减少	个缴转汇缴	本月汇缴				汇缴个人补缴				
人数	100					100								
金额 合计	91 424.00					91 424.00								
单位	45 712.00					45 712.00								
个人	45 712.00					45 712.00								

付款账号

管理部或分中心签章：

经办人：　　　　复核人：

银行签章：

会计分录：
借：
贷：

主管　　　复核　　　记账　　　验印

业务 36：采购材料，收到发票，共 1 张原始凭证。

凭证 36　增值税专用发票

业务 37：支付上月住房公积金，共 2 张原始凭证。

凭证 37-1　住房公积金汇(补)缴清单

中国工商银行 网上银行电子回单

电子回单号码：0019-4020-5358-1100

付款人	户 名	苏州顺驰汽车科技有限公司	收款人	户 名	苏州住房公积金管理中心
	账 号	4301011409100236682		账 号	
	开户银行	工商银行苏州平江支行		开户银行	

金 额	￥91 424.00	金额（大写）	人民币玖万壹仟肆佰贰拾肆元整
摘 要		业务（产品）种类	跨行发报
用 途	公积金		
交易流水号	45098726	时间戳	2022-12-13-16.02.16.076.902
备注：			
验证码：O04l702TCAmu091tMqA3bd3RnPWz98gsu=			

记账网点	00111	记账柜员	00271	记账日期	2022 年 12 月 13 日

打印日期：2022 年 12 月 13 日

收 料 单

供应单位：镇江晶润化工有限公司　　　　　　　　　　　　　　收料单号码：SL1207
发票号码：22322000101103080629　　2022 年 12 月 14 日　　收料仓库：原料库

材料编号	名称及规格	计量单位	数量		实际成本		备注
			应收	实收	单价	金额	
	润滑剂 A	千克	500	500	16.10	8 050.00	
	润滑剂 B	千克	400	400	12.54	5 016.00	
	合　计		900	900		13 066.00	

供销主管：　　　　保管员：胡育康　　　　记账：杨富春　　　　制单：芮晶晶

② 财务联

凭证 37-2　网上银行电子回单

业务 38：材料验收入库，共 1 张原始凭证。

凭证 38　收料单

苏州顺驰汽车科技有限公司

关于核销坏账的请示

公司领导：

　　南通倍特机械有限公司所欠的账款 20 000.00 元（大写：贰万元整）已经超过三年，屡催无效，断定无法收回。根据有关财务制度的规定，申请将该笔账款作坏账损失处理，请批准予以核销。

财务部
2022 年 12 月 14 日

经公司研究决定，同意财务部意见。

固定资产验收交接单

固定资产类别：固定资产　　　　2022 年 12 月 15 日　　　　编号：1203

固定资产名称	固定式升降机	规格型号		生产单位		台	取得来源	购买
原　　值		预计净残值率		数量	1		使用部门	热处理车间
生产日期		验收日期	12 月 15 日	开始使用日期	12 月 15 日		预计使用年限	6 年
投入日期	12 月 15 日	已使用年限	0	尚能使用年限	6 年		投入时已提折旧	
验收意见	符合规定质量标准，验收合格！ 负责人：黄乐山							
移交单位	设备科	移交单位负责人	谢贵钧	移交人		曹会明	2022 年 12 月 15 日	
接管单位	热处理车间	接管单位负责人	黄乐山	接管人		楚　钧	2022 年 12 月 15 日	

业务 39：经批准,核销坏账准备,共 1 张原始凭证。

凭证 39　请示文件

业务 40：固定式升降机安装完毕并交付使用,共 1 张原始凭证。

凭证 40　固定资产验收交接单

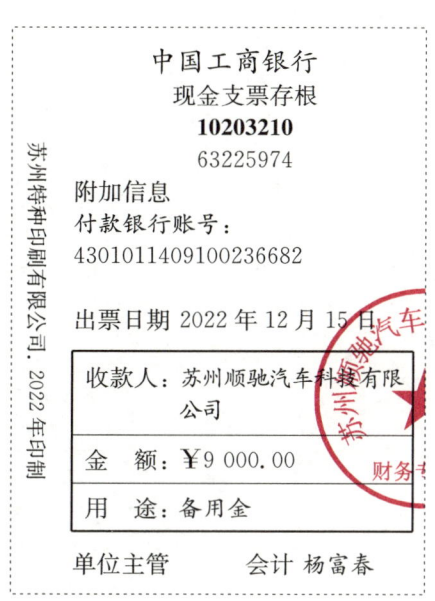

差旅费报销单

报销日期:2022 年 12 月 15 日　　　　　　　　附单据 3 张

姓　名	刘佳欣			出差事由		出差北京参加行业展会				
启程日期及地点			到达日期及地点			交通工具	金额	出差补助		住宿费		金额合计
月	日	地点	月	日	地点			天数	金额	地点	金额	
12	5	苏州	12	5	北京	高铁	443.00	7	1 050.00	北京	2 100.00	
12	12	北京	12	12	苏州	高铁	443.00					
		合　计					886.00		1 050.00		2 100.00	4 036.00
实报金额		人民币(大写):肆仟零叁拾陆元整				预借金额 5 000.00		应补金额		应退金额 964.00		

财务经理:乔国辉　　　　部门主管:仇　琼　　　　出差人:刘佳欣

业务 41：开出现金支票,从银行提取现金作为备用金,共 1 张原始凭证。

凭证 41　现金支票存根

业务 42：销售人员报销差旅费,共 5 张原始凭证。

凭证 42-1　差旅费报销单

```
Z251263                    检票：一层2A检票口

         苏州北 站       G106         北京南 站
           Nanjingnan      ⟶           Beijingnan
         2022 年 12 月 05 日  8:37 开   10 车 12E 号
           ¥ 443.00 元          网        二等座
         限乘当日当次车
         3201031990****1587   刘佳欣

         168013005503R22214159    苏州北售
```

```
F056982                    检票：一层19B检票口

         北京南 站       G117         苏州北 站
           Beijingnan      ⟶           Nanjingnan
         2022 年 12 月 12 日  9:25 开   15 车 09A 号
           ¥ 443.00 元          网        二等座
         限乘当日当次车
         3201031990****1587   刘佳欣

         10010300730629H057723    北京南售
```

电子发票（增值税专用发票）

发票号码：22112000024131110402
开票日期：2022 年 12 月 13 日

购买方信息	名称：苏州顺驰汽车科技有限公司				销售方信息	名称：北京华宇酒店管理有限公司		
	统一社会信用代码/纳税人识别号：9132011578383206X8					统一社会信用代码/纳税人识别号：911101157423003876		

项目名称	规格型号	单位	数量	单价	金额	税率/征收率	税额
*住宿服务*住宿费		日	7	283.0188679245	1 981.13	6%	118.87
合　计					¥1 981.13		¥118.87
价税合计（大写）	⊗ 贰仟壹佰元整				（小写）¥2 100.00		
备注							

开票人：孙芸

凭证 42-2　高铁票

凭证 42-3　高铁票

凭证 42-4　增值税专用发票

收 款 收 据

收款日期：2022 年 12 月 15 日

交款单位或交款人	刘佳欣		收款方式	现金							
收款事由	归还多借的差旅费用										
金额	人民币（大写）	⊗玖佰陆拾肆元整			十万	万	千	百	十	元	角	分
							¥	9	6	4	0	0

财务经理： 　　　记账： 　　　经办人：李梦旭

第二联 记账联

现金收讫

电子发票（增值税专用发票）

发票号码：22322000000002650072

开票日期：2022 年 12 月 16 日

购买方信息	名称：苏州顺驰汽车科技有限公司 统一社会信用代码/纳税人识别号：9132011578383206X8						销售方信息	名称：苏州卓达商贸有限公司 统一社会信用代码/纳税人识别号：913205943388756020		
项目名称	规格型号	单位	数量	单价	金额	税率/征收率		税额		
*有色金属冶炼压延品*乙材料		千克	16 000	16.00	256 000.00	13%		33 280.00		
合计					¥256 000.00			¥33 280.00		
价税合计（大写）	⊗贰拾捌万玖仟贰佰捌拾元整				（小写）¥289 280.00					
备注										

开票人：祝诗诗

凭证 42-5　收款收据

业务 43：采购材料未入库,已付款,共 3 张原始凭证。

凭证 43-1　增值税专用发票

附录二　12月份经济业务原始凭证

电子发票（增值税专用发票）

货物运输服务

发票号码：22322000220210051122
开票日期：2022年12月16日

购买方信息	名称：苏州顺驰汽车科技有限公司 统一社会信用代码/纳税人识别号：91320115783832O6X8	销售方信息	名称：江苏顺达物流有限公司 统一社会信用代码/纳税人识别号：91320400321265 7763

项目名称	规格型号	单位	数量	单价	金额	税率/征收率	税额
*陆路货物运输服务*公路运输		千克	16 000	0.087	1 392.00	9%	125.28
合　　计					¥1 392.00		¥125.28

价税合计（大写）	⊗壹仟伍佰壹拾柒元贰角捌分　　　　（小写）¥1 517.28
备注	

开票人：郭倩

中国工商银行　托收凭证（付款通知）　5

委托日期：2022年12月16日　　付款期限：2022年12月16日

业务类型	委托收款（□邮划　□电划）　　托收承付（□邮划　□电划）		
付款人	全　称　苏州顺驰汽车科技有限公司 账　号　4301011409100236682 地　址　江苏省苏州市县　开户行　工行平江支行	收款人	全　称　苏州卓达商贸有限公司 账　号　1102026509000217085 地　址　江苏省苏州市县　开户行　工行留园支行
金额	人民币（大写）　贰拾玖万零柒佰玖拾柒元贰角捌分	千百十万千百十元角分 ¥　　2 9 0 7 9 7 2 8	
款项内容	采购货款	托收凭证名称　发票	附寄单证张数　2
商品发货情况	公路运输	合同名称号码	
备注 复核　记账		付款人开户银行签章 2022年12月16日 中国工商银行 苏州平江支行 2022.12.16 转讫	

付款人注意：
1. 根据支付结算办法，上列委托收款（托收承付）款项在付款期限内未提出拒付，即视为同意付款，以此代付款通知。
2. 如需提出全部或部分拒付，应在规定期限内，将拒付理由书并附债务证明退交开户银行。

此联为付款人开户银行给付款人按期付款的通知

凭证 43-2　增值税专用发票

凭证 43-3　托收凭证

电子发票(增值税专用发票)

发票号码：22322000011012062090
开票日期：2022 年 12 月 16 日

购买方信息	名称：江苏巧力传动机械有限公司 统一社会信用代码/纳税人识别号：91320102834911937W	销售方信息	名称：苏州顺驰汽车科技有限公司 统一社会信用代码/纳税人识别号：9132011578383206X8

项目名称	规格型号	单位	数 量	单 价	金 额	税率/征收率	税 额
*机动车零配件*配件A		只	17 000	20.00	340 000.00	13%	44 200.00
合 计					￥340 000.00		￥44 200.00
价税合计(大写)	⊗叁拾捌万肆仟贰佰元整				(小写)￥384 200.00		
备注							

开票人：黄娟

中国工商银行　网上银行电子回单

电子回单号码：0045-0232-3252-1100

付款人	户　名	江苏巧力传动机械有限公司	收款人	户　名	苏州顺驰汽车科技有限公司
	账　号	1103030709100007496		账　号	4301011409100236682
	开户银行	工商银行无锡太湖支行		开户银行	工商银行苏州平江支行
金额	￥384 200.00		金额(大写)	人民币叁拾捌万肆仟贰佰元整	
摘要			业务(产品)种类	汇划收报	
用途	货款				
交易流水号	98657450		时间戳	2022-12-16-12.59.30.010.945	
备注：					
验证码：33JU9vab77wr90KSo66YMezxGotuIF0					
记账网点	00105	记账柜员	01052	记账日期	2022 年 12 月 16 日

打印日期：2022 年 12 月 16 日

业务 44：销售产品，共 3 张原始凭证。

凭证 44-1　增值税专用发票

凭证 44-2　网上银行电子回单

产品出库单

2022 年 12 月 16 日

凭证编号：CK1203

用途：销售　　　　　　　　　　　　　　　　　　　　　仓库：产成品库

产品编号	名称及规格	计量单位	数量	单位成本	总成本	备注
01	配件 A	只	17 000			
合　计			17 000			

供销主管：　　　　　　　保管员：贺宏光　　　　　　记账：杨富春　　　　　　制单：石梦园

②财务联

中国工商银行　托收凭证（收账通知）　4

委托日期：2022 年 12 月 17 日　　付款期限：2022 年 12 月 17 日

业务类型	委托收款（□邮划　□电划）			托收承付（□邮划　□电划）			
付款人	全　称	南京巨威机械有限公司		收款人	全　称	苏州顺驰汽车科技有限公司	
	账　号	10102001040005782			账　号	4301011409100236682	
	地　址	江苏省南京　市县	开户行	农行玄武支行	地　址	江苏省苏州　市县	开户行	工行平江支行
金额	人民币（大写）	贰拾壹万元整			千百十万千百十元角分 ￥ 2 1 0 0 0 0 0 0		
款项内容	采购货款	托收凭证名称	商业承兑汇票	附寄单证张数	1		
商品发货情况	公路运输	合同名称号码					
备注：			上列款项已划回收入你方账户内。 付款人开户银行签章 2022 年 12 月 17 日				
复核　　　记账							

中国工商银行
苏州平江支行
2022.12.17
转讫

此联付款人开户行凭以汇款或收款人开户行作收账通知

凭证 44-3　产品出库单

业务 45： 收到商业承兑汇票款，共 1 张原始凭证。
凭证 45　托收凭证

电子发票（增值税专用发票）

发票号码：22322000232200061707
开票日期：2022 年 12 月 17 日

购买方信息	名称：苏州顺驰汽车科技有限公司 统一社会信用代码/纳税人识别号：9132011578383206X8					销售方信息	名称：南京仓实包装制品有限公司 统一社会信用代码/纳税人识别号：913201165626733213	

项目名称	规格型号	单位	数量	单价	金额	税率/征收率	税额
*纸浆模制品*配件 A 包装箱		个	120	12.00	1 440.00	13%	87.20
*纸浆模制品*配件 B 包装箱		个	280	11.00	3 080.00	13%	400.40
*纸浆模制品*配件 C 包装箱		个	110	11.00	1 210.00	13%	157.30
合　　计					¥5 730.00		¥744.90

价税合计（大写）	⊗陆仟肆佰柒拾肆元玖角	（小写）¥6 474.90

备注：

开票人：查良云

收 料 单

供应单位：南京仓实包装制品有限公司　　　　　2022 年 12 月 17 日　　　　收料单号码：SL1208
发票号码：22322000232200061707　　　　　　　　　　　　　　　　　　　　收料仓库：周转材料库

材料编号	名称及规格	计量单位	数量		实际成本		备注
			应收	实收	单价	金额	
	配件 A 包装箱	个	120	120	12.00	1 440.00	
	配件 B 包装箱	个	280	280	11.00	3 080.00	
	配件 C 包装箱	个	110	110	11.00	1 210.00	
	合　计		510	510		5 730.00	

②财务联

供销主管：　　　　保管员：胡育康　　　　记账：杨富春　　　　制单：芮晶晶

业务 46：购入包装箱，共 3 张原始凭证。
凭证 46-1　增值税专用发票

凭证 46-2　收料单

中国工商银行　网上银行电子回单

电子回单号码：0020-2505-2422-1100

付款人	户　名	苏州顺驰汽车科技有限公司	收款人	户　名	南京仓实包装制品有限公司
	账　号	4301011409100236682		账　号	4322410621112980052
	开户银行	工商银行苏州平江支行		开户银行	工商银行南京江宁支行
金额		￥6 474.90	金额(大写)		人民币陆仟肆佰柒拾肆元玖角整
摘要			业务(产品)种类		汇划发报
用途		包装箱货款			
交易流水号		32005621	时间戳		2022-12-17-14.43.55.522.111
记账网点		00124	记账柜员	00101	记账日期	2022 年 12 月 17 日

打印日期：2022 年 12 月 17 日

电子发票（普通发票）

发票号码：22322000591203073103
开票日期：2022 年 12 月 17 日

购买方信息	名　称	苏州顺驰汽车科技有限公司	销售方信息	名　称	南京源图设计有限公司
	统一社会信用代码/纳税人识别号	91320115783832 06X8		统一社会信用代码/纳税人识别号	9132010278066 71716

项目名称	规格型号	单位	数量	单价	金额	税率/征收率	税额
*印刷品*产品宣传册		批	1	1 600.00	1 600.00	3%	48.00
合　计					￥1 600.00		￥48.00

价税合计(大写)	⊗壹仟陆佰肆拾捌元整	(小写)￥1 648.00

备注：

开票人：祁愿

凭证 46-3　网上银行电子回单

业务 47：制作产品宣传册，并支付费用，共 2 张原始凭证。

凭证 47-1　增值税电子普通发票

中国工商银行　网上银行电子回单

电子回单号码：0020-2505-2422-1100

付款人	户　名	苏州顺驰汽车科技有限公司	收款人	户　名	南京源图设计有限公司
	账　号	4301011409100236682		账　号	3200653221127397 8330
	开户银行	工商银行苏州平江支行		开户银行	农业银行南京中华门支行
金额	¥1 648.00		金额（大写）	人民币壹仟陆佰肆拾捌元整	
摘要			业务（产品）种类	跨行发报	
用途	产品宣传册制作				
交易流水号	26023456		时间戳	2022-12-17-15.01.15.802.636	
备注：					
验证码：90Kum23Exo025cat20PDshLFdAIcqz09＝					
记账网点	00202	记账柜员	00045	记账日期	2022 年 12 月 17 日

（中国工商银行 电子回单专用章）

打印日期：2022 年 12 月 17 日

收　料　单

供应单位：苏州卓达商贸有限公司　　　　　　　　　　　　　　　收料单号码：SL1209
发票号码：22322000000002650072
　　　　　22322000 2200210051122　　　　2022 年 12 月 17 日　　　　收料仓库：原料库

材料编号	名称及规格	计量单位	数量		实际成本		备注
			应收	实收	单价	金额	
	乙材料	千克	16 000	16 000	16.087	257 392.00	
	合　　计		16 000	16 000		257 392.00	

供销主管：　　　　　　　保管员：胡育康　　　　　　记账：杨富春　　　　　　制单：芮晶晶

②财务联

凭证 47-2　网上银行电子回单

业务 48：材料验收入库,共 1 张原始凭证。
凭证 48　收料单

电子发票（普通发票）

发票号码：22322000026263073005
开票日期：2022 年 12 月 18 日

购买方信息	名称：苏州顺驰汽车科技有限公司 统一社会信用代码/纳税人识别号：9132011578383206X8			销售方信息	名称：苏州苏典餐饮管理有限公司 统一社会信用代码/纳税人识别号：913201067871040649			
项目名称	规格型号	单位	数量	单价	金额	税率/征收率		税额
*餐饮服务*中式餐饮			1	1 100.00	1 100.00	6％		66.00
合计					￥1 100.00			￥66.00
价税合计（大写）	⊗壹仟壹佰陆拾陆元整				（小写）￥1 166.00			
备注								

开票人：苏姝婷

报账(付款)审批单

2022 年 12 月 18 日　　　　　　　　　　　　　　附单据：1 张

部　门	办公室	事　由	招待
项目名称	金额(元)	付款(结算)方式	备　注
管理费用	1 166.00	库存现金	
合　计	1 166.00		

总经理：章飞跃　　　财务经理：乔国辉　　　部门主管：张志坤　　　申请人：张志坤

业务 49：支付业务招待费,共 2 张原始凭证。

凭证 49-1　增值税电子普通发票

凭证 49-2　报账(付款)审批单

电子发票(增值税专用发票)

发票号码：23322000026263073005
开票日期：2022 年 12 月 18 日

购买方信息	名称：苏州顺驰汽车科技有限公司 统一社会信用代码/纳税人识别号：9132011578383206X8	销售方信息	名称：苏州匠新汽车维修有限公司 统一社会信用代码/纳税人识别号：91320106690313508A

项目名称	规格型号	单位	数量	单价	金额	税率/征收率	税额
*修理修配劳务*汽车维修					3 185.84	13%	414.16
合　　计					¥3 185.84		¥414.16

价税合计(大写)	⊗叁仟陆佰元整	(小写)¥3 600.00
备注		

开票人：薛雯

报账(付款)审批单

2022 年 12 月 18 日　　　　　　　　　　　　　　　　　　附单据：1 张

部　门	车队	事　由	12月份汽修费
项目名称	金额(元)	付款(结算)方式	备　注
汽车维修费用	3 600.00	库存现金	
合　计	3 600.00		

总经理：章飞跃　　　财务经理：乔国辉　　　部门主管：张志坤　　　申请人：张志坤

业务 50：支付汽车维修费用，共 2 张原始凭证。

凭证 50-1　增值税专用发票

凭证 50-2　报账(付款)审批单

电子发票（增值税专用发票）

发票号码：22322000011002070202
开票日期：2022 年 12 月 18 日

购买方信息	名称：苏州森龙家具制造有限公司 统一社会信用代码/纳税人识别号：91320113787110384B	销售方信息	名称：苏州顺驰汽车科技有限公司 统一社会信用代码/纳税人识别号：9132011578383206X8

项目名称	规格型号	单位	数量	单价	金额	税率/征收率	税额
*不动产经营租赁*厂房租赁					9 174.31	9%	825.69
合　计					¥9 174.31		¥825.69

价税合计（大写）	⊗壹万元整	（小写）¥10 000.00

备注：12月份房租

开票人：黄娟

中国工商银行 进账单（收账通知） 3

2022 年 12 月 18 日　　　第　号

出票人	全　称	苏州森龙家具制造有限公司	收款人	全　称	苏州顺驰汽车科技有限公司
	账　号	10102501020053236		账　号	4301011409100236682
	开户银行	农业银行苏州吴中支行		开户银行	工商银行苏州平江支行

金额	人民币（大写）	壹万元整	千	百	十	万	千	百	十	元	角	分
						¥1	0	0	0	0	0	0

票据种类	转账支票	票据张数	1
票据号码	24007520		

复核　　　记账　　　收款人开户银行签章

中国工商银行 苏州平江支行 2022.12.18 转讫

此联是收款人开户银行交给收款人的收账通知

业务 51：收到本月厂房租金，共 2 张原始凭证。

凭证 51-1　增值税专用发票

凭证 51-2　进账单

苏州顺驰汽车科技有限公司

违章作业处罚的决定

经过调查核实,生产部门冷加工车间员工盛华为在12月18日当班期间,未能遵守作业规范,操作不当,造成产品质量出现瑕疵,不符合质量要求。根据公司管理制度的规定,给予当事人罚款贰佰元处理。

望全体员工引以为戒,严格遵守作业规范,确保安全生产。

经研究决定,同意办公室意见。

办公室
2022年12月18日

收 款 收 据

收款日期:2022年12月20日

交款单位或交款人	盛华为	收款方式	现金								
收款事由	违章作业,按公司管理制度处以罚款		现金收讫								
金额	人民币(大写)	⊗贰佰元整		十	万	千	百	十	元	角	分
							¥2	0	0	0	0

财务经理:　　　　　　　　　记账:　　　　　　　　　经办人:李梦旭

业务 52：收到车间工人违章作业罚款，共 2 张原始凭证。

凭证 52-1　处罚决定

凭证 52-2　收款收据

家庭困难职工补助发放清单

2022 年 12 月 21 日

编号	姓　名	部　门	补助金额	签　收
1	杨国伟	热处理车间	600.00	杨国伟
2	彭　茜	冷加工车间	600.00	彭　茜
3	史冬雪	销售部门	600.00	史冬雪
4	唱晓阳	维修车间	1 000.00	唱晓阳
5	张志坤	车　队	1 000.00	张志坤
合计		现金付讫	3 800.00	

总经理：章飞跃　　　财务经理：乔国辉　　　制表：杨富春　　　出纳：李梦旭

业务 53：开出现金支票，从银行提取现金作为备用金，共 1 张原始凭证。

凭证 53　现金支票存根

业务 54：向家庭困难职工发放补助，共 1 张原始凭证。

凭证 54　家庭困难职工补助发放清单

附录二 12月份经济业务原始凭证

电子发票(增值税专用发票)

发票号码：22320000165201330200
开票日期：2022 年 12 月 21 日

购买方信息	名称：上海万象新能源科技有限公司 统一社会信用代码/纳税人识别号：913101177960479Y27		销售方信息	名称：苏州顺驰汽车科技有限公司 统一社会信用代码/纳税人识别号：9132011578383206X8	

项目名称	规格型号	单位	数量	单价	金额	税率/征收率	税额
*机动车零配件*配件B		只	15 000	22.00	330 000.00	13%	42 900.00
*机动车零配件*配件C		只	8 000	18.00	144 000.00	13%	18 720.00
合计					¥474 000.00		¥61 620.00
价税合计(大写)	⊗伍拾叁万伍仟陆佰贰拾元整				(小写)¥535 620.00		
备注							

开票人：黄娟

商业承兑汇票

出票日期（大写） 贰零贰贰 年 壹拾贰 月 贰拾壹 日   2 00100061 25762199

付款人	全称	上海万象新能源科技有限公司	收款人	全称	苏州顺驰汽车科技有限公司
	账号	3100158323608225896		账号	4301011409100236682
	开户行	中国建设银行上海车墩支行		开户行	中国工商银行苏州平江支行

出票金额	人民币（大写）	伍拾叁万伍仟陆佰贰拾元整		亿	千	百	十	万	千	百	十	元	角	分
			¥			5	3	5	6	2	0	0	0	

汇票到期日（大写）	贰零贰叁年零贰月贰拾壹日	行号	105290080093
交易合同号码		地址	上海市车墩镇虹长路208号

本汇票已经承兑，到期无条件付票款。   本汇票请予以承兑，并于到期日付款。

2022年12月21日

此联持票人开户行随托收凭证寄付款人开户行作借方凭证附件

业务 55：销售产品，共 3 张原始凭证。

凭证 55-1　增值税专用发票

凭证 55-2　商业承兑汇票

产 品 出 库 单

2022 年 12 月 21 日　　　　　　　　凭证编号：CK1204

用途：销售　　　　　　　　　　　　　仓库：产成品库

产品编号	名称及规格	计量单位	数量	单位成本	总成本	备注
02	配件 B	只	15 000			
03	配件 C	只	8 000			
合　计			23 000			

供销主管：　　　　　保管员：贺宏光　　　　　记账：杨富春　　　　　制单：石梦园

② 财务联

中国工商银行　网上银行电子回单

电子回单号码：0032-5821-7910-1100

付款人	户　名		收款人	户　名	苏州驰汽车科技有限公司
	账　号			账　号	43010114091002366 82
	开户银行			开户银行	工商银行苏州平江支行
金额	￥2 596.70		金额（大写）		人民币贰仟伍佰玖拾陆元柒角整
摘要	利息		业务（产品）种类		利息入账
用途					
交易流水号	0		时间戳		2022-12-21-02.42.10.978.712
备注：起息日期：2022-9-21　　止息日期：2022-12-20					
验证码：6xmFvDKdeA8hqZNWIralv7xMeR8ApBe=					
记账网点	00166	记账柜员	00002	记账日期	2022 年 12 月 21 日

打印日期：2022 年 12 月 21 日

凭证55-3　产品出库单

业务56：收到银行存款利息，共1张原始凭证。

凭证56　网上银行电子回单

电子发票(增值税专用发票)

发票号码：22322000905600020310

开票日期：2022 年 12 月 22 日

购买方信息	名称：苏州顺驰汽车科技有限公司 统一社会信用代码/纳税人识别号：91320115783832 06X8	销售方信息	名称：无锡爱邦包装制品有限公司 统一社会信用代码/纳税人识别号：91320205732490674R

项目名称	规格型号	单位	数 量	单 价	金 额	税率/征收率	税 额
*塑料制品*泡沫塑料		千克	150	15	2 250.00	13%	292.50
合　　计					￥2 250.00		￥292.50
价税合计(大写)	⊗贰仟伍佰肆拾贰元伍角			(小写)￥2 542.50			
备注							

开票人：程思凡

收 料 单

供应单位：无锡爱邦包装制品有限公司　　　　　　　　　　　　收料单号码：SL1210

发票号码：22322000905600020310　　　2022 年 12 月 22 日　　收料仓库：原料库

材料编号	名称及规格	计量单位	数 量		实际成本		备注
			应收	实收	单价	金额	
	泡沫塑料	千克	150	150	15.00	2 250.00	②财务联
合　　计			150	150		2 250.00	

供销主管：　　　　　保管员：胡育康　　　　　记账：杨富春　　　　　制单：芮晶晶

业务 57：采购材料已入库，共 2 张原始凭证。

凭证 57-1　增值税专用发票

凭证 57-2　收料单

中国工商银行股份有限公司苏州分行贷款还息凭证

打印日期：2022 年 12 月 22 日

客户号：025628453
借款单位：苏州顺驰汽车科技有限公司　　　　　　　　机构代码：102

产生利息账号	还息金额（按季）	现有余额	备　注
234500000-90	4 500.00		合同号 1087330
金额合计	（大写）人民币肆仟伍佰元整		
	（小写）CNY4 500.00		

付款账号：4301011409100236682
合同编号：1087330
交易业务号：102NJA58452031130

开票　朱苗婷　　　　记账　　　　　复核　　　　　（盖章）

中国工商银行　网上银行电子回单

电子回单号码：0032-5819-0710-1100

付款人	户　名	苏州顺驰汽车科技有限公司	收款人	户　名	中国工商银行股份有限公司苏州平江支行
	账　号	4301011409100236682		账　号	4301012205113729366
	开户银行	工商银行苏州平江支行		开户银行	工商银行苏州分行
金额		￥404 500.00	金额（大写）		人民币肆拾万肆仟伍佰元整
摘要		偿还一年期贷款	业务（产品）种类		偿还长期贷款
用途					
交易流水号		00000000	时间戳		2022-12-22-21.27.10.435.700
备注：					
产品名称：长期贷款　借款本金：400 000.00 元					
起息日期：2021-12-23　止息日期：2022-12-22					
验证码：Q9oYAHx0M9ErqJcCA450/LuRA0zJamZg0＝					
记账网点	00157	记账柜员	00002	记账日期	2022 年 12 月 22 日

打印日期：2022 年 12 月 22 日

业务 58：偿还长期贷款，共 2 张原始凭证。

凭证 58-1　贷款还息凭证

凭证 58-2　网上银行电子回单

贴现凭证（收款通知） 4

申请日期：2022 年 12 月 22 日　　　　第 20204582 号

贴现汇票	种　类	商业承兑汇票	号码	25762199		持票人	名　称	苏州顺驰汽车科技有限公司									
	出票日	2022 年 12 月 21 日					账　号	4301011409100236682									
	到票日	2023 年 3 月 21 日					开户银行	工商银行苏州平江支行									
汇票承兑人	名　称	上海万象新能源科技有限公司				开户银行		建行上海车墩支行									
汇票金额	人民币（大写）	伍拾叁万伍仟陆佰贰拾元整						千	百	十	万	千	百	十	元	角	分
									¥	5	3	5	6	2	0	0	0
贴现率		贴现利息		千 百 十 万 千 百 十 元 角 分			实付贴现金额	千	百	十	万	千	百	十	元	角	分
				¥　　　2 6 7 8 1 0					¥	5	3	2	9	4	1	9	0

贴现款项已入你单位账户。

（银行签章：中国工商银行苏州平江支行 2022.12.22 转讫）

备注：

东吴证券股份有限公司

客户名称：苏州顺驰汽车科技有限公司　　　　　日期：2022 年 12 月 23 日

000651	成交过户交割单	买

股东编号：896572
电脑编号：290656
公司编号：1029

成交证券：格力电器
成交数量：3 000
成交价格：55.32

申请编号：4665
申报时间：14：28
成交时间：15：20

成交金额：168 996.00
标准佣金：253.44
过户费用：

上次余额：0（股）
本次成交：3 000（股）
本次余额：3 000（股）
本次库存：

印花税：
应收金额：
附加费用：

实付金额：￥169 249.44

（东吴证券苏州大道证券营业部 业务专用章）

③通知联

业务 59：办理商业承兑汇票贴现，共 1 张原始凭证。

凭证 59　贴现凭证

业务 60：购入股票，期望在短期价格变化中获利，共 2 张原始凭证。

凭证 60-1　成交过户交割单

电子发票(增值税专用发票)

发票号码：22322000003210280203
开票日期：2022 年 12 月 23 日

购买方信息	名称：苏州顺驰汽车科技有限公司					销售方信息	名称：东吴证券股份有限公司		
	统一社会信用代码/纳税人识别号：9132011578383206X8						统一社会信用代码/纳税人识别号：913201100134881536B		

项目名称	规格型号	单位	数量	单价	金额	税率/征收率	税额
*金融服务*直接收费金融服务			1	239.0943396226	239.09	6%	14.35

合 计					¥239.09		¥14.35
价税合计(大写)	⊗贰佰伍拾叁元肆角肆分				(小写)¥253.44		
备注							

开票人：赵文泉

电子发票(增值税专用发票)

发票号码：22322002012803023010
开票日期：2022 年 12 月 24 日

购买方信息	名称：苏州顺驰汽车科技有限公司					销售方信息	名称：中国联合网络通信有限公司苏州分公司		
	统一社会信用代码/纳税人识别号：9132011578383206X8						统一社会信用代码/纳税人识别号：91320100728361205		

项目名称	规格型号	单位	数量	单价	金额	税率/征收率	税额
*电信服务*通信服务费			1	2 700.00	2 700.00	9%	243.00

合 计					¥2 700.00		¥243.00
价税合计(大写)	⊗贰仟玖佰肆拾叁元整				(小写)¥2 943.00		
备注							

开票人：周秀莉

凭证 60-2　增值税专用发票

业务 61：支付本月通信费用，共 3 张原始凭证。

凭证 61-1　增值税专用发票

中国工商银行　网上银行电子回单

电子回单号码：0035-0256-0152-1100

付款人	户　名	苏州顺驰汽车科技有限公司	收款人	户　名	中国联合网络通信有限公司苏州分公司
	账　号	4301011409100236682		账　号	320006621010141069896
	开户银行	工商银行苏州平江支行		开户银行	交通银行苏州平江支行
金额		￥2 943.00	金额（大写）		人民币贰仟玖佰肆拾叁元整
摘要			业务（产品）种类		跨行发报
用途		通信服务费			
交易流水号		15003211	时间戳		2022-12-24-11.53.03.006.219
	备注：				
	验证码：O32eCdLtp2Jzv9e1xOLmqH5o7N40＝				
记账网点	00214	记账柜员	00021	记账日期	2022 年 12 月 24 日

打印日期：2022 年 12 月 24 日

---

12 月通信费用明细表

序号	部　门	通信费用
1	热处理车间	100.00
2	冷加工车间	100.00
3	机修车间	150.00
4	车　队	250.00
5	销售部门	1 300.00
6	管理部门	800.00
合计		2 700.00

审核：乔国辉　　　　　　　　　　　　　　　记账：程倩倩

凭证 61-2　网上银行电子回单

凭证 61-3　通信费用明细表

报账(付款)审批单

2022 年 12 月 25 日　　　　　　　　　　　　　　　　附单据：6 张

部　门	车队	事　由	12月份汽油费
项目名称	金额(元)	付款(结算)方式	备　注
汽油费	2 400.00	库存现金	
合　计	2 400.00		

总经理：章飞跃　　　　财务经理：乔国辉　　　　部门主管：张志坤　　　　申请人：张志坤

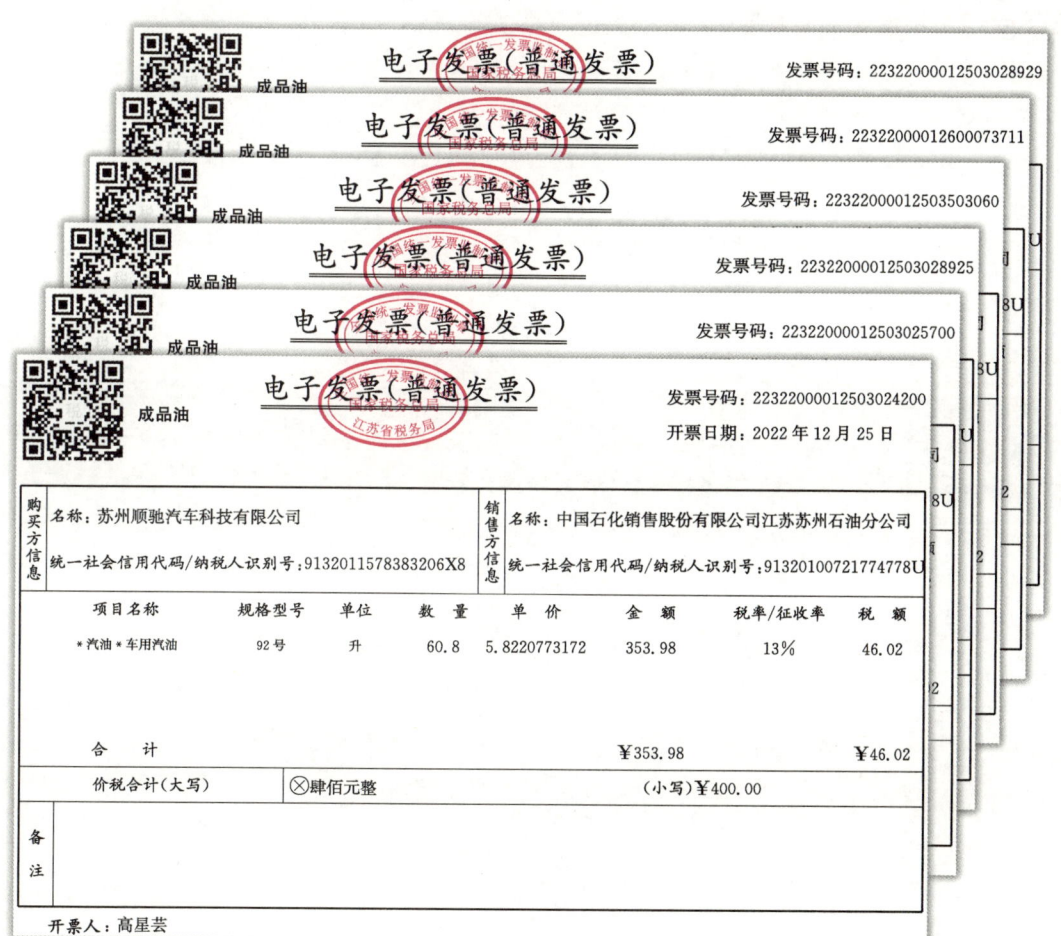

电子发票（普通发票）　发票号码：22322000012503028929
电子发票（普通发票）　发票号码：22322000012600073711
电子发票（普通发票）　发票号码：22322000012503503060
电子发票（普通发票）　发票号码：22322000012503028925
电子发票（普通发票）　发票号码：22322000012503025700
电子发票（普通发票）　发票号码：22322000012503024200
开票日期：2022 年 12 月 25 日

购买方信息　名称：苏州顺驰汽车科技有限公司
统一社会信用代码/纳税人识别号：9132011578383206X8

销售方信息　名称：中国石化销售股份有限公司江苏苏州石油分公司
统一社会信用代码/纳税人识别号：91320100721774778U

项目名称	规格型号	单位	数量	单价	金额	税率/征收率	税额
*汽油*车用汽油	92号	升	60.8	5.8220773172	353.98	13%	46.02
合　计					¥353.98		¥46.02
价税合计(大写)	⊗肆佰元整			(小写)¥400.00			

备注：
开票人：高星芸

注：每张发票金额均为 400 元。

业务 62：车队报销汽油费,共 6 张原始凭证。

凭证 62-1　报账(付款)审批单

凭证 62-2　增值税普通发票

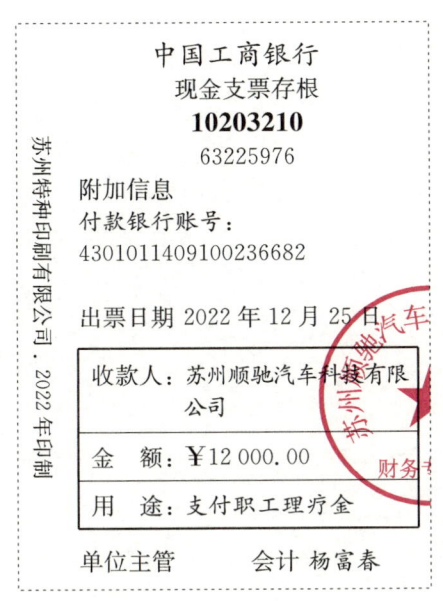

职工理疗金发放签字表

制单部门：办公室　　　　　　　　　　　　　　　　　　　　日期：2022年12月25日

序号	部　门	职工人数	发放标准	金　额	经领人
1	热处理车间	36	120元/人	4 320.00	杨国伟
2	冷加工车间	42	120元/人	5 040.00	吴　茜
3	机修车间	6	120元/人	720.00	郭复兴
4	车　队	3	120元/人	360.00	张志坤
5	管理部门	4	120元/人	480.00	赵艳来
6	销售部门	9	120元/人	1 080.00	钟国梦
合计		100		12 000.00	

业务63：开出现金支票,从银行提取现金作为备用金,共1张原始凭证。

凭证63 现金支票存根

业务64：发放理疗金,共1张原始凭证。

凭证64 职工理疗金发放签字表

固定资产处置申请单

2022 年 12 月 25 日

固定资产名称	供油设备	资产编号	2305	购建时间	2018 年 4 月
使用部门	热处理车间	处置数量	1 台	停用时间	2022 年 12 月
已提折旧月数	55 个月	月折旧额	1 529.67	原 值	95 000.00
有效使用年限	60 个月	累计折旧	84 131.85	净残值	3 219.8

处置原因：设备严重老化，无维修价值

财务部门负责人：	公司负责人：
同意报废　邱兆明 2022 年 12 月 25 日	同意报废　章飞跃 2022 年 12 月 25 日

编制人：熊　岳　　　　　　　　　　　　使用部门负责人：杨国伟

电子发票（增值税专用发票）

发票号码：23322002002600025032
开票日期：2022 年 12 月 26 日

购买方信息	名称：苏州顺驰汽车科技有限公司 统一社会信用代码/纳税人识别号：9132011578383206X8
销售方信息	名称：南京亮洁设备清理有限公司 统一社会信用代码/纳税人识别号：913201165802775911K

项目名称	规格型号	单位	数量	单价	金额	税率/征收率	税额
*现代服务*供油设备清理		次	1		1 000.00	3%	30.00
合　　计					¥1 000.00		¥30.00

价税合计（大写）　⊗壹仟零叁拾元整　　　　　（小写）¥1 030.00

备注：

开票人：郑诚

业务65：供油设备老化，申请报废，共1张原始凭证。

凭证65　固定资产处置申请单

业务66：支付供油设备清理费，共2张原始凭证。

凭证66-1　增值税专用发票

中国工商银行　网上银行电子回单

电子回单号码：0037-3776-2528-1100

付款人	户名	苏州顺驰汽车科技有限公司	收款人	户名	南京亮洁设备清理有限公司
	账号	4301011409100236682		账号	100001040004357
	开户银行	工商银行苏州平江支行		开户银行	农业银行南京迈皋桥支行
金额		¥1 030.00	金额(大写)		人民币壹仟零叁拾元整
摘要			业务(产品)种类		跨行发报
用途		供油设备清理费			
交易流水号		30202215	时间戳		2022-12-26-10.06.23.311.212
备注					
验证码：Mn92oak110RO60B1E70T2JQpfd67a40=					
记账网点	00104	记账柜员	00006	记账日期	2022 年 12 月 26 日

打印日期：2022 年 12 月 26 日

发票号码：23322000000210310528

开票日期：2022 年 12 月 27 日

购买方信息	名称：南京复生资源回收有限公司	销售方信息	名称：苏州顺驰汽车科技有限公司
	统一社会信用代码/纳税人识别号：91320191783367999B		统一社会信用代码/纳税人识别号：9132011578383206X8

项目名称	规格型号	单位	数量	单价	金额	税率/征收率	税额
*电气工业设备*供油设备			1	2 500.00		13%	325.00
合　计					¥2 500.00		¥325.00
价税合计(大写)	⊗贰仟捌佰贰拾伍元整				(小写)¥2 825.00		
备注	报废设备，作废品处理						

开票人：黄娟

凭证 66-2　网上银行电子回单

业务 67：供油设备残料回收，共 2 张原始凭证。

凭证 67-1　增值税普通发票

中国工商银行　网上银行电子回单

电子回单号码:0030-2402-3057-1100

付款人	户　名	南京复生资源回收有限公司	收款人	户　名	苏州顺驰汽车科技有限公司
	账　号	100021352260282		账　号	4301011409100236682
	开户银行	农业银行南京秣陵分理处		开户银行	工商银行苏州平江支行
	金额	¥2 825.00		金额(大写)	人民币贰仟捌佰贰拾伍元整
	摘要	废品回收		业务(产品)种类	跨行收报
	用途				
	交易流水号	50162337		时间戳	2022-12-27-18.03.03.026.166
	备注：				
	验证码:2L29LsIng6Fcu0s8rwy91kH5ZZ8U2JH40＝				
记账网点	00082	记账柜员	00022	记账日期	2022年12月27日

打印日期:2022年12月27日

固定资产处置结果表

2022年12月28日

固定资产名称	供油设备	原　价	95 000.00	已提折旧	84 131.85
净　值	10 868.15	出售价格	2 500.00	清理费用	1 000.00
出售净损益	−9 368.15				

财务部意见：

报废净损失按企业会计准则处理。
邱兆明
2022年12月28日

公司负责人意见：

同意
章飞跃
2022年12月28日

凭证 67-2　网上银行电子回单

业务 68：结转供油设备处置净损益，共 1 张原始凭证。

凭证 68　固定资产处置结果表

电子发票（普通发票）

发票号码：23322002012002017255
开票日期：2022 年 12 月 28 日

购买方信息	名称：苏州顺驰汽车科技有限公司 统一社会信用代码/纳税人识别号：9132011578383206X8	销售方信息	名称：中国联合网络通信有限公司苏州分公司 统一社会信用代码/纳税人识别号：9132010072836122O5

项目名称	规格型号	单位	数量	单价	金额	税率/征收率	税额
*电信服务*宽带服务				1 000.00	1 000.00	9%	90.00
合　　计					￥1 000.00		￥90.00

价税合计（大写）	⊗壹仟零玖拾元整　　　　　　　（小写）￥1 090.00
备注	

开票人：周秀莉

中国工商银行　网上银行电子回单

电子回单号码：0035-0158-2166-1100

付款人	户　名	苏州顺驰汽车科技有限公司	收款人	户　名	中国联合网络通信有限公司苏州分公司
	账　号	4301011409100236682		账　号	320006621010141069896
	开户银行	工商银行苏州平江支行		开户银行	交通银行苏州平江支行
	金　额	￥1 090.00		金额（大写）	人民币壹仟零玖拾元整
	摘要			业务（产品）种类	跨行发报
	用途	宽带服务费			
	交易流水号	18721026		时间戳	2022-12-28-12.53.13.336.291
	备注：				
	验证码：A34RkxT5GUS0CYCLq5p2Jzv9e1x0=				
记账网点	00018	记账柜员	00003	记账日期	2022 年 12 月 28 日

打印日期：2022 年 12 月 28 日

业务 69：支付本月宽带服务费，共 2 张原始凭证。

凭证 69-1　增值税普通发票

凭证 69-2　网上银行电子回单

电子发票(增值税专用发票)

发票号码：22320000165206010442
开票日期：2022 年 12 月 28 日

购买方信息	名称：常州德佳精密制造有限公司 统一社会信用代码/纳税人识别号：913204125558194660	销售方信息	名称：苏州顺驰汽车科技有限公司 统一社会信用代码/纳税人识别号：9132011578383206X8

项目名称	规格型号	单位	数 量	单 价	金 额	税率/征收率	税 额
*机动车零配件*配件A		只	16 000	20.00	320 000.00	13%	41 600.00
合 计					¥320 000.00		¥41 600.00
价税合计(大写)	⊗叁拾陆万壹仟陆佰元整				(小写)¥361 600.00		
备注							

开票人：黄娟

产品出库单

2022 年 12 月 28 日

凭证编号：CK1205

用途：销售   仓库：产成品库

产品编号	名称及规格	计量单位	数量	单位成本	总成本	备注
01	配件A	只	16 000			
	合计					

②财务联

供销主管：　　　保管员：贺宏光　　　记账：杨富春　　　制单：石梦园

业务 70：销售产品，共 2 张原始凭证。

凭证 70-1　增值税专用发票

凭证 70-2　产品出库单

现金盘点报告单
2022 年 12 月 29 日

日　　期	账面余额	实际库存额	长款	短款	原因	处理意见
12月29日				100.00	待查	

出纳：李梦旭　　　　　　　　　记账：　　　　　　　　　　　　财务经理：

现金盘点报告单
2022 年 12 月 30 日

日　　期	账面余额	实际库存额	长款	短款	原因	处理意见
12月30日				100.00	出纳遗失	转入"其他应收款" 邱兆明

出纳：李梦旭　　　　　　　　　记账：　　　　　　　　　　　　财务经理：

收 款 收 据
2022 年 12 月 30 日

交款单位或交款人	李梦旭		收款方式	现金							
收款事由	赔款										
金额	人民币（大写）	⊗壹佰元整			十	万	千	百	十	元	角	分
								¥	1	0	0	0	0

财务经理：　　　　　　　　　　记账：　　　　　　　　　　　　经办人：李梦旭

第二联　记账联

业务 71：现金盘亏，原因待查，共 1 张原始凭证。

凭证 71　现金盘点报告单

业务 72：查明现金盘亏原因，共 1 张原始凭证。

凭证 72　现金盘点报告单

业务 73：收到赔款，共 1 张原始凭证。

凭证 73　收款收据

附录二　12月份经济业务原始凭证　157

电子发票（增值税专用发票）

发票号码：22322002002600031099
开票日期：2022 年 12 月 30 日

购买方信息	名称：苏州顺驰汽车科技有限公司 统一社会信用代码/纳税人识别号：9132011578383206X8	销售方信息	名称：国网江苏省电力有限公司苏州供电分公司 统一社会信用代码/纳税人识别号：91320100733144888A

项目名称	规格型号	单位	数量	单价	金额	税率/征收率	税额
*售电*工业用电		度	25 600	0.725	18 560.00	13%	2 412.80
*售电*民用电		度	3 400	0.425	1 445.00	13%	187.85
合　计					¥20 005.00		¥2 600.65
价税合计（大写）	⊗贰万贰仟陆佰零伍元陆角伍分				（小写）¥22 605.65		
备注							

开票人：邓诗韵

中国工商银行　网上银行电子回单

电子回单号码：0015-3200-2605-1100

付款人	户　名	苏州顺驰汽车科技有限公司	收款人	户　名	国网江苏省电力有限公司苏州供电分公司
	账　号	4301011409100236682		账　号	033841072040002681
	开户银行	工商银行苏州平江支行		开户银行	农业银行苏州平江支行
	金额	¥22 605.65		金额（大写）	人民币贰万贰仟陆佰零伍元陆角伍分
	摘要			业务（产品）种类	跨行发报
	用途	电费			
	交易流水号	35028260		时间戳	2022-12-30-17.53.38.420.522
	备注：				
	验证码：3ecvMS23uxa90tuzRv87X 23uUxpp90				
记账网点	00505	记账柜员	00006	记账日期	2022 年 12 月 30 日

打印日期：2022 年 12 月 30 日

业务74：支付本月电费，共3张原始凭证。

凭证74-1　增值税专用发票

凭证74-2　网上银行电子回单

电费分配表

2022 年 12 月 30 日

类 别	受益对象	定额工时	用电量(度)	分配率	分配金额
工业用电	热处理车间		9 400		
	冷加工车间		16 200		
	小 计		25 600		
民用电	销售部门		500		
	管理部门		900		
	机修车间		1 500		
	车 队		500		
	小 计		3 400		
合 计			29 000		

制表:

电子发票（增值税专用发票）

发票号码：22322002001200011051

开票日期：2022 年 12 月 31 日

购买方信息	名称：苏州顺驰汽车科技有限公司	销售方信息	名称：苏州市姑苏区自来水有限公司
	统一社会信用代码/纳税人识别号：9132011578383206X8		统一社会信用代码/纳税人识别号：913201151355920 15Y

项目名称	规格型号	单位	数量	单价	金 额	税率/征收率	税 额
*水*自来水		吨	1 974	2.10	4 145.40	9%	373.09
合 计					¥4 145.40		¥373.09
价税合计(大写)	⊗肆仟伍佰壹拾捌元肆角玖分				(小写)¥4 518.49		

备注

开票人：潘春蕾

凭证 74-3　电费分配表

业务 75：支付本月水费，共 4 张原始凭证。

凭证 75-1　增值税专用发票

电子发票(增值税专用发票)

发票号码：22322002001200011066
开票日期：2022 年 12 月 31 日

购买方信息	名称：苏州顺驰汽车科技有限公司 统一社会信用代码/纳税人识别号：9132011578383206X8	销售方信息	名称：苏州市姑苏区自来水有限公司 统一社会信用代码/纳税人识别号：91320115135592015Y

项目名称	规格型号	单位	数量	单价	金额	税率/征收率	税额
*水冰雪*污水处理费		吨	1974	1.95	3 849.30	0%	0.00
合　计					¥3 849.30		¥0.00

价税合计（大写）	⊗叁仟捌佰肆拾玖元叁角整	（小写）¥3 849.30

备注	

开票人：潘春蕾

中国工商银行　网上银行电子回单

电子回单号码：0016-2066-23095-1100

付款人	户　名	苏州顺驰汽车科技有限公司	收款人	户　名	苏州市姑苏区自来水有限公司
	账　号	4301011409100236682		账　号	4301105569311234782
	开户银行	工商银行苏州平江支行		开户银行	工商银行苏州葑门分理处
金额		¥8 367.79	金额（大写）		人民币捌仟叁佰陆拾柒元柒角玖分
摘要			业务（产品）种类		汇划发报
用途		水费			
交易流水号		20126250	时间戳		2022-12-31-17.23.10.220.945
备注：					
验证码：JN0922zls00BTA3cf2DGsZRv823Upp=					
记账网点	00505	记账柜员	00006	记账日期	2022 年 12 月 31 日

打印日期：2022 年 12 月 31 日

凭证 75-2　增值税专用发票

凭证 75-3　网上银行电子回单

费用分配表

2022 年 12 月 31 日

部　门	用量(吨)	自来水费用分摊	污水处理费分摊	合　计
热处理车间	500			
冷加工车间	900			
机修车间	210			
车　队	190			
销售部门	74			
管理部门	100			
合　计	1 974			

审核：　　　　　　　　　　　　记账：　　　　　　　　　　　　制单：

机修工人夜班补贴发放表

2022 年 12 月 31 日

序号	姓　名	夜班次数	补贴金额	签　名
1	张志坤	6	600.00	张志坤
2	董荣珺	10	1 000.00	董荣珺
3	蔡锦尚	8	800.00	蔡锦尚
合计			￥2 400.00	

现金付讫

凭证75-4　费用分配表

业务76：发放机修工人夜班补贴，共1张原始凭证。

凭证76　机修工人夜班补贴发放表

发出材料单位成本计算表

2022 年 12 月 31 日

材料名称	本月期初		本月购入		加权平均单价
	数量	金额	数量	金额	
甲材料					
乙材料					
润滑剂 A					
润滑剂 B					
成品油 A					
成品油 B					
泡沫塑料					
配件 A 包装箱					
配件 B 包装箱					
配件 C 包装箱					
防护服					
安全帽					

原材料发料汇总表

2022 年 12 月 31 日

用途	甲材料		乙材料		润滑剂 A		润滑剂 B		成品油 A		成品油 B		泡沫塑料		金额合计
	数量	金额	数量	金额	数量	金额	数量	金额	数量	金额	数量	金额	数量	金额	
配件 A	2 000		14 000		210		150		1 400		2 900		120		
配件 B	1 900		15 000		200		140		1 500		3 000		130		
配件 C	400		3 000		60		40		350		580		50		
合 计	4 300		32 000		470		330		3 250		6 480		300		

审核： 记账： 制单：

业务 77：汇总本月发出材料金额，共 3 张原始凭证。

凭证 77-1　发出材料单位成本计算表

凭证 77-2　原材料发料汇总表

周转材料发料汇总表

2022 年 12 月 31 日

用途	配件 A 包装箱		配件 B 包装箱		配件 C 包装箱		防护服		安全帽		金额合计
	数量	金额	数量	金额	数量	金额	数量	金额	数量	金额	
配件 A	340										
配件 B			320								
配件 C					200						
热处理车间							30		30		
冷加工车间							30		30		
机修车间							10		10		
车队							5		5		
合计											

审核：　　　　　　记账：　　　　　　　　　　　　　制单：

财产物资盘点报告单

类别：存货　　　　2022 年 12 月 31 日

类别	名称	单位	数量		盘盈		盘亏		备注
			账面数	盘点数	数量	金额	数量	金额	
包装材料	泡沫塑料	千克	140	137			3		
合计									

原因分析：合理范围内的计量误差　　　　审批意见：转入"管理费用"

单位盖章：　　　　财务负责人：乔国辉　　　　　　制表：杨富春

凭证 77-3　周转材料发料汇总表

业务 78：存货盘亏，共 1 张原始凭证。

凭证 78　财产物资盘点报告单

苏州顺驰汽车科技有限公司

关于核销存货盘亏的请示

公司领导：

　　按照公司管理制度要求，年末存货盘点，发现泡沫塑料盘亏三千克，属于合理范围内的计量误差，请批准转入"管理费用"。

财 务 部

2022 年 12 月 31 日

经研究决定，同意财务部的意见。

职工工资计算表

2022 年 12 月 31 日

部门		应付工资	代扣款项					实发工资
			个人所得税	养老保险	失业保险	医疗保险	住房公积金	
热处理车间	生产工人	169 000.00	845.00	13 520.00	845.00	3 380.00	13 520.00	136 890.00
	管理人员	13 000.00	65.00	1 040.00	65.00	260.00	1 040.00	10 530.00
冷加工车间	生产工人	217 000.00	1 085.00	17 360.00	1 085.00	4 340.00	17 360.00	175 770.00
	管理人员	15 000.00	75.00	1 200.00	75.00	300.00	1 200.00	12 150.00
机修车间		27 900.00	139.50	2 232.00	139.50	558.00	2 232.00	22 599.00
车　队		29 600.00	148.00	2 368.00	148.00	592.00	2 368.00	23 976.00
销售部门		42 100.00	210.50	3 368.00	210.50	842.00	3 368.00	34 101.00
管理部门		64 900.00	324.50	5 192.00	324.50	1 298.00	5 192.00	52 569.00
合　计		578 500.00	2 892.50	46 280.00	2 892.50	11 570.00	46 280.00	468 585.00

业务 79：核销存货盘亏，共 1 张原始凭证。

凭证 79　请示文件

业务 80：分配本月工资费用，共 2 张原始凭证。

凭证 80-1　职工工资计算表

工资费用分配计算表

2022 年 12 月 31 日

产品车间部门		生产工时(小时)	分配率	分配金额
热处理车间生产工人	配件 A	12 000		
	配件 B	14 000		
	配件 C	8 500		
	小　计	34 500		169 000.00
热处理车间管理人员				13 000.00
冷加工车间生产工人	配件 A	10 000		
	配件 B	11 000		
	配件 C	10 000		
	小　计	31 000		217 000.00
冷加工车间管理人员				15 000.00
机修车间				27 900.00
车　队				29 600.00
销售部门				42 100.00
管理部门				64 900.00
合　计				578 500.00

社会保险费费用分配计算表

2022 年 12 月 31 日

产品车间部门		生产工时（小时）	分配金额（合计）	养老保险	医疗保险	失业保险	工伤保险	生育保险
热处理车间生产工人	配件 A	12 000						
	配件 B	14 000						
	配件 C	8 500						
	小　计	34 500						
热处理车间管理人员								
冷加工车间生产工人	配件 A	10 000						
	配件 B	11 000						
	配件 C	10 000						
	小　计	31 000						
冷加工车间管理人员								
机修车间								
车　队								
管理部门								
销售部门								
合　计								

凭证 80-2　工资费用分配计算表

业务 81：计算本月企业应负担的社会保险费，共 1 张原始凭证。

凭证 81　社会保险费费用分配计算表

工会经费费用分配计算表

2022 年 12 月 31 日

产品车间部门		生产工时(小时)	工会经费费用分配金额
热处理车间生产工人	配件 A	12 000	
	配件 B	14 000	
	配件 C	8 500	
	小　计	34 500	3 380.00
热处理车间管理人员			260.00
冷加工车间生产工人	配件 A	10 000	
	配件 B	11 000	
	配件 C	10 000	
	小　计	31 000	4 340.00
冷加工车间管理人员			300.00
机修车间			558.00
车　队			592.00
管理部门			1 298.00
销售部门			842.00
合　计			11 570.00

住房公积金费用分配计算表

2022 年 12 月 31 日

产品车间部门		生产工时(小时)	住房公积金分配额
热处理车间生产工人	配件 A	12 000	
	配件 B	14 000	
	配件 C	8 500	
	小　计	34 500	13 520.00
热处理车间管理人员			1 040.00
冷加工车间生产工人	配件 A	10 000	
	配件 B	11 000	
	配件 C	10 000	
	小　计	31 000	17 360.00
冷加工车间管理人员			1 200.00
机修车间			2 232.00
车　队			2 368.00
管理部门			5 192.00
销售部门			3 368.00
合　计			46 280.00

业务 82：计算本月企业应负担的社会保险费,共1张原始凭证。

凭证 82　社会保险费费用分配计算表

业务 83：计算本月企业应负担的职工住房公积金,共1张原始凭证。

凭证 83　住房公积金费用分配计算表

增值税纳税申报表

（一般纳税人适用）

根据国家税收法律法规及增值税相关规定制定本表。纳税人不论有无销售额，均应按税务机关核定的纳税期限填写本表，并向当地税务机关申报。

税款所属时间：自　　年　月　日至　　年　月　日　　　填表日期：　　年　月　日　　　金额单位：元至角分

纳税人识别号				所属行业：	
纳税人名称	（公章）	法定代表人姓名		注册地址		生产经营地址	
开户银行及账号		登记注册类型		电话号码	

	项　目	栏次	一般项目		即征即退项目	
			本月数	本年累计	本月数	本年累计
销售额	（一）按适用税率计税销售额	1				
	其中：应税货物销售额	2				
	应税劳务销售额	3				
	纳税检查调整的销售额	4				
	（二）按简易办法计税销售额	5				
	其中：纳税检查调整的销售额	6				
	（三）免、抵、退办法出口销售额	7			—	—
	（四）免税销售额	8			—	—
	其中：免税货物销售额	9			—	—
	免税劳务销售额	10			—	—
税款计算	销项税额	11				
	进项税额	12				
	上期留抵税额	13				
	进项税额转出	14				
	免、抵、退应退税额	15			—	—
	按适用税率计算的纳税检查应补缴税额	16				
	应抵扣税额合计	17＝12＋13－14－15＋16			—	
	实际抵扣税额	18（如 17＜11，则为 17，否则为 11）				
	应纳税额	19＝11－18				
	期末留抵税额	20＝17－18				
	简易计税办法计算的应纳税额	21				
	按简易计税办法计算的纳税检查应补缴税额	22				
	应纳税额减征额	23				
	应纳税额合计	24＝19＋21－23				

业务 84：计算并结转本月应交的增值税，共 1 张原始凭证。

凭证 84 增值税纳税申报表

(续表)

	项 目	栏次	一般项目		即征即退项目	
			本月数	本年累计	本月数	本年累计
税款缴纳	期初未缴税额（多缴为负数）	25				
	实收出口开具专用缴款书退税额	26			—	—
	本期已缴税额	27＝28＋29＋30＋31				
	①分次预缴税额	28			—	—
	②出口开具专用缴款书预缴税额	29			—	—
	③本期缴纳上期应纳税额	30				
	④本期缴纳欠缴税额	31				
	期末未缴税额（多缴为负数）	32＝24＋25＋26－27				
	其中：欠缴税额（≥0）	33＝25＋26－27			—	—
	本期应补（退）税额	34＝24－28－29			—	—
	即征即退实际退税额	35	—	—		
	期初未缴查补税额	36			—	—
	本期入库查补税额	37				
	期末未缴查补税额	38＝16＋22＋36－37			—	—
授权声明	如果你已委托代理人申报，请填写下列资料： 为代理一切税务事宜，现授权 （地址）　　　　　　为本纳税人的代理申报人，任何与本申报表有关的往来文件，都可寄予此人。 授权人签字：	申报人声明	本纳税申报表是根据国家税收法律法规及相关规定填报的，我确定它是真实的、可靠的、完整的。 声明人签字：			

以下由税务机关填写：
主管税务机关：　　　　　　接收人：　　　　　　接收日期：

地方税(费、基金)综合申报表

纳税人或扣缴义务人名称(盖章):

税款来源:□正常申报 □代扣代缴 □稽查查补 □预告自查 □纳税评估 □税款清算 □风险自查 □行政处罚 □委托代征 □其他

建筑业项目申报:□房产 □建筑 编号: 项目名称: 税务管理码:

单位:元(列至元角分)

征收项目	征收品目	税款所属期	应税收入	应税减除项目金额			免税收入	适用税率	应纳税额	减免税额	前期多缴税额	本期已缴税额	应征(退)税额	缴款方式
				上期未抵扣	本期发生抵扣	本期实际抵扣								□银行扣款
						本期未抵扣								□现金缴款
1	2	3	4	5			6	7	8=(4-5-6)*7	9	10	11	12=8-9-10-11	□其他
本表应缴纳税(基金)合计														

谨声明:
此纳税申报表是根据国家相关税收法律和有关税收规定填报的,是真实的、可靠的、完整的。

单位法定代表人:(签字)
　　　　　年　月　日

填表日期:
办税人:
联系电话:
填表日期:　年　月　日

税务机关受理人:
　　　　　年　月　日

业务 85：地方税(费、基金)综合申报，共 1 张原始凭证。

凭证 85 地方税(费、基金)综合申报表

地方税(费、基金)综合申报表说明

一、本表适用范围

本表适用于实行上门申报的纳税人在月(季度或年度)申报缴纳城市维护建设税、教育费附加、地方教育附加、个人所得税、附征企业所得税、车船税、城市房地产税、房产税、土地使用税、印花税、资源税以及江苏省各类地方基金时使用。

二、表头项目

1. "纳税人或扣缴义务人名称"：填报税务机关核发的税务登记证纳税人全称。
2. "税务管理码"：填报税务管理码(15 位)。
3. "税款来源"：根据实际情况在相应来源前打勾，其他类的自行填写来源。
4. "编号"：用于建筑项目税款申报时填写施工方项目登记编号，用于稽查查补、预告自查、风险自查、纳税评估税款申报时填写案件编号。
5. "项目名称"：用于建筑项目税款申报时填写施工方项目名称。

三、各栏次的填报

1. 本表第 1 栏，"征收项目"填写需申报的相应税种。
2. 本表第 2 栏，"征收品目"填写申报税种对应项目。
3. 本表第 3 栏，"税款所属期"填写纳税人申报的相应税种应纳税款的计税依据(包括免税收入)。
4. 本表第 4 栏，"应税收入"填写纳税人本期实际扣除"中"本期实际扣除"应填写纳税人本期取得应税收入中按规定本期可实际扣除的项目金额。
5. 本表第 5 栏，"应税扣除项目金额"填写纳税人本期取得应税收入中按规定本期可实际扣除的项目金额。
6. 本表第 6 栏，"免税收入"填写纳税人本期取得应税收入中不需要按税务机关审批可直接免缴税款的应税收入或已经税务机关批准的免税项目应税收入。
7. 本表第 7 栏，"税率"应填写按照税法规定应税种目对应的税率或应税额标准。
8. 本表第 8 栏，"应纳税额"根据填写栏次计算填报，第 8 栏=(第 4 栏－第 5 栏－第 6 栏)×第 7 栏。
9. 本表第 9 栏，"减免税额"填报按照税收规定当期实际享受的减免税额。
10. 本表第 10 栏，"前期多缴税额"填写纳税人本期(不含本期)多缴纳的税额。
11. 本表第 11 栏，"本期已缴税额"填写纳税人已缴纳的本期税额。
12. 本表第 12 栏，"应征(退)税额"根据填写栏次计算填报，第 12 栏=第 8 栏－第 9 栏－第 10 栏－第 11 栏。
13. "缴款方式"根据方式纳税人填写实际缴款方式选择。
14. 本表"填表日期"填写纳税人填写本表的具体日期。

金融资产信息表

年　　月　　日

金融资产项目	持有数量	账面价值	收盘价	资产公允价值	公允价值变动损益	
					损失	利得
"格力电器"股票	3 000股		56.72	170 160.00		

坏账准备提取计算表

年　　月　　日

账户名称	期末余额	坏账提取率	应提取额	本次计提前坏账准备余额	实际提取额
		3‰			

存货跌价准备计提表

年　　月　　日

存货名称	存货成本	存货账面余额	存货可变现净值	存货跌价准备	
				补提	冲回
乙材料			139 562		
合计					

业务86：交易性金融资产期末计量，共1张原始凭证。

凭证86　金融资产信息表

业务87：计提年度坏账准备，共1张原始凭证。

凭证87　坏账准备提取计算表

业务88：计提存货跌价准备，共1张原始凭证。

凭证88　存货跌价准备计提表

固定资产折旧计提表

年　　月　　日

使用部门或用途	上月计提折旧额	上月增加固定资产计提折旧额	上月减少固定资产计提折旧额	本月应计提折旧额
热处理车间	11 000.00	1 500.00		
冷加工车间	14 000.00			
机修车间	4 500.00			
车　　队	7 000.00			
管理部门	9 000.00		1 000.00	
销售部门	4 000.00	500.00		
出　　租	2 500.00			
合　　计	52 000.00			

无形资产摊销表

年　　月　　日

无形资产	账面成本	摊销期限	当月摊销额
专利技术	240 000.00	10 年	2 000.00
合　　计			2 000.00

费用摊销表

年　　月　　日

费用项目	受益期间	已摊销期限(月)	未摊销期限(月)	未摊销金额	本月摊销额
书报费	2022.01—2022.12	11	1	300.00	300.00
合　　计					300.00

业务 89：计提固定资产折旧，共 1 张原始凭证。

凭证 89　固定资产折旧计提表

业务 90：摊销无形资产，共 1 张原始凭证。

凭证 90　无形资产摊销表

业务 91：摊销本月应负担的报刊征订费，共 1 张原始凭证。

凭证 91　费用摊销表

借款利息提取计算表

年　　月　　日

借款种类	借款本金	利率（月）	计息起始日	借款本期利息
短期借款	400 000.00	0.50%	2022年12月1日	2 000.00
合　计				2 000.00

职工教育经费结转表

年　　月　　日

结转项目	金　额
结转本月发生的职工教育经费支出	

辅助生产车间劳务资料

年　　月　　日

部门	计量单位	耗用量	受益明细					
			热处理车间	冷加工车间	机修车间	车　队	管理部门	销售部门
机修车间	小时	1 600	600	800	—	90	70	40
车　队	千米	35 000	1 000	1 500	500	—	9 000	23 000

辅助生产费用分配表

年　　月　　日

部门	分配金额	分配率	热处理车间		冷加工车间		管理部门		销售部门	
			数量	金额	数量	金额	数量	金额	数量	金额
机修车间										
车　队										

业务 92：当月应负担的借款利息费用，共 1 张原始凭证。

凭证 92 借款利息提取计算表

业务 93：结转本月发生的职工教育经费支出，共 1 张原始凭证。

凭证 93 职工教育经费结转表

业务 94：分配辅助生产费用，共 2 张原始凭证。

凭证 94-1 辅助生产车间劳务资料

凭证 94-2 辅助生产费用分配表

制造费用分配表

年　　月　　日

生产车间	分配金额	生产工时（小时）	分配率	配件 A		配件 B		配件 C	
				生产工时	金额	生产工时	金额	生产工时	金额
热处理车间				12 000		14 000		8 500	
冷加工车间				10 000		11 000		10 000	
合　　计				22 000		25 000		18 500	

产品入库汇总单

年　　月　　日

产品名称	计量单位	数量	单位成本	总成本
配件 A	只	40 000		
配件 B	只	33 000		
配件 C	只	21 000		
合　　计				

月末在产品盘存表

年　　月　　日

产品名称	计量单位	数量	完成程度	在产品约当产量
配件 A	只	4 500	60％	
配件 B	只	7 000	80％	
配件 C	只	2 200	70％	
合　　计				

业务 95：分配制造费用，共 1 张原始凭证。

凭证 95　制造费用分配表

业务 96：计算产品成本，共 5 张原始凭证。

凭证 96-1　产品入库汇总单

凭证 96-2　月末在产品盘存表

产品成本计算单

产品名称：配件 A　　　　　　　　年　　月　　日　　　　　　完工数量：
　　　　　　　　　　　　　　　　　　　　　　　　　　　　　在产品数量：

成本项目	月初在产品	本月生产费用	费用合计	约当产量	分配率	完工产品成本	月末在产品成本
直接材料							
直接人工							
制造费用							
合　计							

产品成本计算单

产品名称：配件 B　　　　　　　　年　　月　　日　　　　　　完工数量：
　　　　　　　　　　　　　　　　　　　　　　　　　　　　　在产品数量：

成本项目	月初在产品	本月生产费用	费用合计	约当产量	分配率	完工产品成本	月末在产品成本
直接材料							
直接人工							
制造费用							
合　计							

产品成本计算单

产品名称：配件 C　　　　　　　　年　　月　　日　　　　　　完工数量：
　　　　　　　　　　　　　　　　　　　　　　　　　　　　　在产品数量：

成本项目	月初在产品	本月生产费用	费用合计	约当产量	分配率	完工产品成本	月末在产品成本
直接材料							
直接人工							
制造费用							
合　计							

凭证96-3　产品成本计算单

凭证96-4　产品成本计算单

凭证96-5　产品成本计算单

库存商品加权平均单位成本计算表

年　　月　　日

库存商品名称	计量单位	本期期初结存		本月完工入库		加权平均单位成本
		数量	金额	数量	金额	
配件A	只					
配件B	只					
配件C	只					
合　计						

产品销售成本计算表

年　　月　　日

产品名称	计量单位	销售数量	加权平均单位成本	总成本
配件A	只			
配件B	只			
配件C	只			
合　计				

业务 97：计算已销产品成本，共 2 张原始凭证。

凭证 97-1　库存商品加权平均单位成本计算表

凭证 97-2　产品销售成本计算表

A200000　中华人民共和国企业所得税月(季)度预缴纳税申报表(A类)

税款所属期间：　　年　月　日至　　年　月　日

纳税人识别号(统一社会信用代码)：□□□□□□□□□□□□□□□□□□

纳税人名称：　　　　　　　　　　　　　　　　　　金额单位：人民币元(列至角分)

预缴方式	□按照实际利润额预缴　　　　　　　　　□按照上一纳税年度应纳税所得额平均额预缴 □按照税务机关确定的其他方法预缴		
企业类型	□一般企业　　　□跨地区经营汇总纳税企业总机构　　　□跨地区经营汇总纳税企业分支机构		
预缴税款计算			
行次	项目		本年累计金额
1	营业收入		
2	营业成本		
3	利润总额		
4	加：特定业务计算的应纳税所得额		
5	减：不征税收入		
6	减：免税收入、减计收入、所得减免等优惠金额(填写A201010)		
7	减：固定资产加速折旧(扣除)调减额(填写A201020)		
8	减：弥补以前年度亏损		
9	实际利润额(3+4−5−6−7−8)\按照上一纳税年度应纳税所得额平均额确定的应纳税所得额		
10	税率(25%)		
11	应纳所得税额(9×10)		
12	减：减免所得税额(填写A201030)		
13	减：实际已缴纳所得税额		
14	减：特定业务预缴(征)所得税额		
15	本期应补(退)所得税额(11−12−13−14)\税务机关确定的本期应纳所得税额		
汇总纳税企业总分机构税款计算			
16	总机构填报	总机构本期分摊应补(退)所得税额(17+18+19)	
17	^	其中：总机构分摊应补(退)所得税额(15×总机构分摊比例__%)	
18	^	财政集中分配应补(退)所得税额(15×财政集中分配比例__%)	
19	^	总机构具有主体生产经营职能的部门分摊所得税额(15×全部分支机构分摊比例__%×总机构具有主体生产经营职能部门分摊比例__%)	
20	分支机构填报	分支机构本期分摊比例	
21	^	分支机构本期分摊应补(退)所得税额	

业务 98：计算本月应交的所得税，共 1 张原始凭证。

凭证 98　预缴纳税申报表

(续表)

附报信息					
高新技术企业	□是	□否	科技型中小企业	□是	□否
技术入股递延纳税事项	□是	□否			
按季度填报信息					
季初从业人数			季末从业人数		
季初资产总额（万元）			季末资产总额（万元）		
国家限制或禁止行业	□是	□否	小型微利企业	□是	□否
谨声明：本纳税申报表是根据国家税收法律法规及相关规定填报的，是真实的、可靠的、完整的。 　　　　　　　　　　　　　　　　　　　　　纳税人（签章）：　　　　　　年　月　日					
经办人： 经办人身份证号： 代理机构签章： 代理机构统一社会信用代码：			受理人： 受理税务机关（章）： 受理日期：　　年　月　日		

国家税务总局监制

支出类账户结转本年利润表

年　月　日

转 账 账 户	借　方	贷　方
主营业务成本		
税金及附加		
其他业务成本		
销售费用		
管理费用		
财务费用		
营业外支出		
资产减值损失		
信用减值损失		
所得税费用		
合　　计		

收入类账户结转本年利润表

年　月　日

结 转 账 户	借　方	贷　方
主营业务收入		
其他业务收入		
投资收益		
公允价值变动损益		
营业外收入		
合　　计		

业务 99：结转支出类账户，共 1 张原始凭证。

凭证 99　支出类账户结转本年利润表

业务 100：结转收入类账户，共 1 张原始凭证。

凭证 100　收入类账户结转本年利润表

本年利润结转利润分配表

年　　月　　日

转 账 账 户	借　方	贷　方
本年利润		

盈余公积提取计算表

年　　月　　日

提取类型	本年净利润	提取比例	提取金额
法定盈余公积			
合　计			

利润分配结转表

年　　月　　日

结 转 账 户	金　额
利润分配——提取法定盈余公积	

业务 101：结转本年利润，共 1 张原始凭证。

凭证 101　本年利润结转利润分配表

业务 102：提取法定盈余公积，共 1 张原始凭证。

凭证 102　盈余公积提取计算表

业务 103：结转利润分配，共 1 张原始凭证。

凭证 103　利润分配结转表

附录三　科目汇总表、试算平衡表及会计报表

科目汇总表

　　　　　　　　　　年　月　日—　年　月　日　　　　　　　　No 汇

科目编号	科目名称	借方发生额	贷方发生额	过账
	合计			

记账：　　　　　　　　　　　　审核：　　　　　　　　　　　　制表：

科目汇总表

年　月　日—　年　月　日　　　　　　　　　　　　　　No 汇

科目编号	科目名称	借方发生额	贷方发生额	过账
合　计				

记账：　　　　　　　　　　　　　审核：　　　　　　　　　　　　　制表：

科目汇总表

年　月　日—　年　月　日　　　　　　　　No 汇

科目编号	科目名称	借方发生额	贷方发生额	过账
	合计			

记账：　　　　　　　　　　　　审核：　　　　　　　　　　　　制表：

科目汇总表

　　年　月　日—　年　月　日　　　　　　　　　　　No 汇

科目编号	科目名称	借方发生额	贷方发生额	过账
	合计			

记账：　　　　　　　　　　　审核：　　　　　　　　　　　制表：

科目汇总表

　　　　年　月　日—　年　月　日　　　　　　　　　　No 汇

科目编号	科目名称	借方发生额	贷方发生额	过账
	合计			

记账：　　　　　　　　　　　审核：　　　　　　　　　　　制表：

科目汇总表

年　月　日—　年　月　日　　　　　　　　　No 汇

科目编号	科目名称	借方发生额	贷方发生额	过账
	合计			

记账：　　　　　　　　　　　　　　审核：　　　　　　　　　　　　制表：

试 算 平 衡 表

年　　月　　日

科目编号	科目名称	期末余额	
		借方	贷方
	合计		

审核：　　　　　　　　　　　　　　　　　　　　　　　　　　　　制表：

试算平衡表

年　月　日

科目编号	科目名称	期末余额	
		借方	贷方
	合计		

审核：　　　　　　　　　　　　　　　　　　　　　　　　　　　制表：

资产负债表

会企01表

编制单位：　　　　　　　　　　　　年　月　日　　　　　　　　　　　　单位：元

资　产	期末余额	上年年末余额	负债和所有者权益（或股东权益）	期末余额	上年年末余额
流动资产：			流动负债：		
货币资金			短期借款		
交易性金融资产			交易性金融负债		
衍生金融资产			衍生金融负债		
应收票据			应付票据		
应收账款			应付账款		
应收款项融资			预收款项		
预付款项			合同负债		
其他应收款			应付职工薪酬		
存货			应交税费		
合同资产			其他应付款		
持有待售资产			持有待售负债		
一年内到期的非流动资产			一年内到期的非流动负债		
其他流动资产			其他流动负债		
流动资产合计			流动负债合计		
非流动资产：			非流动负债：		
债权投资			长期借款		
其他债权投资			应付债券		
长期应收款			其中：优先股		
长期股权投资			永续债		
其他权益工具投资			租赁负债		
其他非流动金融资产			长期应付款		
投资性房地产			预计负债		
固定资产			递延收益		
在建工程			递延所得税负债		
生产性生物资产			其他非流动负债		
油气资产			非流动负债合计		
使用权资产			负债合计		
无形资产			所有者权益（或股东权益）		
开发支出			实收资本（或股本）		
商誉			其他权益工具		
长期待摊费用			其中：优先股		
递延所得税资产			永续债		
其他非流动资产			资本公积		
非流动资产合计			减：库存股		
			其他综合收益		
			专项储备		
			盈余公积		
			未分配利润		
			所有者权益（或股东权益）合计		
资产总计			负债和所有者权益（或股东权益）总计		

资产负债表

编制单位：
年 月 日

会企 01 表
单位：元

资　产	期末余额	上年年末余额	负债和所有者权益（或股东权益）	期末余额	上年年末余额
流动资产：			流动负债：		
货币资金			短期借款		
交易性金融资产			交易性金融负债		
衍生金融资产			衍生金融负债		
应收票据			应付票据		
应收账款			应付账款		
应收款项融资			预收款项		
预付款项			合同负债		
其他应收款			应付职工薪酬		
存货			应交税费		
合同资产			其他应付款		
持有待售资产			持有待售负债		
一年内到期的非流动资产			一年内到期的非流动负债		
其他流动资产			其他流动负债		
流动资产合计			流动负债合计		
非流动资产：			非流动负债：		
债权投资			长期借款		
其他债权投资			应付债券		
长期应收款			其中：优先股		
长期股权投资			永续债		
其他权益工具投资			租赁负债		
其他非流动金融资产			长期应付款		
投资性房地产			预计负债		
固定资产			递延收益		
在建工程			递延所得税负债		
生产性生物资产			其他非流动负债		
油气资产			非流动负债合计		
使用权资产			负债合计		
无形资产			所有者权益（或股东权益）		
开发支出			实收资本（或股本）		
商誉			其他权益工具		
长期待摊费用			其中：优先股		
递延所得税资产			永续债		
其他非流动资产			资本公积		
非流动资产合计			减：库存股		
			其他综合收益		
			专项储备		
			盈余公积		
			未分配利润		
			所有者权益（或股东权益）合计		
资产总计			负债和所有者权益（或股东权益）总计		

利 润 表

企会02表

编制单位： 　　　　　　　　　　　年　月　　　　　　　　　　　单位：元

项　　目	本期金额	上期金额
一、营业收入		
减：营业成本		
税金及附加		
销售费用		
管理费用		
研发费用		
财务费用		
其中：利息费用		
利息收入		
加：其他收益		
投资收益（损失以"－"号填列）		
其中：对联营企业和合营企业的投资收益		
以摊余成本计量的金融资产终止确认收益（损失以"－"号填列）		
净敞口套期收益（损失以"－"号填列）		
公允价值变动收益（损失以"－"号填列）		
信用减值损失（损失以"－"号填列）		
资产减值损失（损失以"－"号填列）		
资产处置收益（损失以"－"号填列）		
二、营业利润（亏损以"－"号填列）		
加：营业外收入		
减：营业外支出		
三、利润总额（亏损总额以"－"号填列）		
减：所得税费用		
四、净利润（净亏损以"－"号填列）		
（一）持续经营净利润（净亏损以"－"号填列）		
（二）终止经营净利润（净亏损以"－"号填列）		
五、其他综合收益的税后净额		
（一）不能重分类进损益的其他综合收益		
1. 重新计量设定受益计划变动额		
2. 权益法下不能转损益的其他综合收益		
3. 其他权益工具投资公允价值变动		
4. 企业自身信用风险公允价值变动		
……		
（二）将重分类进损益的其他综合收益		
1. 权益法下可转损益的其他综合收益		
2. 其他债权投资公允价值变动		
3. 金融资产重分类计入其他综合收益的金额		
4. 其他债权投资信用减值准备		
5. 现金流量套期储备		
6. 外币财务报表折算差额		
……		
六、综合收益总额		
七、每股收益：		
（一）基本每股收益		
（二）稀释每股收益		

利 润 表

企会 02 表

编制单位：　　　　　　　　　　　　　年　月　　　　　　　　　　　　　单位：元

项　目	本期金额	上期金额
一、营业收入		
减：营业成本		
税金及附加		
销售费用		
管理费用		
研发费用		
财务费用		
其中：利息费用		
利息收入		
加：其他收益		
投资收益（损失以"—"号填列）		
其中：对联营企业和合营企业的投资收益		
以摊余成本计量的金融资产终止确认收益（损失以"—"号填列）		
净敞口套期收益（损失以"—"号填列）		
公允价值变动收益（损失以"—"号填列）		
信用减值损失（损失以"—"号填列）		
资产减值损失（损失以"—"号填列）		
资产处置收益（损失以"—"号填列）		
二、营业利润（亏损以"—"号填列）		
加：营业外收入		
减：营业外支出		
三、利润总额（亏损总额以"—"号填列）		
减：所得税费用		
四、净利润（净亏损以"—"号填列）		
（一）持续经营净利润（净亏损以"—"号填列）		
（二）终止经营净利润（净亏损以"—"号填列）		
五、其他综合收益的税后净额		
（一）不能重分类进损益的其他综合收益		
1. 重新计量设定受益计划变动额		
2. 权益法下不能转损益的其他综合收益		
3. 其他权益工具投资公允价值变动		
4. 企业自身信用风险公允价值变动		
……		
（二）将重分类进损益的其他综合收益		
1. 权益法下可转损益的其他综合收益		
2. 其他债权投资公允价值变动		
3. 金融资产重分类计入其他综合收益的金额		
4. 其他债权投资信用减值准备		
5. 现金流量套期储备		
6. 外币财务报表折算差额		
……		
六、综合收益总额		
七、每股收益：		
（一）基本每股收益		
（二）稀释每股收益		

现金流量表

会企 03 表

编制单位：　　　　　　　　　　　　年　月　　　　　　　　　　　　单位：元

项　目	本期金额	上期金额
一、经营活动产生的现金流量：		
销售商品、提供劳务收到的现金		
收到的税费返还		
收到其他与经营活动有关的现金		
经营活动现金流入小计		
购买商品、接受劳务支付的现金		
支付给职工以及为职工支付的现金		
支付的各项税款		
支付其他与经营活动有关的现金		
经营活动现金流出小计		
经营活动产生的现金流量净额		
二、投资活动产生的现金流量：		
收回投资收到的现金		
取得投资收益收到的现金		
处置固定资产、无形资产和其他长期资产收回的现金净额		
处置子公司及其他营业单位收到的现金净额		
收到其他与投资活动有关的现金		
投资活动现金流入小计		
购建固定资产、无形资产和其他长期资产支付的现金		
投资支付的现金		
取得子公司及其他营业单位支付的现金净额		
支付其他与投资活动有关的现金		
投资活动现金流出小计		
投资活动产生的现金流量净额		
三、筹资活动产生的现金流量：		
吸收投资收到的现金		
取得借款收到的现金		
收到其他与筹资活动有关的现金		
筹资活动现金流入小计		
偿还债务支付的现金		
分配股利、利润或偿付利息支付的现金		
支付其他与筹资活动有关的现金		
筹资活动现金流出小计		
筹资活动产生的现金流量净额		
四、汇率变动对现金及现金等价物的影响		
五、现金及现金等价物净增加额		
加：期初现金及现金等价物余额		
六、期末现金及现金等价物余额		

现金流量表

会企 03 表

编制单位： 　　　　　　　　　　年　月　　　　　　　　　　单位：元

项　目	本期金额	上期金额
一、经营活动产生的现金流量：		
销售商品、提供劳务收到的现金		
收到的税费返还		
收到其他与经营活动有关的现金		
经营活动现金流入小计		
购买商品、接受劳务支付的现金		
支付给职工以及为职工支付的现金		
支付的各项税款		
支付其他与经营活动有关的现金		
经营活动现金流出小计		
经营活动产生的现金流量净额		
二、投资活动产生的现金流量：		
收回投资收到的现金		
取得投资收益收到的现金		
处置固定资产、无形资产和其他长期资产收回的现金净额		
处置子公司及其他营业单位收到的现金净额		
收到其他与投资活动有关的现金		
投资活动现金流入小计		
购建固定资产、无形资产和其他长期资产支付的现金		
投资支付的现金		
取得子公司及其他营业单位支付的现金净额		
支付其他与投资活动有关的现金		
投资活动现金流出小计		
投资活动产生的现金流量净额		
三、筹资活动产生的现金流量：		
吸收投资收到的现金		
取得借款收到的现金		
收到其他与筹资活动有关的现金		
筹资活动现金流入小计		
偿还债务支付的现金		
分配股利、利润或偿付利息支付的现金		
支付其他与筹资活动有关的现金		
筹资活动现金流出小计		
筹资活动产生的现金流量净额		
四、汇率变动对现金及现金等价物的影响		
五、现金及现金等价物净增加额		
加：期初现金及现金等价物余额		
六、期末现金及现金等价物余额		

所有者权益变动表

编制单位：　　　　　　　　　　　　　　　　　　　　年度　　　　　　　　　　　　　　　　　　　　会企 04 表

单位：元

项　目	本年金额										上年金额									
	实收资本（或股本）	其他权益工具			资本公积	减：库存股	其他综合收益	专项储备	盈余公积	未分配利润	所有者权益合计	实收资本（或股本）	其他权益工具			资本公积	减：库存股	其他综合收益	专项储备	盈余公积	未分配利润	所有者权益合计
		优先股	永续债	其他									优先股	永续债	其他							
一、上年末余额																						
加：会计政策变更																						
前期差错更正																						
其他																						
二、本年初余额																						
三、本年增减变动金额（减少以"-"号填列）																						
（一）综合收益总额																						
（二）所有者投入和减少资本																						
1. 所有者投入的普通股																						
2. 其他权益工具持有者投入资本																						
3. 股份支付计入所有者权益的金额																						
4. 其他																						
（三）利润分配																						
1. 提取盈余公积																						
2. 对所有者（或股东）的分配																						
3. 其他																						
（四）所有者权益内部结转																						
1. 资本公积转增资本（或股本）																						
2. 盈余公积转增资本（或股本）																						
3. 盈余公积弥补亏损																						
4. 设定受益计划变动额结转留存收益																						
5. 其他综合收益结转留存收益																						
6. 其他																						
四、本年末余额																						

所有者权益变动表

编制单位：　　　　　　　　　　　　　　　　　　　年度　　　　　　　　　　　　　　　　　　　　　　　　会企04表
单位：元

项　目	本年金额								上年金额							
	实收资本（或股本）	其他权益工具			资本公积	减：库存股	其他综合收益	专项储备	盈余公积	未分配利润	所有者权益合计	实收资本（或股本）	其他权益工具			资本公积	减：库存股	其他综合收益	专项储备	盈余公积	未分配利润	所有者权益合计
		优先股	永续债	其他									优先股	永续债	其他							
一、上年年末余额																						
加：会计政策变更																						
前期差错更正																						
其他																						
二、本年年初余额																						
三、本年增减变动金额（减少以"-"号填列）																						
（一）综合收益总额																						
（二）所有者投入和减少资本																						
1.所有者投入的普通股																						
2.其他权益工具持有者投入资本																						
3.股份支付计入所有者权益的金额																						
4.其他																						
（三）利润分配																						
1.提取盈余公积																						
2.对所有者（或股东）的分配																						
3.其他																						
（四）所有者权益内部结转																						
1.资本公积转增资本（或股本）																						
2.盈余公积转增资本（或股本）																						
3.盈余公积弥补亏损																						
4.设定受益计划变动额结转留存收益																						
5.其他综合收益结转留存收益																						
6.其他																						
四、本年年末余额																						